Ludwig Binswanger – Ausgewählte Werke Band 4
Der Mensch in der Psychiatrie

Ludwig Binswanger
Ausgewählte Werke in vier Bänden

Herausgegeben von

H.-J. Braun, Zürich
G. Fichtner, Tübingen
M. Herzog, Berlin
A. Holzhey-Kunz, Zürich
H. Holzhey, Zürich
G. Jüttemann, Berlin

Ludwig Binswanger
Ausgewählte Werke

Band 4
Der Mensch in der Psychiatrie

Herausgegeben und bearbeitet
von Alice Holzhey-Kunz

Roland Asanger Verlag Heidelberg 1994

Die Herausgeberin dieses Bandes:
Alice Holzhey-Kunz, Dr. phil., ist Psychotherapeutin daseinsanalytischer Ausrichtung und Präsidentin der Schweizerischen Gesellschaft für Daseinsanalyse.

Die Deutsche Bibliothek – CIP-Einheitsaufnahme

Binswanger, Ludwig:
Ausgewählte Werke : in vier Bänden / Ludwig Binswanger.
Hrsg. von H.-J. Braun ... – Heidelberg : Asanger
NE: Braun, Hans-Jürg [Hrsg.]; Binswanger, Ludwig: [Sammlung]
Bd. 4. Der Mensch in der Psychiatrie / hrsg. und bearb. von
    Alice Holzhey-Kunz. – 1994
    ISBN 3-89334-205-2 kart.
    ISBN 3-89334-209-5 Gb.
NE: Holzhey-Kunz, Alice [Hrsg.]

Abbildung (Frontispiz):
Abdruck erfolgt mit freundlicher Genehmigung des Universitätsarchivs
Tübingen.

© 1994 Roland Asanger Verlag Heidelberg

Umschlaggestaltung: Ingrid Decher
Printed in Germany
ISBN 3-89334-205-2

Dank

Die Herausgeber der Ausgewählten Werke Ludwig Binswangers sind Herrn Dr. J.-C. Wenger, Zürich, und Herrn Dr. R. Holzach, Zürich, für ihre entscheidende Unterstützung bei der Suche nach Donatoren für die Drucklegung vorliegenden Bandes sehr verbunden. Die Publikation wurde finanziert durch die Schweizerische Bankgesellschaft im Auftrag eines Kunden, dem hiermit herzlich gedankt sei.

Inhalt

Inhalt

Einleitung der Herausgeberin

Der vorliegende Band vereinigt die psychiatrischen Schriften, die Binswanger nach dem Erscheinen seines psychologischen Hauptwerkes „Grundformen und Erkenntnis menschlichen Daseins" (1942) bis zu seinem Tode verfaßte, mit Ausnahme der in Bd. 1 der Ausgewählten Werke (AW) bereits publizierten „Drei Formen mißglückten Daseins" sowie dreier Fallstudien zur Schizophrenie (Ilse, Jürg Zünd und Lola Voß)[1]. Die letzteren waren zusammen mit den – hier abgedruckten – zwei Studien (Ellen West und Suzanne Urban) von Binswanger zu dem 1957 erschienenen Band „Schizophrenie" vereinigt und mit einer Einleitung versehen worden; sie konnten aus Platzgründen leider nicht aufgenommen werden. Vor der Wahl stehend, entweder den vorliegenden Band im ganzen für die fünf Schizophreniestudien zu reservieren oder aber, beginnend mit der Schizophrenie-Studie „Ellen West", die gesamte 20jährige Schaffensperiode nach den „Grundformen" zu dokumentieren, entschied ich mich für letzteres. Denn nur bei einer solchen Einrichtung des Bandes kann dem Leser deutlich werden, daß die Entwicklung und Ausarbeitung der „Daseinsanalyse" als spezifischer Forschungsrichtung der Psychiatrie für Binswanger selber nur eine – allerdings m.E. die fruchtbarste – Etappe auf seinem Denkweg bildete. Aber auch die daseinsanalytische Phase selbst ist in sich gegliedert, sie markiert nicht einfach einen festen Standort, der zugunsten des später eingenommenen transzendental-phänomenologischen aufgegeben worden wäre. In ihr lassen sich vielmehr verschiedene Teiletappen (Sichtweisen) unterscheiden. Die hier vorgenommene Auswahl aus dem Schizophreniebuch dokumentiert die Denkbewegung innerhalb der daseinsanalytischen Etappe: der Fall Ellen West (1944/45) repräsentiert die an *Heideggers* Daseinsanalytik orientierte hermeneutische Deskription schizophrenen In-der-Welt-seins am reinsten; der Fall Suzanne Urban (die letzte der fünf Studien, entstanden 1952/53) stützt sich methodisch bereits, den Heideggerschen Leitbegriff der „Welt" tendenziell ersetzend, auf den Begriff der „Erfahrung" und konzentriert sich sachlich auf das Verständnis des Verfolgungswahns; die Einleitung, verfaßt 1957, stellt den Erfahrungsbegriff nun als *die* konstitutive Kategorie daseinsanalytischer Forschung ins Zentrum. Mit dem letzten Text ist bereits der Übergang zur „rein phänomenologischen", philosophisch durch *Husserl* und *Szilasi* bestimmten Denketappe vollzogen, in welcher die „Konstitution" von Erfahrung bzw. von (psychotischen) Erfahrungsstörungen erörtert wird.

Um die verschiedenen Stadien von Binswangers psychiatrischer Forschung sichtbar zu machen, sind mit Ausnahme des im Sinne einer Einstim-

---

[1] Die Vorträge und Aufsätze zur Methodologie daseinsanalytischer Forschung und zur daseinsanalytischen Psychotherapie werden teilweise in AW 3 publiziert.

mung vorangestellten Vortrages „Der Mensch in der Psychiatrie" (1956) die Schriften in chronologischer Reihenfolge geordnet.

Meine Einleitung beabsichtigt, diesen Denkweg nachzuzeichnen und dabei die Binswanger motivierenden Hauptfragen und seine jeweils vorläufigen Antworten herauszuarbeiten – zur Erleichterung der Lektüre.

1. Der Kranke als Daseinspartner und die Wissenschaftlichkeit der Psychiatrie

Am Anfang des Vortrages „Der Mensch in der Psychiatrie" erklärt Binswanger, das „interessanteste, ja brennendste" aller psychiatrischen Probleme sei für ihn von jeher „die Psychiatrie selbst" gewesen (S. 57)[2]. Die Bearbeitung von „Sonderthemen", nämlich die daseinsanalytische und später die phänomenologische Erforschung der Eigenart psychotischer Erkrankungen, steht immer unter diesem Hauptinteresse, die Sache der Psychiatrie selbst zu fördern.

Worin besteht denn nun dieses brennende Problem der Psychiatrie als solcher? Als „Ganzes" befindet sich diese nach Binswangers Auffassung trotz bedeutender Forschungsresultate im einzelnen in einem desolaten Zustand: Statt eine einheitliche Wissenschaft zu sein, besteht sie in einem Konglomerat heterogener Forschungsansätze, die sich teils auf die Biologie, teils auf psychologische Theorien stützen, samt und sonders aber auf ungeklärten Voraussetzungen beruhen. Es handelt sich also um das Problem der Psychiatrie *als Wissenschaft*. Die Frage lautet vorerst: Wie ist Psychiatrie als Wissenschaft möglich? Wie sind Gegenstand und Methode der Psychiatrie zu bestimmen, um ihren Erkenntnissen wissenschaftliche Qualität zu sichern?

Diese Fragestellung erscheint zunächst wenig originell. Ihren Zündstoff erhält sie erst in Verbindung mit der Bestimmung, daß „Gegenstand" der Psychiatrie nicht einzelne Krankheitsbilder bzw. Krankheits„fälle", sondern nur der Geisteskranke als „*Mensch*" sein könne – und zwar als„*ganzer* Mensch", ihre Grundlage darum auch nicht biologische oder psychologische Reduktionismen wie „Gehirn", „Seele", „Charakter", „psychischer Apparat" usw. bilden können. Die brennende Frage lautet damit, wie eine psychiatrische Wissenschaft vom Geisteskranken als „ganzen Menschen" möglich sein soll.

Die Antwort ist ebenso einfach wie provozierend: Die Psychiatrie wird zur „eigenständigen Wissenschaft" dann, wenn sie sich nicht mehr auf disparate biologische oder psychologische Theorien vom Gehirn, von der Seele, vom Charakter usw. gründet, sondern sich auf den Boden „des Menschen"

---

[2] Seitenzahlen ohne weitere Angaben beziehen sich auf den vorliegenden Band.

stellt. Es leuchtet ein, daß auf diese Weise ihre Einheit sichergestellt ist; ob und wie damit auch das Postulat ihrer Wissenschaftlichkeit erfüllbar wird, ist zu zeigen. Binswanger räumt ein, daß seine Auffassung ihrer Neuartigkeit wegen „heutigen Ohren noch schwer zugänglich" sei (S. 57), läßt aber Zweifel sachlicher Art an der Realisierbarkeit dieses Projekts nicht aufkommen. Dennoch ist es die Inkommensurabilität beider Postulate, die sein Fragen immer weiter treibt. Mit der phänomenologischen Konstitutionsanalyse glaubt Binswanger das Postulat der Wissenschaftlichkeit der Psychiatrie endlich erfüllt – allerdings um den Preis, sich statt auf den „ganzen Menschen" auf Husserls Lehre vom „transzendentalen Bewußtsein" zu gründen.

Versuchen wir zunächst zu präzisieren, was Binswanger unter „Mensch" verstanden haben will. *Erstens* zielt seine Rede vom Menschen auf die „condition humaine". Auch der Psychotiker realisiert eine Möglichkeit des Menschseins. Das bedeutet, daß der Wahnsinn aus der condition humaine als dem gemeinsamen Los aller Menschen zu verstehen ist (S. 58). Die Psychose ist trotz allem Befremdlichen immer auch „unsere" bzw. „meine" eigene Sache. Nur im Wissen um diese fundamentale Gemeinsamkeit kann der Arzt dem Kranken als „Mitmenschen" begegnen; nur darum ist Kommunikation *mit* dem Kranken und somit eine psychotherapeutische Behandlung möglich. *Zweitens* geht es um das „Ganze des Menschenwesens" (S. 61). Damit werden drei Momente anvisiert:

a) *Ganzheit als Individualität.* Erst die Ausweitung des Blikes auf die Individualität eines geisteskranken Menschen ermöglicht es, die einzelnen Symptome als einem (Sinn-)Ganzen zugehörige Teile zu „verstehen", statt sie bloß als Störungen zu beschreiben und diagnostisch zu klassifizieren.

b) *Ganzheit als zeitlich-lebensgeschichtlicher Zusammenhang.* Die Ausweitung des Blickes auf das lebensgeschichtliche Ganze eines Kranken erlaubt es, die Erkrankung samt ihrem Verlauf als Teil einer umfassenderen und längst vor ihrem manifesten Ausbruch in Gang gekommenen lebensgeschichtlichen Umwandlung zu „verstehen".

c) Gefordert ist also eine *Methode, welche die Ganzheit des geisteskranken Wesens in den Blick zu bringen vermag* – generell eine nicht-„objektivierende" Erkenntnisform; speziell eine Erkenntnis, welche das Phänomen nicht zum „Fall" reduziert und sich nicht am Begriffspaar gesund-krank orientiert. An die Stelle der psychopathologischen Perspektive soll ein Verstehen treten, das keinen (äußerlichen) Standpunkt einnimmt, sondern auf dem Boden der Geisteskrankheit diese von ihr selbst her „versteht".

2. Das Programm einer daseinsanalytischen Hermeneutik

Es wurde deutlich: Wenn die Psychiatrie den Geisteskranken als „Menschen" in seiner Ganzheit zu erforschen hat, kann ihre Methode nur eine hermeneutische sein. Damit stellt sich nun aber ein neues Problem, das sich mit der Frage der Wissenschaftlichkeit keineswegs deckt: Wie ist Psychiatrie als hermeneutische Disziplin möglich? Die Psychiatrie hat es per definitionem mit Wahrnehmungen, Verhaltensweisen und Gefühlszuständen zu tun, die „nicht einfühlbar" und mit den Kategorien der Normalpsychologie nicht zu erfassen sind. Psychiatrisches Verstehen darf also nicht an Einfühlung gebunden und nicht auf die Begriffe der Normalpsychologie angewiesen sein.

Binswanger erachtet Heideggers „Sein und Zeit" (1927) als ein für die Psychiatrie „unumgängliches" und „unentbehrliches" Werk, weil auf seiner Basis alle gestellten Fragen beantwortbar, alle oben dargelegten Bedingungen einer wissenschaftlichen Psychiatrie erfüllbar sind. Daß sich die Psychiatrie auf den Menschen zu gründen habe, kann darum nur heißen, daß sie sich auf den Boden von Heideggers philosophischer Einsicht in das „Apriori" des „menschlichen Daseins als In-der-Welt-sein" zu stellen habe. Denn hier sind nach Binswanger die Einsichten der Lebensphilosophie, welche den „ganzen Menschen" thematisierte, und die Erkenntnisse des Neukantianismus über die Bedingungen der Möglichkeit von (wissenschaftlicher) Erfahrung zu einer Synthese gekommen (1947, S.192). Gemäß dieser spezifisch Binswangerschen Lesart ist in „Sein und Zeit" philosophisch jene Verbindung geleistet, welche für die Psychiatrie auf empirisch-konkreter Ebene ansteht, nämlich dem Humanum verpflichtet zu sein und zugleich wissenschaftliche Erkenntnis zu liefern. Allerdings erkennt Binswanger eine Schwachstelle in Heideggers Werk dort, wo der „ganze" Mensch strukturell als „Sorge" bestimmt wird. Für ihn bedarf diese Bestimmung einer Erweiterung um das Strukturmoment der „Liebe". Sein philosophisch-psychologisches Grundwerk „Grundformen und Erkenntnis menschlichen Daseins" von 1942 hat sich bekanntlich der Aufgabe gestellt, diese Verkürzung zu korrigieren und mit der Bestimmung menschlichen Daseins als „In-der-Welt-über-die-Welt-hinaus-sein" jene umfassende Strukturganzheit zu gewinnen, welche für ein Verständnis psychotischer Daseinsformen notwendig ist.

Ich liste nun eher stichwortartig auf, wie sich mit der Abstützung auf Heideggers existenziale Analytik des In-der-Welt-seins – in der spezifischen Perspektive Binswangers – das Programm einer daseinsanalytischen Hermeneutik einlösen läßt.

– „Welt" nennt den umfassenden *Bedeutungshorizont*, in welchem sich alles menschliche Wahrnehmen, Fühlen, Denken und Handeln eines Menschen immer schon – d.h. a priori – bewegt. Der konkrete Daseinsvollzug geschieht also „in" einem und aus einem spezifischen, von Mensch zu

Mensch variierenden Weltverständnis heraus und ist von ihm geprägt. Das (transzendentale) Verhältnis des Daseins zur „Welt" nennt Binswanger ein „Entwerfen"; die Welt ist „Weltentwurf". Mit dem Begriff der Welt bzw. des Weltentwurfs ist damit jenes übersummenhafte Ganze gewonnen, welches die individuelle Eigenart eines Menschen charakterisiert. Aber nicht nur das Postulat, den Geisteskranken in seiner Individualität zu erfassen, findet durch den Begriff der Welt bzw. des Weltentwurfes seine Erfüllung, sondern auch die Forderung eines Verstehens, das nicht an Einfühlung gebunden ist: die einzelnen ‚irren', d.h. unsinnigen und deshalb uneinfühlbaren Verhaltensweisen (Symptome) werden als Momente dieses spezifischen Ganzen aus diesem her verständlich. Das Konzept des Weltentwurfes ermöglicht also einen hermeneutischen Zugang zu den psychotischen Phänomenen.

– „Welt" sowie auch das „In-der-Welt-sein" sind keine psychischen und damit auch keine geschichtlich-gewordenen Gegebenheiten, sondern liegen als *transzendentales Apriori* allem Seelenleben zugrunde. Und dies gilt nicht nur philosophisch für das Menschsein überhaupt, sondern auch für jeden einzelnen Menschen: er entwirft nicht seine Welt, sondern ist in diesen ‚seinen' Weltentwurf immer schon geworfen. Der individuelle Weltentwurf ist als transzendentaler Ermöglichungsgrund für sein konkretes Erleben und Verhalten ein „Vor-entwurf". Die psychiatrische Erforschung der jeweiligen Welt eines Geisteskranken ist also weder empirische Psychologie noch Philosophie: sie zielt nicht auf Erkenntnis des „Seelenlebens" und hat gleichwohl den Charakter einer „phänomenologischen Erfahrungswissenschaft", weil sie das *konkrete* Apriori eines Individuums erkundet. Es gelingt ihr dabei, zur letzten unhinterfragbaren Basis des individuellen Erlebens und Verhaltens vorzustoßen und diese hinsichtlich ihrer strukturellen Eigenart zu erforschen[3].

– Dem „In-der-Welt-sein" eignet eine apriorische *Struktur*, die in sich „festgefügt" und „klar umrissen" ist, „mit streng aufeinander angewiesenen Strukturgliedern" (S. 59). Aus Heideggers Aufweis dieser Strukturganzheit vermag der Psychiater klare methodische Direktiven seiner Forschung zu gewinnen; denn das Verstehen der Welt eines Geisteskranken besagt nun die „exakt wissenschaftliche Untersuchung" dieser Struktur, der einzelnen Strukturglieder und ihres Gefüges.

– Mit dem transzendentalen Weltbegriff ist zugleich ein apriorisch-transzendentaler Begriff von Lebensgeschichte gewonnen, welcher der faktischen Lebensgeschichte als dem Insgesamt der konkreten Ereignisse in einem Leben zugrundeliegt. Die apriorische Struktur eines In-der-Welt-seins ist also nicht invariant, sondern hat ihre Geschichte, so daß Binswanger in

---

[3] Zu Binswangers Verständnis der Daseinsanalyse als „Wissenschaft" vgl. insbesondere die beiden Aufsätze „Über die daseinsanalytische Forschungsrichtung in der Psychiatrie", 1946a, in AW 3, und „Daseinsanalytik und Psychiatrie", 1951, in 1955a.

der Einleitung zum Schizophreniebuch von der „Gangstruktur" des Daseins
sprechen kann. Was die Psychopathologie als schizophrenen Prozeß bezeichnet, vermag der Daseinsanalytiker als Geschichte eines Strukturwandels zu
beschreiben, nämlich als die umfassende *„Abwandlung"* der apriorischen
Struktur eines menschlichen Daseins.

    – Heideggers Daseinsanalytik gibt laut Binswanger eine *„Norm"* vor[4].
Der Psychiater ist auch dann auf eine solche Norm angewiesen, wenn er
die psychotischen Daseinsformen jenseits des medizinischen Begriffspaares gesund-krank erfassen will. Denn die „Andersheit" von psychotischen
Phänomenen ist grundsätzlich verschieden von der bloß individuellen Andersartigkeit nicht-psychotischer Daseinsweisen. Der Unterschied liegt darin, daß in der Psychose eine „Abweichung" von der grundlegenden Norm
der Struktur-„ganzheit" menschlichen Daseins vorliegt. Diese Abweichung
hat zwar den Charakter der Defizienz, aber nicht nur im negativen Sinne
der „Schrumpfung" oder gar des „Verfalls" der Struktur, sie gehorcht vielmehr einer „neuen Norm". Vorbild ist Heideggers ontologisch-positive Bestimmung der *Un*-eigentlichkeit als „Verfallen an das Man", dem Binswangers Charakterisierungen einer zunehmenden „Verweltlichung" qua „Selbstentmächtigung" des Daseins entsprechen.

    – Durch die Korrektur bzw. Erweiterung von Heideggers Struktur des
In-der-Welt-seins um das Strukturmoment der „Liebe" wird auch die letzte
Bedingung, sich dem psychotischen Dasein nicht nur von außen, „stand-
punktlich" gegenüberzustellen, sondern es von ihm selbst her in seiner
Ganzheit zu erkennen, erfüllbar. Weil nur in der „Liebe" das Dasein ganz
wird, kann es auch nur auf dem Boden der Liebe in seiner Ganzheit sichtbar werden. Daß wahre Daseinserkenntnis nur in der Liebe möglich sei, hat
hier also einen methodischen Sinn und widerspricht darum für Binswanger
in keiner Weise dem Postulat wissenschaftlicher Nüchternheit und Strenge
(vgl. Einleitung Herzog, AW 2, S. XLIII). Zugleich ist nach Binswanger der
Boden der Liebe auch der „gemeinsame Boden", auf dem Arzt und Patient
sich *als Daseinspartner* begegnen können, weil hier keine Objektivierung
stattfindet, auf dem somit nicht nur das Verstehen *des* Patienten, sondern
auch die Verständigung *mit* ihm möglich wird.

    Damit sind mit den unvermeidlichen Verkürzungen bereits die Grund-
voraussetzungen genannt, welche Binswangers „Daseinsanalyse" prägen
und auf welchen insbesondere die Studie Ellen West sowie in modifizier-

---

[4] Binswanger relativiert im Vorwort zum 2. Band der Ausgewählten Vorträge und
Aufsätze (1955a) unter dem Einfluss von Szilasi diese Aussage durch die Anweisung, „daß
in dem Vortrag *Die daseinsanalytische Forschungsrichtung in der Psychiatrie* überall
statt *Norm Form* gelesen werden muß" (S. 8). Diese „Form" behält allerdings für die
daseinsanalytisch-psychiatrische Forschung notwendig eine normative Funktion.

ter Form auch die Studie Suzanne Urban beruhen. Das daseinsanalytische Vorgehen läßt sich wie folgt charakterisieren:

– Zuerst muß der allen ontischen Bezügen zugrundeliegende Weltentwurf gewonnen werden. Dafür kommt das klassisch hermeneutische Verfahren in Betracht, die einzelnen Gegebenheiten als bedeutsame Momente eines zunächst noch unbekannten Ganzen, der „Welt" zu nehmen, von jenen her nach diesem zu fragen und umgekehrt wieder vom Ganzen der Welt her die Bedeutung der einzelnen Momente verständlich werden zu lassen. Dringlich ist dieses Vorgehen dort, wo ein unmittelbares Verständnis der Ideen oder Verhaltensweisen eines Menschen nicht mehr möglich ist, dort also, wo bisher die Psychiatrie – auf diesem Unverständnis aufbauend – lediglich deren krankhafte Gestörtheit zu diagnostizieren vermochte, weil sie immer nur einzelne Sinnfragmente zu Gesicht bekam.

– Auf der zweiten Stufe erfolgt die *Deskription des Wie* dieses Weltentwurfes als des letztgegebenen, nicht mehr hinterfragbaren Ermöglichungsgrundes für das konkrete Erleben und Verhalten eines Menschen. Die Daseinsanalyse wird hier „Strukturanalyse" mit normativem Charakter. Es geht um die „wissenschaftlich exakte Untersuchung" der jeweiligen Struktur eines Weltentwurfes und seiner Abwandlung im Verlauf der Lebensgeschichte. Diese Untersuchung ist nur möglich am Leitfaden der Norm ontologischer Strukturganzheit, welche die Eigenart eines vorliegenden Weltentwurfes in seiner defizitären Differenz zu eben dieser Norm faßbar macht. Es gelingt so eine Beschreibung der Eigenart schizophrenen In-der-Welt-seins jenseits des medizinischen Begriffspaares gesund-krank, ohne allerdings auf die zwar höherstufige, aber analoge Unterscheidung zwischen ontologisch-normativer Struktur und faktisch-ontischer Strukturabwandlung verzichten zu können. Der normative Zug der Deskription wird dadurch verstärkt, daß für Binswanger die (theoretische) Norm von Strukturganzheit mit einer (praktisch-eudämonistischen) Norm „geglückten" (Szilasi) bzw. „eigentlichen" Daseins (Heidegger) verschmilzt: Die Abwandlung von der Norm ist immer Indiz „mißglückten" bzw. „uneigentlich-verfallenden" Daseins.

3. Daseinsanalyse als strukturell-normative Deskription und als existenzielle Deutung

Nun soll in der gebotenen Kürze die Entwicklung innerhalb der daseinsanalytischen Etappe – in diesem Buch durch die zwei Schizophrenie-Studien Ellen West und Suzanne Urban sowie die Einleitung zum Sammelband „Schizophrenie" repräsentiert – dargestellt werden.

3.1 Der Fall Ellen West (1944/45)

Das daseinsanalytische Programm, wie es sich aufgrund des philosophisch-psychologischen Werks „Grundformen und Erkenntnis menschlichen Daseins" ergibt, ist mit „Ellen West" am reinsten eingelöst. Denn hier wird „aus der Sicht des In-der-Welt-über-die-Welt-hinaus-seins" eine individuelle Daseinsform und ihre Wandlung untersucht. Was in klinisch-psychopathologischer Perspektive als schizophrener Prozeß gilt, kann dank des in den „Grundformen" erarbeiteten Leitfadens „Schritt für Schritt" als „zunehmender Einkreisungs- und Verengungsprozeß" der gesamten Existenz aufgewiesen werden. Es wird jener den Krankheitsverlauf bestimmende „Grundvorgang" sichtbar gemacht, von dem her sich auch noch Ellens Suizid in seiner „inneren Konsequenz" verstehen läßt.

Dieser auf die Struktur abhebende Ansatz wird nun auf eigentümliche Weise von einer Interpretation begleitet, die Binswanger als „existenzielle" bezeichnet, ohne daß das Verhältnis der beiden Sichtweisen thematisiert würde. Die Doppelgleisigkeit des Deutungsansatzes macht m.E. gerade den Reichtum dieser Schrift aus, sie ermöglicht es Binswanger, der Begabung der Patientin sowie der Komplexität ihrer Problematik gerecht zu werden. Im folgenden werde ich beiden Ansätzen in ihren Konsequenzen nachgehen und dabei auch auf die Hintergründe sowohl ihrer Unvereinbarkeit wie der Dominanz des strukturellen Ansatzes aufmerksam machen.

Binswanger bedauert, daß über die *Kindheit* von Ellen so wenig Daten vorlägen. Was will bzw. kann die Daseinsanalyse aus solchen Daten erfahren? Binswanger erwähnt zwei bzw. drei Vorkommnisse, welche ihm von zentraler Bedeutung scheinen: – Ellen verweigerte mit 9 Monaten die Milch; – sie fiel als „eigensinniges" und „trotziges" Kind auf („dieses Nest ist kein Vogelnest"); – sie litt schon als Kind zeitweise unter einem ihr selbst unverständlichen „Druck" sowie unter dem Gefühl, „alles" sei „leer". Die daseinsanalytische Bezugnahme auf die frühe Kindheit hat nicht den Sinn, nach Ursachen oder Motiven für die spätere Erkrankung zu forschen, weil gemäß Binswangers transzendental-apriorischem Ansatz kindlichen Erfahrungen nicht jene ,determinierende' Bedeutung für pathologische Entwicklungen zukommen kann, wie sie die (Vulgär-)Psychoanalyse annimmt. Belegt werden soll nur, daß sowohl der Trotz wie das Gefühl innerer Leere als jene beiden Symptome, welche in verschiedenem Gewande auftauchend, das ganze Leben Ellen Wests prägen sollten, schon „von Anfang an" auftreten.

Der Rückgang ,hinter' die kindliche Entwicklung auf ein auch dieser schon zugrundeliegendes Welt- und Selbstverhältnis ist bei Binswanger gewiß nicht von seinem strukturellen Ansatz zu trennen. Die Verbindung ist aber nicht zwingend; Binswanger zeigt selber, daß auch unter dieser

Voraussetzung eine „existenzielle" Auslegung möglich bleibt. Wir verfolgen zunächst die strukturelle Variante.

3.11 *Die strukturelle Interpretation*

Gemäß dem Leitfaden, den die „Grundformen und Erkenntnis menschlichen Daseins" bereitstellen, richtet Binswanger an Leben und Krankheit Ellen Wests primär zwei Fragen: a. *Welchen Modus* des In-der-Welt-seins finden wir vor, bzw. welcher Modus fehlt hier? (Diese Formulierung ist bezeichnend, handelt es sich doch um eine „vorfindliche" spezifische Strukturmodifikation.) b. *Wie* hält sich das Dasein in diesem Modus des In-der-Welt-seins auf? (Diese Frage geht davon aus, daß der jeweilige Modus seinerseits sich modifiziert gemäß der Heideggerschen Unterscheidung von Eigentlichkeit und Uneigentlichkeit bzw. Verfallen.)

Zu a. Es läßt sich aufgrund der vor allem von Ellen West stammenden Zeugnisse (Tagebuchnotizen und Briefe) zeigen, daß dieses Dasein „nirgends liebend geborgen" ist (S. 117). Die das In-der-Welt-sein von Ellen dominierende Grundform ist das „bloß mitweltliche Mitsein von einem mit den andern", eine Form, die Binswanger in Abhebung von der „Wirheit" der Liebe als „Personalität" charakterisiert. Die „Personalität" bestimmt sowohl den „mitweltlichen" wie auch den „eigenweltlichen" Umgang, das heißt sowohl das Verhältnis zu anderen Menschen wie zu sich selbst. Wo aber, wie in dieser Daseinsgestalt, die höchste Grundform, die ein echtes Miteinandersein und damit Geborgenheit und Ewigkeit schenkt, verschlossen ist, haben wir eine entscheidende Abwandlung im Sinne einer „geschrumpften" Struktur vor uns. Trotz und Leere sind negativ von daher begründbar: nur die Liebe vermöchte die von Trotz und Eigensinn beherrschte Situation wirklich zu verwandeln; Liebe ist wahre Daseinsfülle; die Rumpfstruktur bedeutet bereits eine enorme Beschränkung, ja „Entleerung" der Daseinsmöglichkeiten.

Zu b. Ellen Wests Dasein vermag sich nicht „seines Grundes zu bemächtigen" und wird darum von der Welt „übermächtigt". Bei der Charakterisierung des „Wie" des personalen Mitseins und Selbstseins sind die von Heidegger übernommenen Begriffe der „Uneigentlichkeit" bzw. des „Verfallens" leitend, wobei letzterer zu passivischem „Verfallen*sein*" umformuliert wird. Ellen lebt ihr In-der-Welt-sein in „uneigentlichem singularem Modus" und als „Verfallensein an Welt überhaupt" (S. 149). Von daher sind nun ihr Trotz und das Gefühl der Leere positiv zu bestimmen: Das trotzige Selbst ist einerseits „weltverschlossen" und darum „entleert", andererseits impliziert diese Verschlossenheit gleichwohl keine Unabhängigkeit von der Welt, sondern im Gegenteil das negative Bestimmtsein durch deren Übermacht. Der Trotz ist wider allen oberflächlichen Augenschein Ausdruck eines „von der Mitwelt her bestimmten, uneigentlichen und unfreien Selbst" (S. 108).

Diese Auslegung von Trotz und Leeregefühl exemplifiziert die strukturell-normative Interpretation jeglicher Gefühle, Erfahrungen und Handlungen eines Menschen: Sie werden nicht einbezogen in das Ganze eines menschlichen Sinnentwurfes im Sinne einer auch lebensgeschichtlich bedingten und konflikthaften Auseinandersetzung mit sich und der Welt, sondern sie werden zurückbezogen auf die zugrundeliegende Daseinsstruktur, von der sie einerseits zeugen und von der her sie andererseits zu verstehen sind.

Bei den besprochenen zwei Fragen hat es nun allerdings noch nicht sein Bewenden. Binswanger will zeigen, wie sich die von Anfang an bestehende Verfallenheit Schritt für Schritt als mit innerer Konsequenz fortschreitender Gestaltwandel manifestiert. Darum „kann die Daseinsanalyse nicht rein systematisch verfahren, sondern muß sich streng an die lebensgeschichtlichen Daten halten." (S. 106) Die Trotzhaltung und das Gefühl der Leere sind also bisher erst strukturell geortet worden; nun gilt es, ihre verschiedenen Erscheinungsformen, die zugleich eine Wandlung ihrer Gestalt bedeuten, aufzuzeigen. Hierbei kommt nun auch die daseinsanalytische Maxime einer „minutiösen Beschreibung der Phänomene" zu ihrer Anwendung.

Zum „Phänomen" des Trotzes: Ellen trotzt nicht gegen dieses oder jenes, sondern sie trotzt gegen *alle Schranken* ihres eigenwilligen Selbst. Der Trotz richtet sich als Haß gegen die Mitwelt, die nicht so ist, wie sie nach ihren Vorstellungen zu sein hätte, und er richtet sich gegen sie selbst, gegen die eigene leibliche Konstitution, die nicht ihrem Ideal des Dünn- und Ätherischseins entspricht. Binswangers Leitfaden bei dieser beschreibenden Auslegung des Trotzes und seines Wandels ist der *Weltbegriff*. Die Welt, für die Grenze und Widerständigkeit konstitutiv sind, hat für Ellen anders zu sein, als sie ist, nämlich schrankenlos und leicht. Aber diese Wunschwelt „bleibt von Anbeginn an nicht unwidersprochen" (S. 113). Schranken drängen sich auf, von der sich Ellen zu befreien und in luftige Höhen emporzuschwingen hofft. Damit ereignet sich aber eine bedeutsame Abwandlung der Grundform des In-der-Welt-seins: An die Stelle des „Stehens" und „Schreitens" auf der Erde, welche den praktisch-handelnden Umgang mit anderen Personen ermöglicht, treten zunehmend die zwei gegensätzlichen Formen des „Schwebens und Fliegens in der Luft" einerseits, des „Eingeschlossenseins unter der Erde" andererseits. Hinsichtlich der Welt erfolgt die Abwandlung mit dem Auseinandertreten zweier gegensätzlicher Weltentwürfe. Die *eine* Welt fällt in *zwei* unversöhnliche Welten auseinander: „eine helle, leichte weite, nicht widerständige Welt, die Welt des Äthers, und eine dunkle, massive, schwere, enge und widerständige Welt, die Welt der Erde oder der Gruft" (S. 117). Die Entwicklung besteht nun in einer zunehmenden Verhärtung des Gegensatzes beider Welten. Zunächst aber dominiert die ätherische Welt.

Die Abwandlung schreitet damit fort, daß sich der Gegensatz immer mehr von der Mitwelt auf die Eigenwelt, auf den eigenen Leib verlagert: „die Leiblichkeit als Inbegriff ... des materiehaften und begierdehaften Modus" des In-der-Welt-seins kann aufgrund dieses Weltentwurfes nur als Schwere und Kerker erlebt werden; sie bedeutet „den schärfsten Gegensatz zu Leichtigkeit oder ätherischem Dasein" (S. 117 f.). Der Leib wird darum zur Herausforderung, das ätherische Dasein zu verwirklichen: er soll luftig und leicht, gewichtslos sein. Seine ganze Tragik gewinnt dieser Wille zur Ätherisierung des Leibes dadurch, daß Ellens Leib von Natur aus kräftig und robust ist. Sie formuliert den unversöhnlichen Widerspruch so: „Das Schicksal wollte mich dick und kräftig haben, ich aber will dünn und zart sein." (S. 102) Der Wandlungsprozeß im Sinne der zunehmenden Einengung des gesamten Lebens konzentriert sich nun auf dieses eine Ziel: dünn zu sein.

Mit dem Auftauchen der „Angst vor dem Dickwerden" manifestiert sich „der eigentliche Krankheitsprozeß im psychiatrischen Sinne". Aber was psychiatrisch mit dem Auftauchen dieses Symptoms als „Anfang" erscheint, ist daseinsanalytisch schon das „Ende", das „Ende nämlich des Einkreisungsprozesses des gesamten Daseins". „Der ‚Weg' dieser Lebensgeschichte ist jetzt eindeutig vorgezeichnet: er läuft nicht mehr in die Weite der Zukunft, sondern bewegt sich im Kreis" (S. 118). Warum ist das Auftauchen dieses Symptoms so bedeutsam? Weil sich in jener Angst die eigentliche, wenn auch zur Zeit noch verdeckte, Vorherrschaft der „Welt unter der Erde" bekundet, und damit das Verfallensein des Daseins an diese Welt. „Zur Angst kommt es ja immer nur da, wo das Dasein dem, wovor es sich ängstigt, im ‚Grunde' bereits *verfallen* oder *verhaftet* ist." (S. 125) Die Angst vor dem Dickwerden ist „das psychologische Gewand" der Angst „vor der Versumpfung ihrer Existenz" überhaupt (S. 129), vor ihrer „Verlochung" in der „Lochwelt".

An der nächsten Station taucht die *Freßgier* auf. Mit der Angst vor dem Dickwerden hatte die ätherische Welt ihre Dominanz zwar eingebüßt. Aber erst jetzt, mit der „Freßgier" als dem fortwährenden Verlangen nach Essen nimmt die Welt Ellen Wests endgültig „die Form der Leere oder des Lochseins" an. Allerdings ist auch die Freßgier, wie die Angst vor dem Dickwerden, nicht das Zentrale, sondern lediglich „ein besonderer Zug" der allgemeinen Verfallenheit „an die dumpfe Sumpfwelt" qua „Welt der Begierden".

Mit dieser Bestimmung von Ellen Wests Daseinsform als Verfallensein an die Lochwelt ist Binswanger unversehens einen entscheidenden Schritt über den bloßen Aufweis der Spaltung der Welt in zwei unversöhnliche Welten und des Hin- und Hergerissenseins zwischen diesen beiden Welten hinausgegangen. Nicht das Leben in zwei unversöhnlichen Welten, sondern das Verfallensein an die *eine* dieser beiden Welten, an die Lochwelt, wird

nun als das „Wesen" dieses Daseins gedeutet, während die Spaltung in die
zwei Welten als eine Konsequenz daraus erscheint: es gehört „zum Wesen
des Lochseins, daß es sowohl als Leere, wie als enges Begrenzt- und Bedrücktsein oder Gefangensein, wie auch als Sehnsucht nach Freiheit erlebt
werden kann" (S. 169). Der Wunsch nach der ätherischen Welt erweist sich
im Nachhinein als der Versuch, dem das Dasein von Anfang an bestimmenden „Lochsein" zu entfliehen. Der Wandel ist nur ein Wandel in der
Manifestation des Weltentwurfs gewesen, der sich zunehmend deutlicher
und unmittelbarer offenbart.

Für Binswanger ist mit dem Ausbruch des „tierischen Hungers", dem
sich Ellen nicht ergeben will, gegen den sie immer wieder ankämpft, um ihm
dann aber in einem Anfall von Freßgier zu erliegen, „der Kreis geschlossen":
das Dasein „ist eingekreist in eine bloße leere Gegenwart." (S. 133 f.) Der
Selbstmord wird in dieser Sicht zur „notwendig-willentlichen Konsequenz".
Notwendig, insofern er konsequent aus der Strukturumwandlung folgt; wil-
lentlich, insofern ihn Ellen ersehnt und herbeiführt als Befreiung von der
Gier, der sie anders nicht mehr entkommen kann.

Mit der strukturellen Analyse des Umwandlungsprozesses anhand des
Weltbegriffs ist gemäß der Heideggerschen These, daß die Zeitlichkeit der
fundamentale Horizont allen existenzialen Explizierens bildet, noch nicht
der tiefste Grund des Prozesses erreicht. Den bildet vielmehr die Zeit, allerdings nicht als das subjektive Zeiterleben des betroffenen Menschen, sondern als seine ontologische „Zeitigung". Darum macht es sich Binswanger
noch zur Aufgabe, Ellens Weltentwurf und dessen Wandlungen als „Abwandlungen der Zeitigung" zu reinterpretieren (S. 137 ff.). Damit ist schon
klar, daß Binswanger auch die Zeitlichkeits*struktur* im Blick hat, die als
transzendentale normativ ist und sich im konkreten Fall im Sinne des Ab-
weichens von der Norm wandeln kann. Er befragt zunächst die beiden disparaten Welten auf ihre Zeitstruktur. Es ergibt sich, daß die ätherische Welt
eine Welt „uneigentlicher Zukunft", die Gruftwelt umgekehrt eine Welt „uneigentlicher Vergangenheit" ist. Das Leben in diesen zwei Welten macht
die Gegenwart zu einem bloßen „Gegenwärtigen" und „Verfallensein an die
objektive Weltzeit." Der Weg von der Vorherrschaft der ätherischen zur
Übermacht der Gruftwelt läßt sich als Wandlung von der Vorherrschaft
der uneigentlichen Zukunft zur Übermacht der Vergangenheit verstehen.
Entscheidend aber ist – auch für die Bestimmung des Unterschiedes von
Neurose und Psychose – das „Auseinanderfallen" der Zeitlichkeit in ihre
einzelnen Ekstasen (S. 148; S. 201 f.). Dieses Auseinanderfallen von Vergangenheit, Gegenwart und Zukunft bedingt, daß „nichts mehr läuft", daß
das Leben sich nicht mehr „zeitigt", somit keine Chancen der Entwicklung
mehr hat und an sein Ende gekommen ist.

Ellen West hat zweimal eine psychoanalytische Behandlung versucht. Die daseinsanalytische Einsicht in ihre Wesensstruktur macht nach Binswanger verständlich, daß beiden Behandlungen kein Erfolg beschieden sein konnte. Das notwendige Scheitern ist sowohl von der „Welt-" wie von der „Zeitstruktur" her begründbar. Da Ellens geschrumpfter Weltentwurf weder für Liebe und Freundschaft noch für existenzielle Fürsorge offen ist, fehlt der gemeinsame Boden möglicher Verständigung; sie existiert „im tiefsten Grunde als Gewesende", und deshalb „mußten alle Versuche, sie in die Gegenwart zu versetzen (sie also in die jeweilige *Situation* hervorzurufen) und ihr die Zukunft zu erschließen, mißlingen" (S. 204).

3.12 *Die existenzielle Interpretation*

Jene Aussagen Binswangers über Ellen Wests Erkrankung und ihren Verlauf, die – statt auf eine vorgegebene Struktur und deren prozeßhafte Abwandlung – auf Ellens Selbstverhältnis im Sinne ihrer Auseinandersetzung mit sich selbst rekurrieren, erlauben es, von „existenzieller Interpretation" zu sprechen. Damit bleibt Binswanger nicht nur näher bei den unmittelbar gegebenen Phänomenen, sondern näher vor allem auch bei der Selbstauslegung dieser Frau. Ellen selbst versteht ihren für die Umwelt so auffälligen Trotz und Eigensinn als Weigerung, sich selbst so zu akzeptieren, wie das Schicksal sie geschaffen hat. Sie selbst spricht von ihrem insistenten Wunsch, anders zu sein, als sie ist, am poetischsten in dem Vers: „Schöpfer, Schöpfer, Nimm mich zurück! Schaff mich ein zweitesmal. Und schaff mich besser!" (S. 83)

Wenn nun Binswanger formuliert, „der Sinn" ihres Lebens sei es nicht gewesen, „sie selbst zu sein, sondern der, *nicht* sie selbst zu sein" (S. 136), dann wertet er Ellens Selbstaussagen als unmittelbaren Ausdruck eines grundlegenden – das Wesen dieser Daseinsgestalt ausmachenden – *Selbst- bzw. Seinsverhältnisses.* Der Hader mit sich selbst manifestiert nun nicht bloß ein Unvermögen, das seinerseits in einer alles subjekthafte Verhalten bedingenden Seinsstruktur fundiert ist, sondern ist selbst die spezifische Seinsweise dieses Daseins. Anders formuliert: Das Selbst, das sich weigert, es selbst zu sein, wird nicht als defizientes, weil einer geschrumpften Struktur zugehöriges Selbst gewertet, sondern als das zu sich selbst Nein sagende Selbst ernst genommen. Das setzt voraus, daß Dasein ontologisch nicht als *gegebene* Strukturganzheit gefaßt wird, sondern als Selbst*vollzug*.

Philosophischer Gewährsmann ist hier *Kierkegaard*, und zwar dessen Schrift „Die Krankheit zum Tode". Binswanger bekennt, er „kenne keine Schrift, welche die daseinsanalytische Interpretation der Schizophrenie mehr zu fördern vermöchte als diese." (S. 136) Es handle sich um die „geniale Beschreibung und philosophisch-theologische Interpretation" des „verzweifel-

ten' Man-selbst und ‚verzweifelten' Nicht-man-selbst-sein-wollens" (1957c,
S. 54). Der Daseinsanalytiker habe nur die von Kierkegaard noch religiös
gedeutete „Verzweiflung" existenziell aufzufassen, um darin einen der wichtigsten Beiträge zum Verständnis des schizophrenen Wahnsinns zu finden.

Die Differenz zum strukturellen Ansatz wurde bereits angedeutet.
Sie liegt im unterschiedlichen Vorverständnis von „Sein". Selbst*sein* und
Selbst*verhältnis* gewinnen den Sinn eines existenziellen *Vollzugs*. Während
Binswangers Strukturtheorie das „Sein" des Menschen im Sinne der von
Heidegger attackierten traditionellen Metaphysik als nicht weiter zu befra-
gende „Gegebenheit" bzw. „Vorhandenheit" nimmt und sich ganz auf die
Frage nach dem „Wesen" des Daseins konzentriert, gründet die existenzielle
Deutung im spezifisch Heideggerschen Verständnis des menschlichen Seins
als „Zu-sein" und damit als „Vollzug": Das Dasein ist, indem es *zu sein*
hat; sein Sein ist dem Dasein nicht ‚gegeben', sondern zum Vollzuge aufgegeben; es ‚ist' nur als dieser Vollzug. Heidegger hat diesen Seinsbegriff auf
die Formel gebracht, das Wesen des Daseins liege in seiner Existenz (SZ, S.
42). Weil alles auf den Vollzug ankommt, steht Dasein grundsätzlich und
immer vor der Wahl, es selbst oder nicht es selbst zu sein. Diese Wahl kann
sich psychisch in den mannigfachsten Formen manifestieren, gehört aber als
solche zur condition humaine. – Eigentümlich bleibt, daß dieses Heidegger-
sche Seinsverständnis für Binswangers Denken nur auf dem Umweg über
Kierkegaard fruchtbar wird; die Passagen dazu in „Sein und Zeit" werden
entweder transzendental-struktural oder psychologisch rezipiert.

In einem solchen „existenziellen" Interpretationsrahmen gewinnt Ellens
Selbsterfahrung überhaupt erst einen Sinn. Sie ist nun nicht bloßes Resultat
einer zu erforschenden Struktur, sondern Manifestation ihres „Seinsvollzu-
ges". Dies gilt sowohl für ihre Wünsche wie für ihre Ängste; für ihren Aufenthalt in zwei Welten wie für den daraus resultierenden unlösbaren Konflikt. Ellens Wunsch und Wille, nicht sie selbst zu sein, wird verständlich als
„Abkehr" (Heidegger) vom eigenen Sein – eine Möglichkeit, die also nicht
erst einer pathologischen Abwandlung des Daseins entspringt, sondern die
das menschliche Dasein als solches von Grund auf bestimmt. Darum herrschen hier auch Wendungen vor, die Ellen als Gestalterin ihres Schicksals
erscheinen lassen, statt als Opfer eines allem Selbstsein zugrundeliegenden,
nach eigenen Gesetzmäßigkeiten sich vollziehenden Geschehens. Nicht ein
„Unvermögen" und ein schicksalhaftes „Nicht-anders-können", sondern der
„verzweifelte Wille" zum Anderssein, und eine „eigenwillige und eigensinnige Revolte gegen die Art und Weise, wie sie selbst ins Dasein geworfen
ist" (S. 182) werden hier als „Wurzel so vieler ‚Fälle' von Schizophrenie"
(S. 136) erkannt.

Konflikt, Gestimmtheit und Leiden gewinnen in dieser Perspektive erst
einen Sinn. Der *Konflikt* besteht nicht im faktischen Auseinandergerissen-

sein in zwei unversöhnliche Welten, sondern im Beharren auf der unmöglichen Forderung, sich zwei widersprüchliche Wünsche zu erfüllen: Ellen will essen, bis sie satt ist, und will zugleich nicht dick werden. Die Lösung des Konflikts hat einen Preis, den sie nicht zu zahlen bereit ist. Was strukturell als „Spaltung" erscheint, erweist sich hier als Konsequenz der Anmaßung, die Bedingungen der condition humaine zu verwerfen und ein „menschenunmögliches Selbst" sein zu wollen. Der strukturell nur konstatierbare Wandel der Antinomik im Prozeß einer zunehmenden Herrschaft des einen Weltentwurfes über den andern wird verständlich als Wiederkehr der abgelehnten Seite der eigenen Existenz: „Je eigenwilliger (dekret- oder diktathafter) der Mensch sich dem Geworfensein in sein Dasein und damit in das Dasein überhaupt widersetzt, desto stärker kommt dieses Geworfensein wieder zur Geltung." (S. 182)

Die *Gefühle*, denen Ellen ausgeliefert ist, sind nicht einfach Zustände, die eine geschrumpfte Struktur anzeigen, sondern adäquate Formen der Selbsterfahrung. Dies gilt für das Gefühl der Leere wie der Angst. Die innere Leere spricht davon, daß „nichts" läuft noch sich entwickeln kann, solange sich das Dasein seinem eigenen Sein verweigert. In der unerträglichen Angst vor dem Dickwerden wird Ellen von der Wahrheit verfolgt, daß die Flucht vor ihr selbst in eine ätherische Wunschwelt notwendig scheitern muß, daß sie „sich selbst nicht entkommt" (Freud).

Während das *Leiden* in struktureller Sicht aus der Strukturabwandlung entspringt und als solches nur als *Erleiden* dieser Abwandlung gedeutet werden kann, wird es nun mit Kierkegaard als „Verzweiflung" bestimmt. Diese aber ist nicht ein bloßes Er-leiden eines Zustandes, sondern auch (aktives) Leiden *an* etwas, nämlich an der Unmöglichkeit der Erfüllung des Wunsches, anders zu sein als man ist.

Der *Tod* ist in existenzieller Interpretation als „Entschluß zum Tode" nicht die Konsequenz aus dem vorliegenden Sachverhalt der Existenzumwandlung, sondern der „letzte Versuch des Daseins, zu sich selbst zu kommen" (S. 150). Binswanger hält diesen Versuch auch für gelungen: Das Dasein Ellens ist im Entschluß zum Tode „eigentlich und ganz es selbst geworden" (S. 137). Der Entschluß wird hier von Binswanger als ein Akt der Freiheit erkannt – jener Freiheit, deren das Dasein im Falle Ellens gemäß der Strukturtheorie längst verlustig gegangen ist.

Es sollte deutlich geworden sein, daß mit dem existenziellen eine Alternative zum strukturellen Deutungsansatz vorliegt, die von andern ontologischen Voraussetzungen ausgeht. Wie schon einleitend erwähnt, wird diese Alternative bei Binswanger nicht als solche erkenntlich, sondern läuft unabgehoben ‚nebenher' – offensichtlich in der Annahme, daß sie durchaus mit der Strukturtheorie verträglich sei. Daß er die Differenz beider Ansätze übersehen kann, hat seinen Grund u.a. darin, daß die existenzielle Inter-

pretation ontologisch ‚bodenlos' bleibt und darum nicht ‚zu Ende gedacht'
werden kann, vielmehr wieder in die Strukturtheorie einmündet. Weil Binswanger das „Sein" des Daseins nicht als ihm aufgebürdeten und primär als
Last erfahrenen Vollzug, sondern im Sinne transzendentaler Gegebenheit
nimmt, kann er auch die Flucht vor der Übernahme des eigenen Seins nicht
existenzial verständlich machen. Der Wille Ellens, nicht sie selbst zu sein,
bleibt darum eine vorgegebene individuelle, aber sinnwidrige Eigentümlich-
keit ihrer Daseinsgestalt, die lediglich als solche beschrieben werden kann.
Um diese Sinnwidrigkeit zu begründen, bietet sich nur die Strukturtheorie an. Denn sie vermag das Sinnwidrige als sinnbare Manifestation eines
strukturellen Verfallsprozesses zu interpretieren.

3.2 Der Fall Suzanne Urban (1952/53)

In dieser letzten der fünf Studien zur Schizophrenie sind sowohl thematisch
wie methodisch namhafte Unterschiede zum Fall Ellen West festzustellen.
– *Thematisch* steht die daseinsanalytische Interpretation des Wahns im
Zentrum. Die Wahnthematik im Fall Ilse und im Fall Lola Voß findet hier
ihre Fortsetzung und zugleich ihren Abschluß. – *Methodisch* fällt die zunehmende Orientierung an Szilasis Werk „Macht und Ohnmacht des Geistes"
(1946) ins Gewicht. Der bisher alle Auslegung leitende Begriff der Welt
bzw. des In-der-Welt-(über-die-Welt-hinaus-)seins tritt hinter den Begriff
der „natürlichen Erfahrung" zurück. – Die schizophrene „Umwandlung"
des Daseins im Sinne eines selbstfremden Prozesses wird *stärker* betont,
die existenzielle Interpretation, obwohl noch an einigen Stellen vertreten,
bildet kein Gegengewicht mehr.

Die folgenden Erläuterungen konzentrieren sich einseitig auf das thematisch und methodisch Neue, mit dem sich bereits die phänomenologische
Wende vorbereitet. Binswanger selber führt dieses Neue gleichsam unter der
Hand ein, während die von ihm gesetzten Titel „Welt", „Raum" und „Zeit"
den Eindruck vermitteln, daß immer noch das bisherige, an „Sein und Zeit"
und den „Grundformen" orientierte methodische Verfahren zur Anwendung
komme. Dies trifft zwar partiell zu, so etwa, wenn von der Strukturganzheit
her die Reduktion des vorliegenden Weltentwurfes bestimmt, die einzelnen Schritte des strukturellen Umwandlungsprozesses beschrieben und der
Wahn als dessen äußerste Konsequenz gedeutet werden. Das Spezifische des
wahnhaften In-der-Welt-seins fällt aber durch die Maschen dieses Netzes;
denn von Nivellierung und Entleerung der Struktur sowie vom „Verfallensein" als „Ausgeliefertsein an die Öffentlichkeit" (S. 248) läßt sich auch bei
nicht-wahnhaften Existenzformen sprechen. Wo Binswanger die bisherigen
Begriffe verwendet, kann er das Andere des Wahns nur in quantitativen
Superlativen zum Ausdruck bringen. Er spricht vom „enorm" eingeengten

Weltentwurf (S. 251), von der „ungeheuren" Schrumpfung der Zeitstruktur (S. 281), vom „äußersten" Verfallensein (S. 280). Der zunehmende Einfluß von Szilasis Denken läßt sich hier sachlich begründen: Binswangers Anliegen, den Wahn als jenes Phänomen, in dem „das Problem der Schizophrenie kulminiert", daseinsanalytisch zu erforschen, bedarf anderer interpretativer Kategorien, welche sowohl das *Wesen* des Verfolgungswahns wie dessen eigentümlichen *Wirklichkeitscharakter* positiv zu bestimmen vermögen. Er findet sie in dem 1946 erschienenen Werk „Macht und Ohnmacht des Geistes". Ebenfalls von Bedeutung für die methodische Neuorientierung Binswangers ist ein in die Zeit der Abfassung der Studie „Suzanne Urban" fallender Aufsatz Szilasis mit dem Titel: „Die Erfahrungsgrundlage der Daseinsanalyse Binswangers"[5]. Dieser Aufsatz verfolgt den Zweck, Binswanger über die Eigenart und Tragweite seiner daseinsanalytischen Forschung philosophisch aufzuklären. Szilasi begründet sein Unterfangen einleitend damit, daß Binswangers „Selbstdeutung" seiner Forschung, nämlich die Psychosen am Leitfaden von Heideggers fundamentalontologischer Struktur des In-der-Welt-seins als Abwandlungen dieser Struktur aufzuschließen, unzutreffend sei (S. 74f.). Positiv begründet er seine Stellungnahme mit dem in „Macht und Ohnmacht des Geistes" entwickelten Verständnis der „natürlichen Erfahrung". Binswanger verweist gegen Ende der Studie „Suzanne Urban" (S. 310) erstmals auf diesen Text, der für ihn in der Folgezeit verbindlich wird.

Während die Katcgorie der „natürlichen Erfahrung" die Interpretation des Wahnhaften der Wahnerfahrung leitet, dient die Kategorie des „Schrecklichen" dem Verständnis des Verfolgungswahns.

3.21 Das Wesen des Schrecklichen

Die „Daseinsgestalt" Suzanne Urbans ist „von der Macht des Schrecklichen gezeichnet" (S. 256). Es fällt auf, wie der phänomenale Tatbestand erschreckender und zugleich überwältigender Erfahrungen zu einer (vorhandenen) Macht des Schrecklichen hypostasiert wird. Binswanger deutet Suzannes Erfahrungen als von einer „selbstfremden" Macht bewirkte. Er definiert das Schreckliche mit Szilasi als das „objektive Korrelat der Angst" und bezeichnet es als jene „unheimliche, dunkle Macht, die hier alles Geschehen hervorbringt und alle Erfahrung lenkt" (S. 252). Das Dasein von Suzanne Urban kann darum nur über die „Wesenserfassung des Schrecklichen" verstanden werden, die Binswanger denn auch als „die eigentliche Intention unserer Untersuchung" bezeichnet (S. 288). Wesenserfassung beinhaltet mehr als die bloße „Feststellung und Beschreibung" der verschiedenen Stadien der Manifestation des Schrecklichen (der „Verlaufsstruktur").

---

[5] In: Schweiz. Archiv f. Neurol. u. Psychiatr. Bd. LXVII, 1951; 2. erweiterte Fassung in: Philosophie und Naturwissenschaft, Francke Bern 1961.

Es geht darum, das Schreckliche selbst in seiner Herkunft, Eigenart und Wirkung zu *verstehen*.

Diese Konzeption ist nun ganz an Szilasis Ausführungen in „Macht und Ohnmacht des Geistes" orientiert[6]. Ausgangspunkt und Leitfaden bildet nicht mehr die Strukturanzheit des In-der-Welt-über-die-Welt-hinausseins, sondern die Koinonia (Gemeinschaft) von *Angst und Vertrauen* als „Grundlage der menschlichen Seinsmöglichkeiten" (S. 240, 309). Wo Binswanger früher von der Liebe als dem Gegenpol zur Angst sprach, führt er jetzt das Vertrauen ein. Im Bemühen, die Kontinuität seines Denkens zu betonen, wird die Differenz beider Begriffe, die u.a. darin liegt, daß die Liebe als Welt *über*steigend ausgelegt wurde, während das Vertrauen grundsätzlich Vertrauen in die (reale) Welt der Praxis ist, übergangen. Lediglich in einer Anmerkung (Anm. 54) zur Studie Lola Voß stellt Binswanger explizit den Bezug zwischen Liebe und Vertrauen her, indem er erklärt, es bedürfe kaum der Erwähnung, „wie nahe" sich die beiden Begriffe „berührten" (1957c, S. 486).

Die Macht des Schrecklichen – des objektiven Korrelats der Angst – ist keine daseinsfremde, von außen bzw. durch die Krankheit erzeugte, sondern eine dem Dasein immanente Macht; Binswanger zitiert hier Goethe mit dem Satz „Wir schlafen sämtlich auf Vulkanen". Aber solange die Angst, die mit Szilasi als die „Empfänglichkeit für das Schreckliche" verstanden wird, in das „Gesamtgefüge" der Seinsmöglichkeiten eingebettet bleibt, bricht der Vulkan nicht aus. Das Dasein geht dort in die „Irre", wo die Koinonia von Angst und Vertrauen zerbricht und eine der beiden Seinsmöglichkeiten sich isoliert und verabsolutiert. Im Falle des Verfolgungswahns ist es die Angst bzw. ihr objektives Korrelat, das Schreckliche, dem in der Isolierung die Begrenzung und damit jegliches Maß abgeht. Die Krankheit produziert also nicht diese Macht, sondern sie stellt nur eine Form des Verhältnisses zum Schrecklichen dar – das Überwältigtwerden von ihr und das Unterliegen.

Der Ausbruch der Angst aus der „transzendentalen Einheit" mit dem Vertrauen ist auch im Falle von Suzanne Urban für Binswanger nicht lebensgeschichtlich bedingt, sondern konstitutionell vorgezeichnet, insofern ein „von Hause aus" mangelhaftes Vertrauen zu den Mitmenschen diagnostiziert wird (S. 235). Der Daseinsverlauf kann nun als der Prozeß eines zunehmenden Überwältigtwerdens durch die Macht des Schrecklichen beschrieben werden, wobei drei „Formen", welche zugleich Steigerungen bedeuten, auszumachen sind: der Schreck der Urszene, die schreckliche Atmosphäre und die Schreckenswelt (S. 256). Während psychopathologisch die Krankheit erst mit der „Schreckenswelt" (dem Ausbruch des Verfolgungswahn)

---

[6] Szilasis Buch besteht aus Interpretationen von Schriften Platons und Aristoteles. Für Binswanger wichtig sind vor allem die Ausführungen zu Platons Philebos.

beginnt, vermag Binswanger dieses letzte Stadium als die äußerste Konsequenz einer von Anfang an bestehenden und sich zunehmend entwickelnden Existenzumwandlung zu interpretieren.

3.22 Das Erfahrungsmodell des Wahns

Nach dem Fall „Lola Voß" stellt sich Binswanger hier zum zweiten Male der Aufgabe, das Phänomen des „ausgesprochenen Verfolgungswahns" im Unterschied zur bloßen „Wahnstimmung" daseinsanalytisch aufzuklären. Die Differenz liegt in zweierlei: Zum einen kehrt sich die allgemeine Atmosphäre des Unheimlichen und Schrecklichen, die überall Gefährdungen wittert, zur Erfahrung konkreter Feinde. Zum andern tritt an die Stelle des vagen Vermutens und Ahnens, das sich in Wendungen wie „es ist, als ob", „ich spüre, daß" ausdrückt, die absolute Gewißheit des „ich sehe" und „ich höre", was diese bestimmten Feinde reden und tun. Die Wahnkranke Suzanne Urban erfährt sich als „mit beiden Beinen in der Wirklichkeit" stehend (S. 269). Sie leidet nicht, wie Ellen West, an ihren eigenen Begierden, und sie flieht nicht aus ihrer realen Situation in eine Wunschwelt, sondern sie leidet an der Schrecklichkeit der realen Welt, an der Verfolgung durch konkrete Personen. Ihr Verhalten unterscheidet sich darum in nichts von dem eines Menschen, dem reales Unrecht geschieht. Will Binswanger beim Phänomen bleiben, so muß er sich mit dem Problem unterschiedlicher Wirklichkeitserfahrung und unterschiedlicher Modi von Gewißheit auseinandersetzen. In Szilasis Theorie der „objektiven Transzendenz" und der „natürlichen Erfahrung" findet er nun einen normativen Wirklichkeits- und Erfahrungsbegriff, der es erlaubt, die wahnhafte Erfahrung mit ihrer eigentümlichen Gewißheit als Abweichung verständlich zu machen.

Die Ausführungen Binswangers zur wahnhaften Erfahrung zeigen eindrücklich den jeweils aktuellen Stand des Einflusses von Szilasi. So schreibt er am Anfang des Kapitels „Zeit" (S. 276 f.), eine „Lehre von der wahnhaften Erfahrung" zu geben sei deshalb die schwierigste Aufgabe, weil „wir noch nicht im Besitz einer Ontologie der natürlichen Erfahrung sind", um dann in Anmerkung 71 unter Verweis auf den erwähnten Artikel Szilasis beizufügen, daß seit der Niederschrift dieses Satzes „Szilasi hierzu wichtige Bemerkungen veröffentlicht" habe. In partieller Aufnahme dieser „Bemerkungen" macht Binswanger im folgenden den interessanten Versuch, die Eigenart der wahnhaften Erfahrung zu bestimmen. Wichtig sind dabei neben den beiden erwähnten Termini auch die Begriffe „Empfänglichkeit" und „sachliche Verständigung" auf dem „Standpunkt des Wir der Öffentlichkeit".

Die natürliche Erfahrung wird mit Szilasi wie folgt bestimmt: Sie ist „natürlich", weil sie vom „Standpunkt" aus, den „wir alle einnehmen" (S.

283), gemacht wird. Das „Wir" wandelt damit seinen Sinn: Es ist nicht
mehr das Wir der „Liebe", wie es in den „Grundformen" expliziert wurde, sondern – mit Szilasi – das Wir der „Öffentlichkeit". Dieser Begriff der
Öffentlichkeit darf aber wiederum nicht mit dem „Man" Heideggers verwechselt werden. Denn der Standpunkt des „Wir" bzw. der Öffentlichkeit ist
kein „beliebiger", sondern zugleich der Standpunkt der „Natur" im griechischen Sinne der Physis. Das meint, daß diese Erfahrung den *in den Sachen
selbst liegenden Verweisungen* folgt und daraus ihre „Anleitung" gewinnt.
Sie ist darum im aristotelischen Sinne „Dingerfahrung". Nur die natürliche
Erfahrung ermöglicht somit eine „sachliche Verständigung". – Die „natürliche" Wirklichkeitserfahrung ist an zwei Bedingungen gebunden, die nicht
voneinander zu trennen sind:
1. das Zusammenspiel von subjektiver und objektiver Transzendenz („objektiv" ist ein Transzendieren auf Welt hin, wenn das Apriori des sachlich-
natürlichen Zuordnungszusammenhanges erfahrbar wird);
2. die Koinonia von Angst und Vertrauen.
   Von dieser Norm der natürlichen Erfahrung her kann nun die Un-
natürlichkeit der wahnhaften Erfahrung bestimmt werden. Die Koinonia
von Angst und Vertrauen ist zerbrochen; diesem Bruch korreliert der Bruch
zwischen objektiver und subjektiver Transzendenz und die Vorherrschaft
der letzteren. Anstatt des Standpunktes, den wir alle einnehmen, bezieht
das wahnhafte Dasein einen subjektiven Standpunkt, den Standpunkt der
isolierten und verabsolutierten Empfänglichkeit für das Schreckliche. Die
Erfahrung erhält ihre Anweisungen nicht mehr vom natürlich-sachlichen
Folgezusammenhang der Dinge, sondern von der Angst und ihrem Korrelat, dem Schrecklichen. Im Begriff der *Empfänglichkeit* für das Schreckliche
verbindet sich für Binswanger Szilasis Auffassung mit seiner eigenen in den
„Grundformen" entwickelten Lehre von der Beeindruckbarkeit oder Impressionabilität (AW 2, S. 274ff.; 329ff.). Der Standpunkt der Empfänglichkeit
wird als das subjektive Korrelat zur Überwältigung durch das Schreckliche
und zugleich als enorme Reduktion der Erfahrungsmöglichkeiten bestimmt.
Da die Einengung auf das bloße Empfangen von Eindrücken eine „apriorische oder transzendentale Struktureigentümlichkeit" (S. 331) darstellt, ist
sie schon „von Anfang an" festzustellen (S. 229); sie wird allerdings im
Verlaufe des Krankheitsprozesses immer offenkundiger, und erreicht ihren
höchsten Grad in der Halluzination.
   Die Wahn*gewißheit* wird nun als das Resultat einer Erfahrung, welche
vom Schrecklichen, nicht mehr von der „Natur" (Physis) ihre Anweisungen empfängt, verständlich. *Jede* Erfahrung im wahnhaften Dasein ist vom
Schrecklichen bestimmt. Es gibt keine Ausnahme, keine Möglichkeit des
Fragens und der Korrektur bisheriger Erfahrungen durch neue. Der Sinn jeder neuen Erfahrung ist immer schon festgelegt und wird darum notwendig

zur Bestätigung der bisherigen. Binswanger greift auch zu den Hegelschen Begriffen des Besonderen und Allgemeinen: Im Wahn geht es zwar um die Erfahrung konkreter Sachverhalte, das Besondere verliert aber seinen Charakter der Besonderheit und „geht hier im Allgemeinen des Schrecklichen auf. Das ist der Kern der Erfahrung als wahnhafter sowohl wie als halluzinierender" (S. 283). Binswanger zeigt auch, wie Wahnevidenz und völliger Verlust des Selbstbezuges zusammengehören: Die Wahnerfahrung ist gänzlich befangen im Bezug zur Welt und „vermag nicht mehr aus der Welt auf sich selbst zurückzukommen" (S. 266).

3.23 Das Wahngeschehen als Vollzug am Dasein

Durch die hier nachgezeichnete Neuorientierung Binswangers an Leitkategorien Szilasis wird der strukturelle Denkansatz noch dominanter. Denn während dieses Denken bei Heidegger, wie gezeigt, eigentlich keinen Anhalt fand, so daß Binswanger seine transzendental-strukturelle Sicht immer gegen den Widerstand des Textes diesem entnehmen mußte, findet es bei Szilasi volle Unterstützung. Für diesen ist, wie er in seinem Aufsatz über Binswanger schreibt, das Dasein durch die transzendentale Gefügestruktur und die ihm eigene Ordnung bestimmt. Die „krankhafte Störung", um deren Lokalisierung und Rekonstruktion (S.78) es der daseinsanalytischen Forschung gchen soll, wird von ihm als eine Störung im apriorisch-transzendentalen Gefüge bezeichnet (S.80). Besonders drastisch manifestiert sich diese Festlegung des Daseins auf seine transzendentale Struktur im Verständnis der Grundstimmungen von Angst und Vertrauen; denn sie werden bei Szilasi zu transzendentalen Gegebenheiten, die in einer bestimmten Ordnung zueinander gefügt sind. Wo diese Ordnung zerbricht, kommt es zur Maßlosigkeit entweder des Vertrauens oder der Angst und wird „der Sinn des Lebens Wahnsinn" (vgl. Szilasi, 1946, S. 87; Binswanger S. 240). Auch das Sein der Erfahrung erscheint lediglich durch das Insgesamt der transzendentalen Regeln, die deren konsequenten Fortgang ermöglichen, bestimmt. Ebenso schwer wiegt, daß die jeder Erfahrung inhärente Selbstbezüglichkeit übergangen, daß sie auf „Dingerfahrung" (Erfahrung von etwas) reduziert wird. Auf dieser Basis deutet Binswanger die wahnhafte Erfahrung als ein Geschehnis, das sich „am" Dasein vollzieht, und weist dezidiert alle Versuche eines psychologischen Verstehens aus (lebensgeschichtlichen) Motiven als „Fehlversuche" zurück (S. 312 ff.). Dazu rechnet er auch selbstkritisch seine eigene Deutung des Wahns in der Studie Lola Voß, die noch zu sehr „im Bann der Hagenschen Auffassung" (S. 328) gestanden habe, welche auf ein Wahnbedürfnis rekurriert. Dort hatte Binswanger nämlich geschrieben: „denn nichts erstrebt das Dasein mehr, als der Daseinsangst zu entrinnen. Auch der Wahn ist eine Form dieses ‚Strebens'" (1957c, S. 337). Jetzt wird vehement verneint, daß der Wahn von einem ihm zugrundeliegenden „Streben" her aufzuklären sei. Die Wahnerkrankung ist ein "Geschehen", das tiefer liegt als alle Strebungen. Von Strebungen zu reden macht nur Sinn, wo davon ausgegangen wird, daß der Wahn seinerseits noch im Zusammenhang der Bemühung eines Daseins um Meisterung seiner Situation steht und daraus verständlich wird. Nach Binswanger ist aber der Wahn selbst der Grund, dem alle Intentionen entspringen, weil das Selbst des wahnhaften Daseins als völlig „übermächtigt", als nur noch „von Gnaden des Wahns" existierend eingeschätzt wird. Die „Selbstentmächtigung" hat allerdings bereits viel früher begonnen: Binswanger deutet die nach der Krebsdiagnose einsetzende totale Beanspruchung Suzanne Urbans durch den „Krebs des Mannes" als „Verselbständigung des Themas"; das Thema stelle hier das Selbst „völlig in seinen Dienst" (S. 233). Subjekt der Handlungen ist also bereits das verselbständigte Thema, das im folgenden als die Macht des Schrecklichen auftritt. Daß sich das Schreckliche „am" Dasein vollziehen soll, bringt am deutlichsten die Auffassung vom totalen Verlust des Selbst im Wahngeschehen zur Sprache. Binswanger widerspricht darum auch seinem Basler Freund Hans Kunz, der den Wahn 1931 als eine „Selbstexplikation" interpretiert hatte[7]. Der Kunzsche Versuch, selbst im Wahn eine, wenn auch rudimentäre und „inadäquate", selbsthafte Auseinandersetzung mit dem psychotischen Geschehen der Existenzumwandlung zu erkennen, ist für Binswanger noch zu sehr in den Kategorien der „Normalpsychologie" befangen und verkennt die umfassende „Einheit des Überwältigtseins des Daseins vom Schrecklichen". Was also für Kunz Selbstexplikation bedeutet, ist für Binswanger nur die Sprache jenes Geschehens, das sich „am" Dasein vollzieht (S. 326).

Mit Hilfe von Szilasis Ansatz hat Binswanger größere Klarheit bezüglich seiner eigenen Auffassung von Psychosen gewonnen. Psychosen sind Umwandlungsprozesse der Existenz, die sich in einer Tiefe abspielen, welche mit den Mitteln der „Normalpsychologie" nicht zu fassen ist. Diese Klärung führt aber weder zu einer entsprechenden Kritik der Psychoanalyse als einer psychologischen Theorie, die sich an den Grundvorstellungen unbewußter Motive und der Abwehr orientiert, noch zu einer Distanzierung vom eigenen „existenziellen" Deutungsansatz. Bezüglich Freuds Arbeit über den Senatspräsident Schreber erklärt er sogar: „Wir sind der Meinung, daß *Freud* hier an die tiefsten Grundlagen des *singularen* Verfolgungswahns ... gerührt hat." (S. 301) Ebenso finden wir auch im Fall Suzanne Urban, allerdings spärlicher als in der Studie Ellen West, noch existenzielle Deutungen, deren Eigenart wir im Folgenden kurz untersuchen wollen.

---

[7] Hans Kunz: Die Grenze der psychopathologischen Wahninterpretationen, Z. Neur. 135, H. 5, 1931; ausführliche Kritik Binswangers in: Psychiatrisches Denken der Gegenwart in der Schweiz (1958c).

3.24 *Ansätze zu einer existenziellen Wahninterpretation*

An die Stelle der theoretischen Bezugnahme auf Kierkegaard tritt jetzt die Orientierung an Heidegger, und zwar an den zwei Bestimmungen, daß das Dasein „umwillen seiner" existiere und daß die ontologische Schuld des Daseins darin liege, vor der „Unheimlichkeit des Daseins" in die „vermeintliche Freiheit des Man" zu fliehen (S. 303). Binswanger charakterisiert Suzanne Urban als „ein Dasein, dem es im Grunde nur um sich selbst geht" (S. 230). Von diesem „Grunde" her kann Binswanger den „Sinn" sowohl der abgöttischen Liebe Suzannes zu ihren Eltern wie auch ihres „verstiegenen Ideals", den krebskranken Ehemann allein pflegen zu wollen, deuten. Die Familie steht für die Kontinuität der eigenen Existenz. Der Familienkult ist somit „Selbstkultivierung", die Fürsorge für die Eltern dient der Selbstsicherung (S. 278). Denselben Sinn hat das „verstiegene Ideal" der alleinigen Pflege des kranken Ehemannes. Alles Neue stellt für sie, weil es gleichbedeutend ist mit Ungewißheit, eine Bedrohung dar; sie muß also „bestrebt" (!) sein, Neues aus ihrer Erfahrung auszuschließen (S. 277) bzw. rückgängig zu machen. Die totale Ausrichtung des eigenen Lebens auf die Krebserkrankung des Mannes nach Mitteilung der Diagnose erscheint als die verständliche, d.h. angemessene Reaktion auf die immense Bedrohung, die diese Situation für Suzannes Existenz bedeutet.

Die *Wahnerfahrung* erfährt in zweierlei Hinsicht eine existenzielle Deutung. Zum einen bezeichnet Binswanger den Wahn wider seine sonstige Auffassung, er sei ein selbstfremdes Geschehen, als eine Form des *Sichverhaltens* zum Schrecklichen, welche von den anderen Formen wie Religion, Mythos und Dichtung zu unterscheiden sei[8]. Bezeichnenderweise charakterisiert er aber die beiden Formen des Sichverhaltens als „Überwindung" bzw. „Unterliegen" und wählt damit Substantive, die ein Geschehen oder allenfalls das Resultat eines Sich-verhaltens, aber nicht dieses selbst anzusprechen vermögen. – Zum andern versucht Binswanger, den Wahn von der „ontologischen Schuld" her zu interpretieren, und zwar als Resultat des „Ausweichens vor dem Anruf des Gewissens", der „Flucht vor der Unheimlichkeit des In-der-Welt-seins als vereinzeltem in die vermeintliche Freiheit des Man-selbst" (S. 303). Damit widerspricht er seiner Auffassung, daß die „Verselbständigung" des Schreckensthemas das Primäre und einem „(Halt- oder Flucht-) Versuch eines Selbst ganz und gar entzogen" sei (S. 328). Hier ist die Überwältigung durch das Schreckensthema die „Kehrseite" der Flucht; die Flucht „in" das Man gibt diesem erst die Macht, das Dasein gänzlich in seinen Bann zu ziehen. Aber bereits mit dem folgenden Satz, der diesen „Hinweis auf die Ontologie des Gewissens" abschließend kommentiert, zeigt sich Binswanger wieder als ‚Strukturalist': „Genug, wenn

---

[8] S. 265; ähnlich in „Der Mensch in der Psychiatrie", S. 70.

ersichtlich geworden ist, daß der plurale Verfolgungswahn auch von hier
aus, nämlich als eigenartige ontische Abwandlung der Sorgestruktur des
Daseins und ihrer Durchsetztheit von ‚Nichtigkeit' daseinsanalytisch verstanden werden kann" (S. 303).

Interessant ist die Zustimmung Binswangers zur provokativen Aussage
Sartres: „Un fou ne fait jamais que réaliser à sa manière la condition humaine" (S. 321). Sie ist nur möglich bzw. glaubhaft, weil dieser Satz sowohl
existenziell wie strukturell gelesen werden kann, als ‚subjekthafte' Auseinandersetzung mit der condition humaine wie als deren Modifikation, die
durch ein transzendentales Geschehen bedingt und dirigiert wird, weil „le
fou" als das scheinbare Subjekt des „Machens" bzw. „Realisierens" selbst
schon entmächtigt ist.

3.3 Einleitung (1957)

Die ca. 40 Seiten zählende Einleitung zum Sammelband „Schizophrenie"
ist für den Kenner der darin vereinigten Schizophreniestudien eine Überraschung. Werden doch hier *neue* „Grundbegriffe unserer Forschung" eingeführt, welche das Resümee des „Daseinsverlaufes" der einzelnen Fälle
leiten. Statt aber diese Einführung neuer Leitkategorien zu begründen und
allenfalls den bisherigen gegenüberzustellen, verwendet sie Binswanger anstelle der früheren so, als ob sie bereits für die Abfassung der Studien konstitutiv gewesen wären. Diese neuen Begriffe benennen den Anfang und die
daraus folgenden Stadien der nun mit Szilaszi als *„Gang"* oder *„Verlauf"*
bezeichneten Umwandlung der schizophrenen „Daseinsgestalt".

Sie lauten:
– Inkonsequenz der Erfahrung,
– Aufspaltung der Inkonsequenz der Erfahrung in eine Alternative,
– Deckung,
– Aufgeriebenwerden des Daseins; Resignieren, Verzicht, Rückzug.

3.31 *Das Seinlassen des Seienden (Heidegger) als Konsequenz der*
Erfahrung (Szilasi)

Der erste Begriff ist nach Binswanger auch der „grundlegende". Das heißt,
daß die *Erfahrung*, die bereits in der Studie Suzanne Urban in Konkur-
renz zum Weltbegriff getreten war, nun jene Schlüsselstellung einnimmt,
die früher die Strukturganzheit des In-der-Welt-seins innegehabt hatte.
So wie sich früher von der Strukturganzheit her die Schizophrenie als deren Abwandlung (Schrumpfung) verstehen ließ, so jetzt von der „natürlichen Erfahrung" und deren „Konsequenz" her als „Auseinanderbrechen

der Konsequenz", als „Inkonsequenz". Impliziert diese neue Terminologie auch eine neue Auffassung? Sicher keine, die der früheren widersprechen würde. Aber es liegt eine neue Blickrichtung vor und damit eine veränderte Auffassung davon, was darüber entscheidet, ob ein Dasein „glückt" oder „mißglückt". Früher war – gemäß Binswangers in den „Grundformen" erarbeiteter Theorie des Miteinanderseins – der Blick auf die *mit*menschlichen Beziehungsmöglichkeiten gerichtet. Jetzt steht im Zentrum – gemäß Szilasis Bestimmung der natürlichen Erfahrung als „Dingerfahrung" – das Verhältnis zu den „Sachen und Sachverhalten" (S. 335). War früher die Beziehung zu den Sachen bestimmt durch die jeweilige Grundform des Miteinanderseins, so begegnen nun umgekehrt die „Anderen" im „Umgang mit den Sachen oder Dingen", wird also das Verhältnis zum Mitmenschen von der spezifischen Dingerfahrung her verständlich.

Die „natürliche" Dingerfahrung ist durch zweierlei charakterisiert: sie ist sachlich-konsequent und sie ist unproblematisch, unauffällig, selbstverständlich. Beides gehört zusammen: unproblematisch kann eine Erfahrung nur sein als „sachlich-konsequenter Folgezusammenhang", das heißt im Befolgen der sachlichen Verweisungen, die als Anweisungen gelesen werden. Binswanger findet hier eine neue Möglichkeit, sich auf Heideggers Philosophie beziehen zu können; nämlich auf dessen Ausführungen zur Freiheit als dem „Seinlassen des Seienden" qua „Sicheinlassen auf das Seiende" (Vom Wesen der Wahrheit, 4. Aufl. Frankfurt/M. 1961, S. 14). „Die Unmittelbarkeit dieses unseres Aufenthaltes bei den ‚Dingen' oder ‚Sachen' zeigt sich darin, daß wir das Seiende, alles Seiende, *sein lassen* , wie es an sich selbst ist." (Binswanger, Einleitung S. 335) „Inkonsequenz" besagt nun nach Binswanger „die Unmöglichkeit, die Sachen in der unmittelbaren Begegnung sein zu lassen, m.a.W. die Unmöglichkeit eines ungestörten Aufenthaltes bei den Sachen". Mit dem Begriff der Unmöglichkeit wird das Anderssein-wollen von Ellen West von vornherein als ein Nicht-anders-können, als ein Unvermögen interpretiert. Auffallend ist, daß der Autor sich mit der bloßen Negation begnügt: mangelnde Konsequenz, mangelnde Möglichkeit zur natürlichen Erfahrung, gestörter Aufenthalt bei den Sachen. Bereits die eine Seite früher auftauchende Wendung von der „Unordnung in der Seinsverfassung" und den „versagenden Momenten in der Gefügeordnung des Daseins" zeigen, daß Binswanger nun weniger als früher davor zurückscheut, die Schizophrenie als Defizienz zu fassen. An der strukturellnormativen Sicht hat sich damit nichts geändert: Die schizophrene Erfahrung bedeutet eine – im Vergleich mit der natürlichen Erfahrung beschreibbare – abweichende, unter normativem Gesichtspunkt defiziente Erfahrung. Unter Weglassung der Begriffe „a priori" und „transzendental" begnügt sich Binswanger mit dem Hinweis, daß die Inkonsequenz der Erfahrung „in der Regel von Kindheit an nachzuweisen sei" (S. 336).

3.32 Das Leiden des Daseins an der Inkonsequenz der eigenen Erfahrung

Die drei folgenden Begriffe „Aufspaltung", „Dekung" und „Verzicht" charakterisieren die unterschiedlichen Stadien der Auseinandersetzung des Daseins mit der Inkonsequenz der eigenen Erfahrung. Der damit verbundene Wechsel von der strukturellen zur existenziellen Perspektive erlaubt es,
im Verlauf des schizophrenen Prozesses mehr als ein bloß „am" Dasein
sich vollziehendes Geschehen zu sehen. Die existenzielle Auseinandersetzung vollzieht sich aber auf dem Boden der konstitutiven Inkonsequenz der
Erfahrung und antwortet auf diese basale Deformation.

Dank diesem Perspektivewechsel bekommt nun das „Leiden" eine für die
Daseinsanalyse Binswangers einmalige Bedeutung. In struktureller Sicht ist
das Leiden immer nur eine Konsequenz der vorliegenden Abwandlung und
erscheint selber als abnorme Gestalt möglichen menschlichen Leidens[9]. Hier
aber wird das Leiden qua leidvolle Erfahrung der eigenen unlebbaren Situation zur Motivationsgrundlage des Kampfes um eine Lösung: die Kranken vermögen sich „mit ihrer Unordnung nicht abzufinden" und „suchen
dauernd nach Auswegen, um die gestörte Ordnung wiederherzustellen" (S.
336). Mit dem Leiden bekommt auch der „Wunsch" (S. 340) bzw. die „Sehnsucht" eine konstitutive Funktion. Aus dem Leiden an der Inkonsequenz der
Erfahrung entspringt die „unstillbare Sehnsucht" nach „Ruhe und Harmonie" bzw. „nach einem Heim". Alles defizient erscheinende Verhalten erhält
seinen Sinn von diesem Wunsch her, die durch die Inkonsequenz der Erfahrung entstandenen „Lücken" wieder zu „füllen" und so den „verlorenen
Faden der Konsequenz der Erfahrung wieder aufzunehmen" (S. 340).

Nun zu den drei Realisierungsformen des Wunsches nach Wiederherstellung der verlorenen Ordnung.

a) Die Aufspaltung der Inkonsequenz der Erfahrung in eine Alternative
im Sinne eines „starren Entweder – Oder". Das Entweder – Oder schafft
eine „neue Ordnung" und gibt „einen vermeintlichen Halt" mittels An-
klammerung an ein „Ideal". Allerdings ist es eine Ordnung, die nicht vom
Leiden erlöst, sondern es verstärkt. Das Dasein reibt sich nun auf im Kampf
zwischen den beiden Alternativen, im Bemühen, dem „Ideal" gegen die abgelehnte Seite (den Abgrund der Angst) zum Siege zu verhelfen (S. 338).
Anstatt der ersehnten Ruhe steigert sich die Unruhe, da die abgewehrte
Seite sich um so gewaltsamer vordrängt, je stärker sie bekämpft wird. Die
beiden Alternativen sind nach Binswanger zwar „existenzieller" Natur, aber
gleichwohl „defizient" . Die Defizienz ergibt sich aus der Norm der natürlichen Erfahrung; der verlorene Faden der Konsequenz ließe sich nur finden

---

[9] Vgl. den von Binswanger immer wieder benutzten Szilasischen Begriff der „isolierten
Leidfähigkeit".

„unter Anerkennung des Seins im Überlassen der Sachen und Sachverhalte an sich selbst" (S. 340).

b) Unter „Deckung" versteht Binswanger die „sisyphusartigen Versuche zur Verdeckung der abgewehrten, unerträglichen Seite der Alternative" (S. 342). Freuds Begriff der Abwehr steht hier Pate. Die Deckung ist nur eine Steigerung im aussichtslosen Kampf um die Überwindung der Alternative.

c) Das „Aufgeriebenwerden" und das „Resignieren" als „Verzicht" auf die antinomischen Spannungen in Form des „Rückzugs" des Daseinsvollzuges. In diesem Schritt kulminiert und endet der Kampf um die Wiederherstellung der Ordnung. Aber auch dieser letzte ‚Akt' wird von Binswanger nicht passivisch als Überwältigtwerden durch eine selbstfremde Macht, sondern als selbsthafter Vollzug beschrieben. Das Dasein *resigniert* und *verzichtet* auf das Leben als eigenständiges und eigenmächtiges Selbst, es begibt *sich* der eigenen Entscheidung, es nimmt *sich* heraus aus dem eigenen Entscheidungszusammenhang, es liefert *sich* aus an selbstfremde Mächte.

Ob auf der Basis der vorgegebenen Inkonsequenz der Erfahrung dem Betroffenen auch der „wirkliche Ausweg" offen stünde, ob also der gerissene Faden der Konsequenz durch ein Sichüberlassen an die Sachen und Sachverhalte wieder zu knüpfen wäre, oder ob dieser Faden „unwiederbringlich abgerissen" ist, wie Binswanger in bezug auf Ellen West formuliert (S. 340), wird auch hier nicht eigens zum Thema. Allerdings bildet der Fall Ilse ein Beispiel möglicher Heilung; Ilse findet nach dem Rückzug in den pluralen Verfolgungswahn eine „der Lebenssituation angemessene Lösung". Als Grund für die hier erfolgte Heilung rekurriert Binswanger auf die „Spontaneität", ohne diesen Terminus weiter zu erläutern[10]; diesem Da-sein, schreibt er, sei auch im Rückzug in den Wahn „noch soviel Spontaneität verblieben, daß es doch noch einen Ausweg aus dem Nichtein-und-aus-können zu finden vermochte"[11].

4. Zum Verhältnis von Daseinsanalyse und Psychopathologie

In sämtlichen fünf Schizophrenie-Studien findet die „Daseinsanalyse" ihre Fortsetzung in einer fast ebenso ausführlichen „psychopathologischklinischen Analyse". In dieser Abfolge manifestiert sich Binswangers Auffassung, daß die Daseinsanalyse innerhalb der Psychiatrie die bislang allein

---

[10] Vermutlich bezieht Binswanger diesen Begriff nicht nur aus der Medizin („Spontanheilung"), sondern auch aus der für diesen Text wichtigen Schrift Heideggers „Vom Wesen des Grundes" (5. Aufl. Frankfurt/M. 1965, S. 44), wo von der Freiheit als Spontaneität die „ursprünglichere Kennzeichnung" der Freiheit als Transzendenz unterschieden wird.

[11] Eine analoge Darlegung von Wesen und Verlauf der Schizophrenie anhand der hier entwickelten Leitkategorien findet sich auch im Vortrag „Daseinsanalyse, Psychiatrie, Schizophrenie", 1958a.

massgebliche Psychopathologie nicht ersetzen, wohl aber anführen und leiten soll. Der Führungsanspruch der Daseinsanalyse rechtfertigt sich aus dem Programm, die Psychiatrie auf den *ganzen Menschen* zu gründen. Die Psychopathologie bedarf dieser korrektiven Führung, weil sie mit ihrem Frageansatz den Menschen einem „radikalen Reduktionsprozess" (Ellen West, S. 171) unterwirft; der Mensch wird zum „Fall", seine Existenzumwandlung zum „Krankheitsprozeß"; an die Stelle daseinsanalytischer Interpretation tritt die Diagnose als „biologisches Werturteil". Indem Binswanger *als Daseinsanalytiker* die psychopathologische Perspektive einnimmt, werden die diagnostischen Kriterien vorgängig ihrer Anwendung phänomenologisch geklärt. Dadurch bilden diese Passagen für jeden Psychiater ein Lehrstück 'menschengemäßer', weil daseinsanalytisch vertiefter Psychopathologie. Als solche behalten sie ihre Gültigkeit, auch wenn sich in den letzten drei Jahrzehnten mannigfache Veränderungen hinsichtlich der diagnostischen Leitlinien sowie der Klassifikation psychischer Erkrankungen ergeben haben.

5. Unreflektierte Voraussetzungen der daseinsanalytischen Hermeneutik

Ausgangspunkt der bisherigen Darlegungen war Binswangers Programm, die Psychiatrie auf „den Menschen" zu gründen und gerade dadurch erst als einheitliche Wissenschaft zu etablieren. Es dürfte gezeigt worden sein, daß und wie sich die diesem Programm inhärente Spannung als Doppelgleisigkeit von Binswangers methodischem Vorgehen innerhalb der daseinsanalytischen Etappe seines Denkens manifestiert. Die aufgezeigte Dominanz der strukturellen Perspektive weist die Daseinsanalyse Binswangers als im wesentlichen *psychiatrische* Disziplin aus. Auch im Verfolg der Absicht, die Psychiatrie philosophisch zu fundieren, bleibt sie auf dem Boden der psychiatrischen Fragestellung. In der von Binswanger vertieften Fassung lautet diese Frage: Was geschieht eigentlich dort, wo der Psychopathologe eine psychotische Erkrankung diagnostiziert? Wie ist diese Erkrankung als Umwandlung des gesamten Daseins zu erfassen? Die den Boden der Psychiatrie verlassende *existenzielle* Frage hingegen lautet: Welche (verborgene) Auseinandersetzung mit dem eigenen Sein trägt sich in den von der Psychopathologie als Krankheit diagnostizierten schizophrenen Erlebens- und Verhaltensweisen aus?

Binswangers Konzept einer strukturellen Hermeneutik bewegt sich zwar jenseits des medizinisch-psychiatrischen Grundbegriffs seelischer Erkrankung, verwirft ihn aber nicht, sondern versucht ihn philosophisch zu vertiefen. Das strukturelle Verständnis der Schizophrenie kongruiert der psychopathologischen Diagnose einer Erkrankung – „Erkrankung" nun grundsätzlich verstanden als ein in den normal-gesunden Lebenszusammenhang einbrechendes, an sich sinnbares und den Lebenszusammenhang störendes Ereignis, dessen Ursachen zwar erforschbar, aber nicht im motivationalen Sinne aus dem Lebenszusammenhang verständlich zu machen sind. Diese Auffassung der Natur des schizophrenen Prozesses hat Binswanger selber geteilt: „Ein unbekanntes Etwas, das sich *nicht* aus Anlage, Milieu und Erlebnis allein erklären läßt, muß diesen Prozeß einleiten und unterhalten." (S. 199) Der schizophrene Prozeß ist „die mit der noch unbekannten schizophrenen Noxe einhergehende Umwandlung des Daseins oder In-der-Welt-seins" (S. 185).

Die medizinische Überzeugung Binswangers vom Krankheitscharakter der Schizophrenie ist also ohne Zweifel eine wichtige Voraussetzung für die strukturell-deskriptive Ausrichtung der daseinsanalytischen Hermeneutik, aber keineswegs die einzige. Denn nirgends hat Binswanger zwischen dem methodischen Zugang zu Neurosen und Psychosen etwa in dem Sinne unterschieden, daß für Neurosen aufgrund ihrer durch Freud entdeckten lebensgeschichtlichen Motiviertheit der strukturell-transzendentale Ansatz unangemessen wäre. Die Dominanz der – ontologisch – vertieften psychiatrischen Krankheitsperspektive hat letztlich philosophische Wurzeln. Sie gründet in Binswangers Auffassung vom Wesen des Menschen.

Die theoretisch-philosophische Voraussetzung betrifft die Trennung von Faktum und Wesen, mit der er Heideggers ontisch-ontologische Differenz gleichsetzt und dadurch die Vorstellung evoziert, das ontische Seelenleben sei gleichsam als gesonderte ‚Ebene' des Faktischen von der diese fundierenden transzendental-ontologischen Ebene des Weltentwurfes als Struktur streng zu unterscheiden. Diese Heideggers Intention zuwiderlaufende transzendentale Lektüre von „Sein und Zeit" und der dortigen Analytik des Daseins muß das eine solche Trennung gerade aufhebende „Seinsverständnis" des Daseins unberücksichtigt lassen und dazu führen, das Wesen des Menschen in einer dem Ontischen scheinbar zugrundeliegenden ontologischen Strukturgegebenheit zu suchen. Für Binswanger ist darum nicht erst der pathologische Daseinsvollzug ein in passivischen Termini zu charakterisierendes Geschehnis, sondern das Dasein ist wesensmäßig als „Daseinsgefüge" und „Daseinsgeschehen" bzw. „Daseinsgang" charakterisiert. Unter dieser Voraussetzung kann die existenzielle Deutung keinen ontologischen Rang beanspruchen, sondern muß der psychologisch-faktischen Ebene zugeordnet und entsprechend relativiert werden.

Die praktisch-philosophische Voraussetzung betrifft Binswangers tiefe Überzeugung von der wesensmäßigen Ganzheit menschlichen Daseins. Brüche und unlösbare Widersprüche in der menschlichen Existenz zeigen grundsätzlich ein Zurückbleiben hinter dieser Ganzheit an. Weil der Mensch schon wesensmäßig in der Möglichkeit steht, diese Ganzheit auch zu verfehlen, ist bereits die philosophische Bestimmung des Menschen von der normativen Unterscheidung in „Eigentlichkeit" und „Uneigentlichkeit" bzw. in „Glücken" und „Mißglücken" geprägt[12]. Die medizinisch-psychiatrische Unterscheidung von Gesundheit und Krankheit fügt sich darum bruchlos in diese philosophische Sicht des Menschen ein und bedarf lediglich der Kritik der darin implizierten unzulässigen Reduktionismen. Die existenzielle Deutung von psychischen Erkrankungen hingegen ist aufgrund dieses ‚heilen' Menschenbildes zwar möglich, aber sie kann sich nicht wirklich entfalten, weil einer hadernden Auseinandersetzung mit dem eigenen Sein von vornherein das Etikett des Mißglückten bzw. Uneigentlichen anhaften muß.

Binswanger stellt sich mit seinem ganzheitlichen Menschenbild sowohl in Gegensatz zu Heideggers Daseinsanalytik wie zu Freuds Psychoanalyse. Seine Kritik an den beiden für ihn so zentralen Denkern konvergiert auch an eben diesem Punkte, an dem Heidegger und Freud bei aller sonstigen Differenz übereinstimmen: der Auffassung von der radikalen Endlichkeit menschlichen Daseins. Bei Heidegger steht dafür der Begriff der „Nichtigkeit", bei Freud das Konzept des Unbewußten und des Unbehagens in der Kultur. Binswanger kann in Heideggers Bestimmung der Strukturganzheit als „Sorge", welche eben deren Nichtigkeit herausstellen soll, nur einen – durch Ergänzung der Struktur aufzuhebenden – Mangel sehen[13]. Analog verkennt Binswanger auch die psychoanalytische These von der Macht des Unbewußten und der universalen Konflikthaftigkeit des Menschen als unzulässige Verallgemeinerung von an Neurosen gefundenen Erkenntnissen; er unterstellt Freud, „das Menschenbild von der Neurose hergenommen" zu haben. Freuds tragisches Bild des Menschen muß Binswanger – und mit ihm vielen Kritikern der Psychoanalyse – als „einseitige Verzerrung" (S. 169) erscheinen. Darum hat Binswanger Freuds psychoanalytische Erkenntnisse auch dort, wo er sie vorbehaltlos bejaht, immer als Teile einer Krankheitstheorie gelesen und damit verkannt, daß hier erstmals eine Hermeneutik seelischen Leidens vorgelegt wurde, welche den psychiatrischen Rahmen sprengt.

Schließlich muß noch kurz das Verhältnis von daseinsanalytischer Hermeneutik und Psychotherapie angesprochen werden. Binswangers kennzeichnet die Daseinsanalyse als eine Methode der Forschung und sieht darin einen wichtigen Unterschied zur Psychoanalyse, die einem „therapeutischen Impuls entsprungen sei" (1958a, S.2). Der Unterschied bedarf der Spezifi-

---

[12] Vgl. die aufschlußreiche Stelle im Vorwort zu „Drei Formen mißglückten Daseins" (AW 1, S. 238): „Der Sinn der Rede vom Glücken oder Gelingen und Mißglücken oder Mißlingen des Daseins geht, wie W. Szilasi ... gezeigt hat, ihrem Wesen nach bis auf *Plato* und *Aristoteles* (ja auf *Heraklit*) zurück, sie beherrscht aber auch die Lehre *Kierkegaards* von der ‚Möglichkeit' als der ‚schwersten aller Kategorien', vor allem aber auch die gesamte existenziale Analytik des Daseins von *Heidegger*."

[13] Die später erfolgte Selbstkritik bezüglich des Verhältnisses von Sorge und Liebe bezieht sich nicht auf diesen entscheidenden Punkt.

zierung, da sonst der irrige Eindruck entsteht, Binswanger habe seine Forschung von der Aufgabe der psychotherapeutischen Behandlung abgekoppelt. Dies trifft nicht zu: auch die Daseinsanayse steht im Dienste möglicher Psychotherapie. Während aber Freuds Erkenntnisse nur im therapeutischen Gespräch unter den Bedingungen von Übertragung und Gegenübertragung zu gewinnen sind, sind Binswangers Erkenntnisse das Resultat sachlicher Untersuchungen des Forschers, die sich sogar nur partiell auf die eigene „Exploration" der Kranken, zum andern Teil aber auch auf lange zurückliegende Krankengeschichten stützen[14]. Für Binswanger stellt sich die Sachlage umgekehrt als für Freud dar: Erst der adäquat-verstehende Zugang zum Kranken ermöglicht auch eine Kommunikation mit ihm. „Das A und O meiner daseinsanalytischen Untersuchungen war es von jeher, eine Basis der hermeneutischen Kommunikation zu schaffen" (1958c, S. 181). Mit diesem Satz wiederholt er fast wörtlich Szilasis Aussage von 1951, daß Binswanger „in erster Linie die rechte Basis der Kommunikation" schaffe. Szilasi fährt dort (S. 76) fort: „Die Psychoanalyse schafft Distanz zwischen dem Analytiker und dem Kranken. Die Daseinsanalyse behebt in produktiver und philosophisch konsequenter Weise die Distanz für die Kommunikation." Welche Distanz wird hier aufgehoben? Es ist die Distanz des Subjekt-Objekt-Verhältnisses, die Binswanger im liebenden Miteinandersein überwunden sieht. Seine Auffassung von Schizophrenie als einer das Selbst radikal entmächtigenden Existenzumwandlung schafft aber eine Distanz anderer Art, die die Psychoanalyse durch das Konzept von Konflikt und Abwehr ihrerseits gerade aufhebt. Auf dem „gemeinsamen Boden" der Liebe vermag ja nur der zu stehen, der noch selber als „Liebender" zu existieren vermag. Der Kranke hat diesen Boden aber aufgrund einer „von Anfang an" bestehenden strukturellen Schrumpfung kaum jemals überhaupt betreten. Binswanger weiß selber, daß Kommunikation *mit* dem Patienten und somit Psychotherapie nur möglich ist, „soweit diese Begegnung auch von Seiten des Kranken möglich ist" (S. 70 f.). „Wir können uns nur in dem teilen, was uns gemeinsam angehört" (1958c, S. 182).

Auch wenn der Daseinsanalytiker, wie Binswanger dies in „Der Mensch in der Psychiatrie" sehr eindrücklich ausführt, selber „den Weg der Abwandlung der Struktur des gesamten Daseins von der natürlichen Erfahrung bis zur Möglichkeit wahnhafter Erfahrung Schritt für Schritt in Daseinskommunikation" (S. 70) geht und sich damit der Macht des Schrecklichen selber aussetzt, so kann gleichwohl der Kranke in dieser strukturelltranszendentalen Perspektive gar nicht mehr als möglicher Partner einer gemeinsamen Kommunikation figurieren. Was meint also Daseinskommuni-

---

[14] Der Aufenthalt Suzanne Urbans im Sanatorium Bellevue fällt in die Zeit des 1. Weltkrieges, jener von Ellen West in die Mitte der 20er Jahre.

kation? Binswanger versucht sich aus der Schwierigkeit zu retten, indem er
im Aufsatz „Psychiatrisches Denken der Gegenwart in der Schweiz" (1958c)
den Begriff der „doppelten Kommunikation" einführt, nämlich der Kommunikation mit dem kranken Menschen einerseits und dem „Dasein" andererseits. Der Daseinsanalytiker hat hier nicht nur die Sprache des Kranken zu
lernen, sondern die Sprache „als Aussage des Lebens dieser Kranken", die
Sprache, in der „eine bestimmte Daseins*form* " sich ausspricht (1958c, S.
180f.). Binswanger unterscheidet nun die „zwischenmenschliche Verständigung" von der „hermeneutischen Kommunikation" (1958c, S. 190). Der
Partner in der letzteren Kommunikation ist also nicht der Kranke, sondern
das „Dasein"; „Kommunikation" meint hier die nicht vergegenständlichende und nicht urteilende Zugangsweise zum Krankheitsphänomen. „Daseinskommunikation" ist also ein Begriff im Rahmen der daseinsanalytischen
Forschung und benennt nicht die – psychotherapeutische –Verständigung
mit dem Kranken. Letztere ist auf der Basis des strukturellen Ansatzes
nicht zu bewerkstelligen; auf der Basis einer strukturellen Defizienztheorie
ist lediglich eine medizinische „Behandlung" im Sinne einer „Regulierung"
(Szilasi, a. a. O. S. 82) der aus den Fugen gegangenen Struktur denkbar.
Daß Binswanger gleichwohl an einer daseinsanalytischen Psychotherapie
festhielt, die nicht als Behandlung, sondern als „freie *Begegnung* Freier auf
dem ‚Abgrunde des Daseins'" (S. 70) sich ereignen sollte, zeugt von der
untergründigen Kraft des existenziellen Ansatzes.

6. Die phänomenologische Erforschung der Geisteskrankheiten

Mit den beiden letzten Werken „Melancholie und Manie" und „Wahn" betritt Binswanger Neuland; er geht die großen Themen der Psychiatrie mit
einer neuen Fragestellung an. Es handelt sich jetzt um „phänomenologische"
Studien – phänomenologisch im Sinne der transzendentalen Phänomenologie Husserls (vgl. 1960a, i. d. Bd. S. 351). Die phänomenologische Frage
bezüglich der Geisteskrankheiten lautet: Wie muß der Aufbau eines Bewußtseins beschaffen sein, welches nicht den sachlichen, sondern sachfremden Verweisungen folgt? Wie ist die „unnatürliche Erfahrung" der Geisteskrankheiten möglich? Diese neue Frage geht von der Voraussetzung aus,
daß die „Welt" und deren Struktur sich in den Leistungen des Bewußtseins
„aufbaut". Galt der Weltentwurf, verstanden als transzendentales Apriori, bisher als das „Letztgegebene", hinter das nicht zurückgefragt werden
kann, so zeigt er sich nun dank Husserls Definition der „Welt" als „Universum konstituierter Transzendenzen"[15], als Produkt eines Produzierens, als
Leistung eines Leistens, das nun seinerseits der Aufklärung bedarf. Das neue

---

[15] E. Husserl, Formale und transzendentale Logik, in: Hua 17, S. 258.

Forschungsfeld eröffnet sich also durch eine Blickwendung: zurück von der Welt als dem Insgesamt der konstituierten Gegenständlichkeiten zu den sie „konstituierenden Aufbaumomenten". Diese Rückwendung des Blicks wird erst auf dem Boden der Philosophie Husserls in der Vermittlung durch Szilasi möglich; Husserls Bewußtseinstheorie übernimmt die Funktion, die vormals Heideggers Daseinsanalytik innehatte. Binswanger begründet diese Neuorientierung auf zweifache Weise: mit dem Ziel, die Psychiatrie als Wissenschaft zu etablieren, und mit einem gewandelten Verständnis von Heideggers Philosophie.

Zu ersterem: Binswanger erkennt, daß erst die Husserlsche Fragestellung eine wirklich wissenschaftliche weil letztbegründende ist, daß die Psychiatrie nur als Konstitutionsforschung zur Wissenschaft wird, weil erst hier die „letztmöglichen" Antworten das Wesen der Geisteskrankheiten betreffend auffindbar sind. „In der Tat leistet die Husserlsche Wissenschaft für die Psychiatrie dasselbe wie die Biologie für die Körpermedizin." (S. 428) Dank Husserl wird die Psychiatrie der Körpermedizin ebenbürtig.

Zu letzterem: Binswanger erklärt bereits 1959 in der Festschrift zum 100. Geb. von Edmund Husserl, er habe Heideggers apriorische Freilegung der Sorgestruktur des Daseins bisher „völlig als anthropologische Lehre mißverstanden"(1959a, S.70). Unter der Anleitung von Szilasi hat Binswanger nun eine „vertiefte Einsicht in die rein ontologische Intention von Sein und Zeit gewonnen" (1965, i. d. Bd. S. 129). Als Ontologie aber eigne sie sich gerade nicht für eine „Anwendung" auf die Psychiatrie. Diese Auffassung hatte Szilasi bereits 1951 vertreten: „Die daseinsanalytische Forschungsweise in der Psychologie und Psychiatrie lernt von der Existenzialanalyse das Erfahrenkönnen für die rechte Orientierung, aber nicht das Unmittelbare für das rechte Tun. Sie wird in dieser Hinsicht noch Korrekturen erfahren."[16]. Diese „Korrektur" ist nun, relativ spät verglichen mit dieser programmatischen Äußerung, erfolgt. Welche Bedeutung hat sie?

Sie impliziert m.E. die Preisgabe der noch im Aufsatz „Der Mensch in der Psychiatrie" formulierten Auffassung, die Psychiatrie habe sich mit dem Kranken als „ganzem Menschen" zu befassen. Schon Binswangers Parallelisierung von Husserls Bewußtseinstheorie mit der Biologie ist sprechend genug. Der Anspruch, die Psychiatrie zur Wissenschaft zu machen, hat sich zur Vorstellung der Ebenbürtigkeit mit der Körpermedizin präzisiert und sich zugleich als mit der holistischen Auffassung vom Menschen unvereinbar erwiesen. Der Standort, von dem sich der Blick auf den Kranken bzw. die Krankheit richtet, ist nicht mehr die Liebe, sondern die Voraussetzungslosigkeit des der Sachlichkeit verpflichteten Forscher*subjekts*. „Objekt" der Forschung ist nun auch nicht mehr der Kranke als ganzer Mensch, sondern

---

[16] Szilasi, Die Erfahrungsgrundlage der Daseinsanalyse Binswangers, a.a.O., S. 79.

die „Störung als Störung". Die Frage, was im Falle einer Geisteskrankheit „eigentlich geschieht", wird nun gleichbedeutend mit der traditionellen psychiatrischen Frage, was „hier eigentlich fehlt, was hier eigentlich gestört ist" (S. 393). Hatte sich Binswanger früher vehement vom Krankheitsbegriff der Psychiatrie abgesetzt, weil er ein Werturteil mit pejorativem Beigeschmack impliziere, so unterstellt er jetzt seine phänomenologische Forschung ganz diesem Begriff. Um die „Störung als Störung auszuweisen", sind nur noch Negativbegriffe tauglich, die den Mangel anzeigen: „Versagen", „Deformation", „Abbau", „Zerstörung" usw. Die Störung wird als Störung ausgewiesen, indem beschrieben wird, welche Aufbauleistungen des Bewußtseins in welcher Weise defizient sind.

Der Übergang von der daseinsanalytischen zur phänomenologischen Forschung verdankt sich aber nicht nur dem Ziel der Realisierung einer eigentlichen psychiatrischen Wissenschaft. Aufschlußreich ist der Hinweis Binswangers, daß bei ihm die phänomenologische Sicht „zum Durchbruch gekommen" sei durch die – dank Szilasi – gewonnene neue Einschätzung der Bedeutung eines sich in der Manie durchhaltenden „Themas". Staunte er früher über die Tatsache, daß sich *trotz* der Verwirrtheit ein lebensgeschichtlich wichtiges Thema durchhalten konnte, so erkennt er jetzt, „daß es sich gar nicht ein ‚trotzdem' handelt, sondern um ein ‚weil'." (1960b, S. 36) Weil sich der Manische von konstitutiven Bindungen befreit hat, entsteht ein Vakuum, das nun durch ein letztlich beliebiges, wenn auch oft lebensgeschichtlich erklärbares Thema aufgefüllt werden kann. Diese „Umkehr vom ‚trotz' in ein ‚weil'" nennt Binswanger die „Hauptsache"; sie bedeutet aber nichts anderes, als daß sich mit dem Rückgang auf die phänomenologische Konstitutionsanalyse jeder Versuch, dem Inhalt sei es von Manie und Melancholie, sei es des Wahns irgendwelche existenzielle Bedeutung zuzuerkennen, als Illusion erweist. Der Bedeutungsgehalt psychotischer Erfahrung ist trotz seiner lebensgeschichtlichen Wurzeln sinnbar, weil diese Erfahrungen selbst sich dem blossen „Versagen" im transzendentalen Gefüge des Bewusstseins verdanken. Von daher verliert das daseinsanalytisch-hermeneutische Bemühen, die „Welt" des Geisteskranken exakt zu beschreiben, seinen Reiz, obwohl Binswanger betont, dass die phänomenologische Konstitutionsanalyse diese nicht erübrige; die frühere Suche nach der „neuen Norm", welcher das In-der-Welt-sein des Manischen gehorcht[17], macht wenig Sinn, wenn die Konstitutionsforschung nun zu zeigen vermag, daß diese „Welt" in Wahrheit ein sinnbares Konglomerat von durch das Versagen transzendentaler Leistungen entstandenen Weltfragmenten ist (vgl. S. 395).

---

[17] Vgl. Über Ideenflucht, AW 1, S. 149.

Binswangers Schritt von der Daseinsanalyse zur phänomenologischen Konstitutionsanalyse läßt sich nach dem Gesagten sowohl als konsequente Fortführung wie als Bruch mit dem Bisherigen interpretieren. Die Kontinuität liegt im Ziel, durch eine entsprechende philosophische Fundierung die Psychiatrie zur Wissenschaft zu machen; der Bruch in der Vorstellung, die Wissenschaftlichkeit der Psychiatrie habe sich, wiewohl nicht den Kriterien der Naturwissenschaften unterworfen, gleichwohl an jener der Körpermedizin zu messen, und der damit verbundenen Übernahme der medizinisch-psychiatrischen Krankheitsperspektive.

6.1 Melancholie und Manie (1960)

Obwohl die manisch-depressive Erkrankung sich vor allem als anormale Gestimmtheit manifestiert, ist es nach Binswanger irreführend, von einer „Affektpsychose" zu sprechen, denn die affektiven Störungen sind selber nur Resultat des Versagens transzendentaler Leistungen des Bewußtseins. Damit verbietet sich für Binswanger auch das Vorgehen Freuds in dessen bekannter Schrift „Trauer und Melancholie", die melancholische Verstimmung von der Stimmung (der Trauer) her aufschlüsseln zu wollen (S. 421). – Wenn Husserls Lehre vom Bewußtsein für die Psychiatrie einen Stellenwert hat, der demjenigen der Biologie für die Körpermedizin analog ist, dann wird für die Aufklärung einer bestimmten psychiatrischen Störung bloß noch der Rekurs auf jenen Teilbereich der gesamten Bewußtseinskonstitution nötig, der für diese Störung ‚verantwortlich' ist. Für die Konstitutionsanalyse der Melancholie genügt die Bezugnahme auf Husserls Lehre vom inneren Zeitbewußtsein, die Aufklärung der Manie hingegen benötigt zusätzlich den Beizug der Lehre von der Appräsentation, und für das Verständnis der manisch-depressiven Antinomik muß überdies auch Husserls Lehre vom reinen Ego als der Quelle aller Konstitution herangezogen werden.

6.11 *Melancholie*

Schon im Aufsatz über Szilasi hatte Binswanger davon gesprochen, daß die an der Manie gewonnene Erkenntnis von der Umkehr des ‚obzwar' in ein ‚weil' auch „einiges Licht ... auf die Verhältnisse bei der Melancholie" werfe (1960b, S.37). Hier beansprucht ja das Thema des erlittenen oder bevorstehenden Verlustes allen Raum. Die Frage ist nur, warum dem so ist: kann der Melancholiker für nichts anderes mehr offen sein, weil das Verlustthema allen Platz beansprucht, oder kann umgekehrt das Verlustthema allen Raum einnehmen, weil „durch die Befreiung von konstitutiven Bindungen der natürlichen Erfahrung" ein Vakkuum entstanden ist, in dem sich das Thema „einnisten" und breit machen kann (S. 357)? Daß entgegen der „üblichen Meinung" letzteres der Fall ist, wird nun am Leitfaden der Theorie vom inneren Zeitbewußtseins aufgewiesen. Jedes *reale* Worüber (Thema) wird ermöglicht durch das Zusammenspiel der drei Zeitmomente der retentio protentio und präsentatio, in welchen sich die drei zeitlichen „Gegenstände" Vergangenheit, Zukunft und Gegenwart konstituieren. Sowohl der melancholische Selbstvorwurf wie der melancholische Wahn erweisen sich nun als „leere Diskussion", weil die Voraussetzungen eines „echten Worüber" im normalen Zusammenspiel der drei Momente gestört sind. Der melancholische Selbstvorwurf ist rückwärtsgewandt und äußert sich in den sprachlichen Wendungen „wenn" oder „wenn-nicht" bzw. „ich hätte sollen" oder „ich hätte nicht sollen" (S. 362), während sich der melancholische Wahn nach vorwärts richtet und in apodiktischen Aussagen über das, was kommen wird, ausspricht. Beide Formen des Verlustthemas sind das Resultat einer „Auflockerung der Fäden der intentionalen Aufbaumomente der zeitlichen Objektivität" (S. 361) und der dadurch erfolgenden defizienten „Zusammenrüttelung und Verschiebung" derselben (S. 376). Während im Selbstvorwurf sich die retentio anormalerweise mit protentiven Momenten durchsetzt, dringen umgekehrt im melancholischen Wahn retentive Momenten in die protentio ein.

Der Bedeutungsgehalt der melancholischen Verlustthemen ist also leer, auch wenn er sich lebensgeschichtlich begründen läßt, denn er verdankt sich einer durch einen Defekt entstandenen Leere, die er auffüllt. Darum sind die Themen auch austauschbar (Fall David Bürge, S. 364 f.). Je stärker die Störung im Aufbau des inneren Zeitbewußtseins ist, umso geringer ist auch die Möglichkeit, überhaupt noch ein Worüber zu konstituieren. Von daher läßt sich der Selbstmord als das „letzte Worüber" interpretieren, zu dem sich „ein Dasein noch zeitlich zu konstituieren vermag" (S. 380). Mag also das spezielle Verlustthema beliebig sein, so ist es doch nicht zufällig, daß das melancholische Worüber grundsätzlich vom *Verlust* handelt. Es geht in der Melancholie in der Tat zentral um die Erfahrung von Verlust, allerdings so, daß diese nicht existenzieller oder psychologischer, sondern transzendentaler Natur ist: Binswanger spricht vom „Verluststil" der melancholischen Erfahrung (S. 374). Die Verluststimmung des Melancholikers sei „Ausdruck" des Verlustes des Daseins an transzendentalen Möglichkeiten der Zeitigung, die Depression überhaupt gleichbedeutend mit Verlust oder Verlieren (S. 375).

Was von der Verluststimmung gilt, betrifft die melancholische Angst und das Leiden des Melancholikers generell: Sie sind „Naturphänomene", insofern sie die „naturbedingte Störung" im transzendentalen Gefüge des Daseins widerspiegeln. In allen diesen Stimmungen – so Binswanger – schafft die Natur etwas Neues, experimentiert sie gleichsam, weil „der normale Verlauf" gestört ist (vgl. S. 381 ff.). Wir können das Leiden des Melancholikers weder nachvollziehen noch verstehen, weil es sich hier um etwas vom daseinsmäßigen Leiden radikal Verschiedenes handelt, nämlich um eine Erscheinung innerhalb des „Naturexperimentes Melancholie". Hier wird nun beispielhaft klar, warum Heidegger auf solche Phänomene nicht mehr „anwendbar" ist. Binswanger kritisiert scharf Tellenbachs Versuch, die melancholische Angst von der Angst als Grundbefindlichkeit im Sinne Heideggers her zu deuten, weil damit die *Krankhaftigkeit* dieser Angst verkannt werde (S. 382).

Aber auch wenn das Leiden in der Melancholie kein menschliches, sondern ein „Naturphänomen" darstellt, so bleibt doch die Frage, warum es gerade in dieser Krankheitsform so sehr vorherrscht. Die Antwort darauf gibt Binswanger erst im dritten Teil, unter Bezugnahme auf Husserls Theorie vom reinen Ego (S. 416 ff.).

6.12 *Manie*

Auch die Manie läßt sich partiell als Versagen der Zeitkonstitution verstehen. Es kommt auch hier zu einer Lockerung der Fäden, aber im Unterschied zur Melancholie nicht zu deren neuer Verflechtung. Das manische Leben zeitigt sich in lauter Präsenzen. Die zeitliche Gliederung verschwindet, damit aber auch jegliche Kontinuität. Darum konstituiert sich gar keine einheitliche Welt mehr; der Maniker lebt nicht in „einer" Welt, sondern in lauter Weltfragmenten (S. 394 f.). Von diesem spezifischen Versagen der Zeitkonstitution her wird die Sorglosigkeit des Manikers – die manische Euphorie – verständlich (S. 407). Das Losgelöstsein aus konstitutiven Bindungen erzeugt ein Gefühl der Freiheit. Dieses Erzeugnis ist also wiederum „naturbedingt", und es wäre demnach vergeblich, nach einem Motiv, und wäre es das Motiv der Flucht vor der Melancholie, zu suchen.

Der Maniker ist, wiederum im Gegensatz zum Melancholiker, stark auf die Umwelt und die Mitmenschen bezogen. Um die Störung im mitmenschlichen Bezug „als Störung" ausweisen zu können, bedarf es des Beizugs von Husserls Phänomenologie der Fremderfahrung, der Konstitution des alter ego und insbesondere der „Appräsentation"[18]. Binswanger faßt in knappstmöglicher Form Husserls Analyse zusammen, um dann anhand von Beispielen das manische Versagen der Appräsentation sowohl des eigenen ego wie des alter ego aufzuzeigen. Dieses Versagen ist viel grundlegender als das zumeist diagnostizierte Versagen der Denkkontinuität. Aufgrund der Störung der apperzeptiven Leistungen sinkt das alter ego zum „alius" oder gar zum bloßen Ding herab, etwa im Sinne des Objektes momentaner

---

[18] Mit diesem Begriff bezeichnet Husserl das Mitgegenwärtigsein auch jener Aspekte eines Gegenstandes der Anschauung, welche im jeweiligen Anschauungsakt, der notwendig einseitig ist, nicht aktuell gegeben sind.

Bedürfnisbefriedigung. Die vielen und unvermittelten Einfälle des Manikers sind das willkürliche Resultat des Wegfalls konstitutiver transzendentaler Bindungen.

6.13 *Die Antinomik von Melancholie und Manie*

Zum Krankheitsbild des Manisch-Depressiven gehören nicht nur die beiden gegensätzlichen Zustände der Melancholie und der Manie, sondern auch die Möglichkeit des Umschlages vom einen in den andern. Die phänomenologische Frage lautet demgemäß, wie ein Bewußtsein beschaffen sein muß, in sich ein solcher Umschlag vollziehen kann. Binswanger beruft sich zur Beantwortung dieser Frage auf Husserls Lehre vom reinen Ego, welche dessen „epochemachendste Leistung" und die „eigentliche Krönung" seiner Lehre darstelle (S. 416). Weil das reine Ego das „letztlich einzige Funktionszentrum" bildet, kann nur von ihm aus die Zusammengehörigkeit der beiden so gegensätzlich scheinenden Störungen der Melancholie und Manie wie auch die Möglichkeit des Umschlages verständlich gemacht werden.

Das reine Ego erfüllt normalerweise zwei grundlegende Funktionen: die Funktion der Mir-zugehörigkeit, die sich in der Rede „ich bin" ausdrückt, sowie die Funktion der Stellungnahme in bezug auf die Adäquatheit der transzendentalen Erfahrungen. Die erste Funktion erfüllt das reine Ego auch in den Krankheitszuständen der Melancholie und Manie – nur darum sind die Qualen des Melancholikers wie die freudige Erregung des Manikers möglich (S. 419), die zweite aber nicht mehr. Die Möglichkeit des Umschlags wird aus dieser Funktionslosigkeit begründbar: das reine Ego, der Möglichkeit der Stellungnahme beraubt, beginnt „zwischen den beiden Extremen der Ver-Stimmung hin und herzupendeln" (S. 424). Damit ist auch der Umschlag von Manie in Melancholie und umgekehrt als ein sinnbares Geschehen aufgewiesen, das einem bloßen Mangel an konstitutiven Bindungen entspringt.

Merkwürdig mutet nun aber die existenzielle Metaphorik an, mit der Binswanger die melancholische Verstimmung vom Funktionsverlust des reinen Ego her beschreibt und begründet: Das reine Ego ist „ratlos", weil es seine Sinnbestimmung nicht erfüllen (S. 418) und deshalb „nur verzweifeln" kann ob der Störungen der empirischen und transzendentalen Erfahrungen. Die Qualen des Melancholikers sind als Ausdruck dieser „blinden Verzweiflung" des reinen Ego zu verstehen. Hier taucht unversehens auch der Begriff der „Motivation" auf: „die Ausweglosigkeit des reinen Ego" sei das Motiv sowohl der melancholischen wie der manischen Verstimmung (S. 419). Und konsequenterweise wird nun auch die manische Verstimmung als Flucht des reinen Ego vor seiner Verzweiflung gedeutet, als ein „Überspringen der Nichtung" seiner Rolle und ein „Inbesitznehmen von allem" (S. 424).

6.2 Wahn (1965)

Im Vorwort seines letzten Buches zeigt sich Binswanger über das Befremden, das „Melancholie und Manie" bei Kollegen und Schülern ausgelöst hatte, erstaunt. Der Anfang dient deshalb der Klärung des Verhältnisses von daseinsanalytischer und phänomenologischer Forschung, dem Nachweis ihrer Zusammengehörigkeit und gegenseitigen Ergänzung. Unter dem Titel „Ontologische und daseinsanalytische Grundlegung" wird die – schon in der Einleitung zum Sammelband Schizophrenie angedeutete – gewandelte Lesart von Heideggers Daseinsanalytik, wie sie inzwischen bereits für die daseinsanalytische Auslegung der „Drei Formen mißglückten Daseins" (Verstiegenheit, Verschrobenheit und Manieriertheit) maßgeblich wurde, nochmals vorgestellt. Zwei Punkte sind hier wesentlich. Zum einen akzentuiert Binswanger das In-sein unter dem Gesichtspunkt „Freiheit der Transzendenz" gemäß Heideggers Ausführungen in den beiden Vorträgen „Vom Wesen des Grundes" (1929) und „Vom Wesen der Wahrheit" (1943). Ihm kommt dabei entgegen, daß Heidegger das (normgemäße) Verhältnis des Daseins zum Seienden als ein dreifaches „Lassen" auslegt: ein Sein-lassen des Seienden, ein Sich-dem-Seienden-überlassen und ein Sich-einlassen-auf-das-Seiende. Zum anderen nimmt Binswanger die Bestimmung des Wesens der „Weltlichkeit der Welt" als Bewandtnis- und Verweisungszusammenhang auf (S. 437). Mit den beiden Interpretamenten scheint der ontologische Grund für die „natürliche Erfahrung" gelegt, die den „sachlichen Verweisungen" der Dinge folgt.

Inwiefern ist diese Auffassung des „In-der-Welt-seins" das Resultat von Binswangers „vertiefter Einsicht" in die „rein ontologische Intention" der Daseinsanalytik Heideggers? Früher hatte Binswanger am Leitfaden von Heideggers ontologischer Explikation des In-der-Welt-seins nach dem jeweiligen individuellen Weltentwurf als „faktischer Abwandlung" der Norm gesucht. Nach der neuen Lesart, die bezeichnenderweise auf die „Weltlichkeit der Welt" abhebt und ganz auf das (adäquat-sachliche) Seinlassen des Seienden ausgerichtet ist, erscheint es nicht mehr zulässig, nach individuellen (ontischen) Variationen dieser ontologischen Struktur zu fragen. Zwar vermag auch diese Heidegger-Rezeption noch für die Psychiatrie fruchtbar zu werden, nämlich als „Schlüssel zum ontologischen Verständnis des Wahns" (S. 435, 513). Aber diese „ontologische" Interpretation erweist nun den Wahn nicht mehr als eine individuelle „Abwandlung", sondern als bloße Defizienz des Transzendierens: Unfreiheit, Unbefindlichkeit, Sich-nicht-den-Sachen-überlassen usw. Eine solche an ontologischen Kategorien orientierte Erfassung des Wahns ist im strengen Sinne kein „Verstehen" mehr; es gibt auch auf dieser Ebene nichts mehr zu verstehen, sondern lediglich noch die Abwesenheit normgemäßen Transzendierens zu konstatieren.

In der Überleitung A-B will Binswanger vor allem mit ausführlichen
Zitaten aus der Studie Suzanne Urban und der Einleitung von 1957 die
Kontinuität seines Denkens belegen. Dort hatte er ja bereits unauffällig
anstelle des bisher leitenden Weltbegriffs den Begriff der natürlichen Erfahrung bzw. der Inkonsequenz der (unnatürlichen) Erfahrung eingeführt
– also zeigt sich nun rückblickend, daß schon dort der Grundbegriff zum
Verständnis der Schizophrenie kein „daseinsanalytischer" war, sondern „aus
dem Feld der Erfahrung" stammte (S. 439). Zugleich kritisiert Binswanger
aber den damals fast synonymen Gebrauch der Begriffe „Dasein" und „Erfahrung", die nun „streng geschieden" werden müßten.

Die in B entfaltete Phänomenologie des Wahns geht vom „Gegensatz"
der Wahnerfahrung zur natürlichen Erfahrung und damit von deren Anomalie bzw. Defizienz als einer feststehenden Tatsache aus (S. 441, 452).
Die phänomenologische Frage lautet, „warum dem so ist", „durch welche
Regelveränderungen im phänomenologischen Aufbau des Bewußtseins" die
wahnhafte Erfahrung zustandekommt[19]. Es ist damit von vornherein klar,
daß die phänomenologische Forschung an den „Wahn*ideen* ", die „gewöhnlich als das Wesentliche am Wahn" angesehen werden, kein Interesse nehmen kann, sind sie doch lediglich die „Konsequenz des Versagens" der Konstitution einer einheitlichen Welt (S. 479). Die Wahntexte sind „von einem
Bewußtsein diktiert, das ‚aus den Fugen gegangen' ist" und sie sind als
solche „unlesbar". Sie reden nicht in einer „Fremdsprache", die mit Hilfe
eines Wörterbuchs in die Sprache der natürlichen Erfahrung übersetzbar
wäre (S. 531). Darum erübrigt es sich auch, die „gesamte Wahnsituation"
ins Auge zu fassen. Der Phänomenologe macht immer schon den „Sprung"
von diesem Ganzen zu den „nackten Wahnphänomenen" als dem „Wahnskelett, das auch nach Einklammerung der konkret-inhaltlichen Wahnsituation
übrigbleibt" (S. 489).

Um die Veränderungen in der Konstitution des Wahnbewußtseins feststellen zu können, bedarf es der Kenntnis der Regeln, denen die Erfahrung
normalerweise folgt. Es bedarf vor allem der Kenntnis jener Norm, welcher
nicht bloß die konstituierte Welt, sondern auch deren konstituierende Aufbaumomente gehorchen. Binswanger findet diese Norm im folgenden Satz
Husserls, den er bereits in den Ideenfluchtstudien zitiert hatte, der aber
nun erst durch die neue Fragestellung in seiner Bedeutung erkannt wird:

---

[19]Binswanger hat 1961 in den „Einleitungsworten" zum Münsterlinger Symposium
„Über das Wahnproblem in rein phänomenologischer Sicht" (1963a) erstmals programmatisch die wichtigsten Theoreme Husserls zur Konstitution der realen Welt zusammengestellt, welche ein „sinngemäßes" Fragen „nach dem Wesen des Wahns, im Sinne
eines wesenhaften Versagens der Bewußtseinssynthesis oder transzendentalen Konstitution und damit nach der Mirgehörigkeit oder Nichtmirgehörigkeit der Wahninhalte"
ermöglichen (S. 86).

„Die reale Welt ist nur in der beständig vorgezeichneten Präsumtion, daß die Erfahrung im gleichen konstitutiven Stil beständig fortlaufen werde."[20] Die Anomalie der Wahnerfahrung liegt darin, daß diese Präsumtion „nicht zutrifft, und daß dies der Grund ist, warum und in welchem Sinne wir im Wahn nicht von einer ‚realen' Welt sprechen können" (S. 453).

Das Versagen der Präsumtion soll nun durch Analyse des Aufbaus der Wahnerfahrung ab den „ersten Anfängen des Erfahrungsbewußtseins" aufgewiesen werden. Nur so läßt sich zeigen, daß die auch von Jaspers vertretene Auffassung im Irrtum ist, die Abweichung liege erst im „Bedeutungswandel" des unmittelbar Vernommenen (S. 467). Im „Hinuntersteigen" zur ersten Stufe der Synthesis, zur Perzeption, und dem Aufweis ihrer strengen Regeln ergibt sich, daß die Wahnerfahrung auch in ihren untersten Schichten bereits deformiert ist und die basalen Deformationen in die höherstufigen Synthesen eingehen, wo neue Deformationen hinzukommen. (Auf die genaue Nachzeichnung des von Binswanger dargestellten „normalen" Aufbaus der Erfahrung bis zur Theorie des „eidos" und dem entsprechenden „Abbau" in der Wahnerfahrung durch die „Lockerung" der mnemetischen Vorschriften, das „Zerreisen der Bänder" von Retention und Protention und die „Verkümmerung" der Bildbildung wird hier verzichtet.)

In der Konsequenz jeder Defizienztheorie liegt es, daß das Ausmaß der Störung auch quantitativ beurteilt werden muß. Im „Fall Aline" geht Binswanger so weit, ihre reduzierte Existenz mit der Lebensform des Tieres zu vergleichen: An die Stelle des Transzendierens sei hier „ein bloßes animalisches Registrieren" getreten, eine „Art Zwischenexistenz zwischen Mensch und Tier" (S. 470). Was Aline vor der Vertierung schütze, sei lediglich ihr Leiden in der Form eines „schmerzlichen Dranges" (Szilasi). Schon in der Studie Lola Voß hatte Binswanger im Gegensatz zu seiner sonstigen Betonung der „Daseinskommunikation" mit dem Kranken als Partner vom schizophrenen Autisten als einem „Lebewesen" gesprochen, in welchem nur noch die „rein ‚humanistische' *ärztliche* ‚Einstellung zum Kranken' den Mitmenschen ‚sieht'" (1957c, S. 311).

Wenn sich Binswanger in einem letzten Teil des Buches dem „Fall August Strindberg" zuwendet, so zeigt sich auch darin der unermüdliche Forschergeist Binswangers, der sich nochmals einer neuen Aufgabe zuwendet, nämlich der phänomenologischen Analyse „seines Beziehungs-, Beeinträchtigungs- und Verfolgungswahns, wie er uns in den bisherigen Fällen noch nicht begegnet ist" (S. 496). Nicht nur reizt an Strindberg, daß hier die Sachlage „ungleich komplizierter" ist, daß es auch zwischen „religiösem Wahn" und einer „echt religiösen Ader" zu unterscheiden gilt, „was die phänomenologische Interpretation seines gesamten Wesens umso schwieri-

---

[20] Formale und transzendentale Logik, Hua 17, S. 258.

ger, ja im Grunde unmöglich" mache (S. 524), sondern vor allem die bei
Wahnkranken selten anzutreffende Fähigkeit zur Selbstreflexion. Strindberg
vermag die „Andersheit" seiner wahnhaften Erfahrung zu reflektieren und
charakterisiert deren „Logik" – in Abhebung von der die natürliche Erfahrung bestimmenden „Logik der Begebenheiten" – als „Schicksalslogik".
Bemerkenswert ist ebenfalls, daß Binswanger hier noch einmal existenzielle Kategorien heranzieht: der Ersatz der Logik der Begebenheiten durch
die (wahnhafte) Schicksalslogik wird mehrmals als „ausdrücklicher Verzicht
auf Erfahrung" (S. 532) interpretiert, ohne daß auch hier das Verhältnis
dieses „sozusagen freiwilligen" Entschlusses zur „Destruktion des ganzen
transzendentalen Systems der Egoität" (S. 534 f.) thematisiert würde. Daß
der existenzielle Ansatz in Binswangers Denken bis zum Schluß virulent
geblieben ist, bezeugt das Ende des Buches, wo er für eine „zukünftige
Wahnforschung" auch die Aufgabe einer „fundamentalen Existenzanalyse
des Wahnschicksals" vorsieht, welche u.a. untersucht, „wie sich das Wahndasein selbst ontologisch auslegt".

7. Zur Wirkungsgeschichte

Den Gedanken einer Schulbildung hat Binswanger immer von sich gewie-
sen, weil er sich mit seinem phänomenologischen Ethos nicht vereinbaren
ließ. Der Kreis seiner unmittelbaren Schüler blieb klein. Unter ihnen ragt
Roland Kuhn heraus, der sich bis heute der Interpretation und Fortsetzung
von Binswangers Werk gewidmet hat. Bis in die frühen 70er Jahre hinein
fand dieses innerhalb der Psychiatrie einen recht breiten Widerhall und
gab den Anstoß zu einer Öffnung für philosophisch-anthropologische Fragestellungen. Viele bedeutende Arbeiten, etwa von H. Tellenbach und W.
Blankenburg, bewegen sich im Horizont von Binswangers Daseinsanalyse,
auch wenn sie seinen Ansatz eigenständig weiterentwickeln. Nicht zu vergessen ist schließlich seine Ausstrahlung auf die Geisteswissenschaften und
die philosophische Anthropologie. In den letzten zwei Jahrzehnten ist das
Interesse der Psychiatrie an Binswanger zugunsten sozial- und pharmako-
psychiatrischer Fragestellungen in den Hintergrund getreten. Binswangers
Werk behält aber seine Aktualität gerade als Alternative zu einer natur-
wissenschaftlich orientierten Psychiatrie, die in der Forschung wie in der
Behandlung von Kranken leicht den „ganzen Menschen" aus dem Blick
verliert.

Dank

Für die kritische Durchsicht meiner Einleitung und ausdauernde Bera-
tung bei der Einrichtung des Bandmanuskripts bin ich meinem Mann,

Helmut Holzhey, sehr verbunden. Ein Gespräch über meine Interpretation der psychiatrischen Schriften Binswangers, für das sich Prof. Roland Kuhn (Münsterlingen) freundlicherweise zur Verfügung stellte, war ermutigend und fruchtbar. Bei der Korrektur der Binswangerschen Texte und bei der Literaturbeschaffung war mir Frau Rosemarie Niggli (Zürich) behilflich. Die zeitraubende Herstellung der Computer-Abschrift der Texte besorgte Frau Grete Stoll (Zürich). Die drucktechnische Gestaltung des Bandes erfolgte in enger Zusammenarbeit mit Max Herzog (Berlin), dem Herausgeber der Bände 1-3 der vorliegenden Ausgabe. Ihnen allen sage ich meinen herzlichen Dank.

Zürich im April 1994

Alice Holzhey-Kunz

Der Mensch in der Psychiatrie*

Unter den vielen interessanten psychiatrischen Problemen das interessanteste, ja brennendste war für mich von jeher das Problem der Psychiatrie
selbst. Gewinnt doch jedes psychiatrische Sonderthema seinen *psychiatrischen* Sinn, seinen „Ort", seine Grenze und seinen Zusammenhang mit den
anderen psychiatrischen Themen erst aus dem Sinn des Ganzen der Psychiatrie als Wissenschaft. Wenn mein Thema nun aber lautet „Der *Mensch* in
der Psychiatrie", so soll damit von vornherein zum Ausdruck gebracht werden, daß der Grund und Boden, auf dem die Psychiatrie als eigenständige
Wissenschaft Wurzel zu schlagen vermag, weder die Anatomie und Physio-
logie des Gehirns noch die Biologie ist, weder die Psychologie, Charaktero-
logie und Typologie überhaupt noch auch die Wissenschaft von der „Person", sondern - „der Mensch". Das klingt sehr einfach, ist aber heutigen
Ohren noch schwer zugänglich. Erlauben Sie mir daher, Ihnen, sozusagen
als Präludium, an zwei Beispielen zu zeigen, welcher Art der Weg ist, der
uns auf die rechte Bahn des Fragens nach dem Menschen, und somit auch
nach dem wahnsinnigen Menschen, zu führen vermag.

Das erste Beispiel stammt von *Kierkegaard* und findet sich in seiner
unausschöpfbaren Schrift „Der Begriff der Angst" vom Jahre 1844[1]. In dieser Schrift kommt der Autor wiederholt zu sprechen auf den Unterschied
zwischen sentimental-rührsamer oder feiger Sympathie und wahrer, „allein
Gewinn für sich selbst und andere bringender" Sympathie (S. 50), anders
ausgedrückt, zwischen dem bloßen Bemitleiden und dem wahren Mitleid (S.
118f.). Wahr sind Sympathie oder Mitleid nur dann, wenn man sich „recht
innerlich zugestanden hat" „und, mit größerer Sicherheit als ein Kind sein
ABC kennt, weiß", „daß alle treffen kann, was *einen* getroffen hat" (S. 50
u. 57), mit andern Worten, wenn der Mitleidige in seinem Mitleid sich so
zu dem Leidenden verhält, „daß er im strengsten Sinne glaubt, es sei *seine
Sache*, um die es sich handelt" (S. 119). In diesem Zusammenhang fließt
dem Autor unversehens folgender schwerwiegende Satz in die Feder: „*Der
Arzt in einer Irrenanstalt, der dumm genug ist zu glauben, er sei für alle
Ewigkeit klug und seine Portion von Verstand sei dagegen versichert, je
im Leben Schaden zu nehmen, ist in gewissem Sinne wohl klüger als die
Wahnsinnigen, ist aber zugleich dümmer als sie und wird auch nicht viele heilen*" (S. 50). Klüger als die Wahnsinnigen ist jener Arzt, sofern man
mit dem Autor unter Klugheit den berechnenden Verstand versteht (S.
161), dümmer ist er, sofern man mit ihm unter Dummheit die selbstsichere

*Vortrag, erstmals gehalten vor der Freistudentenschaft Bern, sodann als Gastvorle-
sung an der Universität Freiburg i.Br., an der Universität Zürich, im Psychologischen
Verein Bern und im „Burghölzli" Zürich; erschienen in 1956c u. in 1957a.
[1] Ges. Werke Bd. V, übersetzt von Chr. Schrempf, Jena 1923.

„Geistlosigkeit" oder „Gedankenlosigkeit" versteht, sich darin zeigend, daß
man nicht „gelernt" hat – was die Wahnsinnigen in der Tat gelernt und in
Wirklichkeit „durchgemacht" haben –, daß man „absolut nichts vom Leben
fordern kann, daß das Entsetzliche, das Verderben, die Vernichtung Tür an
Tür mit jedem Menschen zusammen wohnt" (S. 157). Zu dieser Art der
Sympathie und Geistigkeit gelangt man nur durch die, im Mittelpunkt der
Lehren *Kierkegaards* stehende, „Erziehung", „Bildung" und „Wandlung"
in der Schule der Möglichkeit als der „schwersten aller Kategorien". Denn
„in der Möglichkeit ist alles gleich möglich, und wer in Wahrheit durch die
Möglichkeit erzogen wurde, der hat das Schreckliche noch so gut erfaßt als
das Angenehme", der hat aber auch „das Höchste gelernt", nämlich die
Angst als die Möglichkeit seiner *Freiheit* und als die Bildung nach seiner
Unendlichkeit (S. 156f.).

Noch reiner und einfacher, nämlich frei von jeder erzieherischen, philosophisch erweckenden und religiös erschütternden *Absicht*, kam der Gedanke
der wahren Sympathie schon zum Ausdruck in dem wunderbaren Wort, das
der Dichter *Sophokles* im Vorspiel zu seinem Aias den Odysseus zur Athene
sagen läßt: Obwohl Aias mich haßt, erblicke ich ($\sigma\kappa o\pi\acute{\epsilon}\omega$) im Seinigen, in
seinem Wahnsinn nämlich, auch $\tau\grave{o}$ $\acute{\epsilon}\mu\acute{o}\nu$[2], auch *meine Sache*, wie *Kierkegaard* sagt, *unser* gemeinsames Los nämlich, Menschen zu sein, das aber
heißt hier, „Scheingestalten" oder „nichtige Schatten"; denn „ein Tag beugt
nieder und hebt wieder auf, was menschlich ist"[3].

Worauf es uns mit beiden Beispielen – die natürlich ins Ungemessene
gehäuft werden könnten – ankommt, ist, Ihnen gleich zu Beginn unserer
Ausführungen vor Augen zu führen, daß wir vom Wahnsinn nichts verstehen, solange wir uns gegenüber den Wahnsinnigen als *unbeteiligtes Subjekt*
verhalten oder, was auf dasselbe hinauskommt, den Wahnsinnigen lediglich
als *Objekt* vor uns hinstellen oder, kurz, als einen *Gegenstand vorstellen*,
sondern daß wir den Wahnsinn nur verstehen vom *Grunde* unseres gemeinsamen menschlichen Loses aus, vom Grunde der condition humaine, wie die
Franzosen sagen, oder, was auf dasselbe hinauskommt, wenn wir auch im
Wahnsinnigen den *Mit-Menschen* sehen.

Diese Beispiele bilden in der Tat aber nur das Präludium zum Verständnis dessen, was den eigentlichen, den *unumgänglichen* Grund und Boden
der Psychiatrie bildet, das *Da-Sein* nämlich, „worin", um mit Heidegger[4]
zu sprechen, „der Mensch als Mensch ek-sistiert". *Da-Sein* nämlich enthüllt
sich noch nicht der Einsicht in unser gemeinsames menschliches Los und einer, sei es pessimistischen, sei es optimistischen, jedenfalls aber *sachhaltigen
Aussage* über dasselbe. Desgleichen könnte sich die Mitmenschlichkeit des

---

[2] Aias V. 124
[3] Ebd. V. 125f. u. V. 131f. Außer V. 124 in der Übersetzung von Emil Staiger.
[4] *Martin Heidegger*. Vorträge und Aufsätze, Pfullingen 1954, S. 63.

Mitmenschen, die eigentliche Daseinspartnerschaft, gar nicht in der Sympathie als einer Selbsterziehung in der „Schule der Möglichkeit" enthüllen, wäre Da-Sein oder In-der-Welt-Sein, in dem oder als das der Mensch als Mensch ek-sistiert, nicht schon an und für sich, nicht schon ursprünglich oder *a priori*, wie der philosophische Fachausdruck lautet, Mit-Sein im Umgang oder Verkehr mit andern und Miteinandersein in Liebe und Freundschaft mit „Dir". Schon daraus geht hervor, daß weder die Tiefe der Einsicht und die Sachhaltigkeit des Urteils noch auch die Einbildungskraft der Angst und Sympathie imstande sind, die Frage nach dem Menschsein *radikal* zu stellen, vielmehr muß zu allererst *das Apriori freigelegt* werden, „das sichtbar sein muß, soll die Frage, was der Mensch sei, philosophisch erörtert werden" (*Martin Heidegger*). Diese Freilegung ist geschehen in der für alle Wissenschaften, die sich mit dem Menschen beschäftigen, und so auch für die Psychiatrie, im vollen Sinne des Wortes *grundlegenden* Schrift von *Martin Heidegger* vom Jahre 1927, betitelt „Sein und Zeit". Hier war dem Psychiater statt aller sachhaltigen Urteile *über* den Menschen und statt jedes philosophischen oder religiösen Appells *an* den Menschen, ein *Unumgängliches*, und zwar im Sinne des Unentbehrlichen, „freigelegt", das, als Da-Sein oder In-der-Welt-Sein, eine klar umrissene, festgefügte *Struktur* zeigt, mit streng aufeinander angewiesenen *Strukturgliedern*, den Strukturgliedern des Wer des In-der-Welt-Seins, des In-Seins und der Weltlichkeit der Welt, sowie mit streng aufeinander angewiesenen Existenzialien wie Faktizität, Geworfenheit, Existenz im engeren Sinne, und Verfallenheit (an die Welt). Was war für den von jeher das Ganze der Psychiatrie als Wissenschaft im Auge habenden Psychiater selbstverständlicher, als die von ihm klinisch als wahnsinnig, als neurotisch oder psychopathisch bezeichneten Menschen, anstatt sie nur symptomatologisch, ätiologisch und psychopathologisch, immer also als vorhandene, objektivierte Subjekte, Personen, Charaktere, Organismen oder Gehirne festzustellen, zu differenzieren, ja zu sezieren, auf die Struktureigentümlichkeiten der Struktur des Daseins hin, in dem sie ek-sistieren, zu untersuchen, mit andern Worten, sich diese Menschen in *daseins-analytischer* Kommunikation, als *Daseinspartner* also, nahezubringen. Die *Kierkegaardsche* und *Sophoklëische* Forderung war hiermit aus einer philosophischen, religiösen und humanistischen zu einer streng wissenschaftlichen Forderung geworden! Diese Forderung lautete nun also, die einzelnen Formen des Wahnsinns, des Wahns, der Schizophrenien, der Manie und Depression, der Neurosen, Perversionen, Psychopathien usw. zu verstehen als *„faktische" Abwandlungen der „apriorisch freigelegten" Struktur des In-der-Welt-Seins oder Da-Seins*, unbekümmert darum, ja ausdrücklich außer acht lassend, daß es sich um Formen des geistigen oder seelischen *Krank*seins handelt; denn erst mit dieser Außerachtlassung konnte die daseinsanalytische Forderung, wie schon diejenige von *Kierkegaard*

oder *Sophokles*, in aller Konsequenz und Strenge erfüllt werden. Wer als
geistes- oder gemüts*krank* zu *beurteilen* ist, das entscheidet die Psychopathologie und psychiatrische Klinik; worin sich aber der Geisteskranke oder
Gemütskranke als *Mensch*, vom *Menschenwesen* oder *menschlichen Dasein*
aus verstanden, vom gesunden Menschen unterscheidet, das vermag nur die
Daseinsanalyse zu zeigen und in einer der menschlichen Existenz adäquaten
Sprache zu *sagen*. Damit holt die Daseinsanalyse eine von der Psychiatrie
so lange vernachlässigte, in der Ära der Psychotherapie besonders dringli-
che Aufgabe nach, die Aufgabe, nach ihrem eigentlichen Grund und Boden
zu fragen. Es wäre und ist aber ein Irrtum, zu glauben, daß der auf das
Ganze der Psychiatrie als Wissenschaft gerichtete Blick des Psychiaters
hierin sein Genüge fände. Sein Genüge findet er vielmehr erst dann, wenn
er sieht, daß und wie sich der Kreis des Wechselverhältnisses von Psychopathologie und Daseinsanalyse schließt, mit andern Worten, wenn er auch die
Art und Weise der Rückwirkung jener daseins-analytischen Unterscheidung,
Beschreibung und Kommunikation auf den Gang und das Selbstverständnis
der psychiatrischen Forschung und Erkenntnis als solcher im Auge behält!

Solange die Psychiatrie nicht eingesehen hatte, daß ihr eigentlicher
Grund und Boden, in dem allein sie „Wurzel zu schlagen vermag", das
menschliche Dasein als In-der-Welt-Sein ist, solange mußte sie ein rein aus
dem wissenschaftlichen *Betrieb* hervorgegangenes Konglomerat heterogener
wissenschaftlicher Verstehensentwürfe und Methoden verbleiben. Von einer
Synthese derselben sind wir nicht nur „weit entfernt", wie Kollege *Kurt
Kolle* in seiner beschwingten Münchner Antrittsvorlesung „Das *Bild* des
Menschen in der Psychiatrie"[5] kürzlich gesagt hat, vielmehr ist eine solche
nachträgliche Synthese gar nicht möglich. Selbstverständlich werden jene
nicht *menschlichen*, sondern immer nur *etwas* von oder an dem Menschenwesen ins Auge fassenden „Bilder", Verstehensentwürfe, Sachhorizonte und
Forschungsmethoden nicht über Bord geworfen oder auch nur in ihrer eigenen wissenschaftlichen „Stoßkraft" und Bedeutung angetastet, was heute
schon bisweilen übersehen wird, sie erhalten jetzt aber, vom Ganzen des
menschlichen Daseins aus gesehen, ihre eigentliche wissenschaftliche Gliederung und, wie schon eingangs bemerkt, ihren eigentlichen *psychiatrischen*
Sinn.

Ich kann Ihnen hier nicht schildern, in welcher Weise die einzelnen psychiatrischen Forschungs- und Behandlungszweige – die biologischen, chemisch-
physiologischen, physikalischen, psychopathologischen, psychotherapeutischen usw. – von der Grundlage des Menschseins aus erst ihren „Ort"
im ganzen und ihre Grenzen der Psychiatrie als Wissenschaft zugewiesen bekommen und in ihrem Aufeinander-angewiesen-Sein und in ihrem

---

[5] *Kurt Kolle*. Das Bild des Menschen in der Psychiatrie. Stuttgart 1954.

„Grenzverkehr" verstanden werden müssen[6]. Nur darauf möchte ich hinweisen, daß jetzt für den Psychiater zum Beispiel „das Gehirn" und damit auch die Gehirnkrankheit und Gehirnverletzung etwas ganz anderes
sind als für den Hirnphysiologen und Neurologen, daß der Organismus, der
Leib, das einzelne Organ oder Hormon, die seelische Funktion oder Disposition, der geistige Akt, das Ich oder die Person für ihn etwas ganz anderes,
nur vom Ganzen des Menschenwesens aus zu Verstehendes, sind, als sie
es für den Biologen oder Psychologen sind. Ganz abgesehen davon, daß
es alle die genannten wissenschaftlichen Sachgebiete mit da oder dort vorhandenen vergegenständlichten Organismen, „Subjekten" oder Personen zu
tun haben, herausgeschnitten aus dem weder vorhandenen noch zuhandenen, sondern ek-sistierenden Ganzen des Menschenwesens, tragen sie nicht
einmal der schon von *Hönigswald* betonten Tatsache Rechnung, daß der
Organismus, das Ich usw., überhaupt nur als mein, dein, sein, als unser
Organismus oder Ich *ist*, womit wenigstens noch *ein* Bezug auf die Existenz bewahrt bliebe. Wenn schon das ἐμόν des sophokleïschen Odysseus
zeigt, daß dieses „mein" und „unser" schon aus der Daseinskommunikation
erwächst („entspringt"), so müssen wir erst recht einsehen, daß wir, wie
den Wahnsinn, so auch das Gehirn, in dem er, neurologisch gesprochen,
„seinen Sitz hat", desgleichen auch „die Seele", aus der der Wahnsinn,
psychologisch gesprochen, „hervorbricht", desgleichen auch die seelischen
Funktionen oder Akte, als deren Alteration sich der Wahnsinn dem Psy-
chopathologen darstellt, daß wir all das kommunikativ, in Daseinskommunikation also, erblicken müssen, wie Odysseus im Wahnsinn des Aias die
Hinfälligkeit unseres menschlichen Loses überhaupt „erblickt". Dieses Erblicken ist aber, wie gerade unsere Beispiele zeigen, kein gegenständliches,
optisches Perzipieren, auch kein gegenständliches Apperzipieren, sondern
ein Dem-Menschenwesen-auf-den-Grund-Blicken, ganz unabhängig davon,
ob und wie man diesen Grund nachträglich näher bestimmen will. So wenig
es den Wahnsinn als solchen „gibt", so wenig „gibt es" den Organismus als
solchen oder das Gehirn als solches, losgelöst vom Seinsgrunde des menschlichen Daseins und seiner Koinonia oder Gemeinschaft mit dem All der
Seinsmöglichkeiten. Infolgedessen ist auch „der Leib des Menschen etwas
wesentlich anderes als ein tierischer Organismus" *(Heidegger)*. Alle jene Begriffe, wie auch derjenige des psychopathologischen Symptoms, verdanken
ihre Entstehung, wie ich andernorts[7] gezeigt habe, dem dialektischen Pro-

---

[6] Vgl. *L. Binswanger*. Die Bedeutung der Daseinsanalytik Martin Heideggers für das
Selbstverständnis der Psychiatrie, 1949, und mein Badenweiler Referat: Daseinsanalytik
und Psychiatrie, 1950, beide in 1955a.

[7] *L. Binswanger*. Über Ideenflucht, Zürich 1933, AW 1, und Über die manische Lebensform, 1945a, in 1955a.

zeß der naturwissenschaftlich-psychopathologischen *Reduktion des Daseins* auf die Ebene der *medizinisch-klinischen Erkenntnis*.

Werfen wir von hier aus noch einmal einen Blick zurück auf das, was „der Mensch" hier bedeutet. Diese Bedeutung ist erregend, ja beunruhigend genug, um die Grundlagen, auf welche die Psychiatrie *als Wissenschaft* sich bisher gestützt hat, zu revidieren und zu vertiefen; wird doch das Ganze des Menschenwesens jetzt nicht mehr in ein wissenschaftliches System um- und hineinkonstruiert, wie es am großartigsten noch in der Psychoanalyse *Freuds* geschehen war. Das Ganze des Menschenwesens wird hier überhaupt nicht mehr vergegenständlicht, und es werden daher auch nicht eine oder einige Seiten dieses Gegenstandes auf einen bestimmten Begriff gebracht, wie es bisher der Fall war. Man denke nur etwa an den *Aristotelischen* Begriff des zoon logon echon, des animal rationale oder mit *Vernunft* begabten *Lebewesens*, an den Begriff des homo natura *Freuds* und der klinischen Psychiatrie überhaupt, an den ethnologischen und zoologischen Begriff des homo sapiens, den *Bergson'schen* Begriff des homo faber usw. Vor allem aber wird das Menschenwesen auch nicht mehr, wie seit *Descartes*, als Subjectum und bloße Subjektivität im Sinne einer res cogitans aufgefaßt, sondern es wurde erkannt, daß der Mensch der *Wahrheit des Seins* erst „dann übereignet wird, wenn er sich als Subjekt überwunden hat, und d. h., wenn er das Seiende nicht mehr als Objekt vorstellt"[8]. Das bestätigt nur, daß in „Sein und Zeit", im Gegensatz zu noch heute zu lesenden Auffassungen, keine Anthropologie vorliegt, in deren „Heraufkommen ... *Descartes* seinen höchsten Triumph" feiert[9]. An Stelle einer sachhaltigen Aussage oder eines Urteils über das *Wesen* des Menschen trat schon in „Sein und Zeit" die Frage nach dem Sinn von Sein und die von ihr unlösbare Frage nach demjenigen Seienden, zu dessen Seinsbestimmtheit das *Seinsverständnis* gehört, nach dem Dasein als Menschsein. Von da an bis zu der Schrift „Was heißt Denken?" vom letzten Jahre kreist *Heideggers* Denken, was man auch dagegen sagen mag, durchaus konsequent um das rechte Fragen nach dem Sein des Seienden, d. h. so, daß dieses Fragen *unser* Wesen in Frage stellt und dadurch *fragwürdig* macht in seinem Bezug zum Sein und offen für dieses: „Jede philosophische, d.h. denkende Lehre vom Wesen des Menschen ist *in sich schon* Lehre vom Sein des Seienden. Jede Lehre vom Sein ist *in sich schon* Lehre vom Wesen des Menschen", ohne daß ein „Weg des Denkens ... vom Menschenwesen aus und von da zum Sein über oder umgekehrt vom Sein aus und dann zum Menschen zurück" geht. „Vielmehr *geht* jeder Weg des Denkens immer schon *innerhalb* des ganzen Verhältnisses von Sein und Menschenwesen, sonst ist es kein Denken."[10]

---

[8] *Martin Heidegger*. Holzwege, Frankfurt a. M. 1950, S. 104.
[9] Ebd. S. 92.
[10] *Martin Heidegger*. Was heisst Denken? Tübingen 1954, S. 73f.

In dieser *philosophischen* Lehre vom Wesen des Menschen, ineins mit der Lehre vom Sein des Seienden und umgekehrt, sehe auch ich das *Unumgängliche*, den Grund und Boden also, aus dem jede Wissenschaft vom Menschen „schöpft" - wie *Heidegger* in seinem Vortrag über Wissenschaft und Besinnung[11] sagt – oder in dem sie „Wurzel faßt", wie *Szilasi* sagt. Dieses Unumgängliche darf die Psychiatrie als Wissenschaft nicht übergehen oder übersehen, wenn sie auch einsehen muß, daß es in der Tat *als solches* nur der Philosophie zugänglich ist, ihr selbst aber *als solches* unzugänglich bleiben muß. Hier ist die Grenze zwischen philosophisch-phänomenologischer Ontologie oder Daseins*analytik* und jeder Wissenschaft vom Menschen, auch der empirisch-phänomenologischen psychiatrischen Daseins*analyse*. Der „Bezug" des *Seins* des Seienden zum Menschenwesen und umgekehrt, von dem *Heidegger* spricht, und dasjenige *Seiende*, von dem der Psychiater spricht, sind zwar strengstens aufeinander angewiesen, sie bedeuten aber nicht dasselbe; denn dort handelt es sich um die ontologische Frage, hier um ontische oder empirische Untersuchungen und Untersuchungsbefunde. Wenn es aber eine Wissenschaft gibt, die auf Grund der Vielgestaltigkeit ihrer Gegenstandsgebiete und der Vielfalt ihrer Methoden über ihre rein ontischen oder Erfahrungsgrundlagen hinaus sich auf deren ontologische, philosophisch-transzendentale oder apriorische *Voraussetzungen* besinnen und darüber Bescheid wissen *muß*, so ist es die Psychiatrie. In diesem Zusammenhang sei nochmals darauf hingewiesen, daß beim Fragen nach dem Menschsein als *In-der-Welt-Sein* oder *Ek-sistieren* von vornherein eingesehen werden muß, daß Existenz keineswegs „als eine spezifische Art unter anderen Arten von Lebewesen gedacht werden" kann[12], mit andern Worten, daß die Daseinsanalytik keinen neuen *Begriff* und kein neues *Bild* vom Menschen entwerfen will, *neben* den vielen anderen Begriffen und Bildern, sondern daß sie, wie Sie gehört haben, die Frage nach dem Menschsein stellt.

Meine Damen und Herren! Sie erwarten sicherlich nicht, daß ich Ihnen nun ein daseinsanalytisches Kolleg halte über die einzelnen, bisher daseinsanalytisch untersuchten psychiatrischen *Krankheitsformen* und psychiatrisch relevanten menschlichen *Verhaltensweisen*, und unter den letzteren etwa die Verstiegenheit, Verschrobenheit, Manieriertheit, die sexuellen Perversionen, die Haltlosigkeit, die Trauer, die Scham oder den Geiz usw. Ich werde mich auf wenige Beispiele beschränken, und zwar auf die Gestimmtheit und die endogenen Verstimmungen oder Affektpsychosen, auf die Verschrobenheit und auf den Verfolgungswahn.

Im voraus möchte ich nur darauf hinweisen, daß die psychiatrische Forschungsaufgabe, Seelenstörungen in erster Linie in ihrem eigentlichen We-

---

[11] *Martin Heidegger*. Vorträge und Aufsätze, S. 63.
[12] *Martin Heidegger*. Brief über den Humanismus. In: Platons Lehre von der Wahrheit, Bern 1947, S. 67.

sen, das heißt als Abwandlungen der Struktur des In-der-Welt-Seins zu
verstehen und zu beschreiben, durchaus nicht nach einem starren Schema oder nach einem bestimmten Rezept erfüllt werden kann. In der Regel
wird man zwar am ehesten zum Ziel kommen, wenn man zunächst die
Art der „Weltlichkeit" der Untersuchung unterwirft, sei es in der Art ihrer Räumlichung, ihrer Zeitigung oder, wie die Psychiatrie von sich aus
noch lernen mußte[13], in ihrer Materialität oder Konsistenz (Dichte, Härte,
Weichheit, Luftigkeit, Feurigkeit usw.), in ihrer Belichtung, Beleuchtung,
Färbung, ihrer „Höhe" und ihrer „Tiefe", ihrer Schwere und Leichte, Hitze
oder Kälte, ihrer Fülle und Leere, ihrem Steigen und ihrem Fallen usw.
Das gelingt am leichtesten hinsichtlich der Art der Weltlichkeit desjenigen
In-der-Welt-Seins, das wir als manisch und depressiv *gestimmtes*, klinisch
gesprochen als *Affektpsychosen* bezeichnen. Da die Weltlichkeit aber nur
ein Strukturglied des In-der-Welt-Seins darstellt, muß klar sein, daß jede
ihrer Abwandlungen notwendigerweise mit solchen des In-Seins in der Welt
und des Wer des Daseins einhergeht, zugleich aber auch die verschiedenen
Existenzialien wie die Faktizität, die Existenz und die Verfallenheit an die
Welt mitbetrifft. So ist zum Beispiel die „Welt" des ideenflüchtig-manischen
Daseins unbegrenzt weit, leicht, flüchtig oder volatil, rosig, hell, leuchtend
und somit *„grenzenlos" vertraut* - ist der Wer dieses Daseins ebenso leicht
und flüchtig, d.h. nirgends zu fassen, bei nichts zu „nehmen", weder beim
Wort noch bei sonst etwas, ist er ohne jegliche Möglichkeit der Selbstigung
oder eigentlichen Existenz, der Übernahme des Daseinsgrundes als des seinen, weil völlig aufgehend in oder verfallen an die *Welt* als die seine. Das
manisch-exaltierte Dasein beschreibt sich gern als in die Lüfte steigender
Vogel, der sich, wie eine Kranke schrieb, „die Kehle sprengt in höchstem
Jubel", oder auch als „Tanz der goldenen Sterne". Die Form seines In-
Seins ist demnach das Fliegen oder Tanzen, aber auch das Springen, Überspringen, Hüpfen[14]. Von allem das Gegenteil erfährt man, wenn man sich
anschickt, in Daseinskommunikation mit dem Dasein als depressivem oder
*herab*gestimmtem zu treten. Statt des in die Lüfte *steigenden*, jubilierenden
Vogels findet man hier den tot aus den Lüften *herabfallenden* Vogel, den
blinden Erdenwurm, die weggeworfene, zersprungene, unbrauchbare Schale,
statt des Fliegens, Tanzens oder Hüpfens das Kriechen, ja das scherbenhaf-
te Herumliegen, statt der unendlichen Weite der Welt und des Himmels
das Loch, die unterirdische Gruft oder Abfallgrube, statt der rosigen Helle und leuchtenden Farbigkeit das eintönige Dunkel oder den mißfarbenen,
amorphen Schmutz oder Mist, statt unbegrenzten *Vertrauens* „grenzenlose" *Angst* oder *Ekel*, diese „verdeckte Form von Todesangst" (*Pinder*), und

---

[13] *L. Binswanger*. Über Ideenflucht, AW 1, S. 216ff.
[14] AW 1, ebd.

wiederum statt eines eigenständigen Selbst oder einer eigentlichen Existenz ein an die Welt als enges Loch, als Gruft oder Abfallgrube *verfallenes* und qualvoll darin herumkriechendes oder herumliegendes Dasein[15]. Alle diese Befunde sind uns nicht nur aus den sprachlichen Äußerungen, sondern auch aus dem *Rorschach*schen Formdeutungsversuch bei Cyklothymen und Manisch-Depressiven aufs genaueste bekannt. Was zuletzt die Verengung oder Einschränkung der Welt betrifft – und zwar gleicherweise in seelischer, in leiblicher und in kosmischer Hinsicht –, so kennzeichnet dieselbe *alle* depressiven Stimmungslagen: den Kummer, die Trauer, die Enttäuschung, das Bangen, das Beklommensein usw. Das wissen wiederum die großen Künder vom menschlichen Dasein, die Dichter. Ich erinnere Sie nur an *Goethe* in der „Natürlichen Tochter"[16]:

> „O Gott, wie schränkt sich Welt und Himmel ein,
> Wenn unser Herz in seinen Schranken banget."

Das darf man natürlich nicht so verstehen, als sei die Einschränkung von Welt und Himmel eine Folge oder gar Wirkung des Bangens, vielmehr bildet diese Einschränkung einen daseinsmäßigen *Wesenszug* des Bangens, nicht anders als die Einschränkung der Brust. Umgekehrt ist es ja ein Wesenszug der Freude, daß hier, wie Welt und Himmel, so auch die Brust *weit* wird, daß es uns „weit ums Herz" wird oder das Herz „aufgeht", während es sich im Kummer „zuschnürt". Die Umgangssprache hat ein erstaunliches Wissen von all diesen daseinsmäßigen Struktureinheiten von Gestimmtheit und Welt, und zumal der Leibwelt, gerade in den das Herz und die Brust, aber auch den Kopf, die Hand, die Eingeweide („brennende Eingeweide") betreffenden sprachlichen Wendungen. Hierin liegt eine Fundgrube für die daseinsanalytische Forschung auch in der Psychiatrie, so insbesondere auch hinsichtlich der Erforschung der Welt der Schizophrenen. Das schizophrene Dasein ist ganz besonders reich an Neuschöpfungen gerade auf dem Gebiet der sprachlichen Interpretation der leiblichen Existenz oder des Existierens als Leib, ein Zeichen der „Neuheit" und Andersheit des Daseins überhaupt, in dem der Mensch als schizophrener ek-sistiert. Ich weise nur auf die häufigen Äußerungen über Spannungen, Überdehnungen, Stockungen, Verschiebungen, Verhärtungen des Gehirns oder „im Gehirn", über die „verfaulte Lunge", die geschwächten, verwelkten Genitalien usw. hin. Hier handelt es sich natürlich nicht mehr um rein stimmungsmäßige Struktureigentümlichkeiten, sondern um viel tiefer greifende Veränderungen der gesamten Daseinsstruktur.

---

[15] *L. Binswanger.* Der Fall Ellen West, i. d. Bd.
[16] V. 1968f.

Schon aus den bisherigen Ausführungen ersieht man, was für eine zentrale Rolle die *Sprache* in der Daseinsanalyse spielt. Dabei fällt auf, daß
der Daseinsanalyse liebstes Kind die *Metapher* ist, an die sich natürlich das
Gleichnis anschließt; denn in ihnen tritt am deutlichsten zutage, wie sich
das menschliche Dasein von sich selbst her zeigt, mit anderen Worten, wie
es sich *über sein Sein ausspricht* und ineins damit, wie es für das Sein offen
und in ihm gehalten ist.

Es ist nun aber nicht *nur* die Sprache, aus der die Daseinsanalyse
schöpft. An und für sich kommuniziert Dasein mit Dasein bekanntlich vor
allem mimisch und gebärdlich. Diese Weise der Kommunikation ist aber
nicht allgemeingültig zu beschreiben. Hingegen bildet eine weitere Fundgrube das, was die Psychologie *Handlungen* nennt.

Wenn wir z. B. hören, daß ein Vater, ein in Amt und Würden stehender,
nie in einer Anstalt gewesener Intellektueller, *seiner krebskranken Tochter
einen Sarg unter den Weihnachtstisch legt*, so genügt diese eine Handlung
schon, um an ihr das Wesen der *Verschrobenheit*[17] auf dem Grunde der Freilegung der apriorischen Struktur des Menschseins aufzuhellen. Es sei hier
nur darauf verwiesen, daß das, woran wir uns hier, wie die Umgangssprache
so treffend sagt, „stoßen", als Welt der *Quere* zu beschreiben ist, insofern
die Verweisung des Sarges auf den Weihnachtsbaum und umgekehrt nicht
der *Geraden* und damit der „Symmetrie" oder *Entsprechung* überhaupt der
Verweisungszusammenhänge unserer Welt der natürlichen Erfahrung entspricht, sondern für sie sozusagen quer zu liegen kommt, eine Tatsache, der
die deutsche Umgangssprache mit den Ausdrüken Querkopf, verschroben,
schief gewickelt, verdrehte Schraube, die französische mit dem Ausdruck
„esprit de travers" gerecht wird. Damit stehen wir aber erst am Anfang. Wir
müssen uns fragen, wie eine Daseinsstruktur beschaffen sein muß, in der,
wie es bei jenem Vater der Fall war, Sarg und Weihnachtsgeschenk aufeinander verweisen, sich ineinanderfügen oder einander entsprechen. Es handelt
sich jetzt also nicht mehr darum, die Verschrobenen als verrückte, exzentrische, überspannte, autistische, als unzugängliche, in der Gesellschaft mehr
oder weniger unbrauchbare, asoziale Personen ins Auge zu fassen, wie es die
Umgangssprache und die sich ihr bisher durchwegs anschließende Psychopathologie tat, also überhaupt nicht mehr darum, die *Eindrücke* in Worte zu
fassen, die die Verschrobenen *auf uns* , als mit ihnen Umgehende, machen,
sondern darum, sie aus ihrem eigensten Sein, als *Mitdaseiende* , d. h. also
kommunikativ, zu verstehen und zu beschreiben. Dabei zeigt sich, um bei
unserm Beispiel zu bleiben, daß der Vater mit dem Etwas-zu-Weihnachten-
Schenken seinerseits immerhin die Kommunikation mit der Tochter öffnet.
Bedeutet doch Geschenk ein gemeinsames Offensein, an dem wir uns *ge-*

---

[17] *L. Binswanger*. Verschrobenheit. 1952-54, AW 1, S. 249ff.

genseitig beteiligen. Hier aber wird aus der gemeinsamen Beteiligung am Geschenk im Sinne des Schenkens und Beschenktwerdens ein völliges Unbeteiligtsein auf der beschenkten Seite, ja das Beschenktwerden wendet sich in ein Vor-den-Kopf-gestoßen-Werden. Das Mit des Miteinander, das bereits in Sicht war, verschwindet also plötzlich wieder. Damit rühren wir in der Tat an die *wesensmäßige* Eigenart der Verschrobenheit, an ihr eigentliches *Wesen* : das Thema „Weihnachtsgeschenk" wird hier weiter hinaus verfolgt, als es sich mit seiner eigenen Konsequenz verträgt, nämlich *über das Miteinander hinaus* oder besser *hinweg* . Hier ist die eigentliche *Bruch* stelle, die Stelle, wo die Geradlinigkeit der „umsichtig auslegenden Näherung des Besorgten" plötzlich Schiefheit wird oder sich plötzlich *quer* stellt, anders ausgedrückt, wo die „Weihnachtsfest" genannte *Situation* nicht erschlossen wird; denn wenn es zu dieser Situation gehört, daß etwas geschenkt wird, das der Beschenkte irgendwie „gebrauchen" kann oder an dessen bloßem Besitz er sich zu freuen vermag, so trifft dies nicht zu für ein Geschenk, das wir mit dem widersprüchlichen, ja paradoxen Ausdruck eines *„postmortalen Gebrauchsdings"* bezeichnen müssen. Durch die Annullierung des Miteinander und die damit zusammenhängende Unerschlossenheit der Situation wird die Konsequenz des Themas Weihnachtsgeschenk zur *peinlichen Konsequenz* (Szilasi), peinlich im doppelten Sinne: im Sinne der Peinlichkeit seiner Verfolgung seitens des Schenkenden einerseits, der Peinlichkeit der Brüskierung der Beschenkten andererseits. Es gibt Behütungsmöglichkeiten für die gemeinsame Beteiligung am Gemeinsamen – wir nennen sie Rücksicht, Höflichkeit, Takt – und es gibt Erschwerungs- und, wie hier, Verhinderungsmöglichkeiten derselben – wir nennen sie Vernachlässigung, Taktlosigkeit, Rücksichtslosigkeit, Affront, Brüskierung. Unser Beispiel ist deswegen so „sprechend", ja „schreiend", weil es aufs deutlichste zeigt, daß die *peinliche* Konsequenz in der Verfolgung eines Themas gerade das *zerstört* , was sie *schaffen* will: Sie will Kommunikation schaffen – durch das Schenken –, und sie zerstört Kommunikation – durch die Wahl des Geschenks; ja sie zerstört die Kommunikationsgrundlage als solche. Damit kommt die eigentliche geschichtliche Bewegtheit des Daseins, in dem ein solcher Mensch ek-sistiert, zum Stehen, ein Grund dafür, daß Verschrobenheit und Schizophrenie so nahe miteinander verwandt sind.

Die Verschrobenheit ist nach all dem eine dem menschlichen Dasein immanente, aus einer apriorischen Struktur verständlich zu machende Seinsmöglichkeit, und zwar, wie sich immer wieder zeigen läßt, im Sinne des Mißglückens des Daseins in irgendeiner seiner Möglichkeiten, hier im Sinne des Mißglückens des Seinkönnens als Vater. Wie Verschrobenheit, so müssen auch Verstiegenheit und Manieriertheit, diese Trias untereinander engverwandter Bedrohungen des menschlichen Daseins, letztlich als *Scheitern* der Ek-sistenz verstanden werden, mit andern Worten, als ein Stecken-

bleiben oder Stillstand der eigentlichen geschichtlichen Bewegtheit des Daseins, der menschlichen Entwicklungs-, Reifungs- und Wandlungsmöglich-
keit also. Daraus wird ihre unmittelbare Nähe zu den Daseinsweisen der
Schizophrenien verständlich.

Zum Schluß sei eine noch viel schwerere Weise des Mißglückens des Daseins vor Augen geführt, die des *Wahns*, dieser crux der Psychiatrie, und
zwar in der Form des Verfolgungswahns[18]. Hier kann die Daseinsanalyse
weder vom sprachlichen Ausdruck, von der Metapher, dem Gleichnis usw.
noch von bestimmten Handlungen, noch von der Gestimmtheit des Daseins
ausgehen. Denn wenn auch Wahn und Angst untrennbar zusammengehören,
so bedeutet doch Angst hier etwas anderes als die Angst des Schwermütigen oder Melancholischen: Bei diesen besteht die Qual in der angstvollen
Vorerwartung eines entsetzlichen Übels, einer gerichtlichen Verfolgung, einer unheilbaren Krankheit oder des nahe bevorstehenden Todes, oder aber
in der unerschütterlichen Gewißheit einer bestimmten Versündigung, der
bereits eingetretenen völligen Verarmung usw. Hier, beim Wahn hingegen
– ich habe in erster Linie den Beziehungs-, Beeinträchtigungs- und Verfolgungswahn im Auge – handelt es sich um das Ausgesetztsein des Daseins
in das Unheimliche, Entsetzliche, Schreckliche oder Fürchterliche. Wenn als
die beiden *Grundmächte des Daseins* Angst und Vertrauen angesprochen
werden müssen, so haben wir hier mit einem Dasein zu kommunizieren,
dem die Welt, und insbesondere die Mitwelt als vertraute, oder dem das
Vertrauen in das In-der-Welt-Sein[19] nicht nur erschüttert, sondern verlo-
rengegangen ist, einem Dasein, das, um mit *Kierkegaard* und *Heidegger* zu
sprechen, unmittelbar vor das *Nichts der Angst* gestellt ist, aber nicht, um
dadurch in die Möglichkeit seiner Freiheit gesetzt und nach seiner Unendlichkeit gebildet zu werden, sondern um in die Wirklichkeit seiner äußersten
Unfreiheit und beschränktesten Endlichkeit versetzt zu werden.

Es hat sich nun bei näherem Eindringen in die Struktur des wahnhaften In-der-Welt-Seins von neuem gezeigt, daß sich aus dem Nichts dieses
Entsetzlichen oder Schrecklichen ganz bestimmte neue Daseinsformen ereignen. Eine dieser Daseinsformen, die extremste, weil das Dasein *völlig*
in Beschlag nehmende, ist der *Wahn* , hier also der Beziehungs-, Beein-
trächtigungs- und Verfolgungswahn. Hier hat sich die leere, ungestaltete,
unfaßbare Unheimlichkeit des Daseins gewandelt in die Heimlichkeit, in die
heimlichen Machenschaften – machines bei *Rousseau* – der zwar immer noch
unheimlichen und unfaßbaren, aber doch menschliche Gestalt annehmen-
den *Feinde*. Wer sich einen Begriff hiervon machen will, lese die „Dialogues"
von *Rousseau* oder die achte seiner „Rêveries du Promeneur solitaire."

---

[18] *L. Binswanger.* Der Fall Lola Voß, 1949c, in 1957c, und vor allem Der Fall Suzanne
Urban, 1952, i. d. Bd.
[19] Vgl. *W. Szilasi.* Macht und Ohnmacht des Geistes, Bern 1946.

Der Ausgangspunkt der daseinsanalytischen Erforschung des *Wahns* ist also nicht die Gestimmtheit, nicht die sprachliche Formulierung, nicht die Handlungsweise, sondern die *gesamte Lebensgeschichte.* Nur in ihr kann aufgewiesen werden, wie, wo und wann das Schreckliche aus dem ursprünglichen Gesamtgefüge des Daseins, in dem ihm das Angenehme *(Kierkegaard)*, das Lockende und Beglückende *(Erwin Straus)*, das Heilende, ja Heilige, mit einem Wort die Liebe *(L. Binswanger)* „die Waage halten" können, *ausbricht,* das Dasein völlig mit Beschlag belegt und das Vertrauen in das In-der-Welt-Sein, in Himmel, Welt und Mitmenschen, *nichtet.* Denn das Schreckliche ist eine nichtende, eine durch und durch zerstörerische Macht. Das kommt großartig zum Ausdruck in dem Gedicht „La Destruction" von *Baudelaire,* an dem Ihnen rascher als an der Darstellung eines psychiatrischen Falles klar werden kann, was es mit dem Wesen dieser Macht und den mannigfachen Daseinsformen, in denen sie aufzutreten vermag, für eine Bewandtnis hat. Kommen doch in diesem Gedicht in genialer dichterischer Vision alle Möglichkeiten der Entfaltung des daseinsmäßigen Wesens des Schrecklichen zum Ausdruck, von der unheimlichen, ungreifbaren Atmosphäre, in der es als böser Dämon uns umgibt, bis zur (süchtigen oder sexuellen) Erniedrigung, zur Beschmutzung und Verwundung des durch ihn „verwirrten" Daseins und bis zu seiner schließlichen Vernichtung durch den „blutigen Apparat der Zerstörung".

Das Gedicht „La Destruction" lautet:

> Sans cesse à mes côtés s'agite le Démon;
> Il nage autour de moi comme un air impalpable;
> Je l'avale et le sens qui brûle mon poumon
> Et l'emplit d'un désir éternel et coupable.
>
> Parfois il prend, sachant mon grand amour de l'Art,
> La forme de la plus séduisante des femmes,
> Et, sous de spécieux prétextes de cafard,
> Accoutume ma lèvre à des philtres infames.
>
> Il me conduit ainsi, loin du regard de Dieu,
> Haletant et brisé de fatigue, au milieu
> Des plaines de l'Ennui, profondes et désertes.
>
> Et jette dans mes yeux pleins de confusion
> Des vêtements souillés, des blessures ouvertes,
> Et l'appareil sanglant de la Destruction!

So nahe steht dieses Gedicht dem daseinsanalytisch orientierten Psychiater, weil er in ihm die äußerste Konsequenz der Erfahrungsweise der *Angst* sieht, von der Erfahrung des Schrecklichen als „dämonischer", unheimlicher, zerstörerischer Macht, Erscheinung oder Stimme über das Schreckliche als Inbegriff schrecklicher Selbsterniedrigungen und feindlicher Handlungen („Mißhandlungen") bis zum Martyrium der Maltraitierung durch „blutige Apparate" oder schreckliche feindliche Machenschaften überhaupt, weil er, sage ich, in diesem Gedicht bis in alle Einzelheiten den Gang derjenigen Abwandlung der Struktur des Daseins wiederfindet, die die Voraussetzungen der Entwicklung eines Verfolgungswahns bilden.

Es gibt *drei* Arten, in denen Dasein sich dem Schrecklichen auszusetzen vermag, erstens den *Wahn* , zuvorderst also den Verfolgungswahn, d.h. den *faktischen Vollzug* des Schrecklichen am und im menschlichen Dasein, zweitens die *dichterische Vision* , von der Sie soeben gehört haben, drittens die daseinsanalytische Kommunikation mit dem Wahnsinnigen in *phänomenologischer Wesensschau* (Husserl) als der modernen philosophischen Form der „Selbsterziehung in der Schule der Möglichkeit". Der Unterschied zwischen dem Wahnsinnigen, dem Dichter und dem Phänomenologen besteht darin, daß das Schreckliche dem ersteren, wie wir zu sagen pflegen, zum Schicksal wird, sein Dasein auf die pure Leidfähigkeit und die ausgangslose enge Schreckensbühne reduziert, ihn völlig in den Krallen des „großen Geiers der Angst" und damit im Bereich der wahnhaften Erfahrung beläßt, während das Dasein als dichterisch-visionäres und daseinsanalytisch-kommunizierendes sich zwar „in wahrer Sympathie" auf die enge Bühne des Schrecklichen, der bloßen Leidfähigkeit und Angst begibt, sich dabei jedoch die Freiheit wahrt, wieder aus ihr in die Weite der Seinsmöglichkeiten seiner Existenz, in das Gesamtgefüge seines Daseins und damit in die *natürliche* Erfahrung zurückzukehren. Einmal aber müssen sowohl Dichter als Daseinsanalytiker den Weg der Abwandlung der Struktur des gesamten Daseins von der natürlichen Erfahrung bis zur Möglichkeit wahnhafter Erfahrung Schritt für Schritt in Daseinskommunikation gegangen sein, dem Schrecklichen also auch als dem ἐμόν, dem Meinigen, als *unserem* Dasein innewohnend, ins Auge geschaut haben. Nach allem wird klar sein, daß der Daseinsanalytiker nicht nur in der Forschung, sondern auch, ja erst recht, als Heilen-Wollender, womit er sein Dasein erst recht vollendet, auf dem Boden der Daseinskommunikation steht[20]. Für ihn gilt daher durchaus, was *Kierkegaard* von *Lessing* sagt: „Indem er weder eine unfreie Hingabe annimmt noch eine unfreie Nachahmung anerkennt, setzt er, selbst frei, jeden, der ihm nahekommt, in ein freies Verhältnis zu ihm." Das Verbindende zwischen ihm selbst und dem Kranken wird der daseinsanalytisch orientierte Psychotherapeut also nicht nach Analogie des Kontaktes zwischen zwei elektrischen Batterien als „psychischen Kontakt" bezeichnen, sondern als freie *Begegnung* Freier auf dem „Abgrunde des Daseins". Die Daseinsanalyse wird daher psychotherapeutisch nur wirksam sein können, soweit

---

[20] *L. Binswanger.* Daseinsanalyse und Psychotherapie, 1954, in 1955a.

diese Begegnung auch von seiten des Kranken möglich ist. Denn nur im Wagnis solcher Begegnung wird es ihr gelingen, dem kranken Mitmenschen als Daseinspartner das Verständnis für die Struktur des menschlichen Daseins zu öffnen, ihm zu zeigen, wo, wie und wann er sich in dieser Struktur „verstiegen", verschroben, emporgeschraubt, verträumt, verrannt, verlocht hat, um ihn aus seiner Welt der Verstiegenheit, Verschrobenheit oder Emporgeschraubtheit in die Welt des gemeinsamen Besorgens herunter-, aus einer unterirdischen Loch- oder Gruftwelt auf die „Erde" hinauf-, aus seiner Welt der Quere oder Schiefe in die Welt der Geraden zurückzuholen. Die Daseinsanalyse sieht also in der Psychotherapie Versuche, derart abgewandelten Daseinsverläufen neue Strukturmöglichkeiten zu eröffnen, mit andern Worten, die Kranken in existenzieller Erschütterung freizumachen für die Entschlossenheit, das Dasein in die Fülle seiner Seinsmöglichkeiten und damit auf sein eigentliches Selbsteinkönnen zurückzuführen. Um „viele heilen" zu können, ist auch der daseinsanalytisch orientierte Psychotherapeut angewiesen auf die minutiöseste Erforschung der Lebensgeschichte seiner Kranken. Das ist für ihn um so selbstverständlicher, als Dasein wesensmäßig Geschichtlichkeit *ist* . Im Gegensatz zur Psychoanalyse und ihrer Nachfolger wird er die Lebensgeschichte aber nicht nach deren Lehren oder den Lehren irgendeiner psychotherapeutischen Schule und den von ihr bevorzugten Kategorien *erklären* , noch überhaupt in theoretische Begriffe, wie Lust- oder Realitätsprinzip, wie Ich, Es und Über-Ich, Sexual- und Todestriebe, wie Archetypus oder Typus überhaupt, kleiden, vielmehr wird er die Lebensgeschichte auf ihre daseinsmäßigen Strukturen und die *Geschichte ihres Strukturwandels* hin untersuchen. Auch der daseinsanalytisch orientierte Psychotherapeut muß also im Ringen um die Freiheit des Daseinspartners und im Wagnis des Einsatzes der eigenen Existenz über ein ausgedehntes *Sach*verständnis und *sachliches* Wissen und ein sozusagen „handwerkliches" Können verfügen, wie es ihm die verschiedenen psychotherapeutischen Schulen, in erster Linie aber die Psychoanalyse, zur Verfügung gestellt haben. Ohne deren „Menschenbild", dasjenige des homo natura[21] zu teilen und den Menschen auf ein, wenn auch noch so geniales, biologisch-psychologisches wissenschaftliches System oder Lehrgebäude zu reduzieren, darf er an dem ausgedehnten Wissen von den verschlungenen Pfaden der Lebensgeschichte, das die Psychoanalyse an den Tag gefördert hat, nicht vorübergehen; denn nur im Verein mit bestimmten Sachkenntnissen und Methoden des psychotherapeutischen *Handwerks* wird er „viele heilen". In dieser Hinsicht hat die Psychiatrie gerade in den letzten Jahren insofern große Fortschritte gemacht, als sie sich nicht mehr damit begnügt,

---

[21] *L. Binswanger*. Freuds Auffassung des Menschen im Lichte der Anthropologie, 1936c, in 1947.

dem Geisteskranken, wie es in einem psychiatrischen Standardwerk heute
noch heißt, „in indifferenter Liebenswürdigkeit" zu begegnen, noch auch
sich begnügt, nur mit ihm ins Gespräch zu kommen und seine Lebensgeschichte systematisch durchzubesprechen, sondern dazu übergegangen ist,
dieselbe *agierend* wieder aufzurollen, wie es der Verfasser selbst schon vor
vielen Jahren in der Analyse einer hysterischen Phobie („Absatzanalyse"[22])
und auch in anderen Fällen getan hat. Das heißt, daß der Psychotherapeut
sich als aktiver *Mitspieler* auf der Bühne der Welt der Geisteskranken, ihrer Sprache und deren Symbolik *betätigt* , um sie unter Aufbietung größter
Geduld, großen Mutes und großen Zeitaufwandes allmählich in die Sprache
und die Welt der natürlichen Erfahrung zurückzuführen, wie es erstmals
Mme Séchehaye[23] in Genf in vorbildlicher Weise getan hat und wie es neuerdings in Amerika und von dort her auch in der Schweiz, wenn auch mit
sehr naiver theoretischer Begründung, geschieht. Daß gerade der daseinsanalytische Psychiater diesen Versuchen mit größtem Interesse begegnet,
ist nicht verwunderlich. Je mehr diese Versuche, wie übrigens auch die modernen physikalischen und chemischen Heilmethoden in der Psychiatrie, im
Zeichen der Daseinskommunikation und nicht nur im Zeichen des psycho-
und physiko-therapeutischen Ehrgeizes und der therapeutischen Routine
erfolgen, um so eher wird auch der Wahnsinnige selbst aus der Rolle des
blinden Kämpfers und Dulders auf der Bühne des Wahnsinns seinerseits
wieder ein Daseinspartner sein können, d. h. nicht nur ein *gesunder* Mensch,
sondern ein *Mensch*. Damit sind wir in praxi wieder da angelangt, von wo
wir in philosophischer Besinnung ausgegangen sind.

---

[22] *L. Binswanger.* Analyse einer hysterischen Phobie, 1911.
[23] *M. A. Séchehaye.* La réalisation symbolique, Berne 1947.

Der Fall Ellen West

Der Fall Suzanne Urban

Der Fall Ellen West

A. Bericht

I. Die Abstammung

Die Ausländerin Ellen West ist die einzige Tochter eines von ihr über alles geliebten und verehrten jüdischen Vaters. Sie hat einen um vier Jahre älteren, dem Vater ähnlichen, dunkelhaarigen, und einen jüngeren, blonden Bruder. Während der ältere „keine Nerven kennt", sehr ausgeglichen und vergnügt ist, ist der jüngere ein „Nervenbündel", ein weicher und weiblicher Ästhet, der mit 17 Jahren einige Wochen wegen einer psychischen Erkrankung mit Selbstmordideen in einer Nervenklinik war und auch nach seiner Genesung leicht erregbar blieb. Er hat geheiratet.

Der 66 Jahre alte *Vater* wird als äußerlich sehr beherrschter, etwas steif formeller, sehr verschlossener Tat- und Willensmensch geschildert, innerlich aber als sehr weich und reizbar und an nächtlichen Depressionen und Angstzuständen mit Selbstvorwürfen leidend, „wie wenn eine Angstwelle über seinem Kopf zusammenschlüge". Er schläft schlecht und steht morgens oft noch unter dem Druck der Angst. Eine *Schwester des Vaters* ist am Hochzeitstag psychisch erkrankt(?). Von den *5 Brüdern des Vaters* hat sich einer zwischen 20 und 30 Jahren erschossen (nähere Angaben fehlen), ein anderer während einer Melancholie ebenfalls suizidiert, ein dritter ist *streng asketisch*, steht sehr früh auf, *ißt nicht zu Mittag, da das faul mache.* Zwei Brüder sind an Dementia arteriosclerotica erkrankt und an Schlaganfall gestorben. Der *Vater des Vaters* soll ein sehr strenger Autokrat gewesen sein, die *Mutter des Vaters* hingegen eine sehr weiche, stets vermittelnde Natur, die „stille Wochen" hatte, während derer sie kein Wort sprach und regungslos dasaß. Das alles habe im Alter zugenommen. Die Mutter dieser Frau, also eine *Urgroßmutter der Patientin väterlicherseits*, soll schwer manisch-depressiv gewesen sein. Sie stammt aus einer Familie, die viele hervorragend tüchtige Männer hervorgebracht, aber auch viele Psychosen aufweist, von denen ich selbst einen Fall (es handelte sich um einen bedeutenden Gelehrten) behandelt habe (5 Jahre dauernder manisch-depressiver Mischzustand mit Ausgang in völlige Heilung, der, von anderer Seite als präseniler Beeinträchtigungswahn gedeutet und mir selbst lange Zeit als schizophrenieverdächtig erscheinend, von *Kraepelin* mit Recht als manisch-depressiver Mischzustand erkannt wurde).

Die *Mutter* von Ellen West, ebenfalls jüdischer Abstammung, soll eine sehr weiche, gütige, beeinflußbare, nervöse Frau sein, die während der Verlobungszeit 3 Jahre lang an einer Depression litt. *Vater der Mutter* jung gestorben. *Mutter der Mutter* besonders lebenskräftig, gesund, heiter, mit

84 Jahren an Dementia senilis gestorben. *5 Geschwister der Mutter* etwas nervös, klein, körperlich zart, aber alt geworden, eines davon an Kehlkopf-Tbc gestorben.

II. Die Lebens- und Krankheitsgeschichte

Geburt normal. Mit 9 Monaten verweigerte Ellen die Milch und wurde daher mit Fleischbrühe ernährt. Auch in späteren Jahren hat sie Milch nie vertragen können. Hingegen aß sie gerne Fleisch, weniger gern bestimmte Gemüse, sehr ungern gewisse süße Speisen; wurde sie zu letzteren gezwungen, so setzte ein ungeheurer Widerstand ein. (Da sie später gestand, daß sie Süßigkeiten schon als Kind leidenschaftlich geliebt habe, handelte es sich hier also nicht um eine „Aversion", sondern wahrscheinlich schon um einen Akt der Versagung.) Leider liegt trotz zweier psychoanalytischer Versuche in späterer Zeit über ihrer frühen Kindheit ein völliges Dunkel; sie weiß von den ersten zehn Jahren ihres Lebens nicht mehr viel. Nach eigenen Angaben und denen der Eltern ist Ellen ein sehr lebhaftes, aber *eigensinniges* und *heftiges* Kind gewesen. Sie habe oft stundenlang einem Befehl der Eltern *getrotzt* und ihn auch dann nicht ausgeführt. Einmal habe man ihr ein Vogelnest gezeigt; sie habe aber mit Bestimmtheit erklärt, das *sei kein Vogelnest*, und sich durch nichts davon abbringen lassen. Sie habe *schon als Kind* Tage gehabt, an denen ihr *alles leer* erschien und sie unter einem *Druck* litt, den sie selbst nicht verstand. Vom 8. bis 10. Jahr ging sie in ihrer ersten Heimat zur Schule, nachdem sie vorher einen Kindergarten besucht hatte. Mit 10 Jahren ist sie mit ihrer Familie nach Europa übergesiedelt, wo sie mit Ausnahme einiger Reisen nach Übersee bis zu ihrem Tode verblieb. In ihrer zweiten Heimat ging sie in die Mädchenschule. Sie war eine gute Schülerin, ging gern zur Schule, war *sehr ehrgeizig*, konnte stundenlang weinen, wenn sie in ihren Lieblingsfächern nicht den ersten Platz bekam und wollte auch dann nicht fehlen, wenn der Arzt es anordnete, fürchtend, in der Klasse nicht mitzukommen oder irgend etwas zu versäumen. Ihre Lieblingsfächer waren Deutsch und Geschichte, das Rechnen lag ihr weniger. Sie war auch jetzt von lebhaftem Temperament, aber immer noch eigenwillig. Ihr Wahlspruch hat schon damals gelautet: *aut Caesar, aut nihil!* Ihre Spiele waren bis zum 16. Jahr *knabenhaft*. Am liebsten ging sie in Hosen. Von Kind an war Ellen West eine *Daumenlutscherin*; jetzt, mit *16 Jahren*, gibt sie es zugleich mit ihren *Jungenspielen* im Beginn einer (zwei Jahre dauernden) Verliebtheit, *plötzlich auf*. In einem Gedicht aus dem *17. Lebensjahr* wünscht sie aber immer noch sehnlichst, sie wäre ein *Knabe*, dann würde sie Soldat sein, keinen Feind fürchten und freudig, das Schwert in der Hand, sterben.

Andere Gedichte aus dieser Zeit zeigen bereits eine ausgesprochene Stimmungslabilität: bald klopft das Herz vor jauchzender Freude, bald ist der Himmel verdüstert, unheimlich wehen die Winde, ungeleitet fährt ihr Lebensschiff dahin, nicht wissend, wohin es den Kiel wenden soll. In einem andern Gedicht aus dem nächsten Jahre saust ihr der Wind um die Ohren, er soll ihr die brennende Stirn kühlen; wenn sie blindlings gegen ihn rennt, weder Sitten noch Sittsamkeit kennt, ist es ihr, als steige sie aus einer engen Gruft, als fliege sie in unbändigem Freiheitsdrang durch die Luft, als müsse sie etwas Großes, etwas Mächtiges schaffen; dann fällt ihr Blick wieder zurück in die Welt, und es fällt ihr das Wort ein: „Mensch, im Kleinen schaff' dir die Welt"; sie ruft ihrer Seele zu: kämpfe fort. – Sie hält sich für berufen, etwas Besonderes zu leisten, liest viel, beschäftigt sich intensiv mit sozialen Fragen, empfindet tief den Gegensatz zwischen ihrer eigenen sozialen Lage und derjenigen „der Masse" und entwirft Pläne zur Besserung der letzteren. Im selben Alter (17) wird sie im Anschluß an die Lektüre von Niels Lyhne aus einem (trotz der absichtlich areligiösen Erziehung durch den Vater) tief-gläubigen Menschen zu einer vollkommenen Atheistin. Um das Urteil der Welt kümmert sie sich nirgends.

Aus dem 17. Lebensjahr stehen uns noch andere Gedichte zur Verfügung; in dem einen, betitelt „Küß mich tot", sinkt die Sonne wie eine Feuerkugel ins Meer, ein feuchter Nebel senkt sich über Meer und Strand, ein Schmerz überkommt sie: „Gibts keine Rettung mehr?" Sie ruft den finsteren kalten Meerkönig an, er solle zu ihr kommen, sie in heißer Liebesgier in seine Arme drücken und totküssen. In einem andern Gedicht, betitelt „Ich hasse dich", besingt sie einen Knaben, den allerschönsten, den sie ob seines Siegeslächelns jetzt ebenso glühend hasse, wie sie ihn früher geliebt. In einem dritten („Müde") wachsen graue feuchte Abendnebel um sie her, strecken ihre Arme nach ihrem kalten, längst gestorbenen Herzen, die Bäume schütteln, ein altes wehes Lied singend, trostlos trüb die Häupter, kein Vogel läßt erklingen den späten Sang, kein Licht erscheint am Himmel, der Kopf ist leer, das Herz ist bang.

In Tagebuchnotizen aus dem *18. Lebensjahr* preist sie den Segen der Arbeit: „Was wären wir ohne Arbeit, was würde aus uns werden? Ich glaube, man müßte bald die Kirchhöfe vergrößern für die, die freiwillig in den Tod gegangen sind. Die Arbeit ist das Opium für Leid und Gram." – „Wenn uns alle Fugen der Welt auseinander zu reißen drohen, wenn das Licht unseres Glücks erloschen ist und unsere Lebenslust im Verwelken liegt, so rettet uns nur noch eins vom Wahnsinn: die Arbeit. Dann stürzen wir uns in ein Meer von Pflichten, wie in den Lethe, und das Rauschen der Wellen soll die Todesglocken, die in unserem Herzen schlagen, übertönen." – „Wenn der Tag mit seiner Hast und Unruhe vorüber ist, und wir bei der steigenden Dämmerung am Fenster sitzen, entfällt das Buch wohl unserer Hand, wir

starren in die Ferne, in die untergehende Sonne, und alte Bilder steigen vor
uns auf. Die alten Pläne und Hoffnungen, von denen sich keine verwirklicht,
die grenzenlose Ödigkeit der Welt und unsere unendliche Winzigkeit stehen
vor der müden Seele. Dann drängt sich die alte Frage wieder auf die Lippen:
'Wozu – warum das Ganze? Warum streben und leben wir, um nur nach
einer kurzen Spanne Zeit vergessen, im kalten Erdboden zu modern?'" –
„In solcher Stunde springe schnell auf, und wohl Dir, wenn man nach Dir
ruft, und schaffe mit beiden Händen, bis die Nachtgestalten schwinden. O
Arbeit, wohl bist Du der Segen unseres Lebens!" Sie möchte Ruhm gewinnen, großen, unsterblichen Ruhm, und nach Jahrhunderten sollte ihr Name
noch in dem Mund der Menschheit klingen. Dann hätte sie nicht umsonst
gelebt! Sie ruft sich zu: „Oh, ersticke die murmelnden Stimmen in der Arbeit! Fülle Dein Leben mit Pflichten aus. – Ich will nicht soviel denken –
meine letzte Adresse soll nicht das Irrenhaus sein! Und wenn man geschafft
und gewirkt hat, was hat man dann getan? Es herrscht um uns, unter uns
noch immer so viel grenzenlose Not! Da tanzen sie in hellerleuchtetem Saale, und vor der Tür verhungert ein armes Weib. Verhungert! Von der Tafel
des Überflusses kommt kein Stück Brot zu ihr. Hast Du bemerkt, wie der
Herr Graf während des Sprechens sein Feinbrot langsam in der Hand zer-
drückt hat? Und draußen in der Kälte hat ein Weib nach einer trockenen
Rinde geschrien! Und was nützt das Grübeln? Ich mache es ja ebenso! . . ."

Im selben (18.) Jahre preist das Tagebuch in hellster Begeisterung all
das Neue und Schöne, das sie auf einer Reise mit ihren Eltern in Paris
erlebt. Es entwickeln sich neue kleine sentimentale Liebesgeschichten. Zugleich entsteht jetzt in ihr der *Wunsch, zart und ätherisch zu sein, wie es die
Freundinnen sind*, die sie sich wählt. Auch jetzt zeigen ihre Gedichte die
Gegensätzlichkeit ihrer Stimmung. Das eine singt von Sonnenschein und
lachendem Frühling, von strahlend blauem Himmel über freiem, weitem
Land, von Lust und Seligkeit; in einem anderen wünscht sie, das Grünen
und Blühen der Welt des Frühlings, das Raunen und Rauschen der Wälder
wäre ihr Grabeslied, in einem dritten haben die Augen nur noch Sehnsucht nach dem Dunkel, „wo nicht die grelle Lebenssonne scheint": „Wenn
du noch herrschest hinter Wolken, Vater, so flehe ich, nimm mich zu dir
zurück!"

Aber durch Wolken und Dunkel dringt die Helle des Lebens immer wieder durch. Eine ins *19. Lebensjahr* fallende Reise mit ihren Eltern nach
Übersee lebt in ihrer Erinnerung „als die glücklichste und harmloseste Zeit"
ihres Lebens. In einem Gedicht aus diesem Jahr lagern Fluten von Licht
und „goldene Hände" auf Kornfeldern, Dörfern und Tälern, nur die Berge
stehen im Dunkel. Jedoch kann Ellen auf dieser Reise *nie allein*, d. h. *fern
von ihren Eltern* sein; obwohl sie sich bei einem Besuch bei Freunden sehr
gut amüsiert, bittet sie die Eltern, sie zu sich zurückzurufen. Nach Euro-

pa zurückgekehrt, beginnt sie zu *reiten* und bringt es darin bald zu großer
Kunst, kein Pferd ist ihr zu gefährlich; auf Sprungkonkurrenzen wetteifert
sie mit erfahrenen Reitern. Wie alles, was sie tut, betreibt sie das Reiten
„übertrieben intensiv", ja als ihre ausschließliche Lebensaufgabe.

Das *20. Lebensjahr* ist voller Glück, Sehnsucht und Hoffnungen. Aus
den Gedichten strömt helle Lebensfreude, ja überschäumender Lebensjubel, die Sonne steht hoch, Frühlingsstürme „brausen durch die Welt", wie
kann man da zögern, sich einschließen „in des Hauses Gruft". Durch ihre
Adern „rast und rauscht das Blut", die Jugendlust zersprengt die Brust;
sie reckt ihren jungen, starken Körper, das frische Lebensmark soll *nicht*
verrosten, die heiße Sehnsucht nach einem wilden Glück soll *nicht* verdorren, „verkümmern Stück für Stück". „Die Erde ist zu schal und still, ich
sehne mich nach Sturmgebrüll." „Oh, wenn 'Er' jetzt käme", jetzt wo jede
Fiber an ihr bebt, so daß sie kaum stille sitzen kann zum Schreiben, jetzt
wo sie „so ganz genesen an Leib und Seele", wo kein Opfer ihr zu groß wäre:
„Groß müßte er sein, und stark, eine Seele haben, so rein und unbefleckt
wie das Morgenlicht! Das Leben dürfte er nicht spielen noch träumen, sondern es *leben*, in all seinem Ernst und all seiner Lust. Er müßte sich *freuen*
können: sich freuen an mir und meinen Kindern, und Freude haben an Sonnenschein und Arbeit. Dann würde ich ihm all meine Liebe geben und all
meine Kraft."

Im selben Lebensjahr macht sie ihre zweite Reise nach Übersee, um ihren schwer erkrankten, älteren Bruder zu pflegen. Sie ißt und trinkt mit
Vergnügen. Dies ist *die letzte Zeit, in der sie harmlos essen kann*. Sie *verlobt* sich jetzt mit einem romantischen Überseer, läßt die Verlobung aber
auf Wunsch des Vaters zurückgehen. Auf der Rückreise hält sie sich in *Sizilien* auf, schreibt hier an einer Schrift „Über den Beruf der Frau", liebt
das Leben (laut Tagebuch) leidenschaftlich, die Pulse hämmern bis in die
Fingerspitzen, die Welt gehört ihr, denn sie hat Sonne, Wind und Schönheit
ganz für sich allein. Ihr Gott ist der Gott des Lebens und der Freude, der
Kraft und Hoffnung, sie ist erfüllt von brennendem Durst, zu lernen, sie hat
bereits einen Blick getan in das „Geheimnis des Universums". Die ersten
Wochen in *Sizilien* sind die letzten ihres Lebensglücks. Schon im Tagebuch
melden sich wieder die Schatten des Zweifels und der Angst; Ellen fühlt sich
klein und völlig verlassen in einer Welt, die sie nicht verstehen kann. Sie ist
zwar froh, „fern zu sein von den einengenden Einflüssen von zu Hause", die
Schwingen ihrer Seele wachsen, aber dieses Wachstum geschieht nicht ohne
Schmerzen und Krämpfe, ja inmitten ihrer schönsten, trunkensten Augen-
blicke melden sich wieder Furcht und Zittern. Sie sieht mitleidig herab auf
all ihre schönen Ideen und Pläne und schließt ihr Tagebuch mit dem brennenden Wunsch, sie möchten sich eines Tages in Taten verwandeln, statt
nur in unnütze Worte.

Daneben taucht jetzt aber etwas Neues auf, eine bestimmte Angst, *und zwar die Angst vor dem Dickwerden.* Zu Beginn des Aufenthaltes in Sizilien hatte Ellen noch einen Riesenappetit entwickelt. Dabei wurde sie so dick, daß ihre Freundinnen anfingen, sie deswegen zu necken. Sofort beginnt sie, sich durch Hungern und übertriebene Spaziergänge zu *kasteien.* Das geht so weit, daß sie ihre Begleiterinnen, wenn sie an einem schönen Punkt stehen bleiben, fortwährend *umkreist.* Sie ißt keine Süßigkeiten oder sonstige dickmachende Sachen mehr und läßt das Abendessen ganz fort. Als sie im Frühjahr nach Hause zurückkehrt, ist jedermann entsetzt, wie schlecht sie aussieht.

Ellen ist jetzt *21 Jahre* alt. Im Sommer nach der Rückkehr nach Italien ist die Stimmung ausgesprochen „depressiv". Ellen wird fortwährend von der Idee gepeinigt, daß sie zu dick werde und macht deswegen dauernd große Spaziergange. Sie nimmt ihr Tagebuch wieder auf, klagt, daß sie nirgends ein Heim habe, auch zu Hause nicht, daß sie die Tätigkeit, die sie suche, nicht finde, keine Ruhe habe, eine wahre *Qual* fühle, wenn sie *stillesitze,* daß jeder Nerv in ihr zittere und überhaupt, daß ihr Körper alle Regungen ihrer Seele mitmache: „Mein inneres Selbst ist so eng verbunden mit meinem Körper, daß beide eine Einheit bilden und zusammen mein Ich ausmachen, mein unlogisches, nervöses, individuelles Ich." Sie fühlt sich absolut wert- und nutzlos und hat Angst vor allem, vor dem Dunkel und der Sonne, vor der Stille und dem Lärm. Sie fühlt sich auf der untersten Stufe der Leiter, die zum Lichte führt, erniedrigt zu einer feigen, elenden Kreatur: *„Ich verachte mich!"* In einem Gedicht sitzt die graue Not an ihrem Grabe, aschenbleich, sitzt und starrt, wankt nicht und weicht nicht; die Vögel schweigen und fliehen, die Blumen welken vor ihrem eiskalten Hauch. Der *Tod* erscheint ihr jetzt nicht mehr schrecklich, er ist kein Sensenmann, sondern „eine herrliche Frau, weiße Astern im dunklen Haar, große Augen traumtief und grau". Das einzige, was sie noch lockt, ist das Sterben: „So ein wohliges Ausstrecken und Hindämmern. Dann ist's vorbei. Kein Aufstehen wieder und ödes Schaffen und Planen. Hinter jedem Wort verberg' ich eigentlich ein Gähnen". (Dies und das folgende aus einem Brief an ihren damaligen Freund.) „Und jeden Tag werde ich ein bißchen *dicker, älter und häßlicher".* – „Wenn er mich noch lange warten läßt, *der große Freund, der Tod,* dann mache ich mich auf und suche ihn." Sie sei *nicht schwermütig, bloß apathisch:* „Es ist mir alles so einerlei, so ganz gleichgültig, ich kenne kein Gefühl der Freude und keines der Angst." – „Der Tod ist das größte Glück des Lebens, wenn nicht das einzige. Ohne die Hoffnung auf das Ende wäre das Dasein unerträglich. Nur die Gewißheit, daß früher oder später das Ende kommen muß, tröstet mich ein wenig." Sie will nie Kinder haben: was sollten sie in der Welt?

Im Herbst desselben Jahres kommt Ellen aus der depressiven Stimmung allmählich heraus. Sie trifft Vorbereitungen für die Einrichtung von Kinderlesezimmern nach amerikanischem Muster. Aber neben dem wieder erwachenden Lebensübermut und dem Schaffensdrang besteht die lähmende Angst und Verzweiflung weiter. Aus dem Tagebuch: „Ich habe lange kein Tagebuch geschrieben, aber heute muß ich mein Heft wieder zur Hand nehmen; denn in mir wühlt es und gärt es so, daß ich ein Sicherheitsventil öffnen muß, wenn ich nicht in wilden Übermut ausbrechen will. Es ist eigentlich traurig, daß ich all die Kraft und Schaffenslust in ungehörte Worte statt in starke Taten übersetzen muß. Ein Jammer ist's um mein junges Leben, eine Sünde um meinen gesunden Sinn. Zu welchem Zweck hat die Natur mir Gesundheit und Ehrgeiz gegeben? Doch nicht um sie zu ersticken und niederzuhalten und in den Fesseln des Alltags verschmachten zu lassen, sondern um der armseligen Menschheit zu nützen. Die eisernen Fesseln des Alltags: Die Fesseln der Konvention, die Fesseln des Besitzes und der Bequemlichkeit, die Fesseln der Dankbarkeit und Rücksicht, und am stärksten von allen: die Fesseln der Liebe. Ja, die sind es, die mich niederhalten, zurückhalten von dem wilden Aufleben, dem gänzlichen Aufgehen in der Welt des Kampfes und der Opfer, nach dem sich meine ganze Seele sehnt. O Gott, die Angst macht mich rasend! Die Angst, die fast Gewißheit ist! Das Bewußtsein, daß ich alles schließlich verlieren werde: allen Mut, alle Empörung, allen Tatendrang; daß sie – meine kleine Welt – mich mürbe machen werde, mürbe und kleinmütig und armselig, wie sie selbst es sind." – „Leben? Nein, vegetieren! Konzessionen machen predigt ihr? Ich *will* keine Konzessionen machen! Ihr seht es ein, die bestehende Gesellschaftsordnung ist faul, bis auf die Wurzel angefault, schmutzig und gemein; aber ihr tut nichts, um sie umzustoßen. Wir haben aber kein Recht, unsere Ohren dem Schrei des Elends zu verschließen, und mit geschlossenen Augen an den Opfern unseres Systems vorüberzugehen! Ich bin 21 Jahre alt und soll schweigen und grinsen wie eine Puppe. Ich bin keine Puppe. Ich bin ein Mensch mit rotem Blut und bin eine Frau mit zuckendem Herzen. Und kann nicht atmen in dieser Atmosphäre der Heuchelei und Feigheit, und *will* etwas Großes schaffen, und *muß* meinem Ideal, meinem stolzen Ideal, ein wenig näher kommen! Wird's Tränen kosten? O was soll ich tun, wie kann ich's anfangen? Das kocht und klopft in mir, das will die Hülle zerreißen! Freiheit! Revolution!" – „Nein, nein, ich mache keine Phrasen. Ich denke nicht an die Befreiung der Seele: Ich meine die reale, greifbare Freiheit des Volkes von den Fesseln seiner Unterdrücker. Soll ich's noch klarer ausdrücken? Revolution will ich, einen großen Aufstand, der sich über die ganze Welt ausdehnt und die ganze Gesellschaftsordnung umstößt. Ich möchte wie eine russische Nihilistin Heimat und Eltern verlassen, unter den Ärmsten der Armen leben und Propaganda machen für die große Sache. Nicht aus Abenteuerlust!

Nein, nein! Nennt's unbefriedigten Tatendrang, wenn ihr wollt, unbezähm-
baren Ehrgeiz. Was tut der Name zur Sache? Mir ist's, als wäre es etwas
Besseres, das Kochen in meinem Blut. Oh, ich ersticke in diesem kleinli-
chen Alltagsleben. Satte Selbstzufriedenheit oder egoistische Gier, freudlose
Ergebenheit oder rohe Gleichgültigkeit: Das sind die Pflanzen, die in der
Sonne des Alltags gedeihen. Sie wachsen und wuchern, und wie Unkraut
ersticken sie die Blume der Sehnsucht, die zwischen ihnen geboren wird."
– „Alles an mir bebt vor Angst, Angst vor den Nattern meines Alltags, die
mich umfangen wollen mit ihren kalten Leibern, und den Kampfesmut aus
mir herausdrücken. Aber meine strotzende Kraft setzt sich zur Wehr. Ich
schüttle sie ab, ich *muß* sie abschütteln. Der Morgen *muß* kommen nach
dieser Nacht des Albdrückens."

Den Winter über betreibt Ellen die Einrichtung der Kinderlesezimmer
mit Hilfe einer gemeinnützigen Gesellschaft energisch und erfolgreich. Aber
schon im kommenden Frühjahr befriedigt sie das nicht mehr. Sie sehnt
sich nach Liebe und größeren Taten. In einem Gedicht, betitelt „Die bösen
Gedanken", sieht sie hinter jedem Baume die „bösen Geister" stehen, die
sie höhnend von allen Seiten „einschließen", sie grimmig packen, ihr Herz
greifen und schließlich selber das Wort ergreifen:

> „Einst waren wir Dein Denken,
> Dein Hoffen stolz und rein!
> Wo sind jetzt Deine Pläne
> Und Deine Träumerei'n ?
>
> Verschüttet sind sie alle
> Verweht in Wind und Sturm,
> Du selbst ein Nichts geworden,
> Ein banger Erdenwurm.
>
> Da mußten wir entweichen
> Hinaus in dunkle Nacht,
> Der Fluch, der Dich getroffen,
> Hat uns so schwarz gemacht.
>
> Doch suchst Du Ruh' und Frieden,
> Dann kriechen wir herbei,
> Dann wollen wir uns rächen
> Mit unserm Hohngeschrei!
>
> Und suchst Du Glück und Freude,
> Dann stellen wir uns ein,
> Anklagend, höhnend werden
> Wir immer bei Dir sein!"

Im Tagebuch macht sie weiterhin ihrem Haß Luft gegen den Luxus und
das Wohlleben, die sie umgeben, sie stöhnt über ihre Feigheit und Schwäche,

sich nicht „über die Verhältnisse erheben" zu können, sich so jung schon mürbe machen zu lassen „von den Häßlichkeiten und der Stickluft des Alltags. Noch empfinde ich die Schmach meiner Gefangenschaft. Wie modrig riecht dieses Kellerloch. Der Duft der Blumen kann den Geruch der Fäulnis nicht übertönen. Kein Wunder, habt ihr solch häßliche gelbe Seelen bekommen; ihr, die ihr aufgewachsen seid in dieser Luft. Ihr merkt schon gar nicht mehr, wie schwer das Atmen hier ist. Zwerglungen haben eure Seelen bekommen. Alles an euch ist zwergenhaft: Die Gedanken, die Gefühle – und die Träume. Ihr seht mich scheel an, weil mir ekelt vor den Zuständen, in denen ihr euch wohl fühlt. Ihr wollt mich unterkriegen ... Ich will fort, fort – fort von hier. Ich habe Angst vor euch! Ich schlage mit den Händen gegen die Mauern, bis ich kraftlos niedersinke. Dann kommt ihr wie die Ratten aus euren Ecken, und eure kleinen Augen verfolgen mich, wie ein Albdrücken."
Einen Monat später dichtet Ellen ein leidenschaftliches Reiterlied: sie gibt dem Pferde die Sporen, aber die „bösen Gedanken, die Geister der Nacht" folgen dicht hinter ihm „auf knöchernen Mähren, hohläugig und bleich"; schließlich bleiben „die bleichen Schatten" aber doch hinter dem sausenden Galopp ihres Pferdes zurück und „das Leben hat wieder gesiegt". Einen Monat später klagt sie aber schon wieder über ihre „Seeleneinsamkeit": sie steht „einsam wie auf eisigen Höh'n", nur die Winde verstehen ihr Sehnen und Bangen.

Im Herbst desselben Jahres beginnt Ellen mit den Vorbereitungen für die Matura, in der Absicht, Nationalökonomie zu studieren. Sie steht um 5 Uhr auf, reitet 3 Stunden, hat dann Privatunterricht und arbeitet den ganzen Nachmittag und Abend bis tief in die Nacht mit Hilfe von schwarzem Kaffee und kalten Waschungen.

Der kommende Frühling (Ellen ist jetzt *22 Jahre* alt) stimmt sie wehmütig, sie kann sich nicht freuen an dem Erwachen der Natur, fühlt nur, „wie tief sie gesunken", nicht nur von ihrem früheren Idealbild, sondern von dem, was sie früher wirklich war. Früher lag die Welt „offen vor ihr" und sie wollte sie „erobern", ihre Gefühle und Empfindungen waren „stark und kräftig", sie liebte und haßte „mit ganzer Seele". Jetzt macht sie Konzessionen; sie hätte jeden ausgelacht, der ihr das prophezeit hätte; mit jedem Jahre habe sie „ein wenig von der alten Kraft eingebüßt".

Im *Herbst* desselben Jahres – Ellen ist *Ende Juli 23 geworden – bricht sie zusammen*. Zugleich hat sie eine unangenehme Liebesgeschichte mit einem Reitlehrer. Dabei achtet sie dauernd auf ihr Körpergewicht und schränkt die Nahrungsaufnahme ein, sobald sie zuzunehmen droht. Neben der Angst vor dem Dickwerden geht jetzt aber *ein gesteigertes Verlangen nach dem Essen, besonders nach Süßigkeiten* einher, und zwar am stärksten dann, wenn sie durch das *Zusammensein mit anderen Menschen müde und nervös* geworden ist. In der *Gegenwart anderer Menschen* gewährt ihr das *Essen*

keine Befriedigung, sondern *nur*, wenn sie *allein essen* kann. Wie seit dem
Beginn der Angst vor dem Dickwerden leidet sie auch jetzt unter der *Reibung* zwischen der *Angst vor dem Dickwerden und dem Wunsch, harmlos
essen zu können*. Ihr altes Kindermädchen bemerkt schon jetzt, daß dieser
Konflikt „der Schatten ihres Lebens" sei. Besonders in den Ferien ist sie
in einer „depressiven Unruhe"; dieselbe weicht erst, wenn die regelmäßige
Arbeit und feste Tageseinteilung wieder beginnt. Der Plan, die Matura zu
machen, wird wieder aufgegeben. Statt dessen macht sie in wenigen Wochen
ein Lehrerinnenexamen, um sich als Hörerin an der Universität einschrei-
ben lassen zu können. Während des Sommersemesters dieses *23.* und des
Wintersemesters des beginnenden *24. Lebensjahres* studiert sie in X. Diese
Zeit gehört zu der glücklichsten ihres Lebens! Im Sommer entwickelt sich
ein *Liebesverhältnis mit einem Studenten*. Das Tagebuch atmet Lebenslust
und Sinnlichkeit. Nach Abschluß dieses Wintersemesters heißt es in einem
Gedicht, betitelt Frühlingsstimmungen:

> „Ich möchte sterben, wie der Vogel stirbt,
> Der sich die Kehle sprengt in höchstem Jubel;
> Nicht leben, wie der Wurm der Erde lebt,
> Alt, häßlich werden, stumpf und dumm!
> Nein, einmal fühlen, wie die Kräfte zünden
> Und sich im eigenen Feuer wild verzehren."

Ellen ist begeistert vom Studium und Studentenleben. Sie macht große
Bergtouren in Gesellschaft und kann auch jetzt *nicht allein sein*; ihr altes Kindermädchen ist dauernd bei ihr. Auch von ihrer „fixen Idee" kann
sie sich nicht frei machen. Sie vermeidet dick machende Nahrung und unterzieht sich, da sie sich trotzdem zu dick werden fühlt, im Herbst mit
ärztlichem Einverständnis einer Entfettungskur.

Zur selben Zeit wird aus dem Verhältnis mit dem Studenten eine Verlobung. Die Eltern verlangen eine zeitweilige Trennung. Ellen geht im
Frühjahr in ein Seebad und hier tritt wiederum eine besonders starke „*Depression*" auf *(24 1/2 Jahre alt)*. Sie tut alles, um so dünn zu werden wie
irgend möglich, macht große Märsche und nimmt täglich 36-48 Thyreoidin-
tabletten! Von Heimweh verzehrt, bittet sie ihre Eltern, sie zurückkehren
zu lassen. Sie kommt vollständig abgemagert, mit zitternden Gliedern an,
quält sich körperlich durch den Sommer hindurch, fühlt sich seelisch aber
befriedigt, weil sie dünn ist. Sie hat das Gefühl, den Schlüssel für ihr Wohl-
befinden gefunden zu haben. Die Verlobung bleibt bestehen.

Im Herbst, zu Beginn ihres *25. Lebensjahres*, macht sie ihre dritte Reise
nach Übersee. Der dortige Arzt konstatiert einen „Basedow" und verordnet vollkommene Bettruhe. Sie bleibt 6 Wochen im Bett und nimmt dabei
sehr rasch zu; weint daher dauernd. Im folgenden Frühjahr nach Hause

zurückgekehrt, wiegt sie 150 Pfund. Kurz darauf geht die *Verlobung zurück* (vgl. oben). Im Mai ist sie in einem (offenen) Sanatorium, im Sommer auf einer Gartenbauschule, in depressiver Stimmung, macht aber körperlich einen vollständig gesunden Eindruck. Da der Gartenbau sie bald nicht mehr interessiert, bricht sie die Schule vorzeitig ab. Sie hat wieder versucht, durch viel Körperbewegung und wenig Essen ihr Gewicht zu vermindern. Im Herbst nimmt sich ihr Vetter, mit dem sie seit vielen Jahren befreundet ist, ihrer besonders an. Sie machen bis zum nächsten Frühjahr große Wanderungen zusammen, oft 30-40 km im Tag. Daneben turnt sie eifrig, beschäftigt sich, wenn auch ohne viel Freude, in einem Kinderheim und sehnt sich nach einem eigentlichen Beruf. Obwohl die Auflösung der Verlobung mit dem Studenten eine „offene Wunde" bleibt, entwickelt sich ein *Liebesverhältnis mit dem Vetter*. Die „fixe Idee" ist nicht verschwunden, beherrscht sie aber nicht mehr so wie früher.

In diese Zeit fällt ein Gedicht, offenbar an den früheren Verlobten gerichtet, in dem sie sich fragt, ob er sie überhaupt geliebt, ob ihr Leib „nicht schön genug", ihm Söhne zu gebären:

> „Weh mir, weh mir!
> Die Erde trägt das Korn,
> Ich aber
> Bin unfruchtbar,
> Bin weggeworfene Schale,
> Zersprungen, unbrauchbar,
> Wertlose Hülle.
>> Schöpfer, Schöpfer,
>> Nimm mich zurück!
>> Schaff mich ein zweitesmal
>> Und schaff' mich besser!"

Im *26. Jahre* erwacht in Ellen die Liebe zur Musik. Sie und der Vetter fassen den Plan, sich zu heiraten. Sie *schwankt aber noch 2 Jahre* zwischen dem Studenten, mit dem sie die Beziehungen wieder aufgenommen, und dem Vetter. Erst im *28. Lebensjahr*, nach einer nochmaligen Zusammenkunft mit dem Studenten, bricht sie endgültig mit diesem und *heiratet ihren Vetter*. Vorher nahm sie noch mehrere Mensendieck-Kurse, reiste viel, konsultierte auf Wunsch der Eltern und des Vetters mehrere berühmte Nervenärzte und nahm zeitweise wieder Thyreoidin, machte Riesenspaziergänge und wurde traurig, wenn sie sich im *Spiegel* sah, *haßte ihren Körper* und *schlug* ihn oft mit Fäusten. *Freundinnen*, die wie sie den Wunsch haben, schlank zu sein, beeinflussen sie ungünstig. Sie wird stets deprimiert, wenn sie mit dünnen Menschen zusammen ist oder solchen, die wenig essen.

Nach der Hochzeit mit dem Vetter hofft sie, ihre „fixe Idee" loszuwerden, was aber nicht der Fall ist. Sie wiegt bei der Hochzeit 145 Pfund, nimmt aber schon auf der Hochzeitsreise infolge ihrer „Diät" dauernd ab.

Im Sommer nach der im Frühjahr erfolgten Heirat bleibt die Periode aus. Der Konflikt zwischen dem „Wunsch nach harmlosem Essen" und der Angst vor dem Dickwerden quält sie dauernd. Im Herbst, zur Zeit ihres *29. Geburtstages*, tritt auf einer Wanderung mit dem Mann in einsamer Gegend eine starke Unterleibsblutung auf, mit der sie noch stundenlang gehen muß. Der Arzt macht eine Auskratzung und konstatiert eine *Fehlgeburt*; er bezeichnet *gute Ernährung* als die *Voraussetzung* für die Möglichkeit einer *neuen Schwangerschaft!*

Im Verlauf des ganzen folgenden (29.) Lebensjahres wird Ellen nun hin und her gerissen zwischen dem *Wunsch*, ein *Kind* zu bekommen und der *Angst* vor dem Dickwerden (durch genügende Ernährung). „Die Angst behält die Oberhand." Die früher regelmäßige *Periode bleibt aus*. Ellen ist im ganzen wieder besserer Stimmung, jedoch jeweils bedrückt durch die immer wieder enttäuschte Hoffnung auf eine neue Gravidität. Sie arbeitet energisch und mit großem Pflichteifer in sozialen Hilfswerken, geht viel ins Theater und liest viel. Als sie aber einmal feststellt, daß sie in einer Woche 4 Pfund zugenommen, bricht sie in Tränen aus und kommt lange nicht mehr zur Ruhe. Als ein anderer Frauenarzt ihr sagt, daß gute Ernährung *nicht* Voraussetzung für eine Gravidität sei, beginnt sie sofort wieder mit dem Gebrauch starker Abführmittel.

In ihrem *30. Lebensjahr* ist Ellen noch angestrengter sozial tätig. Sie nimmt das wärmste menschliche Interesse an den ihr anvertrauten Schützlingen, mit denen die persönlichen Beziehungen noch jahrelang weiter bestehen bleiben. Dabei verschlechtert sie ihre Ernährung aber *planmäßig* und wird allmählich *Vegetarierin*. Nach einer kurzen Grippe schont sie sich nicht. Eine Kur in Pyrmont, die ein dritter Frauenarzt verordnet, ist ohne Erfolg, zumal sie den Gebrauch der Abführmittel dort derart steigert, daß sie jede Nacht erbricht. Als sie konstatiert, daß ihr Gewicht dauernd abnimmt, ist sie sehr befriedigt.

Der Winter ihres *31. Lebensjahres* bringt eine *rapide Abnahme ihrer Kräfte*. Sie arbeitet zwar in gleichem Maße weiter, kann sich sonst aber zu nichts mehr aufraffen. Auch die zwei täglichen Wanderungen mit ihrem Mann setzt sie zum erstenmal aus. Sie *schläft* gegen ihre frühere Gewohnheit bis zu 12 Stunden. Die Abführmittel werden weiter gesteigert, die Ernährung wird noch verschlechtert. Trotz eines gelegentlichen hohen Fiebers, das sie aber verheimlicht, geht sie auf die Straße, in der Hoffnung, eine Lungenentzündung zu bekommen. Der Gesichtsausdruck verändert sich. Ellen sieht alt und verfallen aus. Da sie in den Abführmitteln ein Mittel gegen das Dickwerden gefunden zu haben glaubt, ist sie aber nicht depressiv.

Im Frühling dieses Jahres bricht bei einer Wanderung mit ihrem Mann plötzlich mit elementarer Kraft das Geständnis hervor, daß sie ihr Leben nur noch unter dem Gesichtspunkt lebe, wie sie dünn bleiben könne, daß sie jede ihrer Handlungen diesem Gesichtspunkt unterordne, daß diese Idee eine furchtbare Gewalt über sie erlangt habe. Sie glaubt, sich durch Arbeit betäuben zu können, vertauscht bei der Fürsorgestelle ihre ehrenamtliche Tätigkeit mit einer bezahlten, die sie zu siebenstündiger Büroarbeit täglich verpflichtet, und *bricht* nach einigen Wochen, im Juni, unter dieser Arbeit *zusammen*. Während dieser ganzen Zeit hat sie ihre Ernährung weiter verschlechtert, das Gewicht geht auf 94 Pfund herunter. Daneben kommt eine intensive Beschäftigung mit Kalorien-Tabellen, Kochrezepten usw. auf. In jeder freien Minute schreibt sie Rezepte von wohlschmeckenden Speisen, Puddings, Nachtischen usw. in ihr Kochbuch. Sie verlangt von ihrer Umgebung, daß sie gut und reichlich ißt, während sie selbst sich alles versagt. Sie entwickelt eine große Geschicklichkeit darin, ihre Umgebung darüber zu täuschen, daß sie fast nichts ißt, indem sie ihren Teller füllt, wie jeder andere, und dann den größten Teil der Speisen heimlich in ihrer Handtasche verschwinden läßt. Dinge, von denen sie glaubt, daß sie *nicht dick machen*, z. B. Schellfisch, Muscheln, *ißt sie* mit großer *Gier und Hast*. Oft ißt sie Dinge, die sie für den Haushalt eingekauft hat, unterwegs auf und macht sich dann heftige *Vorwürfe* darüber. Bei jeder Mahlzeit stellt sich Schweißausbruch ein. Ellen sucht nun in Begleitung ihres Mannes für einige Wochen ein Stoffwechselsanatorium auf, fügt sich zunächst den Anordnungen des Arztes, so daß sich das Gewicht von 90 auf 100 Pfund hebt, täuscht aber, nachdem der Mann abgereist, den Arzt durch Verschwindenlassen des Essens in ihrer Tasche und heimliches Einstecken von Gewichten beim Wiegen.

Im Beginn ihres *32. Lebensjahres* verschlechtert sich der körperliche Zustand noch weiter. Der Gebrauch der Abführmittel steigert sich ins Ungemessene. Sie nimmt jeden Abend 60-70 Tabletten Laxativum-Vegetabile mit dem Erfolg, daß sich bei Nacht quälendes Erbrechen, bei Tag heftiger Durchfall einstellt, oft begleitet von Herzschwäche. Sie ißt jetzt auch keinen Fisch mehr, ist zum Skelett abgemagert und wiegt nur noch 84 Pfund. Ellen wird immer leistungsunfähiger, geht schon nachmittags wieder zu Bett, quält sich furchtbar darüber, daß „ihre Triebe mächtiger sind als ihre Vernunft", daß „*alle innere Entwicklung, alles wirkliche Leben aufgehört*", und daß sie von ihrer „längst als unsinnig erkannten übermächtigen Idee" vollkommen beherrscht werde. Dabei ist die Stimmung eher *heiter* und es gewährt ihr Befriedigung, daß ihre Freunde sich um sie sorgen.

Mit *32 1/2 Jahren* unterzieht sie sich erstmals einer *Psychoanalyse* bei einem feinsinnigen, nicht auf Freud eingeschworenen, jungen Psychoanalytiker. Sie faßt wieder Hoffnung, besucht wieder Vorlesungen, Theater und

Konzerte, macht Ausflüge, ist aber hochgradig rastlos und übertreibt wieder alles. In den Zeiten, da der Mann abwesend ist, muß das alte Kindermädchen bei ihr sein. Die Psychoanalyse hält sie bald für nutzlos.

In ihren Briefen an den Mann tritt hie und da wieder ihre „brennende Liebe zum Leben" zutage; sie bleibt aber „reine Stimmung", die Angst, dicker zu werden, steht unverändert im Mittelpunkt ihres Tuns und Denkens: „Meine Gedanken beschäftigen sich ausschließlich mit meinem Leib, meinem Essen, meinen Abführmitteln." – „Und daß ich das märchenhafte, süße Land des Lebens, die Oase in der Wüste, die ich mir selbst geschaffen habe, jetzt von Zeit zu Zeit am Horizont auftauchen sehe, macht den Weg nur schwerer. Denn was nützt es? Es bleibt eine Fata Morgana und verschwindet wieder. Leichter war es vorher, als alles grau in grau um mich lag. Als ich nichts anderes wollte, als krank sein, und im Bett liegen. Jetzt möchte ich gesund sein – und will den Preis dafür nicht bezahlen. Oft bin ich ganz kaputt von dem Konflikt, der nie ein Ende nimmt und gehe verzweifelt von ... (dem Analytiker) nach Hause mit der Gewißheit: Er kann mir Erkenntnis geben, nicht aber Heilung."

Ellen empfindet die Ansicht des Analytikers, daß ihr Hauptziel „die Unterjochung aller anderen Menschen" sei, als „fabelhaft richtig und erschreckend wahr". Sie habe aber einen Prüfstein, eine Art Stimmgabel; sie brauche sich nämlich nur zu fragen: „Ellen, kannst du einen ordentlichen Teller Hülsenfrüchte oder einen Pfannkuchen essen und nachher nichts einnehmen?" – dann ergreife sie eine wahre Panik und bei dem bloßen Gedanken überlaufe es sie heiß und kalt vor Angst. „Alle guten Vorsätze, alle Lebenslust, bricht vor dieser Wand zusammen, über die ich nicht hinwegkommen kann." – „Ich will immer noch nicht dicker werden, in psychoanalytischer Sprache: ich will immer noch mein ‚Ideal' nicht aufgeben." Sie wolle aber nicht mehr sterben, liebe das Leben wieder, sehne sich nach Gesundheit, Arbeit und dem Mann, wolle aber tatsächlich „den Preis dafür nicht bezahlen". Es sei trostlos, daß sie keinen Weg wisse, der ihr „heraushelfe aus diesem Sumpf".

Das Essen wird während der Analyse von Ellen immer mehr eingeschränkt, die Angstgefühle werden häufiger und vor allem tritt jetzt der *lästige Zwang* auf, *fortwährend ans Essen denken zu müssen*. Sie bezeichnet die Angstgefühle als „die Gespenster, die mir dauernd an die Kehle springen". Gute Stunden kommen ihr vor wie eine „Sturmflut", dann tritt aber rasch wieder „Ebbe" ein.

Ellen vergleicht jetzt in einem Brief an den Gatten das *Ideal*, das ihr der frühere Verlobte, der *Student*, gewesen sei, mit dem *Ideal des Dünnseins*: „Damals warst Du (der Ehegatte) das Leben, das ich bereit war hinzunehmen, und dafür mein Ideal (den Studenten) aufzugeben. Aber es war ein künstlich herbeigeführter, gewaltsamer Entschluß, kein von innen heraus gereifter. Darum ging es nicht. Darum fing ich wieder an, ihm Pakete zu schicken und gegen Dich voll Opposition zu sein. Und erst viel später, als ich innerlich so weit war, als ich mir mein Ideal von Angesicht zu Angesicht angesehen hatte und erkannte: Ich habe mich geirrt, dieses Ideal ist eine Fiktion, da erst konnte ich ruhig und sicher *ja* zu Dir sagen. So muß ich mir jetzt erst mein Ideal ansehen können, dieses Ideal von Dünnsein, Körperlossein, und erkennen: ‚Es ist eine Fiktion.' Dann kann ich das Leben bejahen. Alles vorher ist ein Trugschluß, wie damals in X. (der Universitätsstadt). Es ist aber einfacher, sich in die Eisenbahn zu setzen und nach Y. (wo der Bruch mit dem Studenten stattfand) zu fahren, als das, was verborgen und vergraben in mir liegt, ans Tageslicht zu bringen." – „Was den Vergleich von Dir mit dem Leben und St. (dem Studenten) mit dem Ideal betrifft, so hinkt er natürlich; es ist nur etwas äußerlich Analoges da. Mein Jasagen (zum Gatten nach dem Besuch bei dem Studenten in Y.) war ja auch noch nicht das Richtige. Ich habe Dich gewählt – aber dann bin ich Dir doch nicht wirklich Frau geworden. Der Gedanke an mein heimliches Ideal, ich meine jetzt nicht St. (den Studenten), das war etwas Äußeres, ich meine mein Lebensideal, dünn zu sein – nahm weiter mehr Raum in mir ein, als alles andere. Wirklich Frau werde ich auch dann erst werden, wenn ich mein Lebensideal endgültig aufgegeben habe. Und das ist so schwer, daß ich heute wieder ebenso verzweifelt bin, wie vor Wochen. Armer ... immer muß ich Dich wieder enttäuschen! Was das Äußere betrifft, so habe ich noch nicht wieder eingenommen. Dafür beklopfe ich aber meinen Bauch dauernd und esse mit Angst und Beklemmung."

Ein andermal schreibt Ellen dem Mann: „Die einzig wirkliche Besserung, die von innen kommen muß, ist noch nicht da; das Nirwana im übertragenen Sinn, ‚das Erlöschen der Begier, des Hasses und der Verblendung' ist noch nicht erreicht. Weißt Du, wie ich es meine? Die Begier, mein Ideal zu verwirklichen; der Haß gegen die Umwelt, die mir das unmöglich machen will; die Verblendung, die darin liegt, in diesem Ideal etwas Erstrebenswertes zu sehen." Daran schließt sich der sehr bezeichnende Ausruf an: *„Der Gedanke an Pfannkuchen ist mir noch der fürchterlichste, den es gibt."* Außerdem widerstünden ihr Fleischnahrung und Fett so, daß die bloße Vorstellung ihr übel mache. Im übrigen habe sie jetzt (während der Analyse) zwar den *Willen*, dicker zu werden, aber nicht den *Wunsch*. Es sei ein Kampf zwischen Pflicht und Neigung im *Kant*schen Sinne. Solange es das aber bleibe, sei sie nicht „erlöst"; denn dieser kategorische Imperativ, dieses Du sollst, komme gleichsam von außen und vermöge daher nichts gegen die Zähigkeit des krankhaften Triebes, der sie beherrsche. Dabei empfindet sie den gegenwärtigen Zustand, gerade weil sie sich jetzt Mühe gibt, keine Abführmittel zu nehmen, als „qualvoller, als alles, was ich bisher durchgemacht habe. Ich fühle mich dicker werden, ich zittere vor Angst davor, ich lebe in einer Panik." – „Sowie ich einen Druck in der Taille fühle – ich meine einen Druck des Rockbundes – sinkt meine Stimmung und ich bekomme eine so schwere Depression, als handle es sich um wunder was für tragische Sachen." Hat sie hingegen eine „gute Verdauung", so ist „eine Art Ruhe" in ihr und sie fühlt sich behaglich. Trotzdem fühlt sie „die ganze Zeit, in jeder Minute", wie furchtbar ihr Leben von ihrer „krankhaften Idee" beherrscht wird.

Seitdem Ellen weiß, daß ihr Mann ihre Eltern genau davon unterrichtet hat, worum es sich bei ihr handelt, empfindet sie große Sehnsucht nach den Eltern, besonders nach der *Mutter*; sie möchte den Kopf an ihre Brust legen und sich bei ihr ausweinen. Das sei aber eine vorübergehende Stimmung. Im Grunde habe Sie gar kein Verlangen, zu Hause zu sein, ja sie habe Angst vor der „schweren und ernsten Art" ihres *Vaters*.

Im August, kurz nach Ellens *33. Geburtstag*, findet die im Februar begonnene Analyse aus äußeren Gründen ihr Ende. Der Mann findet sie bei seiner Rückkehr in schweren Angst- und Erregungszuständen. Die Ernährung wird ganz unregelmäßig, Ellen läßt ganze Mahlzeiten aus, um sich dann mit um so größerer Gier wahllos auf irgendwelche Speisen, die gerade zur Hand sind, zu stürzen. Sie verzehrt täglich einige Pfund Tomaten und 20 Orangen.

Ein dreiwöchiger Besuch bei den Eltern verläuft anfangs besser als erwartet. Ellen freut sich, aus der Hotelatmosphäre herauszusein, die Abende in der Familie verbringen und sich mit der *Mutter* aussprechen zu können. Von der zweiten Woche an ändert sich aber das Bild wieder. Ellen kommt tagelang aus dem Weinen, der Angst und Erregung nicht mehr heraus, läuft weinend durch die Straßen der Vaterstadt, leidet mehr denn je unter ihrem Hunger, zumal sie zu Hause wieder an einem Tisch sitzen muß, an dem die andern normal essen. Sie verzweifelt jetzt völlig an der Heilbarkeit ihrer Krankheit und ist kaum mehr zu beruhigen. Die von einem Arzt vorgenommene Blutuntersuchung ergibt „Unregelmäßigkeiten in der Blutzusammensetzung". Der Arzt rät zu einer Konsultation bei dem Internisten der Universitätsklinik in X., wo sie die Vorlesungen besucht hat und wohin sie Anfang Oktober mit dem Mann und der alten Kinderfrau zurückkehrt. Der Internist rät eine klinische Behandlung an, Ellen kann sich aber nicht dazu entschließen. Statt dessen begibt sie sich *zum zweitenmal in psychoanalytische Behandlung*. Der zweite Analytiker steht der orthodoxen Analyse näher als der erste.

Ellen steht jetzt also im Beginn ihres *33. Lebensjahres*. Am 6. Oktober verläßt der Mann sie auf Wunsch des Analytikers, aber gegen seinen eigenen Wunsch. Nachdem sie schon vorher Selbstmordideen geäußert, macht sie am 8. Oktober einen *Selbstmordversuch* mittels Einnahme von 56 Tabletten Somnacetin, die sie aber in der Nacht größtenteils wieder erbricht.

Der Analytiker mißt diesem Versuch keine Bedeutung bei und setzt die Analyse fort. Im übrigen ist Ellen sich selbst überlassen und läuft planlos und weinend in den Straßen herum. Diese und die folgenden Wochen bis Mitte November sind nach ihrer eigenen Angabe „die schrecklichsten ihres Lebens". Auch in den *Träumen* beschäftigt sie sich unausgesetzt mit dem *Essen.* Der Mann ist vom 16. bis 24. Oktober vorübergehend und vom 6. November an dauernd bei ihr.

Am 7. November erfolgt der *zweite Selbstmordversuch* mittels 20 Tabletten Somnacetin. Am folgenden Tag bietet sie einen Zustand, den der Analytiker als „hysterischen Dämmerzustand" bezeichnet. Sie weint und wimmert den ganzen Tag, verweigert jede Nahrungsaufnahme und erklärt, daß sie sich in einem unbewachten Augenblick doch noch das Leben nehmen werde. Am 9. November nimmt sie wieder gierig Nahrung zu sich. Am 10. versucht sie mehrfach, sich auf der Straße *unter ein Auto* zu werfen, am 11. will sie sich bei dem Analytiker *aus dem Fenster* stürzen, am 12. siedelt sie mit dem Mann in die *Klinik* des erwähnten Internisten über.

Aus ihren, auf Rat des Analytikers wieder aufgenommenen Aufzeichnungen aus dem Monat Oktober sind folgende von besonderem Interesse:

19. Oktober. „Ich glaube, nicht die Angst vor dem Dickwerden ist die eigentliche Zwangsneurose, sondern *das fortwährende Verlangen nach Essen* (von ihr selbst unterstrichen). Die Freßlust muß das Primäre gewesen sein. Die Angst vor dem Dickwerden kam als Bremse dazu. – Seitdem ich in der Freßlust die eigentliche Zwangsvorstellung sehe, ist sie wie ein Tier über mich hergefallen. Ich bin ihr wehrlos preisgegeben. Sie verfolgt mich fortwährend und treibt mich zur Verzweiflung."

21. Oktober. „Der Tag fängt wie alle andern an. Ich sehe ihn vor mir liegen, erfüllt von dem ununterbrochenen Verlangen nach Essen und der Angst vor dem Essen. Ich stehe auf und gehe weg. Mein Herz ist voll Trostlosigkeit. Werde ich mich je im Leben wieder freuen können? Die Sonne scheint, aber in mir ist es leer. Die Träume der Nacht sind verwirrt. Ich habe freudlos geschlafen.

Was bedeutet das furchtbare Gefühl der Leere? Das entsetzliche Gefühl des Unzufriedenseins, das sich nach jeder Mahlzeit einstellt? Das Herz sinkt mir, ich fühle es körperlich, es ist ein unbeschreiblich elendes Gefühl.

An den Tagen, an denen der Hunger mich nicht quält, steht die Angst vor dem Dickwerden wieder im Mittelpunkt. Zwei Dinge quälen mich also: Erstens der Hunger. Zweitens die Angst, dicker zu werden. Ich finde aus dieser Schlinge nicht heraus ... Grauenhaftes Gefühl der Leere. Grauenhafte Angst vor diesem Gefühl. *Nichts* habe ich, das dieses Gefühl betäuben kann.

Das Bild hat sich ja überhaupt verschoben. Noch vor einem Jahr freute ich mich auf den Hunger und aß dann mit Appetit. Die Abführmittel, die ich täglich nahm, sorgten dafür, daß ich kein Fett ansetzte. Ich wählte

meine Speisen natürlich auch danach, vermied alles Dickmachende, aß aber
doch mit Lust und Freude die erlaubten Sachen. Jetzt ist mir, trotz meines
Hungers, jede Mahlzeit eine Qual; immer von Angstgefühlen begleitet. Die
Angstgefühle verlassen mich überhaupt nicht mehr. Ich fühle sie wie etwas
Körperliches: Ein Weh im Herzen.

Wenn ich des Morgens aufwache, habe ich Angst vor dem Hunger, von
dem ich weiß, daß er sich bald einstellen wird. Der Hunger treibt mich aus
dem Bett. Ich frühstücke – und werde nach einer Stunde wieder hungrig.
Den ganzen Morgen verfolgt mich der Hunger oder die Angst vor dem
Hunger. Die Angst vor dem Hunger ist etwas *Schreckliches*. Sie drängt alle
andern Gedanken aus meinem Kopf. Selbst wenn ich satt bin, fürchte ich
mich vor der kommenden Stunde, in der der Hunger sich wieder einstellen
wird. Wenn ich hungrig bin, kann ich nichts mehr klar sehen, kann nicht
analysieren.

Ich will kurz einen Morgen schildern. Ich sitze am Schreibtisch und ar-
beite. Ich habe viel zu tun; viel, auf das ich mich gefreut habe. Aber eine
quälende Unruhe läßt mich nicht zur Ruhe kommen. Ich springe auf, laufe
hin und her, bleibe immer wieder vor dem Schrank stehen, in dem mein
Brot liegt. Ich esse etwas davon; 10 Minuten später springe ich wieder auf
und esse wieder etwas davon. Ich nehme mir fest vor, jetzt nichts mehr
zu essen. Ich kann natürlich genug Willenskraft aufbringen, um tatsächlich
nichts mehr zu essen. Aber das *Verlangen* darnach kann ich nicht unterdrücken. Ich kann den Gedanken an das Brot den ganzen Tag nicht aus
meinem Kopf verdrängen! Er füllt mein Gehirn so aus, daß ich keinen Platz
für andere Gedanken mehr habe: Ich kann mich weder zum Arbeiten, noch
zum Lesen konzentrieren. Meistens endet es so, daß ich auf die Straße laufe.
Ich laufe vor dem Brot in meinem Schrank weg (von ihr selbst unterstrichen), und irre planlos umher. Oder ich nehme ein Abführmittel. Wie läßt
sich das analysieren? Woher kommt die unbezwingbare Unruhe? Warum
meine ich, sie nur mit Essen betäuben zu können? Und warum macht mich
dann das Essen so unglücklich? Man könnte sagen: ‚Iß das Brot doch auf,
dann hast Du Ruhe.‘ Aber nein, wenn ich es gegessen habe, bin ich erst
recht unglücklich. Dann sitze ich da und sehe fortwährend das *gegessene
Brot* vor mir, befühle meinen Magen und muß immer denken und denken:
Jetzt wirst du soviel dicker werden! Wenn ich das alles zu analysieren versuche, so kommt nichts dabei heraus, als *eine Theorie. Etwas Erdachtes.
Fühlen* kann ich nur die Unruhe und die Angst. – (Folgt ein Versuch, zu
analysieren.) Aber das sind alles nur phantastische Bilder; ich muß mein
Gehirn anstrengen, um sie zu denken. Es wäre leicht, einen anderen so zu
analysieren. Ich selbst laufe aber inzwischen in meiner Todesangst weiter
umher, und muß durch tausend schreckliche Stunden hindurch. Jeder Tag
scheint mir tausend Stunden zu haben, und ich bin oft von all dem krampf-

haften Denken so müde, daß ich mir nichts mehr wünsche als den Tod. Nach
Tisch ist mir immer am allerschlimmsten zumute. Ich möchte am liebsten
gar nicht essen, um das schreckliche Gefühl nach Tisch nicht zu haben.
Ich fürchte mich schon den ganzen Tag vor diesem Gefühl. Wie soll ich es
beschreiben? Es ist ein dumpfes, leeres Gefühl im Herzen, ein Gefühl der
Angst und Hilflosigkeit. Manchmal klopft das Herz dann so stark, daß ich
ganz schwindlig davon werde. Wir haben es in der Analyse so erklärt: ich
versuche beim Essen zwei Dinge zu befriedigen: den Hunger und die Liebe.
Der Hunger wird gestillt – die Liebe nicht! Es bleibt das große, unausgefüllte
Loch.

Des Morgens, wenn ich aufwache, fange ich schon an, mich vor der
„Angst-nach-Tisch" zu fürchten; und diese Angst begleitet mich den ganzen Tag. Ich habe sogar Angst, in ein Lebensmittelgeschäft zu gehen. Der
Anblick der Lebensmittel erweckt Sehnsüchte in mir, die sie (die Lebensmittel) nie stillen können. Als suchte ein Mensch seinen Durst in Tinte zu
löschen.

Vielleicht würde ich die Befreiung finden, wenn ich dieses Rätsel lösen
könnte: die Verknüpfung des Essens mit der Sehnsucht. Die analerotische
Beziehung ist rein theoretisch. Sie ist mir ganz unverständlich. Ich verstehe
mich selbst überhaupt nicht. Es ist furchtbar, sich selbst nicht zu verstehen.
Ich stehe mir wie einem fremden Menschen gegenüber (von mir hervorgehoben): ich fürchte mich vor mir selbst, ich fürchte mich vor den Gefühlen,
denen ich jede Minute wehrlos ausgeliefert bin. Das ist das *Grauenhafte* an
meinem Leben: es ist von *Angst* erfüllt. Angst vor dem Essen, Angst vor
dem Hunger, Angst vor der Angst. Nur der Tod kann mich von der Angst
erlösen. Jeder Tag ist wie ein Schreiten auf schwindelndem Grat, ein ewiges
Balancieren auf Klippen. Es ist nutzlos, mir vorzuanalysieren, daß ich ja
gerade diese Angst, diese Spannung *will*. Es klingt geistreich, aber es hilft
meinem wehen Herzen nicht: wer will diese Spannung, wer, was? Ich sehe
nichts mehr, alles verschwimmt, alle Fäden laufen durcheinander.

Ich leiste immer nur *Gedanken*arbeit. Im Innersten ändert sich nichts,
die Qual bleibt dieselbe. Es ist leicht zu sagen: alles ist durchsichtig. Ich
sehne mich nach Vergewaltigung – und *vergewaltige mich ja nun stündlich
selbst* (von mir hervorgehoben). Also habe ich mein Ziel erreicht.

Wo aber, wo, liegt der Rechenfehler? Denn ich bin grenzenlos elend, und
es klingt mir albern, zu sagen: ‚Gerade das will ich ja: elend sein.' Das sind
Worte, Worte, Worte ... und inzwischen leide ich, wie man ein Tier nicht
leiden lassen würde."

In der *Klinik*, in die Ellen, wie erwähnt, am 12. November mit dem
Mann eingetreten ist, beginnt eine seelische Entspannung und ein vollkom-
mener Umschwung in der Ernährung. Sie ißt vom ersten Tage an alles,
was ihr vorgesetzt wird, darunter Dinge, die sie seit Jahren nicht mehr an-

gerührt hat, wie Suppe, Kartoffeln, Fleisch, süße Speise, Schokolade. Das
Gewicht, das beim Eintritt 93 Pfund betragen hatte, steigt immerhin in
zwei Monaten nicht über 104 Pfund. Ellen besucht von der Klinik aus wieder die Vorlesungen an der Universität vor- und nachmittags, unterzieht
sich dazwischen von 3 bis 4 Uhr der Analyse und geht abends oft noch spazieren oder ins Theater. Im Kolleg schreibt sie mit großer Konzentration
nach. Dem Manne scheint es, als beginne nun die wirkliche Besserung. Ihre
Aufzeichnungen und Gedichte zeigen neue Hoffnung und neuen Mut. Sie
wünscht sich, noch einmal „Mensch unter Menschen" zu sein; „leise kommt
auf Sonnenwogen eine neue Zeit gezogen"; „und so ward ich neu geboren
und die Welt hat mich zurück"; „tiefer Dank mein Herz durchbebt, daß ich
diese Nacht durchlebt". Aber sie traut dem Frieden doch nicht ganz:

> „Ich sehe, wie die gold'nen Sterne tanzen;
> Noch ist es Nacht, ein Chaos, wie noch nie.
> Wird mit des Morgens frühem, klarem Glanze
> Die Ruhe kommen und die Harmonie?"

Alle diese (hier nur in kleinen Auszügen wiedergegebenen) Gedichte entstanden in der Nacht vom 18. auf den 19. November. Sie schreibt darüber:
„Sowie ich die Augen schließe, kommen Gedichte, Gedichte, Gedichte. Wollte ich sie alle aufschreiben, so müßte ich Seiten um Seiten füllen. – Kran-
kenhausgedichte ... schwach und voll innerer Verhaltenheit. Sie schlagen
nur leise mit den Flügeln; aber es *regt* sich doch etwas. Gebe Gott, daß es
wächst!"

Aus derselben Nacht existieren noch folgende Aufzeichnungen: „Ich wa-
che seit zwei Stunden. Aber es ist schön, zu wachen. Es war schon einmal
so, im Sommer. Aber dann zerfiel alles wieder. Dieses Mal wird es, glaube
ich, nicht zerfallen. Ich fühle etwas Süßes in der Brust, etwas, das wachsen
und werden will. Mein Herz klopft. Kommt die Liebe wieder in mein Leben?
Ernster, stiller als früher; aber auch heiliger und geläuterter. Liebes Leben,
ich will dir entgegenreifen. Ich breite die Arme aus und atme tief, bang und
froh.

Ich lese jetzt den Faust wieder. Jetzt fange ich zum erstenmal an, ihn
zu *verstehen*. *Ich fange an*; es wird noch vieles kommen müssen, und noch
viel Schweres in meinem Leben, ehe ich sagen darf: ‚Ich verstehe ihn. Ja,
jetzt verstehe ich ihn.' Aber ich fürchte mich nicht vor dem Kommenden.
Es ist süß, zu fürchten und zu leiden, zu wachsen und zu werden."

Aber schon am folgenden Morgen (19. November) „ist die schöne Stimmung der Nacht wie weggeblasen. Ich bin müde und traurig – – –." Sie fährt
fort, Vorlesungen zu hören, zu schreiben und zu lesen, der Gedanke ans Essen verläßt sie aber nie. Für die Anziehungskraft dieses Gedankens findet
sie einen sehr charakteristischen Vergleich: „So ähnlich muß dem Mörder

zumute sein, der fortwährend das Bild des Gemordeten vor seinem geistigen Auge sieht. Er kann von früh bis spät arbeiten, ja schuften, kann ausgehen, kann reden, kann versuchen, sich abzulenken: alles umsonst. Immer und immer wieder wird er das Bild des Gemordeten vor sich sehen. Es zieht ihn übermächtig zu der Mordstelle hin. Er weiß, daß er sich damit verdächtig macht; schlimmer noch: es *graut* ihm vor dieser Stelle, aber er muß doch hingehen. Etwas, das stärker ist als seine Vernunft und sein Wille, beherrscht ihn, und macht aus seinem Leben eine furchtbare Stätte der Verwüstung. Der Mörder kann Erlösung finden. Er geht zur Polizei und zeigt sich an. In der Strafe sühnt er sein Verbrechen. Ich kann keine Erlösung finden – als im Tod."

Ellen fühlt schmerzlich, daß sie sich „durch die furchtbare Krankheit immer mehr von den Menschen entfernt". „Ich fühle mich ausgeschlossen von allem wirklichen Leben. Ich bin ganz isoliert. Ich sitze in einer Glaskugel. Ich sehe die Menschen durch eine Glaswand, ihre Stimmen dringen gedämpft zu mir. Ich sehne mich unsagbar danach, zu ihnen zu gelangen. Ich schreie, aber sie hören es nicht. Ich strecke die Arme nach ihnen aus; aber meine Hände stoßen nur gegen die Wände meiner Glaskugel."

Um diese Zeit beginnt sie die „Geschichte einer Neurose" zu schreiben. Wir zitieren daraus: „Da ich alles nur noch unter dem Gesichtspunkt tat, ob es mich dünn oder dick machte, verloren alle Dinge bald ihren Eigen-Sinn (= eigenen Sinn). Auch die Arbeit. Ich suchte sie zu dem Zwecke, mich abzulenken: abzulenken von meinem Hunger oder meiner Naschhaftigkeit. (Wenn ich von 9 bis 1 und von 2 bis 6 arbeitete, kam ich in der Zeit nicht in die Versuchung, etwas zu essen, das mich dick machen würde.) Eine Zeitlang erfüllte sie ihren Zweck. Sie machte mir auch Freude. Als alles in mir zusammenfiel, zerbrach auch das: Die Arbeit lenkte mich weder ab, noch freute sie mich. Doch das kam erst später.

Im Herbst 19.. (zu Beginn des 32. Lebensjahres) fühlte ich zum erstenmal Angst. Eine ganz unbestimmte und leise Angst nur; eigentlich mehr eine Ahnung davon, daß ich in die Knechtschaft einer unheimlichen Macht geraten war, die mein Leben zu zerstören drohte. Ich fühlte, daß alle innere Entwicklung aufhörte, daß alles Werden und Wachsen erstickte, weil eine einzige Idee meine ganze Seele ausfüllte: und diese Idee war etwas unsagbar Lächerliches. Meine Vernunft bäumte sich dagegen auf, und ich versuchte, mit dem Willen diese Idee aus mir heraus zu treiben. Umsonst. Zu spät. – Ich konnte mich selbst nicht mehr frei machen und sehnte mich nun nach Befreiung, nach Erlösung, die mir durch irgendeine Heilmethode werden sollte. So kam ich zur Psychoanalyse.

Ich wollte die unbekannten Triebe kennenlernen, die stärker als meine Vernunft waren, und die mich zwangen, mein ganzes Leben nach einem leitenden Gesichtspunkt zu bilden. Und das Ziel dieses leitenden Gesichts-

94 Der Fall Ellen West

punktes war: dünn zu sein. Die Analyse war eine Enttäuschung. Ich analysierte mit dem Verstand, und alles blieb Theorie. Der Wunsch, dünn zu bleiben, blieb unverändert im Mittelpunkt meines Denkens stehn."

„Die Monate, die folgten, waren die schrecklichsten, die ich je erlebt, und sie sind noch nicht überwunden. Jetzt war es nicht mehr die fixe Idee allein, die mir das Leben vergällte, sondern etwas weit Schlimmeres trat hinzu: der Zwang, immer ans Essen denken zu müssen. Dieser Zwang ist der Fluch meines Lebens geworden, er verfolgt mich wachend und schlafend, er steht neben allem, was ich tue, wie ein böser Geist, und ich kann ihm nie und nirgends entrinnen. Er verfolgt mich, wie die Erinnyen den Mörder verfolgen, er macht aus der Welt ein Zerrbild und aus meinem Leben eine Hölle. Es scheint mir so, als ob ich jeden andern Schmerz leichter ertragen könnte: wäre mein Dasein von einem wirklichen schweren Kummer verdunkelt, so hätte ich die Kraft, ihn zu tragen. Aber die Qual, täglich von neuem mit der Windmühle kämpfen zu müssen, mit einem Wust von lächerlichen, niedrigen, verächtlichen Gedanken, diese Qual verleidet mir das Leben.

Wenn ich des Morgens die Augen aufschlage, steht mein großer Jammer vor mir. Noch ehe ich ganz wach bin, denke ich – ans Essen. Jede Mahlzeit ist mit Angst und Aufregung verbunden, jede Stunde zwischen den Mahlzeiten mit der Vorstellung erfüllt: Wann werde ich wieder Hunger bekommen? Möchte ich vielleicht gar *jetzt* etwas essen? Und was? ... Und so weiter und so weiter: tausend verschiedene Formen, aber immer derselbe Inhalt. Kein Wunder, daß ich mich nicht mehr freuen kann. Ich kenne nur noch Angst und Trauer, Unlust und Mutlosigkeit."

Da die Kurve sich seit Ende November wieder wesentlich senkt, wird anfangs Dezember *Kraepelin* konsultiert, der eine *Melancholie* diagnostiziert. Der Analytiker hält diese Diagnose für unrichtig und setzt die Analyse fort. In der ersten Hälfte Dezember hebt sich das Befinden wieder: Ellen geht wieder in die Vorlesungen, liest den Faust II, wird aber durch die verschiedenen Auffassungen der Ärzte über ihre Krankheit und ihre Behandlung hin und her gerissen. Der Internist, der den Zustand am richtigsten beurteilt, hält weitere Krankenhausbehandlung für nötig, der Analytiker rät zum Verlassen der Klinik und zur „Rückkehr ins Leben". Dieser Rat macht sie vollends am Analytiker irre. Im Tagebuch notiert sie am 19. Dezember u.a.: „Ich lebe nur noch aus Pflichtgefühl gegen meine Angehörigen. Das Leben hat nichts Verlockendes mehr für mich. Es gibt *nichts*, wohin ich auch sehe, das mich hält. Alles ist grau und ohne Freude. Seitdem ich mich in mich selbst vergraben habe und nicht mehr lieben kann, ist das Dasein nur noch eine Qual. Jede Stunde ist eine Qual. Was mir früher Freude machte, ist jetzt eine Aufgabe, ein an-sich-sinnloses Etwas, das mir über die Stunden hinweghelfen soll. Was mir früher Ziel des Lebens zu sein schien, alles Lernen, alles Streben, alles Vollbringen, ist jetzt ein dunkles, schweres

Albdrücken, vor dem ich mich fürchte." Für ihren Zustand findet sie auch jetzt wieder treffende Gleichnisse:

Karl (ihr Mann) sage, sie habe doch noch an manchem Freude; aber er solle doch einmal „einen Kriegsgefangenen fragen, ob er lieber im Gefangenenlager bleiben will, oder in die Heimat zurückkehren. Im Gefangenenlager treibt er fremde Sprachen, beschäftigt sich mit diesem und jenem; natürlich nur, um sich über die langen, schweren Tage hinwegzuhelfen. Macht ihm die Arbeit wirklich Freude? Würde er ihretwegen auch nur eine Minute länger im Gefangenenlager bleiben, als nötig? Gewiß nicht, und es wird auch kein Mensch auf einen so grotesken Gedanken kommen. Aber von mir verlangt man es. Das Leben ist für mich zu einem Gefangenenlager geworden, und ich sehne mich so heiß nach dem Tod, wie der arme Soldat in Sibirien sich nach der Heimat sehnt.

Der Vergleich mit der Gefangenschaft ist kein Spiel mit Worten. Ich bin gefangen: gefangen in einem Netz, aus dem ich mich nicht befreien kann. Ich bin gefangen in mir selbst; ich verwickle mich immer mehr, und jeder Tag ist ein neuer, nutzloser Kampf: die Maschen ziehen sich immer fester zusammen. Ich bin in Sibirien; mein Herz ist eingefroren, rings um mich ist Einsamkeit und Kälte. Die besten Tage sind ein traurig-lächerlicher Versuch, mich über den wahren Zustand hinwegzutäuschem Es ist unwürdig, so weiterzuleben. Karl, wenn Du mich lieb hast, gönne mir den Tod."

Ein anderes Gleichnis: „Ich bin von Feinden umringt. Wohin ich mich auch wende, steht ein Mann mit gezogenem Schwert. Wie auf der Bühne: Der Unglückliche stürzt an den Ausgang; halt! ein Bewaffneter tritt ihm entgegen. Er stürzt an den zweiten, den dritten Ausgang. Alles vergebens. Er ist umzingelt, er kann nicht mehr hinauskommen. Verzweifelt sinkt er in sich zusammen.

So geht es mir: ich bin gefangen und kann nicht herauskommen. Es nützt nichts, daß der Analytiker mir sagt, ich stellte mir selbst die Bewaffneten hin, es wären Theatergestalten, und keine wirklichen. *Mir sind sie sehr wirklich* (von ihr unterstrichen)."

Ellen klagt, daß sie seit Monaten „keine Stunde völliger Freiheit" mehr habe. Dabei verschiebe sich das tägliche Bild immer: In der einen Woche seien die Morgenstunden am schlimmsten, in der andern die Abendstunden, in der dritten die Mittags- oder Spätnachmittagsstunden, aber in keiner sei sie „ganz frei". Was ihr dauernd versagt sei, sei die Harmlosigkeit. Sie „wisse" fortwährend um sich, tue alles „mit Bewußtsein", könne nie einfach da sein und leben. Wenn sie sich dazwischen einmal „an den Glauben klammere", daß ihr Leben doch noch einen Sinn habe, daß sie doch noch andern nützen und helfen könne, dann käme die Angst und „ersticke den schwachen Lebensfunken wieder". Es werde ihr klarer und klarer, daß sie nicht weiterleben könne, wenn es ihr nicht gelinge, den „Bann zu brechen" und

aus dieser „Ich-Befangenheit herauszukommen". Die „seelische Verwirrung"
bei und nach den Mahlzeiten sei schrecklich. Sie schlucke jeden Bissen mit
Bewußtsein und einem unerklärlichen Gefühl von Traurigkeit. *„Das ganze
Weltbild ist in meinem Kopf verschoben* (von mir hervorgehoben). Als wäre
ich verhext. – Ein böser Geist begleitet mich, und vergällt mir die Freude an
allem. Er verdreht alles Schöne, alles Natürliche, alles Einfache, und macht
eine Grimasse daraus. Er macht aus dem ganzen Leben ein Zerrbild." –
„Irgend etwas in mir sträubt sich dagegen, dick zu werden. Sträubt sich dagegen, gesund zu werden; runde, rote Backen zu bekommen, eine einfache,
robuste Frau zu werden, wie es meiner eigentlichen Natur entspricht ... Es
treibt mich zur Verzweiflung, daß ich mich mit allen großen Worten nicht
weiterbringen kann. Ich kämpfe gegen unheimliche Mächte, die stärker sind,
als ich. Ich kann sie nicht packen und greifen ..."

Zu Beginn des neuen Jahres, am 3. Januar, greift der Internist energisch ein, verbietet die Fortsetzung der Analyse, womit die Patientin ein-
verstanden ist, und rät zur Übersiedelung in die Kuranstalt Bellevue in
Kreuzlingen. Am 7. Januar schreibt sie ihrem jüngeren Bruder, er möge ihr
verzeihen, daß sie ihm so offen schreibe, aber sie wolle nicht länger lügen
und ihm sagen, daß sie voller Angst sei, wenn sie auch nicht wisse wovor:
„Das Leben lastet wie eine Wolke auf mir." Bei den Reisevorbereitungen
stellen sich verstärkte Depressionen und Erregungen ein. Die am 13. und
14. Januar erfolgte Reise verläuft unter Angstzuständen, Hungergefühlen
und Depressionen.

**III. Der Aufenthalt in der Kuranstalt Bellevue vom 14. Januar
bis 30. März 19..**

Das Überweisungsschreiben des Internisten führt aus, daß die Menses
seit Jahren ausgeblieben und die Speicheldrüsen leicht verdickt seien. Es
bestünden also sicherlich auch endokrine Störungen. Die Neuropathie äußere sich seit langen Jahren in Zwangsgedanken, vor allem in der Furcht,
zu stark zu werden, und dann wieder in einem triebhaften Zwange, wahllos reichlich zu essen. Zwischen diesen entgegengesetzten Empfindungen
schwanke die ungewöhnlich intelligente, vielseitig interessierte Kranke hin
und her. Dazu habe sich im Juli des vergangenen Jahres eine recht schwere
cyclothyme Depression mit etwa monatlicher Verstärkung, starken Angstgefühlen und zeitweisen Suizidideen gesellt. In Zeiten stärkerer Depression
seien die Zwangsgedanken mehr im Hintergrund. In der Klinik habe sich
der Zustand bei ständiger Anwesenheit des auf die Kranke sehr günstig wir-
kenden Mannes entschieden gebessert. Das Körpergewicht habe sich bei anfangs 70 Kalorien pro Kilo beträchtlich gehoben und halte sich gegenwärtig
bei 50 Kalorien pro Kilo auf etwa 52 Kilo. Die letzte depressive Schwankung

habe den Anlaß gegeben, die von *Kraepelin* dringend empfohlene größere
Ruhe nunmehr in unserer Anstalt durchführen zu lassen. Die Aufnahme auf
die geschlossene Abteilung scheine nicht erforderlich.

Der (zweite) Analytiker äußert sich in seinem ausführlichen Bericht dahin, daß es sich bei der Patientin um eine schwere Zwangsneurose, kom-
biniert mit manisch-depressiven Schwankungen handle. Er ist überzeugt,
daß die Patientin sich auf dem Wege der Heilung befindet! Dafür bürge
auch die weitgehende physiognomische Veränderung; denn während sie im
Sommer abschreckend häßlich gewesen sei, sei sie seither immer weiblicher
und fast hübsch geworden. Der Bericht bestätigt im allgemeinen die obige
Anamnese, enthält aber noch einige wichtige Ergänzungen und Ansichten
des Psychoanalytikers. Derselbe hält die Depression für „stark tendenziös
verstärkt". Die Patientin habe einmal geäußert, ihre Zwangsvorstellungen
verstünde ihr Vater nicht, für die Depression aber habe er volles Verständnis. Sie habe gefürchtet, durch ihr Dickwerden ihrem früheren Verlobten
(dem Studenten) zu mißfallen, und überhaupt habe für sie schlank = höherer geistiger Typus, dick = bürgerlich-jüdisch bedeutet. Nach der Auflösung
der Verlobung sei es ihr erstes gewesen, sich mit einem Seufzer der Erleichterung über ihren Eßkorb herzumachen! „Als sie aber durch die Äußerung
des Frauenarztes erfuhr, daß ihr auch auf der weiblich-mütterlichen Linie,
trotz des Verzichts auf höhere Geistigkeit (sie beschäftigte sich in ihrer
Ehe ostentativ mit dem Haushalt, mit Abschreiben von Kochrezepten, und
zwar vor allem in Gegenwart der Frau ihres jüngeren Bruders, die ebenfalls
zum schlanken blonden Typus gehört, künstlerisch orientiert ist, Kinder hat
usw.), kein Erfolg beschieden sei, entschloß sie sich, nun ganz hemmungslos
'ihrer Idee zu leben', und begann täglich große Dosen von Abführmitteln zu
nehmen." Da sie im Analytiker selber den blonden höheren Typus sehe, sei
es ihm schon bei der ersten Konsultation gelungen, sie zu beruhigen (was
auch der Mann bestätigt). Sie habe auch ausgesprochen *hysterische*, sichtlich auf den Mann berechnete Züge gezeigt. Die *Analerotik* sei lange Zeit im
Mittelpunkt der Behandlung gestanden. Die Patientin habe die Beziehung
der Schokolade zur Analerotik, sowie die Gleichung Essen = befruchtet =
schwanger = dick werden anerkannt. Die *Übertragung* sei dann so deutlich
geworden, daß sie sich dem Analytiker einmal ganz unvermittelt auf den
Schoß gesetzt und ihm einen Kuß gegeben habe, was trotz der schon vorher bestehenden freundschaftlichen Beziehungen sehr ungewöhnlich sei. Ein
andermal sei sie mit dem Wunsch zu ihm gekommen, sie wolle ihren Kopf
an seine Schulter legen und er solle Ellen-Kind zu ihr sagen. Seit Anfang
Dezember sei die Analyse immer mehr ins Stocken geraten, und zwar im
Anschluß an die Besprechung des *Vaterkomplexes*, der aber nur periphe-
risch habe behandelt werden können. Sie habe sich klar gemacht, daß „ihre
Zwangsidee" die *Abkehr* von der väterlichen (jüdischen) Art bedeute. Für

den Inzestwunsch sei auch aus den Träumen kein Anhaltspunkt zu gewinnen gewesen. – Die infantile Amnesie ist durch beide Analysen leider gar nicht aufgehellt worden.

Bei der *Aufnahme* am 14. Januar bricht die Patientin schon nach wenigen Worten in laut jammerndes Weinen aus, ist lange nicht zu beruhigen, erzählt aber dazwischen in abgerissener Weise immer wieder einige Bruchstücke aus ihrer Krankengeschichte. Folgt ohne weiteres mit ihrem Mann auf ihr Zimmer, ist froh, daß sie sofort Gelegenheit bekommen soll, Näheres über ihre Krankheit zu berichten. Erzählt dann ausführlich die Hauptzüge der Entwicklung ihres Leidens von seinem Beginn vor 13 Jahren an bis zu den letzten Ereignissen in der Universitätsstadt. *Kraepelin* habe die vom Analytiker angenommene Zwangsneurose abgelehnt, eine richtige Melancholie angenommen und ihr erklärt, die Zwangsgedanken würden mit der Melancholie schon verschwinden; was nachher mit der fixen Idee geschehe, werde man dann schon sehen. Sie unterscheidet auch jetzt zwischen der Zwangsvorstellung, immer an das Essen *denken* zu müssen, und der „fixen Idee", dem „einen Ziel", nicht dick zu werden. In den letzten Wochen habe sie eine geringe Besserung verspürt, jedoch sei sie nie recht glücklich und froh gewesen. Hierher sei sie mit tausend guten Vorsätzen gekommen, jedoch sei sie schon unterwegs schrecklich hoffnungslos geworden. Jede Kleinigkeit komme ihr jetzt vor wie ein unübersteiglicher Berg Sie habe das Gefühl, wenn eines ihrer Symptome besser sei, so sei das andere um so schlimmer. „Ich brauche die Harmlosigkeit beim Essen wieder, jede Mahlzeit ist ein *inneres Theater*. Immer habe ich das Gefühl, wenn mich jemand wirklich lieb hätte, würde er mich nicht weiterleben lassen." In der Klinik habe sie sich schließlich vor allen Menschen gefürchtet, weil sie immer habe erwarten müssen, man sage ihr, sie sähe wohl aus. „Alles regt mich auf, *jede Aufregung spüre ich als Hungergefühl*, selbst wenn ich gerade gegessen habe." Jetzt habe sie das Gefühl, daß *alles innere Leben aufgehört* habe, alles sei *unwirklich*, alles *sinnlos*. Sie berichtet auch ohne weiteres von ihren Suizidversuchen. Auch jetzt wünsche sie sich nichts so innig, als einmal einschlafen und nicht wieder aufwachen zu dürfen; denn sie denke nicht daran, jemals wieder gesund werden zu können. Nach dem zweiten Versuch habe sie immer nur gedacht, wenn nur ihr Mann bald wieder käme, sonst werfe sie sich unter ein Auto, sie habe sich in seiner Abwesenheit immer nach ihm gesehnt. Besonders energisch wendet sie sich gegen die Psychoanalyse. Demgegenüber berichtet der Ehemann, daß sie sich ganz gerne habe analysieren lassen und von dem (zweiten) Analytiker durchaus noch nicht losgelöst sei. Weitere Auszüge aus der Krankengeschichte:

16. Januar. Nach Besprechung der Tageseinteilung hinsichtlich Ruhe, Spaziergängen usw. und der Essensfrage verlief die erste Nacht mit leichtem Schlafmittel gut. Die Patientin darf auf dem Zimmer essen, kommt

aber ohne weiteres mit dem Mann zum gemeinsamen Nachmittagskaffee, während sie sich vorher sehr dagegen gesträubt hatte und zwar mit der Begründung, daß sie nicht etwa esse, sondern *wie ein wildes Tier schlinge*, was sie auch äußerst plastisch vormachte.

Bei der *körperlichen Untersuchung* war sie unauffällig. Es handelt sich um eine mittelgroße Frau von genügendem Ernährungszustand und eher pyknischem Habitus, deren Körperbau in der Krg. als *jünglingshaft* bezeichnet wird; jedoch fehlen Zeichen einer *ausgesprochen* maskulinen *Stigmatisation*. Der Schädel wird in der Krg. als relativ groß und massig bezeichnet, doch sind sonst keine Zeichen einer akromegaloiden Stigmatisation vorhanden. Gesichtsform oval und gleichmäßig modelliert. Ohrspeicheldrüse bds. deutlich vergrößert. Schilddrüse nicht tastbar. Eine frühere gynäkologische Untersuchung soll „infantile Genitalien" ergeben haben. Am Schlüsselbein Callusbildung von alter Fraktur beim Reiten. Innere Organe o.B. Puls gut gefüllt, weich, aber labil hinsichtlich des Tempos. Periode seit einigen Jahren ausgeblieben. Der Nervenstatus ergibt außer sehr *schwachem*, nur mit Jendrassik auszulösendem PSR (bei mittelstarkem ASR) absolut nichts Besonderes, auch keinen Tremor an.

21. Januar. Die Mimik ist sehr wechselnd, gemäß dem häufigen Schwanken von einer Affektlage in die andere, im ganzen aber etwas steif und leer, der Blick bald leer, bald stark „gefühlsdurchtränkt". Auch die Körperhaltung ist etwas steif. Der Gang ist aufrecht und sehr rasch. Das Benehmen ist sehr liebenswürdig, kontaktsuchend, aber ohne auffällige Erotik. Grundstimmung hoffnungslos verzweifelt. Ich notierte aber schon damals: „Man hat weniger den Eindruck, daß sie unter echtem depressivem Affekt steht, als daß sie sich seelisch leer und tot fühlt, völlig hohl, und gerade darunter leidet, daß sie keinen Affekt aufbringen kann. Starkes Krankheitsgefühl im Sinne des Nachlassens ihrer geistigen Energie. Sehnt Tod ernstlich herbei. Im Vordergrund Ärger und Qual wegen des Zwanges, immer ans Essen denken zu müssen. Fühlt sich dadurch erniedrigt. Auffallend ist die Objektivität, mit der sie über Dinge berichtet, von denen eigentlich die Auslösung eines starken Affekts erwartet werden müßte. Gedankengang weder ideenflüchtig, noch zerfahren; sie kann sich aber nur schwer konzentrieren, da ihre Gedanken immer wieder um ihren „Komplex" kreisen. Will sich daher noch nicht von ihrem Mann vorlesen lassen. Auffassung, Merkfähigkeit, Gedächtnis jedoch intakt. Den Rorschach-Versuch, dessen Ergebnis hinsichtlich der experimentellen Feststellung des gesamten damaligen Weltbildes der Kranken von größtem Interesse wäre, gab es zu jener Zeit leider noch nicht.

22. Januar. Nächte mit leichten Schlafmitteln leidlich. Nur in der zweiten Nacht so erregt, daß der Mann die Oberschwester rufen mußte. Stimmung schwankt von Tag zu Tag und oft am selben Tag mehrmals. Im ganzen ruhiger, leichte Angstanfälle, damit beginnend, daß es in der Herzgegend

„flattert", „wie wenn da Fledermäuse wären". Ißt nahezu alles, was ihr vorgesetzt wird, macht nur bei der süßen Speise hie und da Schwierigkeiten. Hat in der letzten Woche 1 Pfund abgenommen, ißt seither besser. Läßt sich auf Spaziergängen relativ leicht von ihrer Verzweiflung ablenken. Während sie als Kind unabhängig von der Meinung der anderen war, ist sie jetzt völlig abhängig davon, was die anderen hinsichtlich ihres Aussehens und Dickseins finden.

Da jetzt alles darauf ankam, zu einer definitiven Diagnose zu gelangen, hatte ich die Patientin und ihren Mann ersucht, eine genaue Anamnese auszuarbeiten, welche Arbeit die Patientin sichtlich beruhigt.

8. Februar. Sie leidet sehr unter den Zwangsimpulsen, sich *aufs Essen stürzen zu müssen, es wie ein Tier herunterschlingen zu müssen* (was auch die Beobachtung bestätigt). Hat einmal nachts 7 Orangen hintereinander verschlungen. Als Gegensatz dazu treten beim Essen asketische Impulse auf, sich das und jenes, besonders die süße Speise, *versagen zu müssen*. Am freiesten auf den Spaziergängen, benimmt sich aber auch unter den Mitpatienten völlig geordnet, kommt dabei aber nie von sich los und hat immer das Gefühl, *„wie eine Leiche unter Menschen zu sein"*.

15. Februar. Was schon im Bericht des Internisten vermerkt, zeigt sich auch hier deutlich: Hungergefühle, Freßgier und „Zwangsdenken" an das Essen werden von einer schweren depressiven Verstimmung, ja Verzweiflung abgelöst. Suizidanwandlungen, Selbstvorwürfe, daß sie wieder anfange zu *lügen*, so weit sei sie heute gekommen. Hatte in der letzten Zeit täglich 6 Laxativumtabletten genommen, den Arzt aber auf seine direkte Frage hin angelogen, sie nähme nichts.

26. Februar. Erregung rasch wieder abgeklungen. Hat sich an eine elegante, *sehr dünne* Mitpatientin angeschlossen. „Homoerotische Komponente springt stark in die Augen." *Träumt* sehr lebhaft und immer vom Essen oder Tod: sieht die schönsten Sachen vor sich, verspürt furchtbaren Hunger, aber zugleich den Zwang, nicht essen zu dürfen. Die Todesträume lauten:

Traum 1: „Ich habe etwas Herrliches geträumt: es war Krieg ausgebrochen, ich sollte ins Feld ziehen. Ich nehme von allen Abschied in der freudigen Erwartung, daß ich bald sterben werde. Ich freue mich, daß ich zum Schluß noch alles essen kann, habe ein großes Stück Moccatorte gegessen."

Traum 2: In einer Art Schlafdämmerzustand träumt sie, sie sei „die Frau eines Malers, der seine Bilder nicht verkaufen kann. Sie selbst müsse mitarbeiten, nähen oder dgl., kann es nicht, weil sie sich krank fühlt, beide müssen hungern. Sie bittet ihn, einen Revolver zu holen, um sie beide zu erschießen. 'Du bist nur zu feige, uns zu erschießen, die beiden andern Maler haben sich auch erschossen'."

Traum 3: Träumt, daß sie auf der Reise nach Übersee durch eine Schiffsluke ins Wasser gesprungen ist. Der erste Geliebte (der Student) und der jetzige Mann haben Wiederbelebungsversuche gemacht. Sie hat viele Pralinees gegessen und die Koffer gepackt.

Traum 4: Sie bestellt sich Goulasch, sagt, daß sie sehr hungrig ist, will aber nur eine kleine Portion haben. Klagt ihrem alten Kindermädchen, daß man sie sehr quält. Will sich im Wald anzünden. – Eine Analyse der Träume hat aus psychotherapeutischen Gründen nicht stattgefunden.

In einem aufgeregten morgendlichen Schlaf-„Dämmerzustand" spricht sie von den Verstorbenen, die die ewige Ruhe hätten, während sie noch gequält werde; spricht von ihrer Beerdigung. Will keine Apfelsinen essen, weil der Mann es sonst dem Arzt sage. Bietet einem Bauern 50 000 Franken, wenn er sie schnell erschieße. Spricht von ihrem jüngeren Bruder, der von Übersee abgereist sei, weil er Tag und Nacht durch das Summen einer Fliege gequält worden sei; sie selbst, die in dem gleichen qualvollen Zustand sei, dürfe nicht „von Übersee abreisen", sondern müsse am Leben bleiben. Wenn sie keine andere Todesart wisse, werde sie sich anzünden oder mit dem Kopf durch eine Glasscheibe rennen. Wir seien alle Sadisten und hätten unsere Freude daran, sie zu quälen, auch der Arzt.

Es ist für den Mann sehr leicht, auch im vollen Schlaf mit ihr in Rapport zu treten, nicht nur im Halbschlaf.

9. März. Nach 14 relativ guten Tagen 5tägige Erregung, die gestern ihren Höhepunkt erreichte. Im Vordergrund eine „kolossale Freßgier", der sie aber nicht nachgab. Sie könne nicht warten, bis ihre „Melancholie" geheilt sei. Es sei schrecklich, daß ihr Mann einen so „schlechten" Einfluß auf sie habe, da er es ihr durch seine Anwesenheit unmöglich mache, sich das Leben zu nehmen. Will die geschlossene Abteilung ansehen, um eventuell dorthin überzusiedeln.

„Ich fühle mich ganz *passiv als der Schauplatz*, auf dem sich zwei feindliche Mächte zerfleischen." Sie habe das Gefühl, daß sie gar nichts dabei tun könne und *ganz wehrlos zuschauen* müsse.

11.März. Der Besuch der geschlossenen Abteilung hat eher ungünstig gewirkt. „Ich würde die festen Scheiben sofort einschlagen wollen." Spürt die Freßgier wieder, „wie wenn sich ein wildes Tier auf das Essen wirft". Voller Selbstvorwürfe, zuviel gegessen zu haben. Will vom Arzt hören, daß sie sich das Leben nehmen dürfe. Sucht Arzt und Mann eigensinnig von der Richtigkeit dieses Gedankenganges zu überzeugen, lehnt jedes Gegenargument ab.

Schon als junges Mädchen konnte sie *nicht ruhig zu Hause sitzen*, sondern mußte immer auf den Beinen sein, was der Umgebung schon damals auffiel. Mit 18 Jahren schrieb sie einer Freundin: „Die Schwermut liegt über meinem Leben *wie ein schwarzer Vogel*, der irgendwo im Hintergrund *lauert*, bis die Zeit gekommen ist, um sich *auf mich zu stürzen und mich umzubringen*." Auch jetzt hat sie das Gefühl daß bei allem, was sie tue, ein

Gespenst auf sie lauere, um sie umzubringen, oder sie wartet nur darauf, „bis der Wahnsinn kommt und, seine schwarzen Locken schüttelnd, mich packt und in den gähnenden Abgrund wirft". – Periode hat seit 4 1/2 Jahren ausgesetzt, sexueller Verkehr seit 3 Jahren unterblieben, anfangs normal.

21. März. Suiziddrohungen werden ernster. Will nur noch die bevorstehende Konsultation (vgl. unter dem 24. März) abwarten. „Wenn es ein Mittel gäbe, das in konzentriertester Form Nahrungsmittel enthielte und bei dem ich zugleich dünn bleiben könnte, dann würde ich noch so gern leben." – „Ich will immer dünner und dünner werden, aber ich will nicht immer aufpassen müssen, und ich will nichts entbehren; es ist diese ewige Reibung zwischen Dünnseinwollen und doch nichts im Essen entbehren wollen, die mich aufreibt." – „In allen Punkten bin ich klar und vernünftig, in diesem einen Punkt aber verrückt; ich gehe zugrunde im Kampf gegen meine Natur. Das Schicksal wollte mich dick und kräftig haben, ich aber will dünn und zart sein." Die Fähigkeit, den Frühling zu genießen, nimmt immer mehr zu, desgleichen aber auch die Qual beim Essen.

2. Nachtrag zur Anamnese: Sie habe schon vor dem Auftreten der Hauptidee im 21. Jahre depressive Verstimmungen gehabt. In ihrem Tagebuch gibt sie schon einige Monate *vor* dem Auftreten jener Idee ihrer Verwunderung Ausdruck darüber, daß plötzlich sich ein Dämpfer auf ihre vergnügte Stimmung lege, so daß sie weinen möchte. Ob sie zu sensitiv wäre für den großen Kampf des Lebens? „Wie oft beginne ich einen Morgen vergnügt, mein Herz voll Sonnenschein und Hoffnung, und bevor ich imstande bin zu wissen, warum ich so glücklich bin, kommt irgend etwas und schlägt meine Stimmung nieder. Irgend etwas ganz Unbedeutendes, ein kalter Ton in der Stimme eines Menschen, den ich liebe, oder irgendwelche sonstigen kleinen Zeichen, mit denen ein Mensch mich enttäuscht. Ich sehe, wie die Welt dunkel wird vor meinem verschwimmenden Auge."

Auf meinen Wunsch stellt der Mann der Patientin folgendes über das Thema *Suizid* zusammen: Der Wunsch, zu sterben, zieht sich durch ihr ganzes Leben. Schon als Kind findet sie es „interessant", tödlich zu verunglücken, z.B. beim Schlittschuhlaufen einzubrechen. – In ihrer Reitzeit (mit 19, 20, 21 Jahren) macht sie tollkühne Kunststücke, bricht bei einem Sturz das Schlüsselbein, findet es schade, daß sie nicht ganz verunglückt; sitzt am nächsten Tag wieder aufs Pferd und treibt es in derselben Weise weiter. – Wenn sie als junges Mädchen krank war, ist sie jedesmal enttäuscht, wenn das Fieber heruntergeht und die Krankheit weicht. – Als sie zum Abitur lernt (mit 22 Jahren), will sie von ihrem Lehrer immer wieder den Satz hören: Wen die Götter lieben, der stirbt jung. Der Lehrer ärgert sich darüber, weigert sich schließlich, immer wieder darauf einzugehen. – Hört sie von dem Tod von Freundinnen, so beneidet sie sie und hat *bei der Todesnachricht leuchtende Augen.* – Als sie im Kinderheim tätig ist, besucht sie trotz Warnung der Vorsteherin scharlachkranke Kinder und küßt sie ab in der Hoffnung, daß sie auch Scharlach bekommen werde. – Versuchte auch, sich dadurch eine Krankheit zuzuziehen, daß sie sich nach einem warmen Bade nackt auf den Balkon stellte, daß sie ihre Füße in eiskaltes Wasser stellte, daß sie sich mit 39 Grad Fieber bei Ostwind vorn auf die Straßenbahn stellte. – Der erste Analytiker nennt bei der ersten Konsultation Ende Dezember 19.. ihr Verhalten einen „langsamen Suizidversuch".

22. März. War gestern morgen beim Spaziergang sehr vergnügt; setzte sich mittags ganz ruhig zum Essen, war dann aber, wie immer, plötzlich wie innerlich umgeschaltet. Denkt dann sofort, ob sie sich überwinden könne, etwas stehen zu lassen. Wird um so aufgeregter, je weiter die Mahlzeit vorrückt. „Alles in mir zittert, die Lust, alles aufzuessen, kämpft in mir einen wütenden Kampf mit dem Vorsatz, nicht alles aufzuessen, bis ich schließlich aufspringe und das, was ich übriggelassen habe, heraustragen lasse, um nicht in die Gefahr zu kommen, es doch noch aufzuessen." Fühlt sich dann wie zerschlagen, gänzlich erschöpft, am ganzen Körper mit Schweiß bedeckt; alle Glieder tun ihr weh, wie wenn sie geprügelt worden wäre; möchte sich dann sofort erschießen. Erst nach längerer Zeit (1-2 Stunden) klingt dieser Zustand ab.

24. März. *Konsilium* mit Prof. *E. Bleuler* und einem ausländischen Psychiater.

Die *Vorgeschichte* dieses Konsiliums ist folgende: Angesichts der zunehmenden Suizidgefahr konnte der Aufenthalt der Kranken auf der offenen Abteilung auf die Dauer nicht verantwortet werden. Ich mußte den Ehemann vor die Alternative stellen, die Einwilligung zur Verbringung seiner Frau auf die geschlossene Abteilung zu geben oder die Anstalt mit ihr zu verlassen. Der sehr verständige Mann sah dies vollkommen ein, erklärte aber, seine Einwilligung nur geben zu können, wenn ihm eine Heilung oder wenigstens weitgehende Besserung seiner Frau versprochen werden könne. Da ich auf Grund der Anamnese und der eigenen Beobachtungen die Diagnose einer fortschreitenden *schizophrenen Psychose* (Schizophrenia simplex) stellen mußte, konnte ich dem Mann nur sehr wenig Aussichten machen. (Hätte die Schocktherapie damals schon existiert, so hätte sie einen momentanen Ausweg aus dem Dilemma und einen gewissen Aufschub geboten, am Endresultat hätte aber auch sie gewiß nichts geändert.) Da klar war, daß die Entlassung aus der Anstalt den sicheren Suizid bedeutete, mußte ich dem Manne im Hinblick auf seine Verantwortung raten, sich nicht auf mein Urteil allein zu stützen – so sicher ich meiner Sache war – sondern ein Dreierkonsilium zu veranstalten, unter Zuziehung von Prof. *Bleuler* einerseits, einem der *Kraepelin-Bleuler*schen Lehre von der Schizophrenie fernerstehenden, ausländischen Psychiater anderseits. Den beiden Herren wurde die ausführliche Anamnese, die in Abschnitt II im Auszug wiedergegeben, sowie unsere Krg. vor dem Konsilium zur Einsicht übergeben.

Ergebnis des Konsiliums: Beide Herren schließen sich meiner Prognose völlig an und lehnen einen therapeutischen Nutzen der Internierung noch radikaler ab als ich selbst. Für *Bleuler* ist das Vorliegen einer Schizophrenie unzweifelhaft. Der zweite Psychiater erklärt, eine Schizophrenie nur dann zu diagnostizieren, wenn ein intellektueller Defekt vorliege. In unserem Falle spräche er von einer *psychopathischen Konstitution*, die sich *fortschreitend weiter entwickle*. Die „Idee", dünn werden zu wollen, bezeichnet er mit Recht nicht als Wahnidee (da die logische Motivierung fehle), mit weniger Recht als überwertige Idee (wir kommen darauf zurück). Alle drei stimmen darin überein, daß es sich um *keine Zwangsneurose* und *kein manisch-depressives Irresein* handelt und daß keine sicher wirksame Behandlung möglich. Wir kamen daher zu dem Schluß, dem Drang der Patientin nach Entlassung zu entsprechen.

30. März. Patientin war durch das Ergebnis der Konsultation sichtlich erleichtert, erklärte, ihr Leben nun selber in die Hand nehmen zu wollen, war aber sehr erschüttert, als sie sah, daß sie trotz bester Vorsätze nicht Herr werden konnte über ihr Dilemma in bezug auf das Essen. Sie beherrscht sich äußerlich stark und ist ruhig und geordnet, innerlich aber ist sie hochgespannt und erregt. Sie überlegt hin und her, was sie nun tun soll, entschließt sich schließlich, *heute* mit dem Mann nach Hause abzureisen. Sie setzt ihre gesamte Lebensweise bis zuletzt genau fort, da jede Änderung sie „verwirre und ganz aus dem Geleise werfe". Von ihrer „Idee" ist sie bis zum letzten Moment aufs schwerste gequält. Abgangsgewicht ungefähr dasselbe wie Eintrittsgewicht, nämlich 95 Pfund.

IV. Der Tod

Auf der Reise ist Ellen sehr tapfer. Der Grund, warum sie sie unternimmt, gibt ihr Kraft. Der Blick ins Leben, den ihr die Reise verschafft, tut ihr weh. Sie fühlt sich, mehr noch als in der Anstalt, lebensunfähig. Die folgenden Tage sind qualvoller als alle die vorangehenden Wochen. Sie fühlt keine Entspannung, im Gegenteil, alle Symptome treten verstärkt auf. Die Unregelmäßigkeit der Lebensweise wirft sie ganz um, das Wiedersehen mit ihren Verwandten führt ihr ihre Krankheit nur noch deutlicher vor Augen. Am dritten Tag des Zuhauseseins ist sie wie umgewandelt. Sie nimmt zum ersten Frühstück Butter und Zucker, ißt zum Mittagessen soviel, daß sie – zum erstenmal seit 13 Jahren! – *von der Nahrungsaufnahme befriedigt* ist und *wirklich satt wird*. Zum Kaffee ißt sie *Pralinen* und *Ostereier*. Sie macht einen Spaziergang mit dem Mann, liest Gedichte von Rilke, Storm, Goethe, Tennyson, amüsiert sich über die ersten Kapitel von Mark Twains

„Christian Science", ist geradezu in *festlicher Stimmung* und alle Schwere scheint von ihr abgefallen. Sie schreibt Briefe, als *letzten* einen an die hiesige Mitpatientin, an die sie sich so angeschlossen. Abends nimmt sie eine tödliche Dosis Gift und ist am andern Morgen entschlafen. „Sie sah aus, wie nie im Leben – ruhig und glücklich und friedlich."

B. Daseinsanalyse

Einleitung

In dem hier vorgelegten *Bericht* ist zusammengefaßt, was wir von der menschlichen Individualität, der wir den Namen Ellen West gegeben haben, auf Grund glaubwürdiger autobiographischer und biographischer Dokumente und Zeugnisse *wissen*. Dieses Wissen ist rein historischer Art, weswegen wir das Gesamt der ihm zugrunde liegenden *Tatsachen* oder *Daten* als die (innere und äußere) Lebens*geschichte* dieser Individualität bezeichnen. Auf Grund der Lebens*geschichte* tritt der Eigenname aus der Rolle der bloßen sprachlichen *Benennung* einer menschlichen Individualität – als dieses raum-zeitlich bestimmten einmaligen *Individuums* – heraus und gewinnt die Bedeutung des Namen*rufes* (fama). Der Name Ellen West – es ist in diesem Zusammenhang natürlich ganz gleichgültig, ob es sich um den wirklichen oder um einen fingierten Namen handelt – wird so zum Inbegriff einer historischen oder *Rufgestalt*. So gesichert und bestimmt nun auch die Daten einer Lebensgeschichte sein mögen, so unsicher, schwankend und unabgeschlossen bleibt doch das Urteil über diese Gestalt. Wohl sagen wir im gewöhnlichen Leben, daß wir uns auf Grund eines Berichtes oder einer Erzählung einen ungefähren „Begriff" oder ein mehr oder weniger anschauliches „Bild" von einer menschlichen Individualität machen; dieser Begriff oder dieses Bild ist aber bekanntlich abhängig von dem jeweiligen *Stand-* und *Gesichtspunkt* desjenigen oder derjenigen Gruppe, die es „sich macht". Einzig die Liebe und die aus ihr entspringende *Imagination* vermag sich über diesen *perspektivischen* Standpunkt zu erheben, das *Urteil*, selbst das wissenschaftliche, bleibt, als Form des Bei-etwas-Nehmens, notgedrungen perspektivisch. Es ist Aufgabe der Geschichts*wissenschaft*, die persönlichen Urteile zu prüfen, zu vergleichen, auf ihre Grundperspektiven zurückzuführen und auf die Stufe einer wissenschaftlich gesicherten Perspektive überzuführen. Da aber auch die wissenschaftliche Perspektive ihre Direktiven aus der jeweiligen Gegenwart empfängt, wird, wie schon *Ranke* sich ausdrückte, „die Historie immer umgeschrieben".

Auch die *Analyse* des *Daseins* einer menschlichen Individualität hält sich an historische Daten. Kommt es ihr nur darauf an, das Dasein auf seine momentane Gestimmtheit hin zu analysieren, so kann sie sich unter Umständen an ein einziges oder einige wenige solcher Daten halten. So war

es uns möglich, die manische „Verstimmung" einer Kranken an zwei noch
relativ geordneten schriftlichen Einzelkundgaben, einer vorwurfsvollen Be-
schwerde und einer fürsorglichen Anfrage, daseinsanalytisch zu interpretieren (Über Ideenflucht. Erste und zweite Studie). Ging die „Verstimmung"
aber tiefer und war der sprachliche Zusammenhang derart gelockert, daß wir
von ungeordneter oder inkohärenter Ideenflucht sprechen mußten (Dritte
Studie), so sahen wir uns schon auf ein Wissen angewiesen, das einen großen
Teil der Lebens*geschichte* des betreffenden Kranken betraf. Sehen wir uns
gar, wie im Falle Ellen West, genötigt, eine menschliche Individualität nicht
nur auf ihre Gestimmtheit, sondern auf ihr *gesamtes* Dasein hin zu analysieren, so muß die gesamte Lebensgeschichte so ausführlich wie nur immer
möglich vor uns ausgebreitet liegen. Im *Gegensatz* aber zur Herausarbeitung
der Rufgestalt einer Individualität in historisch-wissenschaftlicher Perspektive, lassen wir jetzt alle Urteile *über* die betr. Individualität, mögen sie nun
vom moralischen, ästhetischen, sozialen, medizinischen oder sonst einem
Stand- oder Gesichtspunkt aus erfolgen, vor allem auch unsere eigenen, soweit wie immer möglich aus dem Spiel, um unbeirrt von ihnen den Blick auf
die *Daseinsformen* zu richten, in denen die betr. Individualität in der Welt
ist. (*Ist* doch die Individualität, was ihre Welt *als die ihre* ist!) An Stelle der eindrucks- und urteilsmäßig aufgebauten historischen Gestalt tritt
hier die phänomenologisch ausgelegte und analysierte *Daseinsgestalt.* Da
diese Gestalt aber nicht das ganze Leben hindurch dieselbe bleibt, sondern
Wandlungen durchmacht, kann die Daseinsanalyse nicht rein systematisch
verfahren, sondern muß sie sich, wie wir im folgenden sehen werden, streng
an die lebensgeschichtlichen Daten halten.

Wo wir von Daseinsformen sprechen, sprechen wir also von Formen des
In-der-Welt-Seins und Über-die-Welt-hinaus-Seins, wie wir sie schon in den
Studien über Ideenflucht im Auge gehabt und in der Schrift über Grundformen und Erkenntnis menschlichen Daseins systematisch herausgearbeitet
haben. Diese Formen betreffen in gestalthafter, nur phänomenologisch zu
gliedernder Einheit der *Welt,* „in" der ein faktisches Dasein als dieses „lebt",
die Formen des *In*-Seins in der jeweiligen Welt, des diesem In-Sein entsprechenden *Selbst* und der über die endliche Welt hinaus seienden, in *Heimat*
und *Ewigkeit* geborgenen, liebenden *Wirheit.* Aus didaktischen Gründen
rollen wir das Problem der Daseinsformen im Falle Ellen West auf von den
Formen der Welt aus, in der sie „lebt". Da Welt immer nicht nur das Was
bedeutet, in dem ein Dasein existiert, sondern zugleich das Wie und Wer
seines Existierens, ergeben sich die Formen des Wie und Wer, des Inseins
und Selbstseins, aus der Charakterisierung der jeweiligen Welten „ganz von
selbst". Dazu sei noch im voraus bemerkt, daß der Ausdruck Welt sich
gleicherweise auf Um-, Mit- und Eigenwelt bezieht, zwar keineswegs als Zusammenfassung dieser drei Welten in eine einzige, sondern als Ausdruck

für die durchgängige Art und Weise, wie sich in jenen Weltregionen Welt überhaupt gestaltet.

Daseinsanalyse darf nicht verwechselt werden mit der Daseinsanalytik im Sinne *Heideggers*; die erstere ist eine ontisch-anthropologische, an faktischem menschlichem Dasein durchgeführte phänomenologische Hermeneutik, die letztere eine ontologische, auf das als Dasein verstandene Sein gerichtete phänomenologische Hermeneutik. Die Ähnlichkeit des Ausdrucks rechtfertigt sich dadurch, daß die anthropologische oder Daseinsanalyse sich durchweg auf die von der Daseinsanalytik erstmals herausgearbeitete Struktur des Daseins als In-der-Welt-Sein stützt, sich also hinsichtlich ihrer wissenschaftlichen Struktur und ihrer Methode allen Ernstes die „neuen Anstöße" zunutze macht, die aus der *ontologischen* Problematik entspringen[1].

I. Welt

Das erste Datum, das uns der Bericht über Ellen West vermittelt, ist die Tatsache, daß sie mit 9 Monaten die *Milch verweigert* hat, so daß sie mit Fleischbrühe ernährt werden mußte. Die sich durch ihre ganze Lebensgeschichte hindurch ziehende Eigenart und Eigenwilligkeit in bezug auf die *Nahrungsaufnahme* läßt sich also bis ins Säuglingsalter zurückverfolgen. Es handelt sich hier um eine Eigenart der „sinnlichen Kommunikation", und zwar nicht etwa im Sinne eines „Reflexes", sondern eines „Verhaltens zur Welt". Auch in der sinnlichen Kommunikation leben wir als uns mit der Umwelt Einigende oder von ihr Trennende[2]. Schon in der Verweigerung der Milch zeigt sich ein „Trennungsstrich" zwischen leiblicher Eigenwelt und Umwelt, ein „Bruch" in der Einigung mit der Umwelt im Sinne einer gegensätzlichen *Abhebung* der ersteren von der letzteren. Mit dieser *um*weltlichen Opposition mag bereits ein *mit*weltlicher Widerstand, ein Widerstand gegen diejenigen Personen, die sich Ellens Eigenart zu widersetzen versuchten, einhergegangen sein. Jedenfalls steht Ellen mit der ersten uns überlieferten *sprachlichen Kundgabe* bereits in krassem Gegensatz zur *Mit*welt: „Dieses Vogelnest ist kein Vogelnest" (S. 74). Dieses negative Urteil, mit dem sie einen von der Mitwelt anerkannten Sachverhalt verwirft, zeigt, daß auch die Einigung mit der Mitwelt einen schweren Stoß erlitten hat, anthropologisch ausgedrückt, daß der Aufbau der Eigenwelt sich hier früh in schroffer Opposition zur Mitwelt vollzieht. Darauf weisen aber auch

---

[1] In dieser und den weiteren Studien wird die Betrachtungs- und Arbeitsweise meiner Studien Über Ideenflucht auf die Untersuchung nicht manisch-depressiver Psychosen ausgedehnt.

[2] Vgl. *Heidegger*, Sein und Zeit, S. 45.

die Urteile, die die Mitwelt über sie fällt: trotzig, eigensinnig, ehrgeizig, heftig.

Wo von Widerstand gegen Um- und Mitwelt die Rede ist, haben Um- und Mitwelt die Bedeutung der *Grenze*, und zwar der widerständigen oder drückenden Grenze, erlangt. Die Eigenwelt geht hier nicht vertrauend in die Um- und Mitwelt über, um sich von ihr tragen, nähren und erfüllen zu lassen, sondern setzt sich schroff von ihr ab. Es ist daher nicht erstaunlich zu hören, daß Ellen schon als Kind unter einem *Druck* litt, „den sie selbst nicht verstand". Mit diesem Druck geht aber schon das Gefühl einher, daß „alles leer" ist. Das Erleben der Um- und Mitwelt als einer rein widerständigen Welt und die starre Behauptung der Eigenwelt ihr *gegenüber*, anscheinend Ausdruck der Daseinsfülle, *engt* den Kreis der Daseinsmöglichkeiten im Gegenteil *ein* und *entleert* ihn auf einen bestimmten Ausschnitt möglichen Verhaltens. Was wir Trotz und Eigensinn nennen, ist immer schon Ausdruck davon, daß das Dasein die jeweilige Situation nicht „weltoffen", d.h. in *ihrem* jeweiligen Sinn[3], sondern in einem ein für allemal fixierten („eigenwilligen"), um- und mitwelt*verschlossenen* oder oppositionellen Sinne erschließt. Anstatt die Situation zu „beherrschen", d.h. in all ihren Sinnbezügen zu überblicken und sich daraufhin zu entschließen, wird die Situation hier übermächtig und das Dasein gerade seiner Eigenmächtigkeit beraubt; denn in dem „Anders-als-die-andern" und „So-wie-ich-will" des Trotzes macht sich die („negative") *Übermacht* der Mitwelt hinsichtlich der eigenen Entschließung geltend. (Ihre „positive" Übermacht zeigt die Mitwelt im Man-Sein.) Das Selbst des In-der-Welt-Seins als Trotz und Eigensinn ist daher kein selbständiges, eigentliches oder freies Selbst, sondern ein, wenn auch negativ, von der Mitwelt her bestimmtes, unselbständiges, uneigentliches und unfreies, mit einem Wort *trotzig-heftiges* Selbst.

Aber nicht nur von der Mitwelt her wird hier das Dasein beengt, bedrückt und „entleert", sondern auch von ihm selbst her, nämlich von seiner faktischen Geworfenheit in die Rolle des Weibes. An Stelle offenen Trotzes und offener Auflehnung tritt hier aber der eigenwillige Versuch der Vertauschung dieser schicksalsmäßigen Rolle mit einer angenommenen Rolle: Ellen West spielt bis zum 16. Jahre nur Knabenspiele, geht am liebsten in Hosen (und zwar zu einer Zeit, wo es für junge Mädchen längst noch nicht so üblich war wie heute), wünscht sich noch mit 17 Jahren, ein Knabe zu sein, um als Soldat, das Schwert in der Hand, sterben zu können. Von einer ausgesprochenen Auflehnung gegen ihr weibliches Schicksal erfahren wir nur aus dem *Haß* gegen einen früheren Freund wegen seines Siegeslächelns (S. 75). Hier handelt es sich nicht mehr um einen Bruch zwischen Mit- und Eigenwelt,

---

[3] Vgl. *Erwin Straus*, Ein Beitrag zur Pathologie der Zwangserscheinungen. Monatsschr. f. Psych. u. Neur. 98, S. 76, 1938.

sondern um einen, wenn auch künstlich überbrückten, Riß zwischen Eigenwelt und der „Welt des Schicksals". Das Dasein erfährt hier eine weitere, noch viel „einschneidendere" Beschränkung in der Entfaltung seiner eigentlichen Möglichkeiten; denn statt die Rolle, in die sie geworfen, zu *übernehmen*, sucht Ellen West sich selbst und die Mitwelt darüber zu täuschen. An Stelle von Sein tritt Schein. Das Dasein überhebt sich hier an seiner eigenen Schwere: „es macht es sich", wie wir uns populär ausdrücken, „leicht". Mit der eigenwilligen „Trennung" zwischen Eigenwelt einerseits, Um-, Mit- und Schicksalswelt anderseits gehen einher eine gewisse eigenweltliche Selbstgenügsamkeit, Expansivität und Aggressivität. Von der ersteren zeugt das auffallend lange, nämlich bis zum 16. Jahre fortgesetzte Daumenlutschen, von den letzteren das „ehrgeizige" Alles-oder-nichts-Prinzip: aut Caesar aut nihil[4]!

Und doch war dieses Dasein nicht nur leidenschaftlich auf sich allein gestellt. Der tiefe religiöse Glaube, von dem wir hören und mit dem sie in striktem Gegensatz zu dem betont areligiösen Vater stand, mag Ellen bis zu ihrem 17. Lebensjahr eine gewisse Geborgenheit im Dasein verliehen haben. Wie weit ihr dieser Glaube von der, wie ich annehmen muß, christlichen Kinderfrau übermittelt wurde, wissen wir nicht. Aus der lebenslangen, rührenden Anhänglichkeit an dieselbe und der dauernden Geborgenheit in ihrer Gegenwart, dürfen wir annehmen, daß die Kinderfrau von jeher einen großen Einfluß auf Ellen gehabt hat.

In der in Ellens Dasein so tief einschneidenden Lebensepoche des 16. und 17. Lebensjahres, in der sie, anschließend an die erste Verliebtheit, die Knabenspiele und das Daumenlutschen aufgibt, stürzt ihr religiöser Glaube unter dem Eindruck der Lektüre von *Niels Lyhne*[a] wie ein Kartenhaus für immer zusammen. Niels Lyhne spricht selbst von seiner „drückenden, bildlosen Weltanschauung". „Er hatte keinen Stern. Er wußte nicht, was er mit sich und seinen Gaben anfangen sollte." Er erhofft für das Menschengeschlecht Kraft und Selbständigkeit, „wenn es im Glauben an sich selbst versuchte, sein Leben in Einklang mit dem zu leben, was der einzelne in seinen besten Augenblicken am höchsten stellte nach dem, was in ihm wohnte, anstatt es in eine kontrollierende Gottheit außerhalb von sich selbst zu verlegen". Niels Lyhne kann aber schließlich „des Daseins Gleichgültigkeit, das von allen Seiten Losgelassen- und stets auf sich selbst Zurückgeworfenwerden, nicht mehr aushalten. Kein Heim auf Erden, kein Gott im Himmel, kein Ziel in der Zukunft". Er möchte auch einmal ein Heim für sich haben, findet ein solches Heim, die geliebte junge Gattin stirbt aber früh, und zwar im Glauben an Gott, und er muß „das große Traurige" erfahren, „daß eine

---

[4] Vgl. *Erwin Straus*, Geschehnis und Erlebnis, 1930, dazu aber auch meinen gleichnamigen Aufsatz, 1931, auch in 1955a.

Seele stets allein ist". „Es war eine Lüge, jeder Glaube an Verschmelzung
zwischen Seele und Seele. Nicht die Mutter, die uns auf den Schoß nahm,
nicht ein Freund, nicht die Gattin, die an unserm Herzen ruhte ..." Er zieht
in den Krieg und wird tödlich verwundet.

Der für das ausgehende 19. und beginnende 20. Jahrhundert so charakteristische rigorose ästhetische Individualismus und religiöse Nihilismus,
der durch dieses so viele junge Seelen bezaubernde Buch weht, müßte einen wahrhaft gläubigen Menschen eher in seinem Glauben bestärken. In
Ellen West aber läßt er verwandte Saiten erklingen; sie wirft ihren im Gegensatz zum Vater gehegten Glauben plötzlich weg und fühlt sich in ihrem
Individualismus bestätigt, ja bestärkt. Keiner Gottheit mehr vertrauend
und verpflichtet, um das Urteil der Mitwelt sich auch weiterhin „nirgends
kümmernd", ist sie jetzt ganz auf sich selbst gestellt, Richtschnur und Ziel
ihres Handelns allein danach bestimmend, was sie, um mit Niels Lyhne
zu sprechen, „als Einzelne", „in ihren besten Augenblicken am höchsten
stellt nach dem, was in ihr wohnt". Mit dem *besten* Augenblick und dem
Höchsten werden Existenz und Idee in den Superlativ erhoben. Dieser Superlativ fordert aber als Korrelat ein superlativisches Maß an „Kraft und
Selbständigkeit". Dieses Maß traut Ellen West sich nach der Lektüre von
Niels Lyhne zu.

Daseinsmäßig, das heißt also immer vom In-der-Welt-über-die-Welt-
hinaus-Sein her gesehen, bedeutet dies, daß die Welt, in der das Dasein
hier vorwiegend ist, weiterhin die Eigenwelt, der idios Kosmos des Heraklit,
ist. Das aber bedeutet zugleich, daß das Selbst beschränkt bleibt auf das
leidenschaftlich wünschende, träumende Selbstsein, auf das Selbst der lei-
denschaftlichen Affekte, Wünsche, Träume[5]. Die Tatsache, daß Ellen jetzt
Gedichte verfaßt und ein Tagebuch führt, worin sich vorwiegend ihr eigener Zustand spiegelt und ihre eigenen Ziele näher bestimmt werden, zeigt,
daß der Horizont der Eigenwelt, wie es für die Pubertätsphase charakteristisch ist, sich geweitet hat, und daß diese Erweiterung mit dem ernsthaften
Versuch einer vertieften Selbstauslegung einhergeht. Die Leitfäden dieser
Selbstauslegung werden mit aller nur wünschenswerten Deutlichkeit den
erwähnten Superlativen entnommen. Der beste Augenblick ist der, wo sich
der Blick auf das Höchste richtet; dieses Höchste aber ist, wiederum mit
den Worten Niels Lyhnes, „die Kraft und Selbständigkeit des Menschen-
geschlechts im Glauben an sich selbst". Das in Trotz und Eigensinn rein
negativ bestimmte Verhältnis zur Mitwelt wird jetzt durch einen positiven
(„verbindenden") Zug überbrückt, in welchem Trotz und Eigensinn aber
keineswegs verschwinden, in welchen sie vielmehr ihrerseits eingehen: Trotz

---

[5] Vgl. Heraklits Auffassung des Menschen. 1935a, in 1947.

und Eigensinn wandeln sich in *Ehrgeiz*, und zwar in den Ehrgeiz *sozialer* Verbesserung, ja sozialen Umsturzes.

Wenn es nur die Liebe, der duale Modus des Daseins ist, der den von der jeweiligen Situation beherrschten Trotz und Eigensinn wirklich *verwandelt*, der dem Dasein Heimat und Ewigkeit zu schenken vermag, so bedeutet der aus Trotz und Eigensinn geborene *Ehrgeiz*, das ehrgeizige Besserwissen und Bessernwollen, gerade die Aufenthaltslosigkeit und unendliche Unruhe des Daseins. Statt des eigentlichen Ich-Du-Verhältnisses, des Mit*einander*seins, der Geborgenheit im ewigen Augenblick der Liebe, finden wir das bloß mit*weltliche Mitsein* von einem mit den andern und zwar in der Form des unruhigen *Nehmens bei der schwachen Stelle*, des rastlosen Beherrschen- und Leitenwollens der andern. Die schwache Stelle „der andern", der Mitwelt, wird gefunden am Leitfaden des Trotzes gegen diejenige Mitwelt, in der sich das Dasein bisher vorwiegend bewegt hat, gegen die eigene Familie: deren schwache Stelle ist ihr Wohlstand inmitten der Entbehrungen und Leiden der „Masse". Sicherlich tritt uns hier auch ein Zug „allgemeiner Menschenliebe" entgegen. Die Formen, die dieser Zug aber annimmt, verraten, daß diese Menschenliebe hier, wie so häufig, nicht aus reiner Liebe geboren ist und in reinem Liebesdienst gipfelt, sondern vom Ehrgeiz getrieben und in den ehrgeizigen Dienst der „Unsterblichkeit des Namens" gestellt wird. Vergessen wir jedoch auch nicht die lebenslängliche Anhänglichkeit so vieler „Anderer", die der Fürsorge Ellen Wests teilhaftig wurden, und ihr wirkliches Leiden unter der „sozialen Ungerechtigkeit". Beides wäre nicht möglich ohne den Keim wahrer Liebe. Daß dieser Keim so dunkel überschattet, ja unterdrückt wird, ist eine der Hauptquellen des Leides und der Qual dieses Daseins. Ohne die (unerfüllbare) Sehnsucht nach Heimat und Ewigkeit im Sinne der Liebe, ohne ein geheimes Wissen von der Möglichkeit des Über-die-Welt-hinaus-Seins hätte dieses Dasein seine Leere und Armut nicht derart erlitten, wie es sie tatsächlich erlitten hat: das Dasein wäre hier nicht zur Hölle geworden. Dem völlig liebeleeren Menschen kann das Dasein zur Last, aber nicht zur Hölle werden.

Soviel über Ellen Wests fast bis zum Ende ihres Lebens anhaltenden „Drang" zu *sozialer* Betätigung. In ihm erschließt sich ihr in erster Linie die Welt des Handelns oder der Praxis, die praktische Welt. Wenn wir von einem Menschen sagen, daß er *mit beiden Füßen fest auf der Erde steht*, so meinen wir sein *Stehen in dieser* Welt. Die Praxis ist es, die das Dasein *auf die Erde* stellt, es auf ihr *stehen* und *gehen* lehrt; richtiger ausgedrückt: In der Praxis, im alltäglichen, vor- und außerberuflichen (familiären, kameradschaftlichen, spielenden, sportlichen) und beruflichen Handeln richtet sich das Dasein *auf der Erde* ein, schafft es sich seinen „Lebensraum", seine Ausrichtungsmöglichkeiten und ineins damit sein „praktisches Selbst". „Werden wir durchs Praktische doch unseres eigenen Daseins erst recht gewiß", lesen wir schon in den „Bekenntnissen einer schönen Seele". Wer mit beiden Füßen fest auf der Erde steht, weiß, wo er *steht, wohin* er *geht* und *wer* er selbst („im praktischen Leben") ist. Ein solches Stehen, Gehen und Wissen nennen wir ein *Schreiten*, nämlich ein um sich selbst, seinen Standpunkt und sein Ziel wissendes „Wandern von einem Ort zum andern".Wir haben dieses Schreiten mit einem alten philosophischen Fachausdruck als die *diskursive Grundform* des Daseins bezeichnet und analysiert[6].

Im Dasein Ellen Wests erfährt diese Grundform bedeutsame Abwandlungen. Das Dasein steht hier *nicht* „mit beiden Füßen fest auf der Erde", d.h. weder sein Selbststand noch seine Ausrichtungsmöglichkeiten vermögen Wurzel zu fassen in der Praxis. Das Dasein bewegt sich hier nur mühsam, ja krampfhaft *auf* der Erde; das Auf-der-Erde-Stehen wird ihm dauernd streitig gemacht durch ein *Schweben* und *Fliegen in der Luft* und *ein Eingeschlossensein in* und *unter der Erde*. Diese beiden Ausrichtungsmöglichkeiten oder Richtungen des Daseins und die in ihnen erschlossenen Welten liegen klar zutage in Ellens Gedichten, Tagebuchnotizen, Briefen und mündlichen Äußerungen.

Die Welten, in denen dieses Dasein sein Da hat, sind also die *Welt auf der Erde, die Welt der Luft und die Welt in und unter der Erde*. Die Daseinsbewegung auf der Erde ist das *Schreiten*, diejenige in der Luft das *Fliegen*, diejenige in und unter der Erde das *Kriechen*. Jeder dieser Bewegungen entspricht eine besondere Form der Zeitigung und Räumlichung, jeder eine besondere materiale Konsistenz, besondere Belichtung und Färbung, und jede stellt eine besondere Bewandtnisganzheit dar. Bedeutete die erste Welt die Bewandtnisganzheit im Sinne der Praxis, so bedeutet die zweite die Welt der „beflügelten" Wünsche und „höchsten Ideale", die dritte aber diejenige der „zur Erde ziehenden" (Wallenstein), „niederdrückenden", lastenden, beschwerenden „Begierde", kurz, die von den Ansprüchen des „natürlichen Daseins" gebildete Welt. Stellen wir jetzt schon fest, daß die Welt, von der das Dasein hier auf immer weniger und weniger Möglichkeiten eingeengt, eingefangen, ja eingekerkert wird, um schließlich von ihr überwältigt und genichtet zu werden, die Welt der Begierde ist, also wiederum ein bestimmter Ausschnitt aus der Eigenwelt.

Doch gehen wir wieder historisch vor. Schon in den frühesten, vielfach an Niels Lyhne erinnernden Gedichten tritt uns der Gegensatz zwischen der „luftigen" Welt, durch die Ellen in unbändigem Freiheitsdrang zu *fliegen* vermeint, und der engen Welt, der *Gruft*, aus der sie emporsteigt, entgegen. Die erstere Welt ist uns aus den Studien Über Ideenflucht wohl bekannt. Es ist die Welt des „luftigen" Gedankens, des ἀνεμόεν φρόνημα, wie schon

---

[6] Vgl. Grundformen S. 341-350; AW 2, S. 307-316.

Sophokles[7] sich ausdrückt, die *volatile*, gelichtete Welt des Erkenntnis-Optimismus[8], und der „gehobenen" Stimmung überhaupt. Aber diese Welt bleibt von Anbeginn an nicht unwidersprochen. Es ist von größtem Interesse und für unsere Untersuchung sehr wichtig, genau zu verfolgen, in welchem materialen Gewand dieser Widerspruch erfolgt und in welcher Richtung sich dieses Gewand selbst allmählich wandelt. Fürs erste ist es die *Verdüsterung des Himmels*, das *Sinken* der Feuerkugel der Sonne ins *Meer*, die *Unheimlichkeit* des Wehens der *Winde*, die *Ungeleitetheit* des *Lebensschiffes* auf dem *Wasser*, das Wachsen *grauer, feuchter Abendnebel*, das trostlostrübe *Schütteln der Baumwipfel*, das *Verstummen des Vogelgesangs*. (Dazu kommt später noch die *Eiseskälte*.)

Diesem vorerst noch in rein *landschaftlichem* und *atmosphärischem* Gewand auftretenden Widerspruch tritt aber auch eine planmäßige Begrenzung und Beschränkung der „luftigen", optimistisch-ehrgeizigen Pläne an die Seite, womit Ellen West zugleich aber auch der Verdüsterung selbst zu entgehen sucht: Ellen West sieht ein, daß der Mensch sich im *Kleinen* eine Welt schaffen muß. Dazu ruft sie vor allem die Arbeit, „die Praxis" zu Hilfe, aber wieder nicht um ihrer selbst willen, sondern als Mittel zur Gewinnung unsterblichen Ruhms, als Opium für Leid und Gram, als Vergessen, als Rettung aus einer aus den Fugen gegangenen Welt, in der das Licht *erloschen* ist und die Lebenslust *verwelkt*, als Rettung vom Wahnsinn und Irrenhaus (S. 76f.). Wir sehen, wie krampfhaft Ellen West sich bemüht, den Stimmungsextremen, in die ihr Dasein geworfen wird, einen *existenziellen* Widerspruch entgegenzusetzen, das Bestreben nämlich, mit beiden Füßen wieder fest auf der Erde zu stehen, was immer nur heißen kann: *zu arbeiten*. Aber diesem Bemühen ist kein dauernder Erfolg beschieden. Dem mühsamen Aufbau einer Welt im Kleinen tritt immer wieder entgegen die Verlockung des mühelosen Fliegens durch die Weite und Helle, die Farbenpracht und den lauten Jubel der „luftigen" Welt. Die mangelnde Verwirklichung „der alten Pläne und Hoffnungen" bildet dann aber nicht etwa einen neuen Ansporn zum weiteren Auf- und Ausbau der Welt der Praxis, sondern verwandelt die Welt in grenzenlose Ödigkeit, lautlose Stille und eisige Kälte, in der die Eigenwelt zusammenschrumpft zu einem Punkt von unendlicher Winzigkeit (ebd.). Die Seele ist müde, die Todesglocken im Herzen lassen sich nicht zum Schweigen bringen[9]. Wozu, warum das Ganze, um nach einer kurzen Spanne Zeit *vergessen* im kalten Erdboden zu *modern*? Das Dasein wird hier nicht existenziell als Dauer gelebt, m.a.W. nicht

---

[7] Vgl. das berühmte erste Chorlied der Antigone (πολλὰ τὰ δεινά...), das ein großartiges Bild des griechischen Menschen darstellt.

[8] Vgl. Über Ideenflucht, AW 1, 67f., 74f.

[9] Schon hier liegt klar zutage, daß in der „Verdüsterung" der „Schatten" des *Todes* sich auf die Welt des *Lebens* senkt.

im Hinblick auf den Tod stetig erstreckt, sondern es wird als etwas in einer bestimmten Zeitspanne Vorhandenes vergegenständlicht, als etwas, das eines Tages nicht mehr vorhanden sein, sondern modern und der Vergessenheit anheimfallen wird[10]. Der Ehrgeiz nach einem unsterblichen Namen, der noch nach Jahrhunderten im Munde der Menschheit klingen soll, ist nur die daseinsmäßige Folge dieser Vergegenständlichung des Daseins, nämlich die Betäubung der existenziellen Leere und Schwäche durch den Gedanken an eine möglichst lange Fortsetzung ihres Rufes in der (Welt-)Zeit.

Im 18. Lebensjahr tritt in dieser Lebensgeschichte nun aber etwas in Erscheinung, das zwar durchaus der volatilen, luftigen Welt angehört, aber keineswegs aus ihr allein zu verstehen ist. Ellen West möchte *selber zart* und *ätherisch* sein, wie es die von ihr gewählten *Freundinnen* sind. Mit diesem Wunsch zieht die *ätherische Welt*, wie wir im Anschluß an Ellens eigenen Ausdruck von nun an sagen wollen, nicht nur die umweltliche und mitweltliche Sphäre, sondern auch diejenige eigenweltliche Sphäre in ihren Bann, die sich gerade durch Erdenschwere, Solidität, *kompakte* Raumerfüllung, also durch Massigkeit und Widerständigkeit, der Ätherisierung am allerstärksten widersetzen muß, die *Leib*sphäre. (Dabei figuriert der Leib, um es schon hier festzustellen, in seiner Identitätseinheit von *weltlicher* Bewandtnis = mein Körper, und von innerem Leibbewußtsein oder „Existieren im Leib"[11].) Mit diesem Wunsch *verhebt* sich das Dasein wiederum an seiner Erdenschwere. Die Umgangssprache nennt einen solchen Wunsch, mit dem das Dasein sich *verhebt*, mit Recht einen verstiegenen Wunsch; denn das Dasein versteigt sich hier in eine Situation, von der tatsächlich kein Zurück mehr möglich erscheint[12].

Zugleich mit dem Auftreten dieses unheilvollen, weil eine Zuspitzung und Fixierung des Konfliktes zweier Welten auf eine „verstiegene" Konflikt*situation* bedeutenden Wunsches, nimmt die ätherische Welt als solche immer deutlichere Formen an, „befestigt" sich zugleich aber auch der Widerstand der unheimlichen, düsteren, dumpfen, feuchten Welt: immer krasser heben sich voneinander ab eine Welt voll Sonnenschein, grünendem und blühendem Frühlung, rauschenden Wäldern und strahlend blauem Himmel über freiem, weitem Land (S. 76), also die ins Unendliche *geweitete, bewegliche*, strahlend *belichtete*, *warme* und *farbige*, mit einem Wort die *ätherische*

---

[10]Den äußersten Gegensatz zum Tode im Sinne dieses Endens, Verendens und Vergessenwerdens eines vorhandenen Lebewesens bildet der Tod im Sinne der Liebe und Freundschaft, vgl. Grundformen: Liebe und Tod S. 167 ff., 249 f.; AW 2, S. 150ff., 224f.

[11]Vgl. Grundformen S. 448ff. und 468ff; AW 2, S. 404ff. u. 422ff. – Anscheinend tritt die erstere Bedeutung bei Ellen West in den Vordergrund: ihr Leib als äußerlich von ihr wahrgenommener, beurteilter, betasteter, beschlagener *Körper*; im Grunde ist es aber gerade das *Existieren* im Leib, das ihr verhaßt ist.

[12]Der Ausdruck „versteigt sich" darf demnach nicht im moralischen Sinne, sondern muß existenziell verstanden werden.

Welt, und die *enge, unbewegte, dumpfe* und *dunkle, kalte, farblose* Welt *unter* der Erde, die *Grabes*welt, „wo nicht die grelle Lebenssonne scheint". Dazu tritt aber noch ein weiteres: Wie Ellen früher angesichts des Untertauchens der Feuerkugel ins Meer und des Sinkens feuchter Nebel auf Meer und Strand den *finsteren, kalten* Meerkönig um *Rettung* angerufen, er solle kommen und sie in heißer Liebesgier totküssen, so fleht sie jetzt den hinter Wolken herrschenden (Gott-)Vater an, er solle sie zu sich zurücknehmen. Erotik und noch nicht ganz erstorbene, wenn auch ästhetisch gefärbte Religiosität gehen hier einen Bund ein zur *Rettung* des Daseins aus der feuchten, dunklen Gruft- und Grabeswelt. In der ätherischen Welt als solcher vermag das Dasein nicht festen Fuß zu fassen, vor der modrigen Welt unter der Erde, der Welt des Grabes, schreckt es angstvoll zurück, es bedarf, ähnlich wie im Falle des ideenflüchtig verwirrten Kranken unserer dritten Ideenfluchtstudie, eines haltenden Rettungsankers, und dieser Anker ist – wie in jenem Fall – die Bindung an den Vater und die erotisch-mystische Sehnsucht nach Rückkehr zu ihm und Vereinigung mit ihm. Diese Vereinigung aber, das ist schon hier mit klaren Worten ausgesprochen, ist nur möglich im Tod. Ellens Todessehnsucht ist demnach Sehnsucht nach einem andern Tod als dem des Verendens und Moderns, ja noch Sehnsucht nach etwas anderem als dem unsterblichen Namen. Auch hier wird die Vergegenständlichung des Daseins durchbrochen von dem *dualen* Daseinsmodus, von einem geheimen Ahnen von liebender Begegnung und Heimat, von der Möglichkeit also des *Über*-die-Welt-*hinaus*-Seins. Dieses *Überhinaus* gründet und mündet hier aber nicht im *In*-der-Welt-Sein, wie es dem vollen Daseinsphänomen der Liebe entspricht, sondern - wie wir zeigen werden - im Zurück ins *Nichts*.

Gegenüber diesen im *Wasser* und im *Himmel* ersehnten Rettungsmöglichkeiten tritt die Rettung *auf* der *Erde*, das „mit beiden Füßen fest auf der Erde Stehen", die Praxis, immer mehr zurück. Um so strahlender und bewegter wird die ätherische Welt, um so mehr konsolidiert sich aber auch wieder die Welt in und unter der Erde. Fürs erste wird die ätherische Welt *noch* leuchtender, farbiger und malerischer. Lichtfluten, goldenen Bändern gleich, lagern auf Kornfeldern, Dörfern und Tälern, Frühlingsstürme brausen durch die Welt (S. 77). Der *Leib*, das ist wieder von größter Bedeutung, hat zunächst immer größeren Anteil an *dieser* Welt: Das Blut rauscht und rast durch die Adern, jede Fiber bebt, die Brust ist *zu eng* für die sprudelnde Jugendlust, der junge starke Körper reckt sich, das Stillesitzen, das schon in Sizilien zur Qual wurde, wird unmöglich; an Stelle des Gehens tritt das Reiten und Hindernisrennen, wobei kein Pferd zu gefährlich. Es ist klar, daß auch hierzu kein fetter, sondern ein elastisch-kräftiger Körper gehört.

Auch in diesem, die ätherische Welt wenigstens mit der *sportlichen* Praxis versöhnenden Weltentwurf kommt die Liebe zu Wort. Jetzt gilt sie nicht

mehr dem finsteren, kalten Meerkönig auf dem Meeresgrund und dem hinter Wolken herrschenden Vater, sondern dem auf der Erde wandelnden
ebenbürtigen männlichen Partner: *Groß, stark, rein* und *unbefleckt* müßte
er sein, er müßte das Leben *leben*, sich freuen an Sonnenschein und Arbeit,
an ihr und ihren Kindern. Wir stehen hier vor dem Versuch, in der Phantasie wenigstens die ätherische Welt und die irdische, praktische Welt in
Einklang zu bringen, und zwar auf dem heimatlichen Boden der (weiblich-
männlichen) Liebe.

Gegenüber dieser die Brust sprengenden Jugendlust und Liebessehnsucht melden sich wie immer sofort die *Schranken*. Zuerst wieder von der
Mitwelt aus: „Das Haus" wird zur *Gruft*, die Einflüsse von zu Hause werden
als *einengend* empfunden und abgelehnt (ebd.). Sodann von der Umwelt
aus: Waren die Schranken früher rein atmosphärischer Art, nämlich feuchte Nebel und dunkle Wolken, so nehmen sie jetzt einen „vitalen" Charakter
an. Der „kosmologische" Gegensatz, der sich anfangs „in der Atmosphäre"
abgespielt hat, spielt sich jetzt ab in der Welt der *Vegetation*, und zwar als
Gegensatz von *aufsteigendem Leben* (Wachsen, Glänzen, Blühen, Gedeihen)
und *abfallendem Leben* (Welken). Damit tritt die Hinfälligkeit und Gefähr-
detheit ihres Lebens (seine Todgeweihtheit) immer deutlicher hervor. Noch
wehrt sich Ellen zwar siegreich gegen das *Verrosten, Verkümmern, Verdorren* und gegen die *Schalheit der Erde* (ebd.), aber die (unbewegliche)
Welt der Gruft, des abfallenden Lebens, die Welt des Verdorrens und Moderns steht doch drohend rings um die mit überschäumender Lebenslust
und Sturmgebrüll geladene, unruhig-bewegte Welt.

In diese Lebensepoche fällt die Verlobung mit dem „romantischen Überseer", die wir als einen mißglückten praktischen Versuch der Harmonisierung der ätherischen mit der irdischen Welt zu betrachten haben, die Ellen
aber auf Wunsch des Vaters auffallend leicht wieder auflöst. Daß sie dem
Verlobten nicht nachtrauert, geht daraus hervor, daß sie auch jetzt (in Sizilien) das Leben leidenschaftlich liebt, Sonne, Wind und Schönheit ganz
allein für sich hat, ja daß die Welt ihr gehört. Ihr Gott ist jetzt der Gott des
Lebens, ihre Welt ist das ganze Universum, in dessen Geheimnis sie bereits
einen Blick getan hat. Sie ist erfüllt vom Durst zu lernen und schreibt eine
Arbeit über den Beruf der Frau (S. 77). Dieser letzte ernsthafte Versuch einer Durchdringung und Harmonisierung der ätherischen Welt mit der Welt
der Arbeit bezeichnet Ellen als *die letzten Wochen ihres Lebensglücks*. Sie
beschließt dieselben mit dem brennenden Wunsch, ihre schönen Pläne und
Ideen, auf die sie schon wieder mitleidig herabsieht, möchten sich eines
Tages in Taten verwandeln, statt nur in unnütze Worte. Hin- und herge-
worfen von einer Welt in die andere, in keiner *ganz* zu Hause seiend, in den
Versuchen zur Harmonisierung der ätherischen und der irdischen Welt immer wieder scheiternd, von der unterirdischen oder Grabeswelt immer mehr

„herabgezogen" und weder von der irdisch-praktischen noch von der überirdischen Liebe mehr eine Rettung erhoffend, ist sie auch in den trunkensten Augenblicken bedrängt von „Schmerzen und Krämpfen". Das Dasein ist nirgends liebend geborgen, vermag sich auch seines Grundes nirgends existenziell zu bemächtigen, das aber heißt: es ist von seiner Nichtigkeit bedroht. Dieses Bedrohtsein nennen wir mit *Heidegger* die *Angst* oder, wie es in der Lebensgeschichte heißt (ebd.): *Furcht und Zittern*. Das, *wovor* das Dasein Angst hat, ist das In-der-Welt-Sein als solches. Die Welt überhaupt hat jetzt den Charakter des Bedrohlichen und Unheimlichen. Wo sich diese Bedrohlichkeit und Unheimlichkeit konkretisiert in einer Angst vor etwas (Bestimmtem), sprechen wir von *Furcht*. Ellens Angst vor dem Dickwerden wäre daher richtiger als Furcht vor dem Dickwerden zu bezeichnen; doch behalten wir ihren eigenen, auch dem allgemeinen Sprachgebrauch entsprechenden Ausdruck bei, zumal diese Furcht vor etwas ja tatsächlich Ausdruck der Daseins*angst* ist.

Mit der Angst vor dem Dickwerden und dem Wunsch, dünn zu sein, erfährt der kosmologische Gegensatz eine weitere und zwar endgültige Veränderung: er greift vom Makrokosmos über auf den Mikrokosmos, auf die leiblich-seelische Gestalt. Der Gegensatz von Helle und Verdüsterung und von aufsteigendem und abfallendem Leben spielt sich jetzt ab in der *Eigenwelt*, ohne indessen die makrokosmologischen Züge im mindesten zu verlieren. Das materiale Gewand, in das sich dieser Gegensatz jetzt hüllt, ist aber nicht mehr luftig-atmosphärischer und nicht mehr vegetationsmäßiger, sondern leiblich-seelischer Art. Helle und aufsteigendes Leben treten jetzt auf im Gewand von ätherisch-vergeistigter, junger Seele und ätherischjungem Leib, die Schranken, Düsternis und abfallendes Leben, im Gewand von geistlos-schwerfälliger Seele und verfallendem, alterndem Leib. Von entscheidender Bedeutung ist auch hier das Auseinanderfallen „der Welt" in zwei unversöhnliche Welten, in eine helle, leichte, weite, nicht widerständige Welt, die Welt des Äthers, und eine dunkle, massive, schwere, enge und widerständige Welt, die Welt der *Erde* oder der *Gruft*. „Der Leib" im Gegensatz zur „Seele" ist von jeher der letzteren Welt zugeordnet worden, man denke an die Rede vom Leib als *Fessel* und *Kerker* der Seele in *Platons* Phaidon und im Christentum. In unserer Lebensgeschichte ist diese „Zuordnung" aber nicht gedanklich-systematischer und nicht religiös-dogmatischer, sondern existenzieller Art: Die Leiblichkeit, als Inbegriff des „materiellen" Modus des In-der-Welt-Seins, nämlich des materiehaften *und* begierdehaften Modus ineins, wird hier als Schwere und Kerker (als Widerstand) *erlebt*, wie sich weiterhin noch deutlicher zeigen wird. Leiblichkeit bedeutet, abgesehen etwa von dem gescheiterten Versuch der Versportlichung der Existenz, wie bereits erwähnt, den schärfsten Gegensatz zu

Leichtigkeit oder ätherischem Dasein. Insofern bedeutet sie geradezu eine Herausforderung an die Tendenz zur „Ätherisierung".

Dazu kommt noch das *mit*weltliche Moment, das Moment der Identifizierung mit den ätherischen Freundinnen und der Ärger über deren Neckereien wegen ihres Dickwerdens. In den Freundinnen findet die ätherische Welt ihre „personale" Erfüllung, wie umgekehrt dieses personale Moment wieder seinerseits zum Aufbau der ätherischen Welt beiträgt. In jener Identifizierung haben wir zwar keineswegs einen Zug des eigentlichen dualen Modus, der Liebe, zu erblicken, jedoch einen solchen der Verliebtheit. Dicksein nämlich bedeutet, von der ätherischen Welt gesehen (!), immer Weibsein im Sinne des alten oder alternden, häßlichen Weibes, Dünnsein Weibsein im Sinne des jungen, anziehenden begehrenswerten Weibes. *Dieses* Weib aber ist es, mit dem Ellen West sich identifiziert und demgegenüber sie der suchende, werbende, männliche Partner ist. – Doch greifen wir der Analyse nicht weiter vor!

Die *Angst vor dem Dickwerden*, die im 20. Lebensjahr in Sizilien auftritt und mit der sich der eigentliche Krankheits*prozeß* im psychiatrischen Sinne manifestiert, bedeutet anthropologisch also keinen Anfang, sondern ein Ende, das „Ende" nämlich des Einkreisungsprozesses der *gesamten* Existenz, des *Offenseins* des Daseins für seine existenziellen Möglichkeiten und deren definitive Festlegung auf den starren existenziellen Gegensatz von hell und dunkel, Blühen und Welken, dünn = geistig[13] und dick = ungeistig. Wie Ellen Wests eigene Äußerungen und Schilderungen so deutlich zeigen, wird das Dasein jetzt immer mehr eingeengt, auf einen immer kleiner werdenden Kreis ganz bestimmter Möglichkeiten eingefangen, für die der Wunsch, dünn zu sein und die Angst vor dem Dickwerden nur das definitive (seelisch-leibliche) *Gewand* darstellen. Der „Weg" dieser Lebensgeschichte ist jetzt eindeutig vorgezeichnet: er läuft nicht mehr in die Weite der Zukunft, sondern bewegt sich im *Kreis*. An Stelle der Vorherrschaft der Zukunft tritt die Übermacht der Vergangenheit. Was bleibt, sind nur noch fruchtlose Versuche des Entrinnens aus diesem Kreis, aus der immer deutlicher erlebten und geschilderten existenziellen *Einkerkerung* oder *Gefangenschaft*, für die das Dickwerden nur das endgültige *Gewand* bildet. Das, wovor das Dasein hier flüchtet und sich fürchtet, das hat schon längst das Dasein in sein *Netz* gezogen: Daß die Richtung der Lebensgeschichte Ellen Wests nicht mehr der *Weg* in die Zukunft, sondern der *Kreis* in einer von der Zukunft abgeschlossenen, von der Vergangenheit beherrschten und daher leeren Gegenwart ist, kommt drastisch zum Ausdruck in dem geradezu symbolhaften fortwährenden Umkreisen der an einem schönen Punkt Halt machenden

---

[13] Das „Ideal des Dünnseins" ist ja im Grunde, wie Ellen West es einmal selber ausspricht (S. 87), das Ideal des „Körperlosseins".

Begleiterinnen. Ellen West geht nicht etwa ein Stück Weges weiter in die Gegend hinein und wieder zurück, wenn sie schon die Gegenwart nicht genießen kann; sie *tanzt* auch nicht etwa im Kreise um die Begleitung herum, was eine sinnvolle *präsentische* Bewegung *(E. Straus)* darstellen würde, sondern sie *geht*, bewegt sich also in der „Gangart" des *Fortschreitens*, und dreht sich dabei doch im Kreise herum. (Und all dies im psychologischen Gewand der Angst vor dem Dickwerden!) Sie bietet das Bild der im Käfig gefangenen, an den Gitterstäben entlang kreisenden, vergebens einen Ausweg suchenden Löwin. Wollen wir an Stelle des Bildes seinen existenziellen Ausdruck setzen, so muß er lauten: Hölle.

Wie sehr für Ellen West Leib und Seele eine ungeschiedene Einheit bilden, haben wir bereits an ihren eigenen Ausdrücken gesehen. Das Blühen, Gedeihen, Wachsen und Welken, Verdorren, Modern, die Leichte und Schwere, die Weite und Enge (Gruft), die Freiheit und Gefangenschaft, das Fliegen, Gehen und Kriechen, all diese Ausdrücke meinen sowohl ihre seelisch-geistige, als ihre leibliche Existenz.

Ellen betont jetzt aber auch selbst die innige Verbundenheit, ja Einheit ihres Selbst mit ihrem Körper: „Mein inneres Selbst ist so eng verbunden mit meinem Körper, daß beide eine Einheit bilden und zusammen mein Ich ausmachen, mein unlogisches, nervöses, individuelles Ich" (S. 78). Da sie keine innere Ruhe hat, wird es ihr zur Qual, *stille zu sitzen* (stille sitzen wäre ja Gefangenschaft, Gruft, Tod); jeder Nerv in ihr *zittert*, der Körper macht alle Regungen ihrer Seele mit (ebd.). Das Erleben dieser innigen Verbundenheit, ja Einheit von *Selbst* und *Leib* ist stets im Auge zu behalten; denn erst aus der *Ungeschiedenheit* von Selbst und Leib, die Ellen West so deutlich erlebt, wird verständlich, warum der Leib an der ätherischen Welt so sehr „beteiligt", das Selbst von der leiblichen Sphäre so sehr „in Mitleidenschaft gezogen" wird. Der Anthropologe, für den diese Ungeschiedenheit eine Selbstverständlichkeit ist, steht hier vor keinem Rätsel und keinem Problem. Rätsel und Problem wird jenes Beteiligtsein nur für denjenigen, der an eine Trennung von Leib und Seele im religiösen Sinne *glaubt* oder sie in spezialwissenschaftlichem oder theoretischem Interesse *konstruiert*. Daß im übrigen die Leiblichkeit (im Sinne sowohl des Leibes als der leiblichen Begierde) ein solches Übergewicht in diesem Dasein erlangt, ist für den Anthropologen kein psychophysisches Problem – in welchem er lediglich eine anthropologiefremde Theorie erblickt –, sondern, wie sich immer deutlicher zeigen wird, ein existenzielles Problem. Es hängt aufs engste zusammen mit der „Übermacht der Vergangenheit".

Daß Ellen Wests *Angst* überhaupt Angst vor dem In-der-Welt-sein als solchem ist, zeigt sich daran, daß sie jetzt Angst hat vor *allem*, vor dem Dunkel *und* der Sonne, vor Stille *und* Lärm. Sie ist auf der untersten Stufe der Leiter angelangt (ebd.). Die „ganze" Welt hat jetzt den Charakter der

Bedrohlichkeit, das Selbst wird *feige*. Daher die Selbstverachtung (ebd.).
Ellen sieht sich schon im Grabe, die *graue, aschenbleiche* Not sitzt daneben, die Vögel schweigen und fliehen, die Blumen *welken* vor ihrem *eiskalten*
Hauch. Die Welt selbst wird zum *Grabe*. Die Praxis lockt nicht mehr, an
die Stelle der Arbeit „tritt das Gähnen, die Apathie" (ebd.). Der einzige Retter aus diesem Dasein ist auch jetzt wieder der Tod, der nun aber
nicht mehr als finsterer Meerkönig oder Gott-Vater, sondern erdennäher
erscheint, nämlich bald als „der große Freund", bald als eine herrliche
Frau, „weiße Astern im dunklen Haar, große Augen, traumtief und grau".
Gleichgültig, ob Mann oder Frau, wenn er nur „das Ende" bedeutet. Auch
auf dieses kann Ellen *nicht warten*! Das langsame Absterben (Verrosten,
Verdorren, Verkümmern, schal und erdig werden) ist ihr verhaßt. Täglich
fühlt sie sich *dicker*, das heißt nach ihrer eigenen Angabe zugleich *älter und
häßlicher werden* (ebd.). Auch hier finden wir das Alles-oder-Nichts-Prinzip
am Werk: Wenn ich nicht jung, schön und dünn bleiben kann, so klingt es
aus ihren Worten, dann lieber das Nichts.

Doch nicht *nur* von der Leiblichkeit her wird das Dasein jetzt eingeengt
und beschwert, ja gefesselt, sondern immer wieder auch von der Mitwelt
und dem alltäglichen Umgang mit ihr. Der Widerstand der Mitwelt tritt
jetzt als feindseliger Zwang, ja Verfolgung (S. 79) in Erscheinung, der Trotz
gegen die Mitwelt als Haß und Verachtung. Vor nichts scheut Ellen West
mehr zurück als vor Konzessionen. Das aber verlangen Mitwelt und Alltag
von ihr; deswegen werden beide nicht mehr nur als Begrenzung, sondern
als *Fesseln* empfunden, gegen die sie sich auflehnt und von denen sie sich
in wildem Aufbäumen zu befreien sucht. Fesseln sind Konvention, Besitz,
Bequemlichkeit, Dankbarkeit, Liebe. Aber auch hinter dieser hamletarti-
gen, revolutionären Auflehnung gegen die „faule" Gesellschaft (ebd.) lauert
die Angst, ja die Gewißheit, daß ihre „kleine Welt" sie *mürbe*, zur *Puppe* machen, sie zum bloßen Vegetieren verdammen wird. Hier ist der Gegensatz weder kosmologisch, noch leib-seelisch ausgedrückt, sondern rein
existenziell[14]. Haben schon die Ausdrücke Verrosten, Verkümmern auch eine existenzielle Bedeutung, so gilt dies erst recht vom Mürbe-, Zur-Puppe-
Machen und bloßen Vegetieren; denn hier handelt es sich durchweg um ein
Existieren im Modus der Widerstandslosigkeit oder reinen Passivität, des
Spielzeugs und des dumpfen Dahinlebens.

Und doch möchte Ellen West wieder etwas *Großes* schaffen, ihrem *stolzen Ideal* näherkommen. Wieder einmal kocht und klopft alles in ihr und
will die *Hülle* zerreißen. Weltaufstand, das Leben der Nihilistin unter den
Ärmsten der Armen ist jetzt das Ziel. Wiederum sehen wir einen Versuch

---

[14] Wie sehr diese Erlebnis- und Ausdrucksweisen sich auch sonst durchweg ablösen und
durchdringen, dazu vgl. Über Psychotherapie. 1935b, S. 188, in 1947, S. 157, auch in AW
3.

der Harmonisierung der ätherischen Idealwelt mit der Welt der Praxis vor uns, aber einen, im Hinblick auf die zur Verfügung stehenden Kräfte, „verstiegenen", vor dem uns schwindelt. Die die ätherische Welt beengenden *Schranken* nehmen jetzt einen ausgesprochen *lebensbedrohlichen* Charakter an. Wieder ist es zunächst die *Mitwelt*, das kleinliche Alltagsleben mit seiner *Stickluft*, die *erstickend*[15], wie *Unkraut*, auf die *Blume* der Sehnsucht wirkt; *satte* (also „vollgefressene"!) Selbstzufriedenheit, egoistische *Gier*, freudlose Ergebenheit, rohe Gleichgültigkeit (als „die *Pflanzen*, die in der Sonne des Alltags gedeihen"), all diese *Nattern*[16] des Alltags umfangen sie mit ihren *kalten* Leibern, um den Kampfesmut aus ihr *herauszudrücken*, das kochende Blut zu *ersticken* (S. 79ff.), ja sie sieht die Andern selbst als *Ratten*, die sie aus ihren Ecken mit ihren kleinen Augen verfolgen. Aber noch ist es nicht genug des grausamen Spiels! Neben die physische *Lebensbedrohung* aus der *Luft* und dem *Tierreich* tritt nun, um den Kreis von *allen* Seiten zu schließen, die moralische *Gewissensbedrohung* aus dem Reich der *Geister*: Die hochfliegenden Pläne und Gedanken nehmen die Gestalt böser, höhnender, anklagender *Geister* oder *Gespenster* an, die sie von allen Seiten *einschließen*, sie *grimmig* packen und ihr ans Herz greifen, oder von *bleichen Schatten*, die ihr auf knöchernen Mähren hohläugig und bleich auf den Fersen sind. Mit dieser Personifizierung ihrer eigenen Gedanken und Gefühle geht eine weitere Entmächtigung ihres Selbst einher: Sie selbst ist jetzt ein *Nichts* geworden, ein banger, vom *Fluch* getroffener *Erdenwurm*, umgeben von *schwarzer Nacht*. *Anklagend, höhnend, vernichtend* wenden sich die eigenen Gedanken gegen ihr (feige gewordenes, armseliges) Selbst. Das sind nun ganz andere Gestaltungen der Schranken ihrer Existenz, als wir sie bisher gefunden hatten! Alles wird jetzt nicht nur noch unheimlicher, noch giftig-bedrohlicher, noch nächtlicher und übermächtiger, sondern böse. Das Selbst aber vegetiert nur noch als vom Fluch getroffenes Kriechtier, als blinder *Erdenwurm*. Die Luft ist unterdessen noch stickiger geworden, die Gruft noch enger. Wie *modrig* riecht dieses Kellerloch, heißt es in einer Notiz aus derselben Zeit. „Der Duft der Blumen kann den Geruch der *Fäulnis* nicht übertönen." Zugleich hören wir von häßlich *gelb* gewordenen *Seelen*, von *Zwerglungen* und *Zwerggedanken*, die Ellen um so leidenschaftlicher bekämpft, als sie sich selbst mit ihnen behaftet weiß. Die Gestalten des abfallenden *Lebens*, das wurmhaft vegetierende Existieren unter der Erde, das Vergilben und die modrige Fäulnis, die Welt des Ekels (S. 81), stehen jetzt in deutlichem Wesenszusammenhang mit den Gestalten des bedrohten Gewissens, dem Hohn, der vernichtenden Anklage, dem Fluch, mit der Welt des *Bösen* oder der *Schuld*.

---

[15] Man beachte wieder die gleicherweise aus der Sphäre der Vegetation und der Leiblichkeit stammenden Ausdrücke.

[16] Hier tritt zum erstenmal die Tierwelt in Erscheinung.

Es ist nicht verwunderlich, sondern liegt im Wesen des existenziellen Einkreisungsprozesses dieser Existenz, daß auch die *materialen* Schranken *noch* massiver werden; sie sind jetzt *Mauern*, gegen die Ellen West (wie später gegen den eigenen dicken Leib) *mit den Händen schlägt*, bis sie kraftlos niedersinken. Daß die existenzielle Angst das Dasein vereinzelt und es als solus ipse erschließt, wie *Heidegger* sagt, sehen wir auch hier: Ellen ist auch in gehobener Stimmung allein, aber nicht mehr fliegend in luftigen, sondern stehend auf *eisigen* Höhen, mit *eingefrorenem* Herz (S. 95).

Aber noch immer macht Ellen (wenn auch ohnmächtige) Versuche, wieder mit beiden Füßen fest *auf der Erde* zu stehen, d. h. *zu arbeiten*. Es kommt zu den Vorbereitungen auf die Matura. Aber während die Welt früher als offene, zu erobernde Welt vor ihr lag, macht Ellen West jetzt schwächliche Konzessionen; und doch hätte sie jeden ausgelacht, der ihr dies früher prophezeit hätte. Sie hat jetzt nicht nur, wie sie selber sagt, von ihrer früheren Kraft eingebüßt, sondern bricht zum erstenmal (mit 23 Jahren) völlig zusammen. Zugleich kommt es wiederum zu einem erotischen Abenteuer, der unangenehmen Liebesgeschichte mit dem Reitlehrer.

Mit dem Verlangen, *dünn* zu sein, und der Angst vor dem *Dickwerden* übernimmt die *Leiblichkeit* nun aber immer mehr die führende Rolle in dem dramatischen „Spiel des Daseins mit sich selbst", dem wir hier beiwohnen. Dabei ist immer wieder zu betonen, daß Leiblichkeit nicht zu verwechseln ist mit dem Leib oder dem Körper im anatomischen und anatomisch-physiologischen Sinn, sondern daß dieser Ausdruck immer existenziell zu verstehen ist, also als leibliches Existieren oder Existieren im Leib, wie wir es schon wiederholt beschrieben haben[17]. So sehr das Selbst im Falle Ellen West auch von der Umwelt, der Mitwelt und der Eigenwelt der Gedanken bedroht (erstickt, vergiftet, verflucht), eingekreist und entmächtigt wird, so kommt es hier doch weder zu einem „autopsychischen", hypochondrischen *Wahn*, noch zu Beziehungsideen und einem Verfolgungs*wahn*, noch zu einem Versündigungs*wahn*. Auch in der Sphäre der Leiblichkeit führt die Einkerkerung und Entmächtigung des Selbst nicht bis zum („somato-psychischen") Wahnsinn – ob sie bei längerer Lebensdauer dahin geführt hätte, lassen wir hier noch ganz dahingestellt –, hingegen nimmt sie doch ein solches Ausmaß an, daß die Schranken von den anderen Welten her, so sehr sie auch ihrerseits sich befestigen, vertiefen und „verselbständigen", daneben zurücktreten.

Wir hören aus dem 25. Lebensjahr, daß neben der Angst vor dem Dickwerden ein gesteigerter Drang nach Süßigkeiten einhergeht, wie er schon in früher Kindheit bestanden zu haben scheint, schon damals wahrscheinlich

---

[17] Vgl. Über Psychotherapie. 1947, S. 144ff., und Grundformen S. 366 ff., 448 ff., 468 ff.; AW 2, S. 329ff., 404ff., 422ff.

widersprochen von einer asketischen Versagungstendenz. Statt existenzieller Reifung im Sinne *eigentlicher*, von der *Zukunft* her bestimmter Selbstigung, tritt auch hier die *Übermacht* der *Vergangenheit*, die Kreisbewegung, der existenzielle *Stillstand*. Als „regressiver" Zug kann auch der Umstand gedeutet werden, daß das Essen in Gegenwart anderer Menschen Ellen West keine Befriedigung gewährt, sondern nur dann, wenn sie *allein* essen kann. Abgesehen davon kann sie überhaupt nicht mehr allein sein und muß sie immer die alte Kinderfrau um sich haben. Im übrigen ist der Drang nach Süßigkeiten gerade dann am stärksten, wenn sie das Zusammensein mit andern müde und nervös gemacht hat (S. 81). *Daß* dieses Zusammensein sie müde und nervös macht, ist aus dem, was wir über ihre Auflehnung gegen die Beengung und Belastung durch den alltäglichen Umgang mit andern, durch ihre „kleine Welt", wissen, leicht verständlich. Wichtig ist aber wiederum, daß sie sich von dieser Belastung und Bedrückung jetzt nicht oder weniger erholen kann durch Selbstbesinnung, Arbeit, Sport, als eben durch – *Essen*!

Neben dem schweren Konflikt zwischen dem gesteigerten Drang nach Essen und der Angst vor dem Dickwerden geht der Gegensatz zwischen dem Leben in der ätherischen Welt und *in* der Welt der Erde, die ja auch die Welt des Dickseins ist, weiter. Ellen möchte *nicht* leben wie der *Wurm der Erde* lebt, *alt, häßlich, stumpf* und *dumm* (S. 82), mit einem Wort: *dick*. Sie möchte lieber sterben, wie der *Vogel* stirbt, der sich die Kehle sprengt in höchstem Jubel, oder möchte sich im eigenen *Feuer* wild verzehren (ebd.). Neu ist, daß die Todessehnsucht hier auch aus der ätherischen Welt selbst aufleuchtet. Auch der Daseinsjubel, die festliche Daseinsfreude, das „Daseinsfeuer", werden in den Dienst des Todes gestellt, ja sind Ausdruck der Todessehnsucht. Der Tod wird schon hier ersehnt als Gipfel des *festlichen* Daseins. Das Gedicht, in dem sie dies ausspricht, fällt in eine Zeit, die Ellen wieder einmal als eine der *glücklichsten* ihres Lebens bezeichnet. Sie hat zwar die Arbeiten für die Matura aufgegeben, dafür ein Lehrerinnenexamen gemacht und sich mit dem blonden Studenten verlobt, welche Verlobung den letzten, ernstesten und längsten Versuch der Harmonisierung der ätherischen Welt mit der Welt *auf* der Erde auf dem Wege der weiblich-männlichen Erotik darstellt.

Während und nach dieser Verlobung tritt der Vetter ihr nahe, es kommt zu einem langen Schwanken zwischen beiden Partnern, dem der ätherischen Welt zugehörenden blonden Geliebten und dem mit beiden Füßen fest auf der Erde stehenden, einen verantwortungsvollen Beruf ausübenden künftigen Gatten und erhofften Vater ihrer Kinder.

Das Leben *auf* der Erde trägt noch einmal den Sieg davon. Ellen sehnt sich nach *Fruchtbarkeit* nach Art der fruchtbaren, korntragenden Erde[18](S. 83) und beklagt bitter ihre *Unfruchtbarkeit*. In dieser Klage degradiert sie sich nicht mehr nur zum Wurm, der immerhin noch ein Lebewesen ist, sondern zum leblosen, wertlosen Material: sie ist nur noch weggeworfene *Schale, zersprungen, unbrauchbar, wertlose Hülle* (ebd.). Wie sie die kleine Welt des Alltags, den alltäglichen mitmenschlichen Umgang haßt, so haßt sie jetzt auch ihren Leib und schlägt ihn mit Fäusten.

Wir sehen: Was Ellen West *hasst*, sind alle *Schranken* ihres leidenschaftlich-unbändigen, verzweifelten, trotzigen Selbst, alles, was es einengt, bedroht, seiner Herrschaft Widerstand leistet; das ist aber zugleich alles, wovor sie *Angst* hat! Die leibliche Schranke, d. h. die aus der leiblichen Sphäre der Eigenwelt aufgetürmte, scheint nur deswegen zu einer so überragenden Bedeutung innerhalb der gesamten existenziellen Umwandlung des Daseins in Angst, Haß und Verzweiflung gelangt zu sein, weil es aus seinem *Grunde* her bedroht war von seiner „Erdenschwere", von der leiblich-sinnlichen, erdhaften *Begierde*. Wohl baut das Dasein sich hier ein Luftschloß in der ätherischen Welt, aber wir können genau verfolgen, wie dieser luftige Bau immer mehr von der Begierde herabgezogen wird auf, ja in die Erde, d. h. umgewandelt wird in eine *Gruft* oder ein *Grab*; die weiten Räume des Luftschlosses werden zum engen Kerker, die dünnen, beweglichen Wände zu undurchdringlichen, dicken Mauern. Die undurchdringlichste Mauer aber ist der *dicke*, von der Begierde gierig vollgefressene *Leib*, ja in letzter Konsequenz die Leiblichkeit überhaupt. (Vgl. ihre eigene Gleichsetzung von Dünnsein und Körperlosigkeit.) Dem Leib gilt daher der leidenschaftlichste Haß, ihm allein gegenüber wird die Angst zur Panik. Der (dicke) Leib ist das erste und letzte Bollwerk der Begierden, an welchem Bollwerk nicht nur die ätherische Welt, sondern die Existenz überhaupt verzweifelnd scheitert; denn je mächtiger die existenzielle Schranke, um so ohnmächtiger die Versuche, sich ihrer zu entwinden. Die so frühzeitige schroffe Abhebung der Eigenwelt von Umwelt und Mitwelt „rächt sich" durch das ganze Dasein. Dabei kann natürlich von Schuld im moralischen Sinne keine Rede sein. Das Dasein als solches ist – im metaphysischen Sinne – schuldig, und zwar in diesem Menschen in höherem Maße als in vielen anderen: es ist sich selbst „mehr schuldig geblieben" als in anderen.

Es ist nicht nötig, hier nochmals all der Kniffe und Praktiken zu gedenken, die Ellen West in ihrem Kampfe gegen das Dickwerden angewandt hat. Nur darauf sei hingewiesen, daß diese Praktiken immer mehr die Praxis im Sinne der Arbeit verdrängen und zur eigentlichen Sphäre der Praxis, ei-

---

[18] Wie wir sehen, hat *Erde* für Ellen West zwei entgegengesetzte Bedeutungen, hier die (seltenere) der „Mutter Erde", für gewöhnlich aber die der schalen, toten Erdigkeit.

ner ebenso aufreibenden wie unfruchtbaren Praxis, werden. Was die *Angst vor dem Dickwerden* selbst betrifft, so geht, wie wir sahen, alles in sie ein, ist alles an ihr beteiligt, was Ellen West unter bloß begierdehaftem oder rein vegetierendem Leben versteht, das Alt-häßlich-dumpf-dumm-Werden wie das Anderswerden als die ätherischen Freundinnen. (In letzterer Hinsicht können wir die Angst bezeichnen als Angst vor dem Abfall von ihrem *jungfräulichen* oder *Artemis-Ideal*).

Wir haben bereits gezeigt, warum es hier überall zur *Angst* kommt und nicht zu einer bloßen Enttäuschung oder Befürchtung. Zur Angst kommt es ja immer nur da, wo das Dasein dem, vor dem es sich ängstigt, „im Grunde" bereits *verfallen* oder *verhaftet* ist. Dieses Verhaftetsein und dasjenige, dem es in seinem Grunde verhaftet ist, zeigt sich keineswegs erst jetzt, sondern von Anfang an. Anfangs zeigte es sich in atmosphärischer Verdüsterung, dann in Form des pflanzlich-vegetativen Absterbens oder Moderns, dann in Form giftiger Tiere und böser Gespenster und „daneben" jeweils in Form rein materialer Schranken wie Netz, Fesseln und Mauern. In all dem hat das Dasein nur deutlicher und massiver „expliziert", woran es von seinem Grunde her verfallen war: die bloße Begierde, das aber heißt die existenzielle *Leere* und den existenziellen *Druck*, das existenzielle Hohlsein oder *Loch*sein, Begrenzt- oder Beengtsein, mit einem Wort das *Gruftsein*. Es ist das Sein des *Wurms* in *sumpfiger Erde*. Gegen diese Bedrohung des Daseins von seinem Grunde her, sich steigernd von der atmosphärischen Verdüsterung bis zur Versumpfung, von der Nebelhülle bis zur Mauer, von der Einengung des Horizontes bis zur Gruft oder dem Loch, vom jubelnden, in den Äther aufsteigenden Vogel bis zu dem in feuchter Erde kriechenden Wurm, von der jungfräulich blühenden Artemis zum hohläugigen, bleichen Gespenst, gegen diese Bedrohung wehrt sich das Dasein durch die Flucht in immer schwindelndere ätherische Regionen. Die Schwere und der Druck des abfallenden Lebens, der alles Leben *aufzehrenden* Begierde, sind aber stärker als der „Auftrieb" des aufsteigenden Lebens, des Blühens, Wachsens, Reifens. Die Angst vor dem Dickwerden ist tatsächlich nur ein besonders hervorstechender Zug in dieser Abwandlung des gesamten Daseins, aber durchaus nichts Vereinzeltes oder Selbständiges, der Drang nach dem Essen nur ein besonderer Zug jener sich längst ankündigenden Verfallenheit oder Kreisbewegung des gesamten Daseins, aber durchaus nichts Vereinzeltes und Selbständiges. Gemäß der Angst vor jener Verwandlung des gesamten Daseins und des Kampfes gegen diese Verwandlung kommt es auch zur Angst vor der Verwandlung und zum Kampf gegen die Verwandlung des blühenden, elastischen, schlanken, jungen Körpers in einen faulenden Sumpf und schließlich zum bloßen Loch, und gegen die Verwandlung der Leibes*hülle* aus einer zarten Umwandung[b] in eine dicke Fettschicht, ja in eine Mauer, gegen die man mit Händen schlagen kann.

Je unmittelbarer das Verfallensein an die dumpfe Sumpfwelt zutage
tritt, je imperativischer diese Welt sich meldet, um so größer ist die Angst
davor. Die wachsende Unmittelbarkeit und Selbständigkeit dieser Welt zeigt
sich jetzt darin, daß das ihr zugehörende Verlangen nach Essen zum lastenden Druck wird, zur hastigen *Gier* (S. 85), ja zur Gier gerade nach dickmachenden Speisen wie Süßigkeiten: Das bloße Vegetieren wird zur Vertierung,
zur „tierischen" Gier. Die ätherische Welt verliert immer mehr die führende
Rolle in diesem Dasein, sie wird aus der Offensive in die Defensive gedrängt.
Die dumpfe Welt reißt das Dasein immer mehr in ihren Bann; zur Gier gesellt sich das fortwährende *Denkenmüssen* an das Essen, der „Denk*zwang*".
So sehr es sich hier in psychiatrischer Hinsicht wieder um etwas Neues handelt, um das Auftreten eines neuen *Symptoms*, so wenig Anlaß haben wir in
anthropologischer Hinsicht, von etwas Neuem zu sprechen. Das „märchenhafte, süße Land des Lebens", die ätherische Welt, die *Oase* in der *Wüste*,
von der Ellen selbst sagt, daß sie sie *sich selber geschaffen* habe, taucht
nur noch hie und da am Horizont auf, als rasch wieder verschwindende Fata Morgana (S. 86); die dumpfe Welt schrumpft immer mehr ein auf die
leibliche Dumpfheit, die Angst steigert sich zur Panik. Der Gedanke an
Pfannkuchen ist ihr der *fürchterlichste*, den es gibt (S. 87). Ellen sehnt sich
nach dem Nirwana als dem Erlöschen der „Begier", ihr *Ideal* zu verwirklichen, nach dem Erlöschen des Hasses gegen die Umwelt, die ihr dieses
Ideal unmöglich machen will, nach dem Erlöschen der Verblendung, die
darin liegt, in diesem Ideal etwas Erstrebenswertes zu finden: Die ätherische Welt steht vor der Kapitulation. Zugleich taucht die (rasch wieder
verschwindende) Sehnsucht auf, den Kopf an die Brust der Mutter zu legen, und die Angst vor der schweren und ernsten Art des Vaters. Sowohl
die Rückkehr zur Mutter, als dem *Lebens*grund, als die zum Vater, als dem
„hinter Wolken herrschenden" *Geistes*grund, ist abgeschnitten. Es kommt
zu schweren Angst- und Erregungszuständen und zu Selbstmordversuchen.

In der internen Klinik kommt Ellen selbst zu der wohl durch die Psychoanalyse geförderten Einsicht, daß nicht die Angst vor dem Dickwerden,
sondern das fortwährende Verlangen nach Essen, die Freßlust, das Primäre
in ihrer „Zwangsneurose" gewesen sei: Die Freßlust „ist wie ein Tier über
mich hergefallen"; Ellen ist ihr wehrlos preisgegeben und wird von ihr zur
Verzweiflung getrieben. (Anthropologisch kann nie eine Rede von primär
und sekundär sein; denn diese Redeweise ist nur im Bereich der Vergegenständlichung möglich. Was hier mit Recht als primär oder als primäres
Symptom bezeichnet wird, ist für uns Ausdruck der Verwandlung des gesamten Daseins, des Überhandnehmens einer ganzen Welt und einer ganzen
Existenzweise.)

Das *grauenhafte Gefühl der Leere*, das wir schon aus Ellens Mädchenzeit
kennen, wird jetzt näher beschrieben als Gefühl des *Unzufriedenseins*, also

des Nichtübereinstimmens von Ideal und Wirklichkeit. Wir wundern uns nicht mehr, wenn wir hören, daß dieses Gefühl sich gerade nach den Mahlzeiten einstellt, bedeutet doch Essen für Ellen längst keine harmlose Angelegenheit mehr, sondern den „Zwang" das Loch, den Bauch, zu füllen und dick zu werden, den aufgedrungenen Verzicht also auf das ätherische Ideal und die feigste Konzession an die Übermacht der dumpfen, drückenden und engen Welt des Sumpfes. Auch dieses „unbeschreiblich elende" Gefühl (des Unzufriedenseins und der Angst) empfindet Ellen stark körperlich: Das Herz sinkt ihr, es ist ein Weh im Herzen, das Herz klopft so stark, daß ihr schwindlig wird; es wird ihr heiß und kalt vor Angst, sie ist am ganzen Körper mit Schweiß bedeckt, alle ihre Glieder tun ihr weh, wie wenn sie geprügelt worden wäre; sie fühlt sich wie zerschlagen und gänzlich erschöpft (S. 103). Dabei ist es nur scheinbar paradox, daß gerade der *volle* Magen das Gefühl der *Leere* verstärkt: Das leibliche Vollsein und Rundsein, Teilerscheinung, ja Repräsentation der dumpfen Welt, des Sumpfes und der Gruft, des Verdorrens, satten Vegetierens und Faulens, des Bösen und der Schuld, ist ja, von der ätherischen Welt her gesehen, (erlebter) Inbegriff der (geistigen) Leere. Die hungrige Gier nach dem Essen, der *tierische Hunger*, während dessen sie nichts mehr klar sehen kann einerseits, die Angst vor dem Dickwerden anderseits werden zur *Schlinge*, aus der das Dasein sich nicht mehr herauszuwinden vermag. Die Mahlzeit wird zur Qual (S. 94). Ellen läuft vor dem Brot im Schrank weg und irrt planlos umher. Und doch kann sie, gemäß dem Verfallensein des Daseins an die dumpfe Welt, die quälende Unruhe nur durch Essen betäuben, um nach dem Essen dann wieder doppelt unglücklich zu sein; *der Kreis ist geschlossen.*

Für dieses Eingekreistsein findet Ellen West überaus „sprechende" Gleichnisse, das Gleichnis vom *Gefangenenlager* in Sibirien (S. 95), das *Bühnengleichnis* (S. 95), „das Versperrtsein aller Bühnenausgänge durch Bewaffnete, vor denen sie auf die Bühne zurückweichen muß", und das tiefste von allen, das Gleichnis von dem *Mörder* (S. 93), der fortwährend das Bild des Gemordeten vor seinem geistigen Auge sieht und den es *übermächtig* zu der Mordstelle hinzieht, vor der es ihm *graut*. Das Bild des Gemordeten ist das Bild ihres gemordeten Daseins, die Mordstelle, vor der es ihr graut, ist die Mahlzeit. Das Hingezogenwerden zum Essen, das stärker ist als Vernunft und Wille, und das ihr Leben beherrscht und zu einer furchtbaren Stätte der Verwüstung macht (ebd.), ist die Freßgier. Nirgends hat sie ihre Daseinsweise besser und tiefer ausgesprochen als in diesem Gleichnis. Wie der Mörder fühlt sie sich aber auch ausgeschlossen von allem wirklichen Leben, entfernt von den Menschen, völlig isoliert.

An Stelle der früheren Ausdrücke für das Eingelochtsein treten jetzt aber auch die *Glaskugel* und die *Glaswand*, durch die sie die Menschen, nach denen sie sich „unsagbar sehnt", sieht, die Glaswand, gegen die ihre

Hände stoßen, wenn sie sie nach den Menschen ausstreckt, und durch die deren Stimmen nur gedämpft zu ihr dringen. Sie beschreibt die Einkreisung ihres Daseins aber auch wieder mit rein anthropologischen Ausdrücken: „Da ich alles nur noch unter dem Gesichtspunkt tat, ob es mich dünn oder dick mache, verloren alle Dinge bald ihren Eigen-Sinn (= eigenen Sinn), auch die Arbeit." Ellen spricht hier auch von der anfänglich nur als leise Ahnung auftretenden Angst, daß sie in die Knechtschaft einer unheimlichen *Macht* geraten wäre, die ihr Leben zu zerstören drohte, von der Angst, daß alle *innere Entwicklung aufhörte*, alles *Werden* und *Wachsen erstickte*, weil eine einzige Idee ihre ganze Seele *ausfüllte*. Der „Zwang", immer an das Essen denken zu müssen, verfolgt sie wie ein *böser Geist*, dem sie nirgends *entrinnen* kann, verfolgt sie – nochmals ein Gleichnis vom Mörder – wie die *Erinnyen* den *Mörder* verfolgen (ebd.). Er macht aus ihrer Welt ein *Zerrbild*, aus ihrem Leben einen vergeblichen, qualvollen Kampf gegen Windmühlen, eine *Hölle*. Seit sie sich *in sich selbst vergraben* hat und *nicht mehr lieben* kann, ist alles *grau* (sinnlos): alles Streben und Vollbringen ist ein *dunkles, schweres Alpdrücken*, vor dem sie sich fürchtet. Sie ist gefangen in einem Netz, in das sie sich immer mehr *verwickelt* und dessen *Maschen* sich immer fester um sie *zusammenziehen*. Ihr Herz ist *eingefroren*, rings um sie ist Einsamkeit und Kälte: „Wenn du mich lieb hast, gönne mir den Tod!"

Und doch hatte Ellen kurz vorher noch einmal geglaubt, vom *Zerfallen* gerettet werden zu können. Sie fühlte etwas Süßes in der Brust, das wachsen und werden will (S. 92). Zugleich zeigt es sich, daß Ellen nicht nur ahnt, sondern weiß, was Liebe ist. Sie charakterisiert sie als ernster und stiller, heiliger und gehärteter als früher. Zum erstenmal will sie dem Leben entgegenreifen, wieder einmal breitet sie die Arme aus nach dem Leben (ebd.) und nicht nach dem Tod. Die Möglichkeiten des wahrhaft singularen oder eigentlichen existenziellen, und des wahrhaft dualen oder eigentlich liebenden Daseinsmodus sind auch diesem Dasein, wenn auch nur in rasch vorübergehenden Augenblicken, noch offen.

Aber noch eine weitere Überraschung steht uns bevor. Wenn auch *das ganze Weltbild* (Ellens eigener Ausdruck) in ihrem Kopf *verschoben* ist, der böse Geist aus allem Einfachen und Natürlichen eine *Grimasse*, ein *Zerrbild* macht (S. 83), so sieht Ellen jetzt doch ein, daß auch das *Dickwerden* zum *Natürlichen* gehört; sie setzt es gleich dem Gesundwerden, dem Rote-runde-Backen-Bekommen, dem Werden einer einfachen, robusten Frau, wie es ihrer eigentlichen Natur entspräche. Wir sehen, die Einsicht in ihr Dasein nimmt gegen das Ende nicht ab, sondern zu. Ellen vermag sich mit wachsender Gefangenschaft zugleich immer mehr über sich selbst zu erheben zur wahren Einsicht sowohl in ihre liebenden und existenziellen, als in ihre „natürlichen" Daseinsbedingungen. Aber auch gegen diese Einsicht „sträubt

sich etwas in ihr", das ätherische oder Artemis-Ideal natürlich, das von roten und runden Backen und fraulicher Robustheit ebenso wenig wissen will
wie vom Dickwerden. Um so größer wird die Qual, die Höllenmäßigkeit ihres Daseins; denn um so stärker wirkt der Kontrast ihrer Gefangenschaft,
ihres Hin- und Hergerissenwerdens zwischen („unnatürlichem") Ideal und
(„übernatürlicher") Gier.

Der zweite Analytiker bediente sich der Ausdrucksweise, daß *schlank*
für Ellen den *höheren, geistigen* Typus, *dick* den *bürgerlich-jüdischen* „bedeute". Mit diesem „bedeuten" kann es sich für uns aber keineswegs um
eine „symbolische Bedeutung", eine Vertretung durch ein Symbol, handeln,
sondern, wie wir gesehen haben, nur darum, daß die Angst vor dem Dickwerden, wie auch die Angst vor dem elterlichen Milieu und der kleinen Welt
des Alltags überhaupt, *gleicherweise* Ausdruck sind der Angst vor der Einengung und Versumpfung ihrer Existenz. Also nicht so verhält es sich, daß
die eine Angst die andere *bedeutet*, sondern daß beide „auf derselben Ebene", d.h. in derselben Daseinsverwandlung „nebeneinander" stehen. Wir
kommen darauf im nächsten Abschnitt zurück. Im Gegensatz zum dicken,
bürgerlich-jüdischen Typus ist die Frau des blonden, ästhetischen Bruders,
mit der die Identifikation ja besonders leicht gelingen muß, wie erwähnt,
schlank, blond und künstlerisch orientiert.

In der *Anstalt* hat Ellen bereits das Gefühl, wie eine *Leiche* unter Menschen zu sein. Ihre Gefangenschaft äußert sich auch darin, daß sie, die sich
früher so unabhängig von der Meinung der andern glaubte, jetzt völlig
abhängig davon ist, was die andern hinsichtlich ihres Aussehens und Dickseins finden. Eigensinn und Trotz entschleiern sich hier gerade nicht als
Unabhängigkeit von den andern, sondern, wie oben (S. 108ff.) schon ausgeführt, nur als besondere Art der Abhängigkeit von ihnen, der Einbeziehung ihrer in die Eigenwelt. Im übrigen fühlt Ellen sich jetzt ganz passiv
als den *Schauplatz*, auf dem feindliche *Mächte* sich zerfleischen. Sie kann
diesem Schauspiel nur wehrlos zuschauen. Ihr Dasein ist also wirklich zur
Bühne geworden. Während aber das Dasein im „gesunden Menschen" sich
in Bühne, Bühnenpersonen („Rollen"), Regisseur und Zuschauer mehr oder
weniger gleichmäßig entfaltet, entzweit es sich hier in Bühne und Geschehen
auf der Bühne einerseits und „passives" Zuschauen anderseits. Demgemäß
werden die sprachlichen Ausdrücke für ihre Daseinsweise um so stärker vergegenständlicht und zugleich „personifiziert". „*Die Schwermut*" liegt auf
ihrem Leben wie ein *schwarzer Vogel*, der auf sie lauert, um sich auf sie
zu stürzen und sie umzubringen. „*Der Wahnsinn*" schüttelt seine schwarzen Locken, packt sie und wirft sie in den gähnenden Abgrund. Der Tod
erlangt eine solche Macht über sie, daß bei der Nachricht vom Tode einer
Freundin ihre Augen *leuchten*, während die Welt *dunkel* wird vor ihren
verschwimmenden Augen.

Beobachtet man Ellen heimlich beim Essen, so konstatiert man, daß sie sich tatsächlich „wie ein Tier" auf das Essen stürzt und es „wie ein Tier" hinunterschlingt. Was die wenigen uns zur Verfügung stehenden *Träume* (S. 100ff.) betrifft, so handeln sie alle von Essen oder Tod oder von Tod *und* Essen. Der erste Todestraum wiederholt, wenn auch in weniger heroischer Form, das Motiv des Todes auf dem Schlachtfeld, das wir aus einer ihrer frühesten Gedichte (S. 74) kennen; zugleich scheint er ein wirkliches Ereignis vorweg zu nehmen, nämlich das ruhige Essenkönnen einer dickmachenden Speise angesichts des nahenden Todes und die Freude darüber. Man braucht bei dieser „Vorwegnahme" aber weder an eine „prospektive Tendenz" im Sinne *Mäders*, noch gar an eine „hellseherische" Fähigkeit des Traumes zu denken, vielmehr sind Traum und späterer realer Vollzug nur Ausdruck ein und derselben anthropologischen Tatsache, namlich der vielverschlungenen inneren Zusammengehörigkeit des Motivs der Eßgier und des Todes. Eßgier bedeutet ja in diesem Dasein schon abfallendes Leben, Sterben. Die Angst vor dem Dickwerden ließ sich ja immer deutlicher verstehen als Angst vor der Verlochung. Ist das Dasein aber einmal zum Tode *entschlossen*, so hat es die *Angst* und *Last* des Irdischen überwunden; der Drang nach Süßigkeiten hat seine Fürchterlichkeit verloren und kann wieder zum Genuß werden.

Der zweite (Maler-)Traum schafft wie der erste, nur erfindungsreicher, eine soziale Situation, die den Doppelselbstmord der Ehegatten zu motivieren vermag. (Tatsächich ist natürlich das Umgekehrte der Fall: Der Todeswunsch bringt die Traumsituation hervor.) Der Gedanke an ein gemeinsames Scheiden aus dem Leben lag Ellen ja auch im Wachen nahe. Zugleich wiederholt der Traum nur den auch im Wachen dem Manne gemachten Vorwurf der Feigheit.

Der vierte Traum spiegelt die Wirklichkeit ihrer Qual und ihren Todeswunsch unverfälscht wider. Sie will sich *anzünden*, in welchem Wunsch die Psychoanalyse bekanntlich ein Libidosymbol erblickt, wie ja auch Ellen selbst einmal wünscht, im Feuer der Liebesglut sich wild zu verzehren (S. 82).

Während diese Träume, wie es gerade bei Schizophrenen so häufig ist, die Leitmotive des wachen Daseins ziemlich unverhüllt auch im Traumerleben erkennen lassen, verlangt der *dritte* Traum (Sprung durch eine Schiffsluke ins Wasser, Wiederbelebungsversuche, Essen von Pralinen und Kofferpacken) eine besondere Besprechung. Um den Gang der Untersuchung aber nicht zu sehr aufzuhalten, versparen wir die Besprechung dieses Traumes auf den Abschnitt: „Daseinsanalyse und Psychoanalyse."

Der Tod

Angesichts der Tatsache, daß die Daseinsgestalt, der wir den Namen Ellen West gegeben, ihrem Dasein „ein Ende macht", hat die Daseinsanalyse erst recht jedes stand- und gesichtspunktliche Urteil, sei es ethischer oder religiöser Art, von der Art psychiatrisch-medizinischen oder psychoanalytischen Erklärens oder psychologischen Verstehens aus Motiven zu suspendieren. Aber auch der „lebensaristokratische" Standpunkt des „gesunden Menschenverstandes", der auf jeden, „dem das Sterben passiert" und erst recht auf den, der seinen Tod selbst herbeiführt, mitleidig oder schaudernd herabsieht, ist hier nicht maßgebend. Wir haben den Selbstmord Ellen Wests weder zu billigen, noch zu mißbilligen, weder in medizinischer oder psychoanalytischer Erklärung zu bagatellisieren, noch in ethischer oder religiöser Beurteilung zu dramatisieren. Wohl trifft gerade auf eine Daseinsgestalt wie Ellen West der Ausspruch Jeremias Gotthelfs zu: „Bedenke, wie dunkel das Leben wird, wenn ein armseliger Mensch seine eigene Sonne sein will", oder die Feststellung Kierkegaards: „Wie tief ein Mensch auch gesunken sei, er kann noch tiefer sinken, und dieses „kann" ist das Objekt der Angst", aber dieses Dunkelwerden und dieses Sinken darf von der Daseinsanalyse nicht religiös oder ethisch verstanden, sondern muß anthropologisch, d.h. vom In-der-Welt-über-die-Welt-hinaus-*Sein* aus gesehen und beschrieben werden, wie es bisher gesehen und beschrieben worden ist. Das aber ist nicht möglich von irgend einer Perspektive aus, liege sie unserem Herzen auch noch so nahe und sei sie unserem Verstand auch noch so vertraut, der Vernunft noch so gemäß; denn, um mit Paul Valéry zu reden: „Toutes les fois que nous accusons et que nous jugeons, – le fond n'est pas atteint." Der Grund – denn er bleibt für jedes menschliche Auge Geheimnis – ist zwar nicht erreicht, wohl aber eingebildet oder *imaginiert*, wo „der Mensch" aus der Perspektive des Urteils und der Verurteilung (aber auch der Freisprechung), aus dem pluralen Daseinsmodus also, heraustritt und sich diesseits aller Subjekt-Objekt*spaltung* mit ihm eint. Das aber ist nur möglich in der Voraussetzungslosigkeit des *dualen* Modus in der Einung des Ich und Du im (dualen) Wir, das aber heißt: in der Einung des menschlichen Daseins mit seinem Grund als *unserem* und der aus ihr entspringenden anthropologischen Bildung.

In dieser Einung stehen wir auch diesseits desjenigen Gegensatzes, der den Umgang mit uns selbst, den Umgang der Gesellschaft mit dem einzelnen und des einzelnen mit ihr und nicht zuletzt auch „das Urteil der Geschichte" beherrscht, des Gegensatzes nämlich von Freiheit und Notwendigkeit, von Schuld und Verhängnis (Schicksal) oder, in psychologischer Reduktion, von Aktivität und Passivität, von Tun und Erleiden; denn das Dasein umfaßt in seinem Grunde als unserem beides. Wie in den Augen der Liebe „alles möglich" ist, so ist in den Augen der Liebe auch „alles notwendig". Mit andern Worten, die Liebe weiß keine Antwort zu geben auf die Frage, ob der Selbstmord Ellen Wests „mit schicksalsmäßiger Notwendigkeit" erfolgen *mußte* oder ob sie die Möglichkeit hatte, ihm auszuweichen. Anstatt angesichts des Selbstmordes nach Schicksal oder Schuld zu *fragen* und diese Frage zu *entscheiden*, versucht sie, dem „Dasein auf den Grund zu gehen" und ihn aus seinem Grund anthropologisch zu verstehen.

Wenn für Ellen West jede Speise unter dem Gesichtspunkt beurteilt wurde, ob sie dick mache oder nicht dick mache, so hat sie selbst damit das *Essen* betrachtet unter dem Gesichtspunkt der *Schuld*. „L'homme qui mange", sagt Sokrates bei *Valéry*[19], „il nourrit ses biens et ses maux. Chaque bouchée qu'il sent se fondre et se disperser en lui-même, va porter des forces nouvelles à ses vertus, comme elle fait indistinctement à ses vices. Elle sustente ses tourments comme elle engraisse ses espérances; et se divise quelque part entre les passions et les raisons. L'amour en a besoin comme la haine; et ma joie et mon amertume, ma mémoire avec mes projets, se partagent en frères la même substance d'une becquée." Ellen West nährt mit dem Essen im Grunde nur ses maux et ses vices, ses tourments et sa haine, ses passions et ses amertumes. Nur ein einziges Mal sehen wir sie etwas essen, das im Gegensatz zu aller Nahrung, ihr *nur* Freude macht, ihr *nur* neue Kräfte gibt, das *nur* ihre Hoffnungen „nährt", *nur* ihrer Liebe gilt und *nur* ihren Verstand erhellt. Dieses Etwas ist aber keine Gabe des Lebens mehr, sondern das Gift des Todes. Wie sie zu immer größerer Klarheit gelangt über ihr Dasein, je näher sie sich dem Tode wußte – ich erinnere an das im Hinblick auf ihr eigenes Dasein so schmerzliche Erwachen ihres Wissens um wahre Liebe und um wahre Natürlichkeit, sowie an ihre immer tieferen Gleichnisse –, zu um so größerer Klarheit gelangt sie *angesichts* des Todes.

Angesichts des Todes leben aber heißt des Todes sterben, wie *Kierkegaard* sagt, seinen (eigenen) Tod sterben, wie *Rilke* und *Scheler* sich ausdrücken. Daß im übrigen *jedes* Vergehen, *jedes* Sterben, nicht nur das selbstgewählte, noch einen „selbständigen Akt" des Lebens bedeutet, hat bekanntlich schon *Goethe* ausgesprochen[20]. Wie er von Raffael oder Kepler sagt, „als beide ihrem Leben plötzlich ein Ende machten", damit aber den unfreiwilligen, „von außen" oder „als äußeres Schicksal" an sie herantretenden Tod meint, so dürfen wir umgekehrt auch den von Ellen West selbst herbeigeführten Tod als ein Vergehen oder Sterben bezeichnen. Wer will sagen, wo hier die Schuld anfängt und „das Schicksal" aufhört?

Daß Leben und Tod keine Gegensätze sind, daß auch der Tod noch gelebt werden muß und daß das Leben vom Tod „umfaßt" ist, so daß sowohl in biologischer als in historischer Hinsicht die Rede zu Recht besteht, daß der Mensch in jedem Augenblick seiner Existenz stirbt, diese Einsicht war in gewissem Sinne schon *Heraklit* geläufig. Sind doch für *Heraklit* Hades, der

---

[19] L'Ame et la Danse, S. 13.
[20] Vgl. das Gespräch mit Falk vom 25. Jan. 1813.

Gott der Unterwelt, und Dionysos, der Gott des wildesten Lebenstaumels, „dem sie rasen und toben", einer und derselbe[21]. Auch Ellen West möchte sterben „wie der Vogel stirbt, der sich die Kehle sprengt in höchstem Jubel".

Alle diese Einsichten sind zwar unerläßlich, reichen aber noch nicht aus, um die Tatsache daseinsanalytisch zu verstehen, daß einerseits die „intuitive Todesgewißheit" (*Scheler*[22]), „die Idee des Todes", wie Ellen Wests alte Kinderfrau schon bemerkte, „ihr ganzes Leben überschattete", daß aber anderseits das Wissen um die unmittelbare Nähe des Todes ihr Leben *erhellt*. Hätte Ellen West doch im Lebensjubel ihrer Todessehnsucht mit *Shakespeares* Claudio sagen können:

> „Nach Leben strebend such' ich Sterben,
> Tod suchend find' ich Leben."

Die Daseinsanalyse vermag nicht Halt zu machen bei dem psychologischen Urteil, der Selbstmord Ellen Wests sei zu verstehen aus dem Motiv des Erleidens der Qual und dem aus ihm entspringenden Wunsch, dieser Qual ein Ende zu machen, die festliche Stimmung angesichts des Todes aber zu verstehen aus dem Motiv des Wissens um das sichere Ende dieser Qual und der aus ihm entspringenden Freude über dieses Ende. Diese Urteile rekurrieren auf das Motiv als letzten Erklärungsgrund, während der Daseinsanalyse auch die Motive noch Probleme sind. Es *bleibt* Problem, wie es zu verstehen ist, daß diese Motive wirksam werden, m.a.W., inwiefern sie zu Motiven *werden* konnten.

Daseinsanalytisch betrachtet war der Selbstmord Ellen Wests *sowohl* ein „Akt der Willkür" als ein „notwendiges Ereignis". Beide Aussagen gründen in der Tatsache, daß das Dasein im Falle Ellen Wests *reif geworden war für seinen Tod*, m.a.W. daß der Tod, *dieser Tod, die notwendige Erfüllung des Lebenssinnes dieses Daseins war*. Das ist daseinsanalytisch zu erweisen, ganz jedoch erst möglich auf Grund der Einsicht in die Art der Zeitlichkeit, die dieses Dasein zeitigte. Für jetzt nur soviel: Wenn wir sagten, das Dasein im Falle Ellen Wests werde mehr beherrscht von der Vergangenheit, wenn wir von einer „Übermacht der Vergangenheit" sprachen, so war damit zugleich das Eingekreistsein des Daseins in eine bloße, leere Gegenwart und sein Abgeschnittensein von der Zukunft gemeint. Ein solches Dasein aber ist seines *eigentlichen* Lebenssinnes, der immer nur von der Zukunft her

---

[21] Vgl. *Diels* Fragm. 15. – Bekanntlich liegt dieser Gegensatz schon in Dionysos selbst und den großen dionysischen Festen. Dionysos ist einerseits der Nährende und Berauschende, der Spender des Weines, des Lösers aller Trauer und Sorge, der Befreier und Heiler, die Wonne der Sterblichen, der Freudenreiche, der Tänzer und der ekstatische Liebhaber, anderseits aber gehört er zur Sphäre der Vernichtung, der Grausamkeit, der ewigen Nacht an. Vgl. *Walter F. Otto*, Dionysos, S. 105 f.

[22] Vgl. Tod und Fortleben. Schriften aus dem Nachlaß I.

bestimmten existenziellen Reifung, beraubt. Indem die Vergangenheit auf das Dasein „drückt", benimmt sie ihm jede Aussicht in die Zukunft. Das ist der daseinsmäßige Sinn der fortwährenden Klagen Ellen Wests, daß sie in einer Schlinge *gefangen* sei, daß ihr alle Ausgänge versperrt seien, daß sie versumpfe, modere, in einem Kerker eingesperrt, in einer Gruft vergraben und eingemauert sei. Wo aber die Vergangenheit, das gelebte Leben, übermächtig geworden ist, das noch zu lebende von der Vergangenheit beherrscht wird, sprechen wir von *Alter*. Ellen West war schon als junge Frau alt geworden. Der Lebenssinn dieses Daseins hatte sich „schon in jungen Jahren" erfüllt gemäß dem stürmischen Lebenstempo und der kreisförmigen Lebensbewegung dieser Existenz, in der sich das Dasein frühzeitig leergelaufen. Das existenzielle Altern war dem biologischen Altern vorausgeeilt, wie auch der existenzielle Tod, das „wie eine Leiche unter Menschen sein", dem biologischen Lebensende vorausgeeilt war. Der Selbstmord ist die notwendig-willentliche Konsequenz dieses daseinsmäßigen Sachverhaltes. Und wie nur da von einer Heiterkeit des Alters, als dem „heimlichsten und süßesten Vorgenuß des Todes", die Rede sein kann, wo das Dasein seinem Tod entgegenreift, so kann auch angesichts des selbst herbeigeführten Todes nur Heiterkeit und festliche Stimmung herrschen, wo der Tod dem Dasein als reife Frucht in den Schoß fällt. Und wie das dem Tode entgegenreifende Alter, sich immer mehr loslösend von den *Lebens*bedürfnissen, immer hellsichtiger wird für das reine *Wesen* der Welt und des Daseins, so löste sich auch das Dasein im Falle Ellen Wests angesichts des Todes von dem Bann der Begierde, vom Zwang des sich immer wieder „wie ein wildes Tier auf sie stürzenden" Hungers. Angesichts des Todes kann sie zum erstenmal wieder *harmlos* essen, ja fällt *alle* Problematik und alle Schuld von ihr ab. Sie liest lyrische Gedichte und ergötzt sich am Humor Mark Twains. Daß dieses Daseinsfest ein Abschiedsfest ist, vermag die festliche Stimmung keineswegs ernstlich zu trüben. Sie nimmt Abschied vom Mann mit gemeinsamem Spaziergang und gemeinsamer Lektüre, sie nimmt Abschied von ihren Ärzten mit letzten Grüßen, sie nimmt Abschied von der letzten ätherischen Freundin mit dem letzten Brief. –

Die daseinsanalytische Tatsache, daß sich die intuitive Todesgewißheit, der lebensimmanente Tod (*v. Gebsattel*) als Lebens*schatten* zeigt, die Nähe des (lebenstranseunten) Todes aber als *Helle*, ja als festliche Daseins*freude*, muß nun aber, wie die Tatsache des Suizides selbst, auch verstanden werden im Hinblick auf das, was der Tod überhaupt diesem Dasein bedeutet. Für Ellen West, die Schülerin Niels Lyhnes und vollkommene Nihilistin, bedeutete der Tod das absolute *Nichts*, d.h. nicht nur die Verneinung, sondern die absolute Nichtigung des Daseins. Wohl sahen wir, daß der Tod in diesem Dasein wiederholt einen erotischen Nebensinn bekam, so in dem Totgeküßtwerdenwollen von dem finsteren, kalten Meerkönig, in dem Aufgehobenseinwollen von dem über den Wolken thronenden Gott-Vater und in den Todesbildern des „großen Freundes" und der schönen Frau mit den traumtiefen Augen. Wir finden aber nirgends einen Hinweis darauf, geschweige denn einen Beweis, daß die Todeserotik ein treibendes Motiv des Selbstmords oder auch nur des Glücksgefühls angesichts des Todes bildete. Im Gegenteil: mit dem Brief an die letzte ätherische Freundin nimmt Ellen West Abschied von der Erotik, wie sie Abschied von allem nimmt. Wir dürfen nicht vergessen, daß die Ausführung des Selbstmords die letzte *praktische* Tat dieser Daseinsgestalt bedeutet, daß sie gerade aus der Welt der Praxis, der Überlegung und Planung stammt und *nicht* aus der ätherischen Welt der Phantasien und Wünsche. Und wenn wir auch wissen, daß sich „hinter" rationalen Motiven sehr häufig emotionale Wünsche „verbergen", so zeigt uns doch gerade das Abschiednehmen, daß es Ellen, wie es ihrer nicht nur skeptischen, sondern nihilistischen „Weltanschauung" entsprach, einen „Abschied für immer" bedeutete. Wir besitzen keinerlei Hinweis *für* den, sondern nur *gegen* den Glauben an irgend eine Art des Fortlebens nach dem Tode, ja auch nur für einen „ätherischen Wunsch" nach einem solchen Fortleben. Wir müssen einsehen, daß mit dem Tod für Ellen West *alles* aufhört, die praktische Welt, wie die ätherische Welt und die Gruftwelt. Und nur *weil* sie angesichts des absoluten Nichts steht, vermag alle (immer relative) Problematik, vermögen alle Widersprüche zwischen ihren Welten zu schwinden und vermag das Dasein noch einmal zum reinen Fest zu werden. Zum Unterschied aber von der festlichen Daseinsfreude als solcher, die der Daseins*fülle* entspringt, sich an der *Schönheit* des Daseins entzündet, als des Urgrundes aller *Kunst*, entspringt sie bei Ellen West angesichts des *Nichts* und entzündet sie sich am *Nichts*. Daran erkennen wir die ungeheure *Positivität*, die dem Nichts im Dasein zukommen kann. Wo dies, wie im Falle Ellen West, zutrifft, wird die Lebensgeschichte in besonderem Maße zur Todesgeschichte und sprechen wir mit Recht von einem tod*geweihten* Dasein.

Die Positivität des Nichts hat einen ganz bestimmten existenziellen Sinn, und zwar diesen: Wo das Dasein *sich* auf Nichts stellt oder auf Nichts gestellt ist – wir stehen hier wieder jenseits von Schuld und Verhängnis –, da steht es nicht nur in der Daseinsangst, sondern ineins damit in absoluter *Vereinzelung*. Die Positivität des Nichts und die Existenz im Sinne des *vollkommenen* Einzelnen bedeuten daseinsanalytisch ein und dasselbe[23]. Ellen West starb ihren Tod nicht nur nicht als Einzelne „allein vor Gott", wie der religiöse Einzelne ihn stirbt, also in religiöser *Wirheit*, nicht nur nicht in

---

[23] Zur Vermeidung von Mißverständnissen sei bemerkt, daß „das Nichts" hier natürlich keineswegs nur die Bewegung eines Daseins auf den Tod hin bedeutet, sondern, wie gerade unser Fall zeigt, auch *das Leben* „überschatten", auch, ja gerade, die Nichtigkeit des Daseins selbst bedeuten kann.

der Wirheit der (irdischen) liebenden Begegnung, ja nicht einmal mehr im Umgang mit „den andern", sondern nach Abschied von den andern allein vor dem Nichts. Von hier aus fällt auch noch auf die *Heiterkeit* angesichts des Nichts ein metaphysischer Schatten.

Die Wahrheit der Behauptung, daß die Art, wie ein Mensch seinen Tod stirbt, zeige, wie er gelebt hat, erweist sich besonders deutlich am Falle Ellen West. An ihrem Tod gewahren wir nur besonders eindrucksvoll den existenziellen Sinn oder richtiger Widersinn ihres Lebens. Dieser Sinn war nicht der, sie selbst zu sein, sondern der, *nicht* sie selbst zu sein. Wenn wir von einem Scheitern dieses Daseins sprechen wollen, so ist es daran gescheitert. Was die Psychoanalyse als „Wiedergeburtsphantasie" deutet und was sie auch zum Verständnis des Selbstmordes herbeizithen wird, ist für uns etwas ganz anderes: Wenn Ellen West feststellt, das Schicksal habe sie dick und kräftig gewollt, sie selbst aber wolle dünn und zart sein (S. 102), und wenn sie den Schöpfer bittet: Schaff mich noch einmal, aber schaff mich besser (S. 83), so zeigt sie damit, daß sie zeitlebens gelitten hat an derjenigen Krankheit des Geistes, die *Kierkegaard* mit genialer Scharfsichtigkeit von allen möglichen Seiten her beschrieben und beleuchtet hat unter dem Namen der *Krankheit zum Tode.* Ich kenne keine Schrift, welche die daseinsanalytische Interpretation der Schizophrenie mehr zu fördern vermöchte als diese. Man könnte sagen, *Kierkegaard* habe in dieser Schrift das Herankommen der Schizophrenie in genialer Intuition erkannt; liegt doch an der Wurzel so vieler „Fälle" von Schizophrenie der „verzweifelte" Wunsch, ja das unerschütterliche Diktat an Eigenwelt, Mitwelt und „Schicksal", nicht man selbst sein zu wollen, wie auch dessen Pendant, verzweifelt man selbst sein zu wollen[24].

Auch für denjenigen Seelen*arzt*, der die rein religiöse Auffassung und Deutung dieser „Krankheit" nicht mitvollzieht, der „das Selbst" nicht als ewig in religiösem Sinne betrachtet, an die Macht, die es setzte, nicht im religösen Sinne glaubt, der im Menschen nicht eine Synthese von Zeitlichem und Ewigem im religiösen Sinne sieht, die Verzweiflung im Sinne der Krankheit zum Tode vielmehr existenziell auffaßt, auch er ist dieser Schrift *Kierkegaards* tief verpflichtet. Daß das Selbst sich nur zu gründen vermag „durchsichtig auf die Macht, die es setzt", ist eine Wahrheit, die die ontologische Daseinsanalytik ebenso anerkennt wie die anthropologische Daseins-

---

[24] Jedem Psychiater werden massenhaft Fälle vor Augen stehen, in denen die Kranken „unzufrieden sind mit ihrem Schicksal", etwa weil es sie nicht zum Mann oder zur Frau gemacht, weil es ihnen diese Eltern gegeben und keine andern, weil es sie mit dieser Nase, diesem Gesicht, dieser Stirne, diesem Wuchs, diesem Charakter, diesem Temperament usw. ausgestattet und nicht mit einem andern, weil es sie in diesem Land, in dieser Klasse, in diesem Milieu hat aufwachsen lassen und in keinem andern. Noch häufiger aber begegnen wir dem Pendant, *verzweifelt* man-selbst sein zu wollen, nämlich gerade der und kein anderer.

analyse, ganz unabhängig davon, wie sie diese Macht, diesen Daseins*grund*
bestimmen. Wenn Ellen West anderseits von früher Jugend an „trotzig und
eigensinnig" gerade „sie selbst sein will", so ist das kein Beweis gegen das
verzweifelte Nicht-sie-selbst-sein-Wollen, sondern da*für*. Denn die eine Art
der Verzweiflung ist untrennbar mit der andern verknüpft, ja beide lassen
sich, wie *Kierkegaard* gezeigt hat, aufeinander zurückführen.

Verzweifelt nicht man selbst sein wollen, sondern „anders", was ja nur
heißen kann, „ein anderer", und verzweifelt man selbst sein wollen, diese
Verzweiflung hat, wie leicht ersichtlich, ein besonderes Verhältnis zum Tod.
Wenn die Qual der Verzweiflung gerade darin besteht, daß man *nicht sterben* kann, daß selbst die letzte Hoffnung, der Tod, *nicht* kommt, daß man
sich nicht selbst loswerden kann, so erhält der Selbstmord, wie in unserem
Falle, und ineins damit das Nichts, eine „verzweifelt" positive Bedeutung.
Durch den Selbstmord Ellen Wests wird die Verzweiflung, daß der Tod nicht
„von selbst" in ihr Dasein eintritt, verwandelt in das Fest seines selbst herbeigeführten Einzugs in ihr Dasein. Festlich ist dieser Einzug aber nicht nur,
weil der Tod als Freund kommt und weil die Freiheit, die Befreiung von der
Fessel des Lebens, in seinem Gefolge einherzieht, sondern aus dem viel tieferen Grunde, weil das Dasein im freiwillig-notwendigen Entschluß zum Tode
nicht mehr „verzweifelt es selbst", sondern *eigentlich* und *ganz* es selbst geworden ist! *Eigentlich* ich selbst bin ich, oder *eigentlich existiere ich da*, wo
ich die *Situation* entschlossen im *Handeln* erschließe, m.a.W. wo Zukunft
und Gewesenheit sich zusammenschließen in *eigentlicher* Gegenwart. Anders als die „im Affekt" als Kurzschlußreaktionen erfolgten früheren Selbstmord*versuche* war der Selbstmord „prämeditiert", in reiflicher Überlegung
beschlossen. Ellen West ist in diesem Entschluß nicht etwa „über sich selbst
hinausgewachsen", vielmehr hat sie in dem Entschluß zum Tode erst sich
selbst gefunden und sich selbst gewählt. Das Fest des Todes war das Fest
der Geburt ihrer Existenz. Wo aber das Dasein nur zu existieren vermag
unter Preisgabe des Lebens, da ist die Existenz eine *tragische* Existenz[25].

II. Zeit

Ellen Wests verzweifelter Trotz, sie selbst sein zu wollen, aber als ein anderes Sein als dasjenige, in das sie vom Grunde ihres Daseins faktisch geworfen war, zeigt sich nicht nur in Auflehnung und Kampf gegen ihr Schicksal
(gegen ihr Weibsein, ihr Elternhaus, ihre soziale Klasse, ihren Hang nach
Süßigkeiten, ihre Veranlagung zum Dickwerden und schließlich gegen ihre
Krankheit), sondern auch als Auflehnung und Kampf gegen die Zeit: Insofern sie nicht alt, dumpf und häßlich werden, mit einem Wort, nicht dick

---

[25] Daß hiermit das Problem der Daseinsfreude angesichts des Todes noch nicht aus-
geschöpft ist, dazu vgl. unten S. 146f.

werden will, will sie die Zeit aufhalten, der Zeit, wie wir zu sagen pflegen, „nicht ihren Tribut zollen". In ihrem, ihr erst gegen das Lebensende
hin durchsichtig werdenden, trotzigen Beharren auf ihrem Selbst, das aber
doch nicht ihr eigentliches, sondern ein („zeitloses") ätherisches Wunschselbst ist, läuft sie aber dem Grunde ihres Daseins nicht davon – das vermag kein Mensch –, sondern läuft sie in ihn – als *Abgrund* – hinein. So
wenig der Mensch „seinem Schicksal" entrinnen kann, so wenig kann er seinem Grunde entrinnen. Wo wir aber, wie im Leben Ellen Wests, eine so
deutliche Kreisbewegung des Daseins von seinem Grunde weg und zurück
in ihn als Abgrund konstatieren, da existiert das Dasein in der Weise der
Angst. An Stelle der *eigentlichen* Zeitigung im Sinne des Selbst*werdens*,
der Selbst-Bemächtigung des Grundes, und erst recht an Stelle des dualen
Wir, tritt „zwangsläufig" die Selbst- und Wirdestruktion, das *Entwerden
(v. Gebsattel)* oder *Sinken (Kierkegaard)*. Mit dieser Feststellung ist es aber
keineswegs getan. Es wird zum besseren Verständnis der uns anvertrauten
Kranken immer mehr unsere Aufgabe sein müssen, darauf zu achten, in
welchem *materialen* oder *elementaren Gewand* ein solcher Destruktions-
oder Senkungsprozeß verläuft, und welche Verlaufs*formen* er zeigt.

     Es gibt sehr verschiedene solcher „elementarer" Seins- und Verwand-
lungsprozesse menschlichen Daseins. Sie alle bewegen sich in den elementaren Urformen oder Urgestalten der Luft (des Lichts und Himmels, des
Wassers, des Feuers und der Erde[26]), so mannigfaltig auch deren existenzielle Bedeutung im einzelnen und ihre existenziellen Beziehungen unter-
einander auch sein mögen. Es ist nun aber von größter daseinsanalytischer
Tragweite, einzusehen, daß diese Urgestalten und ihre Verwandlungsformen
Formen der *Zeitigung* sind[27]. Die „momentan-aufsteigende" Verwandlungs-
form von der Erde zum Himmel z.B. kennen wir im Gewand der Flamme.
„Mais qu'est-ce qu'une flamme, ô mes amis, si ce n'est *le moment même?*
– Ce qu'il y a de fol, et de joyeux, et de formidable dans l'instant même!
... Flamme est l'acte de ce moment qui est entre la terre et le ciel. O mes
amis, tout ce qui passe de l'état lourd â l'état subtil, passe par le moment
de feu et de lumière ... Et flamme, n'est-ce point aussi la forme insaisissa-
ble et fière de la plus noble destruction? – Ce qui n'arrivera jamais plus,
arrive magnifiquement devant nos yeux!"[28] Aus dem *Kontrast* zu diesem
Beispiel wird die elementare und zeitliche Struktur des Daseins im Falle
Ellen West besonders deutlich. Das „destruktive" Element ist hier nicht

---

[26]Vgl. hierzu *L. Binswanger*, Traum und Existenz und Über Ideenflucht; *C. G. Jung*,
Wandlungen und Symbole der Libido; *Michelet*, La Mer und neuerdings vor allem *Bachelard*, La Psychoanalyse du Feu und L'eau et les Rêves.
[27]Vgl. hierzu auch *Emil Staiger*, Die Zeit als Einbildungskraft des Dichters. 1939 (Die
reißende Zeit im Gewand des Flusses, die ruhende im Gewand des erfüllten Lichts.)
[28]L'Ame et la Danse, S. 60.

die „momentan" aufleuchtende und rasch wieder verschwindende, von der Erde zum Himmel (de l'état lourd a l'état subtil) *aufsteigende Flamme*, sondern die *allmählich* dunkelnde, sich *langsam* festsetzende oder konsolidierende, vom état subtil zum état lourd übergehende, vom Himmel *zur Erde absinkende Fäulnis* oder *Vererdung*. Ellen Wests Dasein bewegt sich, wie wir gesehen haben, „zwischen Himmel und Erde", aber mit deutlich absinkender Tendenz, nicht zwischen Erde und Feuer, Erde und Wasser. Das Feuer tritt im Bericht nur zweimal auf, als wildverzehrende Flamme der Leidenschaft und als „Selbstmordphantasie" (4. Traum), beidemal also im zeitlichen Gewand des „Momentanen". Die zahllosen Gestalten des Wassers zeigten sich uns als (ewiges) Meer, sei es als Heimat des finsteren, kalten Meerkönigs, der sie totküssen soll, sei es, wie im dritten Traum, als unmittelbares Medium der Selbstvernichtung. In der Fäulnis oder Vererdung aber haben wir weder den zeitlichen Modus der Plötzlichkeit noch den der Ewigkeit vor uns, sondern den des qualvoll-langsamen Sinkens und Versinkens, des unheimlichen Kriechens, ja *Erstarrens* der Zeit. Diesem Modus entgegengesetzt ist der der hochfliegenden, die Schwere der Erde *über*fliegenden, rasch *ver*fliegenden Wünsche, der Modus der fliegenden Zeit, der aber immer wieder verschlungen wird von der Zeitform des blind dahinkriechenden Wurms der Erde. Auch dieses Verschlungenwerden „hat" seine Zeit: es ist die Zeitform der Hölle[29].

Daß die Zeitlichkeit der fundamentale Horizont alles existenzialen Explizierens ist, läßt sich auch in unserm Fall erweisen. Wenn wir sie trotzdem erst jetzt näher ins Auge fassen, so deswegen, weil es uns, wie schon früher erwähnt, didaktisch zweckmäßiger und leichter erschien, erst nach der Darstellung der übrigen Formen der Mundanisierung oder Weltlichung, nämlich der Räumlichung, der materialen Gewandung, der Belichtung und Färbung, den „Horizont" aufzuzeigen, aus dem die gesamte „Welt" dieses Daseins erst recht zu verstehen ist. Denn, um es gleich vorwegzunehmen, die daseinsmäßige *Voraussetzung* dafür, daß die Welt Ellen Wests eine so *eindeutige* Wandlung von der Lebendigkeit, Weite, Helle und Farbigkeit des *Äthers* über die Verdüsterung, Vernebelung, Verdorrung, Moderung und Faulung zur Enge, Dunkelheit und Grauheit der Verschalung und Vererdung, zu der *toten Erde* durchzumachen vermag, ist, daß dieser Wandlung ein eindeutiges, einheitliches Phänomen zugrunde liegt. *Dieses Phänomen aber ist ein Phänomen der Zeitigung.*

Bevor wir uns der Interpretation dieses Phänomens zuwenden, sei nochmals bemerkt, daß Weltlichkeit und Zeitlichkeit ontologisch und anthro-

---

[29] Vgl. zur Hölle, gerade nicht als objektive, sondern als existenzielle „Seinssphäre" im Sinne einer „endlosen Struktur", einer „unaufhörlichen Agonie", eines „Versenkens der Seele in ihre eigene Finsternis", *Berdiajew*, Von der Bestimmung des Menschen (1935): Die Hölle, S. 357-378.

pologisch nicht zu trennen sind, sondern nur zwei besondere Probleme innerhalb des *einen* Problems des In-der-Welt-Seins bilden. Das geht schon daraus hervor, daß Welt (Kosmos), wie schon früher bemerkt, nie nur ein *Was*, sondern zugleich auch ein *Wie*, eine Grundweise bezeichnet, in der das menschliche Dasein faktisch *existiert*[30]. Die jeweiligen Welten, von denen wir sprachen, bedeuten daher immer zugleich Titel für bestimmte Grundweisen, gemäß denen das Dasein im Falle Ellen West in der Welt ist, sich zu Seiendem stellt und hält. Dieses Existieren, Sein, Stellen oder Halten muß aus dem Horizont der Zeitlichkeit „expliziert" werden.

Wenn wir von Zeitlichkeit sprechen, meinen wir *nicht* das Zeiterleben, das Zeitbewußtsein oder die Zeitbeachtung. Daß der *Straus*sche Ausdruck Zeiterleben zu schweren Mißverständnissen führen kann und tatsächlich geführt hat, hat schon *v. Gebsattel* betont[31]. Er schlägt vor, statt von Zeiterleben von der *gelebten* Zeit zu sprechen, vom temps vécu[32], und erklärt, daß gelebte Zeit und erlebte Zeit sich zu einander verhalten wie Geschehen und Beachten, wie Pathik und Gnostik, nämlich wie das wirkliche innere Zeitgeschehen und die gedachte objektivierte Zeit. Unter den ersteren Zeitbegriff fallen die echten Zeitstörungen, die *Minkowski* und *Straus* als für das anthropologische Verständnis der endogenen Depressionen grundlegend nachgewiesen und mit der vitalen Hemmung in Zusammenhang gebracht haben; unter den letzteren fällt das, was *v. Gebsattel* sehr richtig als das „auf die Zeit bezogene Derealisationserlebnis" genannt hat, sowie alle die Angaben depressiver oder schizophrener Kranker über das von ihnen beobachtete Mißverhältnis zwischen der erlebnisimmanenten und der erlebnistranseunten Zeit, also all das, was *Minkowski* als *Störung* des *Synchronismus* bezeichnet hat. Was wir selbst unter Zeitigung verstehen, liegt ganz auf seiten des *ersteren* Begriffs, jedoch gehen wir über das, was mit Zeitgeschehen, mit temps vécu, mit Pathetik oder erlebnisimmanenter Zeit gemeint ist, insofern hinaus, als wir unter Zeitlichkeit nicht ein Seiendes verstehen, weder ein Geschehen noch ein Werden, das erst aus *sich* heraustritt, sondern das *Sichzeitigen* des Daseins als solches, die *Zeitigung*. Zeitigung meint das *ursprüngliche* „*Außer-sich*" (ἐκστατικόν) in der Einheit der Phänomene Zukunft, Gewesenheit, Gegenwart, die *Heidegger* daher mit Recht als *Ekstasen* oder Entrückungen der Zeitlichkeit bezeichnet[33]. Ekstasen sind Zukunft, Gewesenheit, Gegenwart insofern, als sie die Phänomene des zu …, auf …, bei … zeigen, nämlich des Auf- sich-zu, des Zurück-auf und

---

[30] Vgl. *Heidegger*, Vom Wesen des Grundes, 5. Aufl. Frankfurt/M. 1965, S. 37ff.

[31] Vgl. die Störungen des Werdens und des Zeiterlebens im Rahmen psychiatrischer Erkrankungen. S. 62. Gegenwartsprobleme der psychiatrisch-neurologischen Forschung. Stuttgart 1939.

[32] Vgl. das gleichnamige Buch von *E. Minkowski*, 1932.

[33] Vgl. *Heidegger*, Sein und Zeit, S. 328 f.

das Begegnenlassen-von, anders ausgedrückt, des Sich-vorweg, des Schon-sein-in und des Sein-bei. Zeitlichkeit hat für uns also einen *ontologischen* Sinn. Das muß immer im Auge behalten werden, auch wenn wir in der Analyse einer bestimmten menschlichen Daseinsgestalt uns darauf beschränken müssen, zu zeigen, welche anthropologische Abwandlungen dieser ontologische Sinn hier erfährt.

Wie aus diesen Vorbemerkungen ersichtlich, kommt es also gar nicht darauf an, ob und wie die Kranken selbst sich über ihr Zeiterleben äußern. Bei Ellen West ist es auffallend selten der Fall. Daß ihre innere Entwicklung aufhört, d.h. stille steht, ist eine der wenigen „zeitlichen" Feststellungen von seiten ihrer selbst.

Wenn es unsere Aufgabe ist, die Abwandlungen der Zeitigung dieses Daseins zu verstehen aus seiner Weltlichung, so genügt es wiederum nicht, nach Art des vulgären Zeitverständnisses nur die verschiedenen Tempi festzustellen, die in den Ausdrücken Fliegen, Schreiten, Kriechen gemeint sind, und sie etwa mit den Bezeichnungen schnell, bedächtig, langsam (allegro, andante, largo) abzutun. Vielmehr ist es der Sinn unseres Unternehmens, diese verschiedenen Daseinsbewegtheiten „in der Zeit" auf ihren Zeitigungsmodus hin zu untersuchen.

Daß das primäre Phänomen der *ursprünglichen* und *eigentlichen* Zeitlichkeit die *Zukunft* ist, daß Zukunft der primäre Sinn der *Existenzialität*, des Sichentwerfens auf das *„Umwillen seiner selbst"* ist, in dieser fundamental-ontologischen Interpretation der Zeitlichkeit finden wir die Ansicht von der „primären" Bedeutung der Zukunft bestätigt, die *Scheler* bereits ausgesprochen hatte und die wir auch bei *Minkowski, Straus* und *v. Gebsattel* finden.

Der existenziale Sinn der Zeitlichkeit überhaupt schließt es aus, unter Zukunft nur die leeren Möglichkeiten des im voraus Ausgemachten, Gewünschten und Erhofften zu verstehen, wie er auch ausschließt, in der Vergangenheit nur das zu sehen, was Gegenwart war und vorbei ist. Vielmehr haben wir unter Vergangenheit im existenzialen Sinne das Gewesene zu verstehen, das ausmacht, daß wir nicht nur gewesen sind, sondern faktisch als *„Gewesende"* sind. In dieser Gewesenheit gründen die „Fähigkeiten", vermöge deren das Dasein *ist*. Dasein heißt ja nicht Vorhandensein, sondern Seinkönnen, und um dieses Seinkönnen wissen, heißt *Verstehen*. Insofern hängt auch die Zukunft keineswegs „in der Luft", sind die Möglichkeiten der Zukunft keine „leeren" Möglichkeiten, sondern durch die Gewesenheit des Daseins, die seine „Wirklichkeit" ausmacht, bestimmte Möglichkeiten. Insofern ist Dasein keineswegs *nur* von der Zukunft, dem verstehenden Seinkönnen her bestimmt, sondern immer *auch* von der Gewesenheit; Dasein ist immer schon in sein Sein *„geworfen", befindet* sich, wie wir bereits hörten, immer schon in seinem Sein oder ist, mit *einem* Wort,

immer schon *gestimmt*. Alle Zukünftigkeit des Daseins ist also „gewesende"
und alle Gewesenheit zukünftig. „Zukunft und Gewesenheit schließen sich
zum Lebenskreis des Daseins zusammen und verschlingen in ihrer Einheit
die Gegenwart."[34] Der existenziale Sinn der Gegenwart aber ist das *Gegenwärtigen* als das entschlossene *Erschließen* der jeweiligen *Situation im
Handeln*.

a) Die Zeitlichkeit der ätherischen Welt

Wenn auch jedermann in einer ätherischen Welt lebt, seine ätherische Welt
(der Phantasien, der Wünsche, Sehnsüchte, Hoffnungen) „hat", so ist die
ätherische Welt Ellen Wests nicht nur dadurch ausgezeichnet, daß sie die
führende Rolle in diesem Dasein übernimmt, sondern auch dadurch, daß
sie keine Konzessionen an die Welt der Praxis, an den um-, mit- und eigenweltlichen Umgang und Verkehr, mit einem Wort an das *Nehmen- und
Genommenwerden* bei etwas macht. Die ätherische Welt läßt sich hier nicht
auf die Praxis ein, durchdringt sich nicht mit der Praxis und die Praxis
nicht mit ihr. Auch die Kunst bedeutet eine solche gegenseitige Durchdringung. Aber Ellen West, so sehr ihr auch ein Gott gab, *zu sagen*, was
sie leidet, war nicht zur *Dichterin* geboren. Die ätherische Welt darf nun
nicht nur als die Welt aufgefaßt werden, in der wir die Zukunft „auf uns
zukommen lassen", sondern sie muß im vollen Sinne existenzial verstanden
werden, d.h. als das Sichentwerfen auf das Umwillen seiner selbst. Dieses
Sichentwerfen ist aber nur insofern möglich, als sich „das Selbst" *durchsichtig* wird auf die (göttliche) *Macht*, die es gesetzt hat *(Kierkegaard)*,
oder als es sich des (metaphysischen) Grundes in *eigentlicher* Selbstigung
zu *bemächtigen* versteht *(Heidegger)* oder aber, als es von dem Grund „als
unserem" mit dem *Geschenk* des dualen Seins der Liebe *begnadet* wird, wie
wir selbst es dargestellt haben. Wo nun aber das Dasein als Seinkönnen
und Verstehen sich vor dem Grunde seines Seins eigensinnig *verschließt*
und ihm trotzig *ausweicht*, da erhält auch die Zukunft einen anderen Sinn,
den Sinn nämlich des Sichentwerfens auf das Umwillen eines uneigentlichen,
nämlich eines *phantastischen* Selbst[35]. Eine solche Zukunft ist keine gewesende Zukunft mehr, d.h. keine durch die Gewesenheit, die die Möglichkeiten und Fähigkeiten des jeweiligen Daseins ausmacht, bestimmte, sondern
nun wirklich eine Zukunft „leerer Möglichkeiten". In einer solchen Zukunft
ist „alles möglich"; es ist die Zukunft im Sinne unbegrenzten, unbehinder-
ten, ungezügelten, ehrgeizig-optimistischen Wünschens und Sehnens. Der

---

[34] Vgl. *Oskar Becker*, Von der Hinfälligkeit des Schönen und der Abenteuerlichkeit des
Künstlers. Husserlfestschrift S. 43 f.

[35] Daß im Falle Ellen West dieses Selbst im Entschluß zum Tode sich wandelte in der
Richtung auf ein *eigentliches* Selbst (vgl. S. 150f.), zeigt zugleich, daß angesichts des
Todes auch die ätherische Welt einstürzte.

räumliche Sinn dieser Zukunft ist die unbegrenzte, helle, leuchtende, farbenglänzende Weite, ihr kosmischer Aspekt sind Landschaft, Himmel, Meer, ihr materiales Gewand die Luft, der Äther[36]. Und nun sollte es klar geworden sein, daß auch die Verdüsterung, Beschwerung, Begrenzung, Einengung und Einschränkung dieser ätherischen Welt, das vogelgleiche Fliegen in ihr, das *Über*fliegen der praktischen Welt, einen *zeitlichen* Sinn hat! An Stelle des *Sichentwerfens* auf das Umwillen seiner selbst tritt die bloße, d.h. nicht mehr zukünftige Gewesenheit, Geworfenheit und Befindlichkeit, also das, was das vulgäre Zeitverständnis als „Abgeschnittensein von der Zukunft" bezeichnet. Eine solche Befindlichkeit aber nennt die deutsche Sprache mit Recht *Schwer*mut, die französische mit Recht *Nieder*gedrücktsein (dépression). Doch bleiben wir noch bei der ätherischen Welt. Als Welt „uneigentlicher" Zukunft, als Welt eines phantastischen Sichvorweg und eines phantastischen Selbst, als Welt, in der es keinen Schatten und keine Grenze gibt, ist diese Welt als solche dauernd vom Schatten und der Grenze, das aber heißt von der Gewesenheit, bedroht[37]; denn die zeitlich-geschichtliche Struktur des Daseins läßt sich zwar in Trotz, Eigensinn, Ehrgeiz modifizieren, aber nicht durchbrechen oder gar umkehren. Das Dasein, jedes Dasein, *bleibt* seinem Grund überantwortet. In der uneigentlichen Künftigung, dem Sichentwerfen umwillen eines bloßen Wunschselbst, wird die Bedeutsamkeit der Welt verfälscht, „künstlich" nivelliert (wie wir es in den Studien „Über Ideenflucht" gezeigt haben). In eine solche Welt vermag sich zwar ein jeder vorübergehend „aufzuschwingen", aber mit dem Wissen um ihren Phantasiecharakter, d.h. darum, daß kein Bleiben in ihr ist. Wo sich diese konturlose Welt aber an Stelle der gegenwärtigen Welt der Praxis setzt, in der die Dinge sich hart im Raume stoßen, da meldet sich wieder der Grund, jetzt aber nicht mehr als Rückruf auf die Gewesenheit, als Wissen um das „Zurückmüssen auf die Erde", sondern als nichtwissendes, blindes, unheimliches Bedrohtsein vom *Schatten*, als *Angst*! Und je weiter sich das Dasein in die ätherische Welt versteigt, um so drohender, kompakter, undurchdringlicher wird das Gewand dieses Schattens.

b) Die Zeitlichkeit der Gruftwelt

Schon jetzt muß klar geworden sein, daß so wie die ätherische Welt beherrscht ist von der (uneigentlichen) Zukunft, die Gruftwelt beherrscht ist von der Übermacht der uneigentlichen, weil unzukünftigen, stets gegenwärtigen *Vergangenheit*. Wie *Kierkegaard*[38] es von der Verzweiflung sagt: „Jeder wirkliche Augenblick der Verzweiflung ist auf ihre Möglich-

---

[36] Vgl. Über Ideenflucht unter Optimismus. AW 1, S. 67-73.
[37] Schon *Griesinger* hat bemerkt, daß durch jede „manische" Verstimmtheit die „depressive" hindurchblickt.
[38] *Kierkegaard*, Die Krankheit zum Tode, Ges.Werke Bd. 8, S. 13.

keit zurückzuführen; jeden Augenblick, wo der Verzweifelte verzweifelt ist,
zieht er sich das zu. Da ist beständig die gegenwärtige Zeit; es entsteht
nichts Vergangenes, das der Wirklichkeit gegenüber zurückgelegt wäre; in
jedem wirklichen Augenblick der Verzweiflung trägt der Verzweifelte alles
was vor sich geht in der Möglichkeit als ein Gegenwärtiges." Die Verdichtung, Konsolidierung, Verengerung des Schattens über die vegetative Fäu-
lung und unentrinnbare Einkreisung bis zur Mauer der Gruft ist Ausdruck
der zunehmenden Übermacht der Vergangenheit über dieses Dasein, der
Übermacht des Schon-Seins in der Befindlichkeit der Hölle und des unentrinnbaren Zurück-auf-sie. Diese Höllenangst ist die Angst des Daseins
vor dem Verschlungenwerden von seinem Grunde, von dem es um so *tiefer*
verschlungen wird, je *höher* es ihm zu entspringen, zu entfliehen sucht.
An Stelle der Selbstbemächtigung des Grundes und des Sichdurchsichtig-
werdens auf ihn tritt das angstvolle Bemächtigtwerden von ihm als das
Zurücksinken in das Nichts.

Wo das Dasein sich nicht zu entwerfen vermag auf das Umwillen seiner
selbst, wo es „von der Zukunft abgeschnitten ist", da sinkt die *Welt*, in
der es existiert, zur *Unbedeutsamkeit* herab, da verliert sie ihren Bewandtnischarakter und wird zur Unbewandtnis. M.a.W.: Das Dasein findet hier
nichts mehr, woraus es sich verstehen könnte, das aber heißt, es ängstigt
sich, es existiert im Modus der *Angst* oder, wie *wir* sagen, es ist *nacktes
Grauen*. Nun ist aber wichtig zu wissen, daß „das Nichts der Welt, davor
die Angst sich ängstet, nicht besagt, es sei in der Angst etwa eine *Abwesenheit* des innerweltlichen Vorhandenen erfahren. Es muß gerade begegnen,
damit es *so gar keine* Bewandtnis mit ihm haben und es sich in seiner leeren
Erbarmungslosigkeit zeigen kann"[39]. Dazu kommt aber noch die Tatsache,
daß die in der Angst erschlossene Unbedeutsamkeit der Welt die Nichtigkeit
des *Besorgbaren* enthüllt, nämlich die Unmöglichkeit des Sichentwerfens auf
ein im *Besorgten* oder, wie wir sagen, in der *Praxis* fundiertes Seinkönnen
der Existenz. „Die Angst ängstet sich um das nackte Dasein als in die Unheimlichkeit geworfenes."

Hiezu ist zunächst zu bemerken, daß in der Enge der Gruftwelt die
Welt jedoch nicht *völlig* ihren Bewandtnischarakter verloren, nicht zu *völliger* Unbedeutsamkeit herabgesunken ist, daß das Dasein hier immer noch
etwas hat, aus dem es sich verstehen kann, eben die Gruft, den Kerker,
das Loch in der Erde. Daß das Dasein sich hier trotzdem ängstigt, zeigt,
daß schon die mit der Übermacht der Gewesenheit einhergehende Einengung und Nivellierung der Bedeutsamkeit der Welt, schon ihr *Verlust* an
Bewandtnischarakter, Angst bedeutet. Wir haben diesen Gestaltverlust der
Welt Schritt für Schritt verfolgt als „Herabsinken" der Weltlichkeit aus ei-

---

[39] *Heidegger* a.a.O. 343.

ner äußerst beweglichen, äußerst flüchtigen in eine äußerst starre, amorphe (gestaltlose) Welt, wo das Dasein sich aus nichts „Neuem" mehr zu verstehen vermag, sondern nur aus dem Vergehen und Verwesen des Gewohnten und sattsam Bekannten. Das Dasein ängstigt sich also schon da, wo es in dem freien Sichentwerfen auf das Umwillen seiner selbst, in seinem eigensten Seinkönnen, *unfrei*[40] wird. Das innerweltlich Vorhandene braucht sich also gar nicht in seiner *leeren* Erbarmungslosigkeit zu zeigen, es kann genügen, wenn es sich im Aspekt der *Entleerung* zeigt, in unserm Falle im Aspekt der Erde, der Gruft oder des Loches in der Erde. All diese Ausdrücke aber zeigen das eine, daß Entleerung der Bedeutsamkeit der Welt, Gestaltverlust ihres Bewandtnischarakters und „existenzielle Leere" ein- und dasselbe bedeuten, und zwar auf Grund einer Abwandlung des *einen* existenzialen Sinnes der Zeitigung. Wenn die Welt unbedeutsam wird, ihren Bewandtnischarakter mehr und mehr verliert, das Dasein immer weniger findet, worauf es sich entwerfen und woraus es sich verstehen kann, die Welt sich also im Aspekt der Entleerung (der Erde, des Loches, der Gruft in der Erde) zeigt, das Dasein sich nicht mehr vorweg ist, sondern zurückgeworfen in die bloße Gewesenheit, in der es sich aus „nichts Neuem" mehr verstehen kann, sondern nur aus dem Kreis des sattsam verstandenen Gewohnten und Bekannten, so bedeutet das alles, daß, wie die Umgangssprache sich so gut ausdrückt, *nichts mehr läuft* und *„alles beim alten bleibt"*. Dieses Nichts-mehr-laufen und Beim-alten-bleiben, das also sowohl die Welt als die Existenz betrifft, ist nichts anderes als ein *Stehen*bleiben oder zum mindesten ein *Kriechen*. Wenn Ellen West sich als Wurm der Erde versteht, so drückt sie dadurch dasselbe aus wie mit der Feststellung, daß ihre „Entwicklung aufgehört hat", daß sie von der Zukunft abgeschnitten ist, keine Weite und Helle mehr vor sich sieht, sondern sich nur noch langsam in einem dunklen, engen Kreise dreht. Das bedeutet aber wieder nichts anderes, als was wir in der Psychopathologie und was auch Ellen West selbst als ein Absinken von der „geistigen" Höhe auf ein tieferes Niveau bezeichnen, auf das Niveau des Nur-noch- oder Fast-nur-noch-Vegetierens, der bloßen Begierde. *Begierde* läßt sich daseinsmäßig charakterisieren durch die Nähe, Enge und Leere der Welt, ihren Loch-Aspekt, in dem das Dasein sich begnügt mit dem, was gerade zur Hand war und, wie wir in unserm Fall sagen müssen, „zum Mund" ist, wo es also nicht wählt und überlegt, sondern rasch zugreift oder zubeißt, sich rasch „wie ein Tier" auf das gerade Vorhandene stürzt.

---

[40] Sehr richtig spricht *v. Gebsattel* einmal von einer Systematik der „Pathologie der Freiheit". Süchtiges Verhalten im Gebiet sex. Verirrungen. Mon.schr. f. Psych. u. Neur. 82, 124. – Es ist im übrigen beträchlich, daß der Psychiater sich vom inneren Mediziner sagen lassen muß, daß wir Ärzte keine Psychologie brauchen können, „die seelische Freiheit nicht als Tatsache und Problem nimmt". *L.v. Krehl*, Über Standpunkte in der inneren Medizin. Sonderabdruck aus der Münchner Med. Wochenschrift, S. 17.

Die Zeitigungsform dieses In-der-Welt-Seins ist nicht mehr das Gewärtigen (der Zukunft), sondern ein *bloßes* Gegenwärtigen, ein Gegenwärtigen des bloßen, weder aus der Zukunft geborenen, noch eine Vergangenheit hinter sich lassenden *Jetzt*. Der „tierische Ernst" dieser Gegenwart zeigt sich darin, daß alles sich nur noch um das Essen oder Fressen „dreht", als der einzigen Bewandtnis, aus der das Dasein sich noch verstehen kann. Nach allem, was wir ausgeführt, muß klar sein, daß, wie früher betont, eine solche Eßgier, als Ausdruck der Entleerung und Vererdung der Welt der Existenz, *Angst* ist. Wenn Ellen West sich „wie ein Tier" auf die Nahrung *stürzt*, so heißt das, daß sie von der Angst getrieben wird, von der Angst, die sie zwar in der Gier des Fressens im bloßen Jetzt zu betäuben sucht – denn noch im Verschlingen der Nahrung „läuft etwas" –, um ihr aber im nächsten Jetztpunkt wieder zu verfallen. Das ist die unentrinnbare *„Schlinge"*, in die das Dasein hier verstrickt ist. Die Angst vor dem Dickwerden erweist sich so als ein anderer Ausdruck für die Angst vor der *Perpetuierung der Gier* in Gestalt der Verfettung oder Mästung, der Verwurmung, Verfaulung, Verschalung, Verhäßlichung, des Alterns und der Verungeistigung des Daseins. Das Dicksein ist der ewige Vorwurf, den das Dasein sich hier macht, seine eigentliche „Schuld". Der Widerspruch zwischen der ätherischen Welt und der Grabeswelt, zwischen existenzieller Überbelichtung und existenziellem Schatten erwies sich als Widerspruch zwischen einem Sichverheben an der Schwere der Zeitlichkeit des Daseins und einem Herabgezogenwerden von ihr. Das kommt in der Lebensgeschichte unserer Kranken mit erstaunlicher Deutlichkeit zum Ausdruck. Daß ein Widerspruch besteht zwischen beiden Welten, bedeutet also nicht, daß die eine lediglich festliche Daseinsfreude, die andere lediglich Daseinstrauer oder Daseinsschwermut ist, vielmehr sind beide Welten, wenn man so sagen darf, Angstwelten, die ätherische im Sinne der aus dem Andersseinwollen geborenen Angst vor der *eigentlichen* Zukunft, und damit auch der *Angst* vor dem Tode, die Gruftwelt im Sinne der Angst vor der bloßen Gewesenheit. In der einen verzehrt sich das Dasein im bloßen Wünschen der Phantasie, in der andern in der bloßen Lebensgier. Der Widerspruch zwischen beiden Welten ist nicht der zwischen Nicht-Angst, Getragenheit von Dasein oder „Gelassenheit" *(E. Straus)* einerseits und Angst anderseits, sondern der zwischen zwei verschiedenen Formen der Angst, der Angst vor Alter und Tod und der Angst vor dem Leben. In beiden Formen kann die *eine* Angst vor der Nichtigkeit des Daseins ihren Ausdruck finden und beide lassen sich daher vertauschen: Hades kann Dionysos bedeuten und Dionysos Hades. Der Widerspruch zwischen beiden Formen der Angst ist ein dialektischer im Sinne der Daseinsantinomik, d.h. der engen Verschlungenheit des Lebens in den Tod und des Todes in das Leben. Der Selbstmord aber ist die willkürliche Durchbrechung dieser Antinomik durch eine „entschlossene" Tat der Praxis, in der die Freiheit

schließlich notwendig triumphiert über die Unfreiheit. So tief gründet das
Wesen der Freiheit als Notwendigkeit im Dasein, daß sie auch noch über
das Dasein selbst zu bestimmen vermag.

c) Die Zeitlichkeit der Welt der Praxis

Wir haben zur Genüge gesehen, daß Ellen Wests praktische Betätigung
nicht eigentlich im Dienst der existenziellen Selbstigung steht, sondern
weithin dem Ehrgeiz nach einem unsterblichen Namen, der Weltverbes-
serungstendenz und gerade der Sucht nach Selbst*vergessenheit* und *Zerstreuung* entspringt. Diese Tätigkeit ist größtenteils eine Sucht nach Selbst-
betäubung, wie sie ja auch Ellen West selbst mit dem Opium vergleicht.
Süchtig ist das Dasein hier also nicht nur in bezug auf Süßigkeiten und
dickmachende Nahrung überhaupt, sondern auch in bezug auf die Selbstvergessenheit, auf das Davonlaufen vor sich selbst. Daher das Unruhige,
Unverweilende in ihrer praktischen Tätigkeit, die Aufenthaltslosigkeit und
Sucht nach Neuem[41]. Ihrem eigensten Selbstsein „entspringend", also sowohl die *eigentliche* Zukunft nicht auf sich zukommen lassend, als auch nicht
eigentlich gewesen-sein-könnend, kommt es auch zu keinem „unverstellten",
sachlichen Begegnen-lassen-von-etwas, wie es der *eigentlichen* Gegenwart,
als der Zeitlichkeit des *umsichtigen* Besorgens oder Handelns entspricht. Insofern handelt es sich im Grunde nie nur um „die Sache selbst", die nur dem
eigentlichen Selbst (und dem dualen Wir) wirklich „begegnen" kann. Die
Umgangssprache sagt mit Recht, es handle sich hier nicht um „sachliche",
sondern um „persönliche Motive". Da Ellen West aber auch existenzielle
Tendenzen zeigt, versucht sie krampfhaft, in diese Zerstreuung Ordnung zu
bringen. An Stelle der eigentlichen Zeitigung des Reifens sehen wir aber
nur ein „Besorgen von Zeit", ein pedantisches Einteilen „ihrer Zeit" und
ein krampfhaftes, unruhiges *Ausfüllen* derselben[42]. Das alles aber gehört
zur Zeitlichkeit des *Verfallenseins* an die Welt, aber weder zur Zeitlichkeit
des umsichtigen Besorgens noch erst recht zu der des theoretischen Ent-
deckens oder künstlerischen Gestaltens. Das Dasein vermag sich auch hier
nicht *eigentlich* zu zeitigen, nicht in der *eigentlichen* Gegenwart des (existenziellen) Augenblicks zu halten, m.a.W. es vermag nicht „im Augenblick"
entschlossen auf die erschlossene *Situation* „da" zu sein. Nur die eigentliche *Entschlossenheit* erschließt das Da des Daseins als *Situation*. „Daher
vermag dem Entschlossenen das Erschlossene nie so zu begegnen, daß er

---

[41] Nichts steht dieser Ungeduld ferner als eine Einsicht, wie sie der Vers *Valérys* ausspricht: Tout ici bas peut naître d'une patience infinie.

[42] Das Umkreisen ihrer Begleitung in Sizilien, „um nicht dick zu werden", ist nur ein
besonders prägnantes Beispiel für das „Ausfüllen" der Zeit.

daran unentschlossen seine Zeit verlieren könnte"[43]. Auch das Schreiten *auf*
der Erde, das Handeln oder die Praxis, ist also im Falle Ellen Wests kein
bedächtiges, umsichtiges, sondern ein sprunghaftes, krampfhaft-gespanntes
Schreiten, bedroht sowohl von der Tendenz zum Fliegen und Entfliegen,
als erst recht von der zum Kriechen, zur „Apathie". Überall finden wir die
Zeitlichkeit im Falle Ellen West mehr oder weniger in ihre einzelnen Ekstasen auseinanderfallend, d.h. einer eigentlichen, reifenden oder existenziellen
Zeitigung ermangelnd. Das ist der *Grundzug* dieses Daseins, dem sie, wie
wir sahen, erst in der Entschlossenheit zum Selbstmord zu entgehen vermag.

Von ihr aus fällt auch wieder ein besonders helles Licht auf die Freßgier
und die Angst vor dem Dickwerden: Das *Ausfüllenmüssen* der Zeit, dieses
„Besorgen von Zeit", ist ja nur wieder ein besonders deutlicher Zug des
krampfhaften Ausfüllungsbedürfnisses, des Bedürfnisses, *die existenzielle
Leere auszufüllen*. Diese Leere ist aber nichts anderes als ein Phänomen
der Zeitlichkeit des Daseins; daher kann sie auch „mit Zeit", wenn auch
nur notdürftig, künstlich und vorübergehend „ausgefüllt" werden. Diese
Ausfüllung ist also ein Notbehelf. Sie wird, wie das Nahrungsbedürfnis, zur
Begierde, ja zur Süchtigkeit, je mehr die Existenz sich entleert (und umgekehrt. Vgl. das *ruhige Warten* auf den Tod nach erfolgtem *existenziellem*
Entschluß!). Das Ausfüllenmüssen des Bauches mit Essen und seine Perpetuierung im Dickwerden ist nur eine andere (wenn auch sehr unzweckmäßi-
ge) Art des Ausfüllenmüssens der existenziellen Leere. Ihr Gier- oder Sucht-
charakter hat aber denselben Ursprung wie die Sucht nach Ausfüllen der
Zeit, das Bedürfnis nämlich, dem Phänomen der Leere zu entgehen. Die
Angst vor dem Essen und Dickwerden entspringt aber nicht der Angst vor
dem Ausfüllen als solchem – sonst müßte Ellen West auch Angst vor dem
Ausfüllen der Zeit haben –, sondern dem Grauen vor der Ausfüllung im Sinne der *rein genießerischen* Begierde. Erst als Ellen West den Entschluß zum
exogenen Tod, zum Selbstmord, gefaßt hat, wo sie existenziell also nicht
mehr leer ist, sondern „ganz erfüllt" von diesem Ziel, wo also noch einmal
„etwas läuft", *hat* sie wieder *Zeit*, braucht sie die Zeit nicht mehr gierig
auszufüllen und hat sie wieder *ungetrübten* Genuß an Süßigkeiten. Sowohl
„die Zeit" als das Essen sind jetzt noch einmal *harmlos* geworden. Erinnern
wir uns aber, daß ja auch das Genießen ein Zeitigungsmodus ist, und zwar
ein uneigentlich gegenwärtigender oder uneigentlich augenblicklicher, sich
weder aus der Zukunft noch aus der Vergangenheit zeitigender. Schon deswegen ist er, wie erst recht die Genußsucht und jede Sucht, ein untaugliches
Mittel, die existenzielle Leere auszufüllen, das Dasein aus dem Verfallensein zurückzuholen auf das eigentliche Selbst. Der Genuß wird ja dadurch

---

[43] *Heidegger*, a.a.O. S. 410. – Zum Verständnis des so wichtigen ontologischen und
anthropologischen Tatbestandes der *Situation* vgl. außerdem Sein und Zeit, S. 299, 326
ff., 338, 384, 391.

gerade zur Genuß*sucht* und Gier, daß er als *rein momentane* Befriedigung und Beruhigung, das Dasein immer wieder von neuem in die existenzielle Leere stellt und es daher immer wieder von neuem gerade der Welt (der Nahrungs- oder Giftwelt) verfallen sein läßt. An Stelle der Möglichkeit eigentlicher Zeitigung oder Reifung tritt das Verfallensein an die objektive, erlebnistranseunte oder Weltzeit. Das Dasein ist in solchen Fällen nur noch angewiesen auf die und abhängig von den *Zeitpunkten* des Auftretens des Hungers und der Gelegenheiten zu seiner möglichen Befriedigung (Mahlzeit, Alkoholgenuß, Spritze, sexuelle Befriedigung). Der circulus vitiosus, die Schlinge, ist damit geschlungen, die Gefangenschaft ist vollkommen.

Bemerken wir zum Schluß aber auch, daß Ellen West die Zeitspanne, die ihr zwischen dem Entschluß zum Selbstmord und dem Einnehmen des Giftes bleibt, doch nur wieder *„ausfüllt"*, zwar nicht mehr mit hastiger Gier und hastigem Verschlingen, sondern mit „geistiger" Lektüre, Spaziergang und harmlosem Essen. Erlebt sie die Grenze des Lebens zwar entschlossen als eigentliche Grenz*situation* und wird sie insofern ein eigentliches Selbst, so vermag sie doch auch jetzt nicht *über* sich selbst *hinaus*zuwachsen.

d) Rückblick und Ausblick

Von eigentlicher Existenz, von der Zeitigung im Sinne des *eigentlichen singularen Modus*, können wir im Falle Ellen West erst sprechen angesichts des Todes. Wohl gewahrten wir schon früher gewisse „existenzielle Tendenzen"[44], sie wurden aber erstickt durch den *un*eigentlichen singularen Modus, durch den (pluralen) eigenwilligen *Umgang* mit sich selbst. Wo dieser Modus das Dasein beherrscht, vermag es sich nicht nur nicht im Sinne eigentlicher Existenz oder Selbstigung stätig zu erstrecken, sondern auch nicht aufzuhalten in *einer* Welt! Das in diesem Modus zutage tretende Verfallensein an Welt überhaupt bringt es mit sich, daß es nicht nur zu ganz verschiedenen, disparaten Formen des Selbstseins kommt, sondern daß auch die Welt zerfällt in mehrere disparate Welten. Wollen wir eine solche Daseinsweise mit *einem* Wort bezeichnen, so gibt es auch vom neutralen daseinsanalytischen Standpunkt aus kein treffenderes Wort als das Wort *Verzweiflung*. Diese Verzweiflung hat wieder sehr mannigfaltige Unterformen, die sich je nach ihrem Zeitigungs- und ihrem Räumlichungscharakter und dem Charakter ihrer materialen Gewandung, Belichtung usw. näher beschreiben lassen. In unserm Falle zeigt die Zeitigung den Charakter der Daseinsverkürzung oder Daseinsschrumpfung, nämlich des Herabsinkens ihrer so reich und beweglich gegliederten ontologischen Struktur auf ein *mindergegliedertes* Niveau: die Einheit dieser Struktur fällt in ihre

---

[44] Vgl. hiezu Grundformen, S. 453 ff.; AW 2, S. 408ff.

verschiedenen Ekstasen auseinander; das ontologische Verhältnis der Ekstasen zueinander löst sich auf, die Ekstase Zukunft tritt immer mehr zurück, die Ekstase Gewesenheit überwiegt, ineins damit wird die Gegenwart zum bloßen Jetzt oder bestenfalls zur bloßen Zeit*spanne*. Hinsichtlich der *Räumlichung* wirkt sich diese Wandlung des Zeitigungsmodus aus als *Einengung* und *Leere* der Welt, hinsichtlich der *materialen Konsistenz* als ihre Versumpfung oder Vererdung, hinsichtlich ihrer *Belichtung* und *Farbigkeit* als *graue* Verdüsterung und *schwarze* Verdunkelung, hinsichtlich ihrer *Beweglichkeit* als *Erstarrung*. Und all das ist – gemäß der unlöslichen Einheit von Welt und Selbst – natürlich Ausdruck des veränderten Selbstseins, der *existenziellen* Enge und Leere, der *existenziellen* Versumpfung, Verdüsterung und Erstarrung.

Daß das Dasein diese Erstarrung aber noch einmal zu durchbrechen, daß es noch einmal den Kerker der Gewesenheit zu sprengen und mit der *Welt* eigentlicher Gegenwart zu vertauschen, also noch einmal eigentlich und ganz es *selbst* zu werden vermag, das zeugt von der Macht der Freiheit im allgemeinen und bis zu einem gewissen Grade auch noch in der „schleichenden" Form der Schizophrenie. Machen wir uns aber nochmals klar, unter welchen Bedingungen diese Macht sich hier noch einmal zu entfalten vermag! Es ist keine alltägliche Situation, es ist auch keine bloß schwierige oder bloß lebenswichtige Situation, in deren Eingreifen das Dasein hier noch einmal zu sich selbst kommt, sondern die völlig einzigartige Situation, in der das Dasein als solches sich dem Nichts überliefert. Es bedurfte also nicht einer beliebigen, sondern der *äußersten* Entscheidung überhaupt, damit die Welt noch einmal aufleuchtete, das Selbst noch einmal wirklich existierte. Was hier, in einem wenig fortgeschrittenen Fall, der Selbstmord bedeutet, Bedingung nämlich der Möglichkeit des Durchbruchs der Erstarrung, bedeutet in fortgeschrittenen Fällen und bei primitiveren Persönlichkeiten etwa ein Mord, eine Gewalttat überhaupt, eine Brandstiftung oder das langsame Verbrennenlassen der Hand im Ofen, um ein Opfer zu bringen und mit diesem Opfer auf einen geliebten Menschen einen entscheidenden Eindruck zu machen, wie ich es selbst einmal feststellen konnte. Oft sind es bekanntlich aber auch besondere äußere Situationen und Geschehnisse, durch die die Erstarrung durchbrochen wird, eine körperliche Krankheit, der plötzliche Tod eines Angehörigen, ein Überfall, ein Schreck u. dgl. Was wir als Psychiater „von außen" als eine auffällige, bizarre, krankhafte „Tat eines Schizophrenen" beurteilen und registrieren, läßt sich daseinsanalytisch verstehen als ein, oft letzter, Versuch des Daseins, zu sich selbst zu kommen! Das aber ist, wie wir gesehen hahen, ein Problem der Zeitigung. Wo auch ein solcher Versuch nicht mehr möglich ist, wo überhaupt „nichts mehr läuft", da sprechen die Kranken oft selber von einem Aufhören „der Zeit" im Sinne einer sich gleichbleibenden ewigen Zeit[45], in der keine Entschließung mehr möglich ist und jede Verständigungsmöglichkeit aufhört. Desgleichen wissen „geniale" Kranke aber auch um die Tragik des verzweifelten Ringens, „*zu sich selbst* zu kommen", des „närrisch-wilden Nachsuchens nach einem Bewußtsein". So der kranke *Hölderlin* in seinen Anmerkungen zum König Ödipus. Aber auch darum wußte *Hölderlin*, daß es, um zu sich selbst zu kommen, besonderer Daseinsbedingungen bedarf, eines besonderen Glückes oder, wenn es das nicht mehr sein kann, wenigstens eines Schrecks durch irgend etwas:

> „O du, des Aethers Tochter! erscheine dann
> Aus deines Vaters Gärten, und darfst du nicht
> Mir sterblich Glük verheißen, schrök' o
> Schröke mit anderem nur das Herz mir"[46].

III. Ewigkeit

Wenn wir von Ewigkeit sprechen, sprechen wir nicht mehr vom In-der-Welt-Sein, sondern vom In-der-Welt-*über*-Welt-hinaus-sein, vom *dualen* Modus des Menschseins, oder dem Wir von Ich und Du in der Liebe. Hier ist nicht mehr die Rede von Existenz (Selbstsein), Zeit und Raum, sondern von Wirsein, Ewigkeit und Heimat. Gegenwart heißt hier nicht mehr unverstelltes *Begegnenlassen* dessen, was die Entschlossenheit handelnd ergreift, heißt also nicht mehr entschlossenes Erschließen der *Situation* (vgl. S. 108 und 142), sondern *Begegnung* von Ich und Du im ewigen Augenblick der Liebe. Hier handelt es sich nicht mehr um ein *Seinkönnen*, sondern um ein *Sein*dürfen, nicht mehr um eine *Selbstbemächtigung* des Grundes, sondern um eine *Wirbegnadung* vom Grund aus.

---

[45] Vgl. z.B. die Selbstschilderung im Fall Hahnenfuß von *K. Beringer* und *W. Mayer-Groß*, Z. Neur. 96, 1925, S. 233: „*Der Grundzug und Kernpunkt der Tragik des Irren* besteht darin, daß wie schon angedeutet ein Zeitmaßstab überhaupt nicht vorhanden ist und die ganze seelische Beschaffenheit ebenso gut als ewig angenommen werden kann, daß also im Grunde genommen eine Verständigung nach jeder Richtung hin überhaupt ausgeschlossen ist und jede freie Entschließung von vornherein gelähmt ist."

[46] An die Hoffnung. – Erst recht verständlich wird diese (letzte) Strophe des Gedichts in unserem Zusammenhang durch die zweite Strophe:

> „Wo bist du? wenig lebt' ich, doch athmet kalt
> Mein Abend schon, und stille, den Schatten gleich,
> Bin ich schon hier; und schon gesanglos
> Schlummert das schaudernde Herz im Busen."

Wie sehr Kälte, Stille, Schatten, Schauder an die Welt unserer Kranken erinnern, braucht kaum bemerkt zu werden.

Obwohl oder gerade weil der *eigentliche* Modus des Menschseins, ist der duale Modus der versteckteste, ja erdrückteste. Wie es in der Geschichte der Menschheit sehr lange gedauert hat, bis er in der *Religion* der Liebe, im Christentum, zum Durchbruch gelangt ist, und wie dieser Durchbruch dann aber das geistige Antlitz der Menschheit gewandelt hat, so stehen seinem Durchbruch auch im Einzeldasein die größten Hindernisse entgegen, um es aber dann, wenn der Durchbruch erfolgt ist, von Grund aus zu verwandeln; denn jetzt ist das Dasein nicht mehr endliches, von Klippe zu Klippe geworfenes In-der-Welt-Sein, sondern, unbeschadet dieses In-Seins, in der unendlichen Fülle von Heimat und Ewigkeit geborgenes Dasein.

Fragen wir uns, ob und inwieweit in der Daseinsgestalt, die unter dem Namen Ellen West fortlebt, der duale Modus zum Durchbruch gelangt ist, oder ob und warum er durch sie nur hindurchscheint, so stehen wir vor der subtilsten Frage unserer ganzen Untersuchung; denn gerade da, wo es sich um Liebe handelt, ist der Grund nicht erreicht, wenn man nach Gründen frägt. Gerade hier müssen wir uns daran genügen lassen, das Geheimnis zu umkreisen, das jede Daseinsgestalt „im Grunde" *ist*.

Wenn ein Dasein, wie im Falle Ellen West, in so hohem Maße beherrscht wird von den Daseinsformen des Todes, der Angst und der Schuld, so heißt das, daß es in besonders hohem Maße beansprucht wird als *einzelnes*. Wo das Dasein in so ausschließlicherweise als einzelnes beansprucht wird, und erst recht, wo es in solchem Maße als verzweifeltes einzelnes existiert und diese Verzweiflung erst abzuwerfen vermag mit der Preisgabe des Lebens, da ist die Liebe, die das Dasein als duales beansprucht, d.h. in den Daseinsmöglichkeiten der Ewigkeit, der heimatlichen Geborgenheit, der Unschuld und der wahren Bildung, offenbar *nicht* zum Durchbruch gelangt. Das zeigt sich u.a. schon daran, daß Ellen West nicht warten kann, nicht einmal auf den Tod, daß sie vielmehr dauernd Angst hat, „Zeit zu verlieren", selbst im Hinblick auf den Entschluß zum Tod, während die Liebe die patience infinie selbst ist und keineswegs der „Narr der Zeit" (time's fool), wie *Shakespeare* es so lapidar ausgedrückt hat. Aber auch daran zeigt es sich, daß Ellen West nicht zu *wahrer* Bildung gelangt ist, daß es ihr nicht vergönnt war, sich irgendeiner der großen „geistigen Objektivitäten" (der Religion, der Kunst oder Wissenschaft, der Politik oder Bildung) in liebender Imagination ganz hinzugeben.

Und doch scheint der duale Modus auch in dieser Daseinsgestalt hindurch, wie es ja kaum einen Menschen geben wird, in dem kein Keim von Liebe zu entdecken ist. Schon angesichts ihres Leidens unter der „sozialen Ungerechtigkeit" (S. 76f.) haben wir bemerkt, daß dieser Keim zwar vom Ehrgeiz überschattet, ja unterdrückt wird, daß dieses Dasein aber seine Leere und Armut nicht derart qualvoll, nämlich nicht nur als Last, sondern als Hölle erlitten hätte, wenn es nicht ein geheimes Wissen von der

Möglichkeit des Über-die-Welt-hinaus-Seins gehabt hätte. Wir sprachen ferner von einer Ahnung einer solchen Möglichkeit angesichts der verschiedenen Gestalten, die der Tod in ihren Augen angenommen hat. Der Tod ist für Ellen West ja nicht *nur* das Nichts. Das Nichts ist er für ihren Verstand und ihr praktisches Handeln, den Selbstmord. Von der Gruftwelt aus gesehen ist er das Ende des existenziellen Fäulnisprozesses; von der ätherischen Welt aus ist er eine erotisch-legendäre (Meerkönig), eine erotisch-religiöse (Gott-Vater), eine erotisch-ästhetische (herrliche Frau, weiße Astern im dunklen Haar), eine erotisch-poetische Gestalt (der große Freund). Überall sehen wir hier die Liebe, wenn auch nicht in wahrer, sondern in ätherisch-mystischer oder ätherisch-leidenschaftlicher „Verfallsform"[47], immerhin wenigstens hindurchschimmern. Aber auch der Bericht zeigte uns mehr oder weniger verhüllte Du-Gestalten: die Kinderfrau, Vater und Mutter, der jüngere Bruder, der Student und der Gatte, die ätherischen Freundinnen. Einen Hinweis auf Ellen Wests Du-Bereitschaft gab uns aber auch die lebenslängliche Anhänglichkeit und Dankbarkeit vieler unter den ihrer Fürsorge Anvertrauten und gibt uns vor allem die tiefe Liebe, die der Gatte ihr entgegenbrachte und, wie wir hinzufügen, ihr lebenslang bewahrt hat. Aber schon dem Leser des Berichts muß Ellen West nicht nur als Objekt des Interesses gegenübergestanden, sondern auch als Du begegnet sein. Und schließlich bricht ein wahres Wissen um wahre Liebe noch durch, je näher sie sich dem Tode fühlt.

Aber auch das Leben Ellen Wests *angesichts* des Todes kann von der Ewigkeit her verstanden werden. Wenn sie erst angesichts des Todes Trotz und Eigensinn, Ehrgeiz und Phantastik, ja „die Angst des Irdischen" überhaupt völlig von sich zu werfen vermag, wenn sie schon in der Nähe des Todes und erst recht angesichts desselben nicht nur *zu sich selbst kommt*, sondern auch wieder derart *von sich selbst* und der Welt loskommt, so gewahren wir auch hier wieder einen positiven Sinn des Nichts: Erst angesichts des Nichtseins steht Ellen West tatsächlich im Sein, triumphiert sie in ruhiger Gelassenheit über die Endlichkeit des Seins, auch des ihrigen. Das aber ist nur möglich, wo das Dasein sich als Gestalt dieses Seins, als vergänglicher Zug ewigen Gestaltwandels, weiß oder ahnt. Dieses Wissen oder Ahnen aber ist das Wissen oder Ahnen der Liebe.

Daß dieses Wissen erst durchbricht angesichts des Todes und sich nicht durchzusetzen vermag „im Leben", das zeigt, wie ungeheuer der Druck war, unter dem dieses Dasein von Anbeginn an stand. Daß es trotzdem noch durchzubrechen vermochte, vermag einen Begriff zu geben von der Macht des dualen Modus im Menschsein.

---

[47] Vgl. Grundformen, S. 160 ff.; AW 2, S. 143ff.

C. Daseinsanalyse und Psychoanalyse

Auch die Psychoanalyse hat zur Erfahrungsgrundlage die *Lebensgeschichte*, ja sie *ist* eine eigenartige, auf Naturgeschichte reduzierte *Form* von „Geschichte". Diese Eigenart erstreckt sich auf alle drei Stufen historischer Forschung, auf die Heuristik, die Kritik und die Interpretation[48]. Schon hinsichtlich der Heuristik, der Herbeischaffung des historischen Erfahrungsmaterials, geht sie aber ihre eigenen Wege. Sie achtet nicht nur auf eine peinlich genaue und ausführliche Herbeischaffung des Materials, sondern hat uns auch eine neue Methode der Heuristik geschenkt. Dabei bevorzugt sie bekanntlich in höchstem Maße die *ätherische Welt*, wie wir im Anschluß an unsern Fall sagen können, nämlich Phantasie- und Traumwelt. Schon damit setzt sie sich in Gegensatz zur Daseinsanalytik, die *alle* möglichen Weltentwürfe menschlichen Daseins herauszuarbeiten unternimmt, getreu der schon von *Hegel* festgestellten Tatsache, daß die Individualität ist, was ihre Welt (ihre *gesamte Welt*) *als die ihre* ist. Jene Bevorzugung hat ihren Grund darin, daß das Wünschen (das „Lustprinzip") die eigentliche Bedeutungsrichtung ist, in die *Freud* den Menschen einspannt. Das hängt wieder aufs engste zusammen mit *Freuds* Anthropologie, d.h. mit seiner *Idee* vom Menschen. Während die Daseinsanalyse mit keiner anderen Betrachtung an das menschliche Dasein herantritt als mit der unbestreitbaren Feststellung, daß der Mensch in der Welt ist, Welt hat und sich zugleich über die Welt hinaus sehnt, tritt *Freud* an den Menschen heran mit der (sensualistisch-hedonistischen) Idee vom Naturmenschen, dem homo natura, wie sie in meinem Wiener Festvortrag dargestellt wurde[49]. Nach dieser Idee, die nur möglich ist auf Grund einer Destruktion des Menschseins überhaupt und einer *natur*wissenschaftlich-biologischen Rekonstruktion desselben, erfolgt die gesamte *Kritik* und *Interpretation* des historischen Erfahrungsmaterials: Die Geschichte wird Naturgeschichte, wesensmäßige Möglichkeiten menschlichen Existierens werden zu genetischen Entwicklungsprozessen. Der derart rekonstruierte Mensch ist „im Grunde" ein getriebenes oder Triebwesen, seine Natur ist Triebhaftigkeit. Wenn es sich dabei in erster Linie um libidinöse Triebhaftigkeit handelt, so deswegen, weil die Sexualität von *Freud* durchaus als die eigentliche *geschichtsbildende* Macht innerhalb der individuellen Lebensgeschichte betrachtet wird, im Gegensatz gerade zur Daseinsanalyse. Da die psychische Repräsentanz der Triebhaftigkeit im *Wunsch* gesehen wird, gelangt die ätherische oder Wunschwelt zu ihrer einzigartigen Bedeutung in diesem Menschenbild, das, wie bekannt, schließlich so weit reduziert wird, bis es in das theoretische Schema eines „Apparates" psychischer

---

[48] Vgl. *L. Binswanger*, Erfahren, Verstehen, Deuten in der Psychoanalyse. 1926a; in 1955a u. in AW 3.

[49] Vgl. *Freuds* Auffassung vom Menschen im Lichte der Anthropologie. 1936c; in 1947.

Mechanismen aufgeht. In der Herausarbeitung der Funktionsweisen dieses Apparates, seiner phylogenetischen und ontogenetischen, unter dem Primat der Sexualität stehenden Naturgeschichte und seines Reagierens auf lebensgeschichtliche Um- und besonders Mitweltfaktoren erblicke ich mit *Freud* selbst die eigentliche Leistung der Psychoanalyse, ihre eigentliche Genialität, die aber, wie die meisten genialen Leistungen, nur so lange wissenschaftlich fruchtbar ist, als sie in ihrer Einseitigkeit erkannt und gewürdigt wird.

Da die Daseinsanalyse das Menschsein in allen seinen Daseinsformen und deren Welten auszuarbeiten unternimmt, in seinem Seinkönnen (Existenz), Seindürfen (Liebe) und Seinmüssen (Geworfenheit), die Psychoanalyse aber nur in einer einzigen, nämlich der letztgenannten, ist es klar, daß die Daseinsanalyse die psychoanalytischen Grundbegriffe und Erkenntnisse zu erweitern und zu vertiefen, die Psychoanalyse aber die daseinsanalytischen Formen nur zu verengen und zu verflachen, d.h. auf die Ebene ihres (einseitig naturalistisch-evolutionistischen) Gesichtspunktes zu reduzieren vermag. Dazu kommt aber vor allem, daß die Daseinsanalyse auf phänomenologischem Boden steht und mit phänomenologischer Methode arbeitet, das Menschsein also nicht gegenständlich, d.h. als ein gleich andern Gegenständen in der Welt seiendes („vorhandenes") und erst recht nicht als einen Naturgegenstand betrachtet, sondern das Phänomen seines In-der-Welt-*seins* untersucht, von welchem Phänomen aus erst verstanden werden kann, was der Weltentwurf im Sinne der Naturwelt überhaupt bedeutet.

Nach dieser Vorbemerkung, hinsichtlich derer ich im einzelnen auf mein Referat „Über Phänomenologie"[50], den erwähnten Vortrag und die „Grundformen" verweisen muß, wenden wir uns nun der Frage zu, wie sich das Verhältnis von Daseinsanalyse und Psychoanalyse in unserm speziellen Fall gestaltet. Die Themen, die hierfür in Betracht kommen, sind die von dem zweiten Analytiker aufgestellten „Gleichungen":

A. schlank = geistig; dick = jüdisch, bürgerlich.

B. Essen = Befruchtet- und Schwangerwerden.

Die letztere Gleichung wird uns insbesondere beim psychoanalytischen Deutungsversuch des dritten Traumes beschäftigen.

Was zunächst die beiden psychoanalytischen Gleichungen A: *schlank = höherer geistiger* (weicher, blonder, arischer) *Typus, dick = bürgerlich-jüdischer Typus* betrifft, so sind diese Gleichungen nicht zu verstehen aus einer direkten Beziehung der beiden Seiten zueinander, sondern nur aus der Gemeinsamkeit der Welten, denen beide Glieder der Gleichung zugehören, und zwar aus ihrer Zugehörigkeit zur ätherischen Welt in der ersten, zur Gruftwelt in der zweiten Gleichung. Wir dürfen daher nicht etwa sagen, schlank

---

[50] 1923, in 1947 u. in AW 3.

„bedeute" den höheren, dick den jüdischen Typus. Die Daseinsanalyse zeigt,
daß hier kein einseitiges Bedeutungs- oder symbolisches Verhältnis von einem Glied der Gleichung zum andern vorliegt, sondern eine beiden Gliedern
auf Grund ihrer Zugehörigkeit zu derselben weltlichen Bedeutsamkeit zu-
kommende *gemeinsame Bedeutung*, die Bedeutung des leichten Ätherischen
in der ersten, die des schweren Bedrückenden in der zweiten Gleichung.
Haben wir doch, um nur auf die letztere Bedeutsamkeit zurückzukommen,
gezeigt, daß die familiäre Mitwelt, die kleine Welt des Alltags, gleicherweise
die Bedeutung der Gruft, des bedrückenden Eingemauertseins, angenommen hat wie die leibliche Hülle; gegen *beide* Mauern lehnt Ellen West sich
auf, gegen beide schlägt sie leiblich oder geistig „mit den Händen". Nur
wenn man im Menschsein von vornherein ein Primat der Sensationen oder
„Empfindungen" *voraussetzt*, kann es hier zu einer „symbolischen" Beziehung *zwischen* den einzelnen Gliedern der Gleichung als solchen kommen.
Die Daseinsanalyse weiß aber nichts von einem solchen, einer rein philosophischen und psychologischen Theorie zuliebe hypothetisch angenommenen
Primat, wie ihr Empfindungen überhaupt nichts Erstes und nichts Letztes
sind. Für sie stehen die Ablehnung der Mitwelt und die Ablehnung der
Dickheit auf derselben Ebene „nebeneinander". Während Ellen West sich
dem Druck der Mitwelt aber entziehen kann und tatsächlich immer mehr
entzieht, vermag sie dem Druck des Dickseins um so weniger zu entfliehen,
als die Freßgier dieser Flucht entgegenarbeitet.

Was von den beiden erwähnten Gleichungen gilt, gilt auch von der von
dem Analytiker nicht erwähnten Gleichung: schlank = ätherische Freundin
= jung, hübsch (wozu zu ergänzen ist: dick = behäbige Matrone = alt,
häßlich). Auch in diesen beiden Gleichungen haben wir es mit zwei *Welten*
zu tun, der ätherischen Welt des aufsteigenden Lebens in der ersten, der
„massigen" Welt des absteigenden Lebens in der zweiten Gleichung. Auch
hier kann man nicht sagen, der Wunsch nach Schlankheit „bedeute" den
(identifikatorischen) Wunsch nach Jugend und Schönheit, die Angst vor
dem Dickwerden „bedeute" die Angst vor dem Altern und Häßlichwerden,
vielmehr gehören beide Wünsche und Ängste deswegen zusammen, weil sie
derselben Wunsch- oder derselben Angstwelt zugehörig sind. Auch hier ist
die jeweilige Welt das Entscheidende, nicht der jeweilige bestimmte Wunsch
und die jeweilige bestimmte Angst! Das ist eine der wichtigsten Einsichten
der Daseinsanalyse und einer der Hauptgegensätze zwischen ihr und der
Psychoanalyse.

All das wird noch klarer, wenn wir uns der zwar ungleich schwieriger
aufzulösenden Gleichung B: *Essen = Befruchtet-, Schwangerwerden* zuwenden, zu der unser *dritter Traum* einen interessanten Beitrag liefert. Wir
hörten zwar vom zweiten Analytiker, Ellen West habe diese Gleichung „anerkannt". Wenn der Analytiker aber diese Gleichung und insbesondere das

Essen von Schokolade, mit der Analerotik in Zusammenhang bringt, so erklärte jedoch Ellen West selbst, daß sie mit der Analerotik nicht das geringste anzufangen wisse. Infolgedessen bleibt ihre „Anerkennung" offenbar an der Oberfläche.

Was zunächst die *Analerotik* betrifft, so finden wir im Falle Ellen West sicherlich einige sehr ausgesprochene Züge des „analen Charakters", den ungeheuren Trotz und Eigensinn, sowie eine große Pedanterie in der Ausfüllung ihrer Zeit. Im übrigen fanden wir aber keine Züge ausgesprochener Pedanterie und vor allem keinerlei Andeutungen von Geiz. Jedoch ist das uns vorliegende psychoanalytische Material viel zu dürftig, die Kindheitsphase vor allem viel zu undurchsichtig, um irgend welche bindende psychoanalytische Schlüsse ziehen zu können. Wenn schon die Gleichung Schokolade–Kot lebensgeschichtlich nicht nachgewiesen und dokumentiert werden konnte, so erst recht nicht die nach psychoanalytischer Erfahrung sich daran anschließenden Gleichungen Kot–Geld und Kot–Kind. Wenn wir trotz alledem auf die psychoanalytische Deutung unseres Spezialfalles eingehen, so deswegen, weil wir an ihr den prinzipiellen Gegensatz von Daseinsanalyse und Psychoanalyse zu demonstrieren vermögen. Hierzu eignet sich das Thema der Analerotik ganz besonders.

Der Grundzug der Analerotik ist das zähe Bei-sich-behalten oder Nicht-von-sich-geben. Es ist eine sehr wichtige Einsicht der Psychoanalyse, mit der die Daseinsanalyse völlig übereinstimmt, daß ein solcher Grundzug nicht an die Unterscheidung leiblich-seelisch gebunden ist, sondern sich über sie hinwegsetzt. Damit hört aber die Übereinstimmung auch auf. Die Daseinsanalytik frägt auch hier zu allererst, welcher Weltentwurf der Analität zugrunde liegt. Gerade im Hinblick auf den Fall Ellen West wird uns die Antwort leicht: In diesem Weltentwurf ist die Mannigfaltigkeit und Vielgestaltigkeit der Welt reduziert auf die Gestalt des *Loches*. Die Form des Seins *in* einer solchen Welt ist die des Beengt- oder Bedrücktseins; das Selbst, das eine solche Welt entwirft, ist ein „leeres", nur auf Ausfüllung der Leere bedachtes Selbst. Infolgedessen geht eine ausgesprochene Analität einher mit einer ausgesprochenen Oralität, einer Gier zur „Einverleibung". Da dieser Ausdruck aber, wie die Psychoanalyse sehr richtig gesehen hat, nicht auf die Leibsphäre beschränkt bleibt. sprechen wir besser von Aneignung, aber im Sinne bloßer Ausfüllung[51]. Die „Kategorie", die diesen Weltentwurf, das Sein in ihm und das ihn entwerfende Selbst gleichermaßen beherrscht, ist einzig und allein die der Leere und Völle, des Leer- und Vollseins, des dar-

---

[51] Auch im Falle Ellen West zeigte sich die Ausfüllungsgier ja keineswegs nur in Form der Freßgier und des Hungers, sondern in Form ihrer Lebens- und Machtgier, ihres Lebens- und Machthungers („Ehrgeiz") überhaupt. Ellen West beißt in alles Leben gierig hinein, sie hat, um den treffenden Ausdruck des in der Heredritätsübersicht erwähnten Gelehrten zu verwenden, ein sehr „kräftiges Lebensgebiß".

benden und des satten Selbst. Der Grundzug einer solchen Daseinsform ist
die *Gier*, das Sich-stürzen-auf. Diese Daseinsbewegung hat, wie wir oben
gesehen haben, den zeitlichen Charakter der Plötzlichkeit, den räumlichen
der Nähe. Die Welt, in der ein solches Dasein „sich bewegt", ist zeitlich orientiert nach dem bloßen Jetzt der Ausfüllungsmöglichkeit und dem bloßen
Hier des Füllsels, eine solche Welt ist licht- und farblos (düster), eintönig
und einförmig, mit einem Wort freudlos oder trist. Dieser entleerten Welt
entspricht, ja für sie ist Voraussetzung das existenziell leere Selbst, die *existenzielle Leere* und ihr entsprechend der *existenzielle Druck*. Beide Charakterisierungen finden wir im Anfang unseres Berichts über Ellen West,
und wir begegnen ihnen wieder am Schluß in der Formulierung: „Es bleibt
das große unausgefüllte Loch" (S. 91). Wo die Welt nur noch Loch ist, ist
auch das Selbst (leiblich wie geistig) nur noch Loch; sind doch Welt und
Selbst reziproke Bestimmungen (nach dem nicht oft genug zu wiederholen-
den Satz, daß die Individualität ist, was ihre Welt als die ihre ist).

Der Weltentwurf, der der Analität (und Oralität) zugrunde liegt, ist
also der der Welt als Loch, Gruft oder Grab. Der (pseudo-)existenzielle
Modus des In-seins in der Welt als Loch ist die *Gier* als die Kehrseite des
Unausgefüllt- und Ungesättigtseins, der existenziellen Leere überhaupt. Als
Gier führt sie aber nicht zur *eigentlichen* Aneignung oder *Fülle*, sondern
nur zur *Völle*. Das aber heißt, daß, was „eben noch" den Charakter des
Anziehenden, Verlockenden, Verführerischen hatte, „jetzt" den des „Unin-
teressanten", ja des Abstoßenden, Widerwärtigen, Ekelerregenden hat: Das
aufsteigende Leben schlägt um in das absteigende Leben, das Wachsen,
Blühen, Gedeihen in das Welken, Modern, Faulen. Je ungestümer und un-
gehemmter das Leben „in den Äther" aufsteigt, desto rascher und tiefer
fällt es wieder herab und wird zur Gruft, die dem Dasein wie ein Bleige-
wicht anhängt und es niederzieht in den Tod; denn die Gier nach Völle
vermag die existenzielle Leere nicht auszufüllen, sondern nur momentan
zu betäuben; sie kann nur einen *Aufschub* bedeuten auf diesem Weg, eine
momentane *Flucht* vor dem *Tod*. Die Anziehungskraft des Todes, bei dessen Erwähnung Ellen Wests Augen leuchten, beruht anderseits aber auch
darauf, daß er, und nur er, nicht nur das *gefürchtete Ende*, sondern auch
die *ersehnte* einzige Möglichkeit der Befreiung von der Gier selbst bedeutet.
Der heitere letzte Lebenstag vor der Todesnacht bildet die faktische Probe
auf dieses daseinsanalytische Exempel.

Die ganze Lebensgeschichte Ellen Wests ist nichts anderes als die Geschichte der Verwandlung von Leben in Moder und Grab, sie ist, um mit
Paul Claudel zu sprechen, ein höchst eindrucksvolles Beispiel der „funeste
alchimie de la tombe". Was die Psychoanalyse Analität nennt, ist nur ein
besonderer Ausschnitt aus der Geschichte dieser Alchimie. Anders ausgedrückt: Die Analität gehört in den Bereich der dumpfen, modrigen, faulen-

den Sumpfwelt und deren „Endprodukt", des kalten Grabes. Dieser Weltentwurf macht sich von Anfang an in der Lebensgeschichte unserer Kranken geltend, wenn auch immer wieder widersprochen und durchbrochen von der Praxis und insbesondere von der ätherischen Welt. Dieser Widerspruch zeigt sich in der asketischen Tendenz, von dem freiwilligen Verzicht auf Süßigkeiten bis zum Fortlaufen vor dem Brot im Schrank, von dem unfreiwilligen Verzicht auf Geselligkeit bis zum freiwillig-unfreiwilligen Verzicht auf das Leben.

Wenn die Daseinsanalytik also keinerlei Bedenken hat, die Konzeption der Analität (und Oralität) anzuerkennen, wie sie denn überhaupt in der uns von *Freud* geschenkten Somatomorphologie, ja Somatographie des Erlebens[52] eine der wertvollsten Vorarbeiten für ihr eigenes Unternehmen erblickt, so muß sie sich doch entschieden gegen den *Erklärungs*versuch wenden, mit dem die Psychoanalyse nicht nur an die Analität, sondern an die gesamte Struktur des Erlebens herangeht. Als Phänomenologie vermag sie nicht nur den allgemeinen Grundsatz *Freuds*: „Die wahrgenommenen Phänomene müssen ... gegen die nur angenommenen Strebungen zurücktreten" (Ges. Werke XI, S. 62) nicht anzuerkennen, vielmehr wendet sie sich auch gegen den speziellen Erklärungsversuch als solchen. Um bei der Daseinsform der Analität zu bleiben: sie vermag gemäß der obigen Vorbemerkung nicht auf eine analerotische Triebkomponente als Ursache oder genetische Bedingung des Auf- und Ausbaues der Sumpf- und Lochwelt zu rekurrieren, und zwar nicht nur, weil sie überhaupt keine erklärende Wissenschaft ist – überläßt sie doch die Erklärung den vergegenständlichenden Wissenschaften –, sondern auch, weil sie diesen Weg der Erklärung als solchen ablehnen muß. Die Daseinsanalytik kann nicht zugeben, daß *Lustempfindungen* bei der Stuhlentleerung, daß also die Fixierung der Analzone als erogener Zone das Weltbild des Loches, Grabes oder Sumpfes aufzubauen vermögen, wie sich überhaupt aus Empfindungen und Trieben keine Welt aufbauen läßt. Diese Ansicht gehört ganz und gar einer vergangenen Zeit, der Zeit des Positivismus, an. Vielmehr ist die Daseinsanalyse der Meinung, daß, umgekehrt, nur da, wo ein Entwurf der Welt als Lochwelt vorliegt, auf einer gewissen Stufe der Kindheit oder bei gewissen Formen „geistigen Abbaus", das Lochsein, das Ausgefüllt- und Entleertwerden oder das Bei-sich-behalten „lustvoll" empfunden wird. Diese kopernikanische Wendung steht am Anfang aller Daseinsanalyse. Die Analität im psychoanalytischen Sinne ist also nur ein Ausschnitt aus der gesamten Lochwelt, nämlich der auf den leiblichen Anteil an der Eigenwelt beschränkte. Infolgedessen sind die Ausdrücke Loch- und Sumpfwelt vorzuziehen.

---

[52] Über Psychotherapie. 1935b, in 1947 u. in AW 3.

Die Tatsache, daß „das Erleben" in so hohem Ausmaß „somatomorph" ist, zeigt nur, eine wie große Rolle die Leiblichkeit überhaupt im Aufbau unserer Welt und demgemäß in den sprachlichen Ausdrücken für das Erleben spielt. Es wäre aber völlig verkehrt, darüber die übrigen Weltregionen zu vergessen. Der Blick auf die Sprache ist um so lehrreicher, als in ihr unser Weltbild ja erst „befestigt" wird. Gerade an userm Fall haben wir gesehen, wie sehr die sprachlichen Ausdrücke für das Erleben auch kosmomorph, vom Kosmos (Universum) überhaupt, wie von allen seinen verschiedenen „Regionen" hergenommen sind. Wenn wir sagen, daß der verblödete Schizophrene so schwer Worte für sein Erleben fände, und dies damit begründen, daß sein Erleben eben völlig „neuartig" sei, so haftet diese Begründung an der Oberfläche. Vielmehr ist es so, daß er deswegen so schwer Worte für sein Erleben findet, weil seine *Welt* so neuartig, so verändert oder gar zerfallen ist, daß er keine „Anhaltspunkte" mehr findet, an denen er seine Sprache „befestigen" kann.

Wir sind jetzt vorbereitet, die psychoanalytische Gleichung B: *Essen = Befruchtet = Schwangerwerden* daseinsanalytisch ins Auge zu fassen. Hier erst recht müssen wir uns davor hüten, die Gleichung im Sinne einer symbolischen Gleichung, eines symbolischen Bedeutungsverhältnisses aufzufassen. Wenn der (zweite) Analytiker der Meinung war, daß die Eßgier nur ein symbolischer Ausdruck für die Liebesgier, die Angst vor dem Dickwerden eine Angst vor dem Befruchtet- und Schwangerwerden „bedeute", so leitete ihn bei dieser Meinung das diagnostische Vorurteil, daß es sich bei Ellen West um eine „Zwangsneurose" handle, wo bekanntlich eine Handlung eine („verdrängte") andere Handlungsabsicht ersetzt oder „substituiert". Wenn aber schon bei der Zwangsneurose die Dinge keineswegs so einfach liegen, wie es nach der Lehre von dem „Substitutionsmechanismus" der Fall ist, so erst recht nicht im Falle Ellen West. Ist doch schon der Drang nach Ausfüllung der existenziellen Leere, des Lochseins, und seine leibliche Komponente, die Freßgier, hier keineswegs verdrängt; denn wenn wir vom Widerspruch der ätherischen Welt gegen die Lochwelt sprechen, so heißt das nicht, daß Ellen West die Gier verdrängt, sondern im Gegenteil, daß sie sie verurteilt und bekämpft[53]. Das ist, wie ja schon *Freud* selber erklärt hat, etwas ganz anderes als Verdrängung. Nicht so verhält es sich also im Falle Ellen West, daß die eine Welt „das Bewußtsein" beherrscht, die andere aber „ins Unbewußte verdrängt" ist, sondern so, daß die Welt in zwei, gleicherweise „bewußte", Welten *gespalten* ist!

Wir bestreiten nun keineswegs, daß auch der Wunsch nach Befruchtung und Schwangerschaft bei Ellen West im Dienste der Ausfüllungstendenz

---

[53] Die Abführmittel haben ja keinen anderen Zweck als den, die Gier *unwirksam zu machen*. Das ist etwas ganz anderes, viel „gewalttätigeres" und doch „unzweckmäßigeres" als die Verdrängung; denn jener Zweck ist auf die Dauer unerreichbar.

(aber nicht umgekehrt die Ausfüllungstendenz im Dienste des Wunsches nach Befruchtung!) stehen kann. Wüßten wir etwas von ihren infantilen Sexualtheorien, so könnten wir hier zu größerer Gewißheit gelangen. Wir bestreiten ebenfalls nicht, daß eine Angst vor dem Schwangersein in die Angst vor dem Dickwerden einzugehen und mit ihr zu verschmelzen vermag, wir bestreiten aber wiederum, daß die Angst vor dem Dickwerden die Angst vor der Schwangerschaft symbolisch ausdrücke oder bedeute. Nur wenn man das Menschsein unter dem Primat der Sexualtheorie betrachtet, kann man zu einer solchen Deutung gelangen. Die Daseinsanalyse geht aber nicht mit einer Theorie an das Menschsein heran, sondern betrachtet es „theoretisch" vorurteilslos. Daß es zu einer Verschmelzung der Freßgier (des Hungers) mit der Liebesgier und der Angst vor dem Dickwerden mit einer Angst vor der Schwangerschaft zu kommen vermag, rührt wiederum daher, daß beide Begierden Spezialbegierden ein und derselben Begierde und beide Ängste Spezialängste ein und derselben Angst sind, der Angst vor dieser einen Welt; denn die *eine* Welt der Gruft ist es, nach der das Dasein hier auf alle Weise „giert" und vor der es sich in allen möglichen Formen ängstigt. Es ist die Angst vor der Verwandlung der Welt des aufsteigenden Lebens (der Jugend und Schlankheit) in die des absteigenden Lebens (des Alterns, der Unförmigkeit, des Verfalls), kurz die Angst vor der alchimie funeste de la tombe. Das sehen wir ja auch an der Gestalt des Mozartschen Don Juan. Nicht von ungefähr steht diese musikalische Gestalt nicht im Zeichen des Lebens, sondern des Todes: auch die Liebes*gier* ist *lebensfeindlich*. Das kommt bekanntlich nirgends drastischer zum Ausdruck als in *Balzacs* Peau de Chagrin: La peau de chagrin, Sinnbild der Lebensdauer, schrumpft im selben Maße zusammen, als die Liebes- und Lebens*gier* sich „auslebt".

Das Verhältnis von Daseinsanalyse und Psychoanalyse soll nun an Hand der Untersuchung des *dritten Traumes* (vgl. S. 100f.) näher beleuchtet werden. Da aus psychotherapeutischen Gründen an eine Analyse der Träume unserer Kranken nicht gedacht werden konnte, uns also keine „Einfälle" zu ihnen zur Verfügung stehen, sind wir auf den manifesten Trauminhalt, die psychoanalytische Traumerfahrung überhaupt und das Wissen, das unsere bisherige Daseinsanalyse zutage gefördert, angewiesen.

Der dritte Traum lautete:

1. „Sie ist auf der Reise nach Übersee durch eine Schiffsluke ins Wasser gesprungen.

2. Der erste Geliebte (der Student) und der jetzige Mann haben Wiederbelebungsversuche gemacht.

3. Sie hat viele Pralinen gegessen und die Koffer gepackt."

Zunächst fällt uns an diesem Traum auf, daß in ihm das „Element" *Wasser* eine Rolle spielt (wie in dem zweiten Traum das Element Feuer). Wasser und Feuer begegneten uns aber in dem Bericht nur selten, so vor allem in dem Gedicht „Küß mich tot", in dem die Sonne wie eine *Feuerkugel* ins *Meer* sinkt und der *finstere, kalte* Meerkönig angerufen wird, er solle sie in *heißer* Liebesgier in seine Arme drücken und totküssen. Dieses Zusammentreffen von Feuer und Wasser, Ausdruck der Liebesgier, ist ein ganz vereinzeltes Vorkommnis in unserm Bericht. Ellens Welt ist, wie wir sahen, eine Welt, in der nicht Feuer und Wasser, sondern Luft (- Licht) und Erde (- Dunkel) miteinander streiten. Wenn Feuer und Wasser (u.a.) Elemente der *Reinigung* und damit auch des Vergehens und Werdens sind, so sind Luft und Erde die Elemente des luftigen Werdens und der Versumpfung und Versteinerung[54], der Elevation und Depression, des Sich-vorweg-seins und des Schon-in-seins, der Weite und Enge. In diesen Daseinsrichtungen bewegt sich das Dasein im Falle Ellen Wests vorwiegend. Nun ist das *Wasser* aber, um uns auf dieses Element zu beschränken, und zwar gerade in Gestalt des Meeres oder des Sees, das Element der *Tiefe*[55]. Es ist von großem Interesse, kann hier aber unmöglich näher untersucht werden, daß und warum dieses Element gerade im Traum so deutlich zur Geltung kommt. (Auffallenderweise sind die Selbstmordversuche Ellens auch keine Ertränkungsversuche, sondern Versuche, sich aus dem Fenster [auf die Erde] zu stürzen, sich [auf der Erde] überfahren zu lassen oder zu vergiften.) Die Daseinsanalyse steckt hier ja noch ganz in den Anfängen. Bemerken wir nur, daß die *Tiefe*, und zwar gerade die Tiefe des Wassers, innige Beziehungen hat zur *Vergangenheit*. „Pourrait-on vraiment décrire un passé sans des images de la profondeur?" frägt *Bachelard* in seinem für die Daseinsanalyse so wichtigen Buch L'eau et les rêves[56]. Er erklärt schließlich klipp und klar: „Le passé de notre âme est une eau profonde"[57]. Dürfen wir Ellens Sturz ins Meer interpretieren als Eintauchen in die eigene Vergangenheit, so fällt damit ein helles Licht auf die „mütterliche" Bedeutung des Wassers[58] und die Fruchtbarkeitsbedeutung gerade des Meeres, von der *Michelet*[59] sagt: „Telle est la mer. Elle est, ce semble, la grande femelle du globe, dont l'infatigable désir, la conception permanente, l'enfantement, ne finit jamais." In die-

---

[54] Wir sprechen hier nur von der Erde als der „*toten*" Erde!

[55] Schon *Jung* (Wandlungen und Symbole der Libido I, in: Jahrbuch für psychoanalytische und psychopathologische Forschungen Bd. III, S. 190) zitiert *Senecas* Bemerkung, daß mancher See heilig gehalten werde wegen seiner *Tiefe*.

[56] Libr. José Corti, Paris, 1942.

[57] Zum näheren Verständnis vgl. den ganzen Abschnitt III des vierten Kapitels: Les eaux profondes. Die Beziehungen zwischen profondeur et „sentiment" (Stimmung) hat schon *E. Minkowski* gesehen (Vers une cosmologie. La triade psychologique 57 f.).

[58] Vgl. wieder *Jung*, Wandlungen und Symbole der Libido II, a.a.O. IV.

[59] Histoire naturelle. *La Mer*. Calman-Lévy, S. 110.

ser Interpretation vereinigen sich Vergangenheit und Zukunft, Werden und Vergehen, Geborenwerden und Gebären. Interpretieren wir das Sichstürzen ins Meer als Versenkung in die Vergangenheit, so könnten wir die Wiederbelebungsversuche interpretieren als Ausdruck für das Zurückgeholtwerden in die Gegenwart „auf der Erde". Ist die Träumerin einmal auf der Erde, so läßt sie sich auch wieder „auf die Beine stellen". Ihr Verhältnis zu den Dingen ist wieder so klar und einfach, daß sie sogar wieder Pralinen essen kann und imstande ist, ihre Koffer zu packen, womit nun auch die Zukunft zum Worte kommt.

So etwa könnte man rein daseinsanalytisch an diesen Traum herangehen, im Gegensatz zu seiner individuell-lebensgeschichtlichen Interpretation und Analyse. Die Daseinsanalyse kann es nicht als ihre Aufgabe betrachten, einen Traum psychoanalytisch-lebensgeschichtlich zu deuten, ganz abgesehen davon, daß sie sich immer bewußt ist, daß sie es beim Traum nicht mit dem ganzen Menschen, sondern nur mit einer bestimmten Existenzweise, der Weise der selbstvergessenen Existenz, zu tun hat.

Daß die daseinsanalytische Interpretation aber den Kreis abstecken kann für das, was die Psychoanalyse aus dem Traum zu deuten vermag, wird ersichtlich, wenn wir sehen, wie die Psychoanalyse diesen Traum auffassen würde. Die psychoanalytischen Deutungen erweisen sich dann als *spezielle (Freud*sche) Symboldeutungen auf dem Boden daseinsanalytischen Verständnisses.

Gehen wir nun also zur lebensgeschichtlichen Interpretation über. Sowohl die diesem Traum vorausgehenden beiden Träume als der auf ihn folgende, geben durchweg in unverhüllter Weise dem Todeswunsch Ausdruck. So auch dieser Traum. Ob wir ihn vorwärts oder rückwärts lesen, immer beginnt und endigt er mit dem Todeswunsch; denn auch das Kofferpacken (Abreisen) enthält auf Grund psychoanalytischer Erfahrung einen Sterbenswunsch. Doch damit wird sich kein Psychoanalytiker begnügen. Er wird sofort erklären, daß der erste Satz:

1. *Sie ist auf der Reise nach Übersee durch eine Schiffsluke ins Wasser gesprungen*, eines der bekanntesten Geburts- und Wiedergeburtssymbole darstellt (Schiff = Mutterleib), das letztere insofern, als „im Unbewußten" die Phantasie der Geburt eines eigenen Kindes immer mit derjenigen der (Wieder-) Geburt aus der eigenen Mutter einhergeht[60].

2. *Der erste Geliebte (der Student) und der jetzige Mann haben Wiederbelebungsversuche gemacht.* Es handelt sich um die beiden Männer, die in Ellen Wests Leben die größte Rolle gespielt haben, der eine (Blonde, Weiche) als Vertreter des „höheren geistigen und arischen Typus", der andere als Vertreter der praktisch-nüchternen Welt und der „Natürlichkeit".

---

[60] Vgl. hierzu auch meine „Absatzanalyse" (Analyse einer hysterischen Phobie), 1911.

Dem ersten stand Ellen als Geliebte, dem zweiten als Gattin gegenüber. Wiederbelebungsversuche, das Vom-Tode-auferwecken, sind wiederum ein bekanntes „Symbol", nämlich Befruchtungssymbol. Von beiden Männern möchte die Träumerin ein Kind haben.

3. Sie hat Pralinen gegessen und die Koffer gepackt. Das Kofferpacken ist nicht nur ein Todes-, sondern auch ein Schwangerschaftssymbol (Koffer = Leib). Es gehört in das Gebiet der Oralität und Analität, des Ausfüllens eines leeren Behälters. Und hier begegnen wir nun tatsächlich dem Essen von Pralinen. Zur oral-analen Schwangerschafts- und Geburtsphantasie gehört tatsächlich die Vorstellung, daß man durch Essen Kinder bekommt (befruchtet wird). Es ist durchaus *möglich*, daß Ellen West in früher Kindheit sich eine solche Sexualtheorie gebildet hat. Auf Grund dieser infantilen Theorie, aber nur auf deren Grund, könnte man tatsächlich sagen, Essen bedeute Befruchtetwerden. Wir hätten demnach im dritten Satz des manifesten Trauminhalts einen Abkömmling der ältesten frühinfantilen Schicht der Lebensgeschichte vor uns, während der zweite Satz schon das Wissen um die Beteiligung des Mannes bei der Befruchtung voraussetzte, also einer „neueren Schicht" entstammte. Dazu kommt aber noch, daß Süßigkeiten oder Bonbons nach *Freud*[61] „im Traum regelmäßig Liebkosungen, sexuelle Bedürfnisse" vertreten. Infolgedessen haben wir den ganzen Traum, wie es so oft der Fall ist, rückwärts zu lesen. Dann lautet seine Übersetzung folgendermaßen:

Sie ißt Pralinen, um ihr sexuelles Bedürfnis zu stillen und um ein Kind zu bekommen. Sie verwirft diese Methode, da sie jetzt weiß, daß dazu ein Mann nötig ist. Sie schwankt zwischen dem Studenten und ihrem eigenen Mann. Das Kind wird geboren; zugleich wird sie selbst wiedergeboren.

Wir glauben nicht, uns in dieser Deutung von der *Freud*schen Methode der Traumdeutung entfernt zu haben. Ist es doch eine der wichtigsten Einsichten *Freuds*, daß wir die parataktisch aneinandergereihten Sätze des manifesten Trauminhalts in einen logischen Begründungszusammenhang „zurückzuübersetzen" haben. Genau so verfahren wir ja auch mit dem der Traumsprache in vieler Hinsicht gleichenden, logisch nivellierenden, parataktischen Stil des ideenflüchtigen Denkens. Hinsichtlich beider Sprachstile bleibt natürlich die Frage offen, mit welchem *Recht* wir diese Methode der Zurückübersetzung anwenden, anders ausgedrückt, inwieweit wir die in lose aneinander gereihten Sätzen oder Worten zutage tretenden „Gedankenkeime" wirklich gedachten Gedanken und Wünschen gleichsetzen. Doch davon später.

Bis jetzt haben wir den Schiffslukentraum lediglich auf das Befruchtungs-, Schwangerschafts- und Geburtsmotiv hin analysiert. Wir

---

[61] Aus der Geschichte einer infantilen Neurose. Ges. Werke Bd. XII, S. 141.

müssen ihn aber auch noch auf das *Todesmotiv* hin betrachten, das sowohl im manifesten Trauminhalt als im Symbol des Kofferpackens (Abreise) zutage tritt.

Auch hier ist der zweite Satz des Traums der Angelpunkt, gleichgültig, ob wir den Traum vorwärts oder rückwärts lesen. Zunächst besteht kein Zweifel, daß wir auch den manifesten Inhalt des ersten Satzes ernst nehmen und, wie bei den übrigen Träumen, von einem Todeswunsch und seiner Erfüllung sprechen müssen. Erinnern wir uns nun des von *Freud* erkannten Darstellungsmittels des Traumes, das er unter der Rubrik „Umgekehrt ins Gegenteil" beschreibt: Wenn wir sehen, daß sowohl der erste als der dritte Satz des Traumes das Todesmotiv enthalten, so wäre es merkwürdig, wenn gerade der mittlere Satz *nur* vom Leben spräche und nicht „umgekehrt, im Gegenteil" *auch* vom Tode. Wollen wir von diesem Deutungsmittel Gebrauch machen, so müssen wir in den Wiederbelebungsversuchen den Wunsch nach Mithilfe beim Sterben erkennen, den Ellen ja auch im Wachen dem Mann gegenüber wiederholt geäußert hat. Damit würde der Traum, vorwärts gelesen, auch so zu deuten sein:

Ich habe den Wunsch, zu sterben, der Student oder mein Mann sollen mir dabei helfen; wenn sie das tun, kann ich nochmals harmlos Pralinen essen und meine Koffer („für das Jenseits") packen.

Würden wir hingegen dem manifesten Inhalt der *beiden* ersten Sätze folgen, sie also so verstehen, wie es ihrem tatsächlichen Inhalt entspricht, so müßten wir uns mit folgender „oberflächlicher" Deutung begnügen: Jetzt bin ich wieder am Leben und kann ruhig Pralinen essen und Reisen machen.

Was sagt nun die Daseinsanalyse zu all dem?

Da wir die fundamentalen Unterschiede zwischen Daseinsanalyse und Psychoanalyse schon eingangs dieses Abschnitts erörtert haben, können wir uns hier auf Einzelthemata beschränken. Wenn es auch nicht in ihrer Kompetenz und ihrem Aufgabenkreis liegt, einen Traum zu deuten, wird die Daseinsanalyse doch mit Interesse davon Kenntnis nehmen, daß die psychoanalytische Deutung eine so enge Verschlingung des Geburts- und Schwangerschaftsmotivs mit dem Todesmotiv in ein und demselben Traum aufgedeckt hat. Sie wird diese Motivverschlingung durchaus in ihre eigene Analyse aufnehmen können, derart, daß sie sie als Teilerscheinung des die ganze Lebensgeschichte durchziehenden Gegensatzes von auf- und absteigendem Leben betrachten wird. Hinsichtlich des Vorliegens einer Wiedergeburtsphantasie und des Versuchs einer Verquickung derselben mit den Selbstmordtendenzen wird sie hingegen geltend machen, daß ihr zwar auch aus den wachen Äußerungen Ellen Wests Wiedergeburtswünsche bekannt sind („Schaff' mich noch einmal, Schicksal, doch schaff' mich anders"), daß ihr aber die Deutung „aus dem Unbewußten" zu einseitig und nicht dem *ganzen* Dasein gerecht werdend erscheine, das immer im Auge zu behalten ihre eigentliche Aufgabe sei. Die Psychoanalyse stütze ihre Deutung „einseitig" auf die Triebhaftigkeit, den existenziellen Faktor völlig vernachlässigend, der darin zu erblicken sei, daß Ellen West verzweifelt sie selbst und doch anders als sie selbst sein möchte und daß diese Verzweiflung sie in den Tod treibt. Ein nicht dieser Art verzweifeltes Dasein hätte sich auch mit der Freßgier auf irgendeine Art „abgefunden". An Stelle der Verzweiflung hätten wir es dann entweder mit einer heroisch-philosophischen Unterwerfung unter das „Schicksal" oder mit einer religiösen Unterwerfung unter „den Willen Gottes" zu tun gehabt oder aber mit einem Verzicht auf jedes „geistige" Dasein und der Abfindung mit einer stumpfen, tierischen Daseinsweise. Weder für die eine noch für die andere Alternative war Ellen West geschaffen.

Was zum Schluß die psychoanalytische Gleichung Essen = Befruchtet-, Schwangerwerden betrifft, so nimmt die Daseinsanalyse ebenfalls mit Interesse davon Kenntnis, daß hier eine Motivverschlingung zwischen dem Motiv des Essens und dem der Befruchtung vorliegen soll. Nachdem sie aber nachgewiesen hat, daß die Eßgier sich zwanglos in die Reduktion der Welt auf das Loch und das Bedürfnis zur Ausfüllung des Loches einordnen läßt, daß sie nur *ein* Zug in diesem „leeren" Modus des In-der-Welt-seins ist, kann sie nicht zugeben, daß es zum Verständnis der Eßgier noch einer „hinter ihr sich verbergenden" Liebesgier bedarf. Sie erinnert sich zwar, daß Ellen Wests Liebesleben ebenfalls Züge von Maßlosigkeit und ein „Bedürfnis nach Liebkosungen" aufweist, findet aber keinerlei Anzeichen dafür, daß hier besonders starke „Verdrängungen" vorliegen. Aber selbst dann, wenn von einer Liebesgier die Rede sein soll, muß die Daseinsanalyse nochmals erklären, daß beide Begierden, und zwar auf Grund ihrer beiderseitigen Beziehungen zur unterirdischen oder Gruftwelt, zwar eine Verbindung oder Verschmelzung einzugehen vermögen, daß aber damit durchaus nicht gesagt ist, daß die eine Begierde nur der symbolische Ersatz für die andere sei, m.a.W., daß die Eßgier Liebesgier *bedeute*! Insofern kann sie auch nicht zugeben, daß die *Angst* vor dem Dickwerden die Angst vor der Schwangerschaft *bedeute*. Die Daseinsanalyse vermag auch der infantilen Sexualtheorie, laut welcher Befruchtung durch Essen eintritt, falls sie wirklich nachweisbar wäre, keine derart überragende Bedeutung für das *ganze* Dasein im Falle Ellen West einzuräumen. Beide Behauptungen, die von der symbolischen Bedeutung wie die von der überragenden Bedeutung der infantilen Sexualtheorie, sind ja nur möglich, wo die Libido als der Grundzug und Motor des Daseins hypothetisch angenommen wird. Die Daseinsanalyse läßt sich aber nicht auf Hypothesen ein. Wir leugnen keineswegs, daß es Daseinsgestalten gibt, in denen das Dasein derart eingeengt oder endlich „fixiert"[62] ist („Neurosen"),

---

[62] Vgl. zu diesem Ausdruck *Kierkegaard* (Philos. Brocken I, 2).

daß ihre Daseinsweise *nur noch* aus der „Fixierung" infantiler Wünsche und Strebungen zu verstehen ist. Was vom Verständnis dieser Daseinsgestalten gilt, gilt aber nicht im Hinblick auf das Verständnis des Menschseins überhaupt und auf den Fall Ellen West im besonderen.

Mit all dem haben wir uns nun der Frage genähert, welche Stellung die Daseinsanalyse der *Freud*schen Konzeption des Unbewußten gegenüber einnimmt. Schon oben (S. 164) haben wir die Frage aufgeworfen, mit welchem *Recht* man die Methode der Rückübersetzung des manifesten Trauminhalts in latente Traum*gedanken* anwenden kann. Folgt man dieser Methode, so konstruiert man „hinter" der bewußten Persönlichkeit eine „unbewußte" zweite *Person*, was daseinsanalytisch sicherlich nicht erlaubt ist; denn wenn die Individualität ist, was ihre Welt als die ihre ist, und wenn die Welt erst in der *Sprache* befestigt, m.a.W. überhaupt *Welt* ist, so können wir da, wo die Sprache noch gar nicht Sprache, nämlich Kundgabe und sinnvoller Ausdruck ist, nicht von Individualität sprechen. *Freud* sprach daher hinsichtlich des Unbewußten zunächst auch nicht von einem Ich, sondern von einem Es, jedoch hat er der populären Auffassung des Unbewußten als einem zweiten Ich oder einer zweiten Person später Vorschub geleistet durch die Behauptung, daß auch „Teile vom Ich und Über-Ich" als unbewußt erkannt werden müssen.

Nach all dem wird die Daseinsanalyse erklären, daß das Unbewußte im strengen psychoanalytischen Sinne (also *nicht* im Sinne des Nichtbeachtet- oder Vergessenhabens) zwar auf ein Sein zielen mag, aber keineswegs auf ein *Dasein*. Denn dieses bedeutet ein Sein, das *da* ist und sein Da *hat*, das heißt, von ihm weiß und sich zu ihm verhält. Dieses Da ist seine Erschlossenheit, seine Welt. Das Unbewußte aber hat, wie gesagt, keine Welt, ihm ist Welt nicht erschlossen, ja nicht einmal - wie im manifesten Traum - „vorgegaukelt", und es versteht sich nicht aus seiner Welt. Ein (unbewußtes) Es ist nicht in der Welt im Sinne des Daseins, denn In-der-Welt-sein heißt immer, als Ich-selbst, Er-selbst, (plurales) Wir-selbst oder anonymes Man-selbst in der Welt sein; und erst recht weiß das Es nichts von Heimat, wie es vom dualen Wir, dem Ich und Du gilt. Das Es ist eine das Dasein vergegenständlichende wissenschaftliche Konstruktion, ein „Triebreservoir".

Damit ist natürlich nicht gesagt, daß die Daseinsanalyse sich nicht *auch* für das Wünschen, Phantasieren, Träumen interessiert. Von diesem Interesse legt ja schon diese Studie Zeugnis ab. Worauf es *ihr* aber in letzter Linie ankommt, das ist der jeweilige Weltentwurf, das Sein in ihm und das ihm entsprechende Selbstsein. Was den Traum betrifft, so haben wir selbst schon wiederholt diese Frage berührt und sie dahin beantwortet, daß das träumende In-der-Welt-sein zu verstehen ist als Befangenheit in der Eigenwelt[63],

---

[63] Traum und Existenz. 1930, in 1947 u. in AW 3.

als leibliches Existieren[64], als Existieren im Sinne der Selbstvergessenheit[65] und vor allem im Sinne des ideenflüchtigen Optimismus[66].

Wenn wir einerseits gezeigt haben, wie sich Daseinsanalyse und Psychoanalyse im Verständnis einer Daseinsgestalt in die Hände zu arbeiten vermögen, so müssen wir anderseits immer wieder an die Kluft erinnern, die zwischen den beiden so heterogenen wissenschaftlichen Bestrebungen liegt, der phänomenologischen, die sich in den phänomenalen Gehalt jedes sprachlichen Ausdrucks, jeder Handlungsweise, jedes Verhaltens einlebt, und ihn diesseits der Scheidung von Leib, Seele und Geist und von Bewußt und Unbewußt aus Grundweisen menschlichen Daseins zu verstehen sucht, und der vergegenständlichenden naturwissenschaftlichen, die die Phänomene hinter den „hypothetisch angenommenen Strebungen" zurücktreten läßt, wie *Freud* selbst sagt, den sprachlichen Gehalt nicht im Hinblick auf den in ihm zutage tretenden Weltentwurf, sondern im Hinblick auf jene Strebungen oder „natürlichen" *Triebe* untersucht und so das Menschsein auf die gedankliche Ebene des Seins der „Natur" projiziert. Dabei kommt hier das ich- und wir-fremde, außerpersönliche, namenlose Es[67], das rettungslose Preisgegebensein an eine vis maior, der der Mensch ohne Möglichkeit eigentlicher Gegenwirkung gegenübersteht, zu so überragender Bedeutung. Zwar geht natürlich auch die Daseinsanalyse, wie immer wieder betont, davon aus, daß das Dasein seinen Grund nicht selbst gelegt hat, hingegen *weiß* sie von einer *Freiheit zum Grunde*, einer Freiheit im Sinne der *Selbstverantwortung* (*Plato* bis *Nietzsche*), im Sinne des *freien* Verhaltens des Menschen selbst gegenüber seinem „Charakter" *(Le Senne)*, und weiß sie von der *Gnade* der freien Begegnung von Ich und Du in der Liebe. Wie immer man diese Freiheit metaphysisch oder religiös verstehen will, die Daseinsanalyse hält sich an die *Tatsache*, daß das Menschsein nicht nur ein Seinmüssen, sondern auch ein Seinkönnen und Seindürfen, ein Geborgensein im Sein als Ganzem *ist*. Insofern hält sie sich nicht nur an die ätherische Welt der Wünsche und Phantasien und ihren „Unterbau", die Gruftwelt der Begierden, sondern *auch* an das eigentliche Ich-selbst und das ewige Wir, an Existenz und Liebe, an das Können und Dürfen und somit an das Sein in Wahrheit, Schönheit und Güte.

Da *Freud* sein Menschenbild von der Neurose hergenommen, sein eigenes vorbildliches Sein dabei völlig außer acht lassend, mußte sich sein Blick, ohnedies der Blick des Naturforschers, notwendigerweise auf das unausweichliche Seinmüssen richten. Da aber auch der Neurotiker nicht *nur* Neurotiker

---

[64] Über Psychotherapie. 1935b, in 1947 u. in AW 3.
[65] Ebd. u. Grundformen S. 472f.; AW 2, S. 426f.
[66] Über Ideenflucht. AW 1, S. 75ff.
[67] Vgl. *Hermann Ammann*, Zum deutschen Impersonale. Husserlfestschrift 1929, S. 15 f.

und der Mensch überhaupt nicht nur ein Gezwungener ist, handelt es sich hier um einseitige Verzerrung des Menschenbildes im Rahmen einer wissenschaftlichen Theorie vom Menschen. Daher auch die Psychoanalyse nur „Menschenkunde" werden kann im Lichte der gesamten Daseinskunde oder *Anthropologie*.

D. Psychopathologisch-klinische Analyse

Bevor wir uns den rein klinischen Problemen zuwenden, die unser Fall aufwirft, wollen wir noch einmal das *Ergebnis der daseinsanalytischen Interpretation* kurz zusammenfassen. Kommt es uns in dieser Studie doch nicht nur darauf an, einen kasuistischen Beitrag zur Lehre von der Schizophrenie zu liefern, sondern an Hand dieses Falles zu zeigen, wie vielgestaltig, ja disparat die Gesichtspunkte und Methoden sind, von denen aus und mit denen der geisteskranke Mensch ins Auge gefaßt und wissenschaftlich untersucht werden kann und muß.

Die daseinsanalytische Erfassung unseres Falles gipfelte in der Feststellung, daß wir es mit einer Daseinsgestalt zu tun haben, deren Welt immer mehr die Form der Leere oder des Loches annimmt und deren gesamte Daseinsform nur beschrieben werden kann als ein Leer- oder Lochsein. Und zwar gehört es zum Wesen des Daseins als Lochsein, daß es sowohl als Leere, wie als enges Begrenzt- und Bedrücktsein oder Gefangensein, wie auch als Sehnsucht nach Freiheit erlebt werden kann, um schließlich auch in einer besonderen Weise des Selbst in Erscheinung zu treten. Dies gilt gleicherweise für alle Weltregionen, die sich das Dasein erschließt, für die Umwelt wie für die Mitwelt wie für die Eigenwelt. Leere, Schranke, Druck und Sehnsucht nach Befreiung von all dem finden wir gleichermaßen in allen diesen Weltregionen, und nur wer sie in allen zu sehen und zu würdigen vermag, vermag sie auch auf dem Gebiet der Leibwelt richtig zu sehen und zu würdigen. Versuchen wir also, die einzelnen Züge und Erscheinungsformen dieses Modus des In-der-Weltseins innerhalb der verschiedenen Weltregionen nochmals zusammenzufassen, ohne sie aber irgendwie erschöpfend darstellen zu wollen, so gehen wir wieder am besten aus von der *landschaftlichen Welt*: Das Begrenzt- und Bedrücktsein zeigte sich hier als Verdüsterung, Dunkel, Nacht, Kälte, Ebbe, die Grenzen oder Schranken als feuchte Nebelwände oder Wolken, die Leere als Unheimlichkeit, die Sehnsucht nach Freiheit (aus dem Loch) als Aufsteigen in die Lüfte, das Selbst als verstummter Vogel. Innerhalb der Welt der *Vegetation* zeigte sich das Begrenzt- und Bedrücktsein als Verkümmern, die Schranken als Stickluft, die Leere als Unkraut, die Sehnsucht nach Freiheit als Wachstumsdrang, das Selbst als verdorrte Pflanze. Innerhalb der *Dingwelt* fanden wir das Begrenztsein als Loch, Keller, Gruft, die Schranken als Wände, Mauern, Fesseln, Netz, die Sehn-

sucht nach Freiheit als Gefäß der Fruchtbarkeit, das Selbst als weggeworfene Schale; innerhalb der *Tierwelt* das Begrenztsein als Eingelochtsein, die
Schranken als Erde oder schwarze Nacht, das Selbst als überhaupt keiner
Sehnsucht nach Freiheit mehr fähigen Wurm, die Leere als bloßes Vegetieren; innerhalb der *Mitwelt* das Begrenztsein als Unterdrückt-, Bedrückt-,
Beeinträchtigt- und Verfolgtsein, die Leere als Friedlosigkeit, Gleichgültigkeit, freudlose Ergebenheit, Zurückgezogenheit, Einsamkeit, die Schranken
als Fesseln oder Nattern des Alltags oder Stickluft, das Loch selbst als die
kleine Welt (des Alltags), die Sehnsucht nach Freiheit als Unabhängigkeits-
drang, Trotz, Auflehnung, Revolte, das Selbst als Revolutionärin, Nihilistin,
später als feige Konzessionistin. Innerhalb der *Eigenwelt* als *Gedankenwelt*
fanden wir das Begrenztsein als Feigheit, Nachsichtigkeit, Aufgeben der
hochfliegenden Pläne, die Schranken als von allen Seiten einschließende und
eindringende, anklagende, höhnende Geister oder Gespenster, die Leere als
Beherrschtsein von einer einzigen Idee, ja als Nichts, das Selbst als banger
Erdenwurm, eingefrorenes Herz, die Sehnsucht nach Freiheit als Verzweiflung. Innerhalb der *Eigenwelt* als *Leibwelt* endlich fanden wir das Begrenzt-
oder Bedrücktsein als *Dicksein*, die Schranken oder Wände als die Fettschicht, wogegen das Dasein, wie gegen Mauern, mit Fäusten schlägt, die
Leere als Dumpf-, Dumm-, Alt- und Häßlich-, ja Totsein, die Sehnsucht
nach Freiheit als *Dünnseinwollen*, das Selbst als bloßen Schlauch zur materiellen Ausfüllung und Wiederentleerung.

Aus all dem wird ersichtlich, daß die Umgangssprache mit dem Ausdruck *Umnachtung* zwar einen sehr wesentlichen „kosmologischen" Zug aus
dem Gesamtphänomen, das uns hier beschäftigt, herausgreift, daß wir aber
mit demselben Recht von Verdüsterung, Verunheimlichung, Umwölkung,
Erkaltung, Versumpfung, Verwüstung, von Einengung, Umzingelung, Umstrickung, Umschlingung, Umfangung, Vergewaltigung, Gepacktwerden,
Angefallenwerden, Fesselung, Ummauerung, Bedrückung, Erstickung, Ver-
grabung, Verlochung, Entleerung, von Einkerkerung, Isolierung, Gefangenschaft und Knechtung sprechen könnten. All diese Ausdrücke und noch
viele andere greifen ebenfalls bestimmte kosmologische, sowie um-, mit-
und eigenweltliche Züge aus dem Gesamtphänomen derjenigen existenziellen Umwandlung heraus, die wir populär als Umnachtung bezeichnen,
psychiatrisch aber mit dem Ausdruck *Psychose* belegen. Bezeichnenderweise fehlt in unserem Fall der aus „dem Raum" genommene Ausdruck
„verrückt". Der Raum-Zeit-Sphäre gehört der Ausdruck Stillstand (der
Entwicklung) an. Rein zeitliche Bestimmungen fehlen ebenfalls. Aus der
Dingsphäre stammen Ausdrücke wie zerfallen, aus dem der Vegetation wie
Absterben, Verdorren, Verkümmern, Modern, aus dem Tier-, Menschen-
und Geisterreich alle die Ausdrücke für die Umstrickung und Umschlingung, Isolierung, ferner die Ausdrücke Verhöhnung, Verfluchung, Anklage,

Beobachtung, Vergiftung usw. Der Leibsphäre entnommen sind die Ausdrücke *dick-* und *häßlich*werden, einfrieren, der seelischen Sphäre dumpf-, dumm-, feigewerden, nachgeben, unterliegen, sich grauen, sich nicht weiterentwickeln, bloßer Schauplatz sein, vergeblich kämpfen, Höllenqualen erleiden, wie eine Leiche herumgehen usw. Das „Weltbild" als solches wird verzerrt und zur Grimasse.

Lassen wir dieses Ergebnis der Daseinsanalyse an unserem Auge vorüberziehen, so wird ohne weiteres ersichtlich, wie radikal der *Reduktions*prozeß ist, dessen sich die naturwissenschaftlich-klinische Methode bedienen muß, um an Stelle des Gesamtphänomens einer solchen existenziellen Umwandlung von einem *Krankheitsprozeß* sprechen und denselben auf den „Organismus" und den Bau und die Funktionsweisen des Gehirns projizieren zu können. Da wir diesen psychopathologisch-klinischen Reduktionsprozeß schon in den Studien über Ideenflucht (vgl. die Zusammenfassung, AW 1, S. 213ff.) skizziert und seitdem näher beleuchtet haben, fassen wir uns hier kurz.

Wie die Daseinsanalyse und die Psychoanalyse, ist auch die psychopathologisch-klinische Analyse auf die Lebens*geschichte* angewiesen. Schon durch diesen „narrativen" Zug unterscheidet sich, wie schon *Bieganski*[68] klar erkannt hat, nicht nur die Psychiatrie, sondern die Medizin überhaupt, von allen anderen Naturwissenschaften. Während aber die Daseinsanalyse sich in Sinn und Gehalt der sprachlichen und sonstigen Ausdrucksphänomene einlebt und aus ihnen die Welt und das In-der-Welt-sein als geschichtliches interpretiert, das Menschsein also so versteht, wie es sich *in* jenen Phänomenen von ihm selbst her *zeigt,* verwandelt schon die Psychoanalyse die Zeitigung in Chronologie (in eine Abfolge von Lebensdaten „in der Zeit"), das Dasein in einen vorhandenen Gegenstand, die existenzielle Umwandlung in einen genetischen Entwicklungsprozeß, die lebensgeschichtlichen Phänomene in Symptome für bestimmte „Triebschicksale" usw. Demgegenüber wird für die klinische Analyse die *Lebens*geschichte zur *Krankheits*geschichte, werden die sprachlichen und sonstigen Ausdrucksphänomene zu Merkmalen oder *Symptomen* für etwas, das sich gerade nicht *in* ihnen zeigt, sondern sich hinter ihnen verbirgt, für die Krankheit nämlich, und tritt an Stelle der phänomenologischen Interpretation die *Diagnose,* die genaue naturwissenschaftliche Untersuchung und Sammlung der Krankheitssymptome und ihre Einreihung in bereits bekannte Symptom-Arten und Gattungen. Wo wir aber von Diagnose sprechen, da sprechen wir (was hier nicht näher ausgeführt werden kann) vom Organismus, in der Psychiatrie nicht anders als in der übrigen Medizin. Diagnostische Urteile sind *biologische* Werturteile. Was für die Daseinsanalyse etwa Entleerung

---

[68] Medizin. Logik. Deutsch v. Fabian. – Würzburg, 1909, S. 46.

der Existenz bis zum bloßen Lochsein bedeutet, ist für die klinische Analyse Symptom eines Krankheitsprozesses im Organismus, einer „Gefährdung" und „Störung" seiner *Leistung*. Nicht anders als das System der Pathologie „innerer Krankheiten" baut sich das System der psychiatrischen Pathologie auf auf diesem Grundgedanken. Wer also eine psychiatrische Diagnose stellt, weiß nicht nur um diesen Grundgedanken, sondern ist mit dem ganzen Erfahrungssystem vertraut, das sich auf ihm und um ihn aufgebaut hat. Wie der Botaniker und Zoologe das Pflanzen- oder Tiersystem kennen muß, wenn er eine Pflanze oder ein Tier bestimmen will, so muß man die Arten, Gattungen und Klassen des psychiatrischen Systems kennen, um den individuellen Krankheitsfall an Hand der an ihm festgestellten Symptome mit anderen Fällen vergleichen und auf Grund solchen Vergleichens richtig einordnen, d.h. „klassifizieren" zu können.

Bevor wir uns diesem Geschäft zuwenden, noch ein Wort über die *Psychopathologie* und ihr Verhältnis zur *Daseinsanalyse*. Wie die Schulpsychologie, so steht auch die Psychopathologie der Daseinsanalyse insofern diametral *gegenüber*, als beide die Existenz vergegenständlichen und zu einem unpersönlichen vorhandenen Etwas, genannt Psyche, machen. Damit verfehlen aber beide von Anfang an den Logos der Psyche im Ursinne dieses Wortes vollständig. An Stelle des Erlebnisses des Nacheinander, um nur *ein* Moment herauszugreifen, setzen sie ein Nacheinander von Erlebnissen (Ereignissen, Vorgängen, Funktionen, Mechanismen) *in* der Seele oder im Bewußtsein. Damit wird „die Seele" oder „das Bewußtsein" zu einem zweiten, neben oder mit dem leiblichen Organismus bestehenden, seelischen Organismus oder gar seelischen Apparat. Wie wir gerade aus der Darstellung des Falles Ellen West sehen, handelt es sich hier um eine ungeheure Vereinfachung, Umdeutung und Reduzierung des menschlichen Daseins auf die Kategorien der Naturwissenschaft. All dies nimmt die Psychopathologie aber in Kauf, um den „Anschluß" an die *Biologie* zu finden, die wie gesagt allein den *Begriff der Krankheit* im medizinischen Sinne und die Möglichkeit einer medizinischen *Diagnose* und *kausalen* Therapie verbürgt. Auf diese Weise gelangen wir in der Psychiatrie zu einer Verdoppelung des Organismus, was zur Folge hat, daß jetzt der aussichtslose und müßige Streit entspringt, ob der eine Organismus auf den andern wirkt, ob beide parallel nebeneinander herlaufen oder „im Grunde" identisch sind. All das sind Scheinprobleme, entsprungen der reinen wissenschaftlichen *Theorie*. Haben wir dieselbe philosophisch durchschaut, so fallen diese Probleme dahin. Statt ihrer taucht dafür das Problem der Intentionalität oder Mundanisierung *(Husserl)* auf und hinter ihm das des Daseins oder In-der-Welt-*seins*: Das phänomenologische Problem der *Subjektivität* vertieft sich zum ontologischen Problem der Existenz. – Nach diesen kurzen Andeutungen – um mehr konnte es sich nicht handeln – der Sachlage, aus der heraus das Sein und Nichtsein im Begriff der Psychopathologie verstanden werden muß, wenden wir uns der psychopathologisch-klinischen Aufgabe zu, die schon so lange auf ihre Erledigung harrt. An Stelle der historischen und der Daseinsgestalt Ellen West beschäftigen wir uns jetzt erst mit dem *Fall* Ellen West.

I. Janets Fall Nadia und der Fall Ellen West

Während wir eine ausgesprochene Abneigung gegen das Dickwerden und mannigfache Praktiken, um sich dünn zu erhalten, vielfach bei jungen Mädchen und Frauen finden – sei es aus Eitelkeit, sei es nach Liebesenttäuschungen –, ist eine so ausgesprochene *Angst* vor dem Dickwerden, wie wir sie in unserm Falle finden, nicht häufig. Aus der Literatur ist mir nur *ein* ähnlicher Fall bekannt, *Janets* Fall Nadia[69]. *Janet* beschreibt ihn unter der rein deskriptiven Rubrik der *obsession de la honte du corps*.

Die 27jährige ledige Nadia, die ihm vor 5 Jahren mit der Diagnose einer hysterischen Anorexie zugewiesen worden war, hatte sich eine mehr als bizarre Ernährungsweise ausgedacht (2 x leichte Bouillon, ein Eigelb, ein Teelöffel Essig und 1 Tasse sehr starken Tees mit Zitrone), bei deren Änderung sie der Familie fürchterliche Szenen machte. Das Motiv für diese Diät war die Furcht, dick zu werden (la crainte d'engraisser). *Janet* erkannte rasch, daß es sich keineswegs um eine Anorexie (perte du sentiment de la faim) handelte, sondern daß Nadia im Gegenteil für gewöhnlich Hunger, ja bisweilen einen so starken Hunger verspürt, daß sie gierig alles verschlingt, was sie findet (dévorer gloutonnement tout ce qu'elle rencontre). Bisweilen nimmt sie auch heimlich Biskuits zu sich. Nachher macht sie sich furchtbare Gewissensbisse, um es bei der nächsten Gelegenheit doch zu wiederholen. Sie gibt selbst zu, daß es ihr eine große Anstrengung verursache, sich des Essens zu enthalten, so daß sie sich wie eine Heldin vorkomme. Bisweilen denke sie ganze Stunden lang nur ans Essen, so großen Hunger habe sie; sie schlucke dabei den Speichel hinunter, beiße in ihr Taschentuch, wälze sich auf der Erde. Sie sucht in Büchern nach Beschreibungen von Festessen, um in der Vorstellung daran teilzunehmen und sich über ihren Hunger hinwegzutäuschen. „Le refus d'aliment", so urteilt *Janet*, „n'est ici que la conséquence d'une idée d'un délire". Diese Idee sei, oberflächlich betrachtet, die Furcht vor dem Dickwerden. Und zwar fürchtet sich Nadia, dick zu werden *wie ihre Mutter*. Sie will *dünn* und *blaß* sein, wie es ihrem *Charakter* entspräche. Sie befürchtet dauernd, ein aufgedunsenes Gesicht, starke Muskeln, ein besseres Aussehen zu bekommen. Man darf ihr nicht sagen, daß sie besser aussieht; eine solche Äußerung habe einmal einen ernsten Rückfall bewirkt. Sie verlangt dauernd, daß man ihr ihre Magerkeit bestätigt.

---

[69] Obsession et Psychasthénie. S. 33 ff.

Daraus entwickelt sich ein für die Umgebung sehr lästiger, sich auf ihr Aussehen beziehender „*Fragezwang*". – Soweit deckt sich die Symptomatologie dieses Falles weitgehend mit derjenigen des unsrigen, abgesehen vor allem davon, daß sich dort ein „Fragezwang", hier ein Denkzwang entwickelt. Dazu kommt, daß bei Nadia die Ablehnung des Dickseins im Hinblick auf die Mutter, bei Ellen der Wunsch, dünn zu sein, im Hinblick auf die ätherischen Freundinnen im *Vordergrund* steht. Psychoanalytisch gesprochen handelt es sich aber wohl in beiden Fällen nur um zwei verschiedene Aspekte der Verdrängung der Liebe zur Mutter und der „Wiederkehr" der verdrängten Liebe, bei Nadia auf narzißtischem, bei Ellen auf homoerotischem Weg.

Bei Nadias pensée obsédante handelt es sich nach *Janet* keineswegs um eine isolierte, unerklärliche fixe Idee, vielmehr gehöre sie zu einem komplexen Gedankensystem. Das Dicksein (l'embonpoint) falle nicht nur unter den Gesichtspunkt der Koketterie, denn sie wolle gar nicht hübsch sein; vielmehr habe es in den Augen der Kranken etwas *Unmoralisches*, „cela me fait horreur". Wenn sie je dick würde, würde sie sich schämen, noch irgend jemandem vor Augen zu treten, sowohl daheim wie auf der Straße. Dabei scheint ihr nicht das Dicksein (l'obésité) als solches „honteuse", sie liebe sogar (im Gegensatz zu unserer Patientin) Menschen, die sehr dick seien und fände, es stünde ihnen gut (hier zeigt sich die Ambivalenz des Mutterkomplexes!), nur in bezug auf sie selbst sei es „honteux et immoral". Und zwar bezieht sich dieses Urteil nicht nur auf das Dicksein, sondern auf alles, was mit dem Essen zusammenhängt.

Wie bei unserer Patientin „fing es damit an", daß sie allein essen mußte, gleichsam im Verborgenen. Sie benimmt sich nach ihrem eigenen Urteil wie jemand, der öffentlich urinieren soll; wenn sie zuviel gegessen hat, wirft sie sich das wie etwas Indezentes vor. Sie hätte sich furchtbar geschämt, wenn man sie in flagranti beim Essen von Bonbons überrascht hätte. Als sie einmal in einer Anwandlung „de gourmandise ou de curiosité" Schokolade gegessen hatte, entschuldigte sie sich deswegen in unzähligen Briefen bei *Janet*. Man darf sie beim Essen aber nicht nur nicht sehen, sondern auch nicht hören. Ihr *Kauen*, und nur das ihre, verursache ein besonders häßliches und beschämendes Geräusch. Sie wolle wohl das Essen herunterschlucken, man solle sich aber nicht einbilden, sie zum Kauen zwingen zu können.

Wie das letzte Symptom über die bei Ellen West zu konstatierende Symptomatologie hinausgeht, so auch die folgenden: Obwohl ganz hübsch und dünn, ist Nadia überzeugt, daß ihr Gesicht aufgedunsen, gerötet und voll Pickel sei. Wer diese Pickel nicht sehe, verstehe nichts davon; es gäbe auch *Pickel zwischen der Haut und dem Fleisch!* Seit dem 4. Lebensjahr schämt sich Nadia ihrer Figur, weil man ihr gesagt habe, sie sei groß für ihr Alter. Seit dem 8. Jahr schämt sie sich ihrer Hände, die sie lang und lächerlich findet. Gegen das 11. Lebensjahr wehrte sie sich gegen kurze

Röcke, weil sie glaubte, jedermann betrachte ihre Beine, die sie nun nicht mehr ausstehen konnte. Als man ihr lange Röcke erlaubte, schämte sie sich ihrer Füße, ihrer zu breiten Hüften, ihrer dicken Arme usw.

Das Auftreten der Periode, das Wachsen der Schamhaare und die Entwicklung der Brüste machten sie halb verrückt. Bis zum 20. Jahre bemühte sie sich, die Schamhaare auszureißen. Seit der *Pubertät verschlimmerte* sich der Gesamtzustand; die Verweigerung der üblichen Ernährung und des Essens mit anderen rührt von dieser Zeit her.

Mit allen Mitteln, in Kleidung und Frisur, sucht Nadia ihr Geschlecht zu verheimlichen (wie es auch bei Ellen bis zum 18. Lebensjahr der Fall war), um einen *männlichen* Eindruck zu machen. Sie tut alles, um wie ein junger Student auszusehen. *Janet* glaubt jedoch, man dürfe hier nicht von Inversion sprechen, denn Nadia würde sich ebenso schämen, ein Junge zu sein; sie wolle ganz ohne Geschlecht sein, ja offenbar ohne Körper überhaupt, denn alle Teile des Körpers riefen dasselbe Gefühl (sentiment) hervor; *die Nahrungsverweigerung sei nur eine ganz spezielle Manifestation dieses einen Gefühls.*

In der Beantwortung der Frage nach der Idee, die alle diese appréciations determiniere, glaubt *Janet* dem Schamgefühl eine bedeutende Rolle einräumen zu müssen. Nadia habe sich von Kind an nicht vor ihren Eltern ausziehen können und bis zum 27. Jahr habe sie sich von keinem Arzt auskultieren lassen. Dazu käme aber ein vages *Schuldgefühl*, ein Selbstvorwurf auf ihre Gefräßigkeit und alle möglichen Laster (vices). (Ob frühkindliche Onanie im Spiele war, davon erfahren wir ebenso wenig wie in unserem Fall. In beiden Fällen drängt sich die Bejahung dieser Frage aus der psychoanalytischen Erfahrung heraus auf.)

Zu all dem kommt noch ein weiteres Motiv, das sich in ähnlicher Weise bei Ellen West findet: „Je ne voulais, dit-elle, ni grossir, ni grandir, ni ressembler à une femme, parce que j'aurais voulu toujours rester petite fille." Und zwar warum? „Parce que j'avais peur d'être moins aimée!" Auch dieses Motiv mag bei Ellen West, von deren kindlichem Seelenleben wir ja bedauerlicherweise so wenig wissen, mitgespielt haben. Immerhin will Ellen West nicht Kind, sondern nur jung bleiben, eine Hebe, wie ihre ätherischen Freundinnen. Der eigentliche Grund aber, warum *Nadia* fürchtet, *häßlich* und *lächerlich* zu sein, ist nach *Janet* die Furcht, man *mokiere sich über sie*, habe sie *nicht mehr gern* und fände, sie sei *anders als die andern*. „Le désire d'être aimée" und die Furcht, die so heiß ersehnte Liebe nicht zu verdienen, geselle sich sicherlich zu den Schuld- und Schamgefühlen (aux idées de fautes possibles et aux craintes de la pudeur), um die obsession de la honte du corps hervorzurufen. (Wir selbst würden sagen: Die Schuld- und Schamgefühle seien das Motiv der Furcht vor dem Liebesverlust und wahrscheinlich auch das Motiv der honte du corps). –

Soweit der Bericht *Janets*. Als reine „Krankengeschichte" ist er ein Bericht über die Krankheits*symptome* und deren Aufeinanderfolge „in der Zeit". Hier handelt es sich also nicht um eine anthropologische Interpretation des Gesamtphänomens des in Frage stehenden menschlichen Daseins und seiner Eigenart, sondern um ein bloßes *Nehmen* des betreffenden Menschen *bei etwas*, und zwar bei seinen *schwachen Stellen*[70]. Als die schwachen Stellen erscheinen hier diejenigen Merkmale, an denen eine Abweichung vom normalen Verhalten zu *erkennen* ist. Das letztere aber wird als allgemein *bekannt* (wenn auch keineswegs als *erkannt*) vorausgesetzt. Und schließlich wird versucht, die Mannigfaltigkeit der Krankheitsmerkmale aus einem einzigen krankhaften Grundgefühl, der honte du corps, psychologisch zu *erklären*. Wo die Psychologie oder Psychopathologie aber von Gefühl spricht, diesem vagsten und vieldeutigsten aller psychologischen Ausdrücke überhaupt, da fängt für die Daseinsanalyse die wissenschaftliche Aufgabe erst an. Das Wort Gefühl bedeutet für sie jeweils nur den Horizont einer Problemstellung.

Janet bleibt stehen bei der Feststellung, daß im Falle Nadia *alle Teile des Körpers* dasselbe Gefühl der Scham, ja der Schande hervorrufen, daß es sich also um eine durchgängige honte du corps handle. Was aber, so müssen *wir* zu fragen beginnen, bedeutet eine solche honte du corps daseinsmäßig, wie ist sie *existenziell* zu verstehen? Nadia *versteigt* sich noch höher als Ellen, insofern sie nicht nur dünn, sondern körperlos sein, also sozusagen eine *engelgleiche* Existenz führen möchte[71]. Auch sie steht nicht mit beiden Füßen fest auf der Erde, auch sie will der kreatürlichen Seite der Bestimmung des Menschen entrinnen, will weder ein Geschlecht haben, noch sich ernähren, noch überhaupt gesehen und gehört werden können. Das Letztere heißt nichts anderes, als daß sie sich der *Mitwelt* entziehen und eine rein solipsistische Existenz führen möchte. Ihre honte du corps ist nicht ein Sichschämen „wegen des Körpers", sondern wegen des „Existierens als Körper" oder, wie wir besser sagen, als *Leib*. Spricht man von einer honte du corps, so wird der Leib nicht in seiner Identitätseinheit von äußerlich wahrnehmbarem Körper (= Gegenstand) und Leibbewußtsein gesehen, sondern wie es bei Nadia selbst der Fall ist, nur als – vor den Augen der Mitwelt[c] zu verbergender, hassenswerter, verabscheuungswürdiger – Gegenstand. Mein Leib ist aber nie nur Gegenstand, nur der äußeren Welt zugehörig, wie *Wernicke* meinte, sondern mein Leib, das *bin* ja immer auch *ich*. Will ich meinem Leib entrinnen, meinen Leib loswerden oder verbergen, so will ich immer auch *mir entrinnen*, „etwas von mir" loswerden und

---

[70] Vgl. Grundformen S. 308 ff.; AW 2, S. 278ff.

[71] Es ist jedoch sehr lehrreich und für die innere Verwandtschaft beider Fälle bezeichnend, daß auch Ellen, wenn auch nur ein einziges Mal, das Dünnsein mit dem Körperlossein identifiziert. Vgl. S. 87: „dieses Ideal von Dünnsein, Körperlossein".

„etwas von mir" *verbergen.* Ich, als Engel, will etwas Teuflisches in mir oder will mich, als Teufel, loswerden und vor den andern verbergen. Wie immer dieses Sündenbewußtsein *entstanden* sein mag, durch frühkindliche Onanie oder Onanieersatz, durch aggressive Tendenzen gegen die Mutter, das spielt hier keine Rolle. Ist es doch gerade unsere Aufgabe, gegenüber der einseitigen Überbetonung der *genetischen* Entstehung und der alleinigen Erklärung aus ihr das Wesen oder Eidos, die Gestalt des jeweiligen In-der-Welt-seins ans Licht zu ziehen, ohne die die genetische Erklärung in der Luft hängt. Denn wenn wir alle „an denselben Komplexen" leiden, so muß doch gezeigt werden, wie sich das Weltbild und das In-der-Welt-sein überhaupt verändern, wenn es zu so etwas wie einer Neurose oder Psychose kommt.

Um zum Fall Nadia zurückzukehren, so tritt hier nicht nur das *Scham-*, sondern auch das *Schuld*gefühl deutlicher zutage als im Fall Ellen West. Das besagt aber keineswegs, daß das letztere dort fehlt. Schon der sehr wahrscheinlich frühkindliche asketische Zug weist darauf hin. Abgesehen davon zeigen die Selbstvorwürfe wegen des Essens von Süßigkeiten auch bei Ellen West durchaus den Charakter von Gewissensvorwürfen, so sehr dieselben bei beiden Kranken „auf ein falsches Geleise" geraten sind. Was sich beide vorwerfen, und was beide vor der Mitwelt verbergen möchten, ist ihre *Gier*, als Ausdruck wiederum der leiblich-„tierischen", kreatürlichen, „bösen" Seite ihrer Existenz. Auch hier mögen frühkindliche christliche Vorstellungen (durch die Kinderfrau im Falle Ellen) mitspielen. Im allgemeinen ist Nadia bei aller Aggressivität doch die *sensitivere*, mitweltlich noch abhängigere, Ellen West die eigenmächtigere Natur. Das tritt auch darin zutage, daß es bei Nadia zu einem mitweltlich orientierten, nämlich zu einem „Fragezwang" kommt, während Ellen Wests „Denkzwang" ein rein eigenweltlich orientierter „Zwang" ist. Abgesehen davon ist die Furcht, daß man sie weniger gern habe, wenn sie dick sei, bei Nadia mit klaren Worten ausgesprochen, während Ellen im Grunde *sich selbst* nicht mehr lieben kann, wenn sie dick ist.

Dazu kommt, daß Nadia, abgesehen von der Angst, aufzufallen und dem Verdacht, daß man sich über sie mokiere, auch Züge der *hypochondrischen* Form des „sensitiven Beziehungswahns" *Kretschmers* zeigt, man denke insbesondere an die m.E. schon durchaus wahnhaften, unkorrigierbaren hypochondrischen Vorstellungen hinsichtlich des Kauens, der Pickel und des Aufgedunsenseins, in welchen der mitweltliche Bezug eine noch größere Rolle zu spielen scheint als der eigenweltlich-leibliche.

Damit kommen wir zur Diagnose des Falles Nadia. Schon *E. Bleuler* und *Jung* glaubten bekanntlich, die Mehrzahl der Fälle *Janets* als *schizophren* ansprechen zu müssen. Desgleichen hat *M. Bleuler* noch kürzlich mit Recht erklärt[72]: daß sich die verschiedenen Unterformen des sensitiven Beziehungswahns als einer psychoreaktiven Erkrankung nicht von den spätschizophrenen Krankheiten klar abgrenzen lassen. Auch wenn wir im Falle Nadia nicht von einer Spätschizophrenie sprechen können, so glaube ich doch, auch hier die Diagnose der Schizophrenie stellen zu müssen. Und zwar liegt es sehr nahe, auf Grund der Anamnese an einen bereits in der Kindheit aufgetretenen Schub zu denken, dem in der Pubertät ein zweiter Schub gefolgt sein mag. Schon *Kraepelin* hat bekanntlich darauf aufmerksam gemacht, daß infantile schizophrene Schübe viel häufiger vorzukommen scheinen als wir anzunehmen geneigt sind. Diese Annahme kann ich auf Grund meines eigenen Materials gerade an solchen „neuroseähnlich" verlaufenden Fällen nur bestätigen. Auch im Falle Ellen West ist sie nicht ganz von der Hand zu weisen. Leider sagt uns *Janet* nichts über die Heredität.

Wenn wir es auch in diesem Abschnitt mit der diagnostischen Reduktion zu tun haben, müssen wir zum Schluß doch versuchen, den Fall Nadia gerade im Hinblick auf den Fall Ellen West auch daseinsanalytisch noch näher zu interpretieren, als es bereits geschah, wenigstens soweit das an Hand der krankhaften Symptome möglich ist.

Der Hauptunterschied der Daseinsweisen in beiden Fällen wurde bereits betont: Im Fall Ellen West – wir reden hier nur von dem „Endzustand" – geht das Dasein vorwiegend auf im Zu-sich-selbst-sein, dem Umgang mit sich selbst, oder im eigenweltlichen[d] Daseinsbereich, im Falle Nadia hingegen vorwiegend im mitweltlichen Bereich, im Umgang des einen mit den andern[73]. (Wie sehr beide Seinsweisen im Grunde aber aufeinander angewiesen oder miteinander verschlungen sind, werden wir immer deutlicher sehen.) Ellen West fühlt sich zwar auch in einer „Glaskugel", von der Mitwelt „durch Glaswände getrennt", aber sie leidet unter dieser Trennung. Trotzdem ist dieses Leiden für sie nicht das Hauptleiden, ihr Hauptleiden ist das Leiden an oder unter sich selbst, unter der „Selbstvergewaltigung". Daher die Unentrinnbarkeit vor sich selbst, das Gefangensein, In-der-Schlinge-sein ihres Selbst, aus welcher Schlinge sie sich nur durch den Selbstmord zu befreien vermag. Daher ist hier auch nur wenig zu verspüren von *Scham vor den andern*. Zwar muß auch sie sich beim Essen von den andern absondern (verbergen), sie schämt sich aber in erster Linie vor sich selbst, kämpft dementsprechend ihr Schicksal auch allein durch und nimmt es selbst in die Hand, unbekümmert um die andern. Zwar müssen die andern auch ihr bestätigen, daß sie nicht dick ist, jedoch sind auch hierin nicht die andern die oberste Instanz, sondern sie selbst. Ihre „Gier" erlebt sie in erster Linie als verwerflich vor sich selbst, ungleich weniger im Hinblick auf die andern.

---

[72] Fortschritte d. Neur. u. Psych. 1943. H. 9, S. 272.
[73] Vgl. Grundformen, II. u. III. Kap. des Ersten Teils.

Die zunehmende Entleerung, Vererdung und Vergruftung des Daseins, das Lochsein, betrifft vorwiegend die Eigenwelt; die Entleerung des mitweltlichen Bereichs erscheint als die daseinsmäßige Folge hievon.

Ganz anders liegen die Dinge bei Nadia: Sie flieht die andern, möchte sich vor ihnen verbergen, und leidet darunter, daß sie es nicht so kann, wie sie möchte. Sie fürchtet, den andern aufzufallen, anders zu sein als sie, von ihnen weniger geliebt zu werden und schützt sich hiegegen durch unzählige „Praktiken", während die Praktiken, die Ellen West anwendet, dem Schutze vor sich selbst dienen. Was uns bei Nadia als in extensiver und intensiver Hinsicht krankhaft gesteigertes „Scham- und Schandegefühl" erscheint, ist eben jenes Sichverbergenwollen *vor den andern*. Nun dürfen wir aber die so mannigfaltigen *Symptome* des Sichschämens nicht als das Eigentliche oder Wesentliche betrachten, bedeuten sie doch nur die jeweiligen Merkmale, an denen wir erkennen, daß das Dasein hier sich vor den andern verbergen muß. Diese Merkmale sind gleichsam nur die Durchbruchstellen eines vom Fluch der Schande getroffenen Daseins. Wir können auch diese Daseinsform wiederum doch nur verstehen, wenn wir sehen, daß auch Nadia selbst sich als verdammenswert, verworfen, widerwärtig, ja ekelhaft vorkommt. Während Ellen vor sich selbst in die Leibwelt ausweicht und zu ihrem Schutz zu Abführmitteln greift, weicht Nadia vor sich selbst in die Mitwelt aus und greift zu ihrem Schutz zu Verbergungsmaßnahmen vor derselben. Diese Verbergungsmaßnahmen sind das Schutzmittel gegen die Einsicht in ihre *Existenz* als Schande. Die *existenzielle* oder, wie *Erwin Straus* sagt, die *behütende* Scham, wird zur rein *verbergenden* Scham[74]. Bei der letzteren handelt es sich nach *Straus* nicht um die dem Menschsein ursprünglich eigene (und nicht erst im Laufe der Lebensgeschichte erworbene) Urscham, sondern um die der Reflexion auf die andern entstammende, *mitwelt*bezogene oder *öffentliche* Scham. Diese Scham behütet nicht „das Geheimnis der Existenz", demgegenüber man sich auch vor sich selbst schämen kann, vielmehr steht sie im Dienst der „sozialen Geltung" *(Erwin Straus)*.

a) Das Schamphänomen

Hier müssen wir einen Augenblick haltmachen. So wichtig und berechtigt die *Straus*sche Scheidung ist, so darf sie uns doch nicht veranlassen, das Schamphänomen als Ganzes aus den Augen zu verlieren. Im Grunde (dieses Phänomens) gehören existenzielle (behütende) und mitweltbezogene (verbergende) Scham ebenso zusammen, wie Existenz (Selbstsein) und mit-

---

[74] Vgl. zu dieser Unterscheidung den Züricher Vortrag von *E. Straus*, Die Scham als historiologisches Problem. Schweiz. Archiv f. N. u. Ps. Bd. 31, 1933, S. 339 ff. – Es scheint mir wichtig, hier zu bemerken, daß *Freud* gemäß seiner ganzen Theorie vom Menschen nur die letztere Form der Scham gesehen und zu „erklären" versucht hat.

weltliches oder Mit-Sein zusammengehören. Das tritt im Schamphänomen vielleicht deutlicher zutage als irgendwo sonst; denn auch die existenzielle Scham zeigt sich ja im *Erröten*, also in einem mitweltbezogenen (Teil-)Phänomen! Ich kann wohl *sagen*, ich erröte vor mir selbst, in Wirklichkeit erröte ich aber vor einem oder den andern. Und hierin liegt wieder eine, gerade für das Verständnis unserer Fälle ungemein wichtige Tatsache, die Tatsache nämlich, daß die Scham dem andern gerade das *zeigt*, was sie vor ihm *verbergen* will, das *Geheimnis* der Existenz.

Ich erinnere hier an ein Epigramm von *Hebbel*, das lautet:
„Scham bezeichnet im Menschen die innere Grenze der Sünde;
Wo er errötet, beginnt eben sein edleres Selbst."

Ob ich erröte, weil ich selbst die innere Grenze der Sünde berührt habe oder weil ein anderer sie berührt hat, immer zeige ich ihm damit etwas, was ich im Grunde gar nicht zeigen will, den „Punkt" nämlich, wo die innere Grenze der Sünde „in mir" berührt wird. Nennen wir einmal „Sünde" ein geistiges, Erröten ein leibliches Phänomen, so wird klar, daß gerade das Schamphänomen als Ganzes dieser Trennung widerspricht, so sehr es anderseits wiederum auf ihr beruht. Das letztere hat niemand tiefer erfaßt als *Scheler:* „Nur weil zum Wesen des Menschen ein Leib gehört", so drückt er es aus, „kann er in die Lage kommen, sich schämen zu *müssen*, und nur weil er sein geistiges Personsein als wesensunabhängig von einem solchen ‚Leibe' erlebt und von allem, was aus dem Leibe zu kommen vermag, ist es möglich, daß er in die Lage kommt, sich schämen zu *können*. Darum berühren sich in der Scham auf merkwürdige und dunkle Weise ‚Geist' und ‚Fleisch', Ewigkeit und Zeitlichkeit, Wesen und Existenz." (Existenz ist hier natürlich nicht im *Heidegger*schen Sinne gemeint, sondern, wie die Antithesen zeigen, im Sinne des Seins überhaupt und als Gegensatz zur Essenz = Wesen.) „Alle die verschiedenen Arten und Formen des Schamgefühls ... haben diesen *einen, großen, allgemeinsten Hintergrund:* daß der Mensch sich in der Tiefe fühlt und weiß als eine ‚Brücke', als einen ‚Übergang' zwischen zwei Seins- und Wesensordnungen, in denen er gleich stark eingewurzelt ist, und von denen er keine eine Sekunde lang preisgeben kann, um noch ein ‚Mensch' zu heißen."[75]

Es bedarf keines großen Scharfsinns, um einzusehen, daß Ellen und in viel höherem Maße Nadia diese doppelte Wesens- und Seinsbestimmtheit des Menschseins nicht anerkennen, sondern sie umstoßen wollen und verzweifelt gegen sie ankämpfen. Das aber ist eine *Krankheit* des „Geistes".

Da nun die Scham so sehr auf die Seite der verbergenden, mit*weltlich* bezogenen Scham neigt, wird die eigentümliche Dialektik der Scham, daß sie nämlich den andern gerade zeigt, was sie verbergen will, um so augenfälliger.

---

[75] Über Scham und Schamgefühl, Schriften aus dem Nachlaß I, 2. Aufl. 1957, S. 69.

Damit gelangen wir aber ins Zentrum dessen, was wir als Beachtungs*wahn* bezeichnen können.

Das sehen wir besonders deutlich im Fall Nadia. Ihre verzweifelte Revolte gegen die Leiblichkeit, als dem Grunde des Sichschämenmüssens, hat zur Folge, daß die Leiblichkeit erst recht in den Vordergrund tritt und *nur noch Beachtungs*fläche ist. Das aber heißt: Der (mitarbeitende, mitspielende, mitkämpfende, mitleidende usw.) Umgang oder Verkehr mit den andern ist eingeschränkt auf das bloße Genommen-werden von den andern im Sinne des *Beachtetwerdens*, also auf eine besondere Form der *Vergegenständlichung* der Existenz und der dieser Vergegenständlichung eigenen *Distanz*. Nadia ist der Gegentypus des homme voyeur, nämlich, wenn man so sagen darf, des Typus des *homme-à-voir*. Die Scham ist hier nicht die zarte seelische Hülle „qui enveloppe le corps" *(Madame Guyon)*, also Ausdruck eines „positiven Selbstwertes"[76], sondern die Tarnkappe, hinter der sie ihren Körper, das Sichtbare und Hörbare ihrer Existenz, völlig vor den Augen und Ohren der andern zu verbergen sucht, Ausdruck eines absolut negativen Selbstwertes. Die Anonymisierung geht hier noch weiter als bei den Maskendeutungen im *Rorschach*-Versuch[77], das Selbst verbirgt sich hier nicht nur hinter der anonymen Maske, sondern will überhaupt nicht mehr gesehen werden können, auch nicht als Maskenträger; denn was *Janet* hier als honte du corps bezeichnet, ist, wie wir gesehen haben, nichts anderes als la honte d'être vu, d'être observé oder, richtiger, de pouvoir être vu. *Daher* die Angst vor allem *in die Augen Springenden* hinsichtlich Körpergestalt, Körperfunktionen, Kleidung, Haut. Dazu kommt, wie wir gesehen haben, aber auch noch die honte d'être entendu (beim Kauen). Auch Nadia will *verzweifelt sie selbst sein*, aber als ein *anderes*, menschenunmögliches Selbst, nämlich als ein unsichtbares und unhörbares, also unleibliches Selbst. Da dieser Wunsch noch verstiegener, „wirklichkeitsfremder" ist als der des Dünnseinwollens, bekommen wir von Nadia einen noch „kränkeren" Eindruck als von Ellen, und müssen wir ihren „Fall" klinisch als „schwerer" bezeichnen als den Fall Ellen West. Infolgedessen ist die *Angst vor dem Dickwerden* in beiden Fällen psychopathologisch verschieden zu werten. Im Fall Ellen West ist sie Ausdruck der Angst vor dem Abfall von dem verzweifelt festgehaltenen, selbstgewählten *Ideal* der Hebe und Angst vor dem absteigenden Leben überhaupt, im Fall Nadia ist sie Ausdruck der Angst vor der kreatürlichen, leiblichen Existenz, insofern sie die Bedingung ist, daß man gesehen und gehört werden kann. Diese Angst ist deswegen Ausdruck einer viel „verstiegeneren" Existenz, weil sie die kreatürliche Grundlage des Menschseins überhaupt verneint. Kurz gesagt: Was Nadia „verzweifelt"

---

[76] Vgl. *Scheler*, a.a.O. S. 100.
[77] Vgl. *Roland Kuhn*, Über Maskendeutungen im Rorschachschen Versuch. Basel 1944.

anstrebt, ist, *in der Öffentlichkeit eine unöffentliche Existenz zu führen.* Einen Menschen, der eine derart menschenunmögliche Existenz führen will, nennen wir mit Fug und Recht *verrückt.*

Das Existierenwollen in einer von der Mitwelt unbemerkten (unsichtbaren und unhörbaren, überhaupt ungreifbaren) Weise scheint mir eines der *Grundprobleme* der schizophrenen Existenzweisen zu enthalten. Bei oberflächlicher Betrachtung der Dinge könnte man zwar erklären, Nadia ziehe sich von der Mitwelt (der Öffentlichkeit) bis zur völligen Ungreifbarkeit zurück, weil sie sich – wegen ihrer Gestalt, ihrer Kleider, ihrer Pickel usw. – vor ihr schäme. Eine tiefere Betrachtung muß aber zu einem entgegengesetzten Resultat führen. Wie bei so vielen schleichend verlaufenden Fällen von Schizophrenie und zuletzt noch bei Ellen, steht auch bei Nadia am Anfang des Berichtes über sie eine eigenwillige, eigensinnige Revolte gegen die Art und Weise, wie sie selbst ins Dasein *geworfen* ist, kurz gegen eine spezielle Weise des menschlichen Schicksals. (Oft richtete sich bei meinen eigenen Fällen diese Revolte gegen das Geschlecht, besonders bei weiblichen Patientinnen gegen das Als-Weib-genommen-sein.) In dieser (bis zur Verzweiflung getriebenen) Revolte, in der sich das Dasein anmaßt, ein anderes Selbst sein zu wollen, als es selbst ist und sein kann, verstößt es offensichtlich gegen die Daseinsstruktur überhaupt, sucht sie sie zu durchbrechen, ja zu zerbrechen, wenn auch unter verzweifeltem Festhalten am Selbstsein als solchem. Diese Struktur läßt sich aber nicht durchbrechen oder gar zerbrechen, sondern setzt sich, nur in anderer („krankhafter") Weise immer wieder durch, wie wir es schon in den Studien „Über Ideenflucht" gezeigt haben. Bei Nadia sehen wir dies, wie bereits erwähnt, daran, daß sie, je eigensinniger ihr Wunsch, nicht aufzufallen, wird, um so auffallendere Angriffsflächen für die Mitwelt bildet („sich einbildet"), zuletzt noch die Pickel „unter der Haut". Damit aber setzt sich die Struktur des Daseins wieder durch. Je eigenwilliger (dekret- oder diktathafter) der Mensch sich dem Geworfensein in sein Dasein und damit in das Dasein überhaupt widersetzt, desto stärker kommt dieses Geworfensein wieder zur Geltung. Auf den Fall Nadia angewandt: Je unsichtbarer, unauffälliger sie erscheinen mag, desto auffälliger wird ihr Dasein, m.a.W. desto mehr glaubt sie der Mitwelt, den andern, aufzufallen, ihnen durch etwas „in die Augen zu springen". Von Nadias Überzeugung, den andern aufzufallen, zur Überzeugung, daß die andern sich über sie mokieren, ist nur ein kleiner Schritt; trägt jene Überzeugung doch von Haus aus den Charakter des Unangenehmauffallens und Lächerlichauffallens in sich. Nadia muß sich wie gesagt vor den andern schämen, weil die Weise ihrer *Existenz* eine lächerliche ist. Könnten wir sie dazu bringen, dies im vollen *existenziellen* Sinn einzusehen, was aber bei Schizophrenen dieser Art nicht mehr möglich ist, so müßte sie zwar „in sich gehen", brauchte sich aber nicht mehr *vor den andern* zu schämen; würde sie es aber, was bisweilen in solchen Fällen noch möglich ist, rein intellektuell begreifen, so würde sie sich entweder das Leben nehmen oder es würde, wie die Erfahrung lehrt, der schizophrene Prozeß mit noch gröberem Geschütz auffahren.

b) Das Schamproblem und der schizophrene Prozeß

Diesen *Prozeß* wollen wir zum Schluß noch einmal näher ins Auge fassen, und zwar gerade im Anschluß an das Schamphänomen. Das Problem dreht sich also, wie aus unsern bisherigen Ausführungen ersichtlich, um das phänomenologische „Verhältnis" von existenzieller und verbergender Scham innerhalb des *einen* Schamphänomens. Wo von existenzieller Scham die Rede ist, wo also „die innere Grenze der Sünde" existenziell erlebt, das „edlere Selbst" geahnt und als Geheimnis behütet wird, da ist der Mensch sein eigener *Herr* und *Richter*, ist das Selbst *seiner mächtig*. Je weniger es hingegen seiner mächtig ist, desto mehr gerät es in die Abhängigkeit von der Mitwelt, wird die Mitwelt zum *Herrn* und *Richter* über das Selbst. Daher auch das Kind, als noch unselbständige Existenz, in hohem Maße von dem „Urteil" der Mitwelt abhängt. Aber auch das Kind würde, was *Freud* nicht sehen wollte, nicht vom Urteil der Mitwelt abhängen können, wenn es nicht fähig wäre, die innere Grenze der Sünde als Scham wenigstens ahnend zu empfinden. Die „krankhaft übertriebene" Scham ist in diesem Sinne nur ein Rückfall in die Kindheit, wozu wir aber bemerken müssen, daß es wieder etwas ganz anderes ist, ob der Mensch eine Daseinsposition erst erwerben muß oder von einer bereits eingenommenen wieder auf eine frühere zurücksinkt!

Hinsichtlich des Verständnisses des schizophrenen Prozesses an Hand des Problems der Scham ist nun aber das die Hauptsache, daß wir es hier mit einer Abwandlung des Menschseins in dem Sinne zu tun haben, daß „die innere Grenze der Sünde" nicht mehr frei verschiebbar oder *fließend* ist gemäß dem *freien* Maßstab des Selbst, der über *Anlaß*, *Grad* und *Stärke* des Sichschämenmüssens immer wieder neu und frei „entscheidet", sondern daß diese Grenze ein für allemal festgelegt ist, figé (also „geronnen"), wie schon *Masselon* in seiner Pariser These von 1902 sagte[78]. Jedoch wendet *Masselon* diesen Ausdruck noch einseitig auf das Denken (la pensée) der Schizophrenen an. Wie überall, so dürfen wir aber auch hier nicht vom Denken ausgehen, sondern müssen die *ganze* Daseinsform ins Auge fassen. Dazu eignet sich die Untersuchung der Scham, wie wir gesehen haben, in hervorragendem Maße. Die Tatsache wiederum, daß die innere Grenze der Sünde nicht mehr flüssig, d.h. also je nach der inneren und äußeren *Situation* variierend, sondern „geronnen" ist, rührt daher, daß eben an Stelle des Selbst die Mitwelt getreten ist (was immer einer existenziellen Leere oder

---

[78] Vgl. *Jung*, Über die Psychologie der Dementia praecox, 1907, S. 10.

Entleerung entspricht). Denn die Mitwelt ist kein eigener, sondern ein fremder Maßstab, als fremder aber ist er nicht mehr von mir selbst abhängig, sondern *steht* er mir unbeweglich und fremd *gegenüber*. Was wir so leichthin die „Projektion" des Schamgefühls (wie anderer Gefühle) „nach außen" nennen, ist nichts anderes als die Verlegung des Schwerpunktes unserer Existenz aus unserem eigenen Selbst in das als *feststehend* erlebte *Urteil* der andern. Damit wird das Selbst, wie wir oben ausführten, zu einem (von den andern und gemäß ihnen von mir) *beurteilten Sachverhalt*, es wird m.a.W. vergegenständlicht, zu einem „festen" Gegenstand oder Ding gemacht, mit festen Konturen, festem Maß und Gewicht. Demzufolge tritt nun gerade diejenige Wesenssphäre des Menschseins in den Vordergrund, die diesen Bedingungen am leichtesten entspricht, *der Leib!* „Der Leib" bedeutet die *hier* und *jetzt* gegenwärtige, räumlich ausgedehnte, *hier* anwesende, das heißt in die Augen und Ohren fallende Sphäre unserer Existenz, im Gegensatz zur (Welt-)zeit- und (Welt-)raum-unabhängigen Dauer des Selbst. Weil das verdinglichte Selbst sich jetzt, gerade im Gegensatz zu seinem verzweifelten Ringen, nicht mehr als wesensunabhängig von seinem Leib erleben kann, kann es sich auch nicht mehr *existenziell* schämen, sondern muß es sich vor den andern *verbergen*. La honte du corps ist reine verbergende Scham, uneigentliche Scham also, die man besser als Schande denn als Schamgefühl bezeichnet. So ist der schizophrene Prozeß in erster Linie ein existenzieller Entleerungs- oder Verarmungsprozeß, und zwar im Sinne einer *zunehmenden Erstarrung („Gerinnung") des freien Selbst zu einem immer unfreieren („unselbständigeren") selbstfremden Gegenstand*. Nur von hier aus kann er verstanden werden. Das schizophrene Denken, Sprechen, Handeln sind nur Teilerscheinungen dieses Grundvorgangs. Existenzielle Entleerung oder Verarmung ist, wie wir ja bereits wissen, nichts anderes als Verwandlung von Freiheit in Nötigung, von Ewigkeit in Zeitlichkeit (*Scheler*), von Unendlichkeit in Endlichkeit. Daher *Kierkegaard* mit Recht sagen konnte, daß im Wahnsinn „die kleine Endlichkeit *fixiert* worden ist, was ja mit der (Innerlichkeit der) Unendlichkeit nie geschehen kann"[79].

Mit all diesen Ausführungen sollte nur gezeigt werden, daß wir den wissenschaftlichen Anforderungen, die uns das Schizophrenieproblem stellt, nicht mehr genügen, wenn wir von einer perte de l'activité intellectuelle (*Masselon*), einer Lockerung des Assoziationsgefüges (*Bleuler*), einer primären Insuffizienz der psychischen Aktivität (*Berze*), einer Veränderung des Bewußtseins der Aktivität (*Kronfeld*) sprechen. Das alles sind *theoretische* (psychopathologische) *Deutungen* des schizophrenen Prozesses, formelhaft ausgedrückte Erklärungsversuche desselben, die das, was hier wirklich vorgeht, und wovon in erster Linie auszugehen ist, in einem erklärenden

---

[79] Philosophische Brocken I, Ges. Werke Bd. 6, S. 251 f.

theoretischen Urteil überspringen. Auch hier heißt es: Zurück von der *Theorie* in die – mit den uns heute zur Verfügung stehenden wissenschaftlichen Mitteln mögliche – minutiöse *Beschreibung der Phänomene.*

Um Mißverständnisse zu vermeiden, sei noch betont, daß unter *Prozeß* hier keineswegs nur der *psychische Prozeß* überhaupt im Sinne von *Jaspers* gemeint ist, sondern der schizophrene Prozeß, m.a.W. die mit der noch unbekannten schizophrenen Noxe einhergehende Umwandlung des Daseins oder In-der-Welt-seins.

II. Weitere Beobachtungen über Fressgier

Unter der Rubrik „Les phobies des fonctions corporelles" erwähnt *Janet* noch ein junges Mädchen (a.a.O. S. 192) von 18 Jahren ohne hysterische Anorexie, dessen Empfindungen beim Anblick der Nahrung mit denjenigen Ellens wiederum manche Ähnlichkeit aufweisen: „Quand je vois les aliments, quand j'essaye de les porter à ma bouche, cela se serre dans ma poitrine, cela me fait étouffer, cela me brûle dans le coeur. Il me semble que je meurs et surtout que je perds la tête."

Ferner erwähnt er eine Kranke, die mit 21 Jahren nach dem Stillen eines Kindes anfing, Abscheu und Angst vor dem Essen zu bekommen und die Nahrung zu verweigern. Dieses Syndrom verschwand, kam wieder, um wieder zu verschwinden, und zeigte sich schließlich im Klimakterium in folgender Gestalt: Die Kranke aß normal, hatte jetzt aber Angst, ihre Krankheit käme wieder und verhindere sie am Essen, so daß sie Hungers sterben müsse; sie äße also mit Angst, aus Angst, wieder Angst vor dem Essen zu bekommen.

Janet grenzt diese „Phobien" mit Recht von der phobie de la digestion ab, ordnet sie aber nichtsdestoweniger insgesamt den phobies des fonctions corporelles ein.

Löwenfeld, in seinem Buch „Über die psychischen Zwangserscheinungen" (1904), erwähnt unter den Symptomen, welche *Äquivalente des Angstanfalles* darstellen können, den *Heißhunger* (S. 358). Er fügt hinzu, daß nach *Magnan* das Verlangen nach Speise den Charakter eines Zwangsantriebes (Sitiomanie) annehmen könne, der mit Angst einhergehe und den Kranken trotz seines Widerstandes überwältige: Eine von diesem Trieb heimgesuchte Frau habe sich aus Verzweiflung über die Nötigung, fortwährend essen zu müssen, freiwillig in Anstaltsbehandlung begeben.

Stähelin erwähnt eine gesteigerte Eßsucht bei gewissen Psychopathen im Zusammenhang mit plötzlich gesteigertem Sexualtrieb: „So konnte ich bei gewissen Psychopathen nachweisen, daß der Durchbruch eines Vitaltriebes, z.B. eine plötzlich einsetzende heftige Sexualtriebsteigerung, jeweilen in kurzen Abständen gefolgt war von völliger Schlaflosigkeit, heftigem Bewegungstrieb, Rauch-, Eß- und Trunksucht, daß also ein Elementartrieb den andern mitriß, bis schließlich die ‚Tiefenperson' völlig vorherrschte, während die höheren Persönlichkeitsanteile entweder gelähmt oder völlig im Dienste der Triebe standen."[80] Ich selbst kann diese Beobachtungen nur bestätigen.

Bei der *Schizophrenie* ist die Freßgier ein so bekanntes Vorkommnis, daß nicht besonders darauf eingegangen zu werden braucht. Sie ist auch hier oft verbunden mit sexuellen Vorgängen, Wünschen, Befürchtungen. Ein Kranker *Nelkens*, für den der Samenerguß „das Schrecklichste war von allem, was es überhaupt gibt", fühlte nach jeder Pollution Durst und „Freßgier"[81]. Lehrreich ist die von *Weber* festgestellte Tatsache, daß sich gerade beim nihilistischen Wahn besonders häufig Anfälle von Heißhunger und Nahrungsverweigerung finden[82]. Im Fall Ellen West erfahren wir über manifeste Beziehungen zwischen der Freßgier und der Sexualität kaum etwas. Wir erfahren auch nicht, ob die Freßgier vor, während oder nach der Periode stärker oder schwächer war. Wir wissen nur, daß sie nach (oder mit?) dem Aufhören der Periode noch zunahm.

Eine gerade im Hinblick auf unsern Fall interessante Beobachtung hat *Stähelin*[83] in der Festschrift für *A. Gigon* mitgeteilt: Ein leicht athletisches Mädchen, verschlossen, schwierig, empfindlich, lebhaft, klug, zeigt 18jährig während 3 Monaten Mattigkeit, Kopfschmerzen und depressive Gedanken. Sie fühlt sich aber körperlich und seelisch bedeutend wohler nach den Mahlzeiten und auch dazwischen, sobald sie Brot, Früchte und Schokolade gegessen hat. Mit 20 Jahren Ausbleiben der Periode, depressiv, Suizidimpulse, „ißt wahnsinnig viel und schnell". Im übrigen antriebschwach verschlingt sie immer wieder, und zwar ohne Appetit oder gar Hunger, ganze Brotlaibe und sehr viel Süßigkeiten und macht nachher bisweilen Brechversuche. Sie motiviert dieses Symptom so: „Es ist eben wie eine Sucht. Die andern haben sonst wüste Triebe und verlieren dadurch den Verstand, und ich habe die Eßsucht, wie ein Alkoholiker die Trunksucht, und jetzt bin ich zerstört." Sie wolle sich mit dem Essen betäuben, absichtlich in Leere und Verantwortungslosigkeit versinken lassen. „Indem ich nur noch esse wie ein Idiot, sterbe ich geistig ab." Sperrungen, Grimassieren, verkrampft depressive Haltung.

Wir sehen, die Freßgier und ihre existenzielle Bedeutung ist hier dieselbe wie im Falle Ellen West. Auch Ellen West fühlt, daß die Freßgier

---

[80] Psychopathologie der Zwischen- und Mittelhirnerkrankungen. Schweiz. Archiv f. N. u. Ps. Bd. 53 H. 2, S. 389.

[81] Analytische Beobachtungen über Phantasien eines Schizophrenen. Jahrbuch f. ps.anal. u. psychol. Forschen IV, S. 508.

[82] Über nihilistischen Wahn und Depersonalisation, Basel 1938.

[83] Über präschizophrene Somatose, Schw. Med. Wochenschrift, 1943, No. 39, S. 1213 f.

den geistigen Tod bedeutet. Im Gegensatz zu dieser Kranken *wehrt* sie sich aber dagegen, um erst allmählich den Entschluß zum Selbstmord zu fassen, als der einzigen Möglichkeit der Erlösung von dem Konflikt zwischen Gier und Geist und des Entrinnens aus der Gefahr der Verblödung. Demgegenüber akzeptiert die Kranke *Stähelins* das geistige Absterben und *ersetzt* den Selbstmord *durch die Gier*: „Früher wollte ich mich zum Fenster hinausstürzen; jetzt mache ich keinen Selbstmord mehr." Daran schließt sich ohne weiteres der bereits erwähnte Satz: „Indem ich nur noch esse wie ein Idiot, sterbe ich geistig ab."

Während wir die inneren Beziehungen zwischen Freßgier und Absterben bei Ellen West erst daseinsanalytisch beleuchten mußten, liegen sie in diesem Falle also offen zutage. *Daß* sie aber so offen zutage liegen und daß die Kranke so affektlos das geistige Absterben dem Selbstmord vorzieht, zeigt, daß der *Prozeß hier sehr viel rascher verläuft als bei Ellen West.*

Die medizinische Untersuchung hat in diesem Fall eine starke Bradykardie, sowie gewisse pathologische Blut- und Stoffwechselbefunde ergeben, so daß an eine komplexe endokrine Störung und besonders an eine Störung des Leberstoffwechsels gedacht wurde. Nach Verabreichung von kohlehydratreicher Leberschonkost, Karlsbadersalz, Ephetonin, Thyreoidin und weiblichen Sexualhormonen wird die Patientin aufgelockerter und arbeitsfähig, nach 3 Wochen setzen die Menses wieder ein; nach 5 Wochen ausgesprochen hypomanischer Zustand (mit normalem Essen). Nach 4 Monaten unauffälligen und ausgeglichenen Verhaltens Einsetzen einer sich steigernden Erregung mit Ausgang in eine *schwere Katatonie.* Mit Insulin und Cardiazol wesentliche Besserung. Schwankender Verlauf. *Stähelin* denkt an eine offenbar dienzephale Störung des Ernährungstriebes, die erst sekundär psychisch motiviert werde. – Eine völlig gesunde Schwester der Patientin leidet ebenfalls an Eßsucht, besonders wenn sie keinen Auftrieb hat; sie fühlt sich dann voller und stärker, macht sich aber ebenfalls Gewissensbisse.

Wir werden auf diesen Fall und das Problem der *präschizophrenen Somatose* bei der Besprechung der *Diagnose* unseres Falles zurückkommen und wenden uns jetzt der psychopathologisch-klinischen Analyse unseres eigenen Falles zu.

III. Angstäquivalent oder Hysterie?

Hinsichtlich der Freßgier oder des „Heißhungers" mit *Löwenfeld* von einem *Äquivalent* eines *Angstanfalls* zu reden, liegt im Falle Ellen West m.E. kein Grund vor. Die beständige existenzielle Angst wird hier durch die Freßgier keineswegs „ersetzt", vielmehr bleibt sie auch vor, während und nach dem Essen nicht nur als solche bestehen, sondern nimmt dabei noch zu. Man könnte höchstens von einer momentanen Betäubung der Angst *während* des

gierigen Verschlingens der Nahrung sprechen. Auch davon kann keine Rede
sein, daß die Angst, wie es im Falle eines Äquivalents sein müßte, durch
die *Unterdrückung der Freßgier* hervorgerufen würde. Im übrigen müssen
wir durchaus unterscheiden zwischen (vegetativ-neurotischem) Heißhunger
(Bulimie) und *Freßgier*. Die Bulimie als solche braucht sich nicht in der
Form der tierischen Freßgier, des tierähnlichen Verschlingens der Nahrung
zu äußern. Wo dies der Fall ist, treten wir aus dem Gebiet der sogenannten
Neurosen heraus.

Würde es sich bei Ellen Wests Freßgier um wirkliche Angstäquivalen-
te handeln, so müßte man in erster Linie an eine *Angsthysterie* denken.
Abgesehen davon, daß es sich überhaupt nicht um einzelne Angst*anfälle*,
sondern um eine konstante Angst handelt, fehlt für diese Diagnose das lebensgeschichtliche auslösende Moment. Die Angst schließt sich hier weder
an ein bestimmtes „traumatisches" Erlebnis an, noch entwickelt sie sich
aus und über einem solchen, weswegen auch die Psychoanalyse hier nichts
aufzuhellen und nicht therapeutisch zu wirken vermochte. Desgleichen ist
von einer *Konversionshysterie* nichts zu bemerken. Wenn der zweite Analytiker die Depression als „stark tendenziös verstärkt" bezeichnet (S. 97), so
handelt es sich hier augenscheinlich um einen, dem therapeutischen Optimismus entsprungenen Irrtum. Auch wenn er von „sichtlich auf den Mann
berechneten Zügen" spricht und dieselben als hysterisch bezeichnet (ebd.),
so muß doch der Ausgang des Falles zeigen, daß die Kranke dem Mann wirklich „nichts vorgemacht" hat. Auch wenn ihre Symptome in Gegenwart des
Mannes tatsächlich offenkundiger und stärker aufgetreten wären, was ich
selbst nie beobachten konnte, so wäre auch das aus der Geamtkonstellation
des Falles leicht verständlich. Schließlich können wir auch nicht von einem
hysterischen Charakter sprechen, gesetzt, daß man ihn überhaupt noch der
Hysterie zurechnen wollte. Nirgends handelt es sich bei Ellen West um den
genannten hysterischen Geltungsdrang, um „hysterisches" Lügen, Schwin-
deln oder Aggravieren. Ihr brennender Ehrgeiz ist alles andere als ein *hysterisches* Geltungsstreben, sucht sie ihm doch mit allen Kräften Genüge
zu leisten und *leidet* sie doch unter dem Zurückbleiben des Erreichten hinter dem Gewollten, aber ohne diese Diskrepanz zu bemänteln oder durch
Scheinerfolge überbrücken zu wollen.

IV. Sucht und Süchtigkeit?

Eine weitere psychopathologische Frage ist die, ob und wieweit wir die Freßgier als *Sucht* bezeichnen dürfen, wozu gerade die Kranke *Stähelins* nach
ihren eigenen Worten Anlaß bieten könnte. Schon hier zeigt sich aber, was
sich im Laufe unserer psychopathologischen Feststellungen immer wieder

zeigen wird, daß die Symptomatologie im Falle Ellen West sich nur schwer auf eindeutig bestimmte psychopathologische Begriffe festlegen läßt.

Eine eigentliche *Sucht* nach Süßigkeiten, die er als *Sacharomanie* bezeichnet, hat *v. Stockert* beschrieben[84]: Ein 21jähriger Hochschüler empfand, so oft er von der Front in die Etappe kam, eine ihm ungewohnte Lust nach Süßigkeiten, weswegen er von einer Konditorei in die andere rannte, um Zuckerwaren zu verschlingen. Aber auch nach dem Kriege suchte er, nachdem er wochenlang keine Konditorei betreten hatte, plötzlich eines Tages 4–5 Zuckerbäcker hintereinander auf, um dann mehrere Wochen lang kein Bedürfnis dazu zu verspüren. Der Anlaß zu einem solchen Exzeß war meist eine leichte Verstimmung, wegen derer er sich nicht entschließen konnte, ins Kolleg zu gehen. Aus Ärger über die Versäumnis des Kollegs lief er zum Zuckerbäcker, um, nachdem einmal die Hemmung überwunden war, von einer Konditorei in die andere zu laufen, ohne viel Geschmack an dem Verzehrten zu finden, bis er kein Geld mehr bei sich hatte oder sich langsam den Forderungen des Tages wieder einordnete. *Stockert* bringt diesen Fall mit Recht in die Nähe der Reaktion des Alkoholikers auf Unlustgefühle. Wenn auch der Genuß von Zuckerwaren für den Patienten lustbetont gewesen sei, so sei das „Nichtaufhörenkönnen" damit noch nicht erklärt.

Wenn dieser Fall zeigt, daß es eine echte *Sucht* nach Süßigkeiten gibt, die in ihrer Genese, Symptomatologie und Verlaufsform der *Dipso*manie gleicht, so unterscheidet sich das Bedürfnis nach Süßigkeiten im Falle Ellen West hievon doch in den Hauptpunkten: Es tritt nicht als etwas „Ungewohntes" auf, sondern ist dauernd vorhanden; es bedarf keines besonderen Anlasses und findet auch keinen Abschluß; es kommt nicht zu einem einfachen „Nichtaufhörenkönnen" trotz erfolgter Sättigung des Bedürfnisses, vielmehr wird das Bedürfnis als solches nie gestillt, sondern bleibt dauernd auf der Lauer.

Schon eher können wir Ellen Wests „Hunger" und das Denkenmüssen an denselben vergleichen mit dem „Morphiumhunger" des *chronischen* Morphinisten und dem Alkoholbedürfnis des *chronischen* Alkoholisten. Wie viele Morphinisten an die Spritze, Alkoholiker an die Flasche oder das Glas *denken* oder es sich mit fast „halluzinatorischer" Deutlichkeit vorstellen *müssen*, so muß auch Ellen West dauernd an das Essen denken oder es sich fast halluzinatorisch vorstellen. Von einem eigentlichen Zwangsdenken kann hier wie dort aber keine Rede sein; eher müßte man von einem Zwangsbedürfnis reden, was ich aber mit *Bleuler, Binder* u.a. ablehne. In jenen chronischen Fällen von Intoxikation handelt es sich nicht um eine „Zwangsvorstellung", sondern um ein z.T. somatisch, nämlich stoffwechselmäßig bedingtes Bedürfnis, das mehr oder weniger rasch und für mehr

---

[84] Zur Frage der Disposition zum Alkoholismus chronicus. Z. Neur. 106, 1926, S. 386 f.

oder weniger lange Zeit durch eine Befriedigung vorübergehend gestillt werden kann. Wo es, wie bei Ellen West oder denjenigen Alkoholikern, die trotz sinnloser Betrunkenheit wie mechanisch immer weiter trinken, *nicht* zu einem Aufhören kommt, liegt ebenfalls kein Zwang vor, sondern eine viel tiefer liegende, nach meiner Erfahrung in der Regel schizophrene Veränderung. (Beim Morphinisten *erzwingt* das Narkotikum in der Regel schließlich das Aufhören.) Im Falle Ellen West kommt es deswegen zu keiner länger dauernden Stillung des Hungergefühls, weil der Hunger hier, wie bei sehr vielen Toxikomanen, nicht nur ein somatisch bedingtes Bedürfnis ist, sondern zugleich das Bedürfnis nach Ausfüllung der *existenziellen* Leere. Ein solches Aus- und Auffüllungsbedürfnis aber bezeichnen wir als *Süchtigkeit*. Wenn Ellen West also *nicht* an einer *Sucht* im *klinischen* Sinne leidet, so fällt ihre „Lebensform" doch unter die psychopathologische Kategorie der *Süchtigkeit*. In *dieser* Hinsicht steht sie der Lebensform der Toxikomanen und vieler sexuell Perverser nahe. Dabei mußten wir mangels genügenden Materials die Frage ganz offen lassen, inwieweit ihre eigene homoerotische Komponente an ihrer „unausgefüllten" und „unausfüllbaren" Existenz mitbeteiligt ist. (Auch im Falle Nadia bleibt diese Frage trotz der gegenteiligen Behauptung *Janets* offen.)

Wir befinden uns mit unserer Auffassung der Süchtigkeit völlig in Übereinstimmung mit *v. Gebsattel*, der schon in einer früheren Arbeit[85], im Anschluß an Auffassungen von *Erwin Straus*, grundlegende Betrachtungen über Süchtigkeit angestellt hat, um sie in seiner letzten Arbeit[86] noch weiter auszubauen. In der Toxikomanie sieht er nur einen extremen, klinisch besonders in die Augen springenden Fall der *universellen Süchtigkeit*, welcher der „entscheidungsgehemmte" Mensch verfällt (S. 59); unter Entscheidungshemmung versteht er aber weder eine „vitale Hemmung", noch eine Triebhemmung im Sinne *Freuds*, sondern eine Abwandlung der Zeitstruktur des In-der-Welt-seins im Sinne einer bestimmten „Störung des Werdens" oder, wie wir sagen, des existenziellen Reifens. Für die Zeitstruktur der Süchtigkeit maßgebend ist ihm das Moment der *Wiederholung*: „Der Süchtige, der übergreifenden Kontinuität seiner inneren Lebensgeschichte verlustig, *existiert darum nur punktuell*, im Augenblick scheinhafter Erfüllung, *diskontinuierlich also*. Er lebt von Moment zu Moment, ist aber letztlich in jedem unbefriedigt. Kaum hat er die Gegenwartsleere durch Genuß, Sensation, Betäubung, Rausch, Gewinn, Erfolg usw. verdeckt, ergreift ihn schon die Unwirklichkeit seines Erlebens in Form von Unbefriedigtsein und Katzenjammer, was sofort eine Wiederholung seines Treibens erzwingt. Der

---

[85] Süchtiges Verhalten im Gebiet sexueller Verirrungen. Mon.schr. f. Psychiatr. u. Neur. 82, 1932.
[86] Die Störungen des Werdens und des Zeiterlebens. Gegenwartsprobleme der psychiatrisch-neurologischen Forschung, herausgeg. von Roggenbau, Stuttgart, 1939.

Süchtige macht immer das gleiche, erlebt immer das gleiche und kommt im Medium der erlebnisimmanenten Zeit (nicht) von der Stelle." (S. 60.) Wer durch unsere eigenen Ausführungen sich noch nicht darüber klar geworden ist, daß die Daseinsform im Falle Ellen West alle Kennzeichen des „süchtigen" In-der-Welt-seins zeigt, muß durch diese Schilderung davon überzeugt werden.

In diesem Zusammenhang sei noch darauf hingewiesen, daß sich *Hans Kunz v. Gebsattels* Betrachtungsweise auch im Hinblick auf die *Perversionen* weitgehend angeschlossen hat[87].

V. Zwang, Phobie?

Wenn wir oben (S. 174) gesagt haben, daß sich bei Nadia ein Fragezwang, bei Ellen aber ein Denkzwang ausgebildet habe, so haben wir hier das Wort Zwang im vulgären Sinne verwendet. Rein klinisch können wir hier *nicht* von Zwang sprechen. Während der eigentliche Fragezwang des Anankastikers *das Fragen* als solches, der eigentliche Denkzwang das *Denken* als solches betrifft – so daß man sagen kann, beim einen Kranken bestehe der Zwang darin, daß überhaupt gefragt werden, beim andern darin, daß überhaupt gedacht werden *muß*, wobei das, *wonach* gefragt und das, *was* gedacht wird, dauernd wechselt, unsinnig oder völlig sinnlos ist[88] –, muß in den Fällen Nadia und Ellen etwas *Bestimmtes* gefragt und auch etwas Bestimmtes gedacht werden, und zwar immer dasselbe. Der „Zwang" erstreckt sich hier nicht auf eine bestimmte *Form* des Mitseins mit andern oder des Mitseins mit sich selbst, sondern ist lediglich Ausdruck des „überwertigen" Interesses der Kranken für einen bestimmten, vom Kranken aus gesehen gar nicht unsinnigen, sondern höchst bedeutungsvollen, existenziellen, nämlich die ganze Existenz bedrohenden[89], ja in Frage stellenden Sachverhalt (Nadia: Sehe ich wirklich schlecht aus? Bin ich wirklich mager?[90] Ellen: Wenn ich nur nicht mehr *essen* müßte, wenn ich nur nicht *dick* werde vom *Essen*; ich will nur so wenig *essen*, daß ich dabei *dünn* bleiben kann; wenn ich nur wieder einmal harmlos *essen* könnte, wenn ich nur schon wieder etwas zu *essen* bekäme, wenn ich nur wieder Pralinen *essen* könnte, um Gottes willen,

---

[87] Zur Theorie der Perversion. Monschr. f. Psych. u. Neur. 105, vgl. bes. S. 82 ff.

[88] Vgl. die Grübel-Frage-Zweifel-Skrupelsucht, den Zähl-Rechen-Registrier-Präzisions-Kontrastzwang usw.

[89] Auch die Anankasten empfinden den Zwang oft als ihre Existenz bedrohend, aber nicht wegen seines sachlichen „*Inhalts*", d. h. eines bestimmten, in ihm ausgedrückten Sachverhalts, sondern wegen seiner *Erlebnisform*, dem Müssen als solchem, bei im übrigen „unsinnigem" Inhalt.

[90] Bei fortgeschrittenen Schizophrenien finden wir solche Fragen häufig in *stereotyper* Form. Eine meiner Kranken frug Jahrzehnte hindurch in den erregten Phasen und zwar mit leidendem Gesichtsausdruck und gequältem Tonfall: „Bin ich hübsch – bin ich häßlich?", natürlich ohne eine Antwort zu erwarten.

nur keinen Pfannkuchen *essen* usw. usw.). Hier findet also keine Substituierung im Sinne *Freuds*, keine Ablenkung des Fragens und Denkens von einem *eigentlichen* „sinnvollen" Frage- oder Denk*inhalt* auf uneigentliche, den ersteren ersetzende, „sinnlose" und daher „nicht zu erledigende", sondern „ins Unendliche gehende" Inhalte statt, vielmehr „dreht sich" alles um den *einen* „überwertigen" Inhalt, der die Kranken „ganz erfüllt" und von dem ihrer Seele Seligkeit abhängt. Deswegen wäre es auch falsch, hier von einem „Störungspsychismus" im Sinne *Binders*[91] zu sprechen. Nadia erlebt das, „worum sich alles bei ihr dreht", überhaupt nicht als Störung, Ellen jedenfalls nicht als „Störungsmechanismus", sondern als Bedrohung, nämlich als Vergewaltigung, ja Vernichtung des *Kerns* ihres *Wesens*. Ebensowenig kann in beiden Fällen die Rede sein von einem zwangshaften „Abwehrpsychismus". Während Nadias Krankheit so weit fortgeschritten ist, daß sie sich ganz mit ihrem überwertigen Interesse identifiziert, *wehrt sich* Ellen immer wieder mit allen Kräften gegen ihre Freßgier sowohl wie gegen die Angst vor dem Dickwerden, aber ohne daß es zu echten *zwangsartigen* Abwehrerscheinungen kommt. Weder Nadia noch Ellen sind Anankasten im klinischen Sinne.

Wohl aber kann man in beiden Fällen von einer *obsession* reden, beide Kranke sind besessen von ihrer Idee, ihrem „Ideal". Diese obsession ist aber, wie erwähnt, keineswegs „ichfremd", so sehr sie auch von Ellen „mit dem Verstand" als töricht, *wider*sinnig[92] usw. betrachtet wird; vielmehr hat „das Ich" einen großen Anteil an ihr, ja identifiziert es sich immer wieder mit ihr: was Ellen das eine Mal mit Abscheu von sich weist, darauf stürzt dieselbe Ellen sich das andere Mal mit wilder Gier. Freilich spricht sie von bösen Mächten, Dämonen, Gespenstern, die sie vergewaltigt hätten, dabei weiß sie aber wohl und spricht sie es auch aus, daß *sie selbst sich vergewaltigt* hat! Wir sehen, nirgends kommen wir hier mit fest umschriebenen psychopathologischen Kategorien aus.

Können wir nun die „Angst vor dem Dickwerden" als *Phobie* bezeichnen?

Die Angst vor dem Dickwerden hat sich uns in der Daseinsanalyse erwiesen als Konkretisierung einer schweren existenziellen Angst, der Angst vor dem „abfallenden Leben", vor dem Welken, Verdorren, Modern, Faulen, Verschalen, Vererden, dem lebendig Begrabensein, wobei die Welt wie das Selbst zur Gruft, zum bloßen Loch wird. *Hierzu* gehört die Furcht, Fett anzusetzen und *materiell* zu werden. Die „Erdenschwere" ist es, die sie „hinabzieht", und diesem Hinabgezogenwerden gilt ihre Angst. Es ist, um mit

---

[91] Zur Psychologie der Zwangsvorgänge, Berlin 1936.
[92] *Wider*sinnig bedeutet nicht dasselbe wie *un*sinnig!

v. Gebsattel[93] zu reden, die Angst vor dem (existenziellen) Gestaltverlust, vor der Ungestalt, dem Antieidos, dem Gestaltfeindlichen, kurz dem „Entwerden" oder, wie ich sagen möchte, dem *Ver-wesen*. Auch Ellen Wests angsterfüllter Kampf ist ein Kampf mit den „gestaltauflösenden Mächten des Daseins", dem Dick- und Häßlichwerden, dem Alt- und Dumpfwerden, kurz dem *Ver*-wesen. Im Gegensatz zu den anankastischen Phobien spielt sich dieser Abwehrkampf aber wiederum nicht ab in einer abgeleiteten, phobischen Form (wie z. B. der Kampf gegen das Unreine in der Form des zwanghaften Ekels vor dem Hund [Vgl. *v. Gebsattels* Fall einer Hunde- und Schmutzphobie S. 21 ff.] oder in der Form von endlosen Reinigungsprozeduren [Vgl. ebd. den Fall einer phobischen Geruchsillusion S. 41 ff.]), sondern in einer direkten, unmittelbaren und unabgeleiteten Form, nämlich in der Form einer sinnvollen Ablehnung und Flucht. Wenn Ellen den Schrank verschließt, in dem das Brot aufbewahrt ist, so ist das keine phobische, sondern eine rein rationale „vernünftige" Vorsichtsmaßregel; dasselbe gilt von ihren „übertriebenen" Diätmaßnahmen. Die Abwehr erfolgt also nicht in phobischer, sondern in rationaler Form.

Kann man aber, so müssen wir noch einmal fragen, die Angst vor dem Dickwerden selbst als Phobie bezeichnen? Ja und nein! Ja, wenn wir in ihr die Konkretisierung oder Zuspitzung der primordialen Angst vor dem abfallenden Leben, vor den lebens- und gestaltfeindlichen Mächten erblicken, so daß wir sagen könnten, diese Angst *konkretisiere* sich in der Angst vor ihrer eigenen (körperlich-seelischen) *Ungestalt* (ihrer „Unförmlichkeit", Häßlichkeit, Gierigkeit), *nein*, wenn wir der Tatsache Rechnung tragen, daß ihr dieser Sachverhalt, der Zusammenhang nämlich des konkreten Angstinhalts mit der primordialen Angst, *klar bewußt* ist (was bei der echten Phobie gerade nicht der Fall ist), weswegen die Analyse hier auch nichts auszurichten vermag. Von einer echten Phobie könnten wir wiederum nur dann sprechen, wenn die Angst vor dem Dickwerden eine larvierte Angst vor Befruchtung und Schwangerschaft „bedeutete", was wir aber abgelehnt haben.

Da die Psychoanalytiker von Anfang an mit der Diagnose der Zwangsneurose an den Fall Ellen West herangegangen waren, mußten sie von vornherein einen solchen „Substitutionsmechanismus" annehmen und ihre Therapie danach richten. Wenn Ellen West die Gleichung Dicksein = Schwangersein auch akzeptiert haben soll, so dürfen wir dieses Akzeptieren angesichts ihrer allgemeinen Skepsis gegenüber der Psychoanalyse, ihrer rein intellektuellen Verarbeitung derselben und des völlig negativen Resultats keineswegs sehr ernst nehmen. Infolgedessen hat unser Nein größeres Gewicht als unser Ja! Die Angst vor der eigenen Ungestalt ist keine eigentliche

---

[93] Vgl. seine ausgezeichnete Schrift über Die Welt der Zwangskranken. Mon.schr. f. Psychiatr. u. Neur. 99, 1938, S. 37, 61, 66 f., 72.

Phobie, sondern eine aus der Eigenart der Welt der Kranken, nämlich aus der Vorherrschaft der ätherischen Welt und deren Widerspruch gegen die Gruftwelt *unmittelbar* verständliche, intensive Angst vor der Bedrohung, ja dem Zusammenbruch ihres existenziellen Ideals.

Aber auch bei den eigentlichen Phobien dürfen wir die daseinsanalytische Untersuchung der *Welt* der Kranken natürlich nicht versäumen, wenn wir sie von Grund aus verstehen wollen. Das gilt sowohl von der *hysterischen*, einer Angsthysterie im Sinne *Freuds* entsprechenden Phobie, deren Genese ich selbst schon in meiner Absatzanalyse[94] analysiert habe, als von der *anankastischen*[95] und der *psychasthenischen*[96] Phobie, die *v. Gebsattel* schon weitgehend daseinsanalytisch verstanden hat. Sicherlich gehört die Angst vor dem Dickwerden u. a. auch in die *Pathologie der sympathetischen Beziehungen*[97], aber *nicht* in das Gebiet der sekundären, hysterischen oder zwangsartigen Verarbeitung dieser Beziehungsstörungen; vielmehr gehört sie in das Gebiet derjenigen psychischen Erkrankungsformen, bei denen die Veränderung der sympathetischen Beziehungen entweder als solche offen zutage liegt oder dann wahnhafte oder halluzinatorische Formen annimmt. Dieses Gebiet aber ist das der schizophrenen Gruppe. Aus der Gemeinsamkeit der pathologischen Basis ist es zu verstehen, daß die hysterischen

---

[94] Analyse einer hysterischen Phobie. Jahrb. f. psychoanal u. psychologische Forschungen III. – In diesem Fall handelt es sich nicht um das Welt- und Selbst-Phänomen der Leere oder des *Loches*, sondern um das der Kontinuitätstrennung oder des *Risses*. Die Angst erstreckt sich hier auf jedes Reißen und Trennen, Getrennt- und Zerrissenwerden, lebensgeschichtlich konkretisiert in der Angst vor dem Abreißen des Absatzes und dem Getrennt-(Geboren-)werden von der Mutter. Diese lebensgeschichtliche Motivierung und Substituierung wird aber erst verständlich – denn jedes Kind wird von der Mutter geboren und manches verliert einmal einen Absatz, ohne hysterisch zu werden –, wenn wir einsehen, daß sie nur auf dem Boden einer primären Störung der „sympathetischen Beziehungen", positiv ausgedrückt, einer speziellen Eigenart des Weltbildes, möglich ist. – In das Bild der Welt als *bloßer Kontinuität* oder bloßen Zusammenhaltes und der aus ihm entspringenden Angst vor jeder Kontinuitäts*trennung* gehört auch das Symptom der bisweilen bis zum Grausen gesteigerten Angst vor dem *losen* (nur noch an einem Faden hängenden) *Knopf* und vor dem Ausspucken des Speichels. Ob es sich um den losen Absatz, den losen Knopf oder den losen Speichel handelt, was auf lebens*geschichtliche* Motive zurückgeht, immer handelt es sich hier um ein und dasselbe eigenartige, im Grunde immer eingeengte oder entleerte In-der-Welt-sein und das ihm entsprechende „Weltbild".

[95] Vgl. *v. Gebsattel*, Die Welt der Zwangskranken A.a.O.

[96] Vgl. Zur Pathologie der Phobien, I. Teil. Die psychasthenische Phobie. Der Nervenarzt. 8. Jahrg., 1935, H. 7 u. 8.

[97] Vgl. *Erwin Straus*, Ein Beitrag zur Pathologie der Zwangserscheinungen. Mon.schr. f. Ps. u. N. 98, 1938. Hier findet sich die didaktisch sehr gut durchgeführte Unterscheidung zwischen manifesten und verborgenen Eigenschaften. – Zur Vermeidung von Mißverständnissen sei noch bemerkt, daß der Ausdruck sympathetisch hier noch nicht in dem (engeren) Sinne (der „sympathetischen Kommunikation") verwendet wird, den *E. Straus* ihm in seinem Buch „Vom Sinn der Sinne" gegeben hat.

und zwangsneurotischen Erkrankungsformen so häufig neben den schizophrenen zu beachten sind und nicht selten in die letzteren übergehen.

VI. Überwertige Idee? Wahnidee?

Wir erinnern uns, daß der ausländische Konsiliarius die Angst vor dem
Dickwerden als überwertige Idee bezeichnet hatte (S. 104). Inwiefern lassen
sich Ellen Wests Wunsch, dünn zu sein und die Ablehnung des Dickseins
wirklich als „Überwertige Idee", und zwar im strengen Sinne *Wernickes*,
bezeichnen? Insofern ja, als diese „Idee" tatsächlich ihr „ganzes Tun und
Lassen" bestimmte[98] und als sie keineswegs von der Kranken als fremder
Eindringling in ihr Bewußtsein beurteilt wird; insofern nein, als die Kranke
in dieser Idee *nicht* den „Ausdruck ihres eigensten Wesens" erblickt, *nicht
für sie*, sondern *gegen* sie kämpft; *nicht* im Kampfe *für* sie, sondern *gegen* sie kämpft Ellen einen Kampf um die eigene Persönlichkeit; die „Idee"
wird *nicht* (von der Kranken) als „normal und berechtigt", als durch ihre
Entstehungsweise vollkommen erklärt angesehen (S. 141), sondern im Gegenteil als krankhaft und unnormal und keineswegs als „durch ihre Entstehungsweise erklärt". Das alles besagt nichts anderes, als daß die betreffende
„Idee" *nicht als wahnhaft* bezeichnet werden darf, daß Ellen West (noch?)
nicht an einer *Wahnidee* leidet. *Wernicke* unterscheidet bekanntlich zwischen „überwiegendem" oder „gesteigertem" *Interesse*, z.B. dem Berufs-
interesse, und der überwertigen *Idee*, spricht von einer solchen z.B. aber
auch bei Gelegenheit eines „ausgesprochenen, impulsiven Selbstmordtrie-
bes" (S. 342). Was die überwertige Idee jedoch klar unterscheidet von dem
„überwiegenden Interesse", und was auch in unserem Falle (negativ) *entscheidend* ins Gewicht fällt, ist, daß *Wernicke* nur da von einer überwertigen Idee oder Vorstellung spricht, ja sie als solche definiert, (das betrifft
auch den zuletzt erwähnten Fall von Selbstmordtrieb), wo die betreffenden „Ideen" als „Erinnerungen an irgendein besonders affektvolles Erlebnis
oder auch an eine ganze Reihe derartiger zusammengehöriger Erlebnisse"
auftritt (S. 142). Da solche, „ihrem Inhalt nach schwer assimilierbaren" Erlebnisse aber auch „dem gesündesten Geistesleben nicht erspart bleiben",
muß noch eine besondere Bedingung verlangt werden, „damit der Überwer-
tigkeit ein krankhafter Charakter aufgeprägt wird". Diese Bedingung wird
in der Unzugänglichkeit der Gegenvorstellungen, also in der Unkorrigierbarkeit der betreffenden Idee, gesehen und in dem „zugleich" auftretenden
klinischen Merkmal des Beziehungswahns (S. 145). Im Falle Ellen West
entsteht die betreffende Idee keineswegs aus besonders affektvollen Erlebnissen, wie es z.B. bei Michael Kohlhaas, bei der Verweigerung einer Un-

---

[98] *Wernicke*, Grundriß der Psychiatrie, 2. Aufl. 135.

fallrente, einem schweren, mit eigenem Verschulden verbundenen Schreckerlebnis der Fall ist, sondern auf anidëischer (*de Clérambault, v. Gebsattel*) oder pathologisch-*sympathetischer* (*Erwin Straus*) Grundlage[99]. Ellen West ist auch keineswegs unzugänglich gegenüber Gegenvorstellungen, sie macht sich ja dauernd selbst solche Gegenvorstellungen, so daß man nicht von einer *Unzugänglichkeit*, sondern nur von einer *Unwirksamkeit* derselben sprechen kann. Infolgedessen kommt es bei ihr, im Gegensatz zu Nadia, auch nicht zu einem eigentlichen Beachtungs*wahn*. Nur im Affekt äußert sie die Idee, ihre Umgebung habe eine sadistische Freude daran, sie zu quälen (S. 101) und nur gleichnisweise spricht sie von bösen Mächten, Geistern, Gespenstern, die sie quälen und vergewaltigen. Hier sei nur noch einmal festgestellt, daß Ellen Wests Psychose überhaupt weniger *mit*weltlich orientiert ist, wie es bei der überwertigen Idee *Wernickes* durchwegs der Fall ist, sondern *um*- und *eigen*weltlich, und zwar vorwiegend leiblich-eigenweltlich. Das besagt aber nicht, daß es sich bei ihr um eine *Somatopsychose* im Sinne *Wernickes* handelt, während Nadia eine deutliche Unzugänglichkeit gegen Gegenvorstellungen und deutliche somatopsychotische Züge zeigt.

VII. Die Stimmungsschwankungen. Schizophrenie oder manisch-depressives Irresein?

Wir haben gehört, daß *Kraepelin* das Zustandsbild, das Ellen West zur Zeit seiner Konsultation zeigte, als Melancholie bezeichnete, den Fall also als dem manisch-depressiven Irresein zugehörig betrachtete und die Prognose quoad Phase durchaus günstig stellte. Nun zeigen aber sowohl die depressiven als die manischen Verstimmungen im Falle Ellen West gewisse Besonderheiten. Es bleibt zwar trotz des beständigen Wechsels der Stimmungslage und der zunehmenden Schwere des Zustandsbildes alles vorwiegend innerhalb der Sphäre der *Verstimmung*; wir bemerken hingegen nichts von einer *Hemmung* einerseits, von Anzeichen von Ideenflucht anderseits. Was den „Bewegungs- und Beschäftigungs*drang*" betrifft, so handelt es sich hier weniger um einen „vitalen" Drang, als um einen „ideagenen" „Bewegungsfimmel" (vgl. das Umkreisen der Freundin in Sizilien) oder um eine „wahre Beschäftigungssucht" oder „Beschäftigungswut" zur Ausfüllung ihrer Leere. Das massenhafte Einströmen von Gedichten in der Nacht vom 18. auf

---

[99] Schon *Hans Kunz* hat in seiner schönen Arbeit über „Die Grenze der psychopathologischen Wahninterpretationen" (Z. Neur. 135, 1931) in bezug auf den schizophrenen Primärwahn gezeigt, daß und warum die psychopathologische Erklärung hier an eine Grenze gelangt, und daß wir diese Grenze nur überschreiten können, wenn wir sehen und untersuchen, warum wir es bei der Schizophrenie mit „einer fundamental anderen, eigenen Weise des Daseins" (S. 715) zu tun haben. In diesem Zusammenhang sei aber auch auf desselben Autors Aufsatz über "Die anthropologische Betrachtungsweise in der Psychopathologie" (Z. Neur. 172, 1941), hingewiesen.

den 19. November (S. 92) ist das deutlichste rein manische Zeichen, jedoch besteht auch hier keine Ideenflucht. Dabei handelt es sich hier wie sonst eher um ein als „Herauslösen aus dem zeitlichen Geschehen erlebtes, *ekstatisches Glücksgefühl*" denn um einen rein vitalen euphorischen Affekt[100]. In der depressiven Verstimmung wiederum vermissen wir das Symptom des depressiven Schuldgefühls, des Nicht-wieder-gutmachen-könnens, überhaupt der „endgültigen (inhaltlichen) Bestimmung durch das Vergangene". (Was ein anderes Phänomen bedeutet als das, was wir als die Übermacht der Gewesenheit bezeichnen!) Die depressive Verstimmung Ellens zeigt viele Züge, die mehr an die *psychopathische Verstimmung* erinnern als an die endogene Depression: Sie ist darin nicht von der Zukunft *abgeschnitten*, sondern von der Zukunft *bedroht*! Ihre depressive Verstimmung gehört also der Beziehung Ich – Schicksal an. Die Zeit gerät hier nicht ins Stocken, vielmehr wird die *Gestalt*, in der sich das Zukünftige darbietet, „abgelehnt, gemieden oder bekämpft". Die Verstimmung geht hier *nicht nur* aus einer „pathologischen Variation psychophysischer Funktionen" hervor, sondern ist *auch* eine „Reaktion auf eine Variation", zwar nicht der Umwelt, aber der Eigenwelt (*E. Straus*, ebd. S. 655 f.). Schon lange vor *E. Straus* und als erster hat bekanntlich *E. Minkowski* die phänomenologische Analyse depressiver Verstimmungen unternommen und sehr weit gefördert[101]. Aber auch ein Vergleich mit dem Fall seiner ersten Arbeit (1923), wie auch mit demjenigen seiner Arbeit von 1930[102] zeigt, wie sehr sich unser Fall von dem seinigen unterscheidet. Das ist um so bemerkenswerter, als gerade der zweite Fall *inhaltlich* eine auffallende Ähnlichkeit mit dem unsrigen zeigt, insofern *Minkowskis* Kranker von einem sentiment de matérialité accrue auf der einen, einem Gefühl d'être immatériel et aérien auf der andern Seite spricht. Insofern er aber darüber klagt, de *n'être*, malgré lui, que mangeaille et défécation, de n'être qu'une vie de tripes, une masse, une espèce de fonctions végétatives, et qui encore se fait mal (1930, S. 247 u. 231), zeigt es sich, daß wir es hier bereits mit einer Somatopsychose zu tun haben, etwa im Sinne der hypochondrischen Melancholie *Wernickes*, wenn auch unser Fall zwar *hart an der Grenze*, aber doch noch nicht innerhalb des Bereichs der Somatopsychose liegt.

Zu all dem kommt die für die Gesamtdiagnose wichtigste Feststellung, daß wir es im Falle Ellen West keineswegs nur mit phasischen manisch-depressiven Verstimmungen zu tun haben, nach deren Abklingen der status

---

[100] Vgl. *Erwin Straus*, Das Zeiterlebnis in der endogenen Depression und in der psychopathischen Verstimmung. Mon.schr. f. Psychiatr. u. Neur. 68, 1938, S. 640.
[101] Vgl. Etude psychologique et analyse phénoménologique d'un cas de mélancolie schizophrénique. Journal de Psychologie XX, 1923.
[102] Etude sur la structure des états de dépression (Les dépressions ambivalentes). Schweiz. Archiv f. N. u. Ps. Bd. 26, 1930.

quo ante wieder eintritt, und daß es sich auch keineswegs nur um *immer tiefere* depressive Verstimmungen handelt, sondern daß die *Verdüsterung* der Welt, die sich zunächst als temporäre depressive Verstimmung anzeigt, auch außerhalb der eigentlichen depressiven Phasen *fortschreitet*, zunächst die Form des *Welkens* und *Absterbens*, sodann die der *Ummauerung* und *Verlochung* annehmend, um schließlich als Hölle zu enden. Es handelt sich um eine fortschreitende, in den jeweiligen Depressionen nur deutlicher zutage tretende Schrumpfung der Gesamtstruktur des In-der-Welt-seins von ihrer vollen Gestalt zu einer Ungestalt. Die Freßgier und das Dicksein stehen schon am Ende dieser Schrumpfung, insofern die Eigenwelt, die seelische sowohl als die leibliche, nicht nur als Ungestalt erlebt wird, sondern sich *in* dieser Ungestalt *auslebt*, wenn auch noch dauernd widersprochen von der jetzt zur Ohnmacht verurteilten ätherischen Welt der Ideale. Das Dasein bewegt sich nun in einem circulus vitiosus, es ist die Schlange, die sich in ihren eigenen Schwanz beißt. Aber indem das Dasein sich trotzdem noch „auf sich selbst zu besinnen" vermag, im frei gewählten Tod, vermag es diesen Kreis schließlich doch noch zu durchbrechen, vermag es der Schlange doch noch den Kopf zu zerschmettern. Das ist der Sieg dieses Daseins über die Macht der „Hölle".

VIII. Die Diagnose. Entwicklung einer Persönlichkeit oder schizophrener Prozess?

Nachdem wir schon im vorigen Abschnitt (C), sowie in diesem Abschnitt (D) ausführlich dargelegt haben, warum es sich im Falle Ellen West weder um eine Neurose noch um eine Sucht, noch um eine überwertige Idee (Wahnidee) handeln kann, und nachdem wir gezeigt, daß wir trotz der ausgesprochen endogenen Stimmungsschwankungen uns nicht mit der Diagnose des manisch-depressiven Irreseins beruhigen dürfen, kommen nur noch zwei diagnostische Möglichkeiten in Betracht: *Entwicklung einer psychopathischen Konstitution* oder *schizophrener Prozeß?* Die erstere Möglichkeit hatte der ausländische Konsiliarius ins Auge gefaßt, die zweite schien sowohl *Bleuler* als mir gesichert.

Unter Entwicklung einer psychopathischen Konstitution kann nur das gemeint sein, was *Jaspers* (Allgemeine Psychopathologie 3, S. 317) „Entwicklung einer Persönlichkeit" nennt und worunter er das Gesamt des Wachsens der *Anlage*, ihrer *Wechselwirkungen* mit dem *Milieu* und der ihr entsprechenden *Reaktion* auf *Erlebnisse* versteht. Er denkt dabei an die paranoiden Entwicklungen der Querulanten und Eifersüchtigen, aber auch an Fälle wie denjenigen von *Reiß* (Z. Neur. 70), wo an einer hypomanischen, auf bloße Geltung und Form eingestellten Persönlichkeit gezeigt werde, wie eine Existenz – zuerst als erfolgreicher Geschäftsmann – im Sinne einer

„bloßen" Änderung gleichsam der Fassade bei gleichbleibendem Charakter aus veränderten Milieubedingungen und frühzeitig abnehmender sexueller Potenz verstehbar sei. Es ist ohne weiteres klar, daß der Fall Ellen West *nicht* unter den Begriff dieser Entwicklung der Persönlichkeit fallen kann; weder handelt es sich bei ihr um ein Wachsen der Anlage, noch um eine verständliche *Wechselwirkung* von Anlage und Milieu (nur die Revolte gegen ihre Familie läßt sich als solche auffassen), noch um eine der charakterlichen Anlage entsprechende gleichbleibende *Reaktion* auf bestimmte Erlebnisse. Das wurde ja schon anläßlich der Kontroverse über das Vorliegen einer überwertigen Idee ausgeführt. Sehr mit Recht erklärt aber *Jaspers* selbst, daß uns nicht ganz selten Individuen vorkämen, „die in ihrem ganzen Lebenslauf das Bild einer Persönlichkeitsentwicklung bieten, in einzelnen Zügen aber auf einen leichten Prozeß hindeuten, der dieser Entwicklung eine abnorme Note gibt", was die Diskussion hier nicht zu einem Resultat kommen lasse.

Wenn wir selbst in unserm Falle doch zu einem Resultat gekommen zu sein glauben, so deswegen, weil er nicht nur auf einen leichten Prozeß *hinweisende* Züge zeigt, sondern ein *nachweisbarer* Prozeß *ist*. Während aber *Jaspers* nicht jeden psychischen Prozeß als schizophren anspricht, sehen wir gerade in unserm Fall keine andere Möglichkeit als diese: Ein unbekanntes Etwas, das sich *nicht* aus Anlage, Milieu und Erlebnis allein erklären läßt, muß diesen Prozeß einleiten und unterhalten. Daß er vor dem Tode gleichsam suspendiert ist, vermag angesichts des Auftretens solcher Suspensionen sogar bei weit fortgeschrittenen Schizophrenien nicht zu überraschen und zumal nicht gegen die Diagnose einer *leichten*, sehr schleichenden Schizophrenie zu sprechen[103]. Ob Ellen West schon als Kind einen ersten leichten Schub durchgemacht, wie es auf Grund der früh nachweisbaren Züge von Trotz, Eigensinn, übersteigertem Ehrgeiz, Leere und Druck, sowie der verspäteten Pubertätsentwicklung durchaus möglich ist, muß dahingestellt bleiben. Ebenso muß natürlich dahingestellt bleiben, wie sich der Prozeß weiter entwickelt hätte, wenn Ellen West durch eine lange dauernde Internierung an der Ausführung ihrer Selbstmordabsicht verhindert worden wäre. An eine Besserung, geschweige denn Heilung hat keiner der drei bei dem Konsilium beteiligten Ärzte geglaubt. Anderseits wird wohl darüber Einigkeit herrschen, daß es sich kaum um eine zur Verblödung führende Schizophrenie handeln konnte. Jedoch erscheint es mir nicht ausgeschlos-

---

[103] *Kläsi* scheint mit Recht anzunehmen, daß das Vorkommen solcher Suspensionen, wie ich sie nenne, noch nicht das Recht gibt, von einer *Remission* zu sprechen, wenn er, auf das Vorkommen von Ambivalenz und Krankheitseinsicht sich beschränkend, erklärt: „Ambivalenz und Krankheitseinsicht können wohl zu einer Remission gehören, aber ebensogut kündigen sie den Prozeß an und können ihn während des ganzen Verlaufs begleiten." Praxis 1943, No. 42, S. 720.

sen, daß sich auch bei Ellen West wie bei Nadia eine „Somatopsychose"
mit hypochondrischen Wahnideen und eine „Allopsychose" mit Beeinträch-
tigungsideen hätte entwickeln können.

Wenn wir oben sagten, daß es sich bei Ellen West um einen nachweisbaren schizophrenen Prozeß handle, so haben wir diesen Nachweis schon auf
daseinsanalytischem Wege erbracht. Er gipfelt in der Feststellung, wenn
auch nicht eines Bruches, so doch einer ausgesprochenen *„Knickung" ihrer Lebenslinie*. Wir kommen sogleich darauf zurück. Dieser Nachweis läßt
sich aber auch auf symptomatologisch-klinischem Wege erbringen. Es ist,
worauf immer noch zu wenig geachtet wird, die *Verschwommenheit* und
Vielgestaltigkeit der Symptome, die bei solchen „neuroseähnlichen" Fällen
den schizophrenen Prozeß beweist. So konstatieren wir im Falle Ellen
West zwar eine allgemeine *Süchtigkeit*, aber keine eigentliche Sucht im
klinischen Sinne, konstatieren wir ein *zwangsartiges* Sichaufdrängen seelischer Inhalte, aber weder anankastisch-psychopathische Züge, noch erst
recht zwangs-*neurotische* Mechanismen[104]; wir konstatieren *phobische* Elemente, aber keine eigentliche Phobie, überwertige „Interessen", aber keine „überwertige Idee", *wahnnahe* somato-psychische Erscheinungen, aber
keinen *Wahn*, ausgesprochene *endogene Verstimmungen*, aber keinen rein
manisch-depressiven Verlauf; wir konstatieren zwar Züge einer krankhaften
„Entwicklung der Persönlichkeit", aber daneben einen unaufhaltsam fortschreitenden *Krankheitsprozeß*. Es ist das *Gesamt* dieser symptomatologischen Feststellungen, das zur Diagnose der Schizophrenie führen muß, und
zwar, wie wir am Schlusse noch näher ausführen werden, der *polymorphen
Form der Schizophrenia simplex*.

Den auf daseinsanalytischem Wege erbrachten Nachweis der „Knickung
der Lebenslinie" von ihrem Beginn über ihren gesamten Verlauf bis zu ihrem
Herabsinken auf das Niveau der tierischen Gier brauchen wir hier nicht mehr
zu wiederholen, zumal wir das Ergebnis der Daseinsanalyse am Eingang dieses Abschnittes (D) noch einmal zusammengefaßt haben. Dazu kommt, daß
wir dieses Ergebnis nicht nur im Falle Ellen Wests, sondern auch im Falle
Nadia bereits auf seinen daseinsanalytischen Nenner gebracht haben. Im
letzteren Fall sprachen wir von einer wachsenden Erstarrung oder „Gerinnung" des freien Selbst zu einem immer unfreieren („unselbständigeren"),
dinghaften Gegenstande (S. 184). In *beiden* Fällen wird dem Dasein die
Selbstmächtigkeit weitgehend entzogen, wird das Dasein weitgehend ver-
weltlicht und vergegenständlicht, in beiden verwandelt sich Freiheit immer
mehr in Nötigung und Not, Existenz in zwangsläufiges Geschehen. Was das
heißt, haben wir bis in alle Einzelheiten *gezeigt*.

---

[104] Den Unterschied zwischen diesen beiden „psychogenen Zwangserscheinungen" hat
Binder klar herausgestellt in seiner Schrift „Zur Psychologie der Zwangsvorgänge", 1926.

Damit sind wir aber noch nicht am Ende. Eine solche daseinsmäßige Wandlung finden wir auch bei manchen „*Neurosen*", besonders bei der Zwangsneurose, bei *psychopathischen* Entwicklungen, ja auch in der Entwicklung einzelner *Leidenschaften*. In letzterer Hinsicht hat *Gotthelf* diese Wandlung so klar und deutlich geschildert, wie *Kierkegaard* (S. 184) aus dem Gegensatz zwischen Unendlichkeit und Endlichkeit heraus, daß wir ihn selbst zu Worte kommen lassen müssen: „Es ist sehr merkwürdig in Beziehung auf das Streben des Menschen, daß man zumeist nicht weiß, wie es auswächst und welche Richtung es nimmt, ob am Ende das Ziel nicht zum Magnet wird und der Mensch ein willenloses Wesen. Es ist gar manch Streben anfangs ein sehr ehrenwertes, löbliches und wird in seinem Verlauf zum Mühlstein, der den Menschen in den Abgrund zieht." „... wenn über diesen Bestrebungen nicht ein allerhöchstes Streben ist, das *über alles Endliche hinausgeht*, dessen Ziel im Himmel liegt, artet alles irdische Streben aus und wird lasterhaft, wächst in eine Leidenschaft aus, der man immer Besseres zum Opfer bringt, bis man am Ende nichts Gutes mehr hat; es ist der Grind im Kleeacker, der über den ganzen Acker hin wuchert, bis aller Klee verzehrt ist."[105]

Auch hier ist der Mensch eingespannt zwischen Endlichkeit und Unendlichkeit („Himmel") und wird gezeigt, daß die „kleine Endlichkeit" *fixiert* wird, sobald sie aus der Innerlichkeit der Unendlichkeit, in unserer eigenen Sprache: aus der Dualität der Liebe, heraustritt.

Was uns nach all dem noch bleibt, ist zu zeigen, durch welche Kriterien sich eine als schizophren anzusprechende Fixierung der Endlichkeit unterscheidet von solchen nicht-schizophrenen „Fixierungen". Dieses Kriterium ist „die Zeit".

In der Kritik der reinen Vernunft lesen wir den Satz: „Man gewinnt dadurch schon sehr viel, wenn man eine Menge von Untersuchungen unter die Formel einer einzigen Aufgabe bringen kann." Die Formel *unserer* Aufgabe also heißt: untersuchen, wie es sich mit der Zeitigung verhält, wenn eine „Fixierung der Endlichkeit" als schizophrene Fixierung angesprochen werden soll.

Auch hier haben wir nur bereits Verarbeitetes zu wiederholen. Maßgebend für die Fixierung des Daseins im Falle Ellen West wurde für uns die Zeitlichkeit der Gruftwelt: „Die Verdichtung, Konsolidierung, Verengerung des Schattens über die vegetative Faulung und unentrinnbare Einkreisung bis zur Mauer der Gruft", so sagten wir damals (S. 144), „ist Ausdruck der zunehmenden Übermacht der Vergangenheit über dieses Dasein, der Übermacht des Schon-Seins in der Befindlichkeit der Hölle und des un-

---

[105] Erlebnisse eines Schuldenbauers. S.W. XIV, 264 f. Hervorhebung von mir. – Daß *Gotthelf* jene Wandlung in stark moralisch gefärbten Ausdrücken schildert, ändert nichts an der Wahrheit des Sinnes seiner Schilderung.

entrinnbaren Zurück-auf-sie. Diese Höllenangst ist die Angst des Daseins vor dem Verschlungenwerden von seinem Grunde, von dem es um so *tiefer* verschlungen wird, je *höher* es ihm zu entspringen, zu entfliegen versucht. An Stelle der Selbstbemächtigung des Grundes und des Sich-durchsichtig-werdens auf ihn tritt das angstvolle Bemächtigtwerden von ihm als das Zurücksinken in das Nichts."

Nun kennen wir aber auch eine „Übermacht der Vergangenheit" in der endogenen Depression, wenn auch nicht einhergehend mit einer derartig systematischen, progressiven Umwandlung des materialen Gewandes der Welt wie im Falle Ellen West. Was in diesem Falle aber noch hinzukommt, ist das *Auseinanderfallen der Zeitlichkeit in ihre Ekstasen* und die weitgehende *Verselbständigung* derselben, mit dem Erfolg, daß *„die Zeit"* im Grunde überhaupt *nicht mehr „läuft"*. Wo dies der Fall ist, sprechen wir in psychopathologischer Sprache von einer „Dissoziierung der Persönlichkeit". In der Depression kann deswegen nicht von einem Auseinanderfallen der einzelnen Ekstasen der Zeit gesprochen werden, weil hier „die Zeit", wenn auch mehr oder weniger verlangsamt, doch immer noch „läuft" („sich erstreckt"), weswegen die Kranken gerade die Spannung, den Kontrast zwischen der „Zeit", in der sie „leben", und der *eigentlichen*, „erstreckten Zeit" so quälend empfinden müssen. Könnte der Depressive *ganz* in der Vergangenheit aufgehen, ohne mehr etwas von Zukunft und Gegenwart zu „wissen", so wäre er nicht mehr depressiv! Das depressive „Erlebnis des Bestimmtseins durch das Vergangene" und die dadurch bedingte „Einschränkung künftiger Freiheit" *(Erwin Straus)* ist schon als Feststellung eines *psychopathologischen Tatbestandes* etwas ganz anderes, als das, was *wir* als das „Vorherrschen der Ekstase der Gewesenheit" in unserem Fall *daseinsanalytisch interpretiert* haben! Das Vorherrschen der Vergangenheit oder richtiger der Gewesenheit, in eins mit dem Auseinanderfallen der Ekstasen der Zeit, so daß, wie sich der Kranke Hahnenfuß ausdrückt (vgl. Anm. 45), „die ganze seelische Beschaffenheit (nicht als endlich-zeitlich, sondern) ebensogut als ewig angenommen werden kann", scheint mir grundlegend für das Verständnis dessen, was wir als schizophrenes Seelenleben ansprechen. Der Beweis für diese Auffassung wird sich aber erst an Hand der daseinsanalytischen Untersuchung fortgeschrittener Fälle erbringen lassen. Die wichtigste Konsequenz, die wir aus dieser Einsicht ziehen müssen, ist nun aber die, daß da, wo ein Mensch die Welt auf so andere Weise zeitigt als wir, „die Verständigung", wie der Kranke Hahnenfuß wieder sagt, „nach jeder Richtung hin überhaupt ausgeschlossen" oder zum mindesten sehr erschwert ist. Dabei handelt es sich nicht erst um das, was *E. Minkowski* als Störung des Synchronismus bezeichnet hat, also als Störung im *welt*zeitlichen Umgang und Verkehr (und was die Psychopathologie als „mangelnde Anpassung an die Realität" bezeichnet), sondern schon um eine andersartige Weise der Zeitigung und Geschichtlichung des Daseins als solche, die ihrerseits die Störung des Synchronismus erst bedingt. Da wir aber da, wo diese Störung vorliegt, von *Autismus* sprechen, müssen jene andersartigen Weisen der Zeitigung auch dem Autismus zugrunde liegen. Das Auseinanderklaffen der Ekstasen, die Aufhebung der *Möglichkeit* der Zeitigung als stetig sich erstreckender, hat zur Folge, daß die Verständigung (und zwar im Sinne der Kommunikation überhaupt) „ausgeschlossen" oder erschwert ist. Autismus zeigt sich zunächst, wie alle psychotischen „Symptome", in einer bestimmten Art und Weise der Störungen der Kommunikation (vgl. unten). Da Autismus aber keineswegs eine bloße Verstimmtheit bedeutet, wie die Depression oder Manie, sondern eine viel tiefer liegende Abwandlung der Zeitigung des Daseins, ist hier auch die Kommunikation in viel höherem Maße erschwert. Und doch läßt sich auch hier, wie wir gesehen haben, das Dasein noch daseinsanalytisch untersuchen und verstehen, woran uns die *Jaspers*sche Unterscheidung zwischen einfühlbarem und uneinfühlbarem Seelenleben, als eine rein „subjektive", *psychologische*, nicht irre machen konnte. Die Daseinsanalyse hat keinerlei Anlaß, vor der Untersuchung des schizophrenen Seelenlebens Halt zu machen, wenn sie sich auch, wie es hier geschehen, zuerst an schleichenden Prozessen versuchen muß.

Auch der *Autismus* hat, wie jede Daseinsform, seine Ausdrucksformen und seine Ausdrucksgrammatik *(Scheler)*. Schon bei Ellen West konstatierten wir eine etwas steife und leere Mimik, einen Blick, der bald leer, bald „gefühlsdurchtränkt", also nicht im normalen Sinne „gefühlvoll" war und eine etwas steife Haltung. All das sind Ausdrucksformen der existenziellen Leere im Sinne des schizophrenen Prozesses. Dazu kommt das „Gefühl", daß *alles innere Leben aufgehört* habe, alles *unwirklich* sei, alles *sinnlos* (S. 98). Aber auch hinsichtlich des „Kontakts" mit der Kranken, der *sympathetischen (Erwin Straus)* und der *existenziellen Kommunikation* müssen wir von Autismus sprechen: Ellen West war nicht mehr imstande, im Miteinandersein der Liebe oder Freundschaft aufzugehen[106] oder sich der existenziellen Fürsorge zu öffnen. Dementsprechend war auch der mitweltliche

---

[106] Daß der schizophrene Autismus eine Form der Lieblosigkeit und Liebesunfähigkeit ist, liegt ja schon in seinem Namen und Begriff. So spricht z.B. *Binder* (Zum Problem des schizophrenen Autismus. Z. Neur. 125, S. 659) von einer „Abnahme der Fähigkeit zum Du-Erlebnis in seinen tausenderlei Formen". Das Fehlen des Du-Erlebnisses und seine Folgen wurde nachgewiesen in einer schönen Arbeit aus der Beringerschen Klinik (*Hans Kühn*, Über Störungen des Sympathiefühlens bei Schizophrenen. Ein Beitrag zur Psychologie des schizophrenen Autismus und der Defektsymptome. Z. Neur. 174, H. 3, S. 418 ff.). Das Fehlen jener Fähigkeit hat der Autismus aber mit dem „moralischen Defekt" und dem Egoismus (vgl. *Binder* und *Kühn*) gemein. Es bleibt daher unsere Aufgabe, durch weitere daseinsanalytische Untersuchungen zu zeigen, worin diese Gemeinsamkeit besteht und worin sich diese verschiedenen Formen der Unmöglichkeit des Von-Herzen-Kommens und Zu-Herzen-Gehens (vgl. Grundformen S. 105-110; AW 2, S. 92-97) unterscheiden. Diese Aufgabe ist aber nicht zu lösen durch die Analyse des Feh-

Verkehr mit der Kranken erschwert. Ihre Reizbarkeit, Empfindlichkeit, In-
sichgekehrtheit, ihr Mißtrauen, daß man ihr nicht helfen wolle und sie nur
leiden lasse, ja sie nur quälen wolle, setzten der Verständigung immer wieder unüberschreitbare Grenzen. Da Ellen West im tiefsten Grunde nur als
Gewesende existierte, mußten alle Versuche, sie in die Gegenwart zu versetzen (sie also in die jeweilige *Situation* hervorzurufen) und ihr die Zukunft
zu erschließen, mißlingen.

Was die *Heredität* (S. 73) betrifft, so ist Ellen West offenbar vorwiegend nach der manisch-depressiven Seite hin belastet. Wir können aber gar
nicht beurteilen, wie weit die schwerblütigen, ernsten Naturen unter ihren
Vorfahren oder die abenteuerlichen und nervösen doch auf schizoide Typen
hinweisen. Es liegt jedenfalls nahe, den äußerlich sehr beherrschten, etwas
steif formellen, sehr verschlossenen *Vater* mit seiner ernsten und schweren
Art, den als sehr strengen Autokraten geschilderten Vater des Vaters und
den streng asketischen Vatersbruder (auf den wir gleich zurückkommen)
als *schizoide* Charaktere aufzufassen. Auch die kleinen, körperlich zarten,
nervösen Geschwister der Mutter und der weiche, „ästhetische", jüngere
Bruder der Patientin könnten in den schizoiden Typenkreis fallen. Es würde
sich so um eine Mischung von manisch-depressivem und schizoidem Erbgut
handeln. Auf Grund der neueren erbbiologischen Untersuchungen wissen
wir ja, wie häufig sich gerade auf solchem Boden Schizophrenien entwickeln.

Besonders zu besprechen ist aber noch der asketische Vatersbruder, da
sein Verhalten eine auffallende *inhaltliche* Übereinstimmung mit demjenigen seiner Nichte Ellen West zeigt: Auch er zeigt asketische Tendenzen
in bezug auf die Nahrungsaufnahme und läßt ganze Mahlzeiten aus, weil
das regelmäßige Essen *dick mache*. Wir sehen aus diesem kleinen Zug, wie
recht *M. Bleuler*[107] hat, wenn er es für unumgänglich nötig erklärt, auch
die psychologischen Verhaltensweisen der Angehörigen unserer Kranken zu
untersuchen (S. 407). So fand sein Schüler *Hans Jörg Sulzer*[108] für jede der
verschiedenen krankhaften Vorstellungswelten der drei von ihm untersuchten Familienglieder eine inhaltlich korrespondierende, wenn auch nicht ins
Wahnhafte veränderte Vorstellungswelt bei einem der *gesunden* Familienmitglieder. „Die krankhaften Gedankeninhalte des schizophrenen Familien-
mitgliedes hängen also nicht von ihrer Schizophrenie, sondern offensichtlich
von ihrer präpsychotischen Persönlichkeit ab" (S. 492). Diese Feststellung
ist schon deswegen für uns wichtig, weil sie eine Warnung bedeutet vor

---

lens des Du-Erlebnisses allein, sondern nur durch eine Analyse der Gesamtverfassung der
jeweiligen Daseinsform.
[107] Schizophrenie und endokrines Krankheitsgeschehen. Archiv der Julius-Klaus-
Stiftung. Bd. 18, 1943.
[108] Zur Frage der Beziehungen zwischen dyskrinem und schizophrenem Krankheitsgeschehen. Archiv der Julius-Klaus-Stiftung, Bd. 18, 1943.

einem vorschnellen Rückschluß von dem Symptom der Freßgier und dem Abscheu vor ihr bei unserer Patientin auf ein dasselbe allein und direkt verursachende krankhafte Hirngeschehen.

Unsere Kranke selbst zeigt einen, wenn auch nicht sehr ausgesprochenen, so doch eindrucksmäßig sicheren pyknischen *Körperbau*. Von seiten des Endokriniums sind als mutmaßliche Abweichungen zu erwähnen (vgl. S. 99) der leicht akromegaloide Schädel, die von dem Internisten auf eine endokrine Störung zurückgeführte Verdickung der Ohrspeicheldrüsen, die von einem Gynäkologen festgestellten infantilen Genitalien und das jahrelange Ausbleiben der Periode. Was das *gesteigerte Hungergefühl* betrifft, so müssen wir uns natürlich hüten, hier ohne weiteres auf eine endokrine Genese zu schließen[109]. Unsere Untersuchungsbefunde reichen nicht aus, um die Frage zu entscheiden, ob Ellen West nur deswegen hungert, weil sie sich aus psychischen Gründen zu wenig Nahrung gönnt und zugleich auf Süßigkeiten versessen ist und überhaupt über einen kräftigen Appetit verfügt, oder ob es sich um ein physiologisch abnormes Hungergefühl handelt. Ebensowenig können wir entscheiden, ob es sich bei Ellen West um eine endokrin bedingte Steigerung des Fettansatzes handelt, durch die die Angst vor dem Dickwerden, wenn auch keineswegs hervorgerufen, so doch einen Schein von Berechtigung erhalten würde. Sollte es sich hinsichtlich der *Pathoplastik* unseres Falles um endokrine Mitbedingungen handeln, was zum mindesten nicht auszuschließen ist, so kämen in erster Linie hypophysäre und ovarielle Einflüsse in Betracht, wobei aber zu berücksichtigen ist, daß gerade diese Störungen bei Psychosen ihrerseits wieder „psychogen bedingt" sein können. Auf keinen Fall scheint es uns jedoch angängig, an eine Form der hypophysären *Magersucht* zu denken, da die Abmagerung bei Ellen West jeweils auf die absichtliche Unterernährung zurückzuführen ist und da, wie es *Janet* ja auch mit Recht in seinem Fall Nadia betont hat, gerade *keine* Anorexie, sondern im Gegenteil ein *gesteigerter* Appetit vorliegt. Da wir auf Grund der Untersuchungen *M. Bleulers* und seiner Schüler mit ihm (a.a.O. S. 410) der Meinung sind, „daß die Krankheitsgestaltung der Schizophrenie (in bezug auf Verlauf und in bezug auf die Symptomatologie) weitgehend von bestimmten endokrinen Verhältnissen abhängig ist", sollte der Vollständigkeit halber auch diese Frage hier wenigstens zur Diskussion gestellt werden. Leider fehlen auch Angaben über den endokrinologischen Befund bei Ellen Wests Verwandten völlig.

Zum Schluß erhebt sich die Frage, ob wir den Fall Ellen West nach dem Vorgang von *Stähelin* als „präschizophrene Somatose" bezeichnen sollen oder als Schizophrenie. Ich entscheide mich unbedingt für die letztere

---

[109] Über die bekannten Beziehungen des „Vitalgefühls" zu Zwischen- und Mittelhirn vgl. wieder *Stähelin*, Psychopathologie der Zwischen- und Mittelhirnerkrankungen. Schweiz. Archiv f. N. u. Ps. Bd. 53, H. 2.

Diagnose. Auch im Falle *Stähelins* würde ich von Anfang an (also von den krankhaften Erscheinungen im 18. Jahr an) von einer Schizophrenie sprechen. *Stähelin* macht (a.a.O. S. 1215) mit Recht auf die neben der „Eßsucht" bestehenden „Veränderungen der Vitaltriebe" (plötzliche, scheinbar unmotivierte Alkoholexzesse, Bremsung und Enthemmung der Sexualtriebe, Bewegungs- und Schlaftriebe, wie ich sie auch bei meinen eigenen Kranken häufig beobachten konnte) aufmerksam, betrachtet sie aber als ein Symptom, „das man in den Jahren vor Ausbruch der Schizophrenie nicht selten findet". Hier kommt natürlich alles darauf an, was man unter „Ausbruch der Schizophrenie" versteht. Versteht man darunter wie gewöhnlich, das Auftreten schwerer Sekundärsymptome, insbesondere im Sinne des „akuten Schubes", so hat *Stähelin* mit seiner Bezeichnung natürlich recht. Versteht man unter Ausbruch der Schizophrenie aber die ersten Anzeichen für das Vorliegen eines, wenn auch noch so leichten, schizophrenen Prozesses, so hat es keinen Sinn mehr, von Präschizophrenie zu sprechen, ebensowenig, wie es einen Sinn hätte, beim ersten Auftreten von klinischen Anzeichen für das Vorliegen eines tuberkulösen Spitzenkatarrhs oder bei der röntgenologischen Feststellung eines auch nur stecknadelkopfgroßen Herdes in einer Lungenspitze oder vergrößerter Hirndrüsen von einer Prätuberkulose zu sprechen. Wenn wir vom Ausbruch einer Schizophrenie erst da sprechen, wo wir massive psychotische Sekundärsymptome auftreten sehen, so dürfte auch der Internist erst da von Tuberkulose sprechen, wo sich schwere destruktive Prozesse in der Lunge nachweisen lassen. Da wir aus rein klinischen und erst recht aus forensischen Gründen aber nach wie vor zwischen Präschizophrenie (die nicht zu verwechseln ist mit *latenter* Schizophrenie) und „ausgebrochener" Schizophrenie unterscheiden müssen, müssen wir, wenn wir rein medizinisch verfahren wollen, einen einzigen Namen für den schizophrenen Gesamtprozeß von seinen leisesten Anfängen bis zum Ende zur Hand haben. Obwohl es sich, wie auch *Stähelin* erklärt, bei jenen Störungen der Vitaltriebe und erst recht bei der gesteigerten Freßlust (bekanntlich wird die Freßgier auch als hypothalamisches Symptom betrachtet) um dienzephale Störungen handelt, sind wir heute doch noch nicht berechtigt, die Schizophrenie als Dienzephalose zu bezeichnen. Ich würde daher vorschlagen, Präschizophrenie, latente und manifeste Schizophrenie unter dem Namen des *Morbus Bleuler* zusammenzufassen, wie man ja auch alle Erscheinungsformen der Tuberkulose als Morbus Koch bezeichnen könnte. Daß es sich hier nicht um sprachliche Liebhabereien, sondern um eine beim gegenwärtigen Stand der Schizophrenieforschung höchst wichtige, rein medizinische Forderung handelt, sollte ohne weiteres klar sein. – Selbstverständlich fiele die Schizoidie, als Charakteranlage, nicht unter den Begriff des Morbus Bleuler. Schizoidie ist keine Krankheit, ebensowenig wie Syntonie. Hingegen sollte beim Auftreten „neurotischer" oder neurose-ähnlicher Erscheinungen bei einem schwer Schizoiden viel mehr als bisher an den Beginn eines Morbus Bleuler gedacht werden, wie beim Auftreten solcher Erscheinungen bei einem ausgesprochen Syntonen an den Beginn einer Depression gedacht werden muß. Ich weiß aus Erfahrung, daß viel zu häufig Neurosen diagnostiziert werden, wo bereits von einer Psychose gesprochen werden muß, und halte es im übrigen heute noch mit *E. Bleuler*[110], wenn er erklärt, er „halte die Begriffe der Neurosen für Artefakte, wenn sie nicht bloß als Symptomkomplexe gelten sollen".

Was zum Schluß die *Therapie* betrifft, so hätte man heutzutage sicherlich eine *hormonale* Therapie in die Wege geleitet, deren Richtung durch die erwähnten Störungen von seiten des Endokriniums ja vorgezeichnet sind. Aber auch beim heutigen Stand unseres Wissens und Könnens wären wir von der Möglichkeit einer *Heilung* noch weit entfernt. Ähnlich liegen die Dinge hinsichtlich der *Schocktherapie*, von der damals nicht einmal die ersten Vorläufer bekannt waren. In der so verantwortungsvollen Situation, in die der Arzt durch die Gesamtlage des Falles versetzt war, hätte die Schocktherapie sicherlich einen sehr willkommenen vorläufigen Ausweg bedeutet. Angesichts der speziellen Symptomatologie des Falles (Angst vor dem Dickwerden, starkes Hungergefühl) hätte man zunächst wohl nicht zur Insulinkur gegriffen, sondern zum Elektro- oder Kardiazolschock. Es ist *möglich*, daß dadurch eine vorübergehende Besserung erreicht worden wäre, jedoch muß bei kritischer Prüfung der modernen „Heilungsresultate" doch angenommen werden, zumal im Hinblick auf einen so schleichenden Prozeß und eine so sehr auf das Entweder-Oder eingestellte Persönlichkeit, daß es sich dabei nur um einen *Aufschub* der Katastrophe hätte handeln können.

Schlusswort

Es mag manchem Fachkollegen auffällig, ja abwegig erscheinen, daß wir an die Spitze unseres Versuchs, das Schizophrenieproblem auch von der anthropologischen Seite her aufzuhellen, einen Fall stellen, der „keinen intellektuellen Defekt", keine schizophrenen Sekundärsymptome wie Wahnideen und Halluzinationen, Sperrungen, Stereotypien zeigt und außerdem eine Menge anscheinend nichtschizophrener Züge aufweist und überdies eine vorwiegend manisch-depressive Heredität zeigt. Diesen Bedenken möchte ich mit der Feststellung begegnen, daß es uns gerade gelungen ist, durch das Gewirre und die Verschwommenheit der Symptomatologie hindurch die fortschreitende Einengung, Entmächtigung und Verweltlichung, psychopathologisch ausgedrückt, die *Entleerung* der Persönlichkeit im Sinne des schizophrenen Prozesses Schritt für Schritt zu verfolgen und nachzuweisen. Die-

---

[110] *Forels* Stellungnahme zur Psychoanalyse. Jahrbuch f. psychoanal. u. psycholog. Forschungen IV, S. 690.

se Aufgabe wurde uns erleichtert durch die gute Selbstbeobachtungs- und
Selbstschilderungsgabe der intelligenten Kranken, das langsame Fortschreiten des Prozesses und das Vorliegen eines genügenden, sich über 17 Jahre
hinstreckenden Beobachtungsmaterials. Bei rasch zur Verblödung führenden Fällen und unintelligenten Patienten lassen sich die Übergänge vom
Gesunden zum Krankhaften, die für uns doch ebenso wichtig, wenn nicht
noch wichtiger sind, als für den Physiopathologen, nicht so deutlich oder
gar nicht beobachten. Wo es sich um das Auftreten eines „massiven" schizophrenen Symptoms handelt, wie z. B. eines sogenannten *Primär*wahns[111],
da wohnen wir ja schon nicht mehr der „Entstehung" der Schizophrenie
bei, sondern haben bereits das fertige „Resultat" vor uns, was immer sich
dann noch daran anschließen mag. Ich begegne mich in dieser Auffassung
durchaus mit *Wyrsch*, dessen Verdienst es ist, auf die wissenschaftliche Bedeutung gerade der Schizophrenia simplex wieder hingewiesen zu haben[112].
Unser Fall reiht sich durchaus seiner *Anna K.* (Fall 13) an, die so bewußt
„das Erlebnis der inneren Haltlosigkeit und des Stillstandes in der Entwicklung" hat und die so „fruchtlose und zermürbende Versuche" macht, „das
Dasein und sich selbst zu gestalten" (S. 103). Was aber für *Wyrsch* einen
„Sonderfall" darstellt, findet sich in meinem Material relativ häufig.

Übrigens hat schon *Diem* in seiner grundlegenden Arbeit „Über die einfach demente Form der Dementia praecox"[113] darauf hingewiesen, daß es,
zumal im Hinblick auf die *Prognose*, „auf der Hand" läge, „daß aber nur
eine genaueste Beobachtung des initialen Stadiums zu einer Aufklärung
führen kann, wie sie wohl nur bei erkrankenden Angehörigen der gebildeten
Klassen, vor allem unter den Akademikern, möglich sein wird" (S. 183).
Er zweifelt zwar sehr, ob solche Fälle sich unter den gebildeten Ständen
häufiger finden und führt als Beweis hiefür gerade die Arbeit *Kahlbaums*
„Über Heboidophrenie"[114] an. Auf Grund meines eigenen Materials muß
ich *Diems* Zweifel jedoch widersprechen: Schon seit Beginn meiner psychiatrischen Tätigkeit an der hiesigen Anstalt war es mir unmöglich, mit den
drei Hauptformen der Schizophrenie diagnostisch auszukommen; auch die
Einführung der vierten Form, der Dementia praecox simplex, schien mir
anfangs zur Einordnung und Einteilung meiner Fälle nicht zu genügen. Es
schien mir unerläßlich, eine Anzahl durchaus nicht selten zur Beobachtung
gelangender Fälle auf Grund der Eigenart ihrer Symptomatologie und ihres

---

[111] Vgl. gerade hierzu auch *Schultz-Hencke,* Die Struktur der Psychose. Z. Neur. 175,
S. 447.

[112] *Jakob Wyrsch,* Über die Psychopathologie einfacher Schizophrenien. Mon.schr. f.
Psych. u. Neur. Vol. 102, No. 2 (1940). – Weniger überzeugend wirkt auf mich hingegen
sein Aufsatz vom folgenden Jahr (1941): Krankheitsprozeß oder psychopath. Zustand?
Ebd. Vol. 103, No. 4/5.

[113] Archiv f. Psychiatrie 37, 1903.

[114] Allg. Zschr. f. Psych. 46.

Verlaufs unter einer besonderen Rubrik unterzubringen, der Rubrik der *polymorphen Form* der Schizophrenie. Ich sah jedoch bald ein, daß diese Fälle rein *klinisch* doch der Schizophrenia simplex zuzurechnen seien, so sehr sie sich auch durch ihren anscheinend nichtschizophrenen Symptomenreichtum von den „unproduktiven", einfach versandenden Fällen unterscheiden.

In der Rubrik „Polymorphe Form" reihte ich alle diejenigen Schizophrenien ohne hervorstechende hebephrene, katatone und paranoide Symptome ein, die – abgesehen von ihrer langen Dauer, ihrem *sehr* schleichenden Verlauf oder jahrelangen Stillstand, ihrer Einbuße an intellektueller *Leistungsfähigkeit* (bei erhaltener, formaler Intelligenz und erhaltener Sprache), abgesehen von dem öfteren Wechsel und schließlichen Entgleiten ihrer sozialen Aufgaben (Studium, Beruf, Familiengründung) oder dem Herabsinken von ihrem sozialen Niveau und abgesehen von ihrer therapeutischen Unangreifbarkeit durch die Psychoanalyse (und neuerdings durch die relative Unwirksamkeit der Schockbehandlung) – deutliche manisch-depressive Schwankungen, *scheinbar* psychopathisch-anankastische, zwangsneurotische, „hysterische" oder „neurasthenische" Symptome, Neigung zu Toxikomanie (Alkohol, Morphium, Kokain), moralische Defekte und sexuelle Abwegigkeiten (besonders Homosexualität) zeigten. (Kriminelle Handlungen kamen kaum vor. Einen diesbezüglichen Fall habe ich Kollegen *Binder* überlassen[115].) Natürlich haben nicht alle Fälle alle diese „Komplikationen" gezeigt, jedoch waren in der Regel mehrere derselben zu beobachten. Bei einer beträchtlichen Anzahl Fälle ließen sich katamnestisch aber nach Jahren doch noch paranoide oder katatone Erscheinungen feststellen; jedoch kam es trotzdem kaum je zu einer eigentlichen schizophrenen *Demenz*. Bei strenger Fassung des Begriffs dieser polymorphen Form, bei Ausscheidung also aller derjenigen Fälle, wo von Anfang an und noch nach Jahren *keine* hervortretenden hebephrenen, katatonen oder paranoiden Symptome nachzuweisen waren, machen diese Fälle unter meinen Schizophrenen ca. 5% aus, bei weiterer Fassung, also unter Einschluß derjenigen Fälle, die früher oder später die einen oder andern jener Symptome gezeigt haben, ca. 10%. Im Gegensatz zu der Häufigkeit dieser polymorphen Form der Schizophrenia simplex bilden die unproduktiven, lediglich versandenden Fälle in meinem Krankengut eine seltene Ausnahme.

---

[115] *Hans Binder*, Zwang und Kriminalität. Schweiz Archiv f. N. u. Ps. 54, S. 327 ff. (Fall Joseph B.).

Der Fall Suzanne Urban

Einleitung

Mit dem Fall Suzanne Urban setzen wir unsere Bemühungen um das Verständnis des schizophrenen Wahns fort. Im schizophrenen Wahn kulminiert das Problem der Schizophrenie; hier erreicht es die Spitze seiner Konkretion. Infolgedessen kann der schizophrene Wahn nicht direkt in Angriff genommen, sondern nur in schrittweisem, sich *von der Natur der Sache* leiten lassendem Emporsteigen dem wissenschaftlichen Verständnis nähergebracht werden. Die „Natur der Sache" ist hier der Umwandlungsprozeß, den die Struktur des Daseins als In-der-Welt-sein im Sinne dessen, was wir den „schizophrenen Prozeß" nennen, durchmacht. Es gilt, den Gang zu verfolgen, den das Dasein durchläuft, wenn es, die breite, reiche Fülle seiner Basis – seiner Grundstruktur – verlassend, sich zum Wahn zuspitzt und sich auf dieser Spitze hält. Diese Aufgabe hatten sich alle bisherigen Studien zum Ziel gesetzt, nicht nur diejenige über den Fall Lola Voß, wo es bereits zu einem ausgesprochenen *Verfolgungswahn* gekommen war, sondern auch diejenige über den Fall Jürg Zünd, der, abgesehen von vereinzelten wahnhaften Ideen, eine deutliche *Wahnstimmung* zeigte, ja auch diejenige über den Fall Ellen West, wo die Wahnstimmung zwar erst angedeutet war, die daseinsmäßigen *Voraussetzungen* für den Wahn jedoch um so deutlicher in die Augen sprangen[1].

Während sich in den drei erstgenannten Fällen ein „besonders affektvolles Erlebnis" oder auch „eine ganze Reihe derartiger zusammengehöriger Erlebnisse" *(Wernicke)*, ein „affektbetonter Vorstellungskomplex" *(Bleuler)* nicht ohne weiteres als „Ausgangspunkt" der Wahngestimmtheit und Wahnideen *nachweisen* (!) ließ, tritt dies im Fall *Ilse* sehr deutlich zutage. „Ausgangspunkt" ist hier die leidenschaftliche Liebe zum Vater und das ständige Leiden unter seiner schlechten Behandlung der Mutter. Zwischen diesen „affektbetonten Vorstellungskomplex" und den Verfolgungswahn schiebt sich hier noch ein bestimmtes und zwar von der Kranken selbst in Szene gesetztes „affektvolles Erlebnis" ein, die Verbrennung ihres Unterarms im Ofen, um dem Vater „zu zeigen, was Liebe vermag", und ihn durch ihr Opfer zu einer liebevolleren Behandlung der Mutter zu bekehren. Erst an den Mißerfolg dieses Opfers hatte sich hier, wenn auch, wie meist, erst nach einem längeren Intervall, aber doch in deutlicher wahnhafter Weiterverarbeitung desselben, ein über ein Jahr sich hinziehender, schließlich aber in dauernde Heilung übergehender Verfolgungswahn angeschlossen.

---

[1] Wir verweisen auch auf den *Fall Ilse* (1945, in 1957c), der ebenfalls das Bild eines schizophrenen *Verfolgungswahns* gezeigt hat.

Während im *Fall Ilse* das Dasein unter einer viele Jahre dauernden Hochspannung stand, die sich erstmals in dem Verbrennungsopfer, hernach im Verfolgungs- und Liebeswahn „Luft machte", zeigt sich die Hochspannung, unter der das Dasein im Falle *Suzanne Urban* steht, nicht nur in einer „abgöttischen" Liebe zu den Eltern, sondern in einem „geradezu anormalen" hypochondrischen Liebeskultus den Eltern und dem Gatten gegenüber. Dieser Kultus wird durch die Erkrankung des Gatten (eines Vetters) an Blasenkrebs aufs schwerste getroffen und auf die äußerste Probe gestellt. Da hier ein gerade für diesen Menschen „besonders starkes affektvolles Erlebnis" tatsächlich den lebensgeschichtlichen „Ausgangspunkt" (nicht zu verwechseln mit „Ursache"!) des Verfolgungswahns bildet und wir nähere Kunde bekommen, wie sich die Umwandlung des Daseins in der Zeit zwischen diesem Erlebnis und dem Auftreten des Wahns vollzieht, scheint seine Darstellung trotz des Mangels kindheitsanamnestischer, psychoanalytischer und katamnestischer Daten gerechtfertigt. Dabei sei schon jetzt betont, daß es sich nicht wie im Fall *Schreber-Flechsig* um einen sich an ein Weltuntergangserlebnis anschließenden „residualen" Einzelverfolgungswahn handelt, sondern, wie auch in den Fällen Lola und Ilse, um einen *anonymen* oder *pluralen* Verfolgungswahn. Mit dieser Unterscheidung werden wir uns in dem psychopathologisch-klinischen Kapitel zu beschäftigen haben. Hier sei nur noch erwähnt, daß es sich – wegen der Neuheit unserer Methode – auch in dieser fünften Studie noch nicht um „abschließende" Erkenntnisse handeln kann, sondern nur um die Aufzeigung des *Weges* für die weitere Forschung, soweit dies mit unseren Mitteln heute schon möglich ist.

Mit der Neuheit der Methode hängt es auch zusammen, daß es in unserer Untersuchung öfter als es mir lieb war zu Wiederholungen kommen mußte, einerseits aus didaktischen Gründen, hauptsächlich aber deswegen, weil es im Wesen der daseinsanalytischen Methode liegt, so streng wie möglich die Fäden des gesamten Daseins, sowohl in seinen wesentlichen Grundzügen als in deren Abwandlung, in der Hand zu behalten und dem Leser immer wieder vor Augen zu führen.

A. Bericht

I. Angaben der Angehörigen beim Eintritt der 48 Jahre alten, kinderlos verheirateten Kranken in das Sanatorium Bellevue, Kreuzlingen

a) Die Abstammung

Vater höchst energischer, solider, erfolgreicher Anwalt gewesen. *Mutter* 82 geworden, körperlich und geistig sehr frisch geblieben. *Vater der Mutter* 87 geworden; in den letzten 2 Jahren Dementia senilis mit kindischen Größenideen. Auch in der Familie der Mutter hochbegabte Akademiker. *Pat.* ist das dritte von vier lebenden, sehr begabten Geschwistern. Eine *Schwester* mit 29 *Suizid* durch Durchschneiden der Kehle mit Rasiermesser, in einer Melancholie mit Versündigungs- und Verarmungsideen; keine Eigenheiten während Pubertät. Die *älteste Schwester*, intellektuell unterdurchschnittlich begabt, hatte vor 4 Jahren eine 3 Monate dauernde *Depression im Klimakterium*, seither sehr nervös. Die beiden lebenden Brüder sehr gesund. Es handelt sich um eine alte, sehr angesehene *jüdische* Familie.

b) Lebens- und Krankengeschichte

Normale Geburt, keine engl. Krankheit, keine Skrofulose. Rechtzeitig laufen und sprechen gelernt. Sehr zart und vorsichtig aufgezogen. Frühreif. Wunderkind. Eigensinnig und rechthaberisch. Wollte sich nie anderer Meinung unterordnen. Sehr empfindlich. Als einmal mit 14 Jahren eine Lehrerin ihr sagte, sie würde, wenn sie nicht folgte, dem Vater sagen, daß er sie prügle, seien ihr im Gefühl des gekränkten Stolzes „die Beine steif geworden" (nach eigenen Angaben der Pat.). Keine Enuresis. Kein Pavor nocturnus. Als Kind penibel sauber. Konnte nur ungeflickte Wäsche haben. Konnte einmal in der Erregung darüber, daß sie ihren Willen nicht durchsetzte, geradezu krampfhaft schreien; suchte die Umgebung zu beherrschen. Bekam viel Liebe von den Eltern; ebenso abgöttisch liebte das Kind die Eltern, „geradezu anormal", kümmerte sich um die kleinsten Bedürfnisse derselben. Vom 7. bis 11. Jahr Hausunterricht, dann bis zum 17. Jahr Gymnasium, Abschlußexamen gemacht. Sehr gut gelernt. Sehr ehrgeizig von jeher, wollte durchaus Musterschülerin sein. Leicht gelernt und fleißig. Stets versetzt. Sehr gut in Mathematik. Nach der Schulzeit Englisch und Italienisch gelernt. Spricht 4 Sprachen. Lernte als Mädchen Gesang und Klavier, als junge Frau Malerei.

Verkehrte immer nur mit wenigen Schulkameradinnen, die sie sich selbst aussuchte; keine eigentlichen Freundschaften. Ließ die übrigen links liegen. Überhaupt wenig Zutrauen zu den Mitmenschen ihr Leben lang. Hatte viele Feinde, weil sie ihre Anschauungen oft geradezu rücksichtslos den andern ins Gesicht sagte. Keine soziale Ader.

Arbeitete soviel, daß sie wenig zu Spielereien kam, wenig Sinn dafür.

Mit 13-14 Jahren erste Menstruation, sich fürchterlich wegen der ersten Periode geniert. In der Pubertät eher zurückgezogen. Von jeher sehr lebhaft, heiter. Liebte den Sarkasmus. Erzählte gern Witze. Ironisierte gern.

Mit 18-19 Jahren leidenschaftliche Romanleserin; preßte dabei die Beine zusammen, bis orgasmusähnlich ein Glücksgefühl bei ihr eintrat. Äußerte später noch, daß ihr dies mehr Freude gemacht als alles in der Ehe. Überhaupt in den letzten Jahren als Ideal hingestellt, sie hätte besser nicht heiraten, sondern zur Bühne gehen sollen. Sehr erotische Natur; schaffte sich sexuelle Schriften an. Erzählte auch gerne dem alten Vater sexuelle Witzchen.

War als Mädchen auffallend schön. Akzeptierte die ihr reichlich gespendeten Komplimente als etwas Selbstverständliches. Nicht kokett, kein Sinn für Flirts.

Verlobung mit einem Cousin vollzog sich rasch, kurzer Brautstand, nur wenige Monate. Nicht sehr verliebt als Braut. Sie habe sich eigentlich nur verlobt, nachdem sie gehört hatte, wie Studenten zu einander über das damals bildschöne 21jhg. Mädchen sagten: „Die schöne X. wird schon alt."

Mit 27 Jahren setzten paroxystische Niesattacken ein, die therapeutisch unbeeinflußbar blieben. Organotherapie seitens namhafter Laryngologen versagte gänzlich. Bei vielen Neurologen ohne wesentlichen Erfolg in Behandlung. Höchstens kühle Kompressen auf die Stirn halfen einigermaßen.

Pat. hat außer dem Selbstmord der Schwester – Pat. damals 17 Jahre alt – und dem Tode des Vaters vor 4 Jahren nie den kleinsten äußeren Kummer gehabt. Der Mann hielt seine geschäftlichen Interessen ihr ganz fern, liebte sie überschwenglich. Das einzige, was ihr eventuell Kummer machte, war die krankhaft geliebte Mutter, die sie mit hypochondrischer Sorgfalt betreute. Der Mann liebte sie abgöttisch, Pantoffelheld, gab ihr stets nach, machte nie den Versuch, ihr etwas abzuschlagen. Anfangs wollte sie keine Kinder, vom 10. Ehejahr an litt sie unter der Kinderlosigkeit, es begann ihr nach und nach leid zu tun, als sie merkte, daß der Mann darunter litt. Vor 14 Monaten wurde beim Mann in Berlin eine Cystitis konstatiert. Bei der späteren Behandlung, *vor 11 Monaten*, begleitete Pat. den Mann zum Zystoskopieren. Pat. horchte im Nebenzimmer, hörte das Stöhnen des nicht chloroformierten Mannes. Sie sah hernach das schwerernste Gesicht des Arztes, hörte von ihm die Krebsdiagnose (Blumenkohlgewächs) und daß die Operierbarkeit sehr dubiös sei.

Seitdem traurige Verstimmung, grämte sich sehr. Vor 8 Monaten mit dem kranken Mann in Paris. Man stritt sich spezialärztlich über die Operationsfrage. Pat. quälte sich Tag und Nacht, leitete mit unglaublicher Energie alle Verhandlungen, schlief fast nicht mehr, las die spezialärztliche Literatur, arbeitete selbst an den Harnanalysen, wollte bei jeder Behandlungsmanipulation dabei sein, hielt Selbstgespräche.

Ärzte verlangten vollkommene Ausspannung, Bettruhe. Pat. sah leichenblaß aus. Die ältere Schwester übernahm die Pflege. Vor 5 Monaten hatte sie sich körperlich gut erholt, war aber enorm empfindlich geworden, *interessierte sich nur für den Krebs des Mannes*, duldete keine andere Unterhaltung. War empört, wenn jemand in ihrer Gegenwart lachte. Am liebsten wollte sie selbst ihn töten und sich nachher. Wünschte ein Unglück für den beiderseitigen Tod. Dachte sich Möglichkeiten aus, daß es doch kein Krebs sei, weinte Tag und Nacht.

Nun begann sie überall Gefährdungen zu wittern: die Leute seien schlecht, die Pfleger täten ihre Pflicht nicht, die Mädchen gingen leiser, um zu horchen; sie glaubte niemandem. Beschimpfte die Ärzte, weil sie den Mann nicht töteten.

Vor 4 Monaten begann sie schlecht zu essen. Konnte nicht mehr auf der ganzen Sohle gehen, war so gewöhnt, stets auf den Zehenspitzen zu gehen. Wurde immer unruhiger, ängstlicher, immer mehr *krankhafte Eigenbeziehungen und Verfolgungsideen.*

Vor 3 Monaten Konsultation eines Psychiaters, der auf Trennung der Ehegatten bestand. Pat. kam in eine Anstalt nach G., wo sie vier Wochen blieb. Glaubte sich hier von Anfang an beobachtet, von der Polizei verfolgt, geröntgt, die Familie würde unglücklich, das Vermögen würde ihr genommen, im Park liefen elektrische Drähte, um jeden ihrer Schritte zu registrieren, man habe sie luetisch infiziert, sie habe Krebs und alle möglichen Krankheiten. Verweigerte das Essen, glaubte, es sei vergiftet. Nachts würden ihr Stimmen eingepreßt, diese sagten ihr, daß sie alles Schlechte sage; dieses Schlechte würde durch spezielle Marconi-Maschinen gedruckt und verbreitet. Die Drähte liefen überall. Selbst im Bade wären Apparate, die sie nackt aufnähmen, um sie nachher bloßzustellen. Mit medizinischen Pulvern glaubte sie den Samen von Fröschen und Eidechsen einzunehmen, wollte alles erbrechen. Sie sei durch und durch luetisch infiziert; durch die Decken, bei den Einpackungen, habe man ihr Lues eingerieben. Die kleinsten Pickel wurden bei ihr zu Anzeichen von Syphilis. Deutete auch in das Verhalten der andern Patienten alles Mögliche hinein. Die persekutorischen Vorstellungen wurden immer schlimmer. Schrie zum Fenster hinaus, die Polizei solle sie holen, die Familie sei schon gefangen gesetzt, man habe der Mutter Nase, Ohren, Arme usw. abgeschnitten. Die Angehörigen seien in Gräber mit Fäces gesteckt, würden mit Eisenstangen geschlagen usw. Wollte sich mit einem Shawl erwürgen, aber kein ernsthafter Versuch. Einmal ein Messer bei sich versteckt.

Nach 4 Wochen Entlassung und Unterbringung in der Wohnung der Schwester, wo sie bis vor einigen Tagen blieb.

Die Krankheit des Mannes trat fast ganz in den Ideen zurück. Hingegen wurde das Wahnsystem immer deutlicher: *die Polizei verfolge die ganze Familie, die ganze Familie sei teils tot, teils würden Grausamkeiten an ihr begangen.* Sie sei gar nicht krank.

Über alles, was nicht mit dem System zusammenhängt, weiß die Kranke gut Bescheid; gutes Gedächtnis. Keine Visionen. Ging willig mit auf die Reise. Äußerte zwar, die Polizei würde sie nicht fortlassen, man werde keine Pässe bekommen, kein Geld haben usw. Unterwegs drängte sie heraus, wollte zum Fenster hinaus. Auf dem Bodenseeschiff wollte sie über Bord gehen. Beim Essen spielerisch das Messer probiert, ob es scharf sei. Sprach hier gleich davon, die Polizei sei schon über alles informiert, die Zollbeamten hätten schon eine bestimmte Geste gemacht. Eine bestimmte Handbewegung – Hand an Oberschenkel – heiße, sie und ihr Mann seien Diebe; wenn ein Mann sich den Schnurrbart streicht, so bedeutet das, die Lippen wurden ihren Angehörigen abgeschnitten. Wollte von hier aus gleich wieder nach Hause zurückfahren. Hat in der Krankheit immer mehr verlernt, auf ihr Äußeres zu achten; früher sehr elegant. Hat *ihre guten Manieren verloren.* In der letzten Zeit *stark gealtert, rasch ergraut.*

II. Selbstschilderungen

Im 9. Monat ihres 14 Monate dauernden Aufenthaltes in unserer Anstalt ließ Suzanne Urban sich von der behandelnden Ärztin, zu der allein sie ein gewisses Vertrauen gefaßt hatte, überreden, den Beginn und die Entwicklung ihrer Krankheit schriftlich zu schildern. Die noch völlig in ihrem Wahn lebende Kranke tat dies mit großem Eifer und schrieb in wenigen Tagen zwei Hefte voll auf deutsch, obwohl es nicht ihre Muttersprache war. Wir zitieren daraus ohne wörtliche oder orthographische Änderungen. Nur die Orts- und Personennamen und die Zeitangaben wurden geändert. Man ersieht daraus, wie genau die Angaben der Kranken mit denen der Angehörigen in zeitlicher und sachlicher Hinsicht übereinstimmen, mit der einzigen Ausnahme etwa, daß die Krankheit des Mannes nach den eigenen Angaben doch nicht so in den Hintergrund getreten war, wie die Angehörigen glaubten.

a) Die Untersuchung des Mannes beim Urologen und ihre Vorgeschichte

„Wir waren im Frühling 19.. (im Jahre vor ihrer Erkrankung) in M. Mein Mann fühlte sich nicht besonders, ist nicht gern spazierengegangen, sagte, daß ihn das schnell ermüdet, hatte auch selten Appetit; wenn er was gegessen hat, mußte es etwas Salziges oder Saures, Pikantes sein. Früher war er nie wählerisch. Seit einer gewissen Zeit hatte er in der Nähe des Unterleibs einen ekzematischen Mitesser, hat sich immer geschämt, darüber zu sprechen und ihn den Ärzten zu Hause zu zeigen, und sagte, es sei nur eine Kleinigkeit. Auf dem Rückweg aus M. (April 19..) habe ich ihn überzeugt, einen Arzt deswegen zu besuchen; es wurde uns aus X. von meinem Bruder der Dermatologe Prof. X. aus B. anempfohlen. Derselbe hat eine Röntgenkur anempfohlen, hat das selbst zum erstenmal meinem Mann gemacht, ließ ihn auch urinieren, und sagte meinem Mann, daß das Exema eine Kleinigkeit sei, seine Blase wäre viel wichtiger; es wäre vielleicht ein starker Blasenkatarrh, aber jedenfalls müsse er seine Blase pflegen; empfahl, da wir nur mehrere Tage in B. waren, seinen früheren Assistenten, einen jungen Arzt aus X.

Mein Mann kam nach Haus niedergedrückt, da er vor mehreren Monaten einen Bruder verlor, der an Krebs in der Blase gestorben ist. In X. war er von seinen Geschäften so in Anspruch genommen, daß er von einer Kur gar nichts hören wollte, er hatte einfach Angst, und legte das von einem Tag zum andern herüber. Endlich ließ er den empfohlenen Arzt kommen, bat ihn aber, ihn nur mit äußerlichen Medikamenten (eingenommen) zu pflegen, wehrte sich gegen jeden Katheter, vor dem er eine Todesangst hatte. Da diese Mittel (Helmitol, Urodonal, Urotropine) aber nichts geholfen haben, und mein Mann beim Urinieren immer mehr kleine unbehagliche Empfindungen spürte, wobei sich auch äußerlich kleine Spuren von Blut zeigten, dabei aber beim Fahren keine heftigen Schmerzen hatte, welche eine Andeutung auf ein Blasenstein wären, habe ich ihn doch durch Flehen entschlossen, sich durch den Cystocope untersuchen zu lassen.

Ich ging mit ihm zum Arzt, wartete im Nebenzimmer, und hörte, zitternd und weinend, sein furchtbares Stöhnen. Der Arzt sagte ihm, es sei in der Blase eine verwundete Stelle, machte aber indem er ihm den Rücken wandte, mir eine so furchtbar hoffnungslose Miene, daß ich ganz starr wurde, den Mund nur vor Schreck aufmachte, so daß der Arzt mich schnell an der Hand griff, um mir zu zeigen, daß ich nichts von meinen Empfindungen ihm beweisen soll. Diese Pantomime war was Schreckliches! Mein Mann hat vielleicht auch was gemerkt, zeigte aber ein ganz freundliches Gesicht, fragte nur den Arzt, woher das kommen könnte; er antwortete, daß es im Blut oft steckt, ohne daß man den Ursprung davon weiß."

b) Der Aufenthalt in Paris

„Inneren täglichen Ausspülungen mußte der Arme sich aussetzen, wobei er jedesmal, als er nach Haus kam, heftigere Schmerzen fühlte. So vergingen mehrere Monate, wir konsultierten noch mehrere Ärzte, die ihn zystokopiert haben; alle sagten dasselbe, es sei der Krebs und zwar in einer der gefährlichsten Formen (cancer cooné cancroide). Mein Mann, der mich immer als sehr lustig kannte, bemerkte oft, wie niedergedrückt ich war, trotzdem ich in seiner Gegenwart mich bemühte, ein gutes Gesicht zum bösen Spiel zu machen. Da es immer schlimmer wurde, mein Mann an vollständiger Schlaflosigkeit trotz Mittel zu leiden anfing, und nur mit Zwang essen wollte, und sich hauptsächlich mit Rahm, Eiern und Fleisch gepreßtem Blut nährte, haben die Ärzte den Vorschlag gemacht, da besonders das neue Mittel (Mesotorium) bei uns noch nicht zu bekommen war, nach Paris zu fahren, wozu meine Angehörigen mich auch sehr zuredeten, indem sie sagten, daß ich unbedingt, trotzdem ich ganz zerschmettert, niedergeschlagen war, auch dies probieren soll, um mir nie Vorwürfe machen zu können, daß

man alles Mögliche versucht hat, um den Menschen wenn nicht zu retten,
so wenigstens sein Leben zu verlängern. Dieser zweimonatliche Aufenthalt
in P. war eine Hölle für den armen Menschen, einige Ärzte wollten meinen
Mann operieren lassen, was aber von den anderen Ärzten aufs strengste
verweigert wurde."

In einem Brief an einen Bekannten aus der Zeit dieser Aufzeichnungen
äußert sich die Kranke noch näher über den Aufenthalt in Paris: „D'abord
la maladie de mon mari qui faisait des progrès si terribles, notre départ
pour Paris, où j'espérais le sauver par opération, mais les médecins me
l'ont déconseillée, ayant constaté le cancer dans sa forme la plus terrible et
m'ont fait entrevoir dans quelles souffrances excruciantes mon pauvre mari
allait passer les dernières années, de sa vie. Tout cela m'a tellement ébranlée
que je suis rentrée plutôt morte que vive à X., incapable de penser à quelque
chose d'autre qu'à raccourcir les souffrances de mon mari en le tuant et me
suicidant ensuite; aussi je suppliais les médecins de me donner du poison.
C'est cette malheureuse idée qu'à poussé les médecins à me faire quitter de
force la maison pour aller à G., cette terrible attrappe, dans laquelle je suis
tombée, et qui n'avait pour seul but, que de me compromettre à tout prix,
malgré mon innocence complète."

c) Die Zeit zwischen Paris und der ersten Internierung

„So kamen wir ohne jeden Resultat nach X. zurück, die Krämpfe waren
immer heftiger, das Blut immer in größerer Quantität. Unterdessen starb
der Arzt, der meinen Mann pflegte, und zu dem er großes Vertrauen und
Sympathie hatte.

Das hat einen furchtbar niederdrückenden Eindruck auf uns beide gemacht. Da ich fast gar nicht mehr schlafen konnte, und kaum ging, mußte ich
zu Bett, bekam Arsenikpillen und verschiedene Beruhigungsmittel. Aber die
Idee von Selbstmord und gleichzeitig Mannesmord durch Vergiftung kam
mir immerzu in den Sinn. Ich bat öfters meinen Arzt um irgend ein Mittel,
worauf er nicht einging, so daß er am Ende beschloß, noch einen Arzt zu
mir zu rufen – das war der Dr. R. - der Henker – das Unglück der ganzen
Familie. – Er beschloß, mich unbedingt zu isolieren und ratet den Ort in
der Nähe von X.-G. Ich wollte auf keinen Fall weg von Haus, aber fast mit
Kraft hat man mich dort gebracht. Hier fängt die schreckliche Odyssee erst
recht an."

d) Der Aufenthalt in der ersten Anstalt

„Gleich beim ersten Blick, bemerke ich eine größere Zahl von Männern, die
mich (im Vestibule des Gebäudes) wie abwartend, mit höhnischem Lächeln
anschauen, mehrere Damen machen auch ganz komische Gesichter. Ich fühle
sofort eine mir gehässig entgegenstehende Atmosphäre von Menschen, zit-

tere am ganzen Körper. Der Arzt nimmt den Empfehlungsbrief an, und geht gleich mit mir und meiner Schwester in das für mich erwählte Zimmer rein. Hier bemerke ich, wie ironisch er mit mir spricht, und nachdem ich ihm meine Gedanken mitteilte, wie sehr ich bedaure mein Haus verlassen zu haben, statt meiner Pflicht treu zu bleiben und meinem schwer kranken Mann beizustehen, antwortet er mir: ‚Ein *Verbrecher*[2] sogar, falls er krank ist, muß ins Hospital', dabei macht er wie aus Versehen, einen Fehler, und sagt statt Hospital – das Wort ‚Lazarett', was bei uns in X. ein Hospital für Dermatologische, speziell Syphilitische Kranke ist. Er sah auch dabei so sonderbar die Wand an, an welcher mein Bett stand, und drückt den Tisch, als wie wenn er dadurch in Contact mit einem unterirdischen Strom wäre.

Beide Ärzte und die Hausdame kommen zu mir, aber jedesmal mit so spöttischen Gesichtern, daß ich ganz entrüstet bin. Ich höre genau, wie man einen Apparat an die Wand, an der ich liege, befestigt, auch später, wenn ich in die Badewanne gehe, dasselbe um mich nackt zu photographieren. Es ist, als wenn es ein Röntgenapparat wäre. Über mir, auf der Zimmerdecke ist derselbe Apparat und ich habe vollständig den Eindruck, daß man meinen zu meiner Schwester gesprochenen Worten zuhört, daß man uns belauscht und photographiert. Ich erzählte meiner Schwester einige frivole Erlebnisse, die sie nicht wußte, gleich am ersten Tag. Als ich dann nach mehreren Tagen ausging, und mich hinsetzte, bemerkte ich über meinem Fenster einen Gendarmenkopf und hörte genau das Knistern des Papiers, als wie wenn alle meine Worte stenographiert wären. Ich sag's meiner Schwester, aber die lacht mich aus. Das war die erste Falle. Als ich im Park herumgehe, höre ich meine etwas frivolen Ausdrücke bei einigen Damen, die so nah wie möglich neben mir gehen, wiederholt, um mir zu beweisen, daß sie alles gehört haben. Das macht mich rasend. Sogar meine Gedanken werden von andern wiederholt. Ich sag zu meiner Schwester: ‚Wir sind hier zwischen Spionen, was wollen sie von mir?' Aber sie lacht mich nur aus, und wiederholt es dem Arzt. Ich hab genau die Empfindung, als wie wenn unterirdische Drähte neben allen Villen wären, denn jedesmal beim Vorbeigehen, fällt eine kleine Falle herunter. Als die Kur anfängt, es waren kalte Abreibungen früh und Einpackungen und Bäder abwechselnd, Nachmittag, die dasselbe Dienstmädchen macht, reibt sie mich so fest, daß sie mir die Haut zerkratzt. Als man mir die wollenen Decken zu den Einpackungen bringt, spüre ich einen so entsetzlichen Geruch, wie spezielle Soldaten-Schuhschmiere und schreie laut, da ich auch noch das schmutzige Wasser in dem Eimer, wo die Packtücher naß gemacht wurden, bemerkte: Was ist denn das, die Tücher

---

[2] Sämtliche Hervorhebungen stammen von der Pat. selbst.

sind schmutzig sie kommen vom Lazarett, man will mir die Syphilis[3] äußerlich, durch die zerkratzte Haut einimpfen.

Ich schreie: ,Ich will nach Haus!' Aber der Arzt sagt ironisch: ,Es ist zu
spät, jetzt kommen Sie nicht mehr nach Hause.' Im Park steht vor einer
Villa eine Schildwache, wie vor den Gefängnissen. Vom Fenster läßt man
zwei enorme gezähmte Raben herausfliegen, als Voraussagung des Unglücks.
Bei Tische sehe ich, daß in meiner Milch, Honig usw. Speichel ist. Ich sehe auch Speichel in der Wanne, Spülwasser vor meinem Fenster. In den
Speisen fühle ich einen sonderbaren Geruch, wie ein Narcotic, und gleich
nachmittags werde ich so schläfrig, daß ich mich hinlege; die Träume sind
so phantastisch, ich sehe abgebrandte Hände, Gefängnisse. Ich spüre dabei
trotzdem ich schlafe einen elektrischen Strom, habe ich auch bei den Einpackungen, so daß ich statt nach ihnen warm zu werden, vollständig starre
Glieder bekomme, wie gefroren. Ich sag's dem Arzt: ,Was bedeutet das, will
man mich paralytisch machen?' Er antwortet nichts, lächelt höhnisch.

Das Dienstmädchen trägt meine Dienstbotenschürzen, die ich erkenne,
um mir zu beweisen, daß bei mir in der Wohnung Revisionen gemacht
werden.

Aus einer Villa geht ein Herr heraus, mit einem Diener hinter ihm,
der im Sanatorium nie war, er hat ein so grausames Gesicht, sicher ein
Henker. Den sieht sie an und macht dasselbe Zeichen, das nur vom Diener
beantwortet war.

Ich muß dazu heranfügen, daß jedesmal, auch früher, als wir uns schlafen legten, ging der Lärm im Speisezimmer erst recht an, man spielte, so
laut wie möglich, und entsetzlich Klavier (Tango, Walzer usw.) und lief im
Corridor auf und ab. Die Türen der vis-à-vis Zimmer machten beim Auf-
und Zumachen ein sonderbares Geräusch: polizeiliches Pfeifen, diese Türen
waren die ganze Nacht auch in Bewegung, und ich hatte die Empfindung,
als wie wenn jeder meiner Gedanken sofort notiert wäre.

Ich fühle, daß sie mich unbedingt compromittieren wollen und Unwahrheiten einreden. Ich fühle mich immer mehr unbehaglich bei Tisch und will
nur im Zimmer essen. Man bringt uns mit jedem Tag ein schlechteres, ab-
gebrauchtes Couvert, auch das Brot wird schlechter. Ich sehe alles, aber
mache sogar meine Schwester darauf nicht aufmerksam.

Ich sag dem Arzt: ,Man ist hier in der Anstalt so gehässig zu mir, man
moquiert sich sogar über die Krankheit meines Mannes, denn eine Dame
sagte laut: ,Krebs, Krebs, ach Gott, warum nicht Hummer!' Eine andere
wieder: ,Man kann im Magen auch einen Zitronenbaum wachsen haben,
wenn man einen Zitronenkern verschluckt.' Man spricht so oft wie möglich

---

[3] In einem Briefe schreibt sie: „Die Ärzte lachten mich höhnisch aus, machten boshafte
Anspielungen auf meinen *Aufenthalt in Paris*, wo ich doch mit meinem kranken Mann
ganz niedergedrückt war und nicht mal über derartige Schweinereien denken konnte."

über Krebs. Er antwortet mit seinem teuflisch-spöttischen Lächeln: ‚Man braucht ja *Sie* dabei nicht zu meinen.'

Ich komme noch zurück mit meiner Erzählung, um zu beschreiben was für entsetzliche *Dekorationen* dort noch zubereitet waren: man klopfte immer die Teppiche vor meinem Fenster, da man es sicher von meinem Dienstmädchen erfahren hat, wie sehr ich das haßte, besonders seit mein Mann krank war und Ruhe haben wollte. Wenn ich in den Park ging, fing das Klopfen neben mir im Park an. Ein Balcon über mir wurde herausgenommen, um einen anderen zu bauen, um furchtbaren Lärm beim Ziegelklopfen zu machen. Eine Katze ging im Park herum; die hat einmal einen Vogel erwischt. Als sich meine Schwester des armen Vögelchens erbarmte, und es laut sagte, hörte ich von einer Dame: ‚Laßt die Katze in Ruhe, mag sie den Vogel gut zerknacken! Ich hörte schreckliches Heulen, dem der Wölfe ähnlich, den ganzen Tag und Nacht. Ein Wagen mit Mist stand öfters vor meinem Fenster, ganz in der Früh, und man fuhr mit schweren Steinkarren neben mir vorbei. Ein paar Stöcke und Steine sollten statt Grabdenkmal sein. Man hustete und spuckte laut vor meinem Fenster.

Hinter dem hölzernen Zaun, hinter der Bank, wo wir uns öfter hinsetzten, hörte ich immer Schritte und sah durch die Ritze irgend einen Kopf. Auf der Straße hörte ich spöttische Bemerkungen, z.B.: ‚Dieser ist sicher G. (die Anstalt) nicht notwendig, vielmehr das ‚Lazarett'!' Es war also unbedingt eine schreckliche Falle, die als Zweck hatte, mich zu compromittieren. Ich hab es aber wirklich nicht so sehr verdient, mehr äußerlich, weil ich die Menschen zu ärgern liebte, und nichts verheimlichte, wie viele es tun. Außer ihren Handbewegungen machte die frühere Pflegerin noch im Sanatorium eine Bewegung, sie zupfte sich an der Nase und man antwortete ihr ebenfalls so, wobei sie manchmal ganz laut sagte: ‚Das Köpfchen muß herunterfallen.' Meine arme alte Mutter erwartete mich in der Wohnung bei meiner Ankunft, weinte fürchterlich, da mich alle für krank hielten, und ich, Ekel, sprach wieder über mich und nicht über die Gefahren, die den Meinigen drohten. Meine Mutter wollte nicht die Pflegerin kennenlernen und ging weg, desto mehr, daß sie meinen kranken Mann nicht allein lassen wollte. Als die Pflegerin zu mir kam, stellt sie sich vor's Fenster hin, zupft sich an ihrem Spitzenkragen, dann an den Augen, Nase, Lippen, Ohren, stellt sich auf die Fersen und knirscht mit den Zähnen so heftig, daß man die Bewegung der Backenknochen sieht. Sie ballt die Faust zusammen und zeigt das Herausschlagen der Zähne. Ich werde ganz stumm und starr. Das Dienstmädchen schaut mich auch spöttisch an.

Ich sag: es ist Unsinn, man soll nicht allem glauben, aber meine Angehörigen haben so ein Vertrauen zum Arzt, zu dem Dämon, daß sie nicht auf einen Schritt seine Vorschriften überschreiten wollen. Ich höre genau im

Badezimmer Pfeifen, so wie man bei kleinen Kindern in ihren Spielzeugen das hört.

In einem Fenster von der Hofseite sehe ich große Küchenmesser. Ich bin ganz stumm, werde aber immer mehr nervös, so daß meine Schwester den Arzt bittet, mich so oft wie möglich zu besuchen, was er auch gern tut, spöttisch mich anschaut, und mich mit seinen sarkastischen, ironischen Phrasen martyrisiert. Jede Nacht nahm die Pflegerin eine sonderbare ,pose plastique' an, wo sie mit einer Hand das Abhacken des anderen Armes andeutete, und einen Fuß von der Decke herauskommen, ihren Kopf herunterhängen ließ, den Mund öffnete, lautes Schnarchen hören ließ. Ich schrie, als ich das sah.

Meine Schwester ging dann ans telephon. Apparat, um mich zu beruhigen und zu beweisen, daß alle da sind, weil immer alle antworteten. Aber meine Brüder waren so von Arbeit beansprucht, daß sie das ofte unnötige Telephonieren nicht gern hatten, desto mehr, daß ich ihnen, da ich genau im Telephon polizeiliches Pfeifen hörte, nichts sagen wollte, bloß wimmerte, was sie für nervös, krankhaft hielten.

Ich hätte doch auf der Straße meinen Bruder aufmerksam machen können, daß es mit unserem Leben zu Ende ist, und statt sich Qualen und Martern auszusetzen, die die Armen jetzt haben, sich selbst zu töten. Dieser Gedanke kam mir nicht in den Sinn, daß ich zu Hause doch Arsenic 0,3 hatte, der zu Injektionen meinem Mann in Paris vorgeschrieben war, den sich aber die Ärzte in X. zu benützen weigerten, ihn als lebensgefährlich hielten. Und ich dumme Gans bat um Gift die Ärzte, hatte doch Gift unter der Hand. Treppenwitz!, der das Leben so vieler Menschen kostet. Ich sehe auch auf dem Fuß der elektrischen Lampe und auf dem Fußboden Würmer, die entsetzlichen grauen Russen, und fühle folgende Worte: Sie werden Brot mit Würmern bekommen. Außerdem *fühle* ich, wie man mir folgenden Satz zuflüstert: 1. Meine *Mutter* ist eine alte D., hat Silber gestohlen, was eine schreckliche Lüge ist, sie war die treueste, ehrlichste, bravste Frau der Welt, hat nur für die Armen gelebt, hat für sie genäht, arme Kinder zu sich genommen, um sie zu belehren (was bei uns eine mit Gefängnis bestrafte *Sünde* ist). Sie war die *Heilige* genannt, vor der man nur zu Knien fallen könnte. Sie hätte nicht eine fremde Stecknadel angerührt, *also ein ganz ganz unschuldiges Opfer.* Sie brauchte auch nicht etwas zu nehmen, da mein Vater sein ganzes Leben wie ein Neger gearbeitet hat, um sie sorglos auf ihre alten Jahre zu lassen. Wer mir noch voriges Jahr gesagt hätte, daß ich die Mörderin meiner Mutter sein werde, und daß so ein Verdacht von mir auf sie fällt, den hätte ich für verrückt gehalten. Dann höre ich 2. Mein Vater hat Unterschlagungen gemacht – auch eine furchtbare Lüge, erstens war er zu *ehrlich* dazu und dann ist das ein lebensgefährliches Verbrechen, man geht nach Sibirien. Dann 3. sag ich *in Gedanken* über meinen Mann ,faux monnayeur', – auch eine schreckliche Lüge und Verleumdung. Dann wieder: Mein älterer Bruder hat die Bücher nicht genug in Ordnung gehalten, mein jüngerer Bruder war schon unter polizeilicher Aufsicht, alles Lügen, Lügen; mein ältester Neffe, ein Baumeister, der jetzt eine Concoursarbeit, einen Plan für ein neues Hospital gemacht hat, und zwischen 45 Arbeiten die erste Belohnung bekam, ich sag über ihn, daß es *nicht* seine Arbeit sei, trotzdem ich weiß und schwöre, daß er gerade um die Zeit 14 Wochen im Bett lag, geschwollene Knie hatte, und von niemandem besucht war, sich desto eifriger dieser Arbeit widmete; ich sage in Gedanken, der ist nicht ganz in Ordnung mit den Steuern für sein Haus, das er erst jetzt gebaut hat; der zweite Neffe, das ist ein Bandit, der jüngste Pä ..., auch hat er eine Liebesgeschichte erlebt, alle, alle sind Socialisten, Anarchisten usw. – also lauter Lügen, Lügen, die die Armen jetzt durch mich, als schreckliche Märtyrer im Kot mit abgeschnittenen Nasen, Ohren, Lippen, Händen und Füßen, ausgebrochenen Zähnen leiden müssen.

Also *Mörderin* der *ganzen* Familie bin ich geworden; nicht nur das; ich *laß* das Grabmal meines Vaters zerschmettern. Diese Gedanken kommen mir in der ... Sprache, die ich zuhause nie gebrauchte. Eine teuflische Geschichte, und *ich*, Mörderin liege hier im Bett, werde gefüttert, gebadet, während sich meine unschuldigen Mitangehörigen quälen.

Ich *denke* einmal: O Gott, wie gut wäre es, wenn man *mir* für diese Gedanken den Kopf abhauen wollte, ich *sehe* vor mir am nächsten Tag einen Knaben (10–12 J. alt), der einen Kindersäbel hat, und vor mir die Bewegung des Kopfabhauens macht. Ich schwöre, daß alles wahr ist, was ich hier beschreibe.

Kann ich denn als Mörderin leben? Nein, ich hab kein Recht dazu, übrigens so ein Tod, wie sich im See zu ertrinken, ist nichts im Vergleich mit den Qualen, die die anderen (14 Personen glaub ich, meine Mutter, meine 2 Brüder, mein Mann, der Verwalter, ein weiterer Verwandter, junger armer Student, für den meine Mutter im Namen meines Vaters ein Stypendium auszahlte, die Familie F. (4 Personen), die etwas in die sozialistische Partei einmal verwickelt waren, mein älterer Neffe, die Schwester von Clara, ein Freund meines Bruders usw.

Das sind aber nicht Wahn*ideen*, das sind Wahr*ideen*!

Man zwang mich zu *denken*, daß meine Angehörigen mit Blei und Pech begossen sein werden.

Außerdem *mähte* man das Gras jedesmal, sowie es früher noch in G. die erste Pflegerin getan hat, und *zeigte bedeutungsvoll die Sense*. Meine Schwester nahm das von guter Seite, ich verstand aber den *Sinn der Sense*.

,Ach nein, Doktor, man wird *sie* (die Brüder) *in Stücke schneiden*, man *will sie martern*.'

Nach ein paar Tagen kommt eine Schwester mit einer Neuigkeit nach Hause, daß zuhause bei uns Rede war, ein ganz neues, in München erfundenes Mittel bei meinem Mann anzuwenden, und daß, wahrscheinlich, mein jüngerer Bruder danach speziell reisen wird, um es zu holen.

Ich schaute (vor der Abreise in die Schweiz) auf den Arzt herüber und bemerkte in seinem Blick den Ausdruck: Ah, Verbrecherin! Meine Mutter verabschiedete sich, und ich staune noch bis jetzt, wie *kalt* ich ihre Hände und Wangen küßte, statt mich ihr zu Füßen zu werfen und ihr zu gestehen, *ihr* die *so unschuldig* ist, die mich so vergötterte, daß ich sie in meinen Gedanken so *furchtbar angeklagt* habe, daß *ich ihre Mörderin bin.*

Diese Zeichen werden sowohl vom Eisenbahnpersonal, wie auch vom Publikum gemacht; ich sehe dasselbe im Hotel in L., wo wir übernachteten, und da ... sogar auf dem Dampfer, der uns bis hierher führte. Meine Schwester und mein Bruder bewachen mich, da sie bemerkt haben, daß ich mich öfters dem Bord näherte, und die Idee hatte, herunterzuspringen, was sie doch immer nur für eine *krankhafte* Selbstmordidee hielten. Also sogar in der ganzen Strecke habe ich sie *nicht* aufgeklärt, vor dem *Gebrauch* der Medicin nicht gewarnt, die doch nur die Zeit der Qualen des Mannes verlängert (da sie das Leben verlängert). Meine Angehörigen verschwanden sofort, ohne mich gesehen zu haben, als wir ins Sanatorium gekommen sind, sie übergaben nur den Empfehlungsbrief den hiesigen Ärzten, und ich wurde ins Zimmer geschleppt. Erst als ich nach ein paar Tagen meine Schwester wiedersah, brach ich auf: Ertrinke Dich oder hänge Dich auf, wir sind nur die Überreste der *ganzen Familie*, die wir zuhause gelassen haben, und die schrecklich gemartert sein wird. Ich verbleibe hier auch nur kurze Zeit und stürze mich auch in den See; wir sind Bettlerinnen, ich habe euch alle durch Teufelsmacht verleumdet. Sie antwortete mir nur darauf: Ah, es ist nicht gut verleumden. Sie will es bis zum heutigen Tag nicht verstehen, daß diese unerhörte Verleumdung das Leben so vieler Menschen kostet, und daß sie jetzt mit der Polizei correspondiert, die sich noch über arme gequälte Wesen moquiert, ihre Handschriften imitiert, und sogar ein imitiertes Gruppenbild schickte. Zu spät ist mir der Verstand gekommen, die Meinigen zu retten. Jetzt lebe ich nur mit der einzigen Hoffnung, eine Bitte (Petition) zu schreiben, daß man die armen gequälten Menschen totschießt, statt, daß sie so lange gemartert seien. Bis zum heutigen Tage wollen es mir die hiesigen Ärzte nicht glauben, daß derartige teuflische Sachen vorkommen können, es ist aber auch nur in X....." (Hier ist mitten im Wort abgebrochen.)

III. Eigene Beobachtungen

Der Aufenthalt in Kreuzlingen 16.7.19.. bis 14.9. des folgenden Jahres
Suzanne Urban ist beim Eintritt in die *zweite* Anstalt 48 Jahre alt. Menopause. Mittelgroße,leicht ergraute, körperbaulich weder pyknisch noch
ausgesprochen leptosom. Keine akromegaloiden, maskulinen oder sonstigen
endokrinen Besonderheiten. Körper- und Nerven-Status vollkommen o. B.
     Bei der Aufnahme läuft die Pat. unruhig im Zimmer herum, schaut
den Arzt mißtrauisch musternd von der Seite an, gibt ihm keine Hand,
nimmt keine Notiz von seinen Worten. Will nichts von Hierbleiben wissen,
sie wolle in kein Gefängnis. Als der Arzt im Auto die Nase rümpft, meint
sie, das sei ein Zeichen, das etwas zu bedeuten habe; das gleiche wiederholt
sich, als er sich den Schnurrbart streicht. Ergebnislose Versuche, die Pat.
zum freiwilligen Aussteigen aus dem Auto zu bewegen, sie muß schließlich
unter ziemlichem Sträuben herausgezogen und ins Zimmer geführt werden.
Wird hier heftig, drängt derart zur Tür heraus, daß diese abgeschlossen
werden muß. Muß unter geringer werdendem Sträuben ausgezogen werden.
Wehrt sich gegen jede Berührung ihres Leibes. Läuft scheu, ängstlich herum.
Lehnt jede Nahrung ab. Läßt sich abends nicht vom Arzt untersuchen.
Weicht jeder Berührung ängstlich aus, deckt sich bis oben zu, zieht die
Hemdärmel über die Hände. Puls beschleunigt, aber normal gefüllt und
regelmäßig. Sieht den Arzt voll Angst, mit Abscheu gemischt an. Legt sich
nach der Wand, stößt monotone Jammerlaute aus. Hält Selbstgespräche in
ihrer Muttersprache. Es ist keine Antwort zu erzielen.
     Über Äußerungen und Verhalten Suzanne Urbans während dieses zwei-
ten Klinikaufenthaltes können wir uns kurz fassen, da sie zum großen Teil
ihrer Schilderung des ersten Klinikaufenthaltes, die wie erwähnt aus dem
9. Monat ihrer Behandlung in Kreuzlingen stammt, entsprechen. Jedoch
scheint die Erregung anfangs stärker zu sein als in der ersten Klinik. Pat.
bittet fortwährend in größter Unruhe, man solle sie doch töten, ihr einen
Revolver, Strick oder Gift verschaffen, sich aufhängen lassen. Sie sei die
größte Verbrecherin, da sie alle die Ihrigen durch Verleumdungen ins Unglück gebracht habe. All das habe sie unter dem Einfluß einer *Narkose*
getan. Befragt, gibt sie an, sie habe diese Verleumdungen gar nicht ausgesprochen, sondern nur hm-hm gemacht, was aber von den andern so *ausgelegt* worden sei. Ihre Angehörigen würden deshalb in der schändlichsten
Weise *gemartert*, ihre Glieder würden abgehackt, die Geschlechtsteile ausgerissen, sie müßten draußen in der Kälte im Kot liegen. In einem Briefe
schreibt sie, daß man die Ihrigen mit heißem Pech und brennendem Eisen
begieße, in einem andern findet sie für das *massacre* ihrer ganzen Familie
das bezeichnende Wort: „C'est une *martyriologie*" (von ihr selbst unterstrichen). In weiteren Briefen beschäftigt sie sich hauptsächlich mit der Frage,

„comment ils l'ont arrangé à *me faire penser à des choses fausses*, absolument fausses, pour me rendre sa meurtrière (ihrer Mutter) que j'adorais". Sie wagt dabei nicht auszuschreiben, was man sie von ihrer Mutter denken ließ, sondern deutet es nur mit (unverständlichen) Anfangsbuchstaben an: „ça jamais elle n'a été, *jamais est p. niv* ..." (dick unterstrichen). Wenn sie den Ärzten sage, es gäbe Mittel, jemanden zu zwingen, an falsche Sachen zu denken, „en se servant ensuite comme moyen de calomnie pour emprisonner, on me dit folle, on ne veut pas y croire". Bisweilen sind es nicht die Gendarmen und die Polizei, von der die Greuel ausgehen, sondern Leute, die sich durch den Untergang der Familie und die Konfiskation der Fabrik des Mannes usw. bereichern wollen. Im Mittelpunkt dieser Leute scheint die frühere Pflegerin zu stehen, die sie als Straßendirne bezeichnet und von der sie glaubt, sie sei von ihrem Bruder auf der Straße aufgelesen und zu seiner Maitresse gemacht worden. Ein einziges Mal macht sie im Brief an einen Polizeipräsidenten die auffallende Bemerkung: „Wenn sie (ihre Angehörigen) auch eine Strafe verdient hätten, sollte sie nicht so grausam sein."

Alle Greuel habe sie nur aus *Andeutungen* erfahren. Sie ist aber felsenfest von der Realität ihrer Ideen überzeugt. Will selber *gemartert* werden; wirft sich auf den Boden und will sich mit den Stühlen verletzen und mit dem Tisch erschlagen. Behauptet *Magenkrebs, Schlundkrebs* zu haben. Beruhigt sich unter dem Einfluß von Medikamenten (Opium usw.), Packungen, Bädern (der Aufenthalt fällt in die Zeit des ersten Weltkriegs!) im Laufe einiger Wochen. Darf in den Garten, bleibt dabei ruhig, betrachtet aber die Bäume daraufhin, ob sie sich an ihnen aufhängen kann. Spricht jetzt auch hie und da von etwas anderem, wobei sie ihre große Bildung und sprachliche Begabung verrät. Erzählt auch jetzt noch gern Witze und lacht darüber, worüber sie sich nachher wieder Vorwürfe macht. Die Briefe der Angehörigen sind von der Polizei gefälscht. Gegen Nahrungsverweigerung hilft Drohung mit der Sonde. *Hört* immer das Hämmern einer Schmiede „in den Ohren", die extra in Kreuzlingen errichtet wurde, um zu zeigen, daß hier die Frau des Falschmünzers wohnt. Erregung steigert sich dann wieder. Sucht sich auf alle erdenkliche Art das Leben zu nehmen. *Sieht* ihre Angehörigen Tag und Nacht in ihren Marterungen vor sich, verflucht die Polizei, die ihnen die Augen auspickt usw. Ende des Jahres zunächst wieder schwerste Erregung, Sondenernährung. Spricht viel von der Pflegerin in der ersten Klinik: „Diese Straßendirne ist schuld am ganzen Unglück der Familie." Bald darauf zweiter Besuch von Schwester und Neffen. Während der erste sie noch aufregt, ist sie jetzt heiter und lebhaft, erzählt viel von früheren Zeiten und erwähnt auch der Pflegerin gegenüber, was für eine glückliche Frau sie wäre, wenn all das nicht Wahr-, sondern Wahnideen wären. Hält aber trotz leisem Hoffnungsschimmer an ihren Ideen fest. Will an die Regierung der Okkupationsarmee ihres Landes eine Petition richten, daß man *ihre Angehörigen töte und von ihren Leiden erlöse.* Ein Gruppenbild ihrer ganzen Familie erklärt sie für gefälscht. Die Polizei habe die Figuren aus andern Bildern, die vor 2 Jahren zu einem Familienfest gemacht wurden, zusammengestellt, sie erkenne das ganz genau. Ist voller Angst für ihren Neffen, der nach Paris reisen will und dort Spionen in die Hände geraten würde. Man habe sie doch von ihm sagen lassen, er sei Sozialist. *Fühlt* später ganz genau, daß auch ihm die Augen ausgepickt werden. Wäre er doch in der Schweiz geblieben, aber immer sage sie „wäre, wäre", *immer zu spät.* „Man könnte wahnsinnig werden bei diesem Gedanken." Diese Vorwürfe wiederholt sie wochenlang. Am 10. 3. erhält sie einen Brief ihres Neffen aus Amerika, der sie beruhigt, weil darin vorher mit ihm besprochene Details enthalten sind, „die die Polizei unmöglich wissen kann". Vom 10. bis 20. 3. hat sie eine sehr gute Zeit, während der sie einige Tage lang von morgens bis abends an den nur für ihre Ärztin bestimmten Selbstschilderungen schreibt, mit sichtlicher Freude am Schreiben und mit großer Leichtigkeit.

Am 19. 3. schreibt sie einen Petitionsbrief (einen von vielen), diesmal an einen hohen Beamten in ihrer Heimat, in dem sie auch ihn, unter genauer Darlegung ihrer „Lage", bittet, seine einflußreichen Beziehungen dazu zu verwenden, daß ihre Angehörigen durch den Tod von ihren Leiden erlöst würden. In diesem Brief spricht sie wieder davon, daß die Ärzte ihr gegenüber hätten durchblicken lassen, daß es sich bei ihrem Mann um einen Krebs *„dans sa forme la plus terrible"* handle und „dans quelles souffrances excruciantes mon mari devait passer les dernières années de sa vie". Diese Aussicht habe sie derart erschüttert, daß sie mehr tot als lebendig (von Paris) nach Hause zurückgekehrt sei und an nichts anderes mehr habe denken können als daran, *ihren Mann zu töten und sich selbst dann zu suizidieren.* Deswegen habe sie von den Ärzten Gift verlangt. Dann wiederum die bereits bekannten Wahnideen: „C'est cette malheureuse idée qui a poussé les médecins à me faire quitter de force la maison pour aller à G. (die erste Anstalt), cette terrible attrape qui n'avait pour seul but que de me compromettre à tout prix." Sie schildert dann ihre Erfahrungen in G. und erklärt jetzt, daß, als sie noch bei ihrer Schwester war (also vor G.), eine *furchtbare Stimme* („une voix terrible", von ihr doppelt unterstrichen) sie *gezwungen* habe, „à penser et dire des calomnies contre tous les miens" (folgen die bekannten Verleumdungen von Mutter, Mann, Brüdern, Neffen usw.). Auf einmal aber ist es nicht mehr „une voix terrible", sondern – noch im selben Satze – *„une force diabolique"*, unter deren Einfluß sie alle diese Lügen habe äußern müssen. Der Bitte, die Angehörigen töten zu lassen, fügt sie hinzu: *„C'est trop terrible de leur faire endurer ces souffrances jusqu'à leur mort, la mort sera leur delivrance."* Sobald sie entlassen sei, werde sie sich in den See stürzen, aber was sei dieser Tod im Vergleich mit den „souffrances terribles endurées par les miens". „Wer hätte gedacht, daß das Schicksal meiner ganzen Familie so tragisch sein würde!"

Im April äußert Pat., ganz X. (ihre Heimatstadt) mache sich über ihre Familie lustig. „Dieses Drama war die größte Sensation dieses Jahres." Daneben die alten Klagen: *„Jeder neue Tag verlängert die Qual der Ärmsten."* Auch wegen des Neffen macht sie sich von neuem die schwärzesten Gedanken. Will nicht essen, weil die Ihrigen nur Würmer bekommen, nicht baden, weil sie im Kot liegen. „Eine Muttermörderin hat nicht das Recht zu leben." Pat. wünscht oft, ein Jahr jünger zu sein und (wie Jürg Zünd) *die Zeit zurückdrehen zu können*: „Dann wäre alles gut. Ich würde nicht von meinem kranken Mann weggehen, lieber würde ich uns vergiftet haben. Ich hatte doch Arsenik im Hause. Wie konnte ich ihn verlassen, ihn der Marter übergeben. Der Arme! Mit seiner schrecklichen Krankheit liegt er im Kot. *Was müssen das für Schmerzen sein ohne Morphium!*"[4] Jammert stundenweise: „Ein Jahr zurück, oh geben Sie mir ein Jahr zurück!" Mitte Mai beschäftigt sich die Kranke wieder mehr. Die Krankengeschichte vermerkt: „Vermag sich zuweilen sehr gut zu unterhalten, wobei sie stets zeigt, daß ihr Gedächtnis und Urteil, die scharfe Beobachtung, das lebhafte Temperament und die Neigung zu Humor und Witz in keiner Weise gelitten haben." Sobald sie aber einen Witz erzählt hat, macht sie sich wieder Vorwürfe. Bisweilen Spuren von Krankheitseinsicht. Im Juni und Juli ganz dasselbe Bild. Versucht sich mit allen nur möglichen und unmöglichen Mitteln das Leben zu nehmen, reißt sich an den Haaren, zerkratzt sich den ganzen Körper. Bewegt sich zeitweise unaufhörlich jammernd und stöhnend im Bett hin und her, ist der Pflegerin gegenüber völlig schamlos, masturbiert vor ihren Augen. Im August wieder ruhiger, macht aber noch dauernd Eingaben an alle möglichen Behörden, tief depressive und heitere Stimmungen wechseln weiterhin miteinander ab. Erzählt mit viel Behagen die schmutzigsten Witze. Frägt, wer ihr den Verstand genommen habe.

Wird am 4. 9. von der völlig uneinsichtigen Schwester nach Unterzeichnung eines strengen Reverses aus der Anstalt genommen. Am 25. 10. schreibt dieselbe aus Zürich einen Dankbrief mit der Bemerkung, es gehe ihrer Schwester besser, sie glaube aber, daß sie erst zu Hause unter ihren Angehörigen vollständig gesund werde! Seitdem haben wir kein Sterbenswörtchen mehr gehört und alle Nachforschungen blieben infolge der Wirren des ersten und zweiten Weltkrieges erfolglos. Die Prognose wurde dem überweisenden Arzt gegenüber, der von einem depressiven Zustand des manisch-depressiven Irreseins und dem Beginn einer präsenilen Demenz gesprochen hatte, schon im Sommer des vorhergehenden Jahres wegen des beginnenden Zerfalls der Persönlichkeit als sehr ernst, zum mindesten als

---

[4] Hervorhebungen von mir.

dubios hingestellt. Die *Schrift* war bis zuletzt entweder so haarscharf und
klein, daß Pat. ihre ganze Leidensgeschichte auf einer Postkarte unterbrin-
gen konnte, meist aber stellten ihre Zettel ein krauses Durcheinander dar,
ohne Rand nach innen oder außen, ohne Zeilenabstand, Zeilen jedoch ausnahmslos völlig horizontal, weder nach unten, noch nach oben gerichtet,
mit massenhaften Unterstreichungen, Einschiebungen und nachträglichen
Verstärkungen einzelner Buchstaben oder ganzer Worte. In den Briefen an
hochgestellte Personen konnte die Schrift aber auch geordnet sein; sie war
aber auch dann ohne Freilassung der Ränder und ohne Formniveau, so daß
man sie eher für die Schrift einer Ungebildeten gehalten hätte.

B. Daseinsanalyse

I. Einleitung: Vorgeschichte und Wahn

Da das Dasein das, was ursprünglich es selbst ist, als Außenwelt vernimmt
(W. Szilasi), und der Wahn nur ein besonders drastischer Grenzfall dieses
Vernehmens ist, muß die Daseinsanalyse bei der *Welt* unserer Kranken einsetzen. Diese Welt zeigt uns den gräßlich-greulichen Untergang einer ganzen
Familie, ähnlich wie wir ihn aus uralten Mythen kennen und in Tragödien
aller Zeiten dargestellt finden. Es ist eine Welt, deren „Fäden" von einer
unheimlichen, „teuflischen" Macht in der Hand gehalten und zusammen-
gezogen werden, eine Welt, in der es daher *keinen Zufall* gibt, sondern,
gemäß dem Walten jener unheimlichen Macht, alles auf ein und dasselbe
„verweist". Ob diese Macht als *„teuflische Macht"* (force diabolique), als
eine furchtbare *Stimme* (une voix terrible) oder als Macht über das Bewußtsein (*„Narkose"*) *bezeichnet* wird, ist durchaus von nebensächlicher
Bedeutung. Die Hauptsache ist, daß diese Macht, wie an ihren Auswirkungen zu erkennen ist, mit unerbittlicher Konsequenz das Böse will. Und zwar
ist sie ein *Straf-* und *Rachegeist*, ähnlich dem *Fluch*, der über des Tanta-
lus Geschlecht herrscht, oder dem *Rachegott* Jehova, der die, die ihm nicht
gehorchen, verfolgen will mit „Schrecken, Schwulst und Fieber", daß ihnen
„die Angesichter verfallen und die Seele verschmachte", daß sie fliehen, „da
noch niemand jaget", der wilde Tiere unter sie senden will, die „ihre Kinder
fressen und ihr Vieh zerreißen", der ein Racheschwert über sie bringen will,
seinen Bund zu rächen, der sie in ihrer Feinde Hände geben, eine Pestilenz
unter sie senden, ja noch sieben und siebenmal mehr strafen will, bis sie
„ihrer Söhne und Töchter Fleisch fressen müssen und ihre Leichname auf
ihre Götzen geworfen werden"[5].

---

[5] Vgl. 3. Buch Moses, 26. Kap. – *Hegel* bemerkt in seiner Religionsphilosophie (Ju-
biläumsausgabe XVI, S. 89 f.) zu dieser Stelle, sie zeige, daß bei den Juden das Böse in
den subjektiven Geist falle (d.h. in ihm und von ihm ausgekämpft werden müsse), und

Schon hier sehen wir, daß es das Wesen der Einbildungskraft der Rache ist, sich an ihrem eigenen „Geist" zu berauschen, unersättlich in immer neuen „Einbildungen" zu schwelgen und immer neue Einzelheiten („Details") zu erfinden.

Wie das jüdische Volk die auserwählte Familie Jehovas war, so haben wir es auch im Falle Suzanne Urban mit einer, wenn auch blutsverwandten, so doch für einen besonderen *Kultus* auserwählten Familie zu tun. Denn während Suzanne Urban schon als Kind „*eigensinnig* und *rechthaberisch*" war, ihren Willen durch krampfhaftes Schreien durchzusetzen und „ihre Umgebung zu beherrschen" suchte, später „*viele Feinde* hatte", weil sie den andern ihre Meinung rückhaltlos ins Gesicht sagte, ja überhaupt „*keine soziale Ader besaß*", soll sie ihre Eltern schon als Kind „*abgöttisch*", ja geradezu „*anormal*" oder „*krankhaft*" geliebt haben und später „*in hypochondrischer Sorgfalt*" für die Mutter besorgt gewesen sein. Dazu kommt, daß sie durch die Ehe mit einem Vetter, wie man sich ausdrückt, „in die eigene Familie" geheiratet hat. Diese Heirat soll nicht aus tieferer Liebe oder momentaner Verliebtheit erfolgt sein, sondern weil Suzanne – mit 21 Jahren – gehört habe, daß man ihr das Altern ansehe. Auch die Ehe sollte sie also nicht von der Familie trennen. Leider wissen wir nicht viel über ihr Verhältnis zum Vater. Sie erzählte ihm gerne sexuelle Witze, stand mit ihm demnach *als Heranwachsende* in einem „burschikosen" Verhältnis. Jedoch hören wir, daß ihr als Kind „die Beine steif wurden", als ihr von der Lehrerin mit einer *Züchtigung* durch den Vater gedroht wurde! Die Angabe der Angehörigen, daß dieses Steifwerden der Beine „aus einem Gefühl des gekränkten Stolzes" erfolgte, wirft, ganz abgesehen von allen anderweitigen Aufschlüssen, wiederum ein Licht auf Suzanne Urbans „herrische Natur". Was dieser ihrer „Natur" widerspricht, wird zum „ungeheuren" *Eindruck*, fährt ihr buchstäblich *in die Glieder*. Was die Umgangssprache so treffend mit In-die-Glieder-fahren bezeichnet, hat, daseinsanalytisch gesprochen, die Charaktere der Aufdringlichkeit, Dringlichkeit und Nähe, mit einem Wort, der Beeindruckbarkeit oder bloßen Impressionabilität[6]. Damit fällt auf die Sphäre der *Empfänglichkeit*[7] und ineins damit der *Leiblichkeit* bei Suzanne Urban von Anfang an (und wie wir sehen werden bis zum Ende) ein besonderer Akzent! Wenn wir weiterhin hörten, daß Suzanne Urban durch das „Aneinanderpressen der Beine" in sexuellen Orgasmus geriet, der denjenigen beim ehelichen Verkehr weit übertraf, so ist dies nur eine weitere Bestätigung dieser Tatsache. Bedeutet doch der „Auto-

---

daß der Herr selbst nicht im Kampf mit dem Bösen sei, „aber er *straft* das Böse". In unserem Fall fallen sowohl das Böse als die Strafe in den „subjektiven Geist".

[6] Vgl. hiezu das Nehmen und Genommen-werden beim Ohr, in Grundformen und Erkenntnis menschlichen Daseins. S. 304 ff. u. 366 ff; AW 2, S. 274ff. u. 329ff.

[7] Vgl. *W. Szilasi*, Macht und Ohnmacht des Geistes. S. 65 ff.

erotismus" die äußerste Möglichkeit des „Lebens im Leibe", und zwar in
der Form des Sichselbstnehmens „beim Leibe". Wir sehen jedenfalls, daß
Gezüchtigtwerden und Autoerotismus in unserem Falle eine besonders enge Verbindung eingegangen sein müssen, so daß es naheliegt, anzunehmen,
daß bei der sexuellen Erregung durch Lektüre, von der wir ebenfalls hörten,
masochistisch-sadistische „Eindrücke" mitgespielt haben. Daß nun aber der
Vater selbst zum grausamen Rachegott oder Fluchgeist geworden wäre, wie
wir es von anderen Fällen her kennen, dafür fehlen uns sonstige Hinweise.
Suzanne Urban beschuldigt im Wahnsinn den Vater nicht anders und nicht
bösartiger als die anderen Familienglieder.

Die abgöttische Liebe zu den Eltern und die „krankhaft" übertriebene Sorge um die Mutter finden ihren Widerhall in der „Vergötterung" der
Tochter durch die Mutter, wie die Besorgtheit um den Ehemann ihren Widerhall findet in dessen „abgöttischer" Liebe zu seiner Frau. Suzanne Urban
fühlt sich also nicht nur als „Glied der Familie", sondern als ein besonders
bevorzugtes Glied. Daß sie selbst keine Kinder haben wollte und unter der
Kinderlosigkeit erst zu leiden begann, als sie nach vielen Jahren bemerkte,
daß der Mann darunter litt, zeigt, daß ihr „Mutterinstinkt" keineswegs groß
war und ihr nichts daran gelegen war, zur „Fortpflanzung" ihrer „abgöttisch
geliebten" Familie ihrerseits beizutragen. Es blieb in der Tat beim bloßen
Familien*kultus*.

Diesem „krankhaften" Familienkultus gegenüber steht – in krassestem
Gegensatz – die der Kranken aufoktroyierte *Verleumdung* der Familie im
Wahnsinn. Im Drehpunkt beider Extreme – des übertriebenen Kultus des
Guten und des schauerlichen Vollzugs des Bösen – steht das Dasein, dem
wir den Namen Suzanne Urban gegeben haben, als solches, ein Dasein, dem
es *im Grunde nur um sich selbst geht*. Denn auch die Familie erweist sich
hier als ein erweitertes (keineswegs aber als ein vertieftes) Selbst. Daraus
wird ersichtlich, daß sowohl der Exzeß im Guten als der Exzeß im Bösen
gegenüber der Familie sich „im Grunde" als Exzesse („Auswüchse") des
eigenen Daseins im Kampf mit sich selbst, genauer: im Kampf mit sich „*als
Selbst*", erweisen.

Wir haben den Weg zu verfolgen, auf dem der Umschwung von einem
„Exzeß" zum andern möglich wurde.

II. Welt

a) Die Urszene und das von ihr aufgegebene Thema *(Die Konsultation
        beim Urologen, 11 Monate vor Kreuzlingen)*

In die Zeit, da Suzanne Urban durch das Klimakterium schon in eine „vitale
Krise" versetzt ist, fällt ein Ereignis, das sie in ihrem Halt, in dem, was

ihre „Sekurität" bedeutet, aufs äußerste gefährdet: Ihr Mann, der nicht nur
ihr Mann, sondern als Vetter zugleich ein Angehöriger der Gesamtfamilie
ist, erkrankt an Krebs. Wenn eine solche Erkrankung auch für jede Gattin
ein „schwer assimilierbares Erlebnis" bedeutet, wie *Wernicke* sich in seiner
Lehre von den überwertigen Ideen ausdrückt, so ist es für Suzanne Urban
insofern um so unassimilierbarer, als ihr gerade die Familie „das Höchste"
war und sie kein *eigentliches* Höchstes, kein „Agathon" mit der Mitwelt
überhaupt verband. Wir finden in der Daseinsgestalt Suzanne Urbans nichts
von einem „höchsten Gut" im Sinne des dualen Modus, der *eigentlichen*
Liebe und der *eigentlichen* „Idee", also nichts, worauf wahre *Gemeinschaft*
sich gründet. Beruht doch ihr Familienkultus viel mehr auf dem Gefühl der
„Solidarität" als auf dem echter, auch Krankheit und Tod überwindender
Gemeinschaft. Das muß im Auge behalten werden, wenn wir den *Eindruck*
der Konsultation beim Urologen gerade auf diese („unproportionierte"[8])
Daseinsgestalt verstehen wollen.

Die durch den an Blasenkrebs erfolgten Tod des Bruders des Mannes
und durch die depressive Reaktion des letzteren auf diesen Tod bereits „sen-
sibilisierte" Suzanne Urban trifft nun die Erkrankung des Mannes an Bla-
senbeschwerden. Sie fleht den die ärztliche Untersuchung hinausziehenden
Mann, der eine „Todesangst" vor dem Katheter hat, an, sich zum Zwecke
einer Diagnose zystoskopieren zu lassen. Das geschieht endlich. (Da es hier
auf jedes Wort ankommt, setzen wir die Stelle aus der Selbstschilderung
noch einmal hierher. Wir betonen dabei, daß wir keinerlei Anlaß sehen,
an der Glaubwürdigkeit dieser, von den Angehörigen überdies bestätigten
Schilderung zu zweifeln, obwohl sie aus der Zeit des Wahns stammt.)

„Ich ging mit ihm zum Arzt, wartete im Nebenzimmer, und hörte, zitternd und weinend, sein furchtbares Stöhnen. Der Arzt sagte ihm, es sei in
der Blase eine verwundete Stelle, machte aber, indem er ihm den Rücken
wandte, mir eine so furchtbar hoffnungslose Miene, daß ich ganz starr wurde, den Mund nur vor Schreck aufmachte, so daß der Arzt mich schnell an
der Hand griff, um mir zu zeigen, daß ich nichts von meinen Empfindungen
ihm beweisen soll. Diese Pantomime war was Schreckliches! Mein Mann
hat vielleicht auch was gemerkt, zeigte aber ein ganz freundliches Gesicht,
fragte nur den Arzt, woher das kommen könnte; er antwortete, daß es im
Blut oft steckt, ohne, daß man den Ursprung davon weiß."

Wir müssen hier unterscheiden: erstens das *Anhören* des *furchtbaren
Stöhnens* unter Zittern und Weinen, zweitens die *Erwartungsangst* hinsichtlich der Diagnose, drittens den *Anblick* der *furchtbar hoffnungslosen*
Miene des Arztes und das *Starrwerden* und sprachlose Mundaufmachen
vor *Schreck* bei diesem Anblick, viertens das *Schreckliche der Pantomime*

---

[8] Vgl. Henrik Ibsen und das Problem der Selbstrealisation in der Kunst. 1949b, S. 57.

des Arztes, mit der er sie bei der Hand ergriff, damit sie ihrem Mann nichts von ihren Empfindungen verrate.

Die ganze Szene ist also ein „Gemisch" von furchtbarer körperlicher *Qual* und *Quälerei*, von qualvollem, zitterndem und weinendem *Mitempfinden* mit dem Gequälten, von gespanntester Erwartung auf den über Leben und Tod entscheidenden Urteilsspruch des Arztes und von *sprachlosem* Entsetzen über die diesen Urteilsspruch verkündende „furchtbar hoffnungslose" Miene desselben. Dieser Urteilsspruch fand nicht nur seine Bestätigung, sondern offenbar erst seinen *völlig* eindeutigen und endgültigen, wenn auch ebenfalls sprachlosen Ausdruck in der *Pantomime*, mit der der Arzt sie bei der Hand ergriff, um sie vor jeglichem Ausdruck ihrer eigenen Gefühle zu *warnen*. Mit dem kurzen Schlußsatz: „Diese Pantomime war was Schreckliches" scheint Suzanne Urban in der Tat festzustellen, daß ihr erst durch sie das *Schreckliche* der Situation *völlig* zum Bewußtsein kam.

Vergegenwärtigen wir uns noch einmal, daß die „übertriebene", „geradezu anormale" Besorgtheit Suzanne Urbans um das Wohl und die Gesundheit ihrer Angehörigen das einzige ist, was über ihre Sorge um das eigene Wohl zwar hinausgeht, mit ihr aber aufs engste verbunden bleibt, ja eine untrennbare Einheit des *Sinnes* ihres Daseins, bildet, so verstehen wir, daß sie, um ihren späteren eigenen Ausdruck zu gebrauchen, von der unheilverkündenden Miene und Pantomime des Arztes *zerschmettert* war. Die schon durch den Tod des Schwagers an Blasenkrebs genährte Vermutung, daß auch sein Bruder, ihr Mann, demselben Leiden erliegen werde, wurde in diesem Augenblick zur Gewißheit.

Das Wort „Krebs", ganz gleich, ob es sprachlich ausgedrückt oder mimisch kundgegeben wird, gehört zu denjenigen Worten, von denen man sagen kann, daß sie, für den Betroffenen oder seine Angehörigen, die *Physiognomie der Welt* verändern. Suzanne Urban las aus Miene und Pantomime des Arztes nicht nur das *Todesurteil* ihres Mannes, sondern auch die Aussicht auf die ihm noch bevorstehenden qualvollen Schmerzen. Damit verwandelte sich die Physiognomie der Welt als einer, trotz aller Besorgnisse im Grunde doch noch vertrauten, heimischen, in eine unvertraute unheimliche, feindliche Physiognomie[9]. Sie zeigte nun, wie diejenige des Arztes, die Züge der düsteren Hoffnungslosigkeit, des unentrinnbaren Todesschicksals nach langem Leiden. Der ganze Lebensinhalt Suzanne Urbans bestand jetzt nur noch darin, die Vollstreckung des Todesurteils möglichst lange *hinauszuschieben*, das Leben des Mannes eventuell durch eine Operation

---

[9] Sehr gut kommt die Veränderung der Physiognomie der Welt zum Ausdruck in den Aussprüchen von *Ellen West*: „Ein böser Geist begleitet mich und vergällt mir die Freude an allem. Er verdreht alles Schöne, alles Natürliche, alles Einfache und macht eine Grimasse daraus. Er macht aus dem ganzen Leben ein Zerrbild" und „Das ganze Weltbild ist in meinem Kopf verschoben".

zu *verlängern*, die ihm bevorstehenden Qualen („souffrances excruciantes")
auf alle nur mögliche Weise zu *lindern* und ihm die Natur seines Leidens
so lange wie möglich zu *verheimlichen*. Das ganze Dasein stand jetzt unter
der Herrschaft des ihm in der „Urszene" aufgegebenen *Themas*, des Themas *„Krebs des Mannes"*. Als „von außen" aufgegebenes bedeutet dieses
Thema eine *Aufgabe*, die Aufgabe nämlich, mit ihm auf irgend eine Weise
„fertigzuwerden", ihm nicht zu unterliegen, sondern es zu meistern. Wir
finden fürs erste tatsächlich energische Versuche dieser Art. So düster auch
die Physiognomie der Welt jetzt war, so tapfer setzte sich Suzanne Urban
mit diesem Thema auseinander, suchte sie zu retten und zu lindern, was
noch zu retten und zu lindern war. Sie handelte, wie wir zu sagen pflegen,
immer noch *der* (weltlichen) *Situation gemäß*.

b) Die Alleinherrschaft des von der Urszene aufgegebenen Themas. Das
„gesteigerte Interesse" oder die „verstiegene Idee". Der Aufenthalt in
Paris (etwa 8. bis 6. Monat vor Kreuzlingen).

Im Vordergrund steht jetzt die quälende Ungewißheit über Möglichkeit und
Aussichten einer das Todesurteil hinausschiebenden Operation. Suzanne
Urban leitet selbst „mit unglaublicher Energie" die Verhandlungen darüber,
liest spezialärztliche Literatur, will bei allen Manipulationen selbst dabei
sein und macht selbst die Harnanalysen. Schon für diese Zeit trifft also die
Angabe der Angehörigen zu: *„Sie interessierte sich nur noch für den Krebs*
des Mannes". Das von der Urszene aufgegebene Thema hat also bereits
die Oberhand gewonnen, das aber heißt, es hat das Selbst der Kranken
völlig in seinen Dienst gestellt. Dieses Selbst *ringt* zwar noch mit dem Thema, versucht noch, es zu meistern und sich ihm gegenüber mit Aufbietung
äußerster Energie zu behaupten, wird dabei aber immer mehr vom Thema
in Anspruch genommen oder *absorbiert*. Darunter leiden zuerst die körperlichen Kräfte: Suzanne Urban schläft fast gar nicht mehr und sieht leichenblaß aus. Das ausschließliche Inanspruchgenommensein von dem Thema
zeigt sich ferner darin, daß sie nicht nur ihre Umgebung nur noch auf dieses
Thema hin in Anspruch nimmt d. h. *anspricht* und *anhört*, sondern auch
sich selbst. Das findet seinen Ausdruck in den jetzt auftretenden *Selbstge-*
sprächen. Suzanne Urban *spricht* jetzt mit sich selbst, *hört* sich selbst an,
ja *hört* schließlich nur noch *auf* sich selbst. Wenn man mit Recht gesagt
hat, daß jeder Monolog ein Dialog sei *(Voßler)*, so trifft das auch in unserem Fall noch zu. Aber zum Unterschied vom eigentlichen Monolog, in dem
das Selbst zwar auch mit *sich über* ein Thema spricht, dabei aber gerade
auch auf die Stimme der Mitwelt, auf die Möglichkeit ihrer Zustimmung
oder Mißbilligung *hört*, hat sich das Dasein hier bereits derart mit seinem
Thema *eingeschlossen*, daß es die Mitwelt schließlich von dem Gespräch

darüber *ausschließt*. Seine Macht bezieht das Thema aber immer noch aus der konkreten weltlichen Situation. Sie ist es, die ihre harten, quälenden Ansprüche, Anforderungen, Bedingungen stellt. Während das aufgeschlossene, das aber heißt wahrer Gemeinschaft aufgeschlossene Selbst die Last eines solchen Themas sich etwa dadurch erleichtert, daß es mit einem Freunde darüber spricht, sucht das sich mit dem Thema einschließende Selbst sie „ausschließlich" auf seinen eigenen Schultern zu tragen, nicht sehend, daß diese Schultern hiefür längst zu schwach geworden.

Hier stehen wir vor dem ersten Schritt dieses Daseins in die Selbst-*Verblendung* oder *Verstiegenheit*. Was wir hier als das „gesteigerte Interesse" bezeichnen, ist in der Tat dasselbe, was wir früher das „*verstiegene Ideal*" nannten. Ich erinnere an den Fall Jürg Zünd[10]. „Dieses Ideal (in unserem Fall das Ideal der Aufopferung in der *alleinigen* Pflege des kranken Mannes) ist ihnen wichtiger als ihr Dasein überhaupt; von ihm abzuweichen oder abgedrängt zu werden, jagt ihnen Angst und Schrecken ein, und doch entgleitet und entschwebt es ihnen immer mehr und mehr. Ihr Kampf zur Erreichung des Ideals führt ständig zur Niederlage; zwar raffen sie sich immer wieder zu neuem Kampf auf, jedoch nur mit dem Erfolg, daß er ihre seelischen und körperlichen Kräfte verzehrt, sie selbst geistig immer mehr einengt und ihrer Herrschaft über sich selbst immer mehr beraubt." „Denn indem sie dasselbe gegen die ‚Ansprüche' ihres eigenen Seins wie diejenigen ‚der andern' in ständiger Angst verteidigen müssen, gleiten sie immer mehr von der Gnade der Liebe wie vom selbständigen Handeln in der Welt ab und in die ständige *Abwehr* oder *Defensive* hinein. Damit *verfallen* sie gerade der Welt, sowohl der Eigen- als der Mitwelt, ja auch der Umwelt. Die Welt wird jetzt die Macht, die ihre Kräfte aufsaugt, derart, daß sie selbst immer mehr verweltlichen, d.h. aus selbständigen, liebenden und freien Menschen weltgebundene ... unfreie, angstgejagte Geschöpfe werden, ja nur noch der Spielball eines auf den bloßen „Trieb" oder Mechanismus und damit auf Plötzlichkeit und Nah-Raum *reduzierten* Weltentwurfs, des Entwurfs der Welt als *Gefahr*."

Es sind aber noch zwei Momente zu erwähnen, welche die Last des Themas *noch* peinigender machen: einmal die notgedrungene Selbstbeherrschung dem Manne gegenüber, zum andern das Schweben in der qualvollen Ungewißheit über Möglichkeit und Aussichten einer Operation. In dieser Hinsicht war die weltliche Situation als solche noch „zweideutig", war das Selbst also noch von der Welt her hin und her gerissen zwischen *Angst* und *Vertrauen*, diesen beiden Urmächten unseres Daseins[11]. Das Thema zeigte also von sich aus noch das Doppelgesicht von Hoffnung und Verzweiflung.

---

[10] 1957c, S. 269f.
[11] Vgl. *W. Szilasi*, Macht und Ohnmacht des Geistes. I. B.

Auf Grund von all dem war der Pariser Aufenthalt nicht nur für den Mann, sondern auch für Suzanne Urban selbst tatsächlich eine „*Hölle*".

c) Die beginnende Loslösung des Themas von der Urszene und die Atmosphärisierung der Welt. Die Wahngestimmtheit. Die Zeit zwischen Paris und der ersten Internierung (etwa 7. bis 3. Monat vor Kreuzlingen)

In diese Zeit fällt die Herauslösung des Themas aus seiner Gebundenheit an die konkrete weltliche *Situation*, an Ort, Zeit und Personen der „Handlung". Aus der bestimmten *qualvollen* weltlichen Lage, in der sich das Dasein befindet, taucht es jetzt ein in die unbestimmte, vage *Atmosphäre* der *Qual* und *Quälerei* überhaupt.

Zunächst schreitet die herrische und ausschließliche Inanspruchnahme der Mitwelt rein auf das Thema hin und damit natürlich auch der Verlust der eigentlichen Kommunikation mit der Mitwelt weiter fort. Suzanne Urban duldet keine andere Unterhaltung, da sie sich tatsächlich nur noch „für den Krebs des Mannes interessiert". Sie ist empört, wenn jemand in ihrer Gegenwart lacht, sich ihrem Thema also *nicht unterwirft*. Sie sucht, wie gesagt, die andern, statt sie in ihrer Freiheit sein zu lassen, in das Thema miteinzuschließen, genauer, *sich mit den andern* in es *einzuschließen*. Bricht der Mitmensch aus dieser Einkreisung aus, erweist er sich also nicht als Sklave, sondern als freier, selbständiger Mensch, so vertieft sich die Kluft zwischen ihr und ihm. An Stelle des schon von Haus aus geringen Vertrauens zu den Mitmenschen tritt der Vertrauensentzug, das *Mißtrauen*, diese „schwarze Sucht der Seele"[12]. Das ist der Sinn ihrer „enormen Empfindlichkeit". Sie „glaubt" jetzt niemandem mehr, hält die Leute für schlecht, die Pfleger für pflichtvergessen, die Mädchen für aberwitzig (leise gehend, um zu horchen). Kurz, sie beginnt, wie die Angehörigen es so gut ausdrücken, „*überall Gefährdungen zu wittern*".

Hier stehen wir in der Tat vor dem Problem der *Verstiegenheit*[13], als einer Form der *Verblendung* des Daseins, um einen Ausdruck aus der Sphäre der *Lichtung* des Daseins zu gebrauchen, als einer Form der *Eingeschlossenheit* oder *Verschlossenheit* desselben, um einen weiteren Ausdruck aus der Sphäre seiner *Räumlichung* zu gebrauchen. Das *Mißglücken* ihrer verstiegenen oder verblendeten Tendenz, die andern mit sich selbst in das Thema

---

[12] Vgl. *Heinrich v. Kleist:* Die Familie Schroffenstein:
„Das Mißtraun ist die schwarze Sucht der Seele, Und alles, auch das Schuldlos-Reine zieht Für's kranke Aug' die Tracht der Hölle an. Das Nichtsbedeutende, Gemeine, ganz Alltägliche, spitzfindig, wie zerstreute Zwirnfäden, wird's zu einem Bild geknüpft, Das uns mit gräßlichen Gestalten schreckt." (Inselausgabe I. S. 35.)
[13] Vgl. Vom anthropologischen Sinn der Verstiegenheit (1949d; in 1955a u. AW 1) und oben S. 234.

einzuschließen, auch deren Welt auf dieses Thema abzublenden, untergräbt Suzanne Urbans *Vertrauen* zur Mitwelt. Damit isoliert oder entfernt sie sich noch mehr von ihr; denn „Vertrauen bringt nah, Mißtrauen fernt"[14]. An Stelle der *vertrauten* Nähe zur Mitwelt, die diesem Dasein von Haus aus nicht einmal zur Familie möglich war[15], tritt die unvertraute, unheimliche, ungreifbare und doch „immer näherkommende" *gewitterte* oder *verspürte* Nähe der *Gefährdung* von seiten der Mitwelt. Auch hier tritt, um mit *Kierkegaard*[16] zu sprechen, das „Tiefsinnige im Dasein" zutage, daß die Verschlossenheit oder Unfreiheit (von der die Verblendung oder Verstiegenheit nur eine bestimmte Form darstellt), „sich selbst zum Gefangenen macht". Das Dasein gerät bereits *„in die Hände"* der andern oder, wenn wir an die horchenden Mädchen denken, *in die Ohren* der andern, es verliert seine Selbstmächtigkeit und wird ineins mit seiner Gefangenschaft in sich selbst der Gefangene der andern. Immerhin finden wir auch jetzt noch Versuche, Auswege aus der weltlichen Situation als solcher zu finden. Suzanne Urban plant, den Mann und dann sich selbst zu *töten*. Daneben treten auch noch situationsbedingte Wünsche und Hoffnungen: Ein Unglücksfall möge ihrem und ihres Mannes Leben ein Ende machen; die Möglichkeit, „daß es doch kein Krebs sei", wird immer noch als möglicher *Ausweg aus der Situation* erträumt. Die Kranke weint Tag und Nacht. Sie nimmt zusehends an Gewicht ab, kann nur noch auf den Zehenspitzen gehen und beschimpft die Ärzte, daß sie ihren Mann nicht töten. Sie wird immer unruhiger und ängstlicher, und „immer mehr stellen sich krankhafte Eigenbeziehungen und Verfolgungsideen ein".

Hier haben wir, wiederum in der Sprache *Wernickes* ausgedrückt, den Übergang von einem *„gesteigerten Interesse"* in die Sphäre der *„überwertigen"* oder *Wahnidee*[17]. *Wernicke* unterscheidet die letztere von dem ersteren bekanntlich durch zwei Kriterien, einmal durch die Unzugänglichkeit gegenüber Gegenargumenten, zum andern durch den mit ihr vergesellschafteten *Beziehungswahn*. Der große Meister der Psychiatrie, ja einer ihrer größten, hat hier sehr richtig einen „äußeren" Zusammenhang bekanntgemacht, ohne ihn aber „von innen", d.h. in seinem daseinsmäßigen Wesen zu erforschen. Unkorrigierbarkeit und Beziehungswahn treten hier rein auf Grund der klinischen Erfahrung zu dem gesteigerten Interesse hinzu, es wird aber nicht der *eigentliche Grund* aufgezeigt, der in diese Erfahrung Licht bringt. Zwar wird mit aller Deutlichkeit auf den Zusammenhang der überwertigen Idee mit einem oder einer Reihe „schwer assimilierbarer" Er-

---

[14] Vgl. Grundformen und Erkenntnis menschlichen Daseins. S. 353; AW 2, S. 318.

[15] Da diese Vertrautheit dauernd bedroht war durch die „hypochondrische" Furcht.

[16] Vgl. *Kierkegaard,* Der Begriff der Angst, S. 123, und Der Fall Lola Voß, 1957c, S. 331.

[17] Grundriß der Psychiatrie. XV. Vorlesung.

lebnisse hingewiesen, es wird aber nicht gezeigt, wieso die Schwerassimi-
lierbarkeit von Erlebnissen eine „überwertige Idee" im Gefolge haben kann.
Zwar wird ferner darauf hingewiesen, daß keinem Menschenleben solche
Erlebnisse erspart bleiben, aber wiederum nur, um die daran anknüpfende
überwertige Idee deskriptiv, eben unter Heranziehung von Unkorrigierbarkeit und Beziehungswahn, klinisch zu *kennzeichnen*.

Gerade hier läßt sich zeigen, daß und wie wir das Verständnis des Wahns
zu fördern vermögen, wenn wir die ganze Untersuchung auf den Boden des
Daseins als In-der-Welt-sein stellen. Wir dürfen dann aber nicht mehr von
Erlebnissen schlechthin als von Vorgängen in einem bestimmten Subjekt
und von Reaktionen eines Subjekts auf bestimmte Ereignisse sprechen, sondern müssen immer die untrennbare Einheit von Erlebnis und Welt im Auge
behalten. Dann tritt an Stelle des Begriffs des „inneren" Erlebnisses und
des „äußeren" Geschehnisses der, Subjekt und Welt gleicherweise in sich
fassende Begriff der *Situation*, der jeweiligen *Lage* von Dasein *und* Welt[18].
Desgleichen dürfen wir dann nicht mehr sprechen von einer überwertigen
Idee als einer rein subjektiven Angelegenheit, sondern müssen sprechen von
einem „überwertigen" *Thema* als der thematisierten oder zum Thema des
In-der-Welt-seins gewordenen *Situation*. Infolgedessen konnte schon in den
Studien Über Ideenflucht (AW 1, S. 226) gesagt werden, die Themenbil-
dung sei „ein Teilphänomen der Auseinandersetzung von Ich und Welt".
Unsere Aufgabe muß also darin bestehen, zu zeigen, inwiefern „Ich *und*
Welt" oder, wie wir besser sagen, Selbst und Weltentwurf sich verändern
müssen, wenn es zu einer „Welt des Wahns", hier also des Beziehungs-,
Beeinträchtigungs- und Verfolgungswahns, kommt oder kurz, wenn es sich
um ein „wahnsinniges" Selbst handelt.

Da der oberste Grundsatz der Daseinsanalyse, wie schon bemerkt, lautet, daß das Dasein das, *was ursprünglich es selbst ist, als Außenwelt vernimmt*, beginnen wir auch hier mit der Veränderung der Welt. Dabei bleiben wir aber immer dessen eingedenk, daß Veränderung der Welt stets zugleich auch bedeutet: Veränderung des Selbst. Wir knüpfen dabei wieder an
die Äußerung der Angehörigen unserer Kranken an: „*Sie witterte jetzt überall Gefährdungen*". Hatte sich die Physiognomie der Welt schon durch die
Krebsdiagnose verändert, nämlich aus einer vertrauten in eine unvertraute, verzerrte Physiognomie verwandelt, so hatte der Ausdruck der Unvertrautheit zunächst gelautet: *Gefahr*, und zwar Gefahr für Leib und Leben
des Mannes. Das war die zum Daseinsthema gewordene „Ausgangssituation". Diese Gefahr wurde nicht *gewittert*, sondern *erkannt*. Dem Übergang
vom *Erkennen* einer bestimmten Gefahrsituation zur *Witterung* einer unbe-

---

[18] Vgl. *Erwin Straus*, Geschehnis und Erlebnis (Berlin 1930) und *meinen* gleichnamigen
Aufsatz hiezu (1931; in 1955a).

stimmten, ubiquitären Gefährdung entspricht der Übergang von weltlicher
Situation, als einem bestimmten, übersehbaren Bewandtnis- und Verweisungszusammenhang, in eine von einer unbestimmten, vagen, unübersehbaren und unerkennbaren, nur zu witternden *Atmosphäre* durchdrungenen
Welt. Das Entscheidende ist jetzt nicht mehr der weltliche Verweisungs-
oder Bewandtniszusammenhang, die *Situation* und das *von ihr aufgegebene*
Daseins*thema*, sondern das aus dem bestimmten weltlichen Verweisungszusammenhang sich herauslösende, und das heißt eben *atmosphärisch* gewordene Thema der *Gefährdung* überhaupt. Damit verliert aber auch das Selbst
seinen festen Halt und Stand „in der Welt". Es gerät in die Schwebe eines vorwiegend atmosphärischen In-der-Welt-seins, eines In-der-Welt-seins
nicht mehr im Sinne des Wahrnehmens und Erkennens, also im Sinne der
Lichtung und der ihr entsprechenden Räumlichung und Zeitigung des Daseins, sondern im Sinne der *Verblendung* des Daseins, des bloßen Witterns
oder Verspürens. Das Selbst vermag sich jetzt nicht mehr *selbständig* in der
Welt zu behaupten, sich als eigenständiges oder eigentliches Selbst *aus der
Welt her* zu zeitigen, kurz als Selbst zu *existieren*, sondern es verlegt sich
und verläßt sich auf die bloße *Witterung*, ja es wird von dieser Witterung
übermannt. Ein derartig „von der Witterung abhängiges" Selbst ist seiner nicht mehr mächtig. Mächtig ist jetzt nur noch das gewitterte Thema,
die Atmosphäre der Gefährdung. Ort, Zeit und Personen der „Handlung",
der bestimmten Situation also, treten, um es noch einmal zu betonen, hinter dem unbestimmten und unbestimmbaren, rein atmosphärisch gewordenen Thema zurück. Das unbestimmte Thema ist es jetzt, das über Ort,
Zeit und Personen, auch über die eigene „Person", *bestimmt*, m.a.W. ihnen seinen Stempel, den Stempel der Gefährdung aufdrückt. Das Selbst
geht den Dingen und Menschen jetzt nicht mehr „auf den Grund", verfährt
also, um mit *Hegel* zu reden, nicht mehr „konkret", sondern „denkt" nur
noch „*abstrakt*"[19]. In dieser Abstraktion von aller Bestimmtheit und Besonderheit, in dieser Nacht der unvertrauten Atmosphäre, in der „alle Kühe
grau" (nämlich gleich unvertraut) sind, haben wir eben das zu erblicken,
was wir die Verselbständigung des Themas (der Gefährdung) nennen. *Verselbständigung des Themas* und „abstraktes Denken" sind hier im Grunde
ein und dasselbe. Wo die Atmosphäre herrschend wird, das Thema sich
verselbständigt und nur noch als abstraktes gewittert und gedacht wird,
können „Gegenargumente" – die sich immer nur auf konkrete Gegebenheiten stützen – natürlich nicht mehr wirksam sein. Atmosphäre und atmosphärische Abstraktionen sind „unkorrigierbar" durch „konkrete Argumente"; nehmen sie doch das Dasein (als verblendetes, verstiegenes, einge-

---

[19] Vgl. seinen ebenso kurzen wie lehrreichen Aufsatz „Wer denkt abstrakt?" Jubiläums-
ausgabe XX.

schlossenes) ungleich gebieterischer in Anspruch als Argumente, diese Zeugen des gelichteten Daseins, es noch anzusprechen vermögen. Das Selbst *hört*, nur anders ausgedrückt, nicht auf sie, befangen und benommen, wie es von der Atmosphäre und ihrer thematischen Abstraktion ist. Es läßt sich nicht mehr *beim Wort nehmen*[20] und antwortet nicht mehr auf Worte (im Sinne dieses Nehmens), weswegen wir es als unverantwortliches Selbst bezeichnen und behandeln. Hier kommt es nicht mehr zu entscheidenden oder urteilenden Antworten auf *bestimmte* Fragen, sondern nur zu einer allgemeinen, „fraglosen" Vorentscheidung, Beurteilung oder „Antwort" *vor* allem Fragen. Darin eben zeigt sich, daß das Selbst seine *Macht in* der Welt und *über* die Welt verloren hat und von der Macht der jeweiligen Atmosphäre, hier also der Macht der mitweltlichen Gefährdung oder Bedrohung, *überwältigt* worden ist. Das aber heißt: Es ist jetzt *in der Macht*, nämlich *in den Händen* und *in den Ohren* der Mitwelt. Wenn die Mädchen jetzt leise gehen, um zu *horchen*, so zeigt dies, daß Suzanne Urban nicht mehr frei über sich zu verfügen vermag, sondern die *Gefangene* der Mitwelt ist. Der „Akzent" des Daseins liegt jetzt nicht mehr auf dem Selbst, sondern auf der Mitwelt.

Mit dieser, schon die Atmosphäre des Schrecklichen charakterisierenden „*Akzentverschiebung*" rühren wir bereits an das *Wesen* des Beziehungs-, Beeinträchtigungs- und Verfolgungswahns. Wenn es sich bei dem Wort Akzentverschiebung auch nur um einen rein deskriptiven Ausdruck handelt, so weist er doch auf das Vorliegen einer einheitlichen Grundstruktur zurück. Denn nur innerhalb einer solchen Struktur kann sich so etwas wie eine Verschiebung des Akzentes oder der Betonung vollziehen. Diese einheitliche Struktur aber ist die Struktur des Mitseins, des alltäglichen Umgangs und Verkehrs im Sinne des Nehmens und Genommenwerdens bei etwas[21]. Auch das Sich-Abschließen *gegen* die andern ist eine Form dieses *Mit*seins, auch es fällt nicht aus der Struktur des Mitseins heraus. Nur auf Grund dieses Wesensverhaltes ist der Umschlag, die Akzentverschiebung von extremster Abgeschlossenheit *gegen* die Mitwelt in extremste Abhängigkeit *von* ihr, überhaupt *möglich*. Jenes Gegen sowohl als dieses Von sind nur möglich auf dem Grunde des Mit. Es läge nun nahe, diese Akzentverschiebung zu bezeichnen als Verschiebung von der aktiven in die passive Weise des Mitseins. Damit blieben wir aber immer noch an der Oberfläche, ganz abgesehen davon, daß Passivität immer auch eine Art von Aktivität bedeutet und umgekehrt. Jener Akzentverschiebung kommen wir nur auf den Grund, wenn wir sie daseinsanalytisch verstehen! Als was zeigt sie sich uns

---

[20] Vgl. „Grundformen": Das Nehmen beim Wort. Die Verantwortlichkeit oder Responsabilität. S. 322 ff. und 351 ff.; AW 2, S. 291ff. u. 316ff.
[21] Vgl. wieder Grundformen und Erkenntnis menschlichen Daseins: Das mitweltliche Nehmen-bei-etwas II. Kap. IV.

dann? Sie zeigt sich uns zunächst als Umschlag eines Daseins und Mitseins aus einer immer noch von der Hoffnung, dem Vertrauenkönnen getragenen und im Gegenwärtigen eines Auswegs aus einer unerträglichen Situation lebenden Daseins- und Mitseinsweise (und der ihr entsprechenden „natürlichen" Erfahrung) in eine der Hoffnungslosigkeit und Angst anheimgefallene Daseins- und Mitseinsweise (und die ihr entsprechende neue, nämlich „atmosphärische" Erfahrung). Ein solcher Umschlag aber bedeutet, daß das Dasein und Mitsein aus dem Gesamtgefüge seiner Seinsmöglichkeiten auf die Seinsmöglichkeit der reinen *Empfänglichkeit* und *Beeindruckbarkeit* (im Sinne der „Grundformen") beschränkt ist. Ich erinnere an Platos Dialog Philebos und seine tiefgründige Interpretation durch *W. Szilasi* in „Macht und Ohnmacht des Geistes". Da aber auch die Empfänglichkeit noch ein *Gefüge* oder *Maß* erkennen läßt, nämlich dasjenige von Vertrauenhabenkönnen und Angsthabenkönnen, muß das Dasein da, wo sich die eine oder die andere dieser beiden Möglichkeiten der Empfänglichkeit *isoliert*, „in die Irre gehen". Wo das *Vertrauen* sich isoliert oder verselbständigt, da kommt es, wie in den Studien Über Ideenflucht gezeigt wurde, zum Erkenntnis*optimismus*, Selbst- und Fremd*optimismus* des ideenflüchtigen oder manischen Daseins und Mitseins; wo die *Angst* sich isoliert, da kommt es zum *Pessimismus* der Depression oder zum Beziehungs-, Beeinträchtigungs- oder Verfolgungs*wahn*. In letzteren Fällen kommt es zur Maß-Losigkeit, zum ungezügelten Apeiron des bloßen *Leidens*, dort unter der „schwermütigen" *Verstimmung*, hier unter den *zugefügten* Leiden. Wo die Leidfähigkeit sich derart isoliert, geht nicht nur sie selbst in die Irre, sondern führt sie auch das ganze Dasein irre (*Szilasi* a.a.O. S. 82). „Der Sinn des Lebens wird Wahnsinn" (S. 87). Wenn das Dasein *überall* Gefährdungen *wittert*, so zeigt dies an unserem Spezialfall nur, daß, wie überall, die bloße Angst dem Leiden kein erfülltes Wodurch gibt. „Angst ist Leiden vor allem und vor nichts." – „Was die pure Angst, dieses extreme Leiden, allein entdecken und wahrhaben kann, ist die absolute Verhülltheit" (S. 84). Damit sind wir wieder bei der *Atmosphäre des Schrecklichen* angelangt. In der atmosphärischen „Erfahrung", in der Wahngestimmtheit, ist die Erfahrung ein Wittern oder Verspüren *verhüllter* Gefährdungen. Daß die Atmosphäre des Schrecklichen, was immer auch heißt der *Angst* vor ihm und des *Leidens* unter ihm, das Dasein hier *einhüllt*, besagt also zugleich, daß sie ihm die Mitwelt in ihrer Wahrheit, in ihrem wahren Sein *verhüllt*, d.h. sie *nur* als schreckliche, bedrohliche, feindliche Macht begegnen läßt. Der „Übergang" von dieser atmosphärischen in die wahnhafte Erfahrung, in die *Welt* des Wahns oder die Schreckensbühne, zeigt sich dann, wie schon der Fall Lola Voß gezeigt hat, darin, daß die verhüllte, gewitterte, unheimliche Atmosphäre der Gefährdung überhaupt sich *enthüllt* in die Offenbarkeit der „heimlichen" Feinde. Gerade die *Heimlichkeit* der Feinde aber zeigt an, was es mit dieser Enthüllung und Offenbarkeit für eine Bewandtnis hat. Sie ist immer noch, ja erst recht, eine verhüllte Enthüllung oder Offenbarung, eine Enthüllung im Sinne der Heimlichkeit. Darin liegt der Gegensatz zur natürlichen Erfahrung. Auch sie läßt uns Feinde begegnen. Aber hier ist es die jeweilige mitweltliche *Situation*, die uns den oder die Mitmenschen als Feinde enthüllt oder offenbart – selbst dann, wenn wir sie nicht als diesen oder jenen „zu fassen" vermögen –, hier aber in der wahnhaften Erfahrung, entscheidet, wie wir sahen, nicht die Situation, was immer heißt die Sicht, Einsicht und Übersicht in und über den *weltlichen* Verweisungszusammenhang, sondern was „entscheidet", ist das verhüllte, unheimliche Wodurch der bloßen *Angst* und ihr Hindrängen auf eine Erfüllung dieses Wodurch durch die Heimlichkeit der Feinde. Dieses Hindrängen des Daseins auf eine Erfüllung und Enthüllung ist im übrigen jedem Leiden und jeder Leidenschaft eigen. Wir sahen es eingangs in der Leidenschaft und Einbildungskraft der *Rache* und kennen es erst recht von der erotischen Leidenschaft und Einbildungskraft. Was die wahnhafte Einbildungskraft, die „wahnhaften Einbildungen", von all dem, aber auch, ja gerade von den *ängstlichen* Einbildungen überhaupt unterscheidet, ist der Umstand, daß das Dasein dort noch über seine Seinsmöglichkeiten *frei verfügt*, m.a.W. nicht aus dem Gesamtgefüge oder der Koinonia derselben ausgebrochen ist, während es im Verfolgungswahn an die „Einbildungen" *verfallen* ist oder sich in ihnen *verfangen* hat.

Doch damit sind wir unserer Untersuchung bereits vorausgeeilt. Zunächst gilt es, den Übergang aus der atmosphärischen Wahngestimmtheit in den Wahn, die Ausgestaltung also des Schreckensthemas zur Wahnfabel, zur Heimlichkeit der Feinde, ins Auge zu fassen.

d) Die Ausgestaltung des Themas zur Wahnfabel. Der Aufenthalt in der ersten Klinik (3. Monat vor Kreuzlingen)

Mit der „furchtbar hoffnungslosen Miene" und „schrecklichen Pantomime" des Urologen war unsere Kranke buchstäblich „vor den Mund geschlagen". Der Schreck war ihr ebenso *„in die Glieder gefahren"*, wie ihr seinerzeit der Schreck über die angedrohte Züchtigung durch den Vater „in die Glieder gefahren" war. Schreck ist aber nicht nur etwas, das in die Glieder fährt und vor den Mund schlägt, wie Suzanne Urban es so gut beschreibt, sondern etwas, das dem In-der-Welt-sein überhaupt einen Stoß versetzt, ja es umwirft. Im Schreck steht das Dasein nicht mehr „festen Fußes auf der Erde", sondern verliert es seinen festen „Grund und Boden" und starrt es in den „Abgrund der Bodenlosigkeit". Das starre Offenlassen des Mundes, das Starren der Augen und das Starrwerden der Glieder sind der Ausdruck sowohl für

das Nicht-*fassen*-können des überwältigend Schrecklichen[22], als auch für
das *Sich*-nicht-fassen-können und Sich-nicht-von-der-Stelle-rühren-können
angesichts dieses Abgrundes. Wir sind im Schreck tatsächlich „wie vom
Blitz getroffen" oder „wie vom Donner gerührt" (*„attonitus"*); die Bewegung, in der unser Dasein sich ständig befindet, ist aufgehalten, „erstarrt".
Löst sich dann die Starre, das „Starr-vor-Schreck-sein", der stupor[23] oder
torpor[24] der Lateiner, schließt sich der Mund und bewegen sich die Glieder
wieder, so laufen wir entweder „planlos" von dem Abgrund des Schrecklichen, der uns zu verschlingen droht, davon („Panik") oder „raffen" wir
uns wieder „zusammen", das heißt wir suchen das Schreckliche und damit
uns selbst wieder zu *fassen*, nämlich *bei etwas* zu nehmen, und sei es nur
bei seinem Namen oder seinem „Aussehen" (Wahr-Nehmung). Damit ist
es schon nicht mehr das „anonyme", „namenlos" Schreckliche schlechthin,
sondern *etwas* (oder *jemand*) Schreckliches (eine „schreckliche" Wunde,
ein „schreckliches" Tier, ein „schrecklicher" Anblick usw.). Einem solchen
benennbaren Etwas oder Jemand können wir begegnen, ins Gesicht schau-
en, Widerstand leisten, es heilen, bekämpfen und womöglich besiegen oder
aber ihm ausweichen, während wir dem „namenlosen" Schrecklichen oder
Fürchterlichen schlechthin, als dem *unerfüllten* Wodurch der Angst, *wehrlos
ausgeliefert* sind. Da der Grund und Boden, die „Erde", auf der das Dasein
Fuß gefaßt hat, „seine Welt", d.h. die ihm *vertraute* Welt ist, bedeutet das
Stehen vor dem „Abgrund der Bodenlosigkeit", wie *Heidegger* gezeigt hat,
Unbedeutsamkeit oder auf alle Fälle *Unvertrautheit* der Welt. Damit hat
sich, wie wir sagten, die „Physiognomie der Welt" verändert, ist aus einer
vertrauten Welt ein unvertrautes „Weltbild" geworden, ein *Zerrbild* oder
eine *Grimasse*, wie Ellen West sagte.

In unserem Falle schlug das *Schreckliche* in das Dasein ein mit dem
Schreck der *Urszene*, mit der schrecklichen mitweltlichen *Situation* der Untersuchung des Mannes durch den Urologen und der Eröffnung der *Krebsdiagnose*. Seitdem war das Thema „Krebs des Mannes" zum Leitthema dieses Daseins geworden. Es ist den Schreck, der ihm damals „in die Glieder
gefahren" ist und es „auf den Mund geschlagen" hat, nie mehr losgeworden,
anfangs im Sinne des Versuchs seiner Bekämpfung und Überwindung, nach
und nach aber im Sinne des völligen Überwältigtwerdens von ihm.

---

[22] Das Schreckliche als solches läßt sich in der Tat nicht *bei etwas nehmen, fassen* oder
greifen, weder mit den Händen, noch mit Lippen und Zähnen (vgl. Grundformen. Das
umweltliche Nehmen-bei-etwas, die „Hand", S. 275 ff.; AW 2, S. 248ff. und Das beißende
Nehmen-bei-etwas, das „Gebiß", S. 288 ff.; AW 2, S. 259ff.). Es läßt sich aber auch nicht
als solches wahrnehmen und *benennen* (S. 289-300; AW 2, S. 261-270).

[23] Von stupeo = betäubt-, erstarrt-sein, verwandt mit dem griechischen typto = *schlagen* und durch den Schlag *betäuben*.

[24] Von torpeo = ohne Empfindung und Bewegung sein, erstarren, vom griechischen
tarbos = Schreck.

Wir haben in der Tat gesehen, wie das „schreckliche" Thema sich allmählich loslöste aus seiner mitweltlichen Situation oder Lage, wie es über die Ufer derselben trat und die nächste Umgebung einbezog, damit den ersten Schritt machend zur *Entfremdung* (aliénation) des Daseins, sowohl von seinem eigenen Grund als von der Mitwelt. Aus einer nach bestimmten, überschaubaren und einsehbaren Verweisungszusammenhängen *gegliederten* weltlichen *Situation* war eine vom Schreckensthema beherrschte Welt geworden. Ort, Zeit und Personen der Handlung, das Thema der Urszene also, gerieten, wie wir sahen, in dieser Atmosphäre ins Schwanken, um schließlich „die ganze Welt" mit Schrecken zu erfüllen. Auf den „Anfang mit Schrecken", auf die Urszene, folgte, soweit wir das Leben Suzanne Urbans verfolgen können, kein „Ende mit Schrecken", sondern ein „Schrecken ohne Ende".

Von diesem Schrecken ohne Ende haben wir bis jetzt das situationsgebundene *Schreckensthema* und seinen *Übergang* in die *Atmosphäre des Schrecklichen* und ihre Erfahrungsweise ins Auge gefaßt. Jetzt, beim Eintritt in die erste Klinik, stehen wir vor der *Welt* des Schreckens, vor der Schreckens*bühne*. Die „atmosphärisch" verhüllte Unheimlichkeit der Mitwelt hat sich jetzt „enthüllt" in die heimliche Feindlichkeit derselben. Es wäre aber falsch, zu glauben, die atmosphärische Unheimlichkeit der Mitwelt sei jetzt verschwunden, lautet doch einer der ersten Sätze, mit denen Suzanne Urban die Schilderung ihres Aufenthaltes in der ersten Klinik beginnt: *„Ich fühle sofort eine mir gehässig entgegenstehende Atmosphäre von Menschen"*[25]. Aber auch das *Urthema* taucht noch, wenn auch in aus seiner ursprünglichen Situation losgelöster Form, in dieser Welt des Schreckens immer wieder auf: *„Der Arme, mit seiner schrecklichen Krankheit liegt er im Kot. Was müssen das für Schmerzen sein ohne Morphium."* Hier wirkt das *Martyrium* des Mannes, das ursprüngliche Schreckens*thema* als solches, nach, aber als eingegangen in die *Welt* des Schreckens, in die *Martyriologie*, wie Suzanne Urban selber sagt, oder, wie wir sagen, in die *Wahnfabel*.

Fassen wir die Selbstschilderung der Kranken näher ins Auge, so muß auffallen, daß hier das Schreckensthema *unmittelbar* in die Schreckenswelt, in die Wahnfabel, übergeht. Wüßten wir nicht von den Angehörigen, daß sich zwischen Schreckensthema und Wahnwelt die Schreckens*atmosphäre* eingeschoben hatte, das *Wittern von Gefährdungen* nämlich, so hätten wir keinerlei Kunde von diesem für das Verständnis des Wahns, wie wir sahen, bedeutungsvollsten „Zwischengliede" in der „Akzentverschiebung" des Da-

---

[25] Diese Äußerung erinnert an diejenige *Strindbergs:* „Es gibt Personen, unbekannte, die eine solche Feindseligkeit ausstrahlen, daß ich aufs andere Trottoir hinübergehe." Zit. nach *Jaspers,* Strindberg und van Gogh, S. 53. Strindberg hätte durchaus auch sagen können: „Eine solche Atmosphäre von Feindseligkeit", denn die „Ausstrahlung" ist ja gerade die Weise, in der die Atmosphäre sich bemerkbar macht.

seins, die wir hier analysieren. Es ist von größtem Interesse, daß die Kranke
selbst dieses Zwischenstadium, in dem sie noch ganz vom Schreckensthema beherrscht ist, aber zugleich bereits „überall Gefährdungen wittert",
übergangen hat. Dieses Übergehen ist ein Fingerzeig dafür, daß wir uns
bei der Untersuchung des Wahns überhaupt durchaus nicht auf die Selbstschilderungen der Kranken allein verlassen dürfen. Die Auslassung dieses
„entscheidenden" Zwischengliedes wird verständlich, wenn wir bedenken,
daß Suzanne Urban die Selbstschilderung im Stadium des voll ausgebildeten Wahns verfaßt hat, in einem Stadium also, in dem keinerlei Einsicht
mehr in die Umwandlung ihres Daseins bestand.

An Stelle der Umwandlung des Schreckensthemas in eine („gewitter-
te") Schreckensatmosphäre tritt in der Schilderung der Kranken bereits ein
Glied der Mit*welt*, eine bestimmte *Person*, der herbeigezogene Psychiater, Dr. R., „der Henker, das Unglück der ganzen Familie". Hier ist keine
Rede mehr von einer bloßen *Witterung*, vielmehr handelt es sich bereits
um eine bestimmte *Feststellung*. Und zwar gelangt der Dr. R. zu dieser
Unglücksbedeutung, weil er die Kranke gegen ihren Willen und „fast mit
Kraft" von Hause wegbringen und in eine Anstalt einweisen ließ. Wie es
beim pluralen Verfolgungswahn die Regel ist, tritt hier der angebliche Stifter des „Unglücks der ganzen Familie" rasch wieder in den Hintergrund,
um vorübergehend einer ganz anderen Person Platz zu machen (vgl. die
„Straßendirne") und nur noch gelegentlich einmal wieder erwähnt zu werden. Dr. R. figuriert dabei als derjenige, der sie *von ihrem Manne* trennte,
in welche Trenmmg sie „nie hätte einwilligen dürfen". Daß sie es doch getan,
über diese „Pflichtvergessenheit" machte sie sich die größten Vorwürfe (vgl.
„wie sehr ich bedaure, mein Haus verlassen zu haben, statt meiner Pflicht
treu zu bleiben und meinem schwer kranken Mann beizustehen"). Dr. R. ist
jedenfalls derjenige, der die Kranke, wie es seine ärztliche Pflicht war, aus
dem ausschließlichen Dienst an der Bekämpfung des Schreckensthemas her-
ausriß, womit aber nach Suzanne Urbans eigenen Worten *die schreckliche
Odyssee erst recht anfängt"*.

Abgesehen von alldem scheint aber nicht ganz ausgeschlossen zu sein,
daß Dr. R. seine Unglücks- oder Schreckensbedeutung auch einer „atmosphärischen Identifizierung" mit dem ihren Mann mit seiner Untersuchung „marternden" und ihr die Krebsdiagnose so „schrecklich" eröffnenden Urologen zu verdanken hat. Denn der eigentliche „Henker", derjenige,
mit dem „das Unglück der ganzen Familie" begann, ist ja doch der Arzt
der Urszene, mit dessen „furchtbar hoffnungsloser Miene und schrecklicher
Pantomime" das Schreckensthema erstmals bestimmte Gestalt angenommen hatte und das Unglück über sie und die ganze Familie hereingebrochen
war. Vergessen wir aber auch nicht, daß die Krebsdiagnose ja überdies schon
den ersten Auftakt zur „Trennung vom Mann", zu seinem Tode nämlich,

bedeutete. Die erzwungene äußere Trennung vom Manne, die „Isolierung", wie die Kranke es nennt, hat jedenfalls bei der Ausgestaltung der *Wahnfabel* mitgewirkt; denn damit verlor das Dasein, dem wir den Namen Suzanne Urban gegeben, erst recht seinen eigentlichen *Halt*, den *Boden*, auf dem es noch *stand*, die Möglichkeit nämlich der Ausübung des „übertriebenen" Kultus der *Aufopferung* für einen ihrer nächsten Angehörigen.

Wie die Kranke *Ilse* in übertriebenem oder *verstiegenem Liebeskultus* das *Opfer* der Verbrennung der Hand brachte, um dem *Vater* zu zeigen, „was Liebe vermag", und ihre Existenz an der Enttäuschung über die Erfolglosigkeit dieses Opfers scheiterte und in den Verfolgungswahn glitt, in dem sie selbst die Gemarterte war, so gleitet Suzanne Urban in die „Martyriologie", in den Verfolgungswahn, nachdem ihre Existenz an ihrem „übertriebenen" *Aufopferungskultus* für den Mann und der erzwungenen Trennung von ihm gescheitert war. An Stelle der eigentlichen Selbstigung des Daseins im Sinne der *Existenz* tritt die endlose Irrfahrt in die „Welt des Schrecklichen", in die „schreckliche Odyssee".

Der Ausdruck *Odyssee* weist ebenso wie der der psychiatrischen Nomenklatur entstammende Ausdruck Wahn*fabel* auf den fabulierenden, erzählenden, epischen Zug hin, der die schriftliche Darstellungsweise Suzanne Urbans, wie aller solcher Kranken, kennzeichnet. Der Ausspruch *Sartres*: „Un homme c'est toujours un conteur d'histoires"[26] trifft für keine Weise menschlichen Daseins mehr zu als für den Wahn. Wenn *Sartre* fortfährt: „il cherche à vivre sa vie comme s'il la racontait", so weist dieses raconter erst recht auf den auch, ja gerade im Wahn so deutlich hervortretenden mitteilsamen, „pluralen" Modus des menschlichen Daseins, wie er von *Jean Fretel* mit Recht auch für echte Halluzinationen in Anspruch genommen worden ist[27].

Was nun jedem, der es hören will, mitgeteilt oder erzählt wird, sei es im täglichen Leben, sei es im künstlerischen Epos, können wir mit *Sartre* als *Abenteuer* bezeichnen. Nach *Sartre* sind Abenteuer (aventures) überhaupt nur *möglich* im Modus des Erzählens (raconter). „Quand on vit il n'arrive rien", erklärte er (ebd.) in der ihm eigenen überspitzen Formulierung. Deswegen müsse man wählen zwischen „vivre ou raconter". Wie dem auch sei, Tatsache ist nicht nur, daß dem Dasein in der Weise dessen, was wir Wahn nennen, ein großes Erzählungsbedürfnis eignet, sondern vor allem, daß wir von den Themen, die es beherrschen, durch Erzählung Kunde bekommen. Damit hängt die auffallende Eigenart der Wahnerzählungen

---

[26] La Nausée. nrf 1938, S. 57.
[27] La Relation Hallucinatoire. L'Evolution Psychiâtrique, Fasc. II, 1949, sehr gut und ausführlich referiert in Psyche IV, 6, 1950, S. 145 ff. – Ich gehe aber mit *Henry Ey* einig, wenn er in einer Diskussionsbemerkung (a.a.O. S. 149 f.) die Auffassung *Fretels* nur für einen bestimmten Formenkreis von Halluzinationen gelten läßt.

der Schizophrenen zusammen, daß das Wie des Erzählens, die sprachliche
Darstellung, überaus prägnant und präzis sein kann – so präzis, daß der
Laie den wahnhaften Angaben der Kranken, wenn sie nicht gar zu abstrus
sind, in der Regel ohne weiteres Glauben schenkt –, während das Was, der
Inhalt ihrer Erzählungen, in der Regel auffallend unpräzis, vage, vieldeutig,
eben „abenteuerlich" ist[28].

Was lehrt uns diese Diskrepanz? Sie lehrt uns etwas überaus Wichtiges
für das Verständnis des Verfolgungswahns unserer Kranken, die Tatsache
nämlich, daß die sprachliche Darstellung und Bewältigung des von der Urszene losgelösten und selbständig gewordenen Schreckensthemas und seiner
Mitteilung in keiner Weise abweicht von derjenigen der Erzählung der Urszene selbst. Ja, es fällt auf, daß die Sprache unserer Kranken *noch* präziser
wird, sobald es sich um die Schilderung der *Schreckenswelt* handelt. Gleich
im Beginn ihrer Erzählung von ihren Abenteuern in der ersten Anstalt fällt
Suzanne Urban ins *Präsens* (gleich beim ersten Blick *bemerke* ich; ich *zittere*, der Arzt *nimmt*, man *spricht, antwortet,* sie *kommen,* ich *höre,* man
befestigt, eine Falle *fällt,* ich *schreie* usw.), während sie das Vorhergehende
durchweg im Praeteritum erzählt hatte. Die Verwendung des Präsens und
die jetzt häufig angewandte Erzählung in direkter Rede zeigen, daß das,
was in der Anstalt geschah, die Erzählerin noch unmittelbarer und intensiver beansprucht und beeindruckt als das, was vorausging[29]. Sie ist jetzt
von dem abenteuerlichen Geschehen so überwältigt, daß sie den epischen
Stil der „Vorstellung" oder des Zeigens des Vergangenen verläßt und in den
„einhämmernden, vorwärtstreibenden" dramatischen Stil der „Spannung"
verfällt, deren *Pathos* „die Individualität verzehrt" und deren „Ort" die
Bühne ist[30].

Hier muß noch einmal der Tatsache gedacht werden, daß Suzanne Urban die vorwiegend *atmosphärische* Phase, die Phase der *Witterung* der
Pflichtvergessenheit der Pfleger, des Horchens der Mädchen, des lauten Gehens und Lachens und der Selbstgespräche mit keinem Wort erwähnt. In
dieser Phase ist das Thema zwar noch *nicht* losgelöst aus der weltlichen
Situation, jedoch *beginnt* in ihr seine Verselbständigung, die Umwandlung
nämlich der schrecklichen *Gefahr* und der verzweifelten Versuche zu ihrer Abwehr in die Atmosphäre der *Gefährdungen* überhaupt, des Wider-

---

[28] Die auffallende Diskrepanz zwischen der „Einfachheit und Genauigkeit der Sprache"
und dem „Vagen und oft Unverständlichen" der „Bilder, die er hervorruft", wurde von
H. S. Reiß meisterhaft aufgezeigt an dem Stil von *Franz Kafka.* Vgl. Zwei Erzählungen
Franz Kafkas. Trivium VIII, 3, S. 218 ff.

[29] Vgl. *Erwin Straus:* „Wir leben im Präsens und begreifen im Perfekt." Vom Sinn der
Sinne. S. 312.

[30] Vgl. *Emil Staiger,* Grundbegriffe der Poetik, S. 160 ff., 168f., 179. Zürich 1946.

standes und des Übelwollens der Mitwelt überhaupt[31]. Und gerade diese entscheidende Phase wird von Suzanne Urban in ihrer Erzählung übergangen, während die Urszene in ihr durchaus zu ihrem Recht kommt! Hier von einem Vergessen oder Verdrängen zu sprechen, wäre zu kurz gegriffen. Es muß sich vielmehr um eine Phase handeln, die so wenig er-*innert* wurde, daß sie gar nicht vergessen oder verdrängt werden konnte. Anderseits kann sie aber auch nicht „spurlos" an diesem Dasein vorübergegangen sein, da wir ihre „Spuren" in der Schreckenswelt noch deutlich nachweisen können. Als Phase bloßer „Witterung" war sie tatsächlich noch nicht erzählungs- oder sprachreif; insofern war sie auch noch keine eigentliche *Wahn*phase. Von eigentlichem Wahn sprachen wir ja erst da, wo die noch *verhüllte* „Atmosphäre der Unheimlichkeit" sich in das Auftreten heimlicher Feinde *enthüllt* oder offenbart, das Dasein wieder in der *Sprache* einen Halt, ein Zuhause hat. Denn Welt „befestigt" sich, wie *Heidegger* gezeigt hat, zu allererst in der Sprache. Daran ändert die Tatsache nichts, daß auch in dieser Wahnphase immer wieder Wendungen auftreten wie: es ist mir als ob ... ich habe die Empfindung oder fühle, wie wenn ... usw. Denn auch in diesem Als-ob und Wie-wenn „weltet" schon Welt.

Wo aber Welt ist, da ist auch irgendeine Art von Selbst! Während wir es in der Phase der Witterung aber mit einem Selbst zu tun hatten, das sich andern gegenüber *nicht auszusprechen*, sondern *nur Selbstgespräche zu führen* vermag, finden wir in der Phase des Wahns ein Selbst, das in ganz besonderem Maße auf epische Erzählung und dramatische Schilderung, auf Klage und Anklage aus ist, *insofern* also durchaus nicht als rein autistisch bezeichnet werden kann. Es ist jetzt ein überaus mitteilsames und mitteilungsbedürftiges Selbst, ein Glied also im pluralen Wir, im Wir des mitweltlichen Umgangs und Verkehrs. Jedoch beschränkt sich sein „Kontakt mit der Mitwelt" auch jetzt keineswegs auf die Erzählung seiner Abenteuer, seiner Drangsale und Martern, denen es von seiten seiner Peiniger ausgesetzt ist, vielmehr versucht es auch jetzt noch, sich derselben (durch Petitionen, Anklagen usw.) zu erwehren, ähnlich wie es sich der Todesgefahr, in der der Mann schwebte, durch häufige Konsultationen usw. zu erwehren suchte.

Das Neue, das der Daseinsanalyse in diesem Wahn entgegentritt, ist, um es nochmals zu betonen, das Umschlagen des Daseins aus der Weise des Eingeschlossenseins mit seinem weltlichen Schreckensthema und der tyrannischen, aber mißglückten Versuche des Einschließens auch der Mitwelt in dasselbe in eine Welt des gerade von der Mitwelt ausgehenden Schreckens überhaupt. Aus der Gefangenen des Schreckens*themas* wird die Gefangene der Schreckens*welt*. An Stelle eines *verstiegenen*, in die Eigenwelt ein-

---

[31] Schon hier sei bemerkt, daß das „innere Band", das jene Gefahr und diese Gefährdung „verbindet", die aus dem Dasein aufsteigende Gefährdung der eigenen Existenz durch die „leere" Daseinsangst ist!

geschlossenen, kommunikationslosen, *herrischen* Selbst tritt ein völlig der *Öffentlichkeit preisgegebenes* und von ihr *geknechtetes* Selbst. Dieses Ausgeliefertsein an die Öffentlichkeit ist jetzt das Quälende, Aufreizende, das die Kranke „rasend macht", die eigentliche Marter. Die Zeit der Selbstgespräche ist längst vorbei.

Suzanne Urbans Worte werden „belauscht" und „notiert" oder „stenographiert" (sie „hört genau das Knistern des Papiers"), ganze Sätze aus ihren Briefen, ja sogar ihre Gedanken werden „wiederholt". Sie selbst wird durch an der Wand und an der Decke angebrachte „Röntgen-Apparate" nackt in der Badewanne „photographiert", um sie vor der Öffentlichkeit zu kompromittieren. Die Zimmermöbel sind „in Kontakt mit einem unterirdischen Strom"; „unterirdische Drähte" verbinden alle Villen, denn jedesmal beim Vorbeigehen falle „eine kleine Falle herunter". Aber auch im Schlaf und bei den Einpackungen „spürt" sie einen elektrischen Strom, so daß sie statt warm zu werden, „vollständig starre Glieder" bekommt, wie „gefroren". (Dieses Starrwerden der Glieder kennen wir also sowohl von der Schreckwirkung der Androhung väterlicher Züchtigung und der autoerotischen Betätigung her, als auch von der Schreckwirkung der Pantomime des Urologen.)

So eindeutig Suzanne Urbans unheimliches Ausgeliefertsein an die Öffentlichkeit ist, so sehr entziehen sich hier wie sonst deren ausführende Organe einer genauen Feststellung. Alle gehen mehr oder weniger *heimlich* vor. Suzanne Urban ist umgeben von *Spionen*, die sie aber nicht sieht und zu identifizieren vermag; sie hört „polizeiliches Pfeifen", sieht aber keine Polizisten. Auch der Dr. R., der „Henker", der „Dämon", hält sich im Hintergrund. Wo immer sie ironische, sarkastische, höhnische, kränkende Mienen und Bemerkungen feststellt, spielen die betreffenden Personen keine „persönliche" Rolle, sondern stehen sie nur im Dienst, sind sie nur ausführende Organe der Polizei und der Öffentlichkeit überhaupt. *Es handelt sich hier also durchweg um die soziale Form der Gesellschaft, keineswegs aber um die der Gemeinschaft!* Abgesehen von Haßgefühlen gegenüber dem Dr. R. und etwa der vorübergehend an seine Stelle tretenden „Straßendirne", nimmt Suzanne Urban nicht wie der Senatspräsident Schreber eine bestimmte Person aufs Korn, um die allein dann die Haßliebe kreist. Nicht Er oder Sie, sondern „*man*" hat ihr mit der Verbringung in die Anstalt eine „schreckliche Falle" gestellt; denn es ist gar keine Anstalt, sondern ein „Lazarett für Syphilitische". In diese Falle hat man sie gelockt, um sie zu „*kompromittieren*", und dieses Kompromittiertwerden wiederum ist eine Strafe dafür, daß „*ich die Menschen zu ärgern liebte und nichts verheimlichte, wie viele es tun*". Die Strafe habe sie „aber wirklich nicht so sehr verdient, mehr äußerlich!"

Die letzte Äußerung ist deswegen von größter Bedeutung, weil in ihr wiederum die Verbindung des Schreckensthemas mit dem Thema *Strafe* in Erscheinung tritt. Zum erstenmal tauchte die Verquickung dieser beiden Themen auf, als Suzanne Urban ihr Bedauern äußerte, ihr Haus verlassen zu haben, statt ihrer *Pflicht*, dem schwer kranken Mann beizustehen, treu zu bleiben, und der Arzt darauf erwiderte: „Ein *Verbrecher* sogar, falls er krank ist, muß ins Hospital". Sie muß also dafür büßen, daß sie ihre Pflicht dem Manne gegenüber nicht bis zu Ende erfüllt hat. Jetzt, das zweitemal, bringt sie die Strafe in Verbindung mit ihrem aggressiven Verhalten zur Mitwelt, ihrer Lust, die andern herauszufordern (weswegen sie „viele Feinde hatte"!), indem sie ihnen offen ihre Meinung sagte, sie mit ironischen oder sarkastischen Bemerkungen zu *kränken* liebte. Wir sehen also, wie nicht nur das Thema *Schrecken*, sondern auch das Thema *Strafe* sich von der Ursituation und der Vergangenheit überhaupt loslöst und sich bis auf die Gegenwart erstreckt. Dabei muß schon jetzt eine Art „doppelter Buchführung" auffallen: Daß diese *Strafe* so ungeheuerlich, so über alle Maßen grausam ist, weist auf das Vorliegen eines *tiefen existenziellen Schuldgefühls*. In der *Erzählung* aber wird diese Schuld gleichsam auf ein harmloses Nebengeleise geschoben. Wir haben es also mit zweierlei „Sprachen" zu tun, einer Sprache des Schreckens und einer Sprache kühler Feststellung und Reflexion. Wahn und besonnene Reflexion schließen sich ja nicht aus, sondern gehen hier wie sonst nebeneinander her.

Aber nicht genug damit, daß Suzanne Urban dem Schrecken und der Qual der öffentlichen Schaustellung und Kompromittierung preisgegeben ist, daß sie öffentlich ausgehorcht und ausgestellt wird! Zu dieser Qual kommen nun noch ausgesuchte leibliche und seelische Spezialquälereien. Wo die Welt einmal zu einer Welt des *Schreckens* und der *Qual* geworden ist, ist des Schreckens und der Qual in der Tat kein Ende, etwa wie da, wo sie, wie z.B. im Falle des Hl. Antonius, zu einer Welt der *Verführung* geworden ist, der Verführung kein Ende ist. Worauf es der Daseinsanalyse ankommt, ist nicht die Aufzählung und Beschreibung der einzelnen Verführungsphantasien dort oder Quälereien hier, sondern der Aufweis der *Besessenheit* des Daseins von der Macht der *Verführung* oder von der Macht der *Qual*[32].

Der Kranken wird jetzt die *Haut* zerkratzt, um ihr Syphilis einzuimpfen (mit boshaften Anspielungen auf angebliche sexuelle Phantasien in Paris); die Decken für die Einpackungen haben einen entsetzlichen *Geruch*; das Wasser für die Packtücher ist schmutzig, in der Milch und in der Badewanne *sieht* sie Speichel, in den Speisen *spürt* sie einen Geruch, wie von einem *Narkotikum*, das sie dann schläfrig macht. Im Schlaf *spürt* sie, wie bereits erwähnt, einen *elektrischen Strom*, von dem sie starre Glieder bekommt,

---

[32] Dasselbe gilt, wie wir sahen, von der Macht der Rache.

wie gefroren. „Man" läßt zwei enorme gezähmte Raben herausfliegen, „als Voraussage des Unglücks", ein Herr hat ein so grausames Gesicht, daß er sicher ein *Henker* ist. „Man" macht entsetzlichen *Lärm*, um sie am Schlafen zu verhindern, die Türen machen ein sonderbares *Geräusch: „polizeiliches Pfeifen"*. Das Essen wird mit jedem Tag schlechter. „Man" klopft die Teppiche absichtlich so *laut* vor ihren Fenstern, da man es sicher erfahren hat, wie sehr sie das haßte, „besonders seit mein Mann krank war und Ruhe haben wollte". (Hier ragt das ursprüngliche Thema unverändert in die Wahnfabel hinein). Suzanne Urban *hört* Tag und Nacht schreckliches Heulen, wie von Wölfen. „Man" hustet und spuckt laut vor ihrem Fenster, sie *sieht* große *Küchenmesser* in einem Fenster liegen, schreit laut beim Anblick von ein paar Tropfen *Blut* auf dem Fußboden usw.

Zu diesen Quälereien, die alle nach ihren eigenen Angaben auf ein bestimmtes *Ende* hinweisen, ja es „voraussagen", und die ein unwiderrufliches „Zu spät" (hinsichtlich einer Schicksalswende) enthalten, treten allmählich die auf dasselbe Ende hinweisenden Quälereien durch geheime *Zeichen* und *Anspielungen* von Seiten der Mitwelt: das Dienstmädchen in der Anstalt trägt ihre eigenen Dienstbotenschürzen, um ihr zu „beweisen", daß in ihrer Wohnung (polizeiliche) „Revisionen" gemacht werden. Die Äußerungen einer Dame, man solle die Katze „den Vogel gut zerknacken" lassen, gewisse Handbewegungen und das Zupfen an der Nase, das alles hat denselben, manchmal von ihr wörtlich gehörten Sinn, den Sinn: „das Köpfchen muß herunterfallen". Die Pflegerin zupft sich an dem Spitzenkragen, dann an Augen, Nase, Lippen, Ohren, knirscht so heftig mit den Zähnen, daß man die Bewegung der Backenknochen sieht: alles Anspielungen auf die Martern, die ihr und den Ihrigen bevorstehen. Mit dem Ballen der Faust zeigt die Pflegerin das Herausschlagen der Zähne an. Wie in der Urszene wird Suzanne Urban dabei „ganz stumm und starr". Jede Nacht nimmt die Pflegerin eine sonderbare *„pose plastique"* an, wobei sie mit einer Hand das Abhacken des andern Armes „andeutet": „Ich schrie, als ich das sah." Nachdem sie den Gedanken gehabt, wie gut es wäre, wenn man ihr selbst (statt ihren Angehörigen) den Kopf abhauen würde, sieht sie am nächsten Tag „vor sich" einen Knaben mit einem Kindersäbel die Bewegung des Kopfabschneidens machen. Beim Mähen des Grases „zeigt" man *bedeutungsvoll* die Sense: „Ich verstand aber *den Sinn der Sense*". Auf der Reise wird sie vom Bahn- und Schiffspersonal und vom „Publikum" mit den ihr bekannten *Zeichen* „verfolgt". In der Anstalt ist „man" nicht nur gehässig zu ihr, sondern „man" *mokiert* sich auch über sie, ja sogar über die Krankheit ihres Mannes: „Krebs, Krebs, ach Gott warum nicht Hummer?" (Hier tritt der ironisch-sarkastische Zug im Dasein Suzanne Urbans noch einmal zutage!) „Man spricht so oft wie möglich über Krebs." Der Arzt antwortet ihr mit seinem „*teuflisch-spöttischen* Lächeln", *martyrisiert* sie mit seinen sarkastischen, ironischen Phrasen.

Während die Psychopathologie auf Grund ihrer sensualistisch-intellektualistischen Einstellung hier von den einzelnen *Wahnwahrnehmungen* ausging, dabei von „Beziehungssetzungen ohne Anlaß" sprach und zu ihrer „Erklärung" ohne weiteres einen „organischen Prozeß" heranzog, müssen wir einsehen, daß die Wahnwahrnehmung nichts „Primäres" ist, sondern bereits ein *Resultat*, ein Ausdruck der Veränderung der gesamten Daseinsweise. Diese Veränderung bezeichneten wir als *Besessensein* oder *Überwältigtsein* des Daseins von einem der ursprünglichen weltlichen Situation und damit der „natürlichen Erfahrung" entfremdeten und in eine ganz andere Erfahrungsweise eingegangenen *Thema*.

Welt überhaupt ist, entsprechend der weitgehenden Freiheit des Daseins, niemals nur von *einem* oder *einigen Themen* beherrscht, sie beschränkt sich niemals auf *eine* oder *einige Situationen*, sondern zeigt ein *unablässiges* Ineinanderspielen von subjektiver und objektiver Transzendenz und damit von immer neuen Situationen und Themen. Das Dasein ist, entsprechend seinem ständigen Im-Wurf-sein, von Haus aus *weltoffen*, und von einem eigentlichen Selbst kann nur da die Rede sein, wo es sich in dieser Weltoffenheit unbeschadet der Geworfenheit allen Daseins frei bewegt und stetig bewährt. Hier aber, in der Weise des Wahns, ist dem Dasein „die Welt" *verhüllt* oder *verschlossen, eingeschlossen* wie es ist in sein Thema und dessen *Verabsolutierung*. Was den „Wahnkranken" uns entfremdet, was ihn als *aliéné* erscheinen läßt, das sind nicht einzelne Wahrnehmungen oder Ideen, sondern die Tatsache seines Eingeschlossenseins in einen von einem einzigen oder einigen wenigen Themen beherrschten und insofern enorm *eingeengten Weltentwurf*. Auf diese Einengung kommen wir im Abschnitt über den „Raum" zurück.

Mit all dem sind wir leider noch nicht am Ende, zieht das Thema des Schreckens und der Qual doch immer weitere Kreise *innerhalb* der so eingeengten Welt.

Die Welt der Qual und des Schreckens macht bei Suzanne Urban nicht Halt bei der bloßen *Veröffentlichung* ihrer leiblichen Gestalt und ihrer Worte, vielmehr bemächtigt sich die Öffentlichkeit auch ihrer Gedanken. Neben die eigenen Gedanken, und dieselben immer mehr in den Hintergrund drängend, treten die Gedanken, die man sie „*denken läßt*"! So läßt die Pflegerin sie „an Kot denken" (im Auszug der Selbstschilderungen nicht erwähnt), so zwingt „man" sie, zu *denken* (von ihr selbst unterstrichen), daß ihre Angehörigen mit Blei und Pech begossen werden. Sie möchte sich ihrer Mutter zu Füßen werfen, um ihr zu gestehen, daß sie „*in ihren Gedanken*" sie so furchtbar angeklagt habe. Die qualvollste von allen Qualen ist in der Tat der von einer *teuflischen Macht* ausgehende Zwang, ihre Angehörigen

„in Gedanken" oder mit Worten zu *verleumden* und dadurch deren Martern und qualvollen Untergang *verschuldet* zu haben, also eine *Verbrecherin* zu sein, sozusagen eine Verbrecherin wider Willen. Auch hier mag, abgesehen von allen tiefer liegenden daseinsmäßigen Motiven, noch der Umstand mitspielen, daß sie ihren Mann, wie wir wissen, *vergiften* wollte. Jedenfalls taucht dieser Gedanke in der Selbstschilderung und später immer wieder auf.

Erst mit dem „Motiv" der eigenen *Verschuldung* rundet sich die Wahnfabel einigermaßen, so vieles auch trotzdem noch im Dunkel bleibt. Dieses Dunkel steht ganz im Gegensatz wiederum zu den überaus präzisen sprachlichen Formulierungen und Feststellungen und der unerschütterlichen Leidenschaft der Klage und Anklage[33]. Jenes Dunkel darf uns aber nicht in Erstaunen versetzen, entspricht es doch der Seinsweise der unfaßbaren, unheimlichen, dunklen Macht, die hier alles Geschehen hervorbringt und alle Erfahrung lenkt. Diese Macht „entspringt" der Unheimlichkeit und dem Dunkel des eigenen Daseins. Die „Beziehungsideen", Illusionen und Halluzinationen sind nur die Weisen des Vernehmens dieser „selbstfremden" Macht.

Und zwar schwankt dieses Vernehmen bei Suzanne Urban zwischen dem Spüren, Fühlen und Sehen, dem Hören und Zugeflüstertbekommen und dem Denken aufgezwungener „Gedanken". Dabei wird die Kranke selbst bald mit in das allgemeine Unglück hineingezogen, bald bleibt sie draußen und will sich selbst umbringen. Zunächst macht sie sich Vorwürfe darüber, daß sie ihren Bruder nicht darauf aufmerksam gemacht, „daß es mit unserem Leben zu Ende ist" und daß es besser wäre, statt all der „Qualen und Martern" sich selbst zu töten. Daß es sich hier wieder um eine Pluralisierung der Hauptperson des Urthemas handelt, geht daraus hervor, daß sich an diese Unterlassung unmittelbar die Erwähnung derjenigen Unterlassung anschließt, die sie damit begangen, daß sie, statt ihrem Mann das Arsenik zu verabreichen, das sie zu Hause hatte, die Ärzte um Gift für ihn bat. Sie bezeichnet diese Unterlassung als Treppenwitz, wendet diesen Ausdruck aber ohne weiteres gleich wieder im Sinne der Wahnfabel an, denn sie spricht von einem Treppenwitz, „der das Leben so vieler Menschen kostet". Wer die Sprache des Wahns zu lesen vermag, sieht hier also deutlich, wie unlöslich Urthema und „Thema überhaupt", Qual und Marter des Mannes durch sein Krebsleiden und Qual und Marter der ganzen Familie durch die „teuflische Macht" („Martyriologie") miteinander verbunden sind. Diese Macht hat, wie wir sahen, das Eigentümliche, daß sie nicht eigentlich *spricht*, so wie Menschen sprechen, und daß das, was sie kundgibt, trotz-

---

[33] Vgl. zu dieser Leidenschaft der Klage wiederum *W. Szilasi* (a.a.O. S. 95): „Das Klagen hat seinen Ursprung in der Klage um sich selbst, um die gesamte Unheimlichkeit dessen, was die Macht hat, über die Seele zu verfügen."

dem in klaren Sätzen vernommen wird und zum Ausdruck kommt: „Ich fühle, wie man mir folgenden Satz zuflüstert." Die häufige Wiederkehr dieses *Man* ist hier wie sonst nicht zufällig. Ist doch das Man, das *unfaßbare* öffentliche Gerede, Mißtrauen und Gericht, dem jedes Dasein ausgesetzt ist – man denke nur wieder an *Franz Kafkas* Romane und Erzählungen –, an sich schon eine unheimliche Macht[34] und insofern besonders geeignet, gerade da in den Dienst des Unheimlichen überhaupt zu treten, wo das Dasein sich gegen die unheimliche Macht der Öffentlichkeit hermetisch *abgeschlossen* hatte! Auch hier fällt wieder die klare Übersicht, ja die Katalogisierung (erstens, zweitens, drittens) des unheimlichen Geschehens auf.

Der *Satz*, von dem Suzanne Urban fühlt, daß man ihn ihr zuflüstert, bezieht sich „erstens" auf ihre Mutter: „Meine Mutter ist eine alte D. (Diebin), hat Silber gestohlen". Darauf folgt sofort die glühende Verteidigung der Mutter, dieser „Heiligen, vor der man auf die Knie fallen könnte", dieses „ganz ganz unschuldigen Opfers". „Wer mir noch voriges Jahr gesagt hätte, daß ich die Mörderin meiner Mutter sein werde, und daß so ein Verdacht von mir auf sie fällt, den hätte ich für verrückt gehalten." – „Dann höre ich zweitens: Mein Vater hat Unterschlagungen gemacht." (Folgt wieder eine Verteidigung.) „Dann, drittens, sag ich *in Gedanken* (von ihr unterstrichen) über meinen Mann faux monnayeur"[35]. Folgt wieder eine lange Verteidigung, des Inhalts, daß weder sie selbst, noch ihr Mann je eine Schmiede (für Falschmünzerei) gesehen hätten. Das genüge aber der Gegenpartei nicht; denn „die Stimme" frägt sie: wie, wo?, worauf Suzanne Urban antwortet: „Im Keller". Auch gegen diese neuerliche „entsetzliche Lüge" verteidigt sie sich ausführlich. Diese wiederholte Anklage des Mannes weist darauf hin, daß die Einstellung ihm gegenüber besonders ambivalent ist. Zugleich zeigt uns dieser Passus, daß Suzanne Urban nicht in zwei „Parteien" „gespalten" ist, sondern daß wir es mit *drei* Instanzen zu tun haben: erstens mit einer *inquisitorischen* „Stimme", zweitens mit einer ihr aufgezwungenen, verleumderischen Gedanken- und Wortmacht und drittens mit einer überparteilichen, dem Frage-Antwortspiel reflektierend gegenüberstehenden Instanz, die zwar die „Stimme" als Schicksal hinnimmt, die Antworten aber als ihr aufgezwungen oder abgerungen sofort „korrigiert". Wir ersehen daraus, daß das Dasein sich hier der Veröffentlichung der „Gedanken" immer noch zu erwehren oder jedenfalls ihnen noch entgegenzutreten vermag, wenn sie mit dem Selbst in allzu krassem Widerspruch stehen. Nichtsdestoweniger entstammen auch die verleumderischen Anklagen natürlich dem eigenen

---

[34] Sehr gut kommt die Macht der „Augen" und der „Hände" der „öffentlichen Meinung", auch zum Ausdruck in *R. J. Humms* Brief an eine Unbekannte, Weltwoche-Almanach 1944.

[35] In Kreuzlingen hört sie immer das Hämmern einer Schmiede „in den Ohren", um anzuzeigen, daß hier die Frau des Falschmünzers wohnt!

Dasein. Doch auch damit nicht genug. Von ihrem älteren Bruder sagt sie
„in Gedanken", er habe die Bücher nicht genug in Ordnung gehalten, vom
jüngeren Bruder, er sei schon unter polizeilicher Aufsicht gestanden, vom
ältesten Neffen, sein Wettbewerb sei nicht *seine* Arbeit und er sei nicht in
Ordnung mit seinen Steuern, vom zweiten Neffen, er sei ein Bandit, vom
jüngsten, er sei ein Päderast, alle seien Sozialisten, Anarchisten – „also lauter Lügen, Lügen, die die Armen jetzt durch mich, als schreckliche Märtyrer in Kot, mit abgeschnittenen Nasen, Ohren, Lippen, Händen, Füßen
und Geschlechtsteilen, ausgebrochenen Zähnen usw. leiden müssen". Auch
hier sehen wir, wie das Urthema, das qualvolle Leiden des Mannes, *seine*
Martern, sich zum Thema der *Martyriologie*, des martervollen Untergangs
der ganzen Familie, erweitert hat. Schließlich sind es 14 Personen, darunter auch der Verwalter und eine befreundete Familie, als deren „Mörderin"
sie sich fühlt. Dafür soll man ihr den Kopf abhauen oder will sie sich er-
tränken, „obwohl ein solcher Tod nichts ist im Vergleich mit den Qualen, die
die anderen durchmachen müssen". Wenn jemand all diese Gedanken als
Wahnideen bezeichnet, so erklärt sie energisch: „Das sind aber nicht Wahnideen, sondern Wahrideen". (Dazwischen berichtet Suzanne Urban aber
wieder völlig sachlich von dem neuen Mittel, das man in München gegen
Krebs erfunden habe und das ihr Bruder holen werde.) Vor der Abreise in
die Schweiz bemerkt sie im Blick des Arztes „den Ausdruck: Ah, Verbrecherin". Sie staunt selbst, wie kalt sie sich von der Mutter verabschiedet
hat, statt sich ihr zu Füßen zu werfen und ihr zu *gestehen*, daß sie sie in
Gedanken so furchtbar angeklagt habe und daß sie ihre Mörderin sei.

e) Das Persistieren der Wahnfabel. Wahnfabel und Urszene. Der
Aufenthalt in Kreuzlingen (16.7.19.. bis 14.9. des folgenden Jahres)

Im Vordergrund steht jetzt, abgesehen von dem beständigen Sehen, Hören
und Fühlen der Marterungen der Angehörigen, die Frage, auf welche Weise
„sie es arrangiert" hätten, sie zu zwingen, „falsche Sachen" zu denken. Dabei schwebt ihr bald eine *Narkose* vor, bald ist es eine *furchtbare Stimme*,
bald eine *teuflische Macht*. Im Gegensatz zu ihren Angaben in der Selbstschilderung will sie die Verleumdungen nicht ausgesprochen, auch nicht nur
in Gedanken gehabt, sondern nur hm – hm gemacht haben, was von den
andern dann „so ausgelegt worden" sei. Auch ist es jetzt nicht immer die
Polizei, die ihre Angehörigen zugrunde richtet, sondern es sind Leute, die
sich durch den Untergang der Ihrigen bereichern wollen. Unter diesen Leu-
ten figuriert dann wieder die Pflegerin aus der ersten Anstalt, in der sie eine
Maitresse ihres Bruders sieht, als Hauptschuldige. Aus unserer Darstellung
muß klar geworden sein, von welch untergeordneter Bedeutung das Schwan-

ken all dieser Aussagen der Kranken für das daseinsanalytische Verständnis des Wahns ist.

Von besonderem Interesse sind aber noch zwei Äußerungen Suzanne Urbans. Die eine ist die Behauptung, daß sie selbst an Krebs leide. Das weist wiederum auf die Loslösung des Themas aus der Ursituation hin. Diese Loslösung und die mit ihr einhergehende neue Erfahrungsweise sind die *Bedingung der Möglichkeit* dessen, was wir in einem solchen Fall als *„Identifizierung mit dem Mann"* zu bezeichnen pflegen. Die andere Äußerung schließt sich an Suzanne Urbans frühere Bemerkung über ihre eigene Schuld und Strafwürdigkeit an, wobei sie betonte, die Strafe hätte aber keineswegs so schwer sein müssen. Das gleiche behauptet sie nun auffallenderweise auch von ihren Angehörigen: „Wenn sie auch eine Strafe verdient hätten, sollte sie nicht *so* grausam sein!" In beiden Äußerungen zeigt sich wieder die „doppelte Buchführung", daseinsanalytisch ausgedrückt: das *Schweben* des Daseins in zweierlei Weltentwürfen und Erfahrungsweisen, in der des Wahns und in der der „natürlichen" Reflexion über das wahnhafte Geschehen.

Ferner ist noch hervorzuheben, daß die Absicht, ihren Mann durch Gift (Arsenik) umzubringen, jetzt als die Ursache ihrer Verbringung in die erste Anstalt hingestellt wird, sowie die Tatsache, daß die Äußerungen über die Ursituation und diejenigen über die Familientragödie sich immer ähnlicher werden: *„Jeder neue Tag verlängert die Qual der Ärmsten"* ... *„Was müssen das für Schmerzen sein, ohne Morphium?"* ... *„C'est trop terrible de leur faire endurer ces souffrances jusqu'à leur mort, la mort sera leur délivrance"* usw. Wir müssen jeweils nur den Pluralis in den Singularis verwandeln, dann treffen auch der erste und dritte Satz ohne weiteres für das Urthema zu.

Während die Wahnfabel an und für sich während des Aufenthaltes in der zweiten Klinik „stationär" bleibt, zeigt sich hier im Hinblick auf die Selbstschilderung des Aufenthaltes in der ersten Klinik doch auch eine bedeutsame Veränderung sowohl in daseinsanalytischer als in klinischer Hinsicht: die Kranke fügt jetzt auch sich selbst die Martern zu, denen die Angehörigen ausgesetzt sind. Wir stehen hier vor der wichtigen Tatsache, daß neben und allmählich sogar an Stelle der wahnhaften Verweltlichung des Themas, seiner Abwälzung auf die Mitwelt, dessen *Betätigung am eigenen Leibe* tritt: Wenn Suzanne Urban früher glaubte, von der Pflegerin und den Ärzten *zerkratzt* zu werden, um ihr Syphilis in die zerkratzte Haut einzureiben, so zerkratzt sie selbst jetzt unaufhörlich „den eigenen Körper", wie es in der Krankengeschichte heißt. Dasselbe gilt aber auch von ihrer sich steigernden Selbstvernichtungstendenz. Am deutlichsten aber wird die Tatsache, die wir hier im Auge haben, auf erotischem Gebiet: Während die öffentliche Zurschaustellung, das Photographiertwerden nackt im Bade, „um sie zu kompromittieren", die Kranke „rasend machte", die öffentliche Schau-

stellung ihres Körpers also ein Doppelantlitz zeigte, nämlich einerseits das
der Abwälzung des erotischen Themas auf die Mitwelt, anderseits aber das
eines ausgesprochenen *Scham-* oder besser *Schande*gefühls[36] gegenüber dieser Mitwelt, *masturbiert* die Kranke jetzt, wie es in der Krankengeschichte
heißt, „*schamlos*" vor den Augen der Pflegerin. Das bedeutet einen Durchbruch des erotischen Themas in seiner Urgestalt, in seiner Betätigung *am
eigenen Leib*. Die Mitwelt, die im Wahn sonst die Hauptrolle spielt, sinkt
hier wieder zur völligen Unbedeutsamkeit herab. Das Dasein zieht sich wieder zurück auf das Leben im eigenen Leib und auf den Genuß des eigenen
Leibes, nun aber nicht mehr in der Abgeschlossenheit von der Mitwelt,
sondern „vor ihren Augen". Wir müssen auch hier wieder der daseinsanalytisch überaus wichtigen Einsicht *Kierkegaards*[37] gedenken, dahin lautend,
daß „je mehr die Elastizität der Freiheit im Dienst der Verschlossenheit (deren extremste Form der Wahn ist, Ref.) verzehrt ist, desto leichter bricht
zuletzt das Geheimnis aus dem Menschen heraus". Die Geheimsphäre der
Leiblichkeit, die im Wahn zum „öffentlichen Geheimnis" geworden war, bildet nun überhaupt kein Geheimnis mehr, da die Vorbedingung für jegliches
Geheimnis, der „Kontakt mit der Mitwelt", immer mehr schwindet.

Mit all dem ist in daseinsanalytische Beleuchtung gerückt, was wir klinisch als „Rückgang" oder „Abbau" der Persönlichkeit bezeichnen.

III. Raum

a) Die Schreckensbühne

Die Daseinsgestalt, der wir den Namen Suzanne Urban gegeben, steht vor
uns als eine von der Macht des Schrecklichen gezeichnete. Diese Macht
zeigte sich in dreierlei Formen, in der Form des *Schrecks der Urszene*, der
schrecklichen Atmosphäre und der *Schreckenswelt* (des Wahns). Aber damit
nicht genug! Wir bekamen noch Kunde von einer Vorform der Macht des
Schrecklichen, einer Vorform insofern, als sie sich nur in der Abwehr derselben kundgab. Wir meinen die *hypochondrische Sorgfalt* für die Eltern bis in
die „kleinsten Bedürfnisse derselben". Übersetzen wir diesen Ausdruck in
die Umgangssprache, so lautet er: „Es wäre *fürchterlich, schrecklich*, wenn
den Eltern etwas passierte, ich muß daher unermüdlich bis ins kleinste Sorge tragen, um das zu verhüten."[38] Diese „hypochondrische Sorgfalt" fand

---

[36] Vgl. zu dieser Unterscheidung: Der Fall Ellen West (Abschnitt Das Schamphänomen
und Das Schamproblem und der schizophrene Prozeß) und Der Fall Jürg Zünd (1957c,
Abschnitt Scham und Schande).

[37] Der Begriff der Angst, 5. S. 128. Vgl. aber auch S. 122 ff. und 126 ff., desgl. Stadien
(4.) S. 394 ff.

[38] Leider erfahren wir nicht das geringste über die Wirkung des „schrecklichen" Selbstmords der Schwester und des Todes des Vaters auf unsere Kranke, was aber keineswegs

ihren extremsten Ausdruck später in dem bis zum völligen Zusammenbruch durchgeführten Aufopferungskultus für den kranken Mann.

Wenn wir von der *Macht* des Schrecklichen sprechen, so handelt es sich, wie klar geworden sein muß, um eine dem Dasein selbst „entsprungene Macht". Diese Daseinsmacht vermag ihre Übermächtigkeit, wie *Heidegger* uns so eingeschärft hat[39], nur zu bekunden für ein Ausgeliefertsein an ... im Sinne der *Geworfenheit*. Wenn wir der Kürze halber von der „Macht des Schrecklichen" reden, so meinen wir dies stets in diesem – daseinsanalytischen – Sinne.

Lola Voß hatte für diese Macht des Schrecklichen den Ausdruck „das (unaushaltbare, unheimliche) *Fürchterliche*", Jürg Zünd die Ausdrücke „das *Unheimlichste*", „*Katastrophale*", schlechthin „*Vernichtende*", Ellen West die Ausdrücke „das *Grauenhafte*", die (unaushaltbare) *Qual*, das *sinnlose Etwas*, der *böse Geist*, die *unheimlichen, ungreifbaren, feindlichen Mächte* usw. Hinter allen diesen Ausdrücken steht die *Daseinsangst*, das *nackte Grauen* des Ausgeliefertseins an ein Übermächtiges.

Aber auch über die *Räumlichung* des Daseins unter der Macht des Schrecklichen sind wir bereits orientiert. Ellen West bezeichnete ihr Dasein als ein *Gefängnis*, ein *Netz* und vor allem als eine *Bühne*, deren Ausgänge von Bewaffneten „mit gezogenem Schwert" besetzt sind, ein Gleichnis, das uns noch eingehend beschäftigen wird. Jürg Zünd und Ilse erleben ihren Daseinsraum als *Konzentration auf einen Mittelpunkt*: „Ich stehe im Brennpunkt der Kritik", „ich werde zum Mittelpunkt gemacht". Auf diesen Mittelpunkt wirken „konzentrisch" Druck und Stoß, Hohn und Spott. Die „Welt" rückt dem Dasein hier, wie wir sahen, unmittelbar auf den Leib und auf die Seele. Der Daseinsraum ist auch hier der der *bedrängenden*, ja *bedrohlichen Enge* und *Nähe*. Bei Lola Voß zeigt sich diese „Umzingelung" (Ellen West) des Daseins besonders drastisch darin, daß nicht nur der Eigenraum, sondern auch der Weltraum eingeengt oder versperrt ist: Sie muß erst die Erlaubnis des Wortorakels haben, bevor sie auch nur *einen* Schritt in die Welt machen kann.

All das steht in völliger Übereinstimmung mit den bahnbrechenden Studien unseres Freundes *Eugen Minkowski*. Worauf es uns bei *unseren* Studien aber ankam, war, zu zeigen, daß es nicht genügt, wie es *Eugen Minkowski* in seinen eigenen Arbeiten[40] und neuerdings, im Anschluß an dieselben,

---

heißen muß, daß beide Ereignisse, und zumal das erstere, nicht eine starke Wirkung auf sie gehabt haben.

[39] Vgl. seine Besprechung von *E. Cassirer: Das mythische Denken.* Deutsche Lit.-Ztg. Neue Folge. 5. Jg. H. 21, 1928.

[40] Vgl. insbesondere: Les notions de distance vécue et d'ampleur de la vie. Journ. de Psychologie 1930 Nr. 9/10, und Le Temps vécu II, Chap. VII.

Merleau-Ponty[41] versucht haben, für den Verfolgungswahn lediglich die Einengung des gelebten Raums (le rétrécissement de l'espace vécu), den Verlust der freien Beweglichkeit (la perte du sentiment d'aisance) und vor allem „la déficience de la distance vécue ou de l'ampleur de la vie" verantwortlich zu machen. Wohl halten auch wir an dem Satz fest: „Ce qui garantie l'homme sain contre le délire ou l'hallucination, ce n'est pas sa critique, c'est la structure de son espace"[42], und wohl halten wir daran fest, daß dem Dasein des an Verfolgungswahn Erkrankten eine gegenüber dem Dasein de l'homme sain spezifisch veränderte Raumstruktur, „une modification de la spatialité originaire de l'existence", zugrunde liegt; jedoch hatten wir noch einen, und zwar den für das Verständnis des Verfolgungswahns *entscheidenden*, Schritt weiter zu gehen und zu zeigen, welche *Daseinsmacht* es ist, die diese Modifikation der Räumlichung (und erst recht auch die der Zeitigung) erst *möglich macht*. Das hoffen wir, mit dem Nachweis der ausschlaggebenden Bedeutung der Macht des Schrecklichen, Fürchterlichen, Unheimlichen, Quälenden *für* diese Modifikation geleistet zu haben.

Von hier aus fassen wir die Räumlichung des Daseins im Falle Suzanne Urban ins Auge. Suchen wir nach einem einzigen Ausdruck für dieselbe, so bietet sich uns ganz von selbst der Ausdruck *Schreckensbühne* an. Denn abgesehen davon, daß, wie *Emil Staiger* gezeigt hat (vgl. Anm. 30), der Ort der dramatischen Spannung die („konzentrierende") *Bühne* ist, verfügen wir ja auch über ein Gleichnis, in dem diese Spannung zur höchsten Anschaulichkeit gelangt, wir meinen das bereits erwähnte *Bühnengleichnis* Ellen Wests. Dieses Gleichnis leistet dasselbe, was der dramatische Dichter anstrebt und was sich im Wahn verwirklicht: die höchstmögliche Schaubarkeit, ja Sinnenfälligkeit überhaupt der dramatischen Spannung, ihre Darstellung als vor Augen tretende, in die Ohren fallende und auf den Leib rückende *Handlung*.

Die erste Schreckensbühne, der wir im Falle Suzanne Urban begegnen, ist das Ambulatorium des Urologen. Hier handelt es sich zwar weder um ein Gleichnis noch um Wahn, sondern um eine schreckliche weltliche *Situation*, um einen vom Schreck getroffenen („engen") *Ausschnitt* aus der Welt. Aber auch hier dürfen wir die Zusammengehörigkeit von Dasein und Welt, von Dasein und weltlicher Situation, nicht aus den Augen verlieren. Für diese Zusammengehörigkeit eignet sich auch hier der Ausdruck *Bühne* durchaus. Was das Ambulatorium des Urologen im Sinne eines bloßen weltlichen Verweisungszusammenhanges, einer Bewandtnisganzheit im Sinne ärztlicher Untersuchung, ärztlicher Quälerei und patientlichen Gequältseins erst zur *Schreckensbühne* macht, das ist auch hier dasjenige *Dasein, dem* all das,

---

[41] La Phénoménologie de la Perception. Paris, Gallimard 1945.
[42] *Merleau-Ponty*, a.a.O. S. 237.

wenn auch nicht in Seh-, so doch in Horchweite, *begegnet*. Im Ausdruck
Schreckensbühne fallen weltliche Situation als eine schreckliche und Dasein
als erschrockenes zusammen; das eine ist nicht ohne das andere *möglich*.
Dasselbe gilt aber auch vom *Ausmaß* des Schrecklichen. Wir sahen, warum gerade *diese* Situation für *dieses* Dasein ein *solches* Ausmaß annehmen mußte. – In Paris erweitert sich zwar die Schreckensbühne im Sinne
der Urszene, sie bleibt aber doch Bühne, auf der sich das Thema der Urszene, des Tödlich-Schrecklichen, weiterhin abspielt. In der ersten Anstalt
erreicht dieses „Spiel", wie wir sahen, seinen dramatischen Höhepunkt. Der
Daseinsraum ist jetzt nicht mehr nur vom Schrecklichen atmosphärisch
durchstimmt, sondern auch „systematisch" auf es hin *orientiert*. Es gibt
jetzt nichts mehr und es geschieht jetzt nichts mehr, das nicht seinen „Ort"
auf der Bühne des Schreckens hätte. Die Schreckensbühne wird jetzt zu einer *Welt des Schreckens*. Die Übermacht der Macht des Schrecklichen und
das Ausgeliefertsein an sie ist die Bedingung der Möglichkeit dafür, daß es
sich hier, wie bereits erwähnt, um eine „*Welt ohne Zufall*"[43] handelt und
daß alles und jedes dem eigenen Selbst und damit auch einander im Sinne
der Unheilsbedeutung nahegerückt („rapproché") ist. In dieser *Welt* des
Schreckens, dem Verfolgungs*wahn*, steht tatsächlich alles nicht nur in *Kontakt* mit dem Selbst, sondern auch in Kontakt untereinander, vom elektrischen Kontakt über den Bedeutungskontakt zum Kontakt der Verfolger mit
der Verfolgten. Dieser „Kontakt" betrifft, wie wir sahen, gleicherweise den
optischen, den akustischen, den taktilen und den Gedankenkontakt. Nichts
an und von Suzanne Urban und nichts „in" ihr, das nicht eingeschaltet wäre
in den Kontakt mit den andern. Dieser Kontakt ist keine Kommunikation
mehr im Sinne der Gemeinschaft, geschweige eine Communio im Sinne der
Liebe, sondern ein auf eine einzige Bedeutsamkeit eingeengter *mechanisier-
ter* und *materialisierter* Kontakt[44]. Selbst die Gedanken sind „Dinge", die
man wie aus einem Behälter herausnimmt und in ihn hineintut. Darin zeigt
sich die ungeheure Verarmung und Nivellierung des In-der-Welt-Seins als
Verfolgungswahn.

All das hat zur Folge, daß die zur Wahn-Bühne eingeengte Welt eine
unheimliche, *marionettenhafte* Welt ist, unheimlich schon deswegen, weil
ihre „Drahtzieher" völlig im Hintergrund bleiben. Dieses Bewußtsein, eine

---

[43] „La portée primordiale de la notion du hasard dans la vie" (normale) et „son absence"
im Verfolgungswahn wurde schon 1923 von *E. Minkowski* in einer gemeinsamen Arbeit
mit *Rogues de Fursac* (Encéphale 1923) betont. Vgl. aber vor allem Les notions de
la distance vécue a.a.O., ferner *Merleau-Ponty*; a.a.O. (S. 331): „Le rétrécissement de
l'espace vécu, qui ne laisse plus au malade aucune marge, ne laisse plus au hasard aucun
rôle."
[44] Diese Reduktion auf die *Mechanik*, auf Druck und Stoß und bloße *Bewegung* finden
wir wieder im Verfolgungswahn, besonders deutlich „ausgesprochen" im Verfolgungswahn
Rousseaus (vgl. unten).

bloße Marionette unbekannter Drahtzieher zu sein, gehört, wie wir sahen, zum Schrecklichsten der Schrecken, zumal Suzanne Urban als solche Marionette auch *gezwungen* ist, die Verleumdungen auszusprechen oder zu denken, mit denen sie ihre Familie ins Verderben bringt.

Mit der Reduzierung der Welt dieses Wahns auf eine bloße Kontaktwelt hängt auch das Vorherrschen der *Technik* und der technischen Apparatur zusammen. Die Technik wird hier aber durchaus zur „Bühnentechnik", d.h. sie dient mit ihren Apparaten lediglich der Verwirklichung einer bestimmten *Absicht*, hier also der Absicht der Kompromittierung, Verhöhnung, Marterung, Vernichtung.

Was nun die unbekannten, unheimlichen „Drahtzieher" dieser marionettenhaften Welt betrifft, so finden wir hier, wie in anderen Fällen, eine gewisse Stufenleiter. Die unterste Sprosse dieser Leiter nimmt die „Polizei" ein (nur ganz ausnahmsweise eine Gruppe von geschäftlichen Konkurrenten). Wir befinden uns hier also, wie hinsichtlich der hochausgebildeten Technik, inmitten der rein *gesellschaftlichen* Form des Mitseins, des mitmenschlichen *Umgangs* oder *Verkehrs*, des Nehmens und Genommen-Seins „bei etwas". Die Rolle der Polizei als einer unheimlich-anonymen Macht ist uns schon aus der „natürlichen Erfahrung" bekannt. Man muß nur den „Prozeß" von *Kafka* lesen, um von Art, Ausmaß und Wirkung dieser Macht einen Begriff zu bekommen. Neben die Polizei treten nun aber auch die Mitmenschen überhaupt, sei es als von ihr Beauftragte, sei es als selbständig Handelnde. Hier steht im Vordergrund der einweisende Arzt, „der Henker", stehen das Pflegepersonal, die Mitpatienten, Mitreisenden usw. Auch sie sind Vollzugsorgane des Schrecklichen, der Verleumdung, Verhöhnung, Vergeltung, Anspielung, Rache, Verachtung, des Mißtrauens und Argwohns, des Konkurrenzneides usw. Überall handelt es sich, wie wir sehen, um Formen des mitweltlichen Nehmens und Genommen-Werdens bei etwas im Sinne der *Beeindruckbarkeit*.

Über dieser „Sprosse" der Vollzugsorgane des Schrecklichen und besonders der Polizei finden wir dann – als Auftraggeber – die (antisozialistische) Partei, die Okkupationsarmee (aus dem ersten Weltkrieg) oder den Staat überhaupt. Und über all dem steht wieder die teuflische Macht des Schrecklichen schlechthin, die bald nur gespürt, bald als furchtbare „Stimme" vernommen wird. Was jedoch die „Narkose" betrifft, unter deren Zwang die Kranke bisweilen zu handeln und zu denken glaubt, so wird sie offenbar weniger von der teuflischen Macht selbst als von ihren Vollzugsorganen ausgeführt. Bis zur eigentlichen Personifikation der Macht des Schrecklichen in einen Teufel oder Dämon, wie wir es sonst so oft konstatieren, kommt es hier trotz der Verstimmlichung dieser Macht offenbar nicht. Wir erfahren jedenfalls auch nichts von Teufels*visionen*.

Zum Schluß bemerken wir, daß die Bezeichnung der Welträumlichkeit unserer Kranken, und zumal der Wahnwelt, als *Bühne* ihre Analogie findet in uralten, bis auf Platos Höhlengleichnis zurückgehenden Auffassungen der Welt überhaupt als Bühne. Man denke nur an *Calderons, Quevedos* und *Hofmannsthals* Welttheater. Auch hier wird die Welt, ja das ganze Weltall, als „Schauspiel" betrachtet, hinter oder über welchem eine kosmische, göttliche oder höllische Macht steht, die alles Geschehen in ihm lenkt[45], und mit dem alle Menschengeschicke „verwoben" sind. Was hier aber der Tradition und dem religiösen Glauben entspringt, entspringt im Wahn der Reduziertheit des Daseins auf die bloße „Empfänglichkeit" im Sinne der *Angst*. Immerhin: auch hier findet und erfindet der Wahn also nicht etwas völlig Neues und Einzigartiges.

Von der Charakterisierung der Wahnwelt als *Bühne* muß nach all dem alles ferngehalten werden, was an „bloßes Spiel" und erst recht an das „Spielerische" erinnert! Was sich auf dieser Bühne abspielt, ist, wie gerade unser Fall zeigt, für die Kranken „blutige Wirklichkeit". So „reduziert" der Räumlichungs- (und Zeitigungs-)modus des Daseins hier auch ist, so vermag das Dasein doch auch hier eine Welt *als wirkliche* zu entwerfen. Diese Wirklichkeit ist hier wie sonst, um mit *Hofmannsthal* zu sprechen, „geistige Schöpfung"[46]. Hier wie sonst müssen wir uns den „größten Fortschritt des Denkens" zu eigen machen, „das Wirkliche als eine Möglichkeit zu erfahren"[47] und so, wie wiederum *Hofmannsthal*[48] sagt, zu einer „neuen Verständigung über den Begriff des Wirklichen" gelangen.

Wir glauben, daß wir dem Verständnis der Wirklichkeit der Wahnbühne in der Tat erst näherkommen, wenn wir „im Wirklichen" schlechthin nur *eine* Möglichkeit (unter anderen) sehen. Von diesem Gesichtspunkt aus schreiten wir jetzt zur Untersuchung der Beziehungen zwischen dem Bühnengleichnis Ellen Wests und der Wahnbühne Suzanne Urbans. Wir sind der Meinung, daß diese Beziehungen uns gerade im Verständnis des Wirklichkeitscharakters des Wahnerlebens zu fördern vermögen. Aber auch abgesehen von dem Bühnengleichnis selbst finden wir bei Ellen West Äußerungen, die das Bühnenmäßige ihres Erlebens aufs anschaulichste zeigen: „Jede Mahlzeit ist ein *inneres Theater*." „Ich fühle mich ganz passiv als der Schauplatz, auf dem sich zwei feindliche Mächte zerfleischen", und dem

---

[45] Vgl. *Karl Voßler*, Zeit- und Raumordnungen der Bühnendichtung. Corona 1931 und *Ernst Robert Curtius*, Krit. Essays zur europ. Literatur. S. 190 f., Bern 1950.

[46] Die Beziehung der Sphären. Berlin 1931. S. 257. Vgl. aber auch ebd. S. 229: „Die Wirklichkeit besteht nicht nur aus konkreten Dingen, aus exakt Greifbarem: genau ebenso leben wir in einer Welt von Mysterien und *ganz ungreifbaren allerwirksamsten Lebendigkeiten*" (von mir hervorgehoben).

[47] Vgl. *Szilasi*, Die Erfahrungsgrundlagen der Daseinsanalyse Binswangers. Schweiz. Archiv f. N. u. Ps. Bd. 67, S. 79.

[48] Ebd. S. 247.

ich „ganz wehrlos zuschauen muß"[49]. Auch diese Äußerungen zeigen, daß
zwischen Ellen Wests Daseinsform und derjenigen des Verfolgungswahns
Suzanne Urbans nahe Beziehungen bestehen müssen. Dabei ist aber von
vornherein im Auge zu behalten, daß auch dem Gleichnis Ellen Wests eine
„blutige", nämlich zum Selbstmord führende, *„Wirklichkeit"* zugrunde lag!

b) Das Bühnengleichnis Ellen Wests und die Wahnbühne Suzanne Urbans

Bevor wir uns an unsere Aufgabe machen, müssen wir uns darüber klar sein,
daß auch die Gleichnisse Weisen des Transzendierens, ja daß Gleichnisse die
Sprache der Transzendenz sind[50]. Im Bühnengleichnis Ellen Wests dürfen
wir also nicht nur eine Metapher im Sinne der Psychologie und Poetik sehen,
nicht nur ein „dem Zwecke der Veranschaulichung dienendes Bild", sondern
in erster Linie einen unmittelbaren sprachlichen Ausdruck für die Weise
ihres In-der-Welt-Seins. Wir wiederholen das Gleichnis in seinem Wortlaut:

> *„Ich bin von Feinden umringt. Wohin ich mich auch wende, steht ein*
> *Mann mit gezogenem Schwert. Wie auf der Bühne: Der Unglückliche stürzt*
> *an den Ausgang; halt! ein Bewaffneter tritt ihm entgegen. Er stürzt an den*
> *zweiten, den dritten Ausgang. Alles vergebens. Er ist umzingelt, er kann*
> *nicht mehr hinauskommen. Verzweifelt sinkt er in sich zusammen. So geht*
> *es mir: ich bin gefangen und kann nicht herauskommen. "*

In diesem Gleichnis spricht sich das In-der-Welt-Sein aus als Umringt-,
Umzingelt- oder Gefangensein in einem engbegrenzten Daseinsraum, aus
dem kein Aus- und Aufbrechen („Herauskommen") möglich ist. Dem Dasein
sind hier unüberwindliche *Grenzen* gesetzt. Es ist, wie Ellen West selbst einmal sagt, „seiner Freiheit beraubt". *Wer* es seiner Freiheit beraubt, bleibt
im Gleichnis ebenso unbestimmt wie im Verfolgungswahn. Es sind *anonyme* und von einer anonymen Macht *Bewaffnete*, die mit gezogenem Schwert
sämtliche Bühnenausgänge versperren[51].

Was dieses Gleichnis für das Verständnis des Verfolgungswahns so wertvoll macht, ist zunächst die Tatsache, daß hier eine Bedrängnis, Bedrohung
und Umzingelung des Daseinsraumes von der Übermacht *eigen*weltlicher
feindlicher Mächte (von der unüberwindlichen Angst vor dem Dickwerden
einerseits, der unüberwindlichen tierischen Freßgier anderseits) in einer Umzingelung von der *Mitwelt* zum Ausdruck kommt! Wir ersehen daraus, daß
die weltliche Sphäre, in der sich das Gefangen- und Verfolgtsein abspielt,
daseinsanalytisch von sekundärer Bedeutung ist und daß die Tatsache der
bedrückenden Einengung des Daseins als solcher die ausschlaggebende Rolle spielt. Diese *Tatsache* bezeichneten wir als ein Überwältigtsein von oder

---

[49] S. 86 u. S. 90.
[50] Vgl. *W. Szilasi*, Macht und Ohnmacht des Geistes S. 189.
[51] Wir erinnern noch einmal an die Geh- und Ausgehverbote bei Lola Voß.

Ausgeliefertsein an übermächtige Daseins*mächte*, gegen die anzukämpfen dann der einzige *Sinn* des Daseins bleibt.

Zu all dem ist nun aber noch zu bemerken, daß *jedes* Dasein als endliches, d.h. geworfenes, seine Grenzen hat. Das heißt nur, daß das Dasein, jedes Dasein, nicht Herr ist seiner selbst und der Welt, sondern beschränkt ist in den Grenzen seines Geworfenseins. Dasein vermag nicht „über seinen eigenen Schatten zu springen", solange es *ist*. Auch der Entschluß zum Tode ist kein solches Springen über den eigenen Schatten, sondern ein Sprung *aus* dem Dasein ins Nicht-da-Sein. Dasein hat, wie *Heidegger* so klar gezeigt hat, seinen *Grund* nicht selbst gelegt, es vermag ihn nur *als* eigenen zu *übernehmen*. Und nur insofern ist es *frei*. Aber gerade in dieser Freiheit sind ihm, als endlichem Dasein, Grenzen gesetzt und sind und bleiben seine Weltentwürfe sozusagen Bühnenentwürfe. Aber während „die Bühne" sonst durchaus bewegliche, weiter und weiter hinausschiebbare, ja bis zu einem gewissen Grade überschreitbare Grenzen hat, ist das in das Bühnengleichnis Ellen Wests eingegangene Dasein ein für allemal von unverschiebbaren Kulissen und unüberwindlichen Feinden *umzingelt*. Zwar vermag das Dasein hier dieser Umzingelung noch im Gleichnis einsichtigen und übersichtlichen Ausdruck zu verleihen, es vermag sich aber *nicht mehr aus ihr zu befreien*. Es bleibt *gefangen. Das* ist der Schmerz, der Schrecken, die Verzweiflung dieses Daseins. In diese Verzweiflung dringt weder ein Licht von oben, noch eine Hilfe von außen, noch eine solche aus dem Dasein selbst, genannt Resignation. All dies ist dann aber erst recht der Fall im *Wahn*.

Wenden wir uns vom Bühnengleichnis Ellen Wests zur Schreckensbühne Suzanne Urbans, so sehen wir, daß dieser Wahn nur fortsetzt, was jenes Gleichnis begonnen hat. Im Wahn schreitet die Einengung der Daseinsbühne nur weiter. Die Feinde besetzen jetzt nicht nur deren Ausgänge, sondern rücken dem Dasein buchstäblich „auf den Leib" und „in die Seele". Während die Bewaffneten im Bühnengleichnis das Dasein nur vom Ausbrechen aus der Bühne abhalten, es im übrigen aber seiner Verzweiflung überlassen[52], bemächtigen sie sich hier nicht nur des Leibes ihres Opfers, sondern auch seiner Gedanken. Was wir als das Genommenwerden „beim Ohr" oder beim Kragen, mit einem Wort als (leibliche) *Beeindruckbarkeit*, beschrieben haben, feiert auf der Schreckensbühne des Wahns geradezu Orgien. Das Dasein ist hier derart überwältigt von der unheimlichen Macht des Schrecklichen, daß es ihr nicht mehr, wie Ellen West, unmittelbar ins Auge zu sehen, geschweige denn *direkt* gegen sie anzukämpfen vermag. Das Dasein ist hier *völlig* gefangen in der bloßen *Empfänglichkeit* (und zwar in der Form der *mitweltlichen* Beeindruckbarkeit), es vermag nicht mehr aus die-

---

[52] In dieser Hinsicht stehen die Bewaffneten des Gleichnisses auf derselben Ebene wie die horchenden oder ihre Pflicht versäumenden Angestellten in der Phase der dem Wahn vorausgehenden Atmosphärisierung der Welt.

ser Befangenheit „auszubrechen" oder zu ihr Distanz zu gewinnen[53]. Denn
Distanz heißt zuschauen, feststellen, vergleichen, Grenzen ziehen können.
Wo diese Distanz – deren Walten im Dasein wir Geist nennen – nicht mehr
möglich ist, wo m.a.W. die Koinonia, das Gesamtgefüge der Seinsmöglichkeiten des menschlichen Daseins nicht mehr möglich ist, da verliert das
Dasein, wie schon früher betont, das Maß, seine Grenze, sein „Peras", und
erhebt ihr Haupt die Maßlosigkeit, das Grenzenlose, das Apeiron. Das darf
keineswegs nur ethisch verstanden werden. Wo jenes Maß fehlt, da wachsen
die nicht in die Koinonia eingegangenen Seinsmöglichkeiten eben ins Maß-
und Grenzenlose, überfluten und überwältigen sie das Dasein, statt ihm zu
„dienen".

Wo die Seinsmöglichkeit der Beeindruckbarkeit sich völlig verselbständigt und damit maß- und grenzenlos wird, das Dasein sich also
auf das Empfangen von *„Eindrücken"* beschränkt, da sprechen wir von
Halluzinieren. Wo aber diese Empfänglichkeit unter der Übermacht des
Schrecklichen steht und von ihm seine Anweisungen erhält, da kann es sich
nur um „schreckliche" Halluzinationen handeln. Dasselbe gilt aber auch von
den „Gedanken". Auch sie stehen unter dem Diktat des Schrecklichen, des
Grauenhaften, Unheilvollen, auch sie können nur *unheilverkündend* und
unheilvoll sein. Die ganze „Bühne" ist hier inszeniert von einer einzigen
„Regie", einer einzigen *sinnverleihenden* und *richtunggebenden* Macht. Von
dieser Macht empfangen alle sinnverleihenden und sinnerfüllenden *Akte* erst
ihre Direktive und ihre intentionale Erfüllung[54]. Damit setzen wir uns in
Gegensatz zu der noch heute herrschenden Meinung, daß man die Akte oder
auch, wie es in subtileren Überlegungen versucht wird[55], die Akt*vollzüge*
sowohl für den Sinn des Schrecklichen als für seinen Gewißheitscharakter
verantwortlich machen könne. Wo dieser Sinn, besser diese Bedeutsamkeit,
das Dasein nur erst *bedroht,* kommt es noch zur Sprache des *Gleichnisses,*
wo er es *überwältigt,* zur Sprache des *Wahns.* Darauf beruht der Unterschied
zwischen dem „Sinn im Gleichnis" und dem „Sinn im Wahnsinn".

Wir sehen also – um zu resümieren –, erstens, daß der Wahn weder aus
dem Aktinhalt noch aus dem Aktvollzug verstanden werden kann, zweitens,
daß es, wie bereits erwähnt, auch nicht genügt, die Verengerung oder Einschränkung des Daseinsraums (le rétrécissement de l'espace vécu) ins Auge
zu fassen und zu beschreiben, sondern daß gezeigt werden muß, daß es eine

---

[53] Vgl. hierzu wieder *W. Szilasi,* Macht und Ohnmacht des Geistes, insbes. A, b) Die
Befangenheit der Seele und die Distanz, S. 37–55 und Empfänglichkeit und Annahme,
S. 65–76. Ferner *meine* „Grundformen" a.a.O.

[54] Vgl. zur Unterscheidung von sinnverleihenden und sinnerfüllenden Akten *Husserl,*
Log. Untersuchungen II, 1.

[55] Vgl. hierzu die besonders klare und scharfsinnige Arbeit von *H. Müller-Suur* über
„Das Gewißheitsbewußtsein beim schizophrenen und beim paranoischen Wahnerleben".
Fortschr. d. Neur. u. Psychiatrie und ihrer Grenzgeb. 18. Jg., H. 1, 1950.

Macht des Daseins ist, und welcher Art diese Macht ist, die den Weltentwurf derart verengt oder, was auf dasselbe hinauskommt, das Selbst derart entmächtigt, daß es nur noch ein „willenloser Empfangsapparat" oder „blinder" Spielball im Spiel des Daseins mit sich selbst ist. Nennen wir diese Macht nach dem Vorgehen unserer Kranken, die es am besten wissen müssen, da sie ja von ihr zu Tode gequält werden, die Macht des Schrecklichen oder Fürchterlichen, des Grauenhaften, Vernichtenden, so dürfen wir also nie vergessen, daß diese Macht aus dem menschlichen Dasein oder In-der-Welt-Sein selbst aufbricht. Das Kranksein, hier das Erkranktsein an Verfolgungswahn, schafft oder produziert nicht erst diese Macht, es stellt nur eine Art und Weise dar, wie das Dasein sich zu ihr verhält, eine Art und Weise nämlich des Unterliegens. Mit dieser Macht setzten sich auch die Mythen, die Religion, die Dichtung und die Philosophie aller Zeiten auseinander. Während der Wahn aber eine der Gestalten des *Unterliegens* des Daseins unter dieser Macht ist, bedeuten Mythus und Religion, Dichtung und Philosophie gerade umgekehrt Gestalten ihrer Überwindung. Damit ist aber zugleich ausgesprochen, daß das Unterliegen unter der Macht des Schrecklichen das Dasein in seiner Vereinzelung betrifft und trifft – insofern besteht der Name Autismus zu Recht –, das Überwinden hingegen nur dem Dasein als gemeinschaftlichem, geschichtlichem, traditionsgebundenem, kurz als Geist glückt. Insofern ist das Geistigsein oder „Sein im Geist" die höchste, eben die geglückteste[56] Seinsmöglichkeit des Daseins, diejenige, die es erst im vollen Sinne als menschliches, als humanes Dasein bestimmt. Da aber auch die Macht des Schrecklichen zum menschlichen Dasein oder In-der-Welt-Sein gehört, muß gezeigt werden, auf welche Weise deren *Überwindung* durch den Geist möglich ist und sich vollzieht.

Diesen Weg haben wir zu kennzeichnen versucht im Anschluß an den Satz von Hofmannsthal: „Was Geist ist, erfaßt nur der Bedrängte"[57]. Wir haben dort das Geistigsein bestimmt als das immer neue *Aufbrechen* von Welt und Dasein *aus der Bedrängnis*, wobei es völlig unentschieden bleibt, in welche „geistige Region" der Aufbruch erfolgt, in die der Religion, der Philosophie, der Kunst oder Wissenschaft oder auch, da Geist und Liebe sich nicht trennen lassen, in den „Geist der Liebe" überhaupt.

Blicken wir von hier aus wieder auf das *Bühnengleichnis* Ellen Wests und die *Schreckensbühne* Suzanne Urbans zurück, so sehen wir, daß jenes Aufbrechen von Welt und Dasein in eine jener geistigen Regionen, und insbesondere in die der Liebe, in beiden Fällen nicht mehr möglich ist. Zwar ist die vertraute Welt, wie in aller echten Bedrängnis, auch hier *unvertraut, unheimlich, problematisch* geworden, aufgebrochen also im Sinne des *Um-*

---

[56] Vgl. wiederum *W. Szilasi* a.a.O.
[57] 1948, in 1955a.

bruchs, jedoch bricht das *Dasein* nicht mehr auf im Sinne des eigentlichen *Aufbruchs*, d.h. es schreitet nicht mehr weiter über sich hinaus und hinein in die Welt des *Geistes*, in der es erst im vollen Sinne auf sich selbst *als* Selbst *zurückkommt*. Im Bühnengleichnis sehen wir zwar das Dasein noch durchaus einen Schritt über sich hinaus machen, eben den Schritt ins Gleichnis und das heißt, ins Bild. Insofern das Bild, wie wir hörten, den „ersten Wellenschlag der Transzendenz"[58] bedeutet, haben wir es auch hier noch mit einer Weise des Transzendierens zu tun, aber nur noch im Sinne des Überstiegs ins *Bild*. Das aber heißt: das Dasein sieht – als Zuschauer, nämlich als Selbst – sich selbst noch *im Bild*, es vernimmt noch von sich selbst in der Weise des Bildwissens, des Gleichnisses. Es ist sich selbst immer noch *durchsichtig* im Bild von ihm selbst. *So* weit, ins *Bild* also, bricht es hier noch aus der Bedrängnis durch das Schreckliche auf.

In dem auf die *Schreckensbühne* reduzierten Dasein hingegen ist auch dieser Schritt des Aufbruchs nicht mehr möglich. Das Dasein vermag sich selbst über weite Strecken überhaupt nicht mehr zuzuschauen, es vermag sich nicht mehr über sich selbst „ins Bild zu setzen", wie es im Gleichnis noch der Fall ist. Im Verfallen an die Welt als (zuschauerlose) *Bühne* vernimmt das Dasein als *wahnsinniges* nichts von sich selbst; sondern, was immer es vernimmt, vernimmt es von seiner Welt her. Insofern das Dasein aber auch im Wahn Welt entwirft und hat, transzendiert es auch hier natürlich noch, hingegen vermag es *nicht mehr als Selbst aus der Welt her auf sich selbst zurückzukommen*, wie es im Gleichnis noch der Fall ist. Gerade dieses Zurückkommen oder Sichselbstzurückgewinnen aus dem *Umbruch* der Welt ist das Geistigsein, ist die Möglichkeit des Seinkönnens im Geist. Insofern kann man tatsächlich *nicht* sagen, daß der Wahn, die Psychose überhaupt, eine *Krankheit des Geistes* sei; sie ist ein Kranksein des *Menschen* im Sinne einer besonderen Art des Mißglückens seines Seinkönnens überhaupt hinsichtlich seiner höchsten Seinsmöglichkeit, eben des „Seins im Geiste".

Wenn das Dasein als Schreckensbühne nicht mehr aus der Welt her auf sich selbst zurückkommen, sich selbst also auch nicht mehr zuzuschauen vermag, so können wir das auch so ausdrücken, daß wir sagen, es komme hier nicht mehr zur Sicht und Einsicht, daß es ihm, dem Dasein, in seinem In-der-Welt-Sein um es selbst geht, m.a.W. daß es *umwillen* seiner selbst ist. Da auch der Wahn eine Weise des Daseins ist, *ist* das Dasein auch hier zwar „umwillen seiner selbst", es „sieht" aber nichts mehr und vermag nichts mehr zu „sehen" von diesem Umwillen. Es fürchtet sich nur noch vor

---

[58] Vgl. *W. Szilasi* a.a.O. S. 195: „Diese Bilder-Welt ist auch Welt, und wie immer die Welt wird, die Bilder-Welt verschwindet nicht aus ihr. Sie ist der erste Wellenschlag der Transzendenz; ihre Wellenbewegung zeigt an, wie sich Bild an Bild in immer größerem Umkreis anschließt."

etwas, oder besser, es fürchtet nur noch etwas (aus der Welt her), es „sieht" aber nicht mehr, daß dieses Fürchten-*vor* ein *Fürchten-um* ist, um sein eigenes Seinkönnen nämlich! Es gewärtigt nur noch Fürchterliches, Bedrohliches, ist dabei aber vor sich selbst „ausgerückt"[59]. Von diesem „Ausrücken" weiß das Dasein hier aber nichts mehr. Auf Grund von all dem ist es hier *seiner* nicht mehr mächtig, vermag es sich nicht mehr als Selbst *eigentlich* zu selbstigen, sondern nur noch „uneigentlich", d.h. von der Welt her, zu *nehmen*, nämlich in Anspruch nehmen, überfallen, bedrohen, quälen, mit einem Wort: *beeindrucken zu lassen*. Infolgedessen vermag es sich auch *kein Bild mehr* von sich selbst zu machen.

Aber damit nicht genug! Im Wahn vermissen wir nicht nur die Bildseite des Gleichnisses, das Bild (der Bühne), sondern auch das eigentliche Schreckliche, dasjenige, *wofür* dort das Bild Bild ist. Im Bühnengleichnis beruht die Bedrängnis durch das Schreckliche auf dem schrecklichen, den ganzen Daseinsraum einschränkenden Freß-*Drang*; Bild für diese *Bedrängnis* ist die rings von Bewaffneten besetzte Bühne, die welträumliche Umzingelung. Im Falle Suzanne Urban geht die Bedrängnis aus von der Erkrankung des Mannes an Krebs, seinen Leiden und der Gefährdung seines Lebens. Für diese Bedrängnis finden wir auf der Schreckensbühne des Wahns kein Bild, geschweige denn einen geistigen „Ausdruck". An Stelle von Bild und geistigem Ausdruck ist etwas ganz anderes getreten: die *Verselbständigung des Schreckensthemas* und seine Auskristallisierung zu einem *schrecklichen Drama*. Das Schrecklich-Bedrängende selbst hat sich hier gewandelt: anstatt des Mannes finden wir die ganze Familie von Marter und Tod bedroht, an Stelle der Marter durch unheilbare *Krankheit* sind die Marterungen durch die Polizei usw. getreten. So anschaulich diese „Ein-Bildungen" hier auch sind, so sehr fehlt ihnen doch der *Bild*charakter im Sinne des Bildes-für-etwas. Das aber heißt: sie haben *Wirklichkeits*charakter.

An Stelle der Zweiheit von abgebildetem Sachverhalt und ihn abbildendem Bild, wie es für das Gleichnis charakteristisch ist, haben wir im Wahn eine *Einheit* vor uns, eine Einheit, in der also *weder* von Bild und Abbildung, *noch* von Abgebildetem die Rede sein kann. M.a.W.: Wir können hier nicht unterscheiden zwischen eigentlicher Bedrängnis und (welträumlichem oder sonstigem) Bild für diese Bedrängnis. Die Bedrängnis steht hier jenseits dieser Unterscheidung; sie ist *sowohl* das eine, *als auch* das andere. Hierauf beruht der *Wirklichkeits*charakter der wahnhaften „Ein-

---

[59] Vgl. *Heidegger* Sein und Zeit. S. 341 f. – Ferner *W. Szilasi* a.a.O. 91: „Das, wovor sich die Seele fürchtet, ist das Furchterregende (φοβερόν), Feindliche (ἐχϑρόν), das, worum sich das Fürchten fürchtet, ist man selbst, das heißt die Seele. In jedem Sichfürchten geht es um das Selbst. Das Fürchterliche hat seinen Charakter nur im Besorgtsein um sich selbst."

Bildungen"! Sie sind keine *Bilder* für die wirkliche Bedrängnis, sondern *wirkliche* Gestalten *der* Bedrängnis.

Daraus erhellt, daß wir für das Verständnis des Wahns weder auf eine Störung des Urteils im Sinne etwa des Irrtums rekurrieren dürfen, noch auf eine solche der Sinneswahrnehmung, der Täuschung durch Halluzinationen. Beides sind bereits *Folgen* der Umwandlung der Struktur des In-der-Welt-Seins als ganzem im Sinne des wahnhaften In-der-Welt-Seins.

Der Umstand, daß wir, die andern, hier von Irrtum und Täuschung sprechen, darf uns also nicht dazu verführen, hierin das Wesen des Wahns zu erblicken. Denn nicht darauf kommt es an, was wir, die andern, über das Dasein als wahnsinniges reflektierend und konstruierend denken und schließen, sondern einzig und allein darauf, festzustellen, welcher Art die Struktur des Daseins als wahnsinniges an und für sich ist.

Wir dürfen nun aber nicht stehenbleiben bei dem, was die beiden Phäno-mene Gleichnis und Wahn unterscheidet, sondern müssen noch einmal zurückkommen auf das, was ihnen gemeinsam ist. Dieses Gemeinsame ist das Bedrängtsein von unheimlichen Mächten. Das ist die „Wirklichkeit", die *sowohl* dem Bühnengleichnis *als auch* der Schreckensbühne zugrunde liegt. Die die Bühnenausgänge besetzenden Männer, die Feinde, wie Ellen West selber sagt, sind *hier wie dort* nichts Letztes, sondern, wie schon immer be-tont, Vollzugsorgane jener unheimlichen, ungreifbaren Mächte, ganz gleich, ob diese selbst dann ihrerseits wieder als „böse Geister" oder als anony-me „polizeiliche" Macht vernommen werden. Während wir aber bei Ellen West die sie bedrängenden und verfolgenden schrecklichen Daseinsmächte mit Händen greifen können, die Freßgier nämlich und die ihr widerstre-bende Angst vor dem Dickwerden, müssen wir sie bei Suzanne Urban aus ihrer Lebens- und Krankengeschichte rekonstruieren, aus ihrer Verliebtheit in sich selbst, aus ihrem aggressiven Verhalten zur Mitwelt überhaupt und ihrer übertriebenen hypochondrischen Fürsorge für die eigene Familie. Hier kommt uns die psychoanalytische Erfahrung zu Hilfe, die uns, wie bereits bemerkt, gelehrt hat, in einem solchen Verhalten einen „Fluchtversuch"[60] im Sinne einer *Überkompensation* aggressiver und sadistischer Tendenzen zu erblicken, ein Sicherungssystem also wiederum gegen *wirkliche*, unheim-liche Daseinsmächte. Wir sahen, daß dieses „Sicherungssystem" durch die Erkrankung des Mannes einen „unheilbaren", das gesamte Dasein umwer-fenden oder „verrückenden" Stoß erlitten hat. Infolgedessen dürfen wir so-wohl das Bühnengleichnis als den Verfolgungswahn als, wenn auch verschie-denartige, Weisen, mit dem Unheimlichen im Dasein irgendwie „fertig zu werden", betrachten. Beide sind Ausdrucksformen der Art und Weise, wie

---

[60] Vgl. *Freuds* Theorie der *Phobie* (um eine solche handelt es sich ja auch hier) als eines „Fluchtversuchs vor einer Triebbefriedigung".

das Dasein die unheimliche Macht des Schrecklichen in ihm – unfähig, aus der Bedrohung durch sie aus- und aufzubrechen – als seine eigentliche und einzige *Wirklichkeit* vernimmt und im doppelten Sinne des Wortes – annimmt[61].

Vergessen wir zum Schluß wiederum nicht, daß dem die Macht des Schrecklichen anscheinend nur *illustrierenden Gleichnis* die Wirklichkeit des Selbstmords gefolgt war, das Gleichnis hier also bereits Ausdruck der Unausweichlichkeit der Wirklichkeit des Schrecklichen war, nicht anders als der *Wahn* Suzanne Urbans. In dieser Unausweichlichkeit liegt das eigentliche Gemeinsame beider.

Zum Wirklichkeitscharakter des Verfolgungswahns gehört nun aber nicht nur die Wirklichkeit des Verfolgtwerdens, sondern auch die Wirklichkeit des *Anspruchs* auf das *Angehörtwerden* von seiten der Mitwelt und auf ihre *Hilfe* gegen die Verfolger. Infolgedessen kann man sagen, daß der an Verfolgungswahn Leidende – immer vom Wahn selbst aus gesehen – „mit beiden Beinen" in der Wirklichkeit steht. Er verhält sich nicht anders als der, dem ein wirkliches Unrecht geschehen ist. Er hat nicht nur das Bedürfnis, „zu sagen, was er leidet", sondern auch das, die Leiden von sich und den andern abzuwehren. An Stelle der Konsultationen usw. treten im Wahn die Petitionen usw. Insofern ist hier der Kontakt mit der Mitwelt überhaupt keineswegs unterbrochen. Auf der Schreckensbühne gibt es *nicht nur* Feinde, sondern auch Zu-Hörer und um Hilfe Angesprochene, genau wie im Leben überhaupt. In *dieser* Hinsicht ist der an Verfolgungswahn Leidende, wie bereits betont, durchaus nicht autistisch. Auch hier ist ein Vergleich mit dem Bühnengleichnis lehrreich.

Schon das *Bühnengleichnis* hat die Funktion der *Mitteilung*, ja es steht völlig im Dienst der Mitteilung, ja des *Appells* an die andern. Es will den andern *zeigen*, sie *sehen* lassen, wie und wie tief das eigene Dasein unter der Macht des Schrecklichen *leidet*; es will, daß auch die andern, die Mitwelt, sich *ein Bild* machen können von der eigenen Qual und Not.

An Stelle dieses *Zeigens* „im Bild" tritt beim Wahnkranken, wie wir sahen, das Zeigen mittels des episch-dramatischen *Erzählens*. Wie der gefesselte Prometheus bei Äschylus das Weltall anruft zum Zeugen seines ihm von Zeus zugefügten qualvollen Leidens, so ruft der Wahnkranke die Mitwelt an zum Zeugen, Mitwisser und Helfer. Daß es im Gleichnis zum Zeigen im Bild, hier zum Erzählen kommt, beruht darauf, daß dort das Geschehen des Schrecklichen noch weitgehend in der Form des *Leidens* unter der schrecklichen Qual erscheint – welches Leiden erst im Gleichnis die Form der *Handlung* annimmt –, während hier, im Wahn, das Geschehen des Schrecklichen,

---

[61] Über Vernehmen und Annehmen vgl. wieder *W. Szilasi* a.a.O. S. 65 ff.: Empfänglichkeit und Annahme.

wie in der Tragödie, von vornherein in der Form der *zugefügten* Leiden, der feindlichen Handlung also, erscheint. Handlung aber kann, außer auf der Schaubühne des Theaters, nicht gezeigt, sie kann nur erzählt werden. Zwar geht die „Umsetzung" des Geschehens in „Handlung" hier viel weiter, als es der Tragödie, auch dem schauerlichsten Drama des Barock, je gelungen ist und gelingen kann. Wenn zwar auch dort die „Sinnenfälligkeit" des Geschehens auf die Spitze getrieben wird, so übersteigt der Verfolgungswahn die Möglichkeiten der Tragödie doch insofern, als die Handlung sich hier nicht nur auf das in die Sinne (in Augen, Ohren, Haut usw.) Fallende beschränkt, sondern auch „die Gedanken" von andern empfangen läßt, d.h. mit *in die Handlung* einbezieht. Hier gibt es in der Tat nichts, das nicht Handlung wäre, und zwar grausame, qualvolle Handlung, entsprechend ihrem Ursprung aus der Macht des Grauenvollen oder Schrecklichen. Nicht so verhält es sich demnach, daß die Sinnestäuschungen den Verfolgungswahn bedingen, wie man heute noch vielfach lesen kann, oder umgekehrt der Verfolgungswahn die Sinnestäuschungen bedingt, sondern so, daß das Dasein, von der Macht des Schrecklichen überwältigt, das Schreckliche in alle nur möglichen *sinnenfälligen Handlungen* einläßt, man denke nur etwa an das Herunterfallen der Klappen (zur Herstellung des Kontakts), an das Knistern des Papiers, auf das die Worte Suzanne Urbans notiert werden, an alle ihre illusionären Umdeutungen, dann aber auch an das Mähen mit der Sense, an das Herausfliegenlassen der Raben oder das Zerknackenlassen des Vogels von seiten der Katze. Und so groß ist hier die Macht des Schrecklichen, daß sie, wir wiederholen, sich nicht mit der „normalen" Sinnenfälligkeit oder Empfänglichkeit begnügt, sondern noch ganz neue Empfangsweisen aus der Leibhaftigkeit des Daseins mobilisiert, so die Empfänglichkeit für die „Elektrizität" und für fremde „Gedanken". Sinnenfälligkeit und Handlung stehen hier, im Verfolgungswahn, also in unlöslicher Verbindung[62], ohne daß man sagen kann, die eine sei das Primäre, die andere das Sekundäre; vielmehr ist beides *unmittelbarer* Ausdruck des *Ausgeliefertseins* des Daseins an die Daseinsmacht des Schrecklichen, in Form des Beeindrucktwerdens von ihren Vollzugsorganen. Damit hängt wieder zusammen, daß es hier, wie in der Tragödie[63], kein „blindes Geleise" gibt, sondern alles und jedes irgendwohin führt, irgendwoher kommt und deutlich „auf eine Mitte bezogen" ist, was, wie schon früher betont, jeden *Zufall ausschließt.* Mit all dem wollen wir den Wahn keineswegs als künstlerische Leistung oder Kunst überhaupt auffassen! Im Gegenteil! Während in der Tragödie

---

[62] Vgl. hierzu das Verfahren des Tragödien-Dichters: „Der Tragiker, der alles Geschehen in Handlung umsetzt, steigert also die Sinnlichkeit noch und erhöht die stoffartige Wirkung, damit er zu vollem Einsatz seiner formenden Kraft gezwungen sei" (*Emil Staiger,* Zu Schillers „Agrippina". Trivium VIII, H. 4, S. 265f.).

[63] Vgl. wiederum *Emil Staiger,* ebd.

der *Dichter* es ist, der, *nach künstlerischen Prinzipien*, ein „Rohmaterial zur *tragischen Fabel* verwandelt" *(Schiller)* und zwar unter Einsatz seiner *formenden Kraft*, ist im Wahn zwar auch noch eine formende oder schöpferische Macht am Werk, aber durchaus keine seherisch-künstlerische, sondern eine blinde und das heißt immer auch eine formzerstörende. Für beides steht uns hier kein geeigneterer Ausdruck zu Verfügung als der einer form*schaffenden Formwidrigkeit.* Darunter versteht *Tillich*, wie schon in der Schrift über Ideenflucht[64] erwähnt, „die übergreifende Form, die ein gestaltendes und gestaltzerstörendes Element in sich vereinigt, und damit ein Gegen-Positives".

Andererseits dürfen wir aber auch nicht die Augen verschließen vor der Tatsache, daß Verfolgungswahn und Tragödie doch darin übereinstimmen, daß sie das Schreckliche zum Thema haben, und daß der Dichter der Tragödie dieses Thema nur dann wirklich dichterisch zu *gestalten* imstande ist, wenn er dem Schrecklichen nicht nur ins Auge sehen kann, sondern sich von ihm bis ins Mark bedrängen, ja erschüttern läßt, eine Tatsache, die *Goethe* nach seinem eigenen Zeugnis vom Schreiben einer Tragödie abhielt („um nicht daran zu zerbrechen"). Denn auch hier, ja hier erst recht, gilt der Satz *Hofmannsthals*: „Was Geist ist, erfaßt nur der Bedrängte." *Tragödie* bedeutet nach ihrem existenzialen Begriff *Ausbruch* der Existenz aus der Bedrängnis durch das Schreckliche, Fürchterliche, Böse und *Aufbruch* derselben zu seiner *künstlerischen* Bändigung und Gestaltung in Form der tragischen *Handlung*. *Verfolgungswahn* bedeutet nach seinem existenzialen Begriff *Eingeschlossensein* des Daseins in die Bedrängnis durch das Schreckliche und *Umhergetriebensein, Gejagt-* oder *Verfolgtsein* von den *Handlungen* seiner Vollzugsorgane, von den heimlichen Machenschaften der Feinde.

c) Das Gedicht Baudelaires La Destruction und die Verwandlung des Schrecklichen in den „blutigen Apparat der Zerstörung"

Zum Beweis, daß unsere Darstellung der Thematisierung des Schrecklichen in der Form des Verfolgungswahns eine Weise der daseinsimmanenten Abwandlung des Schrecklichen überhaupt herausgehoben und näher gekennzeichnet hat, sei noch ein Gedicht ins Auge gefaßt, in dem diese Abwandlung ebenso deutlich wie im Verfolgungswahn zum Ausdruck kommt. Was wir in diesem Gedicht vermissen, ist der *Anlaß* für den Ausbruch des Schrecklichen aus dem Dasein in Form einer Urszene. Eine solche Urszene ist aber keineswegs unerläßlich, da das Schreckliche oder Phoberon zu jeder Zeit und

---

[64] AW 1, S. 208.

an jedem „Ort" ausbrechen kann. Haben wir doch schon früher[65] deutlich
unterschieden zwischen der Angst als daseinsimmanenter Macht und ihrer jeweiligen Durchbruchsstelle. Den Fall Suzanne Urban haben wir u.a.
deshalb für unsere Darstellung gewählt, weil „der äußere Anlaß" für den
Ausbruch des Schrecklichen aus dem Dasein in Form einer *Urszene* die Stadien der Abwandlung des Schrecklichen in ein besonders helles Licht zu
setzen vermag.

In *Baudelaires* Gedicht ist das Schreckliche bereits aus dem Dasein ausgebrochen. Es war und ist immer „da". Wir finden es hier sowohl in Form
des Dämons als des Dämonischen überhaupt im Sinne der Atmosphärisierung der Welt, als erst recht in Form seiner Ausgestaltung in den „blutigen"
Apparat der Zerstörung. Das Gedicht lautet:

> Sans cesse à mes côtés s'agite le Démon;
> Il nage autour de moi comme un air impalpable;
> Je l'avale et le sens qui brûle mon poumon
> Et l'emplit d'un désir éternel et coupable.
>
> Parfois il prend, sachant mon grand amour de l'Art,
> La forme de la plus séduisante des femmes,
> Et, sous de spécieux prétextes de cafard,
> Accoutume ma lèvre à des philtres infâmes.
>
> Il me conduit ainsi, loin du regard de Dieu,
> Haletant et brisé de fatigue, au milieu
> Des plaines de l'Ennui, profondes et désertes.
>
> Et jette dans mes yeux pleins de confusion
> Des vêtements souillés, des blessures ouvertes,
> Et l'appareil sanglant de la Destruction!

Die Interpretation dieses Gedichtes bedarf nach dem oben Gesagten
nur noch weniger Worte. Daß das Gedicht mit der Personifizierung der
dämonischen Macht des Schrecklichen in einen Dämon beginnt, während
diese Personifizierung im Verfolgungswahn erst allmählich auftritt, ist für
eine daseinsanalytische Untersuchung natürlich nicht von Bedeutung. Denn
hier kommt es auf die wesensmäßigen Züge der Abwandlung, nicht auf ihre zeitliche Folge, an. Wie im Verfolgungswahn ist die Personifizierung des
Schrecklichen keineswegs streng durchgeführt, vielmehr geht sie Hand in
Hand mit der Atmosphärisierung: „il nage autour de moi comme un *air*
impalpable". Wasser (nager), Luft und Feuer (qui brûle) sind die ungreifbaren, volatilen, verschluckten (je l'avale) „Elemente" dieser Atmosphäre.
Was die Gewänder oder Formen betrifft, in denen der Dämon dem Dichter

---

[65] Vgl. „Über die daseinsanalytische Forschungsrichtung in der Psychiatrie." 1946a, in
1947 u. AW 3.

zunächst vor Augen tritt, so zeigen sie über das hinaus, was bei Suzanne Urban in Erscheinung tritt, auch noch den Charakter der Verführung und der Schuld, sowie des cafard und der Sucht.

Wie Suzanne Urban wird der Dichter von seinem Dämon „haletant et brisé de fatigue, loin du regard de Dieu" geführt. Der Dämon verfolgt auch hier das Dasein, bis es vor Erschöpfung zusammenbricht, fern vom Angesicht Gottes, wie Suzanne Urban fern vom Strahl der Liebe, der Erlösung und des Erbarmens ist. Das Dasein ist hier *nicht gelichtet*, sondern *verdunkelt* und verwirrt (mes yeux pleins de confusion). Infolgedessen finden wir auch nirgends Farben, es sei denn, wie es der appareil sanglant und die offenen Wunden zeigen, das *blutige Rot*.

Der appareil sanglant ist aber schon an und für sich für unser Thema von größter Bedeutung, weil er die Schlußetappe, die Ausgestaltung des Dämonisch-Schrecklichen, so deutlich zeigt, in völliger Übereinstimmung mit dem Verfolgungswahn:

> „Et jette dans mes yeux pleins de confusion
> Des vêtements souillés, des blessures ouvertes,
> Et l'appareil sanglant de la Destruction!"

In dem In-die-Augen-*werfen* tritt auch hier die Bedrängnis des *Beeindrucktwerdens* zutage, und zwar des Beeindrucktwerdens des Blicks durch den Anblick *schmutziger* Gewänder, offener *Wunden* und des *blutbefleckten* Apparates der Zerstörung. Auf die *Apparatur* des Beeindrucktwerdens stießen wir auch in der Wahnfabel Suzanne Urbans, desgleichen auf Schmutz und Kot, auf offene Wunden durch abgeschnittene Nasen und Glieder, aber auch auf seelische Marterungen aller Art. Auch sie peinigten Suzanne Urban „bis aufs Blut". Was hier der Gang der Einbildungskraft des Wahns zeigt, zeigt, in genauester Übereinstimmung, auch der Gang der dichterischen Phantasie. Beide gehorchen demselben *Wesensgesetz* des Daseins hinsichtlich seines Unterliegens unter der „dämonischen" Macht des Schrecklichen.

Nur auf Grund dieses Wesensgesetzes ist es ja auch möglich, in den *Rorschach-Deutungen* im Sinne des Zerstörerischen, des Blutigen, Zerrissenen, Abgerissenen, Abgeschnittenen, Abfallenden, Zerbröckelnden, Schmutzigen, Faulenden, Stinkenden, Verwesenden, Toten, Mechanisierten usw. das Walten der Macht des Schrecklichen zu *sehen*.

Der Geltungsbereich unserer Ausführungen über die Abwandlung des Schrecklichen im Dasein und seine Thematisierung im „Verfolgtwerden" ist aber keineswegs beschränkt auf die *leibliche* Verwundung (durch einen blutigen Apparat) und die *dingliche* Besudelung und Beschmutzung! Kleider, Decken, Speisen, „Blut" und „Leib" sind ja nicht die einzigen Stätten des „zerstörerischen" Nehmens und Genommenwerdens bei etwas. *Neben* diese

Beeindruckbarkeit (das Genommenwerden beim „Leib" im weitesten Sinne) treten ja das Nehmen und Genommenwerden bei der „schwachen Stelle", die Beeinflußbarkeit oder Suggestibilität (z.B. das Beeinflußtwerden durch die „suggestiven" Befehle der schrecklichen Stimme in unserem Falle), das Nehmen und Genommenwerden beim Wort oder das Zur-Verantwortung-Ziehen und -gezogen-Werden (z.B. für die Kränkungen der andern, die Verleumdungen der Familie in unserem Falle), und schließlich das Nehmen und Genommenwerden beim *Namen* oder *Ruf* (z.B. das Kompromittiertwerden in unserem Falle). In *allen* diesen Formen des Genommenwerdens bei etwas zeigt sich mehr oder weniger deutlich ein *„Apparat der Zerstörung"*. An Stelle der blutigen Zerstörung, der körperlichen Verwundung, des Mordes und der Besudelung der Kleider, Decken oder Speisen, tritt hier die gesundheitliche (Vergiftung), die seelisch-entmächtigende („Zwang") und die sozial-entmächtigende „Verfolgung", nämlich die hämische Anspielung, die Besudelung oder Beschmutzung des Namens, der Ehre, die Verdächtigung, Verleumdung, Bloßstellung, Beschimpfung, Verhöhnung, Erpressung, Diffamierung, kurz die *„soziale Vernichtung"*. Angesichts der klinischen Vorzugsstellung der letzteren Form und zum Beweis, daß auch sie nicht aus dem Rahmen unserer Analyse der Macht des Schrecklichen und der „blutigen" Zerstörung herausfällt[66], beschäftigen wir uns noch mit einem besonders gut bekannten und gut dokumentierten Fall aus der Weltliteratur, dem Fall *Jean-Jacques Rousseau*[67].

d) Der Fall Jean-Jacques Rousseau

Dieser Fall eignet sich um so mehr für das, was uns hier interessiert, als gerade die französische Sprache außerordentlich reich ist an den *metaphorischen* Ausdrücken, auf die es hier ankommt. Und gerade hier läßt sich dann wieder zeigen, daß es zum Verständnis der Metapher nicht genügt, zu betonen, daß es sich um eine sprachliche „Übertragung" von einem Sinnes- und Sinngebiet auf ein anderes handelt, sondern darum, die Bedingung der Möglichkeit einer solchen Übertragung aufzuzeigen. Diese Bedingung haben wir hier zu erblicken in der grundlegenden, d.h. alle zwischenmenschlichen Beziehungen umfassenden „daseinsmäßigen" Einheit des Nehmens und Genommenwerdens bei etwas und zwar in seiner *„bedrückenden"* Form. Der Ausdruck *Bedrückung* (oppression) meint ja schon den haptischen oder Berührungsdruck im eigentlichen und im „übertragenen" Sinne. So müssen wir auch unterscheiden zwischen Beeindruckbarkeit im eigentlichen oder engeren leibhaften und im „übertragenen" seelischen, sozialen, geistigen Sinne. All das kommt aber in der Tat auf ein und dieselbe Weise des Mit-

---

[66] Vgl. auch die Redewendung „blutiger" Hohn.
[67] Hierher gehört natürlich auch als Paradigma *Gaupps* Fall Wagner. Das Apparaturhafte zeigt sich aber bei *Rousseau* sehr viel deutlicher als im Fall Wagner.

seins, auf ein und dasselbe Nehmen- und Genommen-werden-bei-etwas hinaus und ist daher auch für das Problem des Verfolgungswahns von durchaus sekundärer Bedeutung. Das läßt sich gerade am Beispiel *Rousseaus* aufzeigen, der bekanntlich an einem völlig „unblutigen", rein sozialen oder Ruf-Verfolgungswahn litt im Sinne einer aufs höchste gesteigerten *Diffamierung* (diffamation), und bei dem wir trotzdem eine Unmenge von Ausdrücken aus der Sphäre der Apparatur und Technik im Dienste der *Zerstörung* finden. Infolgedessen muß eingesehen werden, daß das Ergebnis unserer eigenen Untersuchung und die Vision *Baudelaires alle Weisen aggressiven und destruierenden Nehmens und Genommen-Werdens bei etwas*, klinisch gesprochen, der *Verfolgung*, betrifft. Ich zitiere in der Hauptsache Wendungen und Ausdrücke aus den *Dialogues*[68], die das bezeichnende Ovidische Motto tragen: Barbarus hic ego sum quia non intelligor illis: „Hier bin ich ein Barbar, weil ich von meiner Umgebung *nicht verstanden* werde." „A force d'*outrages sanglants*, mais tacites, à force d'attroupements, de chuchotements, de ricanements, de regards cruels et farouches, ou insultants et moqueurs, ils sont parvenus à le[69] chasser de toute assemblée ..." (361). – „En lui portant à la fois toutes les *atteintes* qu'ils savaient lui être *les plus sensibles*" (ebd.). – „atteint des plus *cruelles morsures*" (131). – „A force de *déchirements* ..." (360). – „Et quelque *appareil de preuves* qu'on m'étale" (362). – „Ils ont trouvé l'art de me faire souffrir une *longue mort* en me tenant *enterré tout vif*" (465). – „Qu'on *l'étouffe* à plaisir dans la *fange*, qu'on s'amuse à l'*enterrer tout vivant*" (113). – „Le livrer sans aucune défense aux lâches *assassins* qui le *poignardent* sans risque" (116). – „L'environner de *souterrains* et de *pièges* tellement *tendus* que chacun de ses pas fût nécessairement une chute" (131). – „Figurez-vous des gens qui commencent par se mettre chacun un bon *masque*, bien attaché, qui *s'arment de fer* jusqu'aux dents, qui *surprennent* ensuite leur ennemi, le *saisissent* par derrière, le *mettent nu*, lui *lient le corps*, les bras, les mains, les pieds, la tête, de façon qu'il ne puisse remuer, lui mettent un *bâillon dans la bouche*, lui *crèvent les yeux*, *l'étendent à terre*, et passent enfin leur noble vie à le *massacrer* doucement de peur que, mourant de ses *blessures*, il ne cesse trop tôt de les sentir" (132). (Die Übereinstimmung mit den Martern der Angehörigen Suzanne Urbans ist hier besonders deutlich.) „Une *violation si criminelle*" (100). – „Leurs *vues cruelles blessent ses yeux* de toutes parts, et que le *spectacle de la haine l'afflige* et le *déchire* encore plus que ses effets (231).

Auf diese (im engeren und weiteren Sinne) *eindrückliche* Weise beschreibt *Rousseau* in der üblichen Unermüdlichkeit und in endlosen Wiederholungen die heimlichen Machenschaften (Machinationen, „machines")

---

[68] Bd. XVII der Oeuvres complètes. Dupont, Paris 1824. – Hervorhebungen von mir.
[69] *Rousseau* spricht hier bekanntlich immer in der 3. Person von sich als Jean-Jacques.

der in einem anonymen *Komplott* zu seiner Diffamierung (in den Augen
nicht nur der gegenwärtigen sondern erst recht der folgenden Generatio-
nen) verschworenen Feinde, genannt „ces Messieurs", ausgehend von zwei
Rivalen, deren Zahl sich rasch auf 10 erhöht, allmählich aber die ganze
Welt (l'univers) „ohne eine einzige Ausnahme" umfaßt und daher, wie es
bei Schreber der Fall ist, irgendwie in der Weltordnung begründet sein muß.
Von einem teuflischen *Dämon* hören wir hier zwar nichts, dafür sind aber
die Feinde selbst, wie wir sahen, von einer teuflischen Bosheit besessen.
Auch dieser Unterschied – zwischen Teufeln in Menschengestalt und „dem
Teufel" – ist daseinsanalytisch von ebenso sekundärer Bedeutung wie der
Unterschied zwischen leiblich-dinglicher und seelisch-geistiger „Beeinträch-
tigung" (Verwundung, Beschmutzung usw.).

Suchen wir nach einem Wort für dieses eine und selbe, so werden wir am
ehesten an das griechische Wort *neikos* denken, da in ihm sämtliche Formen
der Feindseligkeit, des feindseligen Nehmens und Genommenwerdens bei etwas zusammengefaßt sind. Neikos ist das Hauptwort zum Verb neikeo (=
zanken, hadern, kränken, necken, reizen, höhnen, tadeln, schelten, schimp-
fen, beschimpfen, anfahren, anklagen, verleumden). *Bachelard* übersetzt es
mit *ardeur combattive* oder *provocation.* Auch er stellt fest: „la provocation a mille voix. C'est le propre de la provocation de mêler les genres, de
multiplier les vocables, de faire de la littérature et cette intégrité de la matière dure qui nous provoque va être attaquée, non seulement par la main
armée, mais par des yeux ardents, par des injures. L'ardeur combattive, le
neikos, est polyvalent"[70]. Was von der matière dure gilt, gilt durchaus auch
vom Menschen als „hartem" menschlichen Gegenüber oder Gegen-Stand.
Was *Bachelard* von La Volonté incisive et Les Matières dures sagt, all das
finden wir im Verfolgungswahn wieder. Zeigt er doch sozusagen in Reinkultur alle Formen der auf den Mitmenschen gerichteten volonté incisive oder,
um mit *Georges Blin* zu sprechen, des (mitmenschlichen) désir d'entaille
(a.a.O. S. 38). Es bedürfte einer besonderen Untersuchung, um die Parallelen zwischen dem materiellen Einschneiden, dem Einschnitt in die harte
Materie, und demjenigen in den „harten" mitmenschlichen Gegen-Stand im
einzelnen aufzuweisen. Es ist von höchstem Interesse, festzustellen, in wie
hohem Maße die Sprache *Rousseaus* diesen Unterschied aufhebt und das
übergreifende daseinsmäßige eine und selbe zum Ausdruck bringt.

IV. Zeit

Hier stehen wir vor der schwierigsten Aufgabe unserer ganzen Untersuchung, und gerade hier wird es sich in noch höherem Maße als bisher mehr

---

[70] Vgl. La Terre et les Rêveries de la volonté. Paris 1948. S. 39.

um ein Aufwerfen als um ein Lösen der in Frage kommenden Probleme handeln können. Grund hierfür ist in erster Linie, daß wir noch nicht im Besitz einer Ontologie der *natürlichen* Erfahrung sind[71]. Wie kann es da gelingen, zu einer Lehre von der *wahnhaften* Erfahrung – denn um eine Weise der Erfahrung handelt es sich auch hier – zu gelangen? Trotzdem dürfen wir dieser Aufgabe nicht ausweichen, bildet sie doch ein, ja *das* zentrale Anliegen einer Bemühung um das daseinsanalytische Verständnis des Wahns. Es wäre nach allem, was wir gesehen haben, verfehlt, diese Aufgabe mit dem Versuch einer Analyse der wahnhaften Erfahrung selbst zu beginnen; ja nicht einmal bei der Urszene, der Erfahrung des großen Schrecks, dürfen wir mit unserer Untersuchung ansetzen. Denn diese „plötzliche" Erfahrung vermochte ja nur deshalb derart „katastrophal" in das Dasein einzuschlagen, weil sie in eine Zeitstruktur fiel, in der von jeher die zeitliche Erstreckung oder Kontinuität – wir sagen absichtlich nicht die Dauer – auffallend gefährdet, d.h. gegenüber dem plötzlichen Einbruch *des Neuen* in die Erfahrung besonders empfindlich war. Diese Empfindlichkeit der Zeitstruktur erstreckte sich aber keineswegs auf die Erfahrung des Neuen, auf neue Erfahrungen überhaupt. Vielmehr stehen wir hier zwei verschiedenen Erfahrungsweisen des Neuen und damit zwei verschiedenen Arten der Neuheit gegenüber: einmal einer solchen, die sich an und für sich in nichts von der natürlichen Erfahrung unterscheidet, zum andern einer solchen, in der die Neuheit des Neuen einen ausgesprochen *bedrohlichen* Charakter annimmt, dann nämlich, wenn es sich um den Erfahrungsbereich handelt, den die eigene Familie darstellt. Populär ausgedrückt können wir sagen, der Seele Seligkeit bestünde hier darin, daß *nichts Neues* in diesen Erfahrungsbereich eintritt, sondern alles beim alten bleibt. Die Mutter *darf nicht* krank werden! Jede Veränderung bedeutet hier eine Katastrophe. Daher die „übertriebenen" Bemühungen um die Aufrechterhaltung der Kontinuität, die „hypochondrische Sorgfalt" für die Gesundheit der Familie und insbesondere der Mutter. Schon hier wird das Dasein hineingezogen in den Wirbel der Betriebsamkeit, in dem es sich „sein eigenstes Seinkönnen verbirgt und von sich weglebt". Wir vermissen schon hier die erstreckte Stetigkeit der Existenz, das Seinkönnen in einer eigentlichen Dauer, sei es einer Dauer im Sinne der Existenz, sei es erst recht in dem der *eigentlichen* Liebe.

Mit alldem ist zugleich gesagt, daß das Dasein im Falle Suzanne Urban sich *schon vor* der Urszene nicht nur in dem „natürlichen" Zusammenspiel von subjektiver und objektiver Transzendenz, in der natürlichen Erfahrung zeigt, sondern bereits *auch* in einer Erfahrung, in der die subjektive Transzendenz, mit einem Wort die Subjektivität überwiegt. Diese Erfah-

---

[71] Seit dieser Satz geschrieben wurde, hat *W. Szilasi* wichtige Bemerkungen hierzu veröffentlicht in seinem Aufsatz über „Die Erfahrungsgrundlage der Daseinsanalyse Binswangers". Schweiz. Archiv f. N. u. Ps. Bd. 67, H. 1.

rungsweise ist zwar noch weit entfernt von der Beständigkeit, Festigkeit und *(ungeprüften)* Zuverlässigkeit der Erfahrungsweise des Wahns, aber doch auch schon entfernt von der natürlichen Erfahrung; sie läßt sich das Neue überhaupt nicht mehr *nur* frei und offen begegnen, sondern reserviert sich einen Erfahrungsbereich, von dem sie das Neue auszuschließen bestrebt ist, innerhalb dessen also die Neuheit des Neuen den Charakter der Bedrohung, ja Unterbrechung der zeitlichen Kontinuität annimmt. In einer so labilen Zeitstruktur bedeutet die Neuheit des Neuen das, was wir *Schreck* nennen.

Wenn der Familienkultus unserer Suzanne Urban nicht eine Weise dualer Wirheit im Sinne echter Liebesgemeinschaft darstellt, sondern – eben als Kultus – einen liebesfremden, nämlich „betriebsamen" Zug zeigt, so rührt das daher, daß die Familie, wie wir sehen, lediglich eine Erweiterung des *eigenen* Selbst bedeutete, eine Erweiterung insofern, als das Selbst sich hier nur kontinuierlich zu zeitigen vermochte in der Aufrechterhaltung der Kontinuität des die Familie betreffenden Erfahrungsbereichs, in der übertriebenen Sorge für ihr Wohlergehen. In diesem Liebeskultus „kultivierte" sich nur das eigene Selbst. Diese Selbstkultivierung entspricht dem, was die Psychoanalyse Narzißmus nennt, Verliebtheit in das eigene Selbst. Die Abgrenzung des Erfahrungs*bereichs*, innerhalb dessen die Neuheit des Neuen den Charakter des Bedrohlichen annimmt, ist daher selber wieder existentiell, und das heißt, zeitlich zu verstehen. Im Kultus der Familie geht es Suzanne Urban um die Kontinuität der eigenen Existenz. Infolgedessen können wir sagen, daß die Neuheit des Neuen den Charakter des Bedrohlichen oder der Gefährdung dort annimmt, wo sie, wenn man so sagen darf, die „existenzielle Erfahrung" betrifft. Eine solche Erfahrung muß sich m.a.W. erweisen als eine Gefährdung der Existenz, der erstreckten Stetigkeit des Selbst oder kurz der Selbstigung. Eine solche Gefährdung konnte, in unserem Fall, nicht ausbleiben, da Krankheit und Tod von Angehörigen ja immer drohen und erfahren werden *müssen*. Gemäß dem „Modell" der Erfahrung, das das Dasein im Falle Suzanne Urbans sich aber „gemacht" hatte, im Sinne einer „unnatürlichen" Erfahrung, konnte das Neue, die Erkrankung des Mannes an Krebs, gar nicht „wirklich" *erfahren*, nämlich in die Erfahrung eingeordnet und existenziell „verarbeitet" werden. Da dieses Neue aber nicht aus der Welt zu schaffen war, sondern dem Dasein dauernd als Aufgabe (sich seiner *existenziell* zu bemächtigen) auflag, die Bewältigung dieser Aufgabe aber nicht gelang, wurde es zur bodenlosen Bedrohung, zur Bedrohung von „Grund und Boden" des Daseins und schließlich zu seinem *Abgrund*. Damit war das eingetreten, was wir die Verselbständigung des Schreckensthemas, seine Loslösung von der Urszene, genannt haben, m.a.W. seine *Übermacht* über die Macht der natürlichen Erfahrung. Vorerst sind wir aber immer noch bei der Zeitstruktur der *Urszene*. In dem „bodenlosen" Schreck über die Krebsdiagnose und der Erstarrung des gesamten Daseins stand „die

Zeit" sozusagen still, entfaltete sie sich nicht in ihre Ekstasen, existierte das Dasein also nicht mehr im vollen Sinne des Wortes. Das ist die *zeitliche* Bedeutung der Starre oder Erstarrung des Daseins.

Diese Starre kommt sehr gut zum Ausdruck in den Worten des Antonio im Tasso:

> „Wenn ganz was *Unerwartetes* geschieht,
> Wenn unser Blick was *Ungeheures* sieht,
> Steht unser Geist auf eine Weile still,
> Wir haben nichts, womit wir es *vergleichen.*"

In dem Versagen des Vergleichenkönnens, als des ersten Schrittes zur Möglichkeit des Fassens und Erfassens des Schrecklichen des Schrecks, zeigt sich in der Tat das völlige Stillstehen des Geistes, der „geistigen Bewegung". Dabei dürfen wir aber nicht vergessen, daß auch das Stillestehen der Zeit eine Weise der Zeitlichkeit ist, und zwar eben diejenige Weise, in der das Dasein aus seinen „Ekstasen" in Gewesenheit, Gegenwart und Zukunft auf sich selbst als „nacktes Dasein", als *nacktes Grauen*[72] zurückfällt. Dieses den Schreck charakterisierende „Nichtwissen", wie und was mir geschieht, diese Unmöglichkeit der „Einsicht", macht die *„bodenlose" Unheimlichkeit* dieser Erstarrung des Daseins aus. Die „Lösung der existenziellen Starre" besteht dann darin, daß wir wieder ek-sistieren, m.a.W. daß die Ekstasen der Zeitigung sich wieder entfalten. Wir haben schon früher gesagt, was das heißt: es heißt, daß wir wieder imstande sind, das Schreckliche des Schrecks und uns selbst zu fassen, *bei* etwas zu nehmen und damit auch mit etwas zu vergleichen. Damit beginnen wir das Schreckliche des Schrecks in das Kontinuum unserer Erfahrung einzuordnen.

Wir wissen, daß und wieso dies im Falle Suzanne Urbans nicht möglich sein konnte. Das Schreckliche des Schrecks der Urszene sprengte sozusagen das „Modell" ihrer bisherigen Erfahrung; denn dieses völlig auf Sicherung der Existenz angelegte Modell schloß die *Erfahrung des Versagens dieser Sicherung* aus. Um so mehr mußte dieses nicht in die Erfahrung aufgenommene Schreckliche die *Empfänglichkeit* für dasselbe wachhalten, desgleichen aber auch das Ausmaß der Betriebsamkeit ins Maßlose, nämlich bis zur völligen Erschöpfung, steigern: Suzanne Urban „zeigte nur noch Interesse für den Krebs des Mannes".

Hier treten uns erst recht die von *Heidegger*[73] so scharfsinnig gekennzeichneten wesenhaften Charaktere des *Verfallens* vor Augen: erstens die *Versuchung*, in diesem „Interesse" den eigenen Boden, nämlich sich selbst,

---

[72] Vgl. Grundformen und Erkenntnis menschlichen Daseins, S. 445, 448; AW 2, S. 401, 404 u. passim.

[73] Vgl. Sein und Zeit. § 38. Das Verfallen und die Geworfenheit. S. 175 ff.

zu verlieren, zweitens die (vermeintliche) *Beruhigung*, im hemmungslosen, betriebsamen und sich immer steigernden Aufgehen in diesem Interesse den eigentlichen Sinn des Daseins gefunden zu haben, drittens die damit einhergehende *Entfremdung*, in der sich dem Dasein das „eigenste Seinkönnen verbirgt", viertens das Sichverfangen oder *Verfängnis* des Daseins *in ihm selbst*. Zu letzterem Phänomen sei nochmals in Erinnerung gerufen, daß Welt und Dasein *zusammengehören*, Verfallensein *an* die Welt und Sichverfangen des Daseins in ihm selbst dasselbe besagen.

Wenn wir es bei *Heidegger* auch mit der *apriorischen* Struktur der Zeitlichkeit des Verfallens überhaupt zu tun haben, so muß doch in die Augen springen, daß das Dasein im Falle Suzanne Urban eine besondere phänomenologische Art und einen besonders hohen Grad dieses Verfallenseins darstellt.

Der „Übergang" von dieser bereits so „labilen" Zeitstruktur äußersten Verfallenseins in diejenige der *Atmosphäre* des Schrecklichen zeigt sich nun darin, daß das das Verfallensein „zeitlich" charakterisierende „entspringende Gegenwärtigen", das „Mitgerissensein" nämlich von der Gegenwart, *nicht mehr* in einem *Entschluß* aus seiner Verlorenheit *zurückgeholt* werden kann – um „als gehaltener Augenblick" die *Situation* zu erschließen[74] –, sowie darin, daß das Verfallensein das Dasein nicht mehr zu „beruhigen" vermag, sondern es erst recht mitreißt in die „beunruhigende" Gegenwart des ständig Bedrohlichen. Damit „entspringt" das Gegenwärtige erst recht aus der Gesamtstruktur der Zeitigung, der Zeit-Einheit der Ekstasen im Sinne der Gewesenheit, Gegenwart und Zukunft. Ineins damit wandelt sich die Bedrohung durch das zu Besorgende (durch die Pflege des kranken Mannes und seine Krankheit überhaupt) in die Gefährdung von seiten der in diesem Besorgen *mitbeteiligten Mitwelt*. Das Dasein gewärtigt jetzt auch von der Mitwelt nur noch Bedrohung, nämlich Widerstand, Aufstand, Angriff. Es vermag nicht mehr auf sich selbst zurückzukommen, sondern bleibt völlig eingehüllt in die verhüllende Atmosphäre der Unheimlichkeit der Angst[75].

Das (uneigentliche) Gewärtigen in der Form des bloßen *Witterns* unheimlicher Gefährdungen von seiten der Mitwelt *enthüllt* nun aber die Unheimlichkeit dieser Gefährdungen in *bestimmte*, wenn auch heimliche Feindseligkeiten von seiten der Mitwelt. Diese Enthüllung ist doppeldeutig: sie *enthüllt* einerseits den atmosphärischen Schleier der *unheimlichen* Gefährdung, also das verhüllte Wodurch der *Angst*, insofern sie die *Heimlichkeit* der Feinde *entdeckt* oder *offenbart*; anderseits *verhüllt* sie damit aber das Dasein wieder ungleich tiefer *vor sich selbst* als je das Verfallen an das zu

---

[74] Vgl. Sein und Zeit. Die Zeitlichkeit des Verfallens. S. 346–349.

[75] Vgl. zu dieser „Akzentverschiebung" von Vertrauen in Angst und zu deren daseinsanalytischer Interpretation oben Abschnitt III, b) Schluß, sowie den Schluß des „Rückblicks".

Besorgende es vor sich selbst zu verhüllen vermöchte; denn ein Zurückkommen des Daseins auf sich selbst und auf die *Situation* ist nunmehr *ausgeschlossen.* Die Entfremdung (aliénation) des Daseins von sich selbst ist jetzt, im Wahn, eine nahezu „totale". Das ist es, was wir in der Psychiatrie als „Unkorrigierbarkeit der Wahnideen" bezeichnen.

Es gilt nun aber, die eigentümlich verhüllende Enthüllung des Wodurch der Angst, die die Daseinsweise des *Wahns* charakterisiert, näher zu untersuchen. Wir knüpfen dabei an die Erfahrung des „Neuen" an, in welcher das Verfallensein das Dasein „beruhigt" .

Zunächst ist festzustellen, daß das Dasein auch als wahnsinniges „neue" Erfahrungen macht. Welcher Art ist aber die Neuheit des Neuen in dieser Erfahrung? Es ist keine Neuheit mehr im Sinne der Neuheit des Neuen, welche das dem Verfallensein eigentümliche entspringende Gegenwärtigen, ja die „natürliche" oder alltägliche Erfahrung überhaupt zeigen. Während hier die Erfahrung von einem Erfahrungsschritt zum andern, also diskursiv, weiterschreitet, geleitet von der immer wieder der *Prüfung* unterstellten Zuverläßlichkeit, Beständigkeit und Konsequenz dieser (natürlichen) Erfahrungsweise, dreht sich die wahnhafte Erfahrung ständig im Kreise herum. Hier kommt es also nicht zu einer Erweiterung der Erfahrung im Sinne des Aufnehmens „immer neuer" Erfahrungen. Auch die wahnhafte Erfahrung zeigt zwar eine, und zwar der natürlichen Erfahrung in gewisser Hinsicht sogar überlegene Konsequenz, Beständigkeit und Zuverläßlichkeit. Hier handelt es sich aber um eine ungeprüfte, d.h. keinerlei Anweisungen auf *Fragen* mit sich führende, sondern selbstgewisse Zuverläßlichkeit. Diese Selbstsicherheit entspringt der in der Empfänglichkeit befangenen und zwar auf die bloße Angst beschränkten Daseinsweise oder, wie wir früher sagten, der von der Macht des Schrecklichen *überwältigten*, d.h. *„fraglos"* von ihr beherrschten Daseinsweise. Hier bedeutet die neue Erfahrung keine Erweiterung der Erfahrung überhaupt, sondern lediglich eine Bestätigung der alten Erfahrungen: „es ist", wie viele Kranke selber sagen, „immer das alte Lied", und zwar das alte Lied *in* jeder neuen Erfahrung. Das Überwältigtsein vom Schrecklichen bringt ein durchaus „neues", gegenüber der natürlichen Erfahrung neues, ein für allemal festgelegtes *Erfahrungsmodell* mit sich. Es handelt sich um eine Erfahrung, die in der Erfahrung dieses Neuen, und gerade in ihr stehen bleibt, in der Erfahrung desselben, „des alten Lieds" nämlich. Das aber bedeutet einen wesensmäßigen Unterschied gegenüber der natürlichen Erfahrung, nämlich eine ungeheure Schrumpfung der Zeitstruktur und somit des Ek-sistierens, und zwar im Sinne des Verlustes einer *eigentlichen* Zukunft, eines *eigentlichen Sich-vorweg-Seins,* und des Steckenbleibens in der steten Vorerwartung des Bedrohlichen. Diese Vorerwartung ist als Erwartung zwar auch ein Gewärtigen, aber insofern ein uneigentliches, unexistenzielles, als es aus diesem Gewärtigen nicht auf eine eigentliche Gegenwart im Sinne des Augenblicks zurückzukommen vermag.

Doch damit ist die Art der Neuheit des Neuen in der wahnhaften Erfahrung noch keineswegs genügend gekennzeichnet. Es fehlt noch ein, ja *der* entscheidende Zug in der Erfahrung der Neuheit im Wahn. Wir können auch hier wieder an das Bühnengleichnis Ellen Wests anknüpfen. Hier sehen wir, daß gerade mit oder in der Wiederholung des Bekannten, „des alten Lieds", hier also der Erfahrung der jedesmaligen Besetzung jedes neuen Ausgangs, tatsächlich auch eine Erfahrung „von etwas Neuem" gemacht wird, die Erfahrung der *Ausweglosigkeit* als solcher. *Sie* ist es, die das Zusammensinken in Verzweiflung zur Folge hat. Ebenso verhält es sich auf der *Wahnbühne*: Die Befangenheit in der Empfänglichkeit für das Schreckliche macht zwar aus jeder neuen Erfahrung eine Erfahrung des „alten Lieds", z.B. im Sinne einer feindlichen *Handlung* irgendwelcher Art (des Herunterfallenlassens der Klappe, des Photographiert-, Belauscht-, Kompromittiert-Werdens, des Zeigens der Sense, des Kopfabschlagens usw.). Immer wieder aber sucht das Dasein auch hier einen Ausgang aus der Schreckensbühne, und immer wieder macht es dieselbe Erfahrung, die Erfahrung einer „neuen" bösartigen, feindlichen *Handlung*. Damit nun kommt es zu einer das ganze Dasein erschütternden tatsächlich *neuen* Erfahrung, der Erfahrung nämlich der „auswegslosen" menschlichen Bosheit, Tücke, Grausamkeit überhaupt. „Ich hätte", so sagen viele Kranke und so auch Rousseau und der Hauptlehrer Wagner, „ich hätte nie gedacht, daß die Menschen ‚ausnahmslos' so teuflisch sein können"; in dem Aufreizenden dieser neuen Erfahrung der *Ausnahmslosigkeit*[76] liegt die Qual und Verzweiflung des Verfolgungswahns. Sie ist der Ausdruck, der uns schon vom Falle Lola Voß her bekannten Umwandlung des *einen* unaushaltbaren Fürchterlichen oder Schrecklichen in die vielen heimlichen Böswilligkeiten der Feinde.

Während wir uns in der vierten Studie, dem Falle Lola Voß, noch im wesentlichen mit der Feststellung und Beschreibung dieser Umwandlung begnügen mußten, hoffen wir in dieser fünften Studie einen Schritt im daseinsanalytischen Verständnis dieser Umwandlung weitergekommen zu sein. Dabei sind wir uns bewußt, daß wir immer noch weit vom Ziel entfernt sind. Immerhin scheint wenigstens der Weg zu diesem Ziel aufgezeigt. Es scheint in der Tat nach allem, was wir bisher ausgeführt haben, daß jene

---

[76] Die Rolle, die die Ausnahmslosigkeit im Verfolgungswahn spielt, kann auch hier nicht erschöpfend behandelt werden. Eine solche Behandlung müßte sich in erster Linie an *Kierkegaards* Ausführungen über die Ausnahme und das Allgemeine anknüpfen, wie er sie in der Schrift über die Wiederholung wenigstens angedeutet hat. Er zeigt hier, daß, um das Allgemeine zu erklären und „recht zu studieren", man sich „bloß nach einer berechtigten Ausnahme umzusehen" braucht (Werke, Bd. III, S. 208). Gerade das aber ist dem Wahnkranken verwehrt.

Umwandlung nur verstanden werden kann aus der (isolierten) Empfänglichkeit oder Rezeptivität für das Fürchterliche oder Schreckliche (Phoberon)
schlechthin. Diese Empfänglichkeit scheint nun aber doch nicht ohne jegliche Spontaneität zu sein. Denn nur dank einer gewissen Spontaneität ist es
zu verstehen, daß die *Empfänglichkeit* für das Phoberon sich in *Beeindruckbarkeit* durch die Echthroi oder *Feinde* zu wandeln vermag. Beeindruckbarkeit ist Empfänglichkeit nicht mehr für das Schreckliche als solches, sondern
die Möglichkeit von *Erfahrungen* schrecklicher oder fürchterlicher mitwelt-
licher „Eindrücke" auf oder Eingriffe in das eigene Dasein. Damit kommen
wir zurück auf das, was wir oben von der feindlichen *Handlung* sagten.

Der Übergang von der Empfänglichkeit für die Unheimlichkeit des
Schrecklichen überhaupt zur (wahnhaften) *Erfahrung* bestimmter heimlicher feindseliger *Handlungen* setzt in der Tat das Walten einer gewissen
Spontaneität der Erfahrung überhaupt, und damit einer gewissen Bestimmung oder Determinierung des Besonderen, voraus. Bezeichnen wir das
Schreckliche im Sinne des aller Erfahrung hier zugrunde Liegenden, alle
Einzelerfahrungen Verbindenden, ja für sie *Verbindlichen*, als das Allgemeine, die jeweilige feindselige Handlung als das Besondere, so können wir
sagen, die feindliche Handlung stelle hier die Konkretion von Allgemeinem
und Besonderem dar. Hier kommt es zwar zur Erfahrung von Besonderem,
dieses Besondere wird aber nicht mehr in seiner Besonderheit gewahrt, sondern vom Schrecklichen als Allgemeinem verschlungen. Das Besondere geht
hier im Allgemeinen des Schrecklichen auf. Das ist der Kern der *Erfahrung*
als *wahnhafter* sowohl wie als *halluzinierender*. Das Dasein vermag die einzelnen Erfahrungen nicht mehr in ihrer Besonderheit im Sinne der natürlichen Erfahrung sein zu lassen, sondern macht in und mit ihnen nur die
jeweilige neue Erfahrung des Allgemeinen als Schrecklichem. Infolgedessen
vermag es hier zwar wohl zu einer Kommunikation (im daseinsanalytischen
Sinne), aber nicht mehr zu einer sachlichen *Verständigung* im Sinne der
natürlichen Erfahrung zu kommen. Denn die natürliche Erfahrung erfährt
das für uns Nächste nicht von einem beliebigen Standpunkt aus, sondern
von einem von der „Natur" (im Sinne der griechischen Physis) vorgezeichneten Standpunkt aus. Es ist, wie *Szilasi*[77] gezeigt hat, der Standpunkt
oder die Stelle, die wir alle einnehmen. „Dadurch ist sie die Öffentlichkeit,
in welche alles Erscheinende eintritt und mit seinem Eintreten allgemein
zugänglich wird." Auch der Wahnkranke steht *für die Daseinsanalyse* (!) in
diesem Wir. Schafft sie doch gerade „die rechte Basis der Kommunikation".
Und erst von dieser Basis aus ist die wahnhafte Erfahrung als Erfahrung
zu verstehen und zu beschreiben. Wie in der natürlichen Erfahrung eine

---

[77] Vgl. hiezu und zum folgenden „Die Erfahrungsgrundlage der Daseinsanalyse Binswangers", a.a.O. S. 75 ff.

„Anleitung für die Erfahrung" liegt, so auch in der wahnhaften Erfahrung. Daß wir die letztere überhaupt als Erfahrung zu verstehen vermögen, das verdanken wir der Daseinsanalyse. Darüber hinaus hat die Daseinsanalyse aber auch die spezifischen Verschiedenheiten beider Erfahrungsweisen, und zwar gerade auf Grund der Verschiedenheit ihrer „Anleitungen" zu beschreiben, wie wir es bereits versucht haben. Diese Anleitung liegt für die natürliche Erfahrung in der Rückführung auf die „reale Gebundenheit des Folge- und Zuordnungszusammenhangs", m.a.W. auf das Apriori der „Natur" als dem transzendentalobjektiv erfahrenen „Gefügezusammenhang". In dieser „Zuverläßlichkeit" setzt sich die natürliche Erfahrung zur Ruhe. Wo diese Zuverläßlichkeit erschüttert wird, wie z. B. in der „Phantasie", da kommt es zur *Frage* und zur Beantwortung der Fragen im Sinne der obigen Anleitung, zur Ausfüllung also der *Lücken* der Erfahrung durch neue Erfahrungen[78]. Anders die wahnhafte Erfahrung. Auch sie erfährt noch das festgeordnete Gefüge der transzendentalen Objektivität, jedoch im negativen Sinne, in der Erschütterung durch die Unzuverlässigkeit der Erfahrung überhaupt in der Form der *Angst*. Die Unzuverlässigkeit der Erfahrung, wie sie auch für die *Wahngestimmtheit* charakteristisch ist, wird hier aber nicht Anweisung zum Fragen und Prüfen im Sinne der natürlichen Erfahrung, sondern Anweisung zu einer fraglosen, über jede Prüfung erhabenen Feststellung im Sinne des Sich-zur-Ruhe-Setzens der wahnhaften Erfahrung. Das gilt sowohl von der Wahnwahrnehmung als von der (echten) Wahnidee. Daß die *Erfahrung* (wir sprechen hier also nicht vom „Individuum"!) sich hier aber im *fraglosen* Feststellen zu beruhigen vermag, hat seinen Grund in einer tiefgreifenden Umwandlung des gesamten Daseins oder In-der-Welt-Seins, im Sinne nämlich der Isolierung und Verabsolutierung der Empfänglichkeit für das Schreckliche. Diese, wie jede Isolierung einer Seinsmöglichkeit des Daseins, bedeutet eine bestimmte *Einschränkung* der Erfahrungsmöglichkeiten überhaupt auf ein neues spezifisches *Erfahrungsmodell*. In dem Erfahrungsmodell des Verfolgungswahns empfängt die Erfahrung ihre Anweisungen vom Schrecklichen als dem *Korrelat der Angst*. Auch hier werden die Erfahrungen zurückgeführt auf einen „Folge- und Zuordnungszusammenhang". Die Anweisung für das Folgern und Zuordnen empfängt das Dasein hier aber nicht mehr von der objektiven Transzendenz im Sinne der *„Physis"*, sondern von der subjektiven Transzendenz der *Angst* und ihrem „objektiven Korrelat", dem Schreck-

---

[78] „Sie alle aber (nämlich die Dichter, Künstler, Philosophen, religiösen Genies) haben die Erfahrung, daß das Unzuverlässige Frageanweisung ist, Nötigung der Erfahrung, sich ihrer Unvollständigkeit durch konsequentes Erfüllen der Lücken (der Negationen) zu entledigen; es ist nicht Erschütterung der Ordnung. Die Erschütterung des Zuverlässigkeits-Eindrucks läßt die Konsequenz des Ganges zum Thema werden." *W. Szilasi,* a.a.O. S. 80.

lichen. Im Zusammenspiel *dieser* subjektiv-objektiven Transzendenz setzt sich die Erfahrung hier *zuverläßlich* und *konsequent* zur Ruhe! Sie beruhigt sich also nicht in der Aristotelischen „Dingerfahrung", sondern in der Konsequenz der vom Schrecklichen angewiesenen Sinn- oder Bedeutungs-Erfahrung. Von der Konsequenz dieser Erfahrung empfängt jede neue Erfahrung ihren unerschütterlichen Sinn, den Sinn des Bösen, Schrecklichen, Feindseligen. Die *Welt* dieser Erfahrung wird, wie wir sahen, regiert von unheimlichen, ungreifbaren „Dämonen", von bösen Mächten oder Kräften, die, aus dem Dasein selbst aufsteigend, in Gestalt von „in ihrem Dienste stehenden" Verfolgern und Verfolgungen vernommen, eben *erfahren* werden.

„Percevoir", sagt *Merleau-Ponty;* sehr gut, „c'est engager d'un seul coup tout un avenir d'expériences dans un présent qui ne le garantit jamais à la rigueur, c'est croire à un monde"[79]. Nun, unsere Kranken glauben auch an eine Welt, auch sie, ja sie erst recht, ziehen auf einen Schlag eine ganze Zukunft von Erfahrungen in ein Gegenwärtiges hinein, jedoch mit dem Unterschied, daß dieses Gegenwärtige das Zukünftige „unbedingt", „zweifellos" und „fraglos" schon in sich birgt oder *garantiert.* Der Daseinsraum ist hier so eng, daß weder „Platz", noch „Zeit" ist für neue Erfahrungen im Sinne der *Kontrolle* jener Garantie. Und wenn es für die Gewißheit der Wahrnehmung überhaupt kennzeichnend ist, daß es zwar „une certitude absolue du monde en général" gibt, „mais non d'aucune chose en particulier"[80], so unterscheidet sich die Erfahrungsweise unserer Kranken von der der Gesunden gerade durch die selbstverständliche Überzeugung von der Gewißheit *jeder einzelnen* Wahrnehmung. *Der Verlust des Vertrauens in die Welt als vertrauter, heimatlicher, geht einher mit dem unerschütterlichen Vertrauen in die einzelne Wahrnehmung des Unvertrauten.* Beides ist gleicherweise Ausdruck des Überwältigtseins des Daseins vom Schrecklichen und seiner überall und immer schon *vor* jeder Wahrnehmung verspürten, bedrängenden *Nähe.*

Es bedarf nun kaum mehr als eines kurzen Hinweises, daß die *Räumlichung* des Daseins zur Schreckensbühne der „spatiale" Ausdruck dafür ist, daß in diesem Dasein im Grunde „nichts Neues geschieht", daß die Erfahrung sich hier also, wie wir sagten, im Kreise dreht, im engen Kreise „um das alte Lied". Hier wie sonst öffnet die temporale Interpretation der spatialen den Weg. *Die Einengung des Daseinsraumes (le rétrécissement de l'espace vécu) zur Schreckensbühne hat ihren „Grund" in derjenigen Schrumpfung der Zeitstruktur, die sich in der Erfahrung als wahnhafter aufweisen läßt.*

---

[79] A.a.O. S. 343 f.
[80] Ebd.

Zum Schluß sei noch kurz auf einige Einzelprobleme des Wahns eingegangen. Wenn wir zu sagen pflegen, in den Wahnkranken *gehe doch noch
sehr viel vor*, so ist diese Redeweise insoweit berechtigt, als damit die immer neuen, erfahrungsmäßigen *Bestätigungen* des alten (des altbekannten
Schrecklichen) gemeint sind. In anderer Hinsicht geht in ihnen jedoch wenig und im Verlauf chronischer Schizophrenien immer weniger vor, insofern
sie keine neuen Erfahrungen im Sinne der natürlichen Erfahrung machen,
nämlich Erfahrungen, die zu den früheren „etwas Neues hinzufügen", sondern nur Erfahrungen im Sinne der Monotonie des „alten Lieds". Es bleibt
im Grunde bei der Erfahrung des *einen* Allgemeinen und insofern geht in
diesen Kranken „nicht viel vor".

Von hier aus läßt sich aber auch die Frage des *„Tempos"* solcher Erfahrung wenigstens ins Auge fassen. Es handelt sich hier natürlich nicht
um die (psychologische) Frage der Raschheit oder Langsamkeit der Auffassung, sondern um das Tempo, in dem sich das Dasein hier bewegt. Man
sieht leicht, daß von diesem Problem dasselbe gilt, wie von dem vorigen. Die
Zeitigungsweise des Daseins, um die es sich hier handelt, ist die der *Langwierigkeit*, einer Langwierigkeit, die sich aber, wie kaum näher ausgeführt
werden muß, von der *Langsamkeit* der Depression unterscheidet. Denn in
dieser werden überhaupt wenig oder keine neuen Erfahrungen gemacht,
außer der der Verlangsamung überhaupt, während im Verfolgungswahn,
wie wir sahen, gerade eine Unmenge „neuer" Erfahrungen, wenn auch nur
im Sinne der Bestätigung des alten Liedes, gemacht werden. Die Zeitigung
der *Langwierigkeit*, die bezeichnenderweise nie zu der der *Langeweile* führt,
zeigt sich eben darin, daß es nicht zu wirklich neuen Eindrücken im Sinne
der natürlichen Erfahrung kommt, sondern nur zur langwierigen Erfahrung
der allgemeinen Ausweglosigkeit oder Unheimlichkeit in allen speziellen Erfahrungen.

Und schließlich fällt von hier aus auch Licht auf die Frage der *Leidfähigkeit* unserer Kranken. Wenn wir uns fragen, wie es möglich sei, daß eine
solche Kranke „ihr Leid" so lange auszuhalten vermag, ohne dabei „zu zerbrechen" oder vor Gram zugrunde zu gehen, so muß die Beantwortung dieser Frage im selben Sinne erfolgen, wie die der beiden vorigen. Vergleichen
wir das Leiden unserer Kranken mit dem des Gesunden, so zeitigt sich das
Leid bei diesem in der vollen Konkretion der Erfahrung des Unglücks, z.B.
der eigenen Krankheit, des Todes des Nächsten, d.h. in der Einheit der Erfahrung des Unglücks als Allgemeinem gerade *in* dieser Besonderheit. In der
Erfahrung des Allgemeinen als *dieses* Besonderen schlägt uns hier das Leid
nieder, sind wir niedergeschlagen. Dasselbe gilt vom Aufreizenden. Wird in
einer Arbeits- oder Lebensgemeinschaft der eine immer wieder von neuem
von demselben anderen auf dieselbe Weise gereizt, so „hält er es auf die
Dauer nicht aus". Zwar wird auch hier wieder das Allgemeine des Aufrei-

zenden in jedem Besonderen erfahren, aber nicht so, daß, wie im Wahn, das Besondere das Allgemeine vertritt und nur *von Gnaden* seiner ist, sondern so, daß das Allgemeine in jedem besonderen „Anlaß", in jeder besonderen Erfahrung also, tatsächlich und in vollem Maße besondert wird, d. h. seine volle Konkretion erfährt. Das ist es, was wir angesichts des Aufreizenden auf die Dauer nicht aushalten. Denn jene Konkretion ist gar nicht möglich in der bloßen Empfänglichkeit und Beeindruckbarkeit, sondern, wie eine eingehende Analyse zeigen müßte, nur in der eigentlichen Gegenwart der *Existenz*. Wenn unsere Kranke beständig an Selbstmord denkt (im Sinne der Selbstbestrafung usw.), so bedeutet das, wie wir sahen, nicht, daß sie ihr Leid nicht länger aushält, wie es bei Ellen West der Fall war, vielmehr hält sie es an und für sich in monotonem Jammern aus – welches Jammern etwas anderes ist, als der Ausdruck *existenzieller* Not –, und zwar hält sie es deswegen aus, weil es „zum Glück" nicht als ein einmalig Besonderes die „ganze Existenz" zu beanspruchen, zu ergreifen und als Not zu durchdringen vermag wie beim Gesunden und noch bei einer Ellen West, sondern weil es ein auf die Sphäre der bloßen Empfänglichkeit und Beeindruckbarkeit *reduziertes* Dasein trifft und somit in der thematisierten Allgemeinheit des *wahnhaften* Leidens verbleibt.

C. Daseinsanalyse, Psychopathologie und Klinik, Psychoanalyse

I. Ergebnis der daseinsanalytischen Untersuchung

Als Ergebnis der vorausgehenden daseinsanalytischen Untersuchung haben wir festzustellen, daß es gelungen ist, die geschichtliche Umwandlung einer einzigen Daseinsgestalt als „exemplarischen Grund" einer wesensmäßigen Möglichkeit menschlichen Schicksals[81] ins Auge zu fassen und zu analysieren. Damit ist der *phänomenologische Charakter* unserer Untersuchung gekennzeichnet. Das Wesen oder Eidos, um das es sich hier handelt, zeigte sich uns als das Wesen des Schrecklichen oder Fürchterlichen. Da dieses Wesen aber nicht in der Luft hängt, sondern eine wesensmäßige Möglichkeit *menschlichen* Daseins, das *Überwältigtwerden* vom Schrecklichen nämlich, ist, muß es als ein *anthropologisches* Wesen bezeichnet werden. Insofern das menschliche Dasein aber Geschichte ist, durfte das Wesen des Schrecklichen nicht als Daseins*form* ins Auge gefaßt werden, sondern mußte es als wesensmäßiger Daseins*verlauf* oder Daseins*gang* herausgestellt („pro-duziert") werden. Das geschah auf die einzig mögliche Weise jeglicher Wesenserfassung, durch seinen Aufweis nämlich an ei-

---

[81] Vgl. *Szilasi*, Macht und Ohnmacht des Geistes (S. 13): „Das Dasein ist selbst Geschichte, weil es die einzige spezifische Eigenschaft des Daseins ist, Schicksal zu haben."

nem „exemplarischen Grund". Aus der Geschichte der Umwandlung der Daseinsgestalt, der wir den Namen Suzanne Urban gaben, als exemplarischem Grund, haben wir das *Wesen* des Schrecklichen in seiner *wesensmäßigen* Verlaufs- oder Gangstruktur, als *wesenhafte* Möglichkeit menschlichen Schicksals also, erschaut[82]. Wenn wir immer wieder die Erfassung des Wesens des Schrecklichen und seiner wesenhaften Möglichkeiten als die eigentliche Intention unserer Untersuchung bezeichnen, so deshalb, um diese Intention mit der rein klinisch-*historischen* Schilderung und Aufzeichnung der Geschehnisse und Erlebnisse zu konfrontieren, in denen das Schreckliche lebensgeschichtlich in Erscheinung tritt. So sehr die Lebensgeschichte also den exemplarischen Grund für die Erschauung des Wesens des Schrecklichen „hergibt", so wenig darf doch die historische *Reihenfolge* der schrecklichen Ereignisse und Erlebnisse maßgebend sein für die Erfassung des reinen Wesens des Schrecklichen als *Daseinsmöglichkeit*. Ob diese Möglichkeit sich erstmals *zeigt* in einem einmaligen Schreck oder Entsetzen, in einer schrecklichen Atmosphäre, in Gestalt eines schrecklichen Dämons, in der Weise eines schrecklichen Anblicks, Leidens, Gedankens oder Tuns, überall und immer vermag das Wesen des Schrecklichen aufzuleuchten, sich kundzugeben, oder wie man es nennen will. „Wir schlafen sämtlich auf Vulkanen", um mit *Goethe* zu sprechen: wo, wann, wie oft, wie heftig der Vulkan ausbricht, ist nicht maßgebend für das *Wesen* des Vulkanischen.

„Um das Wesen eines Eidos ($\varphi\acute{v}\sigma\iota\nu\ \epsilon\check{\iota}\delta o v\varsigma$) zu erkunden, müssen wir es in seiner allergrößten Fülle sehen, an der Spitze seiner Spitze" sagt *Szilasi*[83] mit Recht. So haben wir das Wesen des Schrecklichen „in seiner Fülle" zu erkunden versucht, das aber heißt hier, in der äußersten Maßlosigkeit seiner Isoliertheit, in derjenigen menschlichen Seinsmöglichkeit nämlich, die wir klinisch als Verfolgungswahn bezeichnen. Zu diesem Behufe haben wir ein

---

[82] Hinsichtlich der Ausdrücke Wesen, wesensmäßig, wesenhafte Möglichkeit sei auf *Husserls* Ideen zu einer reinen Phänomenologie und phänomenologischen Philosophie (Hua III/1) verwiesen, sowie auf mein bereits im Jahre 1922 erstattetes Züricher Referat „Über Phänomenologie" (1923, in 1947 u. AW 3). – Im Vorbeigehen sei nur noch bemerkt, daß ich, ungeachtet der Überzeugtheit von der unvergänglichen philosophischen und wissenschaftlichen Bedeutung der rein-phänomenologischen Methode, doch nicht auf dem Boden des „absoluten Intuitionismus" stehe, wie *Husserl* ihn vertrat, weswegen ich auch Anschauungen und Überlegungen zugänglich bin, wie sie neuerdings *Hans Kunz* geäußert hat (vgl. Das Problem des Geistes in der Tiefenpsychologie, Psyche V. Jg., 5. Heft, 1951). Für unser Problem sind besonders wichtig die Ausführungen von *Kunz* über die inneren Beziehungen von „Wesen" und „Genese" (S. 248 ff.). Es würde unsere Studie aber allzusehr belasten, wollten wir im einzelnen auf dieses Problem eingehen. Wie wichtig es aber ist, geht schon daraus hervor, daß wir es bereits bei *Schilder* (vgl. Seele und Leben, S. 114) finden, desgleichen neuerdings bei *Paul Ricoeur* (vgl. Philosophie de la volonté, Paris 1949, p. 405): „Il n'y a pas d'opposition, croyons-nous, entre une psychologie *génétique* attachée à *l'histoire* des structures et une phénoménologie *descriptive* attachée au *sens* des structures humaines."

[83] A.a.O. S. 86.

menschliches Schicksal herausgegriffen, in dem die Fülle des geschichtlichen Wesens des Schrecklichen sich in annähernder Vollständigkeit zeigt.

Wenn es noch einer Bestätigung bedurft hätte dafür, daß wir mit der Wesenserfassung des Schrecklichen – zu dem auch das Wesen des Zerstörerischen gehört – auf der richtigen Spur waren, so brauchten wir nur auf *Baudelaires* Gedicht La Destruction zu verweisen, in dem in einer genialen dichterischen Intuition und *noch* größerer Vollständigkeit erschaut und vor unseren Augen ausgebreitet ist, was wir nur in kontinuierlicher daseinsanalytischer Interpretation eines gesamten Lebensverlaufs zu erkunden vermochten. Der Unterschied zwischen dem Dichter des Zerstörerischen und dem daseinsanalytischen Interpreten des Schrecklichen einerseits, dem wahnsinnigen Dasein andererseits, besteht, wie ohne weiteres ersichtlich, darin, daß die Ersteren das Wesen des Schrecklichen in dichterischer *Vision* oder phänomenologischer *Interpretation schauen*, während es sich am letzteren *vollzieht*. Und doch sind Schau und Vollzug nicht ohne Beziehung zueinander, wie schon das Gleichnis Ellen Wests gezeigt hat. Auch die Wesens*schau* und Wesens*darstellung* des Schrecklichen ist Vollzug des Schrecklichen, jedoch noch vom Gesamtgefüge des Daseins aus, also ohne von der Macht des *Vertrauens* verlassen zu sein; während da, wo das Schreckliche sich *am* Dasein vollzieht oder ihm „zum Schicksal wird", die Daseinsmacht des *Vertrauens überwältigt*, das Dasein auf die pure Leidfähigkeit *reduziert* und völlig in den Krallen „des großen Geiers der *Angst*" ist. Wir stehen also auch in der Wesensschau des Schrecklichen inmitten des Daseins und der Daseinskommunikation. In dem was dein ist, schaue ich ($\sigma\kappa o\pi\acute{\epsilon}\omega$) auch „das Meine" ($\tau\grave{o}$ $\acute{\epsilon}\mu\acute{o}\nu$), „mein eigen Bild", wie *Emil Staiger* den tiefsinnigen Ausspruch des Odysseus angesichts des Wahnsinns seines Feindes Aias übersetzt[84].

II. Wesenserkenntnis des Schrecklichen und diskursive Erkenntnis seines Vollzugs

Wenn wir uns nun von der phänomenologischen und daseinsanalytischen Erfahrungsweise der *psychopathologischen* und *klinischen* Untersuchung und Erfahrung zuwenden – jedoch ohne die ersteren je aus dem Auge zu verlieren! –, so verlassen wir die Ebene gemeinsamen Daseins und *daseinsmäßiger Kommunikation* und stellen uns auf den Boden *diskursiver, gegenständlicher* oder *objektivierender Betrachtung und Erkenntnis*[85]. Damit wird aus

---

[84] Sophokles, Aias V. 124.

[85] Über den Unterschied und die Beziehungen zwischen Daseinsanalyse und Psychopathologie wurde schon in den Ideenfluchtstudien, in den früheren Studien zum Schizophrenieproblem, in der Vorlesung über die manische Lebensform [1945a, in 1955a] und zuletzt noch in dem Badenweiler Referat (Daseinsanalytik und Psychiatrie 1951, in 1955a) ge-

der Daseinsgestalt Suzanne Urban erst der klinische *Fall* Suzanne Urban, ein Exemplar also einer bestimmten Krankheitsart, Krankheitsgattung und Krankheitsklasse. Aber auch schon dann, wenn der Kliniker von der *Person* oder der *Persönlichkeit* spricht, verläßt er den Boden der Daseinsanalyse. Das muß auch im Hinblick auf die ausgezeichnete Schrift von *Wyrsch* über „Die Person des Schizophrenen" gesagt werden[86]. Daseinsanalyse ist etwas ganz anderes als Person- und Persönlichkeitsforschung. Es ist das Verdienst von *Hans Kunz*[87], schon im Jahre 1931, und zwar im Hinblick auf den schizophrenen Primärwahn, zwischen Persönlichkeitsveränderung und Daseins- oder Existenzumwandlung unterschieden zu haben.

Sprechen wir von dem *Fall* Suzanne Urban, so tritt nun das historisch-zeitliche Moment in den Vordergrund, die historische Reihenfolge nämlich der ihn auszeichnenden Ereignisse, Erlebnisse und Erlebnisweisen, die Lebens- und Krankheitsgeschichte also im Sinne der Psychopathologie und Klinik. Wenn es für die Wesenserfassung des Schrecklichen gleichgültig ist, wo, wann und auf welche Weise es ins Dasein *einbricht* und aus seinem Gefüge *ausbricht*, so ist dies durchaus nicht der Fall für die diskursive Erkenntnis des faktischen Vollzuges des Schrecklichen an einer auf die begriffliche Ebene eines klinischen Falles reduzierten Daseinsgestalt. Jedoch muß uns der Blick auf das Wesen des Schrecklichen davor bewahren, ein be-

---

handelt, so daß hier nicht mehr im einzelnen darauf eingegangen wird. – Vgl. hierzu aber auch die den Kern der Sache betreffenden und beiden Untersuchungsmethoden gerecht werdenden neuerlichen Ausführungen von *Wyrsch* zu diesem Thema in seinem Aufsatz „Die psychiatrische Untersuchung und die Subjekt-Objektspaltung" (Schweiz. Archiv f. N. u. Ps. Bd. 67, S. 126 ff.). Wenn *Wyrsch* erklärt, daß „die Krankheiten" nicht nur für den Forscher und Arzt „Objekte" geworden sind, sondern daß auch der Kranke selbst es gelernt habe„„sein Kranksein wie einen Gegenstand zu betrachten, der eine Existenz unabhängig zum Gegenstand hat und also nur ,zufällig' zu ihm, dem Kranken, gehört" (S. 127), so hat er und haben wir alle einen Vorläufer in *Tiling*, der schon 1904 seine warnende Stimme dagegen erhoben hat, daß wir „zu sehr daran gewöhnt" seien, „jeder Krankheit, jeder Neurose und jeder Psychose ihren eigenen Charakter zuzuschreiben" und so zu tun, wie wenn *die Krankheit in den gesunden Menschen eindränge wie eine fremde Person!* (Vgl. Individuelle Geistesart und Geistesstörung, Wiesbaden 1904, S. 37.) In *Tiling* sehe ich, abgesehen von seinen historisch bedingten psychologischen Schemata, in der Tat einen Vorläufer der modernen klinischen Psychiatrie.

[86] Gerade diese Schrift zeigt aber, wie viel leichter daseinsanalytische Interpretationen dem Psychiater *zugänglich* werden, wenn sie in das Gewand einer Psychologie und Psychopathologie der Person gekleidet werden.

[87] Vgl. Die Grenze der psychopathologischen Wahninterpretationen, Z. Neur. 135, H. 5, S. 693, 1931. Der betreffende Passus lautet: „Gesetzt jedoch, die psychopathologische Zergliederung des Primärwahnes wäre bereits soweit gediehen, daß er nicht mehr auf die gedanklich-intentionale Sphäre beschränkt würde, dann ergäbe die nachträgliche Zusammenfassung der notwendig einzeln analysierten Bestände – die in ihrer faktisch-konkreten Ganzheit das primäre „Wahn"-geschehen konstituieren – wohl die schizophrene, als Primärwahn imponierende Persönlichkeitsveränderung, nicht dagegen die Daseins- oder Existenzumwandlung."

stimmtes Glied in der Reihenfolge dieses Vollzugs zu überschätzen oder gar isoliert zu betrachten! So wäre es z.B. ein großer und folgenschwerer Irrtum, wollte man ein Schreckerlebnis wie dasjenige beim Urologen, die Urszene also, für unentbehrlich halten für den historischen Vollzug des Schrecklichen überhaupt. Bildet ein solches Schreckerlebnis doch geradezu eine Ausnahme in der Genese des Verfolgungswahns. Ja wir dürfen uns der klinischen Einsicht nicht verschließen, daß auch im Falle Suzanne Urban der Verfolgungswahn *ohne* ein solches Erlebnis hätte ausbrechen können. Wenn wir diesen Fall als exemplarischen Grund für die Wesensschau des Schrecklichen und als klinisches Paradigma für die Genese einer bestimmten Form des Verfolgungswahns gewählt haben, so, wir wiederholen, deswegen, weil hier, klinisch gesprochen, die „Zusammenhänge" zwischen „prämorbider Persönlichkeit", Ausgangssituation, Wahnstimmung und Wahn *besonders deutlich* vor Augen treten.

Dazu tritt nun aber noch ein anderes klinisches Moment. Die meisten Monographien über klinische und psychopathologische Analysen und Selbstschilderungen „paranoischer" und paranoider Einzelfälle betreffen Fälle, in deren Beginn oder Verlauf deliriöse Verwirrtheitszustände mit Weltuntergangs-, Weltverlust- oder zum mindesten Welt- und Ich-Veränderungserlebnissen auftreten, sei es mit ausgesprochenen Bewußtseinstrübungen, sei es mit traumhafter Benommenheit oder bloßer Ratlosigkeit. Das gilt von *Freuds* Fall Schreber wie von den *Jaspers*schen Fällen Klink und Dr. Mendel in der Z. Neur. XIV, 1913, von *Gruhles* Fall Lenore Banting Z. Neur. 28, 1915, von *Schwabs* besonders interessantem Fall in der Z. Neur. 44, 1919, von *Kehrers* Fall Arnold, Z. Neur. 74, 1922, vom Fall Hahnenfuß von *Beringer* und *Mayer-Groß* Z. Neur. 96, 1925, von *Krapfs* Fall E. v. B. im Archiv Ps. Neur. 81, 1927, von *Heidenhains* Fall Kestner in der Z. Neur. 127, 1930, um nur einige zu nennen. Ausnahmen machen zum Beispiel *Gaupps* Fall Wagner, der „Fall" *Strindberg* (vgl. *Jaspers* , „Strindberg und van Gogh", Bern 1922) und der oben erwähnte Fall *Rousseau*[88], sowie vor allem *J. Langes* Fall Bertha Hempel in der Z. Neur. 85, 1923, bei dem es sich aber nicht um einen Verfolgungswahn oder Züge eines solchen, sondern um einen Liebeswahn handelt. Im Gegensatz zu den erstgenannten Fällen und in Übereinstimmung mit den letzteren erfahren wir im Falle Suzanne Urban weder etwas von einem akuten Verwirrtheitszustand, noch zeigen sich in seinem Verlauf Bewußtseinstrübungen irgendwelcher Art, noch auch die nach *O. Kant* bei der schizophrenen Wahnbildung „fast nie fehlende" schizophrene Denkstörung. Suzanne Urban ist immer „orientiert" geblieben

---

[88] Bei *Strindberg* wie bei *Rousseau* finden wir immerhin transitorische traumhafte oder „visionäre" ekstatische „Anfälle". Auch sie zeigen übrigens keine schizophrene Denkstörung im engeren Sinne.

und hat nie formale schizophrene Denkstörungen gezeigt[89]. Das ist auch
von Bedeutung für die Art des Wahngeschehens und der Wahn*form* unseres Falles. Denn wenn er sich auch wieder von den Fällen Strindberg und
Rousseau durch den *hochgradigen* melancholischen „Affekt" unterscheidet,
so hat er doch die *Wahnform* mit ihnen gemeinsam.

Was die letztere betrifft, so stellen wir sie mit *Eugen Kahn*[90] dem
Wahn*inhalt* oder der Wahn*fabel* und der Wahn*richtung* (im Sinne der Beeinträchtigung oder Förderung) gegenüber. Wenn *Eugen Kahn* hinsichtlich
der Wahn*form* (abgesehen von dem akuten oder chronischen Verlauf) den
zerfahrenen und systematisierten, den sterilen und produktiven, den phantastischen und wirklichkeitsnahen Wahn unterscheidet, so muß man den
Wahn im Falle Suzanne Urban einerseits als systematisiert und produktiv,
andererseits aber doch als wirklichkeitsnah bezeichnen, gesetzt wenigstens,
daß man den Ausdruck phantastisch für die Fälle von Paraphrenia phanta-
stica reservieren will, von der hier keine Rede ist. Auf keinen Fall kann man
bei unseren und den letztgenannten Fällen von *Faseln* sprechen, welchen
„Verband" *Carl Schneider*[91] als „Hauptträger der Veränderungen" im paranoiden Symptomenverband anspricht oder besser „konstruiert". Jedoch
begeben wir uns hier bereits auf das Gebiet der *Diagnose* .

III. Diagnose

Die durchgängige Erhaltung der „Klarheit" und Orientiertheit, das Fehlen
jeglicher katatoner Symptome (im weitesten Sinne des Wortes), die Feststellung der Kreuzlinger Krankengeschichte, „daß ihr Gedächtnis und Urteil,
die scharfe Beobachtung, das lebhafte Temperament und die Neigung zu
Humor und Witz in keiner Weise gelitten haben", könnten zunächst Zweifel an der Diagnose einer Schizophrenie aufkommen lassen. Bei manchem
Leser der Krankengeschichte mag anfangs der Verdacht aufgetaucht sein, ob
es sich bei Suzanne Urban nicht um einen rein *depressiven* („affektiven",
„holo"- oder „synthymen") *Wahn* gehandelt habe. Dieser Verdacht wird
gestützt erstens dadurch, daß die Krankheit, wie wir von den Angehörigen
hören, mit einer „traurigen Verstimmung" begann, zweitens dadurch, daß
die Stimmung bis zuletzt eine fast ausschließlich depressive war und der
Inhalt der Wahnideen durchweg melancholischen Charakter trägt. Bezieht
sich der depressive Wahn, wie *Bleuler* sich in seinem Lehrbuch[92] ausdrückt,

---

[89] Niemand wird heute noch die Wahnidee auf eine Denkstörung zurückführen wollen!
Hat doch schon *Tiling* erklärt, die Wahnidee sei *Herzenssache* (a.a.O. S. 43).

[90] Vgl. Über Wahnbildung, Arch. Psychiatrie Nervenkrankh. 88 (1929), S. 446 f.

[91] Die schizophrenen Symptomenverbände, Berlin 1942, S. 102.

[92] S. 51. – Wir zitieren durchweg nach der achten, von *M. Bleuler* umgearbeiteten
Auflage vom Jahre 1949.

auf die drei Gebiete des Gewissens *(Versündigungswahn)* , der Gesundheit *(Krankheitswahn)* und des Vermögens *(Verarmungswahn)* und finden wir hier durchaus auch häufig Andeutungen von *Beziehungswahn*, so scheiden bei Suzanne Urban Krankheits- und Verarmungswahn (im rein melancholischen Sinne) von vornherein aus. Komplizierter ist die Lage hinsichtlich der beiden anderen Wahnrichtungen. Hören wir wieder *Bleuler*: „Der *Versündigungswahn* glaubt ohne Grund schwerste Verbrechen begangen zu haben oder bauscht wirkliche kleine Vergehen zu unverzeihlicher Sünde auf. Dafür wird nicht nur der Patient in diesem und in jenem Leben in schauderhafter Weise bestraft, sondern auch alle seine Angehörigen, ja die ganze Welt." Die schauderhafte Bestrafung der Kranken und aller ihrer Angehörigen finden wir im Falle Suzanne Urban gleichsam in Reinkultur. Hingegen finden wir durchaus keinen Glauben, schwerste Verbrechen begangen zu haben[93], und ebensowenig die Aufbauschung kleiner Vergehen zu unverzeihlicher Sünde. Die *einzige* Andeutung hinsichtlich „kleiner Vergehen" ist die Bemerkung in der Selbstschilderung: „Ich habe es (die ‚schreckliche Falle', die ‚Kompromittierung' und dauernde Quälerei in der ersten Anstalt) aber wirklich nicht so sehr verdient, mehr äußerlich, weil ich die Menschen zu ärgern liebte und nichts verheimlichte, wie viele es tun." Hier ist gerade keine Rede von *unverzeihlicher* Sünde und deren schauderhafter Bestrafung. Die Strafe ist hier dem reinen *Stimmungs* bereich entrückt und spielt sich, klinisch ausgedrückt, in einer sehr viel tieferen „Abwandlung der Persönlichkeit" ab als die melancholische Verstimmung sie darstellt. Der Hinweis auf das „kleine Vergehen" der Neigung zum Ärgern der andern, ist für uns ja gerade deswegen so bedeutsam, weil hier die Einsicht in die Verbindung von Schuld und Strafe zwar auftaucht, aber, wie wir uns früher ausdrückten, gleichsam auf ein Nebengeleise geschoben, nämlich bagatellisiert wird[94]. Dasselbe gilt von der (einzigen) Bemerkung hinsichtlich einer Schuld der Angehörigen selbst, nämlich daß, wenn sie auch eine Strafe verdient hätten, dieselbe „nicht so grausam sein sollte" (in der Kreuzlinger Krg.). In einem Gleichnis können wir sagen, daß das Medusenhaupt der eigenen Verschuldung hier mit einem

---

[93] Im Gegensatz zu diesem melancholischen „Glauben" ist Suzanne Urban ja der Überzeugung, daß nicht sie selbst die furchtbaren Verbrechen (die Verleumdungen) begangen hat, daß sie ihr vielmehr als „willenlosem Werkzeug" von ihren Feinden *aufgezwungen* worden sind. Wir müssen uns hier, wo wir von der Diagnose reden, durchaus an den *psychopathologischen Tatbestand* halten!

[94] *O. Kant* (Beiträge zur Paranoia-Forschung III, Z. Neur. 127, S. 636, Anm. 1) unterscheidet innerhalb der Wahnformen hinsichtlich der „Behandlung" des Schuldgefühls den Expansivparanoiker, der alle Schuld ganz der „Außenwelt" zuteilt, den Depressiven, der sich ganz mit seiner Schuld eins weiß, und den zwischen beiden stehenden Sensitivparanoiker, „der sich zwar von der Außenwelt angegriffen fühlt, die Ursache hiefür aber selbst, wenigstens zum Teil, in seiner eigenen Verschuldung fühlt". Dieser „Teil" scheint uns bei Suzanne Urban aber doch all zu geringfügig, um sie deswegen als Sensitivparanoikerin zu bezeichnen, wofür ja auch sonst fast alle Merkmale fehlen.

dichten Schleier verhängt ist, ein Zeichen, daß die Macht des Schrecklichen sich an diesem Dasein ungleich rigoroser oder zerstörerischer vollzogen hat, als es in der Melancholie der Fall ist (wir reden hier *nicht* von dem Ausmaß des subjektiven Leidens und der subjektiven Qual), insofern nämlich, als diese Macht sich nicht mehr als qualvolle existenzielle Not, sondern in ihrer sozusagen „unexistenziellsten" Form kundgibt, in der Form also des „blutigen Apparates der Zerstörung". Das bedeutet eine ungleich tiefere Zerstörung der gesamten Daseinsstruktur, als es bei der Melancholie der Fall ist.

All das gilt nun aber erst recht vom *Beziehungswahn*. Auch er steht hier *außerhalb* des rein stimmungsmäßigen Zusammenhangs von Schuld und Strafe. Infolgedessen ist er hier viel systematisierter als es bei der reinen Melancholie der Fall ist.

Aber auch die Gestimmtheit als solche weicht hier von derjenigen einer *schweren* Melancholie – denn um eine solche müßte es sich hier handeln – ab, insofern sie, was bei der *schweren* rein melancholischen Verstimmung durchaus nicht der Fall sein kann, mit obszönen Anwandlungen („sie erzählt mit Behagen die schmutzigsten Witze", Kreuzlinger Krg.), aber auch mit einer Art Galgenhumor, ja „heiterer Stimmung" einhergeht, ohne daß man im geringsten von manischen Umschlägen sprechen kann.

Zu all dem kommt, daß die Patientin nach Aussage der Angehörigen „in der letzten Zeit ihre guten Manieren verloren" hat und daß sie schamlos vor den Augen der Pflegerin onaniert. Wenn auch, entgegen der Vermutung des einweisenden Psychiaters, daß es sich neben der Melancholie um eine „präsenile Demenz" handeln könne, sicherlich keine Einbuße in rein intellektueller Hinsicht besteht, so besteht doch eine mit der Diagnose der Melancholie nicht vereinbare Einbuße an „moralischen" Hemmungen. Wollte man trotz all dem mit *Mayer-Groß* von einer „paranoid gefärbten Involutionsmelancholie" sprechen, so würden wir demgegenüber ins Feld führen, daß es sich bei Suzanne Urban durchaus nicht um eine paranoide *Färbung* des Krankheitsbildes handelt, sondern daß das Paranoide im Zentrum desselben steht, also nicht seine „Färbung", sondern seine „Substanz" ausmacht.

Damit kommen wir auf das stachelige Gebiet des *Paranoids* , der *Paraphrenie* und der *Paranoia*. Wir schicken voraus, daß wir mit *Kolle, Bleuler, Mayer-Groß* u.a. der Meinung sind, daß sowohl die *(psychotische)* Paranoia als die Paraphrenie heute der Schizophrenie zugerechnet werden müssen. Auf den Gedanken, daß es sich um eine durchaus „verständliche" Entwicklung oder *psychopathische paranoische Reaktion* im Sinne von *Kolle, Kielholz* u.a. handeln könne, wird wohl niemand verfallen. Von einem *sensitiven Beziehungswahn* im Sinne *Kretschmers* (den wir mit *Bleuler,* a.a.O. S. 360, aber keineswegs als selbständige Form ansehen) kann schon insofern keine Rede sein, als Suzanne Urban, wie bereits bemerkt, durchaus kein sensitiver Charakter war[95] und daß die Urszene nicht das Erlebnis einer „beschämenden Insuffizienz", ja überhaupt kein „Schlüsselerlebnis" ist[96], sowie daß die Beziehungen zwischen Charakter, Erlebnis und Umwelt hier keinesfalls für das klinische Verständnis des Falles genügen. Gemeinsam ist unserem Fall mit dem sensitiven Beziehungswahn lediglich das Erhaltenbleiben einer relativen Besonnenheit und der Orientierung, sowie die große Bedeutung der *Erschöpfung*. Dabei darf immerhin nicht vergessen werden, daß im Falle Suzanne Urban die Erschöpfung bereits *Folge* des beginnenden Krankheitsprozesses, nämlich der „verstiegenen" alleinigen Betreuung des Mannes, ist. Desgleichen betrachten wir übrigens auch die traurige Verstimmung im Beginn der Krankheit nicht als „depressive Phase", sondern als „prozeßbedingte Verstimmung" *(Kretschmer)*.

Rein symptomatologisch könnte der Fall Suzanne Urban der *Paraphrenia systematica Kraepelins* zugerechnet werden, insofern es sich hier um die schleichende Entwicklung eines stetig fortschreitenden *Verfolgungswahns ohne Zerfall der Persönlichkeit* handelt. Aber erstens ist die Entwicklung des Verfolgungswahns in unserem Falle keineswegs so schleichend wie in *Kraepelins* Fällen, und zweitens erfahren wir hier nichts von konsekutiven Größenideen, wie sie zu *Kraepelins* Paraphrenia systematica gehören.

Leider fehlt uns trotz allen bisherigen Nachforschungen jegliche Auskunft über den *Ausgang* des Falles Suzanne Urban. Da „der Affekt" bis zuletzt, wenn auch in *monotonem* Jammern, nicht verschwunden war, darf die *Prognose* nicht unbedingt als schlecht bezeichnet werden, jedoch ist, auf Grund des bereits eingetretenen „Abbaus der Persönlichkeit", u.E. nicht daran zu zweifeln, daß es sich auch im besten Fall nur um eine „soziale Heilung" gehandelt hätte.

So scheint uns die Diagnose einer Schizophrenie auf Grund der Symptomatologie, des Verlaufs und des mutmaßlichen Ausgangs als gesichert. Dazu kommt aber noch ein weiteres, für die Diagnose der Schizophrenie ins Feld zu führendes Moment, wir meinen die *Materialität* oder *Stofflichkeit der Welt* unserer Kranken[97]. Diese Welt zeigt, wenigstens soweit wir von ihr Kunde haben, nichts von Erde[98], Wasser, Feuer, Luft und erst recht nichts

---

[95] So wenig Suzanne Urban eine sensitive Paranoikerin ist, so wenig ist sie aber auch eine Kampf- und erst recht keine Wunschparanoikerin!

[96] Vgl. Anm. 119.

[97] Dieses Thema gehört durchaus noch zum Abschnitt *Welt* (S. 230), findet seine Erörterung aber erst hier, eben weil es zugleich zur Festigung und Vertiefung der *Diagnose* dient.

[98] Wir denken hier an die Erde als fruchtbare Erde oder Mutter-Erde. Wo in unserem Falle doch von der Erde die Rede ist, da handelt es sich, in geradem Gegenteil, um das *Dreckloch* oder die *Kotgrube* (in der Erde), worin die Familie zu Tode gemartert wird. Hier tritt neben die matière dure die matière de la mollesse, und zwar in der Form des

von Vegetation. Auch in den wenigen Fällen, wo das Tierreich in Erscheinung tritt (gezähmte Raben, Katze und Vogel) steht es, im Sinne einer
unglücklichen Vorbedeutung, völlig im Dienst *eingeschliffener zerstörerischer menschlicher* Verfolgungen. All das ist ein Grund dafür, daß dieses
Dasein uns so fremd (aliéné), so *kalt* und *düster* anmutet. Wie bei Lola Voß
haben wir den Eindruck einer vegetationslosen, unfruchtbaren, weitgehend
„ausgebrannten Kraterwelt". Sicherlich geht in diesem „Krater" noch sehr
viel, eben Menschliches, vor, aber dieses Menschliche ist seinerseits völlig
„déshumanisé", lieblos, kalt, hart, undurchdringlich und undurchsichtig, un-
ansprechbar und unbeeinflußbar. Es ist eine Welt *düsterer* Geheimnisse,
dunkler Machenschaften, eine Welt, in die *kein Licht* dringt, also nichts,
was das Leben zu „erhellen" vermag, und so auch nicht der Blick Gottes, le
regard de Dieu. In all dem erkennen wir eine weitgehend sinnentleerte Welt,
eine Welt und somit auch ein Dasein ohne eigentliche Geschichte. Bei Jürg
Zünd sprachen wir von einer „auf Druck und Stoß reduzierten" Welt, bei
Suzanne Urban selbst von einer Bühne von Marionetten in den Händen unbekannter Drahtzieher, die ihrerseits wieder im Dienste einer bösen Macht
stehen. Im Zusammenhang hiermit steht die weitgehende *Technifizierung*
und *Mechanisierung* dieser Welt, ihre ausgeklügelte *Apparatur*[99].

Drecks (de l'ordure). Es ist von höchstem Interesse, zu sehen, wie scharf auch *Bachelard*
den Zusammenhang zwischen *ordure* und *peur* gesehen hat. Vgl. wieder „La terre et les
rêveries de la volonté" (S. 110): „Ce finalisme de l'ordure, cas particulier du finalisme de
la peur." Weitere Beispiele hierfür könnte man aus La Nausée von *Sartre* zitieren. – Mit
all dem wollen wir nur andeuten, wieviel wir auch für das Problem des Verfolgungswahns
dieser Aufdeckung „des à priori matériels" im Sinne *Bachelards* und schon unserer Studie
über den Fall Ellen West verdanken. Dazu kommt aber noch, daß die Kotgrube, ähnlich
der *Höhle* (caverne), eine besondere, und zwar besonders häßliche, stinkende, faulende
Form der Erdtiefe ist. (Vgl. hierzu wieder *Bachelard,* La terre et les rêveries du repos.
Paris 1948.)

[99] Ein hervorragendes Beispiel solcher schizophrener Sinnentleerung der Welt, ja der
Reduktion „de toute moralité" auf bloßes „mouvement", ist wiederum *Rousseau.* Vgl.
insbesondere die *achte* seiner Promenades in Les rêveries du Promeneur solitaire, in der
kritischen Ausgabe von *Marcel Raymond* (Lille et Genève 1948, S. 130 f. Hervorhebungen von mir): „Alors je commençai à me voir seul sur la terre, et je compris que mes
contemporains n'étaient par rapport à moi que *des êtres mécaniques*, qui n'agissaient
que par impulsion, et dont je ne pouvais calculer l'action que par *les lois du mouvement*. Quelque intention, quelque passion que j'eusse pu supposer dans leurs âmes, elles
n'auraient jamais expliquer leur conduite à mon égard d'une façon que je pusse entendre.
C'est ainsi que leurs dispositions intérieures cessèrent d'être quelque chose pour moi; je
ne vis plus en eux que *des masses différemment mues*, dépourvues a mon égard de toute
moralité." – Die *Macht*, die hinter diesem „unverständlichen" Benehmen der Mitwelt
steht, bezeichnet *Rousseau* hier, wie Suzanne Urban, als „esprit infernal", als teuflische
Macht, während er (vgl. den Schluß der zweiten Promenade) sich den ans Wunderbare
grenzenden, „frappanten" Erfolg der bösen Machenschaften nicht anders erklären kann,
denn als „un des secrets du ciel impénétrables": „Dieu est juste, il veut que je souffre,
et il sait que je suis innocent." „Voilà le motif de ma confiance." Hier sehen wir, wie
Rousseau es fertig bringt, schließlich auch noch die Macht des Schrecklichen irgendwie

Hat sich die Diagnose der Schizophrenie im Falle Suzanne Urban auch aus der Art des Weltentwurfs stützen lassen, so könnte zum Schluß immer noch ein Einwand gegen einen Prozeß hergeleitet werden aus der weitgehenden Verständlichkeit oder Katathymie (i.S. *H.W. Maiers*) dieses Verfolgungswahns. Aber abgesehen davon, daß es uns in der Analyse unseres Falles nicht auf die psychologische, sondern auf die daseinsanalytische „Verständlichkeit" ankommt (wir werden hierauf später noch näher eingehen), wissen wir doch längst, das heißt seit den Untersuchungen von *Jung* und *Riklin*, sowie *Bleulers* Schrift „Affektivität, Suggestibilität, Paranoia" vom Jahre 1906, daß hier, entgegen den Anschauungen *Gruhles, Jaspers, Kolles* u.a. vom „primordialen Wahn" der Schizophrenen als einem unverständlichen oder „motivlosen" „Letzten", *alles* katathymer Art sein kann, oder daß, wie *J. Lange*[100] es so scharf formuliert hat, *„durchgehende Verständlichkeit nicht als Gegenbeweis gegen einen Prozeß angesprochen werden kann"*.

Da uns die Diagnose einer Schizophrenie gesichert erscheint und da wir mit *E. Bleuler* da, „wo Wahnideen und Halluzinationen ... im Vordergrunde stehen"[101], von *Paranoid* sprechen, müssen wir den Fall Suzanne Urban dieser schizophrenen Untergruppe zuteilen[102], und zwar, was die Wahn*richtung* betrifft, dem *paranoiden Verfolgungswahn*.

Bevor wir weitergehen, müssen wir aber auch auf die prämorbide Persönlichkeit einen Blick werfen. Dabei werden wir nicht zögern, von *hysterischen* Symptomen zu sprechen, das heißt von einer ans Hysterische grenzenden gesteigerten „Konversibilität seelischer Eindrücke ins Körperliche" (Steifwerden der Beine bei Prügelandrohung, krampfhaftes Schrei-

---

„zum Guten zu wenden", auf dem *Umweg* immerhin über seine völlige *Isolierung* in der *Welt*!

[100] Der Fall Bertha Hempel a.a.O. S. 195.

[101] Im Falle Suzanne Urban stehen Wahnideen und Halluzinationen nicht nur im Vordergrunde, sondern machen, abgesehen von der depressiven Verstimmung, den ganzen Umfang der Symptomatologie aus. Jedenfalls vernehmen wir nichts von katatonen Symptomen irgendwelcher Art, von Negativismen, Stereotypien, Verschrobenheiten, Manieriertheiten, auch nichts von Neologismen oder schizophrenen sprachlichen Eigenheiten überhaupt, es sei denn, daß man das „polizeiliche Pfeifen" als solche auffassen will. Diese Auffassung wird aber dadurch problematisch, daß Suzanne Urban das Deutsche nicht als ihre Muttersprache beherrscht.

[102] *H. Müller-Suur* (Gewißheitsbewußtsein beim paranoiden und beim schizophrenen Wahnerleben. Fortschritte Neurol. Psychiatrie 18. Jahrg., 1950, H. 1, S. 51) sucht die Unterscheidung zwischen Paranoia und Paranoid auch in die Schizophrenie hinüberzuretten, indem er vorschlägt, zwischen einer nach Wahnform, Krankheitsverlauf und Endzustand deutlich verschiedenen paranoiden und paranoischen Schizophrenie zu unterscheiden. Soviel dieser Vorschlag auch für sich hat, so glaube ich doch nicht, daß sich diese Unterscheidung *auf Grund seines Kriteriums* streng durchführen läßt. Da es sich bei Suzanne Urbans Wahnerleben um eine „absolute Gewißheit" handelt, müßte sie übrigens auch *Müller-Suur* als paranoide Schizophrenie bezeichnen.

en bei Verboten), sowie von hysterischen Phobien oder einer hysterischen Angstneurose im Sinne *Freuds.* Wir meinen die „geradezu anormale" *hypochondrische Sorge* um die Gesundheit der Eltern und insbesondere der „abgöttisch" geliebten Mutter. Die Daseinsanalyse hat gezeigt, inwiefern diese „Hysterie" und der Verfolgungswahn daseinsanalytisch zusammengehören. – Hierher gehört aber auch die *Schmutzphobie,* die sich hinter der „peniblen Sauberkeit" zu verbergen scheint, und deren psychoanalytischer Hintergrund in den häufigen Erscheinungen von Unsauberkeit, Dreck und Kot im Wahn vor Augen tritt[103]. Auch die Weigerung, geflickte Wäsche zu tragen, also an dem, was man „auf dem Leibe trägt", nichts zu dulden, das nicht völlig unversehrt, unverbraucht ist, auch diese Weigerung steht als eine Art Obsession im Sinne einer „manie de perfection" *(Janet)* in diametralem Gegensatz zur Rolle, die auf der Wahnbühne des Schrecklichen die „Vernachlässigung der Toilette", die „vêtements souillés" überhaupt und schließlich die Zerkratzung der Haut und die Einreibung von Syphilis spielen!

Pluraler (anonymer) und singularer Verfolgungswahn

Mit der Diagnose eines Paranoids in der Form des *Verfolgungswahns* sind wir nun aber noch nicht am Ende. Schon in der Einleitung zu dieser Studie wurde darauf hingewiesen, daß es sich im Falle Suzanne Urban *nicht,* wie im Falle Schreber-Flechsig, um einen sich an ein Weltuntergangserlebnis anschließenden *singularen* oder Einzelverfolgungswahn, sondern, wie auch in den Fällen Lola und Ilse, um einen *anonymen* oder *pluralen Verfolgungswahn* handelt. Mit dieser klinisch-psychoanalytisch wie daseinsanalytisch gleich wichtigen Unterscheidung haben wir uns jetzt zu befassen.

Es liegt nahe, die Verschiedenheit dieser beiden Formen des Verfolgungswahns u.a. mit der Verschiedenheit des klinischen Verlaufs in Zusammenhang zu bringen: dort, im Falle Schreber[104], ein schubweiser Verlauf – der zweite Schub das Bild eines akuten halluzinatorischen Wahnsinns mit teils grausigen, teils „unbeschreiblich großartigen" Visionen und Stimmen und der Überzeugung von einer Weltkatastrophe zeigend und nach seinem Abklingen ein ausgedehntes Wahngebäude hinterlassend –, hier, in unserem

---

[103] Daß hier auch eine „anal-erotische" Komponente zum Vorschein kommt, ist deswegen von Interesse, weil uns aus der früheren psychoanalytischen Literatur Tendenzen bekannt sind, die, wenn auch in allzu einseitiger und übertriebener Form, die „Quelle der Empfindung des Verfolgtwerdens" in der „analen Verfolgung" sehen wollen. Vgl. *van Ophuysen* (Ztschr. Internat. Psychoanalyse VI. Jahrg. 1920, S. 68 ff.) und schon vor ihm *Stärcke,* Die Umkehrung des Libidovorzeichens beim Verfolgungswahn, ebd. V. Jahrg., S. 285 ff.

[104] Vgl. *Freud,* Psychoanalytische Bemerkungen über einen autobiographisch beschriebenen Fall von Paranoia (Dementia paranoides), Bd. III des Jahrbuchs für psychoanalyt. und psychologische Forschungen (1911); Ges. Werke Bd. VIII.

Fall, wie wir sahen, keine Weltkatastrophe oder „zerstörte Welt", aus deren Trümmern, im Sinne eines „Heilungsvorgangs" *(Freud)*, eine völlig neue Welt *„rekonstruiert"* wird, kein *akutes* halluzinatorisches Vorstadium also, sondern ein *kontinuierlicher Übergang* aus der bisherigen natürlichen in die neue wahnhafte Erfahrung. Die Welt der natürlichen Erfahrung wird hier keineswegs zerstört, sondern, im doppelten *Hegel*schen Sinne *„aufgehoben"*, nämlich *sowohl* verlassen *als* auch aufbewahrt. Hier kommt es nicht zu einem völlig neuen Kosmos göttlicher Strahlen und Strahlenwirkung usw., also zu keiner derartig tiefgreifenden Daseinsumwälzung wie dort. Die Verfolger gehören hier durchaus noch der *gesellschaftlichen* Welt an. Sie setzen sich zusammen aus der „Polizei", einer bestimmten politischen Partei, etwaigen geschäftlichen Konkurrenten, *zufällig* in das Leben eingreifenden Einzelpersonen, wie dem in die erste Anstalt einweisenden Psychiater (dem „Henker") oder einer angeblich vom Bruder aus dem Schmutz gezogenen Straßendirne; im Fall Ilse sind es die behandelnden Ärzte oder die zufälligen Teilnehmer an einem Vorlesungskränzchen, im Falle Lola sind es „die Feinde" schlechthin. In jedem Fall herrscht also eine teils völlig *anonyme*, teils zufällig, das heißt ohne lebensgeschichtlichen Zusammenhang auftretende *Pluralität* von Verfolgern oder verfolgenden sozialen Gruppen. Hier herrschen, um mit *Rousseau*[105] zu sprechen, „toutes les passions terrestres qu'engendre le tumulte de la vie sociale" oder, um mich der Ausdrucksweise der Phänomenologie der sozialen Grundformen zu bedienen, alle Formen des mitweltlichen Nehmens und Genommen-werdens bei etwas, in erster Linie „beim Ohr" (Beeindruckbarkeit), aber auch „bei der schwachen Stelle" (Beeinflußbarkeit), „beim Wort" (Verantwortlichkeit) und erst recht wieder „beim Namen" oder „beim Ruf". Zu all dem kommt dann noch die im Dienste „der Gesellschaft" stehende raffinierte Technik und Apparatur[106].

Im Gegensatz zu all dem baut sich bei Schreber das ganze Gebäude des Verfolgungswahns systematisch auf auf dem *Konflikt zwischen ihm und einer bestimmten Einzelperson, dem Professor Flechsig*; ja der Weltuntergang selbst erweist sich schon als Folge dieses Konflikts (S. 61)[107].

In Widerspruch mit unserer Unterscheidung scheint nun aber die bekannte Formulierung *Freuds* (S. 284) zu stehen: „Die Paranoia zerlegt, so wie die Hysterie verdichtet" (die Personen nämlich). Diese schon von *Jung* der allgemeinen Tendenz der Schizophrenie zur „Depotenzierung zu starker Eindrücke" eingeordnete „Zerlegung" oder „Spaltung" (S. 285) ist aber etwas ganz anderes als was wir unter Pluralisierung verstehen. Bei dieser

---

[105] Les Rêveries, S. 87.

[106] Es wird nicht lange dauern, bis auch das Fernsehen in den Dienst des Verfolgungswahns gestellt werden und ein *bloßes Photographiertwerden im Bad* „zum alten Eisen" gehören wird.

[107] Zitiert wird nach Freud, Ges. Werke Bd. VIII.ᵉ

handelt es sich um mehrere bis viele nur von einem bestimmten *Thema* zusammengehaltene „Einzelpersonen", bei Schreber um die Zerlegung oder Spaltung *einer einzigen Person* („in deren Händen alle Fäden des Komplotts zusammenlaufen", S. 276) in zwei (Doublierung, *Rank*), mehrere oder gar viele Personen oder „Seelen" (die „Seelenteilung" der Flechsigschen Seele ergab zeitweise 40 bis 60 solcher „Abspaltungen", S. 275) oder aber um die „Ersetzung" der bestimmten Einzelperson „durch die höhere Person Gottes" (S. 283). Hier, bei Schreber, ist also nicht das Thema, sondern die bestimmte Einzelperson das Ausschlaggebende.

Den Unterschied zwischen singularem und pluralem oder anonymem Verfolgtwerden, aber auch die Kenntnis von Übergängen zwischen beiden Arten kennen wir auch vom *Traum.* Auch hier werden wir bald von einer Einzelperson verfolgt, bald von einer anonymen Mehrzahl von Verfolgern – von denen lediglich eine *Atmosphäre* des Verfolgtwerdens ausgeht – bald löst sich aus „einer mir gehässig entgegenstehenden Atmosphäre von Menschen", wie Suzanne Urban sagt, eine Einzelperson als der eigentliche Hasser oder Verfolger heraus. So hebt sich auch in Weltschaninoffs (erstem) Traum in Dostojewskis psychologischem Meisterroman „Der ewige Gatte" aus der ins Haus eindringenden lärmenden Menge eine einzelne unheimliche, schweigende Gestalt heraus, auf die sich das allgemeine Interesse konzentriert[108].

In klinischer Hinsicht könnte der *Fall Ilse* insofern als Übergangsform zwischen singularem und pluralem Verfolgungswahn aufgefaßt werden, als der Verfolgungswahn hier sichtlich an die Person des Vaters anknüpft, dem auch das Verbrennungsopfer der Hand gegolten hatte. Was Ilse von ihrem „Liebeswahn" sagt: „ich muß wohl *alle* Männer so lieben, weil ich meinen Vater so liebe", könnte sie auch auf ihren Verfolgungswahn anwenden: ich muß wohl von allen Männern (seelisch) so gequält werden (wie sie es von den Ärzten behauptet), weil ich von meinem Vater so gequält worden bin (durch seine brutale Behandlung der Mutter und erst recht durch seine Unbeeinflußbarkeit durch das Opfer). Von einem „Übergang" könnten wir insofern sprechen, als es sich hier nicht um eine *Zerlegung* oder *Spaltung* einer und derselben Person in mehrere handelt, sondern um eine auf Grund der *Verselbständigung des Themas* erfolgende *Ersetzung* des Singularis durch den

---

[108] *Diese Übereinstimmung von Verfolgungstraum und Verfolgungswahn ist nur ein Sonderfall einer bestimmten Übereinstimmung von Traum und Wahn überhaupt.* Und zwar gründet sich diese Übereinstimmung darauf, daß beides Daseinsweisen sind, die nicht von der *Situation,* sondern vom *Thema* „leben" in denen m.a.W. das von einer oder mehreren weltlichen Situationen abgelöste Thema *autonom* wird und als autonomes das Geschehen oder die Handlung inszeniert. Mit der Einsicht in die Tatsache, daß es *das* (autonom gewordene) Thema oder *die* Themen sind, die gleicherweise in Traum und Wahn *die Regie führen* über das, was auf der Traum- oder Wahn-*Bühne* geschieht, erfährt die alte Lehre vom Wahn als einem Träumen im Wachen eine neue Begründung und Stütze.

Pluralis, um eine einfache *Pluralisierung.* Während bei der *Spaltung* oder *Zerlegung* einer ursprünglich geliebten Person in mehrere Verfolger der innere Zusammenhang derselben mit jener gewahrt bleibt, handelt es sich hier um eine rein äußerliche, rein zahlenmäßige Vervielfältigung.

Bekannte Fälle rein pluralen Verfolgungswahns sind zum Beispiel *Gaupps* Fall Wagner, die Fälle Strindberg und Rousseau. In all diesen Fällen kam es ebensowenig zu einem Weltuntergangs- oder Weltveränderungserlebnis wie in den Fällen Suzanne Urban, Lola Voß und Ilse. Verschiedenheiten des klinischen Verlaufs scheinen demnach ebensosehr mit dem Unterschied zwischen singularem und pluralem Verfolgungswahn etwas zu tun zu haben, wie etwaige Verschiedenheiten in der Sexualkonstitution. Hier müssen noch weitere Untersuchungen einsetzen.

Was uns hier noch einmal auf *Freuds* Arbeiten über den Senatspräsidenten Schreber zurückzukommen zwingt, ist die Aufdeckung des *Umschlags von fördernder Zuwendung in zerstörerische Abwendung*[109], um seiner These von der Verwandlung homosexueller Tendenzen in den Haß des Verfolgungswahns eine allgemeine Fassung zu geben. Wir sind der Meinung, daß *Freud* hier an die tiefsten Grundlagen des singularen Verfolgungswahns, wenn auch in allzu intellektualisierender Formulierung, gerührt hat. Auf keinen Fall aber sehen wir in seinen bekannten Formeln eine grammatikalische Spielerei mit Gegensätzen (a grammatical play with opposing negations), wie *Mayer-Groß*[110] zu behaupten wagt. Dessen sonst so wohltuende kritische Ader – auch gegenüber den *psychopathologischen Theorien* des Verfolgungswahns – hat ihn hier völlig blind gemacht. Wir bedauern jedoch wieder mit ihm, daß *Freuds* Lehre hier wie so oft, aber hier erst recht, keine weitere wissenschaftliche Vertiefung und Förderung gefunden hat. Unsere eigene Untersuchung mag in gewisser Hinsicht als ein Anfang vom daseinsanalytischen Standpunkt aus betrachtet werden. Dabei verhehlen wir uns natürlich nicht, daß es nicht die eigentlichen *Verfolger* sind (die Polizei zum Beispiel), denen vordem die liebende oder fördernde Zuwendung galt, sondern die *verfolgte* Familie. (Wir haben keinerlei Beweise dafür, daß Suzanne Urban sich auch von der Familie verfolgt gefühlt hat!) Da aber der Wahn Suzanne Urbans in der Verleumdung der Familie gipfelt, könnte die *Psychoanalyse* erklären, daß die Verfolger, die Polizei usw., im *Dienste* dieser Verleumdung stehen, m.a.W. dazu herhalten müssen, die Verleumdung als *erzwungen* erscheinen zu lassen, als Verdeckung nämlich eines wohl aus frühinfantilen aggressiven Tendenzen stammenden *Hasses* gegen die Familie[111]. Doch stehen wir hier mangels jeglichen psychoanalyti-

---

[109] Vgl. hierzu unten (S. 322) den Strausschen Gegensatz von Lockung und Schreckung.
[110] A.a.O. S. 65.
[111] Wie dieser „Haß" sich mit der „narzißtischen Identifikation" mit der Familie verträgt (vgl. auch die unten (Anm. 117) zitierte Arbeit von *Tausk*) ist ein Problem für sich. Das-

schen Materials und jeglicher Kenntnis der frühinfantilen „Psyche" unserer
Patientin an der Grenze unserer Erkenntnismöglichkeit.

Dasselbe gilt übrigens auch vom Problem der *Schuld*. Auf Grund allgemeiner psychoanalytischer Erfahrung wäre *anzunehmen*, daß schon die
Phobie die Überkompensation eines tiefen Schuldgefühls bedeutete, wie ja
wiederholt bemerkt wurde, und wäre ferner *anzunehmen*, daß die Verleumdungen usw. im Verfolgungswahn im Sinne der „Wiederkehr des Verdrängten" aufzufassen seien. Die Verfolgung durch die Polizei hätte also psychoanalytisch denselben Sinn wie die Phobie und das gesteigerte Interesse
an der Pflege des Mannes, nämlich den Sinn, die aggressiven Tendenzen
„vom Bewußten fernzuhalten". Vergessen wir aber nicht, daß zum wissenschaftlichen Verständnis dieses Vorgangs gehören würde: erstens die in der
Verselbständigung des Schreckens*themas* sich zeigende Zurückwerfung des
Daseins auf die bloße Empfänglichkeit im Sinne der Angst, zweitens die
hiermit zusammenhängende Überwältigung des Daseins vom *Schrecklichen
als solchem*, drittens die Einsicht in die *wesenhaften* Möglichkeiten und Zusammenhänge der *Erscheinungsformen* des Schrecklichen im menschlichen
Dasein überhaupt.

So kompliziert die Verhältnisse beim pluralen Verfolgungswahn auch liegen, so dürfen wir beim Stand der heutigen Kenntnis doch wohl sagen, daß,
wenn beim singularen Verfolgungswahn die („verdrängte") *Verliebtheit* in
eine einzige Person den *lebensgeschichtlichen* Ausgangspunkt bildet und für
die lebensgeschichtliche Entfaltung des wahnhaften Geschehens verantwortlich zu machen ist, beim pluralen Verfolgungswahn die *Schuld* diese Rolle
zu spielen scheint. Und zwar denken wir dabei jetzt nicht an eventuelle verdrängte Schuldgefühle gegenüber der Familie im psychoanalytischen Sinne,
sondern an die daseinsimmanente Schuld überhaupt, hier an das, was das
Dasein der *Mitwelt* überhaupt schuldig geblieben ist, mit einem Wort, an
seine („narzißtische") *Hybris*[112]. Das ist natürlich nicht charakterologisch
zu verstehen, sondern daseinsanalytisch, nämlich als Zurückbleiben des Daseins hinter seinen Seinsmöglichkeiten.

So stünde also daseinsanalytisch am Ausgang unserer Betrachtung die
(im *Heidegger*schen Sinne[113]) „schuldhafte" *uneigentliche* und *unheimliche*

---

selbe gehört offensichtlich in den Problemkreis des Selbsthasses und der Selbstvernichtung in der auch in unserm Falle, wie in ähnlichen Fällen, vorliegenden melancholischen
Verstimmung.

[112] Es bedarf hier also keineswegs immer einer *konkreten Schuld*, wie sie z.B. im Falle
des Hauptlehrers Wagner vor Augen tritt.

[113] Vgl. Sein und Zeit, Die daseinsmäßige Bezeugung eines eigentlichen Seinkönnens und
die Entschlossenheit §§ 54-60, S. 267 ff.

Vereinzelung des Daseins[114], sein Ausweichen vor dem Anruf des „Gewissens" und seine Flucht in das (uneigentliche) *Man*-selbst als das *„öffentliche Gewissen"*. Diese „Flucht vor der Unheimlichkeit des In-der-Welt-Seins als vereinzeltem in die vermeintliche Freiheit des Man-selbst" zeigt ihre Kehrseite, das Unterliegen unter dem öffentlichen Gewissen, nirgends deutlicher als hier, wo die „Stimme des Man", das öffentliche Gewissen, das Dasein derart in seinen Bann zieht („überwältigt"), daß es überhaupt nur noch „von Gnaden" seiner, das aber heißt, als ihm völlig ausgeliefertes, völlig *„veröffentlichtes" sein kann*. Und da die Familie, wie wir hörten, nur ein durch Identifikation erweitertes uneigentliches Selbst bedeutet, wird auch sie mit in diese Veröffentlichung hineingezogen. – Doch müssen wir uns hier mit diesen kurzen Hinweisen auf die Ontologie des Gewissens begnügen. Genug, wenn ersichtlich geworden, daß der plurale Verfolgungswahn auch von hier aus, nämlich als eigenartige ontische Abwandlung der Sorgestruktur des Daseins und ihrer Durchsetztheit von „Nichtigkeit" daseinsanalytisch verstanden werden kann.

IV. Ätiologie

a) Heredität

Da wir nicht beurteilen können, ob der Suizid der Schwester unserer Patientin im 29. Lebensjahr auf Grund einer Melancholie oder einer Schizophrenie erfolgte, kann er also nur hinsichtlich des Auftretens einer endogenen Psychose überhaupt erbbiologisch in Betracht kommen. Die für ein weibliches Wesen ungewöhnliche und besonders grausige Todesart spricht jedenfalls für das Vorliegen einer starken *melancholischen* Komponente.

b) Involution

Seit *Lugaros* „ganz hübscher Vermutung" (*Bleuler*, Affektivität ... S. 136 Anm.), daß die schweren und charakteristischen Zeichen der Dementia praecox am leichtesten auftreten, je *jünger* das Individuum ist, die paranoiden Formen dementsprechend dem reifen Alter angehören, ist viel über diese Frage diskutiert und geforscht worden. Nach *Kolle* erkranken bekanntlich 90 Prozent der Paranoiden nach dem 35. Lebensjahr. Der Versuch der Konstruktion einer „Involutionsparanoia" durch *Kleist* hat die besonders große ätiologische Rolle der Involution für die Entstehung des Paranoids erst recht ins Licht gestellt. Von Bedeutung ist in unserem Falle auch die Tatsache, daß die älteste Schwester der Patientin *im Klimakterium* eine drei Monate

---

[114] Man sieht, daß wir hier das Problem des *Autismus* berühren. Da dieser Begriff aber bald daseinsanalytisch (wie hier), bald psychologisch, charakterologisch, psychopathologisch oder psychoanalytisch gemeint ist, ist er heute wissenschaftlich fast unbrauchbar geworden.

dauernde Depression durchgemacht hat. Daß unsere Patientin selbst sich in der Menopause befindet und in der letzten Zeit rasch ergraut ist, haben wir gehört. Hormonale Veränderungen im Sinne der Involution sind also sicherlich für den Ausbruch der Erkrankung mitverantwortlich zu machen, und somit „eine Gefährdung und Bedrohung der gesamten Vitalität" *(Eugen Kahn)*.

c) Erschöpfung

Als weitere körperliche Mitursache spielt sicherlich die hochgradige Erschöpfung eine große Rolle (Patientin „schlief fast nicht mehr", „sah leichenblaß aus"). Wenn diese Symptome auch dem Wittern von Gefährdungen und erst recht den Wahnideen vorauszugehen scheinen, so darf doch nicht außer acht gelassen werden, daß, wie schon mehrfach betont, das bereits krankhaft gefärbte ausschließliche Interesse für den Krebs des Mannes es war, was zu der völligen Erschöpfung führte. Trotzdem mag dieselbe das Auftreten von Wahnideen *begünstigt* haben.

d) Sexualität

Wir erinnern daran, daß *E. Bleuler* bei den Paranoiden sehr häufig eine „schwache Sexualität" auffiel, sowie der mangelnde Wunsch nach Kindern. Beides trifft in unserem Falle zu. Auch „starker" Autoerotismus kann ja kaum als Zeichen starker Sexualität aufgefaßt werden. Der Vorzug, den die Patientin dem Genuß des Autoerotismus vor dem des ehelichen Verkehrs gegeben hat, mag auf eine gewisse („vaginale") Frigidität hinweisen. Das Vorliegen einer ausgesprochenen masochistischen Komponente im Verein mit sadistischen Zügen (wozu auch die sarkastischen Bloßstellungen der andern gehören) wurde wiederholt betont. Vom *psychoanalytischen* Standpunkt aus müssen, wie ebenfalls schon erwähnt wurde, die Marterungen der Familie als sadistische Orgien aufgefaßt werden, m.a.W. als Durchbruch der in der hysterisch-hypochondrischen „Familienneurose" verdrängten und überkompensierten sadistischen Tendenzen. Es braucht wohl kaum betont zu werden, daß die Untersuchung und Erkrankung des Mannes ohne die sadistisch-masochistische *Veranlagung* nicht diese überragende Rolle im Krankheitsgeschehen gespielt hätte. Auf eine „analerotische Komponente" wurde schon oben (Anm. 103) hingewiesen. Davon, daß wir in Suzanne Urbans Fall keine homosexuelle „Komponente" feststellen können, war ebenfalls wiederholt die Rede. Dem ausnahmsweisen relativen Vertrauen zu ihrer Ärztin in Kreuzlingen, für die allein sie ihre Selbstschilderung verfaßt hat, steht die durchgängige Ablehnung der Pflegerinnen gegenüber. Vor allem finden wir keine im *Mittelpunkt* des Wahns stehende Person, „in deren Händen alle Fäden des Komplotts zusammenlaufen". Hier ist aber daran zu erinnern, daß *Freud* seine Theorie des Verfolgungswahns einerseits auf

die Männer einschränkt, anderseits auf die von ihm als Paranoia bezeichnete und durch „Projektion überstark gewordener homosexueller Vorstöße
nach außen"[115] entstandene Symptomengruppe des Verfolgungswahns, daß
er sie aber nicht auf die in ihrer Ätiologie „weit uneingeschränktere", durch
Wunschphantasien, ja Halluzinationen, gekennzeichnete Dementia praecox
ausdehnen will (Bd. VIII, S. 313). (Im Fall Schreber sieht er bekanntlich
eine Mischung paranoischer und, wie er statt schizophren sagt, „paraphrener" Mechanismen.) Jedoch hat *Mäder* schon vor *Freuds* Schreber-Analyse
darauf hingewiesen, daß die Verfolgung im Falle des *schizophrenen* S. B.
„wohl im wesentlichen als homosexuelles Attentat aufzufassen" sei[116].

Von all dem ist im Falle Suzanne Urban wie gesagt nichts zu bemerken.
Freud sieht die Liebe bekanntlich nur im Lichte der Verliebtheit. Von einer
solchen hörten wir nichts. Aber auch von eigentlichem *Haß* ist hier nicht
die Rede. Suzanne Urban spricht das Wort Haß nirgends aus. Sie empfindet
gegenüber ihren Quälern und denjenigen ihrer Familie – genau wie *Rousseau* und viele andere Kranke – mehr eine Art Verachtung, Empörung, eine
„rasende" Wut, ein Gefühl der Kränkung über ihren Hohn und Spott, des
Ärgers über den Mangel an Verständnis für ihre Leiden, des Mißtrauens
und der Angst. All das ist etwas ganz anderes als der *tödliche* (seinerseits
wieder „*verfolgende*") Haß des Verfolgten gegen seinen *einen* Verfolger und
dessen „Spaltungen" oder „Zerlegungen". Daß ein solcher *tödlicher* Haß
aber auch beim pluralen Verfolgungswahn vorkommen *kann* – dann aber
aus ganz anderen Voraussetzungen als der Verliebtheit! –, zeigen die Fälle
von Massenmord, für die der Fall Wagner wiederum als Paradigma gelten
kann.

Von Bedeutung ist für uns nun aber, was *Freud* in jener Arbeit über die
Verschiedenheit der „Lokalisation der disponierenden Fixierung" der Libido
bei „Paranoia" und Dementia praecox sagt. Es sei nur an die tiefgehende
Unterscheidung erinnert, die *Freud* zwischen der Regression zum Narzißmus

[115] An einer anderen Stelle (Ges. Werke Bd. VIII, S. 308) korrigiert *Freud* selbst diese
Auffassung der Projektion durch folgende wichtige Bemerkung: „Was sich uns lärmend
bemerkbar macht, das ist der Heilungsvorgang, der die Verdrängung rückgängig macht
und die Libido wieder zu den von ihr verlassenen Personen zurückführt. Er vollzieht
sich bei der Paranoia auf dem Wege der Projektion. Es war nicht richtig, zu sagen,
die innerlich unterdrückte Empfindung werde nach außen projiziert; wir sehen vielmehr
ein, daß das innerlich Aufgehobene von außen wiederkehrt. Die gründliche Untersuchung
des Prozesses der Projektion, die wir auf ein anderes Mal verschoben haben, wird uns
hierüber die letzte Sicherheit bringen." Soviel ich sehe, ist diese Untersuchung nicht
erfolgt. – Daß dem tatsächlich so ist, findet sich bestätigt in: *Sigmund Freud,* Aus den
Anfängen der Psychoanalyse London 1950, S. 118.
[116] Psychologische Untersuchungen an Dementia praecox-Kranken. Jahrb. Bleuler u.
Freud II (1910) S. 193. Vgl. auch *Ferenczi,* Über die Rolle der Homosexualität in der
Pathogenese der Paranoia. Ebd. Bd. III, 1911, S. 101 ff.; Schriften zur Psychoanalyse I,
Frankfurt/M. 1970, S. 73ff.

und derjenigen zum infantilen Autoerotismus macht, die erstere mit der Rekonstruktion, dem „Heilungsversuch" der Paranoia in Verbindung bringend
(„Größenwahn"), die letztere mit der „vollen Auflassung der Objektliebe".
Daß in unserem Falle Narzißmus und Autoerotismus neben dem Sadomaso-
chismus die vorherrschenden Formen der Sexualität sind, wurde wiederholt
betont. Wenn es hier auch nicht zum Größenwahn kommt, so doch zu einer „Konzentration des Libidointeresses auf das eigene Ich"[117]. Anderseits
können wir kaum von einer *Regression* zum infantilen Autoerotismus sprechen, da der Autoerotismus in unserem Fall offenbar nie verschwunden war.
Hingegen stimmt das sexuelle Verhalten im Ausgang unseres Falles insofern
wieder mit *Freuds* Erfahrung und Lehre überein, als der Autoerotismus hier
in der Tat wieder seine infantile, besser frühinfantile, Form angenommen
hat, seine Betätigung nämlich ohne Rücksicht auf die Umgebung. Die „dis-
ponierende Fixierung" müßte hier also weiter zurückliegen als es für den paranoischen Anteil der Erkrankung angenommen werden muß, nämlich „im
Beginn der Entwicklung, die vom Autoerotismus zur Objektliebe strebt"
(Freud, Ges. Werke VIII, S. 313).

e) Konstitutionstypus

Wie es bei sehr vielen Paranoiden der Fall ist, kann auch in unserem Falle
nicht von einer leptosomen Körperbauform gesprochen werden. Anderseits
konnten wir auch nicht von einem pyknischen Habitus sprechen und ebenso
sicher nicht von einer athletisch-pyknischen Mischform oder einer dystro-
phischen Anomalie. Sicherlich finden wir auch bei unserer Patientin bis in
die letzte Krankheitsphase hinein *syntone* Züge, wie es ebenfalls bei vie-

---

[117]Daß hierzu auch – und zwar durch „Identifikation" – die eigene Familie gehört, wurde
wiederholt betont. Ich befinde mich hier, wie ich nachträglich sehe, psychoanalytisch in
Übereinstimmung mit *Victor Tausk* in seiner stellenweise allzu spekulativen, aber auch
heute noch lesenswerten, klugen Arbeit über die Entstehung des „Beeinflussungsapparates" in der Schizophrenie (Internat. Ztschr. Ärztl. Psychoanal. V. Jahrg. 1919). Es handelt sich hier um eine der wenigen Arbeiten, die sich mit dem Problem der „Aussparung"
der *Familie* aus der Reihe der Verfolger und ihrer Einbeziehung in die Reihe der Verfolgten beschäftigen. Er weist darauf hin, „daß eine andere Gruppe von Liebesobjekten
der Kranken: die Mutter, die sie gegenwärtig behandelnden Ärzte, einige nahe Freunde
der Familie, von der Kranken nicht zu den Verfolgern, sondern zu den Verfolgten, die ihr
Schicksal teilen müssen und unter die Einwirkung des Beeinflussungsapparates geraten,
gerechnet werden". *Tausk* findet eine Erklärung hierfür u.a. darin, daß die Familienmitglieder jene Liebesobjekte sind, „die, weil sie am ersten Anfang des Lebens der Kranken
gestanden haben, auch der narzißtischen Objektwahl durch Identifikation unterworfen
waren. An diesen Personen übt die Kranke eben auch heute noch diese Form der Objektwahl, indem sie sie ihrem eigenen Schicksal unterwirft, sich mit ihnen identifiziert
(S. 29 f.) „Die Kranke geht, indem sie bei diesen Personen die Identifikation vollzieht,
einen gut ausgefahrenen Weg, der ihrem Narzißmus nicht so gefährlich erscheint, daß sie
sich gegen die libidinöse Besetzung dieser Objekte auflehnen, sie als feindlich empfinde
müßte." (S. 30.)

len Paranoiden der Fall ist, so ihre Neigung zu Humor und Witzen sowie
ihr ausnahmsweises Vertrauen zu der behandelnden Ärztin in Kreuzlingen.
Eine *allgemeine Neigung* zu *depressiver* „Verarbeitung der Lebensreize"
überhaupt, wie sie als eine für die Wahnbildung günstige Anlage bezeichnet wird (*Eugen Kahn* u.a.), besteht nicht, jedoch eine *spezielle* Neigung
zu depressiver Verarbeitung von „Lebensreizen", die das Leben der Familienangehörigen betreffen. Auch von einer *hypoparanoischen Konstitution*
im Sinne von *Kleist*, wie sie zu seiner Involutionsparanoia disponieren soll,
können wir nicht sprechen. Wohl besteht ein selbstbewußtes, herrisches,
eigensinniges Wesen, jedoch zeigt die prämorbide Persönlichkeit kaum etwas von Reizbarkeit, Empfindlichkeit und Mißtrauen. Im übrigen folgen
wir auch hier *Bleuler* (a.a.O. S. 401), wenn er erklärt: „Nach unserer Be-
griffsfassung ist sie (die hypo-paranoische Konstitution) eine Unterform der
schizoiden Psychopathie, wie die Involutionsparanoia eine solche der paranoiden Schizophrenie."

f) Charakter

Daß es sich bei Suzanne Urban nicht um einen sensitiven Charakter und
ebensowenig um einen kämpferischen Charakter handelt, wurde ebenfalls
bereits erwähnt. Obwohl ich der charakterologischen Forschung hinsichtlich der Ätiologie des *schizophrenen Paranoids* (im Gegensatz zu der
psychopathisch-paranoischen Entwicklung!) wenig Wert beimesse[118], sei
doch erwähnt, daß unsere Kranke – in Übereinstimmung mit sehr vielen Paranoiden – einen Charakter zeigte, den man mit Ausdrücken wie ehrgeizig,
eitel, „gesteigertes Selbstgefühl", selbstgefällig, egozentrisch, rücksichtslos,
ja tyrannisch, kurz als *unsozial* bezeichnen kann. Daneben aber bestanden auch Charakterzüge, die wir bei andern Paranoiden seltener finden,
und die wir mit den Ausdrücken ironisch, sarkastisch, frivol belegt fanden.
Wenn man will, kann man auch die „maßlose Verwöhnung" noch als Cha-
rakterzug ansprechen, sowohl im Sinne des Sichverwöhnenlassens von den
Angehörigen, als von ihrem Wohlstand (vergleiche die Weigerung, geflickte
Wäsche zu tragen).

g) Die Ausgangssituation (Die „Urszene")

Auch den Schreck der Urszene dürfen wir klinisch nicht als *die Ursache* der
Erkrankung Suzanne Urbans betrachten. Wenn dieser Schreck in der Daseinsanalyse eine so große Rolle spielt, so deswegen, weil er den *Einbruch* des
Schrecklichen überhaupt in dieses von Haus aus von ihm bedrohte Dasein
so überaus deutlich zeigt und das daseinsanalytisch so wichtige „Zwischen-

---

[118] Im Prinzip hat *Kurt Schneider* recht, wenn er sagt: „*Wo wirklich Wahn ist, hört
das charakterogene Verstehen auf, und wo man verstehen kann, ist kein Wahn.*" Über
den Wahn, Stuttgart 1952, S. 26.

glied" zwischen dem bloßen Bedrohtsein und dem völligen Überwältigtsein vom Schrecklichen bildet. Etwas anderes ist aber die daseinsanalytische Untersuchung der Daseinsumwandlung im Sinne des Überwältigtwerdens vom Abschreckend-Schrecklichen (wie beim Liebes- und Größenwahn im Sinne seines Gegenteils, des Überwältigtwerdens vom Anziehend-Lockenden), etwas anderes die klinische Ursachenforschung. Wollen wir die Rolle der Urszene rein klinisch bewerten, so dürfen wir ihr (mit *Kretschmer*) lediglich die Rolle einer „reaktiven Auslösung"[119] des Wahns zubilligen. Ob der Wahn im Falle Suzanne Urban auch ohne dieses Erlebnis ausgebrochen wäre, bleibe dahingestellt, ebenso wie wir es dahingestellt sein lassen müssen, ob der Verfolgungswahn Ilses ohne die Mißachtung ihres Brandopfers durch den Vater ausgebrochen wäre. Viele Gründe sprechen natürlich in beiden Fällen für eine positive Beantwortung dieser Frage. Das wohl bei keiner Wahnbildung fehlende „auslösende Erlebnis" hätte auch ein anderes sein können; daß es aber die Erkrankung des blutsverwandten Ehemannes betraf, mußte angesichts der bereits bestehenden „Familienneurose" Suzanne Urban gerade an ihrer „empfindlichsten" Stelle treffen und daher besonders „katastrophal" auf sie wirken. Daß diese Wirkung sich jedoch gerade in der Richtung des *Verfolgungswahns* bewegte, läßt sich *klinisch* weder aus jenem „Erlebnis" allein, noch auch aus seinem „Ineinandergreifen" mit der Gesamtpersönlichkeit der Kranken allein, also als „*Persönlichkeitsreaktion*" im Sinne *O. Kants* oder *Zutts*[120] „erklären", sondern nur durch den Rekurs auf den uns erbbiologisch wie biologisch noch völlig unbekannten *schizophrenen Prozeß!* Ich leugne zwar nicht, daß der Versuch *O. Kants*, bei seinen Untersuchungen „möglichst ohne den Prozeßbegriff zu arbeiten"[121], von Interesse ist und die Wahnforschung in psychopathologischer Hinsicht vertieft hat, was ja auch aus dem umfassenden Pariser Referat von *Rümke* hervorgeht; hingegen scheint mir das „Hervorwachsen des (schizophrenen) Wahns als einer Persönlichkeitsreaktion" weder „zwingend"[122], noch durch den Versuch, die kausalen *und* „finalen" Beziehungen der *Wahnstruktur* im

---

[119] Bei diesem Ausdruck, wie auch bei dem eines „auslösenden Erlebnisses", muß nochmals daran erinnert werden, daß er in unserem Falle nicht im *Kretschmerschen* Sinne eines „Schlüsselerlebnisses", wie zum Beispiel eines Erlebnisses beschämender Insuffizienz, aufgefaßt werden darf, aus dem der („sensitive") Wahn sich dann psychologisch verständlich „entwickelt", sondern im Sinne der *Verselbständigung des Themas*, also gerade der *Herauslösung* des Themas *aus* der Ausgangssituation! Während im sensitiven Beziehungswahn und ähnlichen Wahnformen das „Ausgangserlebnis" – man denke nur an die sodomitischen Verfehlungen Wagners – fortan im Blickpunkt des Kranken bleibt und er den Wahn daran „anknüpft", verschwindet es im Falle Suzanne Urban gerade aus dem Blickpunkt der Kranken und führt es fortan eine *autonome*, ihr Dasein *überwältigende* Herrschaft.
[120] Vgl. die innere Haltung, Monatsschr. Psychiatrie 73, 1929.
[121] Vgl. III. Beitrag zur Paranoiaforschung, Z. Neur. 127, S. 646.
[122] Vgl. IV. Beitrag, Z. Neur. 146, S. 619.

Sinne der *dynamischen* Forschung herauszuarbeiten, „zwingend" *bewiesen*. Abgesehen davon läßt sich die erkenntnis-theoretische Rolle bezweifeln, die *Kant* den beiden „Aufbaumomenten" zuschreibt, die bei jedem Wahnaufbau beteiligt seien: unter den *„finalen"* Faktoren werden nämlich diejenigen verstanden, „welche das Wahnerleben *notwendig* erscheinen lassen, unter den *kausalen* dagegen die, welche das Auftreten des Wahns erst *ermöglichen*"[123]. Wer zum Beispiel vom Begriff der „Naturnotwendigkeit" oder „Naturkausalität" ausgeht, behauptet das Gegenteil[124]. Es ist immerhin ein Verdienst von *Kant*, sich hinsichtlich von Notwendigkeit und Möglichkeit der einzelnen „Faktoren" klar ausgesprochen zu haben, was nicht allzu häufig geschehen ist.

V. Wahn

Wenn wir nun dazu übergehen, die daseinsanalytische Erfahrung von einem bestimmten Vollzug des Schrecklichen an einem bestimmten Daseinsverlauf einerseits und die klinisch-psychopathologische theoretische Konstruktion des Verfolgungswahns anderseits einander gegenüberzustellen, so mögen zur Erinnerung und zur Ergänzung noch einige Bemerkungen erlaubt sein. Schon im daseinsanalytischen Abschnitt wurde angedeutet, daß die Psychopathologie sich entschließen müsse, erstens in Angst und Vertrauen die *Grundlage* der menschlichen *Seinsmöglichkeiten* zu erblicken, zweitens in ihnen das zu sehen, was wir mit *Szilasi* die *Empfänglichkeit*[125] nannten, drittens sich klar zu sein über die Tatsache, daß da, wo eine bestimmte Erfahrungsmöglichkeit – *hier* also diejenige der ausschließlichen

---

[123] Vgl. V. Beitrag, Z. Neur. 150, S. 275, desgl. IV. Beitrag Z. Neur. 146, S. 615.

[124] Vgl. zum Beispiel *Eugen Kahn*, Gleichsetzung von Pathogenese und *kausaler* Wahngenese im Gegensatz zur Pathoplastik des Wahns, a.a.O. S. 446.

[125] Vgl. Macht und Ohnmacht des Geistes. „Angst und Vertrauen sind die Empfänglichkeit selbst. Sie machen das Ganze des Seienden sichtbar so, daß die Sinneseindrücke jeweils zu einem Ganzen gebildet, bzw. als dieses und jenes gedeutet werden. Aber gleich ursprünglich vernimmt Angst und Vertrauen jeweils ein bestimmtes Seiendes für das Ganze, in Vertretung des Ganzen. Wird die Vorerwartung von Angst-Vertrauen durch eine Blume beglückt, so nimmt sie an, der ganze Wald sei voller Rosen; wird sie durch einen Schatten erschreckt, so nimmt sie an, der ganze Wald sei voller Schrecken." „Die Einheit von Angst und Vertrauen ist die ursprüngliche transzendentale Macht, die dem Dasein erst Seiendes im Ganzen und Seiendes vom Ganzen her begegnen läßt. Sie ist die transzendentale Macht für das Vernehmen." „Die Einheit von Angst und Vertrauen sieht vor das Vernehmen des Vertrauten und Schrecklichen. Sie macht also jeweils Einzelnes vernehmbar als Einzelnes in dem Ganzen, das das Schreckliche oder das Vertraute des Ganzen jeweils verdeckt. Herrscht das Vertrauen vor, so ist das Schreckliche vergessen. Herrscht die Angst vor, so ist das Vertraute vergessen. Diese beiden Weisen des behaltenen Vergessens sind die Genesis der Annahme." (S. 73f.) Vgl. auch S. 72: „Das Vertrauenkönnen ist die Vorerwartung des Erhofften. Denn so, wie nur der Ängstliche erschreckt werden kann, so kann nur derjenige hoffen, der Vertrauen hat." – Von all dem war übrigens schon im Falle „Lola Voß" die Rede.

Empfänglichkeit im Sinne der *Angst* – sich aus dem Gesamtgefüge der Daseinsmöglichkeiten isoliert („verabsolutiert") hat, diese Erfahrungsmöglichkeit sich dann *nach eigener Konsequenz entfaltet!* Diese Entfaltung haben wir in ihrer eigenen Konsequenz verfolgt. Es ist die Konsequenz der
Entfaltung des Schrecklichen! Anders ausgedrückt: Wir haben, ausgehend
von der „natürlichen" Erfahrung, „die phänomenal-deskriptiven Einzelheiten einer bestimmten seelischen Konstitution in ihrem Folgezusammenhang" zu erfahren versucht[126]. Als Kulminationspunkt, als „äußerste Spitze" dieser Entfaltung, erwies sich das, was wir klinisch als Verfolgungs*wahn*
bezeichnen. Und zwar sahen wir, daß wir von einem Wahn nur da sprechen dürfen, wo die isolierte Empfänglichkeit für das Schreckliche, die aus
dem Gefüge der menschlichen Seinsmöglichkeiten „ausgebrochene" Daseinsangst, die Welt „konsequent" zur Schreckens*bühne* macht, zu einer Welt
also, deren Sinn darin liegt, daß *alles* Geschehen von einer schrecklichen
Macht in Regie genommen ist. Oder, in transzendentaler Wendung: Es handelt sich um ein völlig von der unheimlichen Daseinsmacht des Schrecklichen überwältigtes In-der-Welt-sein, um ein solches also, das nicht nur *an*
Welt (im Sinne *Heideggers*) *verfallen* ist, sondern in diesem Verfallensein
das Schreckliche als („isolierte") Macht *vernimmt* („fühlt", „spürt", „hört",
„sieht"). Die Angst hält das Dasein hier also nicht „ins Nichts", sie läßt die
Welt hier also nicht zur Unbedeutsamkeit herabsinken, vielmehr verleiht sie
ihr eine ausgezeichnete oder verabsolutierte Bedeutsamkeit, eben diejenige
des Schrecklichen und damit der Schreckensbedeutung alles einzelnen.

Wahnhaft nennen wir diese äußerste Konsequenz der Erfahrungsweise
der Angst, wenn der Folgezusammenhang des Schrecklichen sich als un-
heimliche böse Macht, als Teufel, Dämon, schreckliche Stimme, als Schick-
sal (bei Lola Voß) und als „heimliche Machenschaften" böser oder schreck-
licher Menschen erweist. Wo dieses Doppelantlitz des Schrecklichen fehlt,
wo entweder nur der Glaube an oder die Überzeugung von einer außerwelt-
lichen bösen Macht und deren Regie herrscht, wie es im Aberglauben der Fall
ist[127], oder wo das Schreckliche nur die Welt beherrscht, wie in der Urszene-
ne oder in Schreckensszenen wie der Panik, da können wir von Wahn noch
nicht sprechen. Von Wahn (immer im Sinne des Verfolgungswahns) kann
erst da gesprochen werden, wo die Empfänglichkeit für das Schreckliche, die
Angst, die ganze Konsequenz ihrer Erfahrungsmöglichkeiten, vom Schreck-
lichen als Daseinsmacht über das Schreckliche als Inbegriff schrecklicher
Handlungen, („Mißhandlungen"), bis zur Malträtierung durch schreckliche
„Apparate", durch l'appareil sanglant de la destruction (Baudelaire) oder

---

[126] Vgl. *Szilasi*, Die Erfahrungsgrundlage der Daseinsanalyse Binswangers. Schweiz. Archiv. f. N. u. Ps. Bd. 67, S. 78.
[127] Wir sprechen hier nicht vom echten oder *religiösen* Glauben, für den all das hier
Gesagte gerade *nicht* zutrifft.

durch den unblutigen Apparat rufzerstörender („diffamierender") Praktiken ("machines", Rousseau) erschöpft hat, wo sie also den ganzen Kreis ihrer Möglichkeiten durchlaufen und sich in ihm festgefahren hat.

Wir wollen nun zeigen, worauf die theoretische klinisch-psychopathologische Konstruktion den daseinsmäßigen Gang der isolierten Erfahrungsmöglichkeit der Angst *reduziert*[128] hat. Es ist klar, daß es sich hier nur um einige „Streiflichter" handeln kann.

Wir beginnen mit der Reduktion des Daseins, der Daseinsgestalt und des Daseinsganges auf den Begriff der *Persönlichkeit*. Wir sahen ja bereits, eine wie große Rolle die Persönlichkeitsforschung in der klinischen Wahnforschung spielt, ausgehend von der Lehre der „Persönlichkeitsspaltung" und gipfelnd in den Bemühungen der Tübinger Schule (*Gaupp, Kretschmer, O. Kant* und *F. Kant* u.a.) und neuerdings in dem Pariser Referat *Rümkes*, das aber bereits über den Begriff der Persönlichkeit hinausgeht und im Anschluß an *Kunz* und unsere eigenen Studien das eigentliche Geschehen des Wahns in der „ganzen Existenzumwandlung", in der „gesamten Veränderung des In-der-Welt-Seins" sieht. Jedoch handelt es sich hier noch um ein *Neben*einander klinisch-psychopathologischer und daseinsanalytischer Gesichtspunkte im Sinne einer Übersicht über die derzeitigen Weisen der Erforschung des Wahns. *Rümke* sieht den Grund der Unkorrigierbarkeit des Wahns mit *O. Kant* immer noch darin, daß der Wahn „für die derzeitige Persönlichkeitsstruktur eine Notwendigkeit ist"[129]. Persönlichkeit ist hier überall noch ein Sammelbecken für triebhaft-affektive (kausale) Anlagen, Funktionen und Vorgänge einerseits, finale oder besser sinnhafte[130] Zusammenhänge, Tendenzen, „Bedeutungen" andererseits, wobei die letzteren natürlich nicht mehr, wie es bei *de Clérambault* und *Guiraud* der Fall ist, lediglich als Überbau betrachtet werden. An dem Persönlichkeitsbegriff hat schon *Wyrsch* so bündige Kritik geübt[131], daß wir auf ihn verweisen können. Wenn er dann aber vorzieht, statt von Persönlichkeit von *Person* zu sprechen, so gibt er hiefür zwar eine für klinische Zwecke sehr brauchbare, physiologische, psychologische und daseinsanalytische Elemente gleichermaßen umfassende Schilderung, die brauchbarste und übersichtlichste vielleicht, die die psychiatrische Klinik heute zeigt, jedoch wird hier die Daseinsanalyse in den Rahmen objektivierender Erkenntnis eingespannt[132].

---

[128] Vgl. zu dieser „Reduktion" mein Badenweiler Referat (1946a), ferner: Über die manische Lebensform (1945a) und die anderen Studien dieses Bandes (1957c).

[129] Zitiert nach dem ausgezeichneten Wahnreferat von *Steck* im Schweiz. Archiv f. N. u. Ps. Bd. 67, S. 96.

[130] Vgl. hiezu *O. Kant*, Beiträge zur Paranoiaforschung I, Z. Neur. 108, S. 625.

[131] Vgl. Die Person des Schizophrenen. Bern 1949, S. 51 f.

[132] Vgl. a.a.O. S. 54: „Alles zusammengefaßt ... so äußert eine Person sich in seelischen Akten und nicht bloß in Reflexen und Reaktionen, und diese Äußerungen sind motiviert, nach vorwärts intentional auf etwas hin gerichtet und werden durch den Ichgehalt und

Das bedeutet keine Kritik in psychiatrisch-klinischer Hinsicht, im Gegenteil, wir wollen ja nur betonen, daß Daseinsanalyse und die ihr eigene Weise der *Erfahrung umgedeutet* werden müssen, um als *klinische* Erfahrung zu fungieren. Daseinsanalyse wird dann Psychologie und Psychopathologie, wenn auch eine durch ihr entnommene Gesichtspunkte und Erfahrungen erweiterte und vertiefte.

Wie sehr nun die Wahnforschung zum Schaden der psychiatrischen Erkenntnis ins Schlepptau der normal-psychologischen Forschung geriet, sehen wir am deutlichsten am Begriff des *Wahnbedürfnisses*. Schon *Hagen* sprach – für seine Zeit sicherlich sehr fortschrittlich – von einem „Gefühl der Haltlosigkeit und Unsicherheit", das den Kranken „instinktartig" treibe, „nach einem festen Punkt zu suchen, an welchem er sich halten und anklammern" könne, und daß er „diese Ergänzung und Tröstung – *nur in einer Idee*" finde, „ganz ähnlich wie auch der Gesunde unter analogen Umständen". Schon im Fall Lola Voß[133] haben wir an dieser Art der Auffassung des Wahngeschehens Kritik geübt, so daß wir darauf verweisen können. Am krassesten tritt diese normalpsychologische Auffassung des Wahns wohl zutage in *Eugen Kahns* mehrfach zitierter, seinerzeit ebenfalls „fortschrittlicher" Arbeit Über Wahnbildung[134]. Man denke nur an seine auffallend „positivistische" Parallele zwischen der Bildung des religiösen Glaubens und der Wahnbildung hinsichtlich ihrer Herkunft aus („subjektiven und unsachlichen") „Gemütsbedürfnissen" und hinsichtlich der Erlösung und Entspannung der *Persönlichkeit* aus einer „unerträglich gewordenen Wirklichkeit". Dagegen ist es ein Verdienst *Eugen Kahns*, energisch auf die *vitalen* Grundlagen der Wahnbildung hingewiesen zu haben, wenn ich es auch bezweifle, daß die „vitale Gefährdung" unbedingt auch *als solche erlebt* werden müsse (S. 443). Im Falle Suzanne Urban besteht, wie schon bemerkt, sicherlich eine vitale Gefährdung durch das Klimakterium, die schwere Sorge und die hochgradige Erschöpfung; wir erfahren aber nichts von einem (bewußten) Erleben derselben. (Dabei lassen wir natürlich dahingestellt, daß unsere „Erfahrung" hier Lücken haben kann.) Im übrigen wollen wir aber auch nicht vergessen, daß *Kahn* mit Nachdruck darauf hingewiesen hat, daß „nie schlechthin Wahn produziert" wird, sondern: *„jede Persönlichkeit bildet und formt ihren Wahn auf ihre Weise, weil und wie es ihrem Wahnbedürfnis entspricht"* (S. 448). Das entspricht insofern auch unserer Ansicht, als wir

---

durch den Sinnzusammenhang zu einer einheitlichen Gestalt zusammengefaßt. Vom andern Blickpunkt aus zeigt sich dies als Selbstgestaltung. Dazu kommt, daß jede Person auch Welt hat, nicht bloß Umwelt, wie das Tier und nicht ein „objektives" Weltbild wie die Wissenschaft, sondern sie hat ihren Welttentwurf und steht in ihrer Mitwelt und kann ohne sie gar nicht geschaut werden."

[133] Vgl. 1957c S. 353f.
[134] Arch. Psychiatrie Nervenkrankh. 88, H. 3, 1929.

hinsichtlich des Verfolgungswahns betont haben, daß unbeschadet des einheitlichen *Wesens* „des Schrecklichen" Zeit und Art seines *Einbruchs* in das Dasein sowie seine *Entfaltung* und *Gestaltung* in der Lebensgeschichte des einzelnen sehr verschieden sein können.

Auch für *Bleuler* entspringen die Wahnideen bekanntlich einem *affektiven Bedürfnis*[135], während andere Autoren statt von Bedürfnis von einem *Versuch*, einem *Suchen*, einer *Aufgabe* sprechen, eine unerträgliche Wirklichkeit „umzubilden" *(F. Kant)* oder aus ihr („in psychologischer Kontinuität") „ihre Selbstheit zurückzugewinnen" und „erneut zu sichern" (*Kronfeld*[136]). *Kahn* wiederum sieht in der Selbstrettung (aus der Vereinsamung) und „Selbstwerterhöhung" Sinn, Bedeutung und Zweck des Wahns (a.a.O. S. 453). Auch für *O. Kant* ist die, von ihm „stets gefundene", finale Bedeutung des Wahns *„die Entlastung des bedrohten Selbstwerterlebens"*; dazu kommt, offenbar im Anschluß an *Freud*, als zweites die „Erfüllung (Realisierung) anders nicht realisierbarer Triebbedürfnisse in der irrealen Wahnwelt"[137]. Zur Stützung seiner Theorie legt *Kant* großes Gewicht auf die quälenden Zustände des Schwankens des Gewißheitserlebens des Wahns und auf das beruhigende Gefühl der Sicherheit, sobald der Zweifel von der Gewißheit abgelöst wird. Wir haben im Fall *Jürg Zünd* ein solches Erlebnis in Reinkultur beobachtet. (Vgl. das Erlebnis mit dem Portier. 1957c, S. 209 f.) Ich bin jedoch der Meinung, daß diesem „Übergangserlebnis" in bezug auf die Halttheorie des Wahns eine größere Beweislast aufgebürdet wird, als ihm zukommt. Solche Beispiele zeigen nur, daß die Kranken eine *Gewißheit*, selbst wenn sie „trostlos" ist, dem so quälenden *Zweifel* vorziehen, nicht aber, daß ihnen der *Wahn* als solcher ein Bedürfnis ist! Könnte man ihnen die Gewißheit beibringen, daß sie sich mit ihrem Argwohn *irren*, so wären sie entschieden beruhigter als in der Wahngewißheit, und erst dann könnte man von einem *Heilungsvorgang* sprechen. Abgesehen davon ist das Wahnproblem in diesen Halttheorien ja nur vom vollendeten Wahn auf das sogenannte Wahnbedürfnis *zurückgeschoben*. Wo ein solches Wahnbedürfnis bestünde, wäre das „Wahngeschehen" („die Krankheit") ja schon in vollem Gange, so daß es uns obläge, die Bedingungen der Möglichkeit des Auftretens eines solchen *Bedürfnisses* aufzuzeigen!

---

[135] Anderseits bemerkt *Bleuler* wieder sehr scharfsichtig: „Wenn man von ‚Wunsch' oder ‚Bedürfnis', krank zu sein, von ‚Interesse an der Krankheit', von ‚Zweck der Krankheit', von ‚Krankheitsgewinn', von ‚Flucht in die Krankheiten', von ‚Absicht' und ‚Veranstaltung' spricht, so muß man sich der praktischen Konsequenzen wegen klar sein, *daß diese Ausdrücke und Begriffe den Vorstellungen des Laien von der Normalpsyche entnommen sind und auf die krankhaften Zustände eigentlich gar nicht anzuwenden wären.* Wir müssen sie aber benutzen, weil es keine geeigneteren gibt." (Lehrbuch S. 347) Gerade hier möchte die Daseinsanalyse Abhilfe schaffen.
[136] Perspektiven der Seelenheilkunde. Leipzig 1930, S. 281.
[137] IV. Beitrag, Z. Neur. 146, S. 615.

Viel tiefer als in der üblichen Rede vom Heilungsvorgang ist der Begriff
übrigens bei *Freud*, da er hier fest verankert ist in der so fein ausgebauten
Theorie der Libido, der Verdrängung, der Wiederkehr des Verdrängten und
der Projektion[138].

Die Auffassung vom Wahn als einem *Halt* für die Persönlichkeit hat
Hans Kunz, und zwar im Hinblick auf den „Weltuntergang", klar und nüchtern, wenn auch immer noch allzu psychologisch formuliert, wenn er sagt:
„Der Schizophrene versteht sich selbst, seine Existenzumwandlung nur unter dem Aspekt jener Verständnismittel, die bislang sein Verhalten und
Verstehen leiteten – und es gewährt ihm zweifellos einen Halt (der in gewissen Fällen sehr deutlich spürbar wird), sich daran noch orientieren zu
können"[139]. Als allzu psychologisch empfinden wir auch diese Formulierung,
weil nicht „der Schizophrene" sich selbst oder seine Existenzumwandlung
derart „versteht" und sich derart zu „orientieren" sucht – hat uns je ein
Schizophrener etwas Derartiges berichtet? –, sondern weil es das Dasein –
als schizophrenes – ist, das sich selbst und die Welt so versteht und orientiert. Dabei muß Verstehen dort ein psychologisches Verstehen bedeuten,
hier ein transzendentales.

Es wären natürlich noch eine Menge ähnlicher Konstruktionen mit nor-
malpsychologischen Begriffen zu erwähnen, so zum Beispiel die Theorien,
die auf die Vereinsamung *(Kahn, Gruhle, Kehrer)* oder die Wirkrüppel-
haftigkeit *(Schulte)* als wichtigstes *Motiv* der *Wahnbildung hinweisen*. Die
Theorie *Schultes*[140] ist interessant deswegen, weil hier in der Sprache der
Psychologie beschrieben wird, was nur in transzendentaler, daseinsanalytischer und fundamental-ontologischer Beleuchtung wirklich standhält[141].
Wir brauchen nur an unsere Auffassung der „Akzentverschiebung" innerhalb der Mitseinsstruktur zu erinnern. Die Konstruktion der Eigenbezie-

---

[138] Ges. Werke VIII, S. 308: „*Was wir für die Krankheitsproduktion halten, die Wahnbildung, ist in Wirklichkeit der Heilungsversuch, die Rekonstruktion.* Diese gelingt nach
der Katastrophe mehr oder minder gut, niemals völlig; eine ‚tiefgreifende innere Veränderung' nach den Worten *Schrebers* hat sich mit der Welt vollzogen. Aber der Mensch hat
eine Beziehung zu den Personen und Dingen der Welt wiedergewonnen, oft eine sehr
intensive, wenn sie auch feindlich sein mag, die früher erwartungsvoll zärtlich war." Vgl.
auch S. 313: „Die Phase der stürmischen Halluzinationen fassen wir auch hier als eine
des Kampfes der Verdrängung mit einem Heilungsversuch, der die Libido wieder zu ihren
Objekten bringen will."
[139] A.a.O. S. 709. – Weitere Bemerkungen zu der Arbeit von *Kunz* vgl. unten S. 316.
[140] Versuch einer Theorie der paranoischen Eigenbeziehung und Wahnbildung. Psycholog. Forschung, Bd. 5, 1924.
[141] Vgl. a.a.O. S. 6: „Damit wird aus dem realen ‚Ich und die andern' ein doch irgend ‚mit
den andern', im Sinne von ‚sie irgend gegen mich'. Das real bloße Daneben-Vorbeigehen
wird umgedeutet in ein Auf-mich-gerichtet-sein der anderen, und es entsteht so an Stelle des nicht möglichen ‚guten Wir' doch wenigstens ein ‚Gegenseitig durch wichtiges
Umschlossensein'. Die *Eigenbeziehung* hat damit ein Surrogat-Zusammen verwirklicht."

hung durch *Schulte* stößt erst auf Grund, wenn sie aus der transzendentalen Macht der Empfänglichkeit als *isolierter Angst* daseinsanalytisch verstanden wird; denn erst dann erfährt das Hauptproblem, nämlich jenes „wird umgedeutet" (vgl. Anm. 141) seine Lösung.

Ein weiterer, bekanntlich schon auf *Westphal* zurückgehender Begriff aus der Normalpsychologie, den wir nochmals kurz erwähnen wollen, ist der von sehr vielen Wahnforschern und so auch von *Gaupp* verwendete Begriff der *Projektion*. Auch er hat bei *Freud* seine tiefste theoretische Begründung gefunden. Hinsichtlich der Kritik an diesem Begriff als einer psychopathologischen Erklärungsmöglichkeit stehen wir heute keineswegs mehr allein. Bezeichnet doch auch *Mayer-Groß* die „Projektion" – wenn auch in anderem Zusammenhang – als „an *universal* mode of thinking"[142]. Ferner hat *Wyrsch* diesem Begriff neuerdings eine Wendung ins Allgemein-Psychologische gegeben, wenn er, im Hinblick auf die psychoanalytische „Sprache", erklärt: „Einfacher, allgemeiner und genauer gesagt, ist damit die *Vergegenständlichung der psychotischen Erlebnisse* gemeint[143]." Geradezu paradigmatisch in dieser Hinsicht scheint uns der Kranke *Schwabs*[144] zu sein, der überaus drastisch schildert, nicht etwa, daß seine Erlebnisse, zum Beispiel kleine Fehler, nach außen projiziert, sondern daß sie *personifiziert* werden, was ja auch eine Vergegenständlichung bedeutet[145]. Es wäre irrig, die „Gestalten" dieses Kranken lediglich als Ausgeburten einer „über-

---

[142] Congrès internat. de Psychiâtrie. Paris 1950 I, S. 67.

[143] A.a.O. S. 30 f. – Vgl. auch die sich daran anschließenden gewichtigen Bemerkungen über den Unterschied zwischen krank und gesund hinsichtlich dieser Vergegenständlichung.

[144] Selbstschilderung eines Falles von schizophrener Psychose. Z. Neur. 44, 1919.

[145] Vgl. S. 7: „Die Gestalten schienen eine übertriebene Personifikation kleiner geringster Fehler zu sein, die ich selbst machte (ohne daß ich mir darüber Selbstvorwürfe gemacht hatte), ganz harmloser Unaufmerksamkeiten in hygienischer, ethischer, moralischer Beziehung, ja sogar oft eine unverschämte Verzerrung rein physiologischer Vorgänge; zum Beispiel wenn ich bei Tisch den Geschmack einer Speise angenehm empfand, so konnte am selben Abend (als die Speise schon längst verdaut war) als Echo dieser Empfindung ein Dämon sich melden in der Gestalt eines gefräßigen, lüsternen Menschentieres, mit großem Maul, wollüstigen, dicken, roten Lippen, dickem Bauch, riesenhafter Größe." „Auch wenn ich sehr müde mich hinsetzte und mich so recht dem Gefühl des Ausruhens hingab, entstand ein diesem Gefühl entsprechender Dämon. Auch eine bloße Gegenrede, wenn Vater oder Mutter etwas kritisierten, erzeugte eine ungeheure, bösartige Gestalt, die das Ich zu erdrücken drohte. Nach Kränkung sah ich düstere, träge Gestalten, die den Eindruck des Ungesunden machten. – Die Einwände meiner Umgebung, diese Dinge würde ich mir nur vorstellen, konnte ich nicht akzeptieren; ich konnte zwischen Vorstellungen und meinen Wahrnehmungen nichts Verwandtes finden, auch heute nicht. Bei Vorstellungen kommt es mir vor, als seien sie in gar keinem Raum, blieben als matte Bilder in meinem Gehirn oder hinter den Augen, während ich bei meinen Wahrnehmungen von außen her eine Welt erlebte, die aber doch auch die Sinnenwelt nichts anging." Man sieht an diesem Beispiel überdies, wie schwierig, ja unmöglich die Scheidung zwischen Halluzinationen und Pseudohalluzinationen oft ist.

reizten Phantasie" oder eigenartiger „eidetischer" Veranlagung im Sinne
von *Jaensch* zu betrachten, vielmehr muß auch hinsichtlich solcher Vergegenständlichung und Personifizierung auf die Isolierung der transzendentalen Macht der Empfänglichkeit im Sinne der *Angst* rekurriert werden,
gesetzt, daß wir sie daseinsanalytisch verstehen wollen. Von diesem Fall
Schwabs ist daher leicht ein Weg zu dem „teuflischen Dämon" Suzanne Urbans und vieler anderer Wahnkranker zu finden, ja wir können hier auch
das Bühnengleichnis Ellen Wests heranziehen, um eine deutliche Skala solcher personifizierter Vergegenständlichungen von „Erlebnissen" aufzustel-
len: Bei Ellen West ist diese Vergegenständlichung *absichtlich* in den Dienst
der Veranschaulichung und Mitteilung gestellt; bei dem Kranken *Schwabs*
verläuft sie völlig unabsichtlich, wenn auch die Einsicht in die Zusammengehörigkeit beider Glieder, des Erlebnisses und der Gestalt (Dämon), völlig
gewahrt bleibt; bei Suzanne Urban *fehlen* sowohl die Absicht wie die Einsicht in jene Zusammengehörigkeit. Beides aber, die absichtliche personifizierende Vergegenständlichung des Gleichnisses sowohl als die sich auf-
drängende und bedrängende Personifikation im Falle *Schwabs*, müssen uns,
ganz unabhängig von den Erkenntnissen der Psychoanalyse, auf den Weg
führen, auch in dem Dämon Suzanne Urbans eine personifizierende Vergegenständlichung von bestimmten „Erlebnissen" zu erblicken. Was uns hier
aber interessiert, ist nicht die Vergegenständlichung von Erlebnissen, Tendenzen, Wünschen, Befürchtungen usw. im Sinne der Psychologie, *sondern
das Walten der transzendentalen Macht der Empfänglichkeit vom Gleichnis bis zum Verfolgungswahn, also von der dichtenden Einbildungskraft über
die „pseudohalluzinatorische" Einbildungskraft (im Sinne Kandinskys) bis
zur wahnhaften Einbildungskraft. In dieser Skala haben wir also Stufen der
Isolierung der Empfänglichkeit zu erblicken, von einer noch im Gesamtgefüge des Daseins stehenden und nur absichtlich isolierten Stufe über eine
bereits autonome, aber noch nicht die „geistige Distanz" vermissen lassende Stufe zu der absoluten Isolierung im Sinne des Wahns.* Schließlich sei
nur noch darauf hingewiesen, daß wir, wie schon *Kunz* sehr klar gesehen
und im einzelnen aufgezeigt hat, auch in der *aktpsychologischen*, rein *intentionalen* Auffassung des Wahns einen psychologischen Fehlversuch zum
Verständnis der „Wahnbildung" erblicken müssen, worauf ja schon früher
hingewiesen wurde. Das Wahngeschehen liegt ungleich „tiefer", als daß es
mit diesen Mitteln erfaßt werden könnte, soviel Scharfsinn auch gerade in
dieser Hinsicht – ich denke besonders an *Kurt Schneider, Kronfeld* und
Gruhle – aufgebracht worden ist und so viele subtile Unterscheidungen uns
diese Richtung auch gebracht hat.

Um zum Falle Suzanne Urban zurückzukehren, müssen wir nun das
gesamte Wahngeschehen ins Auge fassen, von den wahnhaften *Witterungen* von Gefährdungen bis zum ausgebildeten Verfolgungs*wahn*. Erst dann

tritt die Bedeutung der daseinsanalytischen Betrachtung für die Klinik ins volle Licht; denn was die Klinik hier rein deskriptiv trennt, die *wahnhaften Einfälle* oder *wahnhaften Ideen* im Sinne von *Jaspers*[146] im depressiven Vorstadium der Wahngestimmtheit (das Horchen der Mädchen usw.) einerseits, die *echten* oder *primären Wahnerlebnisse* oder *Wahnwahrnehmungen* im Sinne desselben Autors[147] anderseits, das erwies sich daseinsanalytisch, wie wir sahen, als Ausdruck ein und derselben, mit unheimlicher *Konsequenz* sich entfaltenden Wandlung des *Daseins* im Sinne seiner Selbstentmächtigung und Unterwerfung unter die Macht der (anonymen) Öffentlichkeit. Indem wir uns die Rekapitulation des Hergangs dieser Daseinsumwandlung für den Rückblick aufsparen (vgl. S. 324f.), wollen wir hier, wo wir es mit der Klinik des Wahns zu tun haben, kurz zeigen, inwiefern von der daseinsanalytischen Betrachtung Licht auf die rein klinischen Begriffe und Unterscheidungen zu fallen vermag.

Was die Witterungen von Gefährdungen von seiten der Mitwelt betrifft, so nehmen schon sie eine Mittelstellung ein zwischen *psychologisch*-verständlich aus der (depressiven) Verstimmung hervorgehenden wahnhaften Ideen (holothyme oder synthetisch-affektive Wahnideen im Sinne *Hedenbergs*, wahnhaften Ideen im Sinne *Jaspers'*) einerseits, echten wahnhaften Erlebnissen anderseits. Denn es ist *psychologisch* nicht wohl verständlich, wieso die Sorge um den Mann zu dem Argwohn gegen das Pflegepersonal führen *muß*; desgleichen ist es nicht *rein* aus der depressiven Verstimmung verständlich. Das *wahnhafte* Mißtrauen, der *wahnhafte* Argwohn gehören nicht zum *Wesen* der depressiven Verstimmung. Hingegen ist dieser wahnhafte Argwohn *daseinsanalytisch* verständlich als erstes Zeichen der Daseinsumwandlung im Sinne der beginnenden Veröffentlichung des Daseins, klinisch gesprochen des schizophrenen Prozesses. Schon im Abschnitt Diagnose wurde ja betont, daß dieses Stadium als prozeßbedingte Verstimmung und nicht als rein depressives Vorstadium aufgefaßt werden muß.

Das ist nicht ohne Bedeutung für das Problem des schizophrenen *Primärwahns*, mit dem wir uns jetzt noch beschäftigen müssen. Ist unser Fall doch geeignet, dieses Problem auch klinisch zu fördern. Schon der Umstand ist von Wichtigkeit, daß es sich beim Verfolgungswahn Suzanne Urbans, bei der Wahnbühne, sicherlich um echte Wahnideen im Sinne des

---

[146]Vgl. a.a.O. S. 89. Hiezu rechnet *Jaspers* bekanntlich die vorübergehenden Täuschungen aus Trugwahrnehmungen und dergleichen, die melancholischen und manischen Wahnideen und die überwertigen Ideen.

[147]Vgl. auch a.a.O. S. 82 f.

schizophrenen Primärwahns handelt[148], daß wir das Primäre dieses Wahns
aber nicht, wie es bei den deutschen Autoren, und insbesondere bei *Gruh-*
le, Kolle, Zutt der Fall ist[149], rein zeitlich, das heißt als *erstmaliges*, „un-
motiviertes" Wahngeschehen auffassen dürfen, für dessen wissenschaftliche
Erklärung man ohne weiteres auf den schizophrenen Prozeß oder, vorsichtiger, „auf ein körperliches Krankheitsgeschehen" rekurriert. Damit wird
auch heute noch die *Grenze* oder „Mauer" *(Kurt Schneider)* betont, die
dem Wahnverständnis von der psychopathologischen Seite aus gesetzt ist.
Wenn auch wir diese Grenze für die Psychopathologie anerkennen, so halten
wir das Rekurrieren auf das Körperliche doch für einen wissenschaftlichen
Kurzschluß; denn, wie ja *Kunz* als erster betont hat und diese Analyse zeigt,
bleibt uns immer noch der Rekurs auf die Daseinsanalyse übrig. In gewisser
Hinsicht kommt uns *E. Bleuler* insofern schon mehr entgegen als die deutschen Autoren, als er ausdrücklich betont, daß es für ihn „in der Psyche"
ebensowenig etwas „Letztes" gäbe wie anderswo[150]. Anderseits entfernen
wir uns wieder von *E. Bleuler* und ebenso von *Jung*, wenn sie die Lehre vom
Primärwahn mit der Annahme und dem häufigen Nachweis *unbewußter Mo-*
tive aus dem Sattel heben wollen; denn mit dem Nachweis der Motiviertheit
aus unbewußten Motiven ist, wie die deutschen Autoren immer wieder und
mit Recht betonen, das *wahnhafte* Geschehen, der Wahn als solcher, keineswegs erklärt oder verstanden. Verstanden, aber nicht psychopathologisch-
genetisch, sondern daseinsanalytisch, ist der Wahn nur, wenn man ihn als
bestimmte apriorische Strukturweise und Strukturverlauf des Daseins oder
In-der-Welt-Seins „versteht".

Rein klinisch-deskriptiv *und* diagnostisch behält der Primärwahn auch
für uns seine Geltung. Auch in unserem Falle – wir sprechen jetzt also vom
eigentlichen Verfolgungswahn, von der Wahnbühne – zeigt er seine Eigenart
in dem, was *Kurt Schneider*[151] u.a. seine *Zweigliedrigkeit* nennen (scheinbar unveränderter Wahrnehmungsakt mit seinen Empfindungsqualitäten,
jedoch abnorme Bedeutung im Sinne der *Eigenbeziehung* der Wahrnehmung ohne rational oder emotional verständlichen Anlaß). Soviel auch rein
phänomenologisch gegen diese Zweigliedrigkeit eingewendet werden kann,
so besteht sie doch klinisch-deskriptiv, wie auch unser Fall zeigt, zu recht.
(Man denke wieder an die „Bedeutung" des Zerknackens des Vogels von

---

[148] *Hans Kunz* hat zwar als den „dem Geschehen adäquatesten Inhalt" des Primärwahns
das *Weltuntergangserlebnis* sehen zu müssen geglaubt, jedoch ist dieses Erlebnis, wie
auch unser Fall zeigt, durchaus keine notwendige Voraussetzung für den Primärwahn.
[149] Eine Ausnahme macht, soweit ich sehe, *Johannes Lange*, insofern er zum mindesten
den *Jasper*sschen Unterschied zwischen echten Wahnideen und wahnhaften Einfällen
nicht mitmacht. Vgl. seine Bearbeitung der 9. Auflage des *Kraepelin*schen Lehrbuchs.
[150] A.a.O. S. 51; vgl. auch S. 359.
[151] Vgl. seine neueste, sehr knappe und klare Darstellung des Wahns in: Über den Wahn.
Stuttgart 1952, S. 8 f.

seiten der Katze, des Herausfliegen*lassens* der Raben, des Mähens mit der Sense, des Knisterns des Papiers, des Hämmerns in der Schmiede usw.)

Als weiteres Kriterium des schizophrenen Primärwahns überhaupt und unseres Falles im speziellen sei noch erwähnt, daß hier sowohl das *Gewißheits-* oder *Wirklichkeitserlebnis* als die objektive *Realitätsbedeutung* des Wahns (im Sinne *O. Kants*) Hand in Hand gehen, m.a.W. daß die Wahnideen, soweit wir den Fall verfolgen können, *unkorrigierbar* und von ausnahmsloser *Gültigkeit* sind.

Was zum Schluß unsere Interpretation der (echt) *wahnhaften Erfahrungsweise* betrifft (vgl. oben im Abschnitt Zeit S. 276ff.), so könnte *Müller-Suur*[152] einwenden, daß wir zwar das Geschehen der *paranoischen*, „errungenen" oder erarbeiteten Wahngewißheit daseinsanalytisch beleuchtet hätten, nicht aber das der „erlittenen" („primären") *schizophrenen* Wahngewißheit, von der *Hedenberg* sagt, daß sie passiv „wie eine Empfindung" hingenommen werde[153]. Jenes Erringen im Sinne der „paranoischen" Wahngewißheit finden wir z.B. sehr deutlich bei *Rousseau*, der immer wieder von *apprendre* und (in den Rêveries) von immer neuen *leçons* spricht, durch die er sich von bloßen *Vermutungen* zur Gewißheit durchgerungen habe[154]. Demgegenüber soll der *schizophrene* Wahn mit einer erlebnismäßigen *Tatsache* (eben als „Primärwahn") *beginnen*. Abgesehen davon nun, daß der erlebnismäßige Gegensatz von aktiv und passiv hier wie sonst nicht tief genug greift und überhaupt kein „diametraler" Gegensatz ist, abgesehen davon, daß wir ja nie wissen können, ob die vom Kranken als erstmaliges Erlebnis angegebene Tatsache wirklich erstmalig ist (und wenn auch, dann könnte auch sie, wie ja *Bleuler* schon betont, noch mehr oder weniger unbemerkte Vorläufer oder Vorstufen haben), abgesehen ferner davon, daß es klinisch hier alle möglichen empirischen Übergänge gibt, betrifft unsere Untersu-

---

[152] Vgl. seine wiederholt zitierte, gewichtige Arbeit: Gewißheitsbewußtsein beim schizophrenen und paranoischen Wahnerleben. Fortschr. Neurol. Psych., 18. Jahrg., H. 1, 1950.

[153] Sehr gut sagte bereits *Hoppe* von dieser Art Wahn, daß er nicht, wie der religiöse Glaube „erstritten" sei, sondern dem Kranken *„zuwachse"*. „Der Wahn fragt gar nicht." Vgl. seine noch heute lesenswerte Studie über „Wahn und Glaube", Z. Neur. 51, 1919, S. 194.

[154] Auch *Heidenhain* spricht bei *Rousseau* von einem „Konflikt, der erst durch die Summation von hundert und aberhundert kleinen Einzelerlebnissen seine krankmachende Intensität erhält". Vgl. seine, zwar ganz auf den sensitiven Beziehungswahn ausgerichtete Rousseau-Pathographie (J. J. Rousseaus Persönlichkeit, Philosophie und Psychose. München 1924 S. 83). – Demgegenüber solle es sich beim Hauptlehrer Wagner, der von der Tübinger Schule doch *auch* für die Paranoia in Anspruch genommen wird, um ein „einmaliges auslösendes Ereignis handeln, das seine pathogene Wirksamkeit voll in sich beschließt" (ebenda). Man sieht, wie wenig das Kriterium der Ein- oder Mehrmaligkeit hinsichtlich der „Auslösung des Wahns" geeignet ist (hinsichtlich Paranoia und Schizophrenie), differentialdiagnostisch verwertet zu werden.

chung gar nicht die Frage: Erlebnis*tatsache* oder bloße *Vermutung*, sondern
die Erfahrung des Allgemeinen *in* jeder Einzelerfahrung, unabhängig vom
erstmaligen, ein- oder mehrmaligen Vollzug dieser Erfahrung! Auch der sofort zur Wahngewißheit gelangende „Schizophrene" macht, wie auch unser
Fall zeigt, immer neue Erfahrungen, die die alten bestätigen.

Auf den „Mechanismus der *paranoischen* Verkrampfung" im Sinne
Müller-Suurs würde es wiederum hinweisen, wenn wir feststellen konnten,
daß immer mehr der subjektive Aspekt vorherrscht und schließlich nur er
noch den Gegenstandsbereich beherrscht: „Dadurch, daß *durch das Nicht-
Loskommen vom subjektiven Gegenstandsaspekt die natürliche Auseinandersetzung mit der ganzen Fülle der Wirklichkeit eingeengt* wird, tritt eine
Einbuße an lebendigem Gehalt des Erlebens ein". Auf denselben Tatbestand
zielte unsere Bemerkung, daß das Dasein die Anweisung für das Folgern
und Zuordnen nicht von der objektiven Transzendenz im Sinne der Physis,
sondern von der subjektiven Transzendenz der Angst und ihrem Korrelat, dem Schrecklichen, empfängt. Das Nicht-Loskommen vom subjektiven
Aspekt bedarf also seinerseits zu seinem Verständnis des daseinsanalytischen Aufweises der Bedingung der Möglichkeit für das Vorherrschen des
„subjektiven Aspekts", des *Aufweises* also der *Überwältigung* des Daseins
von der Daseinsmacht des Schrecklichen.

VI. Sinnestäuschungen

Wenn wir uns nun den Sinnestäuschungen im Falle Suzanne Urban zuwenden, so schicken wir gleich voraus, daß wir sie daseinsanalytisch ebensowenig vom Wahngeschehen trennen können, wie *Bleuler* sie klinisch davon zu
trennen vermag. Erklärt er doch einmal: „Der Wahn ist das, was zunächst
von der Krankheit erzeugt wird; er kann nun zuerst als Gedanke oder als
Halluzination oder als Gedächtnistäuschung oder als Traumvorstellung in
die Erscheinung treten."[155] Wir dürfen also heute nicht mehr sagen, daß
sich Verfolgungsideen „auf Grund von Sinnestäuschungen" in das Krankheitsbild mischen, wie es in dem Gutachten der Anstalt Sonnenberg über
den Senatspräsidenten Schreber zu lesen war[156] und leider auch heute noch
oft zu lesen ist. Vielmehr haben wir ein für allemal einzusehen, daß Halluzinationen keine isolierten Störungen sind, wie *F. Schröder*[157] es bekanntlich
besonders eindringlich betont und *Mayer-Groß*[158] es bereits ausgeführt hatte. Allen voran ging aber *E. Minkowski* im Schlußabschnitt von Le Temps

---

[155] Lehrbuch S. 50. Die Wendung „von der Krankheit erzeugt" würden wir natürlich
nicht gelten lassen, da „die Krankheit" hier ja schon im Wahngeschehen *besteht*. Vgl.
hiezu aber auch die Ausführungen von *Wyrsch* und *Tiling*, Anm. 85.
[156] *Freud*, a.a.O. S. 245.
[157] Der Nervenarzt 1933.
[158] Der Nervenarzt 1931.

vécu vom Jahre 1923. In der bereits im Falle Lola Voß (1957c, S. 357 f.) herangezogenen Arbeit „A propos du problème des hallucinations" vom Jahre 1937 kam er energisch darauf zurück, daß es sich bei den Halluzinationen überhaupt nicht einzig um „un trouble de la perception" handeln könne, sondern vor allem um „une modification profonde de la forme de la vie mentale dont l'hallucination n'est qu'une des expressions"[159], und daß man die Analyse der halluzinatorischen Phänomene immer „en fonction du fond mental qui les conditionne" durchführen müsse[160]. Auch *Sartre* sieht ein, daß man bei einer halluzinatorischen Psychose das Allgemeinverhalten des Kranken ins Auge fassen müsse. Er bezeichnet dasselbe nicht unpassend als „conduite hallucinatoire", versteht darunter aber lediglich die „accomodation réciproque" zwischen dem Kranken und seinen Sinnestäuschungen[161]. Wir selbst würden in französischer Sprache den Ausdruck *condition* hallucinatoire vorziehen, als Bezeichnung einer Sonderform der condition humaine, der menschlichen Seinsweise, überhaupt. Damit befanden wir uns insofern auch in Übereinstimmung mit *Sartre* selbst, als er einmal erklärt: „*Un fou ne fait jamais que réaliser à sa manière la condition humaine*"[162].

Während *E. Minkowski* das Problem der Halluzinationen bekanntlich in Zusammenhang bringt mit der Unterscheidung von espace noir und espace clair, bringt *Erwin Straus* es sehr fruchtbar in Zusammenhang mit derjenigen zwischen landschaftlichem und geographischem Raum und zwischen (sympathetischem) Empfinden und Wahrnehmung, gipfelnd in dem Satz: „Halluzinationen sind primäre Abwandlungen des Empfindens, nicht Störungen der Wahrnehmung"[163]. „Die Halluzinationen entspringen also nicht einer Störung des Sensoriums – diese Funktionen im physiologischen Sinne verstanden –, sie entspringen auch nicht einer Störung der Funktio-

---

[159] Le Temps vécu, S. 387.

[160] A propos du problème des hallucinations. Extrait des Annales Médico-psychol. No. 4, 1937, S. 2 und 4 f.

[161] L'imaginaire, neuvième édition nrf. 1948, S. 205. Vgl. hiezu aber schon *E. Minkowski*, Le Temps vécu, S. 388: „Pour que la réalité perçue normalement puisse supporter cette sorte de néoproductivité hallucinatoire, il faut qu'une modification profonde de la vie mentale rende possible cette façon particulière de vivre le monde des perceptions. Il faut qu'il ait une modification de la *tolérance*, si j'ose m'exprimer ainsi, de la réalité perceptible dans ses rapports avec le sujet."

[162] L'Etre et le Néant, 16e ed., p. 442. Hervorhebung von mir. Man könnte unsere eigene Auffassung nicht präziser ausdrücken.

[163] Vom Sinn der Sinne, Berlin 1935, S. 286. – In derselben Richtung bewegt sich neuerdings die Arbeit von *Zutt*: Der ästhetische Erlebnisbereich und seine krankhaften Abwandlungen. Ein Beitrag zum Wahnproblem. Nervenarzt, 23. Jahrg., 5. H., Mai 1952, ferner *Mattussek*: Untersuchungen über die Wahnwahrnehmung (Arch. f. Psychiatrie und Z. Neur Bd. 189, 1952 und Schweiz. Archiv f. N. u. Ps. Bd. 71, 1953). – Was hier überall als *physiognomisch, sympathetisch*, ästhetisch bezeichnet wird, bezeichnen die Franzosen vage genug als qualités affectives „telles que ‚gracieux, troublant, sympatique, léger, lourd, fin, inquiétant, horrible, répugnant' etc." Vgl. Sartre, L'Imaginaire, p. 179.

nen des Wahrnehmens, Denkens, Urteilens, sondern gehen aus einer Störung und Abwandlung der sympathetischen Funktionen des Empfindens hervor. Weil diese Funktionen verändert sind, lebt der Kranke in einer anderen Kommunikation mit der Welt; da aber die Weisen des In-der-Welt-Seins fundamental sind für alle Erlebnisse, so sind die Halluzinationen keine isolierten Störungen" (ebd.). Damit kommt er unserer eigenen Auffassung sehr nahe, mit dem Unterschied jedoch, daß es sich bei ihm um eine psychologische, bei uns um eine daseinsanalytische Unterscheidung handelt.

Das Empfinden bedeutet für *Erwin Straus* ein sympathetisches Erleben[164], nicht eine apriorische Daseinsform. Dessen ungeachtet stellt er etwas in den Vordergrund, das auch unserer Auffassung des Schrecklichen (und damit natürlich auch seines Gegenteils, des Lockenden, Anziehenden) zugrunde liegt. „Es (das Empfinden) ist auf die physiognomischen Charaktere des Lockenden und Scheuchenden gerichtet. Es hat den Charakter des ‚mit' in seiner Entfaltung des ‚auf zu' und des ‚von weg'." „Das Sympathetische ist der weitere Begriff, der beides, das Trennen und das Einigen, das Fliehen und das Folgen, das Schrecken und das Locken, also das Sympathische und das Antipathische umfaßt." „Jede äußere Verstümmelung dieses polaren Verhältnisses verhindert oder vernichtet das symbiotische Verstehen. Im Empfinden haben wir die Welt in einer perspektivischen Ansicht, haben wir sie jeweils für uns, das heißt wir haben Umwelt, wir haben noch nicht die Welt"[165].

Die „Störung und Abwandlung der sympathetischen Funktionen des Empfindens", um die es sich bei Suzanne Urban, als einem Falle von Verfolgungswahn, handelt, betrifft also ausschließlich den „physiognomischen Charakter" des Schreckenden oder Scheuchenden, des „mit" im Modus des „von weg", wie er immer wieder aufgewiesen und als *Überwältigtsein* von der Macht des Schrecklichen (in irgendeiner seiner Formen: als Entsetzen, Furcht, Angst usw.) beschrieben wurde. Schon im Abschnitt über die Ausgestaltung des Themas zur Wahnfabel wurde betont, daß die Beziehungsideen, Illusionen und Halluzinationen gleicherweise Arten des *Vernehmens* einer „selbstfremden" Macht seien, also daseinsanalytisch durchaus im selben Rang stehen. Dabei wurde ferner erwähnt, daß die Weisen dieses Vernehmens schwanken zwischen dem Spüren, Fühlen, Sehen, dem Hören und Zugeflüstertbekommen und dem Denken aufgezwungener „Gedanken". Es wurde ferner betont, daß das Dasein hier keine („geistige") *Distanz* mehr zu nehmen vermag, sondern völlig befangen und gefangen ist in der bloßen Empfänglichkeit und zwar vorwiegend in der Form der mitweltlichen *Beeindruckbarkeit*, des Genommenwerdens „beim Ohr" (beim Auge, bei der

---

[164] Insofern darf es ja nicht mit dem Haben von Empfindungen in sensualistischem Sinne verwechselt werden!
[165] A.a.O. S. 127.

„Haut", beim Leib überhaupt). „Wo die Seinsmöglichkeit der Beeindruckbarkeit", so sagten wir (S. 264), „sich völlig verselbständigt und damit
maß- und grenzenlos wird, das Dasein sich also auf das Empfangen von
„Eindrücken" beschränkt, da sprechen wir von *Halluzinieren.* Wo aber diese Empfänglichkeit unter der Übermacht des Schrecklichen steht und von
ihm seine Anweisungen erhält, da kann es sich nur um „schreckliche" Halluzinationen handeln. Dasselbe gilt aber auch von den „Gedanken". Auch sie
stehen unter dem Diktat des Schrecklichen, des Grauenhaften, Unheilvollen, auch sie können nur *unheilverkündend* und *unheilvoll* sein. Die ganze
„Bühne" ist hier inszeniert von einer einzigen „Regie", einer einzigen *sinnverleihenden* und *richtunggebenden* Daseinsmacht. Von dieser Macht empfangen alle sinnverleihenden und sinnerfüllenden *Akte* erst ihre Direktive
und ihre intentionale Erfüllung." Die Halluzinationen sind hier also nur ein
besonderer Ausdruck der dem Dasein „auf den Leib rückenden" *feindlichen
Handlung* (vgl. oben S. 263), sie sind nur vorübergehende Episoden derselben, nur Vollzugsmodalitäten, nämlich Androhungen oder Bestätigungen
der von der Macht des Schrecklichen und den in ihrem Dienste stehenden
Menschen und Apparaten ausgehenden *Leiden* und *Qualen.* Wir können
daher sagen, daß unsere Studie nicht nur gezeigt hat, daß, um mit *Erwin
Straus* zu sprechen, Halluzinationen auf Störungen der sympathetischen
Funktionen des Empfindens beruhen, nicht nur, daß da, wo das „Empfinden" auf das Empfinden der Physiognomie des Schrecklichen beschränkt ist,
schreckliche Halluzinationen auftreten, sondern, darüber hinaus, daß diese
schrecklichen Halluzinationen in der Tat „Episoden" des von der *isolierten
Daseins-Macht* des Schrecklichen „inspirierten" *Daseinsdramas* sind. Halluzinationen sind der *„eindrücklichste",* nämlich der *„sprechendste", „sicht-
barste", „fühlbarste"* Ausdruck der *Bedrängnis der Nähe*[166].

In der Erzählung *Kafkas* „Die Strafkolonie" fragt ein Reisender den Offizier beim Anblick eines Delinquenten, ob er sein Urteil kenne. „Nein", sagt
der Offizier, „es wäre nutzlos, es ihm zu verkünden. Er erfährt es ja auf seinem Leib." So erfährt Suzanne Urban zwar nicht ihr Urteil, wohl aber ihr
Leiden „auf ihrem Leib", weswegen es „nutzlos" ist, es ihr zu „verkünden"
oder zu erklären, nämlich sie darüber *aufzuklären.* Und wenn dann hinzu-
gefügt wird: „Es ist nicht leicht, die Schrift (des Urteils) mit den Augen zu
entziffern; unser Mann entziffert sie aber mit seinen Wunden", so *entziffert*
auch unsere beklagenswerte Suzanne Urban die Schrift ihres „Schicksals"
nicht mit den Augen (des Verstandes), sondern mit ihren und ihrer Angehörigen „Wunden", mit den ihr und ihnen *„zugefügten Leiden".* Wo das
Dasein sein Schicksal an und auf seinem „Leib" (aber natürlich auch *an*

---

[166]Vgl. *L. Binswanger.* Über den Satz von Hofmannsthal: „Was Geist ist, erfaßt nur
der Bedrängte", a.a.O.

seiner Seele und *an* seinem Ruf, vgl. *Rousseau) als Wunden empfängt und erfährt*, spottet es jeglicher *anderen Erfahrung*; denn sie ist die im doppelten Wortsinne „eindrücklichste".

VII. Rückblick

In der Einleitung zur Daseinsanalyse, betitelt Vorgeschichte und Wahn, hatten wir es als unsere Aufgabe bezeichnet, den Weg zu verfolgen, auf dem der „Umschwung" vom Exzeß im Guten zum Exzeß im Bösen im Dasein, dem wir den Namen Suzanne Urban gegeben, daseinsanalytisch *möglich* wurde. Dieser Aufgabe haben wir uns, soweit es in unseren Kräften steht und soweit unser „Material" es erlaubte, nunmehr entledigt. Angesichts der außerordentlichen Kompliziertheit des ganzen Problemkreises wird es sich aber empfehlen, die Art und Weise der Verfolgung dieses Weges noch einmal mit aller Deutlichkeit zu kennzeichnen. Wir tun dies zunächst in *Abkehrung* von anderen methodischen Versuchen solchen Verfolgens oder Aufzeigens. Zu allererst betonen wir, daß es sich bei unserer Untersuchung *nicht* darum handeln kann, die „Psychose verständlich aus der Vorgeschichte abzuleiten", wie es *Gruhle* mit Recht seiner Lenore Banting sowohl als auch einem *Windelband* gegenüber als „das Bestreben jedes nicht ärztlich geschulten Menschen" vorwarf[167]. Verständlich bedeutet hier soviel wie einfühlbar oder „genetisch nachvollziehbar" im Sinne von *Jaspers, Kurt Schneider*[168], *Hedenberg*[169] u.a. Eine solche „Ableitung" finden wir aber auch bei ärztlich, ja gerade psychiatrisch „geschulten" Menschen, und zwar gerade *auch* hinsichtlich der schizophrenen Psychose. Dahin gehören alle die psychologischen, charakterologischen und konstitutions-psychologischen Versuche, den *Inhalt* des Wahns oder gar den Wahn als solchen aus der präpsychotischen Lebensgeschichte herzuleiten. Wir haben unsern Weg also nicht in der Weise verfolgt, daß wir jenen Umschwung und damit die Psychose unserer Kranken „abzuleiten" versucht haben aus seelischen *Vermögen* oder *Fähigkeiten* wie Urteil, Gefühl, Affekt, Phantasie, Bedürfnis, Instinkt, Wunsch, Streben, Tendenz, *nicht* aus *Charaktereigenschaften* wie Ehrgeiz, Geltungsbedürfnis, Mißtrauen, Empfindlichkeit, Ressentiment usw., *nicht* aus *Gesamtcharak-*

---

[167] Vgl. Selbstschilderung und Einfühlung, Z. Neur. 28, 1915, S. 230. *Windelband* hatte in den Präludien behauptet, *Hölderlin* sei „durch das Bewußtsein des tiefen Gegensatzes zwischen dem unruhigen, unbefriedigenden Leben der Gegenwart und dem Ideal der klassisch-hellenistischen Bildung und Lebensführung in Geisteskrankheit gesunken". Solchen Auffassungen begegnen wir in geisteswissenschaftlichen Kreisen aber auch heute noch, sogar hinsichtlich der Paralyse *Nietzsches*.

[168] Versuch über die Arten der Verständlichkeit, Z. Neur. 75.

[169] Über die synthetisch-affektiven und schizophrenen Wahnideen, Arch. Psych. Nervenkr. 80, insbes. S. 740 ff.

teren oder *Persönlichkeitstypen*, wie sensitivem, tyrannischem usw. Charakter, disparater, desäquilibrierter, zerrissener usw. Persönlichkeit, *nicht* aus *Temperamenten* wie sthenischen oder asthenischen, aus *Konstitutionen* wie schizoider oder syntoner, nicht aus *Trieben*, sei es sexueller Art, sei es dem „Trieb" nach Selbstwert-Erhaltung oder -Wiederherstellung, nach Entlastung, Surrogatbefriedigung, nach Halt in der Welt überhaupt usw., aber auch nicht allein aus bestimmten „*Erlebnissen*", sei es beschämender, sei es schreckhafter Art, *nicht* aus einer Veränderung der Art und Weise der intentionalen *Akte* oder Aktvollzüge oder der psychischen *Funktionen*, desgleichen aber auch *nicht* aus einem Zusammentreffen des (kausalen und finalen) „Ineinandergreifens" so disparater Momente. Anderseits gingen wir natürlich auch *nicht* den Weg der „Organizisten" im Sinne *Gruhles* (hinsichtlich des schizophrenen Primärwahns) oder *de Clerambaults* u.a. So wenig die Klinik um all die psychologischen, charakterologischen, biologischen Versuche einer Beantwortung der Warumfrage im Sinne objektivierender Erkenntnis herumkommt, so wenig erschöpft sich hierin die Aufgabe der Psychiatrie als Wissenschaft. Als Wissenschaft hat sie sich auf das ontologische Fundament zu besinnen, das ihren Aussagen zugrunde liegt. Seelische Vermögen, seelische Eigenschaften, Seele überhaupt (im Sinne der Psychologie und Psychopathologie), Charakter, Person, Persönlichkeit, Trieb usw., all das hängt ontologisch in der Luft, das heißt es entbehrt des ontologischen Fundamentes. Dieses Fundament haben wir in der Daseinsanalytik *Heideggers* gefunden[170]. Auf ihr baut sich die Daseins*analyse* als phänomenologische Erfahrungswissenschaft auf[171]. Ihre Aufgabe ist es, die Eigenart der apriorischen *Daseinsstruktur* aufzuzeigen, die alle jene eigenartigen Phänomene *ermöglicht*, welche wir klinisch als schizophrene *Symptome* und als schizophrene *Psychose* überhaupt *diagnostizieren*.

Daß die psychopathologische Wahninterpretation an dem schizophrenen (Primär-)Wahn ihre *Grenze* findet, hat, wie wiederholt erwähnt, *Hans Kunz* schon vor zwanzig Jahren sehr scharfsinnig betont. Abgesehen davon aber, daß uns seine Lösung des schizophrenen Wahnproblems im Sinne einer „Selbstexplikation des Daseins" nicht eindeutig genug erscheint, ist es ein anderes, einen Weg der Lösung programmatisch aufzuzeigen, ein anderes, ihn am Einzelfall Schritt für Schritt zu begehen. Was wir aber gegen die *Kunz*sche Lösung des Problems als solche einzuwenden haben, ist die Auffassung des schizophrenen Primärwahns als einer *urteilsmäßig-sprachlichen Spiegelung* der Existenzumwandlung als solcher (a.a.O. S. 681), als eines

---

[170] Wie die Beziehungen der ontologischen Monadologie *Häberlins* zur Psychiatrie zu denken wären, zeigt *Häberlins* eigener bedeutsamer Versuch, uns das Verständnis von Schlafen und Träumen näherzubringen. (Zur Lehre vom Traum. Schweiz. Archiv f. N. u. Ps. Bd. 67.)
[171] Vgl. unser Badenweiler Referat a.a.O.

Niederschlags „der triebhaft-affektiven Veränderungen" im „Wahnurteil als ihrem gedanklichen Resultat" (S. 715) oder als einer „prinzipiell inadäquaten Selbstexplikation" der schizophrenen Existenz (ebd.). So scharfsinnig *Kunz* auch betont, daß der Primärwahn – im Gegensatz zum melancholischen Wahn – „den partiellen Ausdruck des umwandelnden Geschehens selbst" bilde (S. 681), so trennt er in unseren Augen mit den Bezeichnungen „urteilsmäßig-sprachliche Spiegelung", Wahnurteil, Resultat, Niederschlag, inadäquate Selbstexplikation, partieller Ausdruck, trennt er also immer noch allzusehr, was im Grund eine untrennbare Einheit bildet, die Einheit nämlich des Überwältigtseins des Daseins vom Schrecklichen. Das betrifft vor allem die Auffassung des Wahns als eines Urteils, einer sprachlichen Explikation oder Spiegelung. Die Sprache ist im Primärwahn nicht, gleichsam als etwas „Sekundäres", in das umwandelnde Geschehen selbst „hineingezogen", ist auch nicht nur Ausdruck desselben – was immer noch psychopathologisch ausgedrückt ist und keineswegs jenseits der Grenzen der psychopathologischen Wahninterpretation steht –, vielmehr ist sie etwas „Primäres", *adäquater* Weltentwurf, adäquate Sprache des „Geschehens" oder Vollzug des Schrecklichen *am* (oder im) Dasein.

Was nun die *Klinik* betrifft, so mußten wir den Exzeß im Guten, den Familien*kultus*, als („hysterische") Neurose bezeichnen, den Exzeß im Bösen, die *Verleumdungen* und die durch sie hervorgerufene Marterung der Familie, die „Martyriologie", als (schizophrene) Psychose. Neurose und Psychose wurden hier aber von vornherein nicht als in einem psychopathologischen Zusammenhang stehende klinisch-deskriptive Zustandsbilder ins Auge gefaßt, sondern als im Gang eines bestimmten *Daseinsverlaufs phänomenologisch* ausgezeichnete und in *phänomenologischem* Wesenszusammenhang stehende *Daseinsformen*. Die phänomenologische Auszeichnung oder Besonderheit und der phänomenologische „Zusammenhang" waren daseinsanalytisch unschwer festzustellen und zu verfolgen aus dem Schwinden der Daseinsmacht des *Vertrauens* und dem Überhandnehmen der Macht der *Daseinsangst* und der ihr eigentümlichen *Konsequenz der Erfahrung*. Erwies sich die „Neurose" noch als *Bedrohtsein* von der Daseinsangst und Abwehr dieser Bedrohung in dem Exzeß im Guten, so erwies sich die „Psychose", der Wahn, als *Überwältigtsein* von ihr und Ausgeliefertsein an diese Überwältigung im „exzessiven" Erleiden des Bösen.

In der Tat konnten wir Schritt für Schritt konstatieren, daß und wie das Dasein hier immer mehr und immer ausschließlicher nur noch zu *vernehmen* und *anzunehmen* (zu „erfahren") vermochte, was von der Angst vor dem Schrecklichen „diktiert" war. Da sowohl das Vertrauen- als das Angsthabenkönnen die beiden transzendentalen Möglichkeiten des Empfangens „von Eindrücken" betrifft, haben wir für beide nach dem Vorbild *Szilasis* den Ausdruck der *Empfänglichkeit* gewählt. Je nach der Weise der

Empfänglichkeit wird das Dasein nicht nur „beeindruckt", sondern „vernimmt" es ineins damit Welt und „nimmt es an", was und wie etwas, populär ausgedrückt, in der Welt vorgeht. Während im Dasein als „normalem", das heißt von der Norm des Maßes[172] bestimmten, die transzendentale Einheit von Angst und Vertrauen gewahrt ist, liegt, wie bereits in der Studie über den Fall Lola Voß vermerkt wurde[173], da, wo diese Einheit „zugunsten der Übermacht oder Alleinherrschaft der einen oder der andern *zerrissen* ist, das vor, *was wir klinisch als Psychose bezeichnen"*.

Während wir im Fall Lola Voß uns aber damit begnügen mußten, das so ausgesprochene und so lange Zeit im Vordergrund stehende „neurotische", wenn auch durchaus schon wahnhaft „gefärbte" Stadium der Unheimlichkeit des Fürchterlichen (in seiner eigenartigen Verschlingung von Bedroht- und Überwältigtsein von der Daseinsangst und phobischer Sicherung gegen dieselbe) zu schildern, das Stadium der Heimlichkeit der Feinde aber aus späteren brieflichen Mitteilungen lediglich feststellen konnten, war es im Falle Suzanne Urban möglich, dem „Umschlag" von der Unheimlichkeit des Fürchterlichen in die Heimlichkeit der Feinde daseinsanalytisch noch näher zu kommen. Und zwar ergab sich diese Möglichkeit aus der Feststellung und Verfolgung der daseinsanalytischen Tatsache der *Verselbständigung des Themas* des Schrecklichen.

Immerhin hatten wir schon im Falle Lola Voß feststellen können, daß es sich im Wahn um ein Selbst handelt, „dem ‚die Situation' existenziell *völlig* verschlossen ist und das nur in aufgedrungenen Situationen lebt und handelt. Von einer entschlossenen *Erschließung* der Situation, wie sie zum Wesen des *eigentlichen* Selbst gehört, ist hier keine Rede mehr. Das ‚Selbst' ist hier nicht von Gnaden der Existenz, sondern von Gnaden oder besser Ungnaden der Wahnwelt. Demgegenüber ist das Fürchterliche nicht mehr ein unpersönliches, ‚außerweltliches' Etwas, gegen das das Schicksal angerufen werden kann, sondern es ist zu einem innerweltlich (nicht zu verwechseln mit innenweltlich!) Seienden geworden, das uns aber immer noch zugänglich wird im Aspekt der Feindschaft. Damit ist es *pluralisiert*, auf unbestimmte Ziele und ‚Leute' ‚verteilt'. So erweist sich der Verfolgungswahn als Abkömmling der Angst vor dem Dasein als Fürchterlichem! Wie die echte Phobie, so ist auch der Wahn nur zu verstehen aus der Dasein*sangst* (nicht etwa ‚aus dem Affekt der Angst'!). ‚Welt' bedeutet jetzt nicht mehr eine Bewandtnisganzheit, mit der das Dasein es schlechthin bewenden läßt, sondern eine vom Dasein als Fürchterlichem eindeutig festgelegte Bewandt-

---

[172] Wie bestimmend der Maßgedanke überhaupt von jeher auch für das *medizinische* Denken war und sein muß, dazu vergleiche die schöne Studie von *Walter Müri*: Der Maßgedanke bei griechischen Ärzten. Das Gymnasium, 57. Jahrg., Nr. 3, 1950. Vgl. ferner vor allem *Werner Jäger*, Paideia II, Die griechische Medizin als Paideia.

[173] Lola Voß, Anm. 60.

nis, die Bewandtnis der Feindseligkeit, des ein- für allemal Feindlichen oder
Bedrohlichen, wie es schon sehr deutlich der Fall Jürg Zünd gezeigt hat. Es
ist ein Weltentwurf, der nicht mehr getragen ist, ja überhaupt keine Spuren mehr zeigt von *Liebe* und *Vertrauen* und der daraus entspringenden
Vertrautheit mit Menschen und Dingen."[174]

Schon mit diesen Ausführungen waren wir über die *psychologische*
Wahninterpretation im Sinne des *Hagen*schen instinktartigen Getriebens-
eins nach einem festen Halt und damit im Sinne eines *Wahnbedürfnisses*
hinausgekommen, jedoch wollen wir nicht leugnen, daß wir damals den
Bann der *Hagen*schen Auffassung noch nicht radikal genug abgeschüttelt
hatten.

Wenn wir von der Verselbständigung des Themas reden, so haben wir
hier etwas vor uns, das dem „Instinkt" oder Willen, der Absicht, dem (Halt-
oder Flucht-)Versuch eines Selbst in der Tat ganz und gar entzogen ist.
Denn *Verselbständigung des Themas* bedeutet ja nicht nur seine Loslösung
aus der konkreten weltlichen Situation, sondern zugleich völlige *Entmächtigung des Selbst. Beides ist ein und dasselbe!* Im Falle Suzanne Urban war es
also das („überwertige") *Thema des Schrecklichen* als thematisierter oder
zum *Thema* des In-der-Welt-Seins gewordener *Situation*[175] (vgl. S. 233).

Diese „Thematisierung" des Schrecklichen oder „schreckliche" Entmächtigung des Selbst zeigte lebensgeschichtlich folgenden Verlauf: Das völlige
Eingeschlossensein in das Thema im Sinne des gesteigerten Interesses oder
der verstiegenen Idee, der tyrannische Versuch[176] nämlich des *Miteinschlies-
sens* der in dem Besorgen (in der Pflege des Mannes) mitbeteiligten Umgebung in das Thema, endigte mit dem Scheitern dieses Versuchs im Sinne der
völligen *Ausschließung* der Umgebung aus dem Thema und ihrer *Entfremdung gegenüber* dem Thema. Schon damit ist die Seinsmöglichkeit des *Ver-
trauenkönnens* „unterbunden", und zwar an ihrer „empfindlichsten Stelle",
dem Vertrauen des Daseins zum Mitdasein. Das Dasein wird nun einzig und
allein beherrscht von der (transzendentalen) Seinsmöglichkeit der *Angst.*
Dieser Beherrschung durch die Macht der Angst entspricht die Wandlung
der *Entfremdung* der Mitwelt in die Mitwelt als *„fremde Macht".* Damit
ist der weiteren „Thematisierung" der Angst im Sinne der konsequenten
Auslieferung des Daseins an die Mitwelt Tür und Tor geöffnet. Sahen wir
also den ersten Schritt der Daseinswandlung in der *Selbstverblendung* oder

---

[174] 1957c, S. 354f.

[175] Es sollte klargeworden sein, daß mit dieser Formulierung ein daseinsanalytischer
Sachverhalt *positiv* ausgedrückt wird, der bisher nur negativ, nämlich als unbewußte
Nachwirkung, unbewußte Tendenz usw., gedeutet und beschrieben worden ist. Statt
gleich theoretisch von „Unbewußtem" zu sprechen, haben wir immer erst phänomenologisch festzustellen, wie es sich jeweils mit dem „Bewußten" verhält!

[176] Hier handelt es sich in der Tat noch um einen Versuch oder eine Absicht und noch
keineswegs um so etwas wie ein „Wahnbedürfnis" oder Wahn!

Verstiegenheit, den zweiten in der Wandlung eines von jeher die Mitwelt *dominierenden, herrischen* Daseins in ein die Mitwelt sich *entfremdendes*, ihr dafür um so mehr *preisgegebenes, geknechtetes* Dasein („aus der Gefangenen des Schrecken*themas* wird die Gefangene der Schrecken*welt*"), so sahen wir den dritten Schritt in dem *völligen* Preisgegebensein, in der völligen *Veröffentlichung*[177] des eigenen Daseins im Genommenwerden „beim Ohr", bei der schwachen Stelle, beim Wort (ja beim Gedanken) und vor allem beim Ruf von seiten der ihm entfremdeten Mitwelt, m.a.W. in seiner Versetzung in die „Rolle" eines bloßen Spielballs oder Spielzeugs (jouet bei *Rousseau*), in einem „schrecklichen" Handlungszusammenhang, in einer von einer schrecklichen *Macht* in Szene gesetzten *„Tragödie"*. Aus der angsterfüllten Sorge und dem kräfteverzehrenden („vital gefährdenden") verstiegenen Besorgen löste und verselbständigte sich das Thema, wandelte sich die situationsbedingte schreckliche Tragödie der Erkrankung des Mannes und ihr lastender Druck in die noch viel schrecklichere, weit über die Situation *hinausgehende* und doch an ihr *haftenbleibende* Tragödie des Familienuntergangs. Dabei müssen wir, worauf schon früher hingewiesen wurde, immer Folgendes im Auge behalten: Ob die Mädchen „leise gehen, um zu horchen", ob Suzanne Urbans Gedanken wiederholt werden, ob ihre Worte nachstenographiert werden, ob sie selbst im Bade nackt photographiert wird, um sie zu kompromittieren, überall handelt es sich daseinsanalytisch um dasselbe, um la diminution und schließlich la perte de l'intimité oder, um es positiv auszudrücken, um die *Veröffentlichung* des Daseins, seine *Auslieferung* an die Herrschaft des Man und dessen Stimme (vgl. S. 248). Den Höhepunkt dieser Auslieferung, aber ebenfalls nichts prinzipiell Neues darstellend, bildet das Gezwungenwerden zum Aussprechen oder auch nur zum sprachlichen Andeuten der Verleumdung der Familie[178]. Demnach ist schon im Horchen der Mädchen der „Keim" der Verfolgungskampagne, des „Unglücks der ganzen Familie", zu erblicken. Und dies schon zu einer Zeit, da Suzanne Urban den Mann noch mit Aufopferung ihrer Kräfte pflegte! Im Horchen der Mädchen (in der Wahnstimmung also) haben wir demnach bereits die Peripetie vom Exzeß im Guten zum Exzeß im Bösen, vom Exzeß der Selbstaufopferung angesichts des Martyriums des Mannes zum Exzeß der Martyriologie des Mannes und der ganzen Familie zu erblicken. All das wird daseinsanalytisch erst verständlich aus der Dämonie des Schrecklichen,

---

[177] Schon *E. Minkowski* hat bei einem seiner Kranken auf la *diminution de l'intimité* hingewiesen (Le Temps vécu, S. 391), wenn auch nicht im daseinsanalytischen Sinne, sondern im Sinne der Herabsetzung „du caractère personnel du moi".

[178] In China soll laut Zeitungsberichten ein solcher Zwang auch in Wirklichkeit (durch erzwungene Bloßstellung von Familienangehörigen im Radio) praktiziert werden, ein Beispiel, daß Suzanne Urbans Verfolgungswahn die „Wirklichkeit" unserer Zeit vorausgenommen hat!

m.a.W. aus seiner Entfesselung aus dem Gefüge des Daseins und der damit
einhergehenden Überwältigung desselben durch die Maßlosigkeit und Un-
erschöpfbarkeit seiner „Einbildungskraft" oder Bilderträchtigkeit. Mit all
dem ist nun aber wieder klargelegt, daß zwischen den wahnhaften Ideen
oder Einfällen (dem Horchen der Mädchen usw.) und den echten Wahnide-
en (dem „paranoischen" *Wahnsystem*) daseinsanalytisch keine prinzipielle
Grenze besteht.

Mit der Familientragödie ist die *Verweltlichung* des Daseins, die Umwandlung der atmosphärischen Unheimlichkeit des Schrecklichen in die
Heimlichkeit der Feinde, die verhüllende Enthüllung des (schrecklichen)
Wodurch der Angst, vollzogen. Der Umstand aber, daß diese Enthüllung
immer noch eine Verhüllung bedeutet, eine Heimlichkeit (wenn auch of-
fenbarer Feinde), hängt wieder aufs engste zusammen mit der vorangegangenen Verabsolutierung des Schreckensthemas. Als von einem verabsolutierten, aus der Ausgangssituation losgelösten Thema beherrschtes und
im Schrecken *befangenes* Dasein vermag es zwar noch Welt überhaupt, das
heißt ein Ganzes von Verweisungszusammenhängen, zu entwerfen, eine Welt
von schrecklichen Handlungen schrecklicher Menschen, es vermag aber nicht
mehr Licht („Einsicht") in diese Verweisungszusammenhänge zu bringen,
was nur möglich ist auf dem Grunde des Gesamtgefüges des Daseins, m.a.W.
der („relativen") Freiheit seiner Weltentwürfe.

Überall, wo das Dasein sich einem einzigen Weltentwurf verschreibt, und
sei es nur in der Form einer es überwältigenden Leidenschaft, einer vorübergehenden Einschränkung seiner Freiheit also, wohnen wir dem Schauspiel
einer ins Unendliche gehenden „Verweltlichung" des Daseins bei. Dieses
Schauspiel zeigte uns gleich eingangs die Leidenschaft der *Rache* von seiten des Rachegottes Jehova. Wie die *Rache* sich nicht genug tun kann im
Entwerfen immer neuer und neuer „rachegetränkter" *weltlicher* Situationen, Ereignisse, Umstände, so kann sich auch die *Liebes*leidenschaft nicht
genug tun im Entwerfen immer neuer „erotischer" Situationen, Ereignisse, Umstände „in der Welt". Dasselbe gilt vom Verfolgungswahn und vom
Wahn überhaupt. Wenn wir auch nicht in den Fehler zurückfallen dürfen,
den Wahn aus dem Wesen der Leidenschaft, also psychologisch, zu verstehen, so müssen wir doch einsehen, daß das ihm eigene „Hindrängen
zur Gestalt"[179] keineswegs etwas ihm Eigentümliches ist, das zu seinem
Verständnis der Einführung einer Heilungstendenz, Surrogatbefriedigung
usw. bedürfte. Wir stehen hier vor einem Wesenszug des *Daseins überhaupt*,
der jedoch im Verfolgungswahn insofern abgewandelt ist, als es sich hier,
entsprechend der Beschränkung auf die Spontaneität reiner *Empfänglich-*

---

[179] Vgl. schon *Plotins* Lehre vom Ursprung des Eros im *Hindrängen* zur „Gestalt"
(Grundformen, S. 207; AW 2, S. 186) und die Verführungen des Hl. Antonius.

keit und deren Erfahrungsweise nicht mehr um *enthüllte* („durchsichtige") Gestalten oder Situationen handelt, wie es bei der Leidenschaft der Rache oder des Eros der Fall ist, sondern um in die Heimlichkeit *verhüllte* („undurchsichtige").

Mit dieser fünften Studie zum Schizophrenieproblem haben wir das daseinsanalytische Verständnis des Verfolgungswahns noch weiter vorgetrieben, als es in den früheren Studien möglich war. Und zwar liegt der Fortschritt nicht nur in der strengen Wesenserfassung des Schrecklichen als einer aus dem Gefüge des Gesamtdaseins ausgebrochenen Daseinsmacht, sondern vor allem im Aufweis der strengen Konsequenz der Entfaltung der diesem „Ausbruch" eigentümlichen *Erfahrungsweise*. Wie überall, so werden auch hier empirische Tatsachen wissenschaftlich erst verständlich, wenn man das apriorische Wesen kennt, auf Grund dessen die jeweilige Tatsache Tatsache sein kann. Was nun vom wissenschaftlichen Verständnis des Verfolgungswahns gilt, muß natürlich auch von dem der anderen Wahnrichtungen gelten. Wie beim Verfolgungswahn, so müßte auch beim *hypochondrischen Wahn* die *„Beeinträchtigung"*, das Überwältigtsein vom Schrecklichen oder Zerstörerischen *gerade in dieser Form* daseinsanalytisch aufgewiesen werden. Desgleichen müßten auch die Wahnrichtungen im Sinne der „Förderung", des Überwältigtseins vom Lockenden *(Erwin Straus)* und Beseligenden, also des *Größen-* und *Erfinder*wahns, des *Liebes-* und des *religiösen* Wahns, einer analogen daseinsanalytischen Erfassung des Wesens der ihnen zugrunde liegenden apriorischen oder transzendentalen Struktureigentümlichkeiten unterzogen werden. Dasselbe gilt natürlich auch von dem besonders komplexen *Eifersuchtswahn*. Wir haben mit unserer Untersuchung also tatsächlich erst eine wissenschaftliche Bresche in die Mauer des Wahnproblems geschlagen. Dabei sollte, um es nochmals zu betonen, klar geworden sein, daß es sich bei all dem nicht um ein Verstehen im Sinne der „Einfühlung", des genetischen Verstehens oder Nacherlebens, sowie des charakterogenen Verstehens handelt, also lediglich um ein (psychologisches) Verstehen des *Wahninhaltes*, sondern um das ganz andersartige daseinsanalytische Verstehen des *Wahns* als solchen, das heißt als einer bestimmten Abwandlung der gesamten *Daseinsstruktur*, und zwar für diesmal des Wahns in der Wahn*richtung* des Verfolgungswahns und in der Wahn*form* der Systematisierung.

Ferner sollte klar geworden sein, daß die daseinsanalytische Interpretation im Sinne einer phänomenologischen Wesenserfassung bestimmter Daseinsabwandlungen in der Wahnforschung zwar, eben als Wesensforschung, die Führung übernehmen muß, daß sie aber, als sich in den Dienst der Psychiatrie stellend, der Mitwirkung der psychopathologischen, psychoanalytischen und überhaupt lebensgeschichtlichen Forschung bedarf. Denn nur mit deren Hilfe ist sie imstande, den jeweiligen *Vollzug* einer bestimmten

Daseinsmacht an einem bestimmten Menschen zu verfolgen (wie sie ja auch umgekehrt nur aus dem jeweiligen Vollzug als faktischem „Exemplar" das betreffende Wesen zu erfahren und zu erfassen vermag).

Im übrigen hat sich gezeigt, daß die daseinsanalytische Interpretation des Wahns sich, wie *Steck* (a.a.O.) sehr richtig gesehen hat, einig weiß mit denjenigen empirischen Richtungen innerhalb der Wahnforschung, die von der Überzeugung getragen sind, daß keine Untersuchung Aussicht auf Erfolg hat, die erst bei der Betrachtung und Untersuchung des Wahnes selbst beginnt, daß das Hauptaugenmerk vielmehr gerichtet sein muß auf die „Vorgänge", die dem Wahn vorausgehen. Für unseren Fall ergab sich dabei folgende „Skala", die auch für die Erforschung anderer Fälle von Verfolgungswahn als Leitlinie dienen kann:

a) Aufweis der *Ausgangssituation* und des dem Dasein von ihm aufgegebenen Themas. Da als solche Ausgangssituation aber jede lebensgeschichtliche Situation fungieren kann, müssen

b) die *Bedingungen der Möglichkeit* des Persistierens und Insistierens des jeweiligen Themas aufgezeigt werden, und zwar in der Daseinsweise der *„prämorbiden Persönlichkeit"*.

c) Aufweis der „Entfaltung" des betreffenden Daseinsthemas im Sinne des *gesteigerten Interesses* oder *verstiegenen Ideals*.

d) Aufweis der *Loslösung des Themas* von der Ausgangssituation und seiner *Verselbständigung* im Sinne der *Wahnstimmung* als dem eigentlichen *Wahnklima*.

e) Aufweis des *Wahns* als *daseinsanalytisch* notwendiger Konsequenz des gesamten bisherigen Daseinsverlaufs.

Es ist wohl kaum mehr nötig, hinzuzufügen, daß die psychiatrische Klinik aus einem solchen Daseinsverlauf bald nur den einen, bald nur den anderen „Abschnitt" zu Gesicht bekommt, daß es andererseits aber auch klinische Fälle geben muß, an denen ein solcher Daseinsverlauf daseinsanalytisch noch tiefer zu erhellen ist als es in unserem Falle auf Grund des Fehlens frühinfantilen und katamnestischen Materials möglich war.

Einleitung*

Die hier vereinigten Studien zum Schizophrenieproblem stellen Versuche dar, Einsicht zu bekommen in die Gefügeordnung und den Gang der von der psychiatrischen Klinik als schizophren bezeichneten menschlichen Daseinsformen. Die Auswahl der diesen Versuchen zugrunde liegenden Krankengeschichten erfolgte keineswegs im Hinblick auf irgendein zu erwartendes spezielles „Resultat". Ein solches Resultat wäre beim damaligen Stand des daseinsanalytischen Verständnisses der Schizophrenie gar nicht vorauszusehen gewesen. Infolgedessen kam alles darauf an, völlig vorbehaltlos an die „Fälle" heranzugehen und sich einzig und allein von ihnen selbst leiten und belehren zu lassen. Diese Belehrung konnte der Natur der Sache gemäß nur langsam, ja nur schrittweise, erfolgen.

Trotzdem mußten für die Auswahl der Krankengeschichten einige Voraussetzungen zutreffen. Die erste und wichtigste war, daß genügend krankengeschichtliches und lebensgeschichtliches „Material", darunter möglichst ausgedehnte Selbstschilderungen vorlagen. Andernfalls wäre eine daseinsanalytische Interpretation schizophrener Daseinsverläufe gar nicht möglich. Die zweite Voraussetzung war, daß es sich nicht um sogenannte Endzustände im Sinne schizophrener Verblödung handeln durfte, da es zunächst einmal darauf ankam, den Daseinsgang nicht nur rückblickend, sondern möglichst in seinem Gang selbst in den Blick zu bekommen und darzustellen. Die dritte Voraussetzung bestand in der Annahme – die sich dann auch als richtig erweisen sollte –, daß es das Verständnis des schizophrenen Daseins erleichtern und fördern könnte, wenn „Fälle" herangezogen würden, bei denen dem Ausbruch der schizophrenen Psychose längere oder kürzere Zeit Weisen „abnormen Verhaltens" vorausgegangen waren, d.h. Weisen, die sich einerseits noch ohne weiteres in die Lebensgeschichte einfügten, andererseits aber schon ein Licht auf die Psychose selbst vorauszuwerfen schienen. Dazu kam, viertens, die Erwartung, daß es von Vorteil sein müßte, möglichst verschiedenartige Fälle auszuwählen, um keine bloßen „Gruppenresultate" zu erhalten. Wenn es sich bei dreien von unseren fünf Fällen um einen akuten oder chronischen (pluralen) Verfolgungswahn handelt (erster, vierter und fünfter Fall), so rührt dies, abgesehen von der Erfüllung der genannten Vorbedingungen, daher, daß mir das Problem der Schizophrenie im Wahn, und zwar gerade im Verfolgungswahn, zu gipfeln schien.

---

*Einleitung zum Sammelband „Schizophrenie" (1957c), welcher fünf bereits in Fachzeitschriften publizierte Studien vereinigte: Der Fall Ilse (1945), Der Fall Ellen West (1944/45), Der Fall Jürg Zünd (1946/47), Der Fall Lola Voß (1949), Der Fall Suzanne Urban (1952/53). Der Sammelband ist „Den Freunden Wilhelm und Lili Szilasi" gewidmet.

Soviel über das Prinzip der Auswahl unserer Fälle. Wir wenden uns nun den *konstitutiven Grundbegriffen für unsere Forschung* zu. Unter diesen Begriffen steht hier wie überall obenan das Prinzip der *Ordnung*, die Frage nämlich, wie in die schier unübersehbare, verwirrende Fülle lebensgeschichtlicher, psychologischer, psychopathologischer, biologischer Daten, die wir klinisch unter dem Titel „Fall" zusammenfassen, eine gewisse Ordnung zu bringen sei. Zwar strebt natürlich auch die psychiatrische Klinik eine Ordnung jener „Fälle" an, jedoch auf Grund rein klinischer Begriffe und Denkgewohnheiten, nämlich durch Verwandlung all jener Daten in *Krankheitssymptome*, also auf Grund naturalistisch-reduzierender Dialektik. Die Ordnung, die wir in daseinsanalytischer Kommunikation mit den Kranken anstreben, ist ganz anderer Art. Sie steht diesseits der Begriffe von gesund und krank, von normal und anormal, und ist nur möglich auf dem Wege der Interpretation all jener Daten als bestimmter Weisen des Daseins, des Daseinsganges und Daseinsvollzugs. Wir sprechen daher ganz allgemein von einer daseinsanalytischen Ordnung. Sie ist rein phänomenologischer Art. Eine solche Ordnung wäre aber nicht möglich, wenn das Dasein als solches nicht eine bestimmte Seinsverfassung aufwiese. Deren Apriori freigelegt zu haben, ist das Verdienst Martin Heideggers. Seitdem ist es erst möglich, auch von einer Unordnung in der Seinsverfassung des Daseins zu sprechen und zu zeigen, worin sie bestehen kann, m.a.W. zu zeigen, welche Momente dafür verantwortlich zu machen sind, daß jene Gefügeordnung sozusagen „versagt", daß sie Lücken aufweist und wie diese Lücken vom Dasein wieder ausgefüllt werden. Damit nähern wir uns dem daseinsanalytischen Zentralproblem der Schizophrenie und seiner Lösung. Denn mit dem Aufweis der versagenden Momente in der Gefügeordnung des Daseins und der Art ihres Verfügtseins miteinander werden wir nicht nur in den Stand gesetzt, in die schier unübersehbare, verwirrende Fülle eines klinischen Einzelfalles daseinsanalytisch Ordnung zu bringen, sondern auch diese „Fülle" mit der ganz andersartigen „Fülle" anderer Fälle daseinsanalytisch zu vergleichen. Während die klinische Psychiatrie bestrebt ist, einen solchen Vergleich zu ermöglichen auf Grund der Ähnlichkeit oder Unähnlichkeit von Krankheits-Symptomen und -Syndromen, gibt uns die Daseinsanalyse ein ganz anderes Vergleichssystem an die Hand, die Vergleichung nämlich auf Grund bestimmter Daseinsverläufe und Daseinsvollzüge. An Stelle der *Krankheitseinheit* einer kleinen, wenn auch symptomatologisch-klinisch sehr verschiedenartigen Gruppe, tritt hier die *Einheitlichkeit* bestimmter *Daseinsstrukturen* und *Daseinsverläufe*.

War also der oberste konstitutive Begriff für unsere Forschung der Begriff der Gefügeordnung des Daseins überhaupt, so betraten wir den Boden der eigentlichen Schizophrenieforschung erst damit, daß wir in die *spezielle* Struktur der Seinsverfassung unserer Fälle Einsicht zu bekommen suchten.

Das war wie gesagt nur möglich, indem wir uns vorbehaltlos von ihnen selbst leiten und belehren ließen. Da es aber nicht Aufgabe dieses Vorwortes sein kann, den Gang unserer Forschung anhand der einzelnen Fälle zu rekapitulieren, verfolgen wir diesen Gang weiterhin anhand der konstitutiven Kategorien oder Grundbegrifflichkeiten, die sich uns im Laufe der Forschung ergaben und uns in den Stand setzten, von einer *Einheitlichkeit* der von uns untersuchten Daseinsverläufe zu sprechen. Dabei werden wir aber bei jeder dieser Kategorien zur Illustrierung und zur Wegleitung für den Leser auf die einzelnen Fälle verweisen.

Da sich aus unserer Forschung zu allererst der Grundbegriff der Inkonsequenz der Erfahrung heraushebt, müssen wir noch einige Bemerkungen über die *Konsequenz* der („natürlichen") Erfahrung vorausschicken. Die natürliche Erfahrung ist diejenige, in der sich unser Dasein nicht nur unreflektiert, sondern unproblematisch und unauffällig, eben als natürlicher Folgezusammenhang, bewegt[1]. Diese Problemlosigkeit bezieht sich in erster Linie auf die Gegenständlichkeit. So fällt z.B. selbst dann, wenn uns etwas unbekannt ist, dieses Etwas nicht aus dem selbstverständlichen Problemzusammenhang der natürlichen Erfahrung heraus. „Natürlich" kann daher der Folgezusammenhang der Erfahrung nur sein als *sachlich*-konsequenter, d.h. als unmittelbares Sein von uns selbst mit und bei den Sachen und Sachverhalten, insofern aber auch im Sinne des Seins mit den, uns im Umgang mit den Sachen oder Dingen begegnenden, Andern und mit uns selbst, in einem Wort, im Sinne unseres *Aufenthaltes* (Heidegger). Die Unmittelbarkeit dieses unseres Aufenthaltes bei den „Dingen" oder „Sachen" zeigt sich darin, daß wir das Seiende, alles Seiende, *sein lassen*, wie es an sich selbst ist. Dieses Seinlassen ist aber keineswegs das Selbstverständliche und Bequeme, vielmehr stellt es, wie gerade unsere Fälle, und zwar auf defiziente Weise, zeigen, die allerpositivste Tätigkeit dar.

A) Als der grundlegende Begriff für das Verständnis der als schizophren bezeichneten Daseinsverläufe erwies sich uns das *Auseinanderbrechen der Konsequenz der natürlichen Erfahrung, ihre Inkonsequenz.* Inkonsequenz besagt gerade die Unmöglichkeit, die „Sachen" in der unmittelbaren Begegnung sein zu lassen, m.a.W. die Unmöglichkeit eines ungestörten Aufenthaltes bei den Sachen. Ein deutliches Beispiel dieser Unmöglichkeit ist schon der Fall *Ellen West.* Wir sehen Ellen West eigenmächtig über die „Sachen" verfügen, ihnen sozusagen diktieren, wie sie zu sein haben: Der Leib darf nicht dick werden, sondern hat dünn zu sein, ja sie selbst hat nicht so zu sein, wie sie ist, sondern anders (vgl. „Herr, schaff' mich noch einmal, aber schaff' mich besser", i. d. Bd. S. 83). Die menschliche Gesellschaft hat

---

[1] Vgl. *Szilasi*, Die Erfahrungsgrundlage der Daseinsanalyse Binswangers. Schweiz. Archiv f. Neur. u. Psych. Bd. 67 (1951)

nicht so zu sein, wie sie ist, sondern anders. Gerade das letztere Beispiel zeigt, daß es sich bei jenem Seinlassen nicht um eine Art von Quietismus handelt, der alles in der Welt sozusagen unbeteiligt auf sich beruhen läßt, sondern daß auch, ja gerade der Revolutionär, der die Dinge umstürzen will, sich unmittelbar und ungestört bei ihnen aufhalten, sich somit auf sie einlassen können muß, denn sonst könnte er sie ja gerade nicht umstürzen, sich ihrer nicht umstürzlerisch *bemächtigen*. Bei Ellen West und allen unseren anderen Kranken bleibt es aber beim *Leiden* darunter, daß die Dinge nicht so sind, wie sie sie haben möchten, und beim bloßen Diktat, wie sie zu sein hätten, also beim bloßen Wunsch und beim bloßen Nachjagen nach einem Ideal. Ein weiteres drastisches Beispiel des Leidens unter der Unmöglichkeit des ungestörten Aufenthalts bei den Dingen ist *Jürg Zünd*, dem seine ganze Gestalt, sein ganzes Gehaben, sein Interesse für die Andern „nicht paßt". Geradezu grotesk ist dann die Veränderung und sprachliche Aufsplitterung der Dinge, die *Lola Voß* in ihrem sprachlichen Orakel an den Dingen vollbringt. Auch *Suzanne Urbans* übertriebene Fürsorge für die Eltern ist kein ungestörter Aufenthalt bei den Sachen und Menschen. Mit der eigenmächtigen Verfügung über die Dinge ist nun aber jede sachlich-konsequente, geordnete Daseinsführung in Frage gestellt. Überall entstehen Lücken in der Erfahrung, nirgends kann sie sich zur Ruhe setzen oder frei entfalten. Dabei ist das Auffallende, daß diese Inkonsequenz der Erfahrung in der Regel von *Kindheit* an nachzuweisen ist, bei Ilse auf Grund der familiären Situation, bei Ellen West auf Grund ihrer von jeher bestehenden Todessehnsucht als Zeichen der verspürten Ausweglosigkeit der Erfahrung, bei Jürg Zünd auf Grund der Aufgespaltenheit des Aufenthaltes bei den Dingen und Menschen in die „pöbelhafte" Welt der Gasse, die grandseigneurale Welt der „unteren Etage" und der „gewittergeladenen" Welt der „oberen Etage" seines Elternhauses, welche Aufgespaltenheit ihm schon sehr früh die Gewißheit gab, daß er „draufgehen" müsse. Von der Kindheit von Lola Voß wissen wir zu wenig, von derjenigen von Suzanne Urban läßt sich aber zum mindesten vermuten, daß sie bereits die Keime der Inkonsequenz der Erfahrung im Sinne des Schwankens zwischen übertriebener Fürsorge für die Familie und aggressiven Tendenzen gegen dieselbe in sich trug.

Was nun aber das Dasein aller unserer Kranken zur Qual, zu einem höchst leidvollen Leben macht, das ist, daß sie sich mit der Inkonsequenz der Erfahrung, mit ihrer Unordnung nicht abzufinden vermögen, sondern dauernd nach *Auswegen* suchen, um die gestörte Ordnung wiederherzustellen. Überall begegnen wir der unstillbaren Sehnsucht, die verlorene Ordnung wiederherzustellen, die Lücken der Erfahrung mit immer neuen Einfällen, Betätigungen, Unternehmungen, Zerstreuungen, Bindungen, Idealen wieder auszufüllen, kurz die Sehnsucht nach „Ruhe und Harmonie" und nach einem „Heim" (Ellen West), ja nach dem „Tod, als einzigem Glück des Lebens"

(Ellen West), nach dem Nirwana (Jürg Zünd) im Sinne des endgültigen Beiseite- oder Adactalegens der Dinge und damit seiner selbst mit einem „definitiv letzten effort".

Diese Sehnsucht nach einem „Ende" rührt von der mit der Inkonsequenz der Erfahrung einhergehenden *Ausweglosigkeit* des Daseins her, wie sie besonders drastisch-tragisch dargestellt ist in Ellen Wests „Bühnengleichnis" (vgl. i. d. Bd. S. 95). Bevor dieses Ende aber eintritt, sei es als Selbstmord, als Rückzug aus dem tätigen Leben oder als Wahn, sehen wir das Dasein sich in der Tat abquälen mit der Suche nach immer neuen *Auswegen* aus dieser Ausweglosigkeit, Auswegen, die nach der Lage der Dinge, nur vermeintliche, weil der jeweiligen Lebenssituation unangemessene Auswege sein können. Der letzte dieser Auswege zeigt sich ausnahmslos in der verstiegenen Idealbildung als vermeintlichem Halt im Leben und in den aussichtslosen Kämpfen zu seiner Befolgung und Aufrechterhaltung. Aber auch da, wo es zu einer energischen Tat als Ausweg aus der unaushaltbaren Verfahrenheit der Lebenssituation kommt, wie im Falle Ilse, läßt sich leicht die Vermeintlichkeit dieses Auswegs und seine Unangepaßtheit an die Lebenssituation nachweisen. Wir wollen daher einen Augenblick bei dieser Tat verweilen, obwohl wir sie in unserer Studie über „Drei Formen mißglückten Daseins" vom Jahre 1956 bereits ausführlich, und zwar sowohl von der Daseinsform der Verstiegenheit als von der der Verschrobenheit und Manieriertheit aus, analysiert haben (vgl. ebd. S. 194-197; AW 1, S. 415-418). Hier kommt es uns darauf an, diese Tat gerade in ihrer Unangemessenheit an die Lebenssituation zu begreifen, insofern als sie notwendigerweise zum Scheitern verurteilt ist und einem weiteren Ausweg, dem Ausweg in Gestalt des (akuten) Wahns, den Weg bereitet. Die Unangemessenheit der Tat Ilses an die betreffende Lebenssituation zeigt, daß die Konsequenz oder der Folgezusammenhang der Erfahrung hier zwar noch nicht unterbrochen ist, aber bereits irgendwie in Frage gestellt zu sein scheint. Denn das Dasein „vergreift" sich sozusagen in der Wahl des Mittels, verrennt sich in eine einzige Erfahrungsmöglichkeit, die, unbeschadet der äußersten Konsequenz in ihrem tatsächlichen Vollzug, doch alle Zeichen der Inkonsequenz zeigt. Das ist es ja, was wir als „Unangemessenheit an die Lebenssituation" bezeichnen. Dieselbe zeigt sich nicht nur in der „praktischen" Untauglichkeit des ergriffenen Mittels, sondern zutiefst darin, daß das „Mittel" selbst alle Zeichen der Inkonsequenz der Erfahrung trägt. Das Verbrennen der Hand und des Armes ist weder eine Zweckhandlung im technischen Sinne, noch ein in der Konsequenz der „Gefühlssituation" liegender „Gefühlsbeweis". Es widerspricht der eigentlichen „Gefühlslogik" – wenn dieser Ausdruck gestattet ist –, daß es hier gar nicht zu einer Tat oder Gabe der *Liebe* kommt, die der andere als *Geschenk* zu empfangen vermöchte, sondern nur zu einer *Zurschaustellung* eines märtyrerhaften Leidens „aus Liebe". Die Form des aufgabelosen, unmotivierten Leidenkönnens an und für sich ist aber keine Konsequenz der Tatsache, daß ich „dich liebe". Infolgedessen vermag das Leiden hier auch keinen Bund, keinen „Bund der Liebe" zu stiften, keinen Ausweg aus der unaushaltbaren Lebenssituation zu öffnen.

B) Schon die Tat Ilses stand unter der Herrschaft einer bestimmten Alternative, der Alternative von Macht, Sieg und Rettung oder Niederlage und Ohnmacht. Damit kommen wir zum *zweiten konstitutiven Begriff* für unsere Forschung, der *Aufspaltung der Inkonsequenz der Erfahrung* in eine *Alternative*, ja in ein starres *Entweder – Oder*. Dieser Faktor erwies sich von allergrößter Bedeutung für das weitere Verständnis des Daseinsganges und Daseinsvollzugs des als schizophren bezeichneten Daseins. Die Inkonsequenz der Erfahrung erfährt jetzt eine scheinbare neue Ordnung, einen vermeintlichen *Halt* in der Unordnung der Inkonsequenz. Damit kommen wir zurück auf das, was wir überall bei unseren Kranken als die *verstiegene Idealbildung* kennengelernt haben. Das Dasein setzt nun alles daran, sich an diesem Halt „aufrechtzuerhalten", m.a.W. dem verstiegenen Ideal „durch dick und dünn" zu folgen. Verstiegen ist dieses Ideal wiederum insofern, als es der gesamten Lebenssituation völlig unangemessen ist und daher gar keinen wirklichen Ausweg aus ihr darstellt, sondern im Gegenteil eine unübersteigbare und undurchdringliche „Wand" im Daseinsvollzug aufstellt. Das Dasein findet den Weg aus der Verstiegenheit nicht mehr zurück, sondern verfängt sich mehr und mehr in ihr. Das wirkt sich um so katastrophaler für den Daseinsvollzug aus, als die verstiegene Idealbildung nur die *eine* Seite der Alternative darstellt, während die andere alles in sich faßt, was jenem Ideal widerspricht. Gegenüber dieser Einspannung der Existenz in eine solche Alternative war die Inkonsequenz der Erfahrung an und für sich noch relativ harmlos; denn jetzt reibt sich das Dasein, wie wir immer wieder sehen, an dem Kampf zwischen den beiden Seiten der Alternative, in die es aufgespalten ist, auf. Handelt es sich jetzt doch darum, dem verstiegenen Ideal folgen zu können oder es aufgeben zu müssen. Aber weder das eine noch das andere ist jetzt noch möglich, wie insbesondere der Fall Ellen West und der Fall Jürg Zünd es uns mit Evidenz vor Augen führen. Aber noch starrer und unüberwindlicher ist das Entweder – Oder bei Lola Voß und bei Suzanne Urban. Wir sehen, daß keine Rede mehr davon sein kann, daß Lola ihr verstiegenes Ideal der absolut sicheren Geborgenheit im Dasein, das sie über lange Zeit aufrechtzuerhalten vermag, durch den Ausweg, den ihr das sprachlich-spielerische Orakel bietet, aufzugeben imstande ist, denn – und das zeigt sich überall – Aufgeben des verstiegenen Ideals heißt *Angst*, grenzenlose Angst, in die Gewalt der anderen Seite der Alternative zu gelangen. Desgleichen vermag Suzanne Urban unter keinen Umständen auf die übertriebene Fürsorge für die Familie zu verzichten. In beiden Fällen fällt das Dasein mit dem Verlust des Haltes an dem verstiegenen Ideal in den Abgrund der Angst, und zwar im Sinne der Angst vor dem Verfolgtwerden, des Verfolgungs*wahns*. Überall tritt hier, wie bei den anderen Fällen, an Stelle der freien Entfaltung der Erfahrung die „Gefangenschaft" oder „Knechtschaft" des „Netzes" oder der „Fessel" der starren Alternative (Ellen West). Auf keiner der beiden Seiten derselben vermag der Daseinsvollzug, wie wir sahen, sich noch zur Ruhe zu setzen, umhergetrieben von der einen Seite auf die andere, wie die Erfahrung ist. Und je höher das jeweilige Ideal sich versteigt, um so gewaltsamer, ja vulkanischer gebärdet sich die andere, die vom Ideal widersprochene, abgelehnte, unterdrückte Seite der Alternative.

Daß es zum Verständnis des eigentlichen daseinsmäßigen Sinnes der betreffenden Alternativen aber nicht genügt, sie in der Form zu belassen und anzuerkennen, in der sie sich den Kranken selbst und nach ihren Mitteilungen auch uns darbieten, sondern, daß wir auch diese Mitteilungen noch daseinsanalytisch zu interpretieren haben, soll noch an den Alternativen aufgezeigt werden, in die das Dasein bei Ellen West und Jürg Zünd eingespannt ist, an der Alternative von dick und dünn dort, von Prolet und Aristokrat hier.

Ellen West selber spricht von ihrem Aufgeriebensein, von der „ewigen Reibung zwischen dünn sein wollen und doch nichts im Essen entbehren wollen", von dem Kampf zwischen ihrer „Natur" oder ihrem „Schicksal", das sie dick und kräftig haben wollte, und ihrem „Willen, dünn und zart zu sein". Schon der eine ihrer Psychoanalytiker gab sich hiemit aber nicht zufrieden, sondern suchte sich mit der Gleichung zu helfen: dünn = höherer geistiger Typus, dick = bürgerlich-jüdisch. Damit kommt bereits zum Ausdruck, daß die Leiblichkeit hier nicht die ausschlaggebende Rolle spielt. Die Daseinsanalyse kann sich aber weder mit solchen Gleichungen noch mit dem Begriff der Psychogenese oder dem Unbegriff der Psychosomatik zufrieden geben. Auch sie ist zwar der Meinung, daß es nicht die rein leibliche Alternative, die von dick und dünn, ist, an der dieses Leben zerbricht, sie geht aber weiter, indem sie auf die durchaus verschrobene[2] und daher völlig untaugliche Rolle hinweist, die der Leiblichkeit in und von diesem Dasein aufgebürdet wird, die Rolle nämlich, die ursprüngliche Aufspaltung der Erfahrung in die Alternative von Leben und Tod, von Ideal und Wirklichkeit überhaupt, von „Natur" oder „Schicksal" und Eigenwillen überhaupt, eine von Grund aus existenzielle Alternative also, leiblich zu überwinden, und zwar mit dem Anspruch, daß damit auch die Konsequenz der Erfahrung überhaupt, also auch die „geistige" und „gestimmte" Ordnung wiederhergestellt würde. Nur auf Grund dieses „verschrobenen" Anspruchs konnte sich die Idealbildung überhaupt derart versteigen, m.a.W. konnte das Ideal

---

[2] Vgl. Drei Formen mißglückten Daseins. Zweites Kapitel.

des Dünnseins zu seiner unerbittlichen, unversöhnlichen Macht über dieses Dasein gelangen. Nicht einer Gleichung und nicht einer Art von Symbolhaftigkeit verdankte es diese Macht, sondern dem Wunsch, den verlorenen Faden der Konsequenz der Erfahrung, welcher Faden aber bereits unwiederbringlich abgerissen war, wieder aufzunehmen. Läßt sich der Faden der Konsequenz der Erfahrung doch nur verfolgen unter Anerkennung des Seins im Überlassen der Sachen und Sachverhalte an sich selbst, zu welchen Sachen und Sachverhalten auch der Leib, die Natur, das Schicksal, das Leben gehören, alles „Dinge", die hier nicht an sich selbst überlassen, sondern „unterjocht", „vergewaltigt", ja genichtet werden.

Was im übrigen die psychiatrische Problematik dieses Falles betrifft, so halte ich trotz mancherorts geäußerter Zweifel sowohl an der Diagnose der polymorphen Form der Schizophrenia simplex als an der Prognose im Sinne der Unheilbarkeit fest. Steht doch unzweifelhaft fest, daß es sich bei Ellen West nicht nur um einen Wechsel von „himmelhoch jauchzend" und „zu Tode betrübt" handelt, sondern daß dieser Wechsel nur der Auftakt ist zu einem (um mit Ellen West selbst zu sprechen) „Aufhören aller inneren Entwicklung, alles 'inneren Lebens' überhaupt".

Hinsichtlich der bereits erwähnten klinischen Etikette der Pubertätsmagersucht, die hier immerhin weit über die Pubertät hinaus besteht, ist ohne weiteres zuzugeben, daß der Fall Ellen West die Symptomatologie derselben weitgehend zeigt. Wie wir aber gerade an diesem Fall sehen, ist die Pubertätsmagersucht keine Krankheit, sondern ein sich sowohl bei Gesunden als bei Psychopathen, Schizophrenen und Cyclothymen findendes Syndrom. Daß es auch in unserem Falle zu schweren hormonalen Störungen, wie zum Ausbleiben der Periode, kommt, scheint aus der enormen „Überforderung" des Leibes, wenn man so sagen darf, verständlich. Einen bedeutsamen Versuch, zu einem näheren klinischen Verständnis des engen Ineinandergreifens von seelischen und körperlichen Symptomen bei der Anorexia mentalis zu gelangen, hat *Roland Kuhn* gemacht (vgl. Zur Daseinsanalyse der Anorexia mentalis. II. Studie. Der Nervenarzt, 1953, H. 5.).

Während die existenzielle Alternative, in die die Erfahrung sich verrannt hat, bei Ellen West also auf dem Gebiet der Leiblichkeit ausgetragen wird, kommt sie bei *Jürg Zünd* auf sozialem Gebiet zum Ausdruck und zwar, wie wir bereits hörten, in der Alternative zwischen dem aristokratisch-vornehmen, grandseigneuralen Ideal und der proletenhaften Naturwirklichkeit. So unvergleichlich beide Alternativen, die leibliche und die soziale, erscheinen, so vergleichbar werden sie, wenn wir sie auf ihren existenziellen Grund zurückführen. Die Rolle, die bei Ellen West dem Dasein als Leiblichkeit aufgebürdet wird, wird hier dem Dasein als Mitsein mit den Andern, dem Umgang und Verkehr oder, wie ich es nannte, dem mitwelt-

lichen Nehmen- und Genommen-werden-bei-etwas[3] aufgebürdet, die Rolle
also, die Aufspaltung der Erfahrung in die existenzielle Alternative von Leben und Tod, von Ideal und Wirklichkeit, von Natur oder Schicksal und
Eigenwillen, auf rein sozialem Gebiet zu überwinden, und zwar ebenfalls
wieder mit dem Anspruch, daß damit die geistige und gestimmte Ordnung
wieder hergestellt würde. Und nur auf Grund dieses Anspruches konnte sich
auch hier die Idealbildung derart versteigen, konnte das aristokratische Ideal eine derartig ausschlaggebende Macht im Dasein Jürg Zünds erlangen.

Wenn wir bei Ellen West und Jürg Zünd von einer *existenziellen* Alternative und deren Austragung auf leiblichem und sozialem Gebiet sprachen,
so scheint es uns nicht unwichtig, zu betonen, daß es sich hier also um *defiziente* existenzielle Modi handelt. Und zwar ergibt sich diese Defizienz, wie
wir gezeigt zu haben hoffen, aus der Inkonsequenz der Erfahrung und der
Aufspaltung der Erfahrung in die jeweilige Alternative. Das völlige Aufgehen des Daseins in der jeweiligen Alternative bedeutet aber zugleich, daß
die Existenz überhaupt sich nur im Modus der „Defizienz" zu zeitigen vermag, nämlich in dem, was wir als das *Verfallensein* an die Welt oder kurz
als die *„Verweltlichung"* kennen gelernt haben. Am deutlichsten ließ sich
das zeigen an der „Verdeckung" des Phänomens der „behütenden" *Scham*
(Erwin Straus) durch den defizienten Modus der *Schande* (vgl. *Janets* Fall
Nadia, i. d. Bd. S. 173ff. und die Ausführungen über Das Schamphänomen, S. 179ff., über Das Schamphänomen und der schizophrene Prozeß, S.
181ff., sowie die Ausführungen über Scham und Schande, 1957c, S. 263 ff.
und *Schuld*, S. 265 ff.). Dasselbe zeigte sich aber auch durchwegs an der
Defizienz der Modi, in denen uns das *Gewissen*, die *Reue*, der echte *Humor*,
vor allem aber die *Liebe*, begegnen; denn auch den eigentlichen existenziell-
dualen Modus des Daseins fanden wir fast nur im Modus der Defizienz.
Dazu kommt, selbst bei Ellen West und trotz allem, was wir in der Studie
selbst über ihr Reifsein für den Tod (i. d. Bd. S. 133) gesagt haben, die
Unmöglichkeit eines *eigentlichen* Seins zum Tode im Sinne der vorlaufen-
den Entschlossenheit, also im Sinne eines eigentlichen *Ganzseinkönnens* des
Daseins. Bedeutet der Selbstmord Ellen Wests doch die Tatsache, daß sie
ihrem Leben „ein Ende macht", bedeutet er also kein eigentliches „Sterben", sondern ein „Ableben" (vgl. *Heidegger*, Sein und Zeit, S. 247). Mit
all dem tritt nur um so deutlicher hervor, was Inkonsequenz der Erfahrung
und deren Aufspaltung in ein starres Entweder – Oder, kurz was die Seinsverfassung des Daseins als schizophrenes vom Daseinsvollzug im Sinne der
Konsequenz der Erfahrung unterscheidet.

---

[3] Vgl. Grundformen und Erkenntnis menschlichen Daseins. S. 300-375; AW 2, S. 271-
343.

C) Ein weiterer konstitutiver Begriff für unsere Forschung war der Begriff der *Deckung*. Wir meinen damit die sisyphusartigen Versuche zur Verdeckung der abgewehrten, unerträglichen Seite der Alternative zum Zwecke der Stützung der Herrschaft des verstiegenen Ideals. Das klassische und keiner weiteren Bemerkungen bedürftige Beispiel hiefür ist der Fall Jürg Zünd. Er hat uns in den Stand gesetzt, die Manieriertheit und bis zu einem gewissen Grad auch den künstlerischen Manierismus von hier aus zu verstehen[4]! Was bei Jürg Zünd der Mantel, die zu eigentlichen „Manieren" erstarrten vornehmen Allüren waren, waren bei Ellen West die das Dickwerden verhüten sollende ständige Bewegung und die Abführmittel, war bei Lola Voß die Deckung der Angst vor dem Fürchterlichen und die Stützung des Ideals der Geborgenheit durch das Silbenorakel und seine „Entscheidungen", war bei Suzanne Urban die Verdeckung der Angst vor ihrer Grausamkeit durch die hypochondrisch-übertriebene Fürsorge für das Wohl ihrer Familie.

D) Hiezu kommt nun als weiterer Begriff für unsere Forschung der Begriff des *Aufgeriebenwerdens* des Daseins, das Kulminieren der antinomischen Spannungen, des Nicht-mehr-aus-und-ein-Könnens in dem *Resignieren* oder dem *Verzicht* auf die antinomische Problematik überhaupt in Form des *Rückzugs* des Daseinsvollzugs.

Hier müssen wir nun die einzelnen Fälle gesondert betrachten.

1. Von dem Rückzug Ellen Wests aus dem *Leben* war soeben noch die Rede. Ihr Verzicht auf das Leben war die energischste, entschiedenste und die eigenmächtigste Form des Rückzugs aus der gerade bei ihr auf's höchste gesteigerten antinomischen Spannung, aus dem Nicht-mehr-aus-und-ein-Können des Daseins. Hier stehen wir vor dem freiesten Entschluß, zu dem sich das Dasein bei unseren Fällen noch aufzuraffen vermochte, dem Entschluß, der Ratlosigkeit der Erfahrung durch die Aufhebung der Verstricktheit überhaupt ein Ende zu machen.

2. Schon bei Jürg Zünd ist der Rückzug nicht mehr als ein völlig freier zu bezeichnen. Wohl kämpft er noch angestrengt, um mit einem je „letzten effort", wie er sagt, ein je letztes Ende der Qual der unlösbaren Problematik seines Daseins herbeizuführen, aber schließlich erschöpft er seine Kräfte in diesen efforts, so daß er sich „gezwungen" sieht, diesem grausamen Spiel in einem tatsächlichen letzten effort ein Ende zu machen. Er vergleicht die Anstrengungen, um zu einem Ausweg aus der Ausweglosigkeit seines Daseins zu gelangen, in sehr aufschlußreicher Weise mit der Anstrengung der Absicht, die einzelnen Rorschach-Tafeln „ad acta zu legen" oder „zu versorgen" (vgl. 1957c, S. 218). Mit jeder einzelnen dieser Versorgungen versorgt Jürg Zünd aber jeweils sich selbst, sucht er sein eigenes Dasein ad acta zu

---

[4] Vgl. das III. Kap. der „Drei Formen mißglückten Daseins".

legen, um sich schließlich für immer in einer Anstalt „versorgen" zu lassen, wie wir gerade hier mit so großem Recht sagen können. Auch hier stehen wir vor einem „Rückzug aus dem Leben", aber nicht mehr aus dem Leben als vita, sondern aus dem tätigen Leben, dem Leben in der „Gesellschaft", mit der er sich so lange und so aussichtslos herumgeschlagen hat. Wir sehen, daß in beiden Fällen gerade diejenige Problematik, von deren antinomischen Spannungen das Dasein aufgerieben wurde, auch die Art und Weise des Rückzugs aus ihm bestimmt, bei Ellen West die ihr ganzes Leben von früh an „überschattende" Problematik von Leben und Tod, bei Jürg Zünd die ebenfalls sein ganzes Leben von früh an durchziehende gesellschaftliche Problematik.

3. Wir kommen nun zum Rückzug aus dem Dasein in der völlig unfreiwilligen Weise des *Wahns*, einer Weise, in der das Dasein weder freiwillig auf das Leben, noch auf das Leben in der Gesellschaft verzichtet, sondern auf das Leben als eigenständiges oder eigenmächtiges Selbst, wo es also *sich selbst ausliefert* an selbstfremde Daseinsmächte. Hier haben wir ein besonders radikales Kapitulieren des Daseins vor uns. Weder Ellen West noch Jürg Zünd hatten sich selbst, hatten ihr Selbst aufgegeben oder ausgeliefert, sondern hatten sich selbst aus dem Leben überhaupt oder aus dem Leben in der Gesellschaft herausgenommen. Hier aber nimmt sich das Dasein aus der Eigenmächtigkeit seines Lebenszusammenhanges heraus. Wir pflegen zu sagen, ein solcher Mensch sei das Opfer, der Spielball oder der Gefangene in den Händen selbstfremder Mächte. Dagegen waren Ellen West und Jürg Zünd noch die Gefangenen (vgl. wieder das Bühnen-Gleichnis, i. d. Bd. S. 95) ihrer eigenen Problematik, zugleich aber auch ihre eigenen Befreier aus derselben.

Was nun zunächst den Wahn im Fall Ilse betrifft, so müssen wir insofern von ihrer Verbrennung der Hand (vgl. 1957c, S. 31 u. 35 ff.) ausgehen, als das Dasein sich schon hier den Mitdaseienden märtyrerhaft „zur Schau stellt". Dieses Sich-zur-Schaustellen wandelt sich im Wahn in ein Zur-Schau-gestellt-werden und, wie gerade die ersten „Anspielungen" zeigen, in ein Zur-Schau-gestellt-werden zusammen mit dem Vater (vgl. ebd. S. 32). Diese Umkehr von „aktivem" Handeln in „passives" Erleiden wird uns beim Wahn immer wieder begegnen. Sie zeigt, daß „Aktivität" und „Passivität", hier also Spontaneität des *Beeindruckens* und *Beeinflussens*[5] und Rezeptivität des Beeindruckt- und Beeinflußt*werdens*, im Daseinsgeschehen keine Gegensätze bedeuten, sondern untrennbar aufeinander angewiesen sind.

War das Dasein in der Weise des Martyriums immer noch einigermaßen seiner mächtig, stand es, anders ausgedrückt, immer noch, wenn auch schon

---

[5] Vgl. Grundformen und Erkenntnis menschlichen Daseins, Zweites Kap. Das Nehmen „beim Ohr" und bei der „schwachen Stelle", S. 304-322; AW 2, S. 274-291.

in fragwürdiger, der Situation unangemessener Weise, in der Konsequenz
oder dem Folgezusammenhang der Erfahrung, so daß es sozusagen erst zu
einem „Sprung", aber noch zu keiner Zerrissenheit der Welt kam, so ging
es im Intervall zwischen Martyrium und Wahn, zwischen Selbstopfer und
Opfersein in den Händen der anderen (Beziehungs-, Beeinträchtigungs-,
Verfolgungs- und Liebeswahn) immer mehr seiner Selbstmächtigkeit verlustig. Das zeigte sich zunächst im Auftreten von „Wahnsinnsgedanken",
m.a.W. in der Bedrohung des Folgezusammenhanges der Erfahrung und damit der Kontinuität der „Welt". In der Ausweglosigkeit der Alternative, in
die das Dasein schon vor der Tat geraten war, derjenigen nämlich zwischen
Siegen und Unterliegen, zwischen „blitzartiger" Lösung der Lebenssituation
und unaushaltbarem Fortgang derselben, schien die Verbrennung, das Opfer der Hand, noch einmal einen, wenn auch nur vermeintlichen, _Ausweg_ zu
bieten, die Möglichkeit nämlich der Beruhigung der Kranken selbst durch
eine gewaltsame Herbeiführung der Einsicht des Vaters in sein „Unrecht".
Da dieser Ausweg, als bloß vermeintlicher, der Situation unangemessener,
scheitern mußte, weiß das Dasein nun erst recht nicht mehr aus und ein,
steht es m.a.W. vor der völligen Unmöglichkeit, den Folgezusammenhang
der Erfahrung sich weiterhin entfalten zu lassen. Die Konsequenz der Erfahrung und eine ihr angemessene Daseinsführung bricht auseinander, es
entsteht sozusagen eine Leerstelle. Aber diese Leerstelle wird wieder ausgefüllt, jetzt aber durch eine mit der früheren Erfahrung, wie wir gesehen
haben, zwar immer noch in einem gewissen inneren Zusammenhang stehende, ihr gegenüber aber doch völlig inkonsequente Erfahrungsweise, derjenigen des Opferseins der anderen. Die Inkonsequenz zeigt sich darin, daß
das Dasein jetzt festgefahren ist in einem Erfahrungs*modell*, das alle neu
auftretenden Erfahrungen nach seinem Modell modelt, eben als Beziehungen, Beeinträchtigungen, Quälereien, Verfolgungen, auch Verfolgungen im
Sinne des Gezwungenseins zum Lieben. Das alles wird in den Fällen Lola
Voß und vor allem im Falle Suzanne Urban erst voll einsichtig werden.

Doch kehren wir von dem Einzeldasein, dem wir den Namen Ilse gegeben
haben, zum klinischen Fall Ilse zurück. Wir heben aus seiner ausführlichen
Darstellung nur heraus, daß uns in ihm zum ersten Mal das Wesen der _Plu-
ralisierung_, die wir ja vom Traum her kennen, auch im Wahn aufging, so
daß wir seither von pluralem Verfolgungswahn usw. sprechen, im Gegensatz
zum singularen, wie er uns z.B. im Verfolgungswahn des Senatspräsidenten
Schreber gegenüber Professor Flechsig vor Augen tritt[6]. Wenn wir oben
von einem inneren Zusammenhang zwischen der natürlichen und der wahnhaften Erfahrung sprachen, so bezog sich dieser Ausdruck eben darauf, daß

---

[6] Vgl. _Freud_, „Psychoanalytische Bemerkungen über einen autobiographisch beschriebenen Fall von Paranoia (Dementia paranoides)". Ges. Werke, Bd. VIII.

es immer das *eine* Vaterthema ist, das uns in allen Variationen der Erfahrung, und so auch in deren Wahnvariation, vor Augen tritt. Der Leser sei nur auf den *einen* Ausspruch der Kranken selbst verwiesen (1957c, S. 33): „Ich muß wohl deswegen alle Männer so lieben, weil ich meinen Vater so liebe." Dasselbe gilt aber auch von „allen Männern", die ihr ein „Rätsel" sind und die sie quälen.

Wenn Ilse nach einem Jahr wieder von ihrem psychotischen „Schub" genas, und zwar ohne eingehende Psychotherapie, lediglich mit Anstaltsbehandlung (1911/12!) und einer ärztlichen „Führung", so kann man den Grund (nicht die Ursache[7], deren Erforschung Aufgabe der Klinik ist!) darin erblicken, daß dem Dasein hier in seinem Rückzug aus den antinomischen Spannungen, in die es aufgespalten war, noch soviel Spontaneität verblieben war, daß es doch noch einen Ausweg aus dem Nicht-aus-und-ein-können zu finden vermochte und zwar in Gestalt einer der Lebenssituation angemessenen vierten Variation des Vaterthemas. Ilse wendet sich jetzt wieder dem tätigen Leben zu, betätigt sich selber psychotherapeutisch. Damit hat sie den Weg in die Konsequenz der Erfahrung zurückgefunden. Hier haben wir die letzte Variation des Vaterthemas vor uns. Anstatt eines bloßen Gefühlsbeweises und der wahnhaften Pluralisierung des Vaters treten jetzt aber zweckgerichtete Handlungen, treten „praktische" Resultate, an Stelle des „verstiegenen Ideals" im Sinne einer auf den Vater gerichteten Rettungsphantasie treten die Versuche tätiger Hilfeleistung an den „Nächsten". Hier tritt an Stelle des singularen Vaters der Plural der jeweils Nächsten. *Diese* Pluralisierung, von der wir durch *Freud* so gut unterrichtet sind, steht aber durchaus wieder in der Konsequenz der Erfahrung, klinisch ausgedrückt, „im Bereich des Gesunden".

4. Wie der Fall Ilse dadurch unser besonderes Interesse beanspruchte, daß sich zwischen Gesundheit und Wahnpsychose sozusagen ein Zwischenglied zwischen beide einschob in Gestalt einer einmaligen auffallenden Tat, so der Fall *Lola Voß* dadurch, daß sich auch hier ein solches, und zwar noch viel lehrreicheres, Zwischenglied einschob in Gestalt eines schon fast wahnhaft-abergläubischen sprachlichen Orakels. Dieses „Spiel" erlaubt es Lola Voß, noch längere Zeit an ihrem Ideal der Geborgenheit einen, wenn auch für den Außenstehenden überaus „fadenscheinigen", Halt zu finden, eine Brücke zwischen ihrer Angst vor der Unheimlichkeit des schlechthin Fürchterlichen und ihrem Sichausliefern an die Heimlichkeit der Feinde, m.a.W. dem Verzicht des Daseins auf jegliche Selbstmächtigkeit. Hier handelt es sich weder um eine Lösung, oder besser Beseitigung, der antinomischen Spannungen des Daseins durch die Herausnahme des Lebens aus

---

[7] Vgl. auch *Paul Häberlin*: „Das Wesen der Geisteskrankheit ist unabhängig von ihrer Verursachung." Der Gegenstand der Psychiatrie. Schweiz. Archiv f. Neur. u. Psych. Bd. 60 (1947) S. 143.

dem Lebenszusammenhang in Form des Suizids, noch durch eine Herausnahme des Lebens aus der Gesellschaft in Form der „Versorgung", sondern
um eine Herausnahme des Lebens aus seinem eigenen Entscheidungszusammenhang in die Abhängigmachung jeglicher Entscheidung von anderen. Die
antinomische Spannung des Daseins, des Nicht-mehr-aus-und-ein-Wissens,
kulminiert hier in der Resignation des Daseins auf jegliche Selbstentschei-
dung zugunsten der Entscheidung der Feinde. Von hier aus gesehen bildet
das sprachliche Orakel von Lola Voß eine höchst lehrreiche Zwischenstufe. Fürs erste zeigt sich, daß Lola Voß sich schon hier jeglicher eigenen
Entscheidung begibt und sich nur noch von den „Dingen" beraten läßt,
welche Dinge ihrerseits aber nicht die Dinge als solche, sondern die von
ihr sprachlich umgemodelten, ja sprachlich erst erschaffenen Dinge sind.
Produktion und Reproduktion, Spontaneität und Rezeptivität gehen hier
eine höchst merkwürdige Verbindung ein, in der die Spontaneität immerhin noch überwiegt. Indem Lola Voß sich darauf verläßt, was die großenteils
also von ihr selbst „hergestellten" Dinge ihr *„sagen"*, kommt es nur noch
darauf an, daß sie in der richtigen Weise auf dieses Sagen hinhört, m.a.W.
die Sprache dieser Dinge richtig versteht oder deutet. Dabei ist es wichtig,
darauf zu achten, daß die Sprache der Dinge sich darauf beschränkt, zu
befehlen oder zu verbieten, die Kranke selbst aber ihr ganzes „Seelenheil"
darin erblickt, den Befehlen oder Verboten dieser Geschöpfe ihres eigenen
phantastischen Spiels auf's allerstrengste zu gehorchen. Infolgedessen bleibt
es jedem unbenommen, ob er hier noch von Aberglauben oder schon von
Wahn sprechen will. Unterscheidet sich der Verfolgungswahn bei Lola Voß
von diesem Aberglauben doch nur noch darin, daß sie sich nicht mehr an
die Entscheidungen des von ihr selbst geschaffenen Sprachorakels gebunden
fühlt, sondern an die Entscheidungen der von ihr selbst geschaffenen Feinde,
nicht anders als Ilse und Suzanne Urban. Dabei bleibt nur die Verschiebung
zu beachten, die darin besteht, daß der blinde Gehorsam gegenüber den
Befehlen und Verboten des Orakels im Wahn wieder einer anscheinenden
Freiheit Platz läßt, sich den Absichten der Feinde auszuliefern oder ihnen
zu entrinnen. Diese Freiheit ist aber erkauft durch die schon ohnehin bestehende Abhängigkeit von Feinden, durch den Verfolgungs*wahn*. Was sich im
übrigen wieder gleich bleibt im Orakel und im Wahn, das ist das Erraten-
oder Deuten-müssen der Absichten und der *Worte* der Feinde, und zwar
der Worte, die die Feinde sie selbst *sagen lassen*! Konnte also beim Orakel
noch von einer gewissen Aktivität gesprochen werden, so herrscht hier eine
vollkommene Passivität. Denn auch die im Wahn zutage tretende Aktivität
ist ja nur noch Aktivität *in* der Passivität, in dem völligen Sichausliefern
des Daseins an selbstfremde Mächte, m.a.W. in dem völligen Sichaufgeben.
Wo wir uns aber selbst aufgeben, werden wir das Opfer von anderen. Der
Rückzug aus der Problematik des Daseins, die Resignation des Daseins hin-

sichtlich jeglicher Problematik, zeigt sich hier also in Gestalt der Passivität des Opferseins.

5. Den Verfolgungswahn im Falle *Suzanne Urban* haben wir aus dem phänomenologischen Wesen der aus der Koinonia des Daseinsgeschehens ausgebrochenen Macht des Schrecklichen und der lebensgeschichtlichen Entfaltung dieser Macht zu verstehen gesucht. Hier ziehen wir die Konsequenzen daraus im Hinblick auf den Begriff der Resignation, des Rückzugs des Daseins aus den antinomischen Spannungen, dem Nicht-mehr-aus-und-ein-können. Bei Suzanne Urban ist der Kulminationspunkt dieser Resignation aus den Angaben der Angehörigen genau festzustellen. Es ist der Moment, wo sie, total erschöpft von den Deckungsversuchen zur Stützung ihres Ideals der Fürsorge für die Ihrigen, zuletzt für den Mann, völlig zusammenbricht und, anstatt wie bisher auch das Hauspersonal diktatorisch in diese Fürsorge einzuspannen, das Opfer desselben Hauspersonals wird. Sie wird jetzt von den andern belauscht und verraten. Der Fall Suzanne Urban ist unser krassestes Beispiel für das Kulminieren des Daseins im Verzicht auf seine antinomische Problematik in Gestalt des Rückzugs in den Wahn, m.a.W. in das völlige Sichüberlassen an die bisher „mit aller Gewalt" unterdrückte Seite der Alternative, in die es schon längst gespalten war. Bei diesem Verzicht verkehrt sich auch hier alles in das bisher als das schlechthin Schreckliche unterdrückte oder, um mit *Freud* zu reden, verdrängte Gegenteil. Wenn Suzanne Urban, wie Ellen West, von Kind an eigensinnig, rechthaberisch und rücksichtslos war, sich nie anderer Meinung unterordnen konnte, keine eigentlichen Freundschaften, überhaupt wenig Zutrauen zu den Mitmenschen hatte und ihre Umgebung zu beherrschen suchte (vgl. die Angaben der Angehörigen), so läßt sie sich jetzt von ihnen beherrschen, muß sie sich jetzt ihnen unterordnen, büßt sie ihr von jeher mangelndes Vertrauen in die Mitmenschen völlig ein und sieht sie sich völlig umgeben von Feinden. Das Wichtigste an dieser Umkehr im Wahn ist aber Folgendes. Seit *Freud* wissen wir, daß die *Übertriebenheit* einer Fürsorge für die anderen, wie jede Übertriebenheit, Zeichen der Verdrängung einer Bedrängnis ist, die durch diese Übertriebenheit beschwichtigt werden soll, zugleich aber immer auch Zeichen, Merkmale, des Verdrängten zeigt. Auch die übertriebene, „hypochondrische" Fürsorge für die „abgöttisch geliebte" Mutter ist noch eine Art des Beherrschenwollens. Denken wir nun aber an die „sadistischen Orgien", die das Dasein im Verfolgungswahn hier feiert, so stehen wir nicht an, bei Suzanne Urban mit *Freud* von einer ausgesprochenen „sadistischen Komponente" zu sprechen. In ihr liegt hier, von der Daseinsanalyse aus gesehen, der Hauptgrund der Inkonsequenz der Erfahrung und ihrer Aufspaltung in ein starres Entweder – Oder, liegt der eigentliche Grund der antinomischen Spannung dieses Daseins und des speziellen *Inhaltes*, den

sich das Dasein nach der Umkehr, nach dem Sieg der bisher unterdrückten
Seite der Alternative, gibt, mit *einem Wort*, des „Wahninhaltes".

Mit all dem haben wir aber noch nicht verstanden, was Wahn an sich,
und zumal der (plurale) Verfolgungswahn, daseinsanalytisch bedeutet. Er
bedeutet, wie wir schon anhand der Fälle Ilse und insbesondere des Falles Lola Voß gesehen haben, *eine* der Formen des Resignierens des Daseins
hinsichtlich seiner antinomischen Spannungen, und zwar im Gegensatz zum
Sichaufgeben des Daseins in Form des Rückzugs aus dem Lebenszusammenhang und des Rückzugs aus dem gesellschaftlichen Zusammenhang, ein
Resignieren in Form des Rückzugs aus dem eigenen Entscheidungszusammenhang, des völligen Verzichts auf die Möglichkeit eigenen Entscheidens
und damit des völligen *Sich*auslieferns an die Macht der Andern. Daß es
hier gerade die Andern sind, an deren Übermacht das Dasein sich ausliefert,
und nicht etwa dämonische oder teuflische Mächte, hängt zusammen mit
dem dieses Dasein im Grunde beherrschenden Sadismus, also einer schon
von Grund aus *mit*weltlichen Seinsweise. In diesem *Sich*ausliefern an die
Entscheidungen der Andern liegt nun aber auch der Grund, daß die Andern zu *Feinden* werden müssen, d.h. zu solchen, „von deren Willkür ich
abhänge, die mit mir machen können, was sie wollen", m.a.W. „deren Opfer ich bin". Wenn das Dasein jetzt überall „Feinde wittert", wenn es in
jedem Geschehen und in jeder Handlung eine feindliche Absicht nicht nur
vermutet, sondern sieht, so beruht das also nicht auf einer Veränderung des
Bedeutungs- oder Realitätsbewußtseins, der Wahrnehmungsakte oder seelischen Funktionen, auch nicht auf einer „physiognomischen" Veränderung
der Welt und einer Veränderung der „sympathetischen Beziehungen" im
Sinne von *Erwin Straus*, vielmehr sind alle diese Veränderungen sekundäre
und tertiäre Konsequenzen aus der Resignation des Daseins in Form des
Sichherausnehmens aus dem eigenen Entscheidungszusammenhang.

Aus all dem ersehen wir, daß auch der Wahninhalt, hier die sadistischen Orgien von seiten der Feinde, nichts Primäres darstellt. Er zeigt uns
lediglich, in welcher Weise das Dasein die mit seinem Rückzug aus der antinomischen Problematik in der Erfahrung entstandene Lücke oder Leere
„mit der Phantasie" ausfüllt. Die rein positivistischen Urteile, daß es sich im
Wahn überhaupt um „bloße Phantasien" und „Phantasmen" handle, daß
hier alles „nicht wirklich", sondern „wahnhaft eingebildet" sei, all das trägt
nichts bei zum Verständnis des Wahns. Die ausschlaggebende Rolle liegt
wie gesagt in der Besonderheit der *Resignation* oder des endlichen Kapitu-
lierens des Daseins, kulminierend in der Herausnahme aus seinem eigenen
Entscheidungszusammenhang, m.a.W. in dem Sichausliefern des Daseins an
die Entscheidungen „fremder" Mächte oder „fremder" Menschen. Anstelle der aus der Inkonsequenz der Erfahrung entsprungenen antinomischen
Spannung des Daseins in zwei unversöhnliche Alternativen, tritt jetzt die

„einseitige", dafür aber um so konsequentere, „unkorrigierbare", „unproblematische" Erfahrung im Sinne des wahnhaften Erfahrungsmodells und der Modelung aller neuen Erfahrungen nach diesem Modell.

Was den Gewinn unserer Forschung für das psychiatrisch-klinische Problem der Schizophrenie betrifft, so ist hier das Hauptgewicht zu legen auf die durch die Daseinsanalyse möglich gewordene Auflösung des schizophrenen Kardinalsymptoms des *Autismus* in verschiedene Weisen des Daseins oder In-der-Welt-seins. Damit sind wir aber hier sowohl als in der Schrift über „Drei Formen mißglückten Daseins" weit in das Gebiet der Schizophrenie selbst vorgestoßen. Es bleibt im einzelnen natürlich noch viel zu tun übrig. So fehlt in der Liste der hier vereinigten Studien vor allem noch eine Analyse der Katatonie, der Hebephrenie sowie der schizophrenen Endzustände. Wie leicht aber gerade die letzteren einer daseinsanalytischen Interpretation zugänglich sind, zeigt Roland Kuhns Fall Franz Weber (Daseinsanalytische Studie über die Bedeutung von Grenzen im Wahn. Mon.schrift f. Psych. u. Neur. Vol. 124, 1952) sowie die demnächst im Schweiz. Archiv f. Neur. u. Psych. aus der Freiburger Psychiatrischen Klinik erscheinende, in ihrer Art klassisch zu nennende Arbeit von Wolfgang Blankenburg, betitelt „Daseinsanalytische Studie über einen Fall paranoider Schizophrenie. Ein Beitrag zur Interpretation schizophrener Endzustände". Sie betrifft den 76jährigen, sehr primitiven, ehemaligen Lohnarbeiter Friedrich Achtzig. Was ferner die daseinsanalytische Untersuchung der *Hebephrenie* betrifft, sei auf das überaus lehrreiche Beispiel hingewiesen, das Roland Kuhn uns auf Grund von sich über mehrere hundert Stunden erstreckenden Explorationen des 22jährigen schwer hebephrenen Patienten Georg gegeben hat (Daseinsanalyse eines Falles von Schizophrenie. Mon.schr. f. Psych. u. Neur. Vol. 112, Nr. 5/6, 1946). In diesem Fall hatte sich die Konsequenz der Erfahrung bis in die kleinsten Details gespalten in die Alternative von „Straße" und „Wald", von „Welt der Römer" und „Welt der Germanen". Mit der Einsicht in diese Welten war es auch hier gelungen, ein Ordnungsprinzip zu finden, aus welchem die *Zerfahrenheit* der Sprache des Kranken verständlich wurde. Schließlich erwähne ich noch als eigenes Beispiel der Daseinsanalyse eines Falles von *periodischer Katatonie* den meiner Studie „Über Ideenflucht" (AW 1) zugrunde liegenden Fall von „ideenflüchtiger Verwirrtheit", dargestellt anhand ausführlicher, nachgeschriebener Protokolle. Während es sich bei Kuhns Fall Georg um eine blande, schleichend verlaufende Hebephrenie handelte, handelte es sich hier um einen äußerst stürmisch einsetzenden und verlaufenden Schub periodischer Katatonie. Als Ordnungsprinzip für die hochgradig ideenflüchtig-verwirrten oder -inkohärenten Äußerungen des Kranken ergab sich hier der Nachweis der Aufspaltung der Erfahrung in die äußerst rigorose, ja tödliche Alternative von Vater-Erfahrung und Mutter-

Erfahrung, m.a.W. von einem Leben in der Welt der Vater-Bindung und in der Welt der Mutter-Bindung.

Ich hoffe, daß mit den hier entwickelten „Kategorien" der Seinsverfassung der Schizophrenie, oder zum mindesten einiger Gruppen von Schizophrenien, die Grundstrukturen der entsprechenden Daseinsgestalt übersichtlich geworden sind. Damit wäre zugleich ein Schema für die Einordnung der Symptome gewonnen, das in erster Linie die Kommunikation mit den Kranken erleichtert, sich darüber hinaus aber auch für die Diagnose und die Psychotherapie als fruchtbar zu erweisen vermag.

Zum Schluß dieses Vorwortes möchte ich meinem Freunde Wilhelm Szilasi, der von jeher das meiste zur Interpretation meiner Methode beigetragen hat[8], für mannigfache wertvolle neue Hinweise und für sein großes Interesse an der ganzen Sammlung danken. Ferner danke ich für ihre Hilfe beim Lesen der Korrekturen Herrn Dr. med. Bister in Freiburg i. Br., Fräulein Dr. Bleckmann in Berlin sowie vor allem Herrn Dr. Jähnig in Pfullingen und meiner Sekretärin Frau L. Altherr.

Kreuzlingen, Oktober 1957

---

[8] Vgl. wieder Die Erfahrungsgrundlage der Daseinsanalyse Binswangers a.a.O.

Melancholie und Manie

Phänomenologische Studien

Inhalt

Melancholie und Manie

Phänomenologische Studien

Roland Kuhn
dem treuen Schüler und lieben Freund
zugeeignet

Vorwort

Der Ausdruck „Studien" soll hier, wie schon seinerzeit im Worte
„Ideenflucht-Studien", bedeuten, daß es sich – um in der Sprache der Por-
trätmalerei zu reden – um mehr handelt als um bloße Skizzen, aber auch
noch nicht um ein voll ausgeführtes Porträt. In den Porträtstudien kommt
das Porträt zwar schon in seiner Totalität zum eindeutigen, eindringli-
chen, unverwechselbaren Ausdruck, jedoch sind in ihnen noch nicht alle
Einzelzüge ausgeführt, zu einem Ende gebracht – eben vollendet.

Auch der Umstand, daß es sich hier um phänomenologische und nicht
um daseinsanalytische Studien handelt, bedarf der Erläuterung. So nahe
beide Methoden auch miteinander verknüpft sind, so bedeutet doch Daseinsanalyse im Sinne *Heideggers* immer Ontologie. Von dieser Ontologie
bin ich immer *ausgegangen* und gehe ich auch in dieser Schrift aus, in der
Absicht nämlich, die Geisteskrankheiten von ihrer Seinsverfassung aus darzustellen. Diese Darstellung drängte aber von sich aus zur Analyse der
theoretischen Grundlegung der Psychiatrie als Wissenschaft und zur Ausarbeitung ihrer *Methode*. Der Ausdruck phänomenologisch, angewandt jetzt
auf das wissenschaftliche Verständnis der Geisteskrankheiten Melancholie
und Manie, soll von vornherein darauf hinweisen, daß es sich hier nicht um
klinische Studien, sondern um Beiträge zur *Methodenlehre der Psychiatrie*
handelt.

Damit ist bereits angedeutet, daß das Wort „phänomenologisch" hier
natürlich nicht im Sinne der deskriptiven Phänomenologie der „subjektiven
Erscheinungen des Seelenlebens" gemeint ist, wie es in der Psychopathologie
von *Jaspers* der Fall ist, sondern in dem ganz anderen Sinne der reinen und
transzendentalen Phänomenologie *Husserls*. Insofern wird hier auch keine
„phänomenologische Anthropologie" vorgetragen.

Was endlich Melancholie und Manie betrifft, so handelt es sich hier
ausschließlich um die ausgesprochenen klinischen Phasen des manisch-
depressiven Irreseins gemäß der in meinen Augen auch heute noch un-
erschüttert dastehenden Begriffsbestimmung und Darstellung *Kraepelins*.
Wenn wir das Wort Depression so weit als immer möglich vermeiden, so

deswegen, weil dieser Begriff heute so verschiedenartige Bedeutungen hat, ja so verwaschen ist, daß er nicht mehr zum Ausgangspunkt einer phänomenologischen Untersuchung gemacht werden kann. Der Leser wird hier also nichts vernehmen von einer Untergrunddepression *(Kurt Schneider)*, einer reaktiv-endogenen Depression oder Dysthymie *(Weitbrecht)*, von einer vitalen, vegetativen, hypochondrischen, existentiellen, neurotischen oder psychopathischen Depression, einer Rückbildungs- oder Entlastungsdepression usw. Ebenso wie das Wort Depression vermeiden wir auch das Wort Schwermut. Melancholie und Schwermut sind keineswegs Synonyma. Schwermut ist der viel weitere Begriff, umfaßt er doch neben der Melancholie als einer klinischen Krankheitsform auch die sogenannte existentielle Schwermut als eine besondere *Daseinsform*. Aber auch hinsichtlich der Manie werden wir uns auf keine klinischen Kontroversen einlassen, wie sie z. B. die Arbeit von *Zeh* (1956) über zyklothyme Manie nahelegen würde.

Auf Grund von all dem habe ich die gegenwärtige, sehr ausgebreitete Literatur über „Depressionen" nur so weit herangezogen, als es notwendig war, um die phänomenologische Forschungsweise im Gegensatz zu ihr deutlicher hervorzuheben. Ein ausführliches Verzeichnis der Literatur über die einschlägigen klinischen und psychopathologischen Probleme findet sich bei *Janzarik*, „Dynamische Grundkonstellationen in endogenen Psychosen", Springer-Verlag, 1957.

Meinem verehrten Freunde *Wilhelm Szilasi* bin ich nicht nur für sein überaus reges, andauerndes Interesse an dieser Arbeit, sondern wiederum auch für entscheidende und überaus fördernde Hinweise dankbar, so insbesondere hinsichtlich der Lehre *Husserls* von der Appräsentation und vom reinen Ego. – Ferner danke ich herzlich Herrn Dr. *Jähnig* in Nußdorf am Bodensee für die Mitwirkung an den Korrekturen.

Kreuzlingen, Juni 1960   Ludwig Binswanger

Einleitung

In der Erforschung psychiatrisch-klinischer Tatbestände auf Grund der phänomenologischen und daseinsanalytischen Erfahrungsweise bin ich' ausgegangen von der Untersuchung der ideenflüchtig-manischen Phase des manisch-depressiven Irreseins (1931/32)[1]. Die Wahl dieses Themas war vorgezeichnet durch die Arbeit über „Traum und Existenz" vom Jahre 1930[2] und die in ihr herausgearbeitete Sicht auf die daseinsimmanenten Bedeutungsrichtungen des Steigens und Fallens und die in ihnen zutage tretenden Weisen von Weltlichkeit. Auf die Ideenfluchtstudien folgten die Studien über Schizophrenie (1944-1953)[3] vereinigt in dem Band „Schizophrenie" vom Jahre 1957[4]. Wenn ich mich jetzt wieder dem manisch-depressiven Irresein zuwende, so deswegen, weil mir die Beschäftigung mit dem Schizophrenieproblem gezeigt hat, daß der phänomenologischen und daseinsanalytischen Forschung in der Psychiatrie nicht Genüge geleistet wird mit der Charakterisierung der „Welten" der Geisteskranken und der „anthropologischen Struktur" der psychiatrischen „Existenzformen", wie ich mich seinerzeit ausdrückte, sondern daß es wesentlich darauf ankommt, die Eigenart dieser Welten *auf ihre Konstituierung hin zu untersuchen, m.a.W. die konstituierenden Aufbaumomente jener Welten zu studieren und diejenigen konstituierenden Differenzen herauszuarbeiten, die für deren Konstituierung maßgebend sind.* Ein Niederschlag dieser Einsicht findet sich bereits in der Schrift über „Drei Formen mißglückten Daseins" vom Jahre 1956, in der Einleitung zum Schizophrenie-Buch vom Jahre 1957 und in dem Vortrag am II. Internationalen Psychiater-Kongreß in Zürich 1958[5]. Zum völligen Durchbruch aber kam die neue Problemstellung erst in dem Beitrag zur Festschrift für *W. Szilasi* aus diesem Jahre[6]. Aus all dem ist ersichtlich, daß der Fortschritt der phänomenologischen und daseinsanalytischen Arbeit in der Psychiatrie nicht der Willkür eines einzelnen unterliegt, sondern an einem aus der Problematik dieser Arbeit selbst stammenden Leitfaden erfolgt.

Dieser Leitfaden ist einerseits befestigt in der phänomenologischen Lehre *Husserls* und *Szilasis* von der Intentionalität sowie in der apriorischen Freilegung des menschlichen Daseins oder In-der-Welt-seins durch *Heidegger*,

---

[1] „Über Ideenflucht." 1933a, in AW 1.
[2] 1930, in 1947 u. in AW 3.
[3] 1944/45, 1945, 1946/47, 1949c; 1952/53.
[4] 1957c. – Ebenfalls dem Schizophrenie-Problem zugewandt war die bereits erwähnte Schrift „Drei Formen mißglückten Daseins (Verstiegenheit, Verschrobenheit, Manieriertheit)", in der dem Problem des Autismus näher auf den Leib gerückt wurde (1956a u. in AW 1).
[5] 1958a.
[6] Vgl. 1960b.

andererseits in den psychiatrischen Daseinsformen als empirischer psycho-pathologischer Faktizitäten. Und zwar erfolgt der Fortschritt an Hand dieses Leitfadens jeweils in beiderlei Richtung. Führte die vertiefte Einsicht in die Zurückweisung jeder konstituierten „Gegenständlichkeit" auf eine korrelative Wesensform der Intentionalität, die für sie die konstitutive ist, also in das Verhältnis von Welt als „Universum konstituierter Transzendenzen" und den dieses Universum „aufbauenden" oder konstituierenden Momenten, in das Verhältnis von intentionalem Noëma und intentionaler Noësis, von transzendentalem Produkt und transzendentalem Produzieren, von gelebtem und lebendem oder handelndem Leben; führte die vertiefte Einsicht in diese „Korrelation" schon zu einer Vertiefung der Einsicht in den Aufbau der schizophrenen Welten, so muß uns diese Einsicht auch weiterführen in der Erforschung der konstituierenden Aufbaumomente der manischen und melancholischen Welten und von da zurück auf das Verständnis der Intentionalität und Transzendentalität (im *Husserl*schen Sinne) überhaupt. Läßt sich doch das „Gewebe" der „Fäden" der transzendentalen Leistungen nirgends leichter fassen als an einem Versagen dieser Leistungen, wie es in den Psychosen genannten „Naturexperimenten" zutage tritt[7].

So haben wir hinsichtlich der schizophrenen Daseinsformen diejenigen Fäden aufgegriffen, die für das *Versagen der Gefügeordnung dieser Daseinsformen verantwortlich* sind. Zugleich achteten wir darauf, wie diese Momente im Ganzen der transzendentalen Gefügeordnung *miteinander verknüpft* sind. Dabei fanden wir, daß es sich durchweg um *Momente* handelt, die die *Konsequenz* oder den *Folgezusammenhang der Erfahrung in Frage* stellen, insofern sie zu Widersprüchen, ja starren Alternativen und damit zur Zerrissenheit der Welt und zur Ausweglosigkeit und Undurchführbarkeit des Lebensganges führen. Ferner wurde gezeigt, wie das Dasein in der Schizophrenie trotz dieser Ausweglosigkeit im Leben weiterzukommen versucht (verstiegene Idealbildung, Deckungsversuche, Resignation usw)[8].

Auch bei der Melancholie und Manie ist die Konsequenz oder der Folgezusammenhang der Erfahrung und damit die Durchführbarkeit des Lebensganges in Frage gestellt, andernfalls könnten wir hier ja nicht von Psychosen sprechen. Damit hört die Übereinstimmung der „Experimente", welche die Natur hier macht, aber auch auf. Denn es kommt hier, bei den Melancholischen und Manischen, weder zu starren Alternativen der Erfahrung, noch zu einer Zerrissenheit der Welt, noch zu verstiegenen Idealbildungen

---

[7] 1960b, sowie *W. Szilasi* selbst in „Die Erfahrungsgrundlage der Daseinsanalyse Binswangers", Schweiz. Arch. f. Neur. u. Psych. 67, H. 1, 1951.

[8] Vgl. 1958a und die Einleitung zum Schizophreniebuch (i. d. Bd.).

und Deckungsversuchen im schizophrenen Sinne, noch zu schizophrenen Resignationserscheinungen[9].

Worin sind nun die für das Versagen des Daseinsgeschehens verantwortlichen Momente beim manisch-depressiven Irresein zu erblicken? Der Beantwortung dieser Frage, zunächst hinsichtlich der melancholischen Phase, dient diese Schrift.

Wir gehen aus von dem schon in der „Ideenflucht" zitierten, aber noch keineswegs für unsere Bemühungen ausgewerteten Satz von *Husserl* aus der Schrift über „Formale und transzendentale Logik" im Husserl Jahrbuch X (Neuausg. in Hua. XVII, S. 258): „Die reale Welt ist nur in der beständig vorgezeichneten[f] Präsumption, daß die Erfahrung im gleichen konstitutiven Stil beständig fortlaufen werde." Dieser Satz ist nicht psychologisch, sondern transzendental zu verstehen, und transzendental nicht im Sinne des *Kant*schen Idealismus, sondern im Sinne des weitgehend anderen Begriffs der Transzendentalität *Husserls*[10]. Es handelt sich um eine *transzendentale* „Voraussetzung", wir können auch sagen, um ein *transzendentales* Vertrauen. Der (schizophrene) „Weltuntergang" ist das krasseste Beispiel für die Nichtung dieses transzendentalen Vertrauens und damit für den völligen „Realitätsverlust". Aber auch *jede* Inkonsequenz der Erfahrung, *jede* Störung ihres Folgezusammenhanges stellt ein Versagen jener Präsumption, jenes transzendentalen Vertrauens in das Fortlaufen der Erfahrung „im bisherigen Stil" und damit eine Alteration der „Realität" dar, ganz abgesehen davon, ob wir *psychopathologisch* von einer „Störung des Realitätsbewußtseins" sprechen oder nicht. Das Entscheidende in dem Satz *Husserls* ist, daß hier mit der phänomenologischen *Epoché* Ernst gemacht wird, mit anderen Worten, daß die Mundaneität, *auch die psychologische*, eingeklammert (was etwas ganz anderes bedeutet als durchgestrichen!) und nur noch auf die phänomenologischen Aufbaumomente oder *Konstituenten* der „Welt" geachtet wird. Damit ist gesagt, daß nicht nur Weltlichkeit überhaupt, sondern auch die für die jeweiligen Welten maßgebenden konstitutiven Strukturen zu erforschen sind. Es handelt sich also um den eingangs erwähnten *Rückgang* von der Konstitution der jeweiligen Welt zu den sie aufbauenden

---

[9] Wenn in der modernen klinisch-psychopathologischen Literatur über die depressiven „Inhalte" im besonderen die hypochondrischen Ideen oft als *Ersatz* für andere Inhalte (vgl. *Ruffin*, Leiblichkeit und Hypochondrie, Nervenarzt 30, 1960) – z.B. im Sinne der „Flucht vor der kommunikativen Problematik" (vgl. *Wulff*, Der Hypochonder und sein Leib, Nervenarzt 29, 1958) – aufgefaßt werden, so handelt es sich hier um etwas von den schizophrenen Deckungsversuchen völlig Verschiedenes. Denn dort, bei den schizophrenen Deckungsversuchen, handelt es sich um verzweifelte Versuche zur Wiederherstellung der Konsequenz der Erfahrung, hier, bei jenem Ersatz oder jener Flucht, um eine (hypothetische) Vertauschung einer klinischen Symptomatik mit einer anderen.

[10] Vgl. hierzu *W. Szilasi*, Einführung in die Phänomenologie Edmund Husserls. Tübingen 1959.

konstitutiven Momenten oder um den *Rückweis* jeder konstituierten „Gegenständlichkeit" auf eine korrelative Wesensform der *Intentionalität*, die
für sie die konstitutive ist. Dieser Rückweis bezieht sich in erster Linie, aber
keineswegs nur, auf die zeitlichen Gegenstände – Vergangenheit, Gegenwart,
Zukunft –, sondern auf *alle* intentionalen seelischen „Gegenstände", auf alle
Freuden, Leiden, Urteile, Gefühle und Begehrungen und die sie „im inneren Bewußtsein" als Korrelate konstituierenden Phänomene (vgl. Hua X,
S. 118; 128f.). Das aber heißt, daß auch die Gegenstände der „inneren Erfahrung", die *Erlebnisse* oder *Erlebnisinhalte*, keinen letzten Ausweis für
die Wissenschaft zu bilden vermögen, hinter den also nicht noch zurück-
zugehen wäre. Die „innere Erfahrung" besitzt in dieser Hinsicht keinerlei
Vorzug vor der äußeren, beide sind gleichermaßen „mundane" Erfahrungen
oder Erfahrungen von „Welt", beide sind gleichermaßen gegenständliche
Erfahrungen von (intentionalen) Gegenständen. Die Wissenschaft, die mit
dieser Methode arbeitet, ist also keine „Psychologie der inneren Erfahrung",
keine Erlebnispsychologie und keine *phénoménologie du temps vécu* oder *de
l'espace vécu*, sondern Transzendentalphänomenologie.

Daß wir uns in dieser Schrift zuerst mit der Melancholie beschäftigen,
hat seinen Grund darin, daß wir, wie aus unserem Beitrag zur Festschrift
für *Wilhelm Szilasi* hervorgeht, beim Blick auf die „Lockerung des Gewebes" der transzendentalen Gefügestruktur in der Manie, der damit zusammenhängenden Loslösung der Manischen von vielen konstitutiven Bindungen und des dadurch bedingten „Vakuums", eine Entdeckung gemacht zu
haben glaubten, die unser Interesse für die Aufbaumomente der *melancholischen* Welt in höchstem Maße in Anspruch nahm und die Grundlage für
die vorliegende Arbeit bildet. Diese dort nur als Vermutung ausgesprochene, sich aber in der Folge für uns als eine wirkliche Entdeckung erweisende
Einsicht ergab sich aus dem Licht, das uns aus der „Störung" der transzendentalen Konstitutionsformen der Manie auf die Verhältnisse bei der
Melancholie zu fallen schien. Wir zitieren:

„Auch hier (bei der Melancholie) sind wir gewohnt anzunehmen, daß es
das Thema, der thematische Leitfaden (im Sinne einer bestimmten Schuld,
Befürchtung, Bedrohung, Bestrafung usw.) ist, der alle ‚seelischen Kräfte'
an sich zieht und ‚für nichts anderes Raum läßt'. Es scheint mir aber auf
Grund unserer Erfahrungen hinsichtlich der konstitutiven ‚Störungen' bei
der Manie und der vielfachen Wechselbezüglichkeiten zwischen Manie und
Melancholie nicht abwegig zu sein, auch hier von der üblichen Meinung ab-
zugehen und zu sagen: nicht *weil* in der Melancholie das Thema ‚so viel
Raum einnimmt', bleibt ‚kein Raum mehr' für etwas anderes, sondern umgekehrt, weil auch die melancholische Verstimmung, als ‚isolierte Leidfähig-

keit'[11], eine *Befreiung von den konstitutiven Bindungen der natürlichen Erfahrung* darstellt, vermag sich das bestimmte ‚melancholische‘ Thema derart festzusetzen oder ‚einzunisten‘, den ganzen ‚seelischen Raum‘ einzunehmen und allen gegenteiligen Versicherungen zu trotzen. Auch die Unzugänglichkeit des Melancholikers gegen Zuspruch und Trost wäre demnach aus der weitgehenden Störung der transzendentalen Konstitutionen – mit dem ‚Erfolg‘ der *Isolierung der Leidfähigkeit* aus der Koinonia der Seinsmöglichkeiten des Daseins – zu verstehen.“[12]

Soll also die Befreiung oder Loslösung von konstitutiven transzendentalen Bindungen der Manie und der Melancholie gemeinsam sein, so muß die *Art* dieser „Loslösung“, der transzendentale Aufbau der manischen Lebensform, doch eine ganz andere sein als bei der Melancholie. Führt doch diese „Loslösung“ dort zur ideenflüchtigen Form des In-der-Welt-Seins, zur Welt der *Daseinsfreude*, des *Triumphes (Freud)*, der manischen Geschäftigkeit und „Hemmungslosigkeit“, des *groß*mäuligen, *groß*spurigen, *groß*sprecherischen Gebarens bis zum „*Größenwahn*“, hier bei der Melancholie aber zum *klein*mütigen Gebaren bis zum *Kleinheitswahn*, zum Daseinsschmerz, zum Leiden also unter dem Dasein (ich sage absichtlich nicht zur Traurigkeit oder Schwermut, als auf „Einfühlbarkeit“ beruhenden Begriffen aus der praktischen Menschenkunde!), zum Sich-Zurückziehen von der Mit- und Umwelt, zur Stockung nicht nur des Denkflusses, sondern des gesamten Aktflusses und damit auch zur Unterbindung seiner Kontinuität.

Wieweit es uns möglich sein wird, am Schlusse unserer Untersuchung auf diese Gegensätzlichkeit von den sie konstituierenden transzendentalen Bedingungen aus Licht fallen zu lassen, können wir jetzt noch nicht beurteilen; desgleichen bleibt noch ganz im Dunkel, ob von unseren Untersuchungen schließlich auch noch Licht auf die Verschiedenheit von manisch-depressivem Irresein und Schizophrenie zu fallen vermag. Fürs erste beschränken wir uns, wie erwähnt, auf die Verhältnisse bei der Melancholie. Dabei gehen wir wie immer aus von einzelnen Beispielen. Vorausgeschickt sei nur, daß wir *keinen Unterschied* anerkennen *zwischen reaktiver und endogener Melancholie*, daß für uns also auch die sogenannte reaktive Melancholie, sofern sie tatsächlich den klinischen Tatbestand der Melancholie erfüllt, eine *endogene Melancholie* ist, eine Phase des manisch-depressiven Irreseins also. Dem Beiwort „reaktiv“ räume ich mit *Bumke* lediglich die Bedeutung ein, daß wir sagen können, „der Kranke wäre ohne diesen Anlaß *jetzt nicht* krank geworden; aber er wäre auch trotz des Anlaßes gesund geblieben, wenn er nicht seine Konstitution in sich trüge“[13]. Ferner bin

---

[11] Vgl. Szilasi, Macht und Ohnmacht des Geistes, Bern 1946, 82ff.

[12] Die Philosophie Wilhelm Szilasis und die psychiatrische Forschung, 1960b, S. 37.

[13] *Bumke*, Lehrbuch, 1. Aufl., 1924, 511, 7. Aufl. 1948, 240. Vgl. hiezu unsere späteren Ausführungen über die Themenbildung bei der Melancholie.

ich auf Grund vieler eigener Beobachtungen mit Bumke einig, daß Melancholien bei demselben Menschen einmal mit, einmal ohne Anlaß – wenn
mit Anlaß, dann oft aus verschiedenen Gründen – auftreten. All dies und
manches andere drängt uns mit *Wyrsch*[14] zur „Überlegung, ob nicht die
Fragestellung [endogen oder exogen] auch zu eng sein möge".

Angesichts dieser prinzipiellen klinischen Sachlage scheuen wir uns nicht,
gerade mit Beispielen sogenannter reaktiver Melancholien zu beginnen. Alle
unsere Beispiele sind wie gesagt reine Melancholien im Sinne *Kraepelins*.
Wo etwa schizophrene, presbyophrene oder hirnarteriosklerotische Symptomatik mitspielt, wird es ausdrücklich vermerkt.

Was zum Schluß das klinische Verhältnis von manisch-depressivem Irresein und Schizophrenie betrifft, so stehe ich heute noch auf dem Standpunkt, den *Eugen Bleuler* eingenommen hat, wenn er uns einschärfte, daß
ebensogut wie ein Gesunder auch ein Schizophrener an manisch-depressiven
Phasen erkranken könne. Ein klassisches Beispiel hierfür ist der Fall, der
unserer dritten Ideenflucht-Studie zugrunde gelegen hat. Die schon damals
geäußerte Vermutung, daß es sich um eine Phase manischer Verwirrtheit bei
einem Schizophrenen handle, hat sich durch die mir von *J. H. Schulz* freundlicherweise ermöglichte Katamnese im Sinne immer wieder neu auftreten-
der schizophren-manischer „Schübe" bestätigt. Der Patient ist im zweiten
Weltkrieg an der Ostfront gefallen.

Melancholie

Die melancholische Retrospektion

1. Der Fall Cécile Münch

Unser erstes Beispiel betrifft eine 46 Jahre alte Witwe mit zwei erwachsenen Kindern, Schweizerin. In der Familie keine Nervenkrankheiten und
keine Nervosität. Sie selbst will früher immer gesund, nur leicht nervös erregbar gewesen sein. Fünf Monate vor dem Eintritt in unsere Anstalt verlor sie bei dem furchtbaren Eisenbahnunglück bei Münchenstein – Sonntag,
dem 14. Juni 1891 – ihren Mann. Er sowie das Kind einer Freundin, das an
dem Sonntagsausflug teilnahm, waren sofort tot, während sie selbst und die
beiden Kinder keine lebensgefährlichen Verletzungen davontrugen. Sie erlitt
Quetschungen am Kopf und an den Extremitäten, die ohne weiteres heilten.
Der Schock und der Verlust des Mannes haben sie, wie der überweisende
Arzt schreibt, „in einen Zustand tiefer Depression versetzt" (Schlaflosigkeit,

---

[14] Die Bedeutung der exogenen Faktoren für die Entstehung und den Verlauf manisch-
depressiven Irreseins und der genuinen Epilepsie. Schweiz. Archiv f. Neurol. u. Psychiatrie
43, 1939.

Nahrungsverweigerung, beständiges Jammern). Im Mittelpunkt ihrer Klagen stünde der Umstand, daß *sie den Ausflug vorgeschlagen* habe, bei dem das Unglück passierte. Zu erwähnen ist noch, daß ein Freund des Mannes, der auch an dem Ausflug teilnahm, und mit dem der Mann kurz vorher den Platz gewechselt hatte, ohne schwere Verletzungen davonkam. Daher ein unversöhnlicher Haß gegen diesen Freund.

Nachdem sich alle Versuche, eine Besserung ihres Leidens zu erreichen, während 5 Monaten als nutzlos erwiesen hatten, kam die Patientin zu uns, um die Anstalt nach weiteren vier Monaten geheilt zu verlassen. Anfangs zeigte sie noch immer für nichts Interesse und mußte dauernd nur an ihren Verlust denken. Samstag, Sonntag, Montag waren besonders schlimm, da sie sich dann das Unglück besonders lebhaft vergegenwärtigte. Ein Besuch der Kinder an Neujahr steigerte die Unruhe wieder, nachdem schon eine bedeutende Besserung eingetreten war. Kurz vor der Entlassung, drei Monate später, gerät sie mit einer anderen Dame in einen heftigen Wortwechsel, benimmt sich dabei sehr unversöhnlich, querulant und heftig. 14 Tage später kann sie aber geheilt und ohne manische Anzeichen entlassen werden. Die Krankengeschichte enthält einen sehr „normalen" und sehr anhänglichen Dankbrief. –

Ich sah die „Jammergestalt" und den tief melancholischen Blick dieser Frau zeitlebens so deutlich vor mir, daß ich aufs höchste erstaunt war, bei meinen Nachforschungen festzustellen, daß ich bei ihrem Hiersein nicht mehr als 10 Jahre alt war. Daß ich von dieser Gestalt, diesem Schicksal so tief beeindruckt sein konnte, hat seinen Grund darin, daß wir schon als Kinder viel mit unseren Kranken zusammen waren und von ihrem Schicksal aus den Reden der Erwachsenen manches erfuhren[15].

Bildet diese „menschliche Gestalt", als erster Eindruck von der äußeren und inneren Bedrohtheit unseres Lebens, einen frühen Markstein meiner Erfahrung im Sinne der *„praktischen Menschenkunde"*, so tritt sie jetzt, am Ende meines Lebens, auch als Gestalt objektiver *transzendentaler Realität* in den Blickpunkt meiner wissenschaftlichen Erfahrung. Angesichts dieses klinischen Falles von Melancholie fragen wir demnach nicht, wie ist die klinische Symptomatologie, der melancholische Selbstvorwurf also, aus den „Dominanten der Persönlichkeitsstruktur", aus der charakterlichen und körperbaulichen Konstitution, dem Temperament, der Heredität usw. abzuleiten?, sondern wir fragen: „Was ist hier eigentlich geschehen?", mit

---

[15] Diese Wirkung und Nachwirkung ist übrigens ein Beispiel dafür – keineswegs das einzige aus meiner Kindheit –, wie stark gerade Melancholische auf das kindliche Gemüt wirken, im Gegensatz zur Distanz, die es Schizophrenen gegenüber einnehmen kann. Kam es doch nicht selten vor, daß wir deren Gebaren und „Manieren" in unseren Spielen „abreagierten".

anderen Worten, „Was hat sich hier, im transzendentalen Geschehen des Daseins ereignet?"

Um zu verstehen, worum es sich hier handelt, muß man sich die von *Heidegger* herausgegebenen Vorlesungen *Husserls* „Zur Phänomenologie des inneren Zeitbewußtseins" (Hua X) vergegenwärtigen. Der epochemachende Schritt dieser Abhandlung zeigt sich darin, daß *Husserl* hier – was er in den Ideen über eine reine Phänomenologie noch unterlassen hatte – auch „die Zeit" von der Intentionalität her versteht, genauer, daß er seine Untersuchung darauf richtet, wie sich die zeitliche Objektivität[16], also die noëmatischen oder intentionalen zeitlichen „Gegenstände", Vergangenheit, Gegenwart, Zukunft, im subjektiven Zeitbewußtsein konstituiert. Auch hier, wie überall, handelt es sich also für *Husserl* um die Aufweisung der apriorischen Wahrheiten, die zu den *konstitutiven Momenten* der Objektivität gehören. Mit der Herausstellung des intentionalen Charakters des Zeitbewußtseins geht hier aber Hand in Hand die grundsätzliche Klärung der Intentionalität überhaupt[17]. Husserl bezeichnet die konstituierenden intentionalen Aufbaumomente der Zeitgegenstände Zukunft, Vergangenheit, Gegenwart, als *Protentio, Retentio* und *Präsentatio*. Normalerweise spielen diese Momente dauernd ineinander und gewährleisten damit zugleich – und das ist für unsere Untersuchung von fundamentaler Wichtigkeit – den Aufbau des *Worüber*, des jeweiligen *Themas*. Protentio, Retentio und Präsentatio sind also keineswegs als isolierte Bausteine im Aufbau der zeitlichen Objektivität zu betrachten; sie sind keineswegs trennbar, vielmehr ist mit ihnen immer schon das Apriorische mit angeschaut. Um ein von *Szilasi* bevorzugtes Beispiel zu gebrauchen: Während ich spreche, also in der Präsentatio, habe ich schon Protentionen, sonst könnte ich den Satz ja nicht beenden; desgleichen habe ich in dem „während" der Präsentatio auch die Retentio, sonst wüßte ich nicht, worüber ich rede. Es handelt sich für uns also darum, die „defizienten Modi" der drei Dimensionen und ihres Zusammenspiels aufzudecken. Das ist natürlich etwas ganz anderes als zu konstatieren, daß die melancholischen Kranken „nicht von der Vergangenheit loskommen", „an der Vergangenheit kleben" oder „ganz von ihr beherrscht sind", etwas ganz anderes, als daß sie „von der Zukunft abgeschnitten sind", „keine Zukunft mehr vor sich sehen", und daß ihnen „die Gegenwart nichts sagt" oder „völlig leer ist". Um den Zugang zum Verständnis der Störungen im intentionalen Aufbau der zeitlichen Objektivität in unserem Falle zu finden,

---

[16] Natürlich nicht zu verwechseln mit der „objektiven Zeit"!

[17] Die Auffassung der Intentionalität geht bei *Husserl* in entscheidender Weise über deren Auffassung bei *Brentano*, von dem er den Begriff übernommen hat, hinaus (vgl. z. B. Hua X, S. 45; Hua XVII, S. 268f.). Man darf daher nicht bei *Husserls* Darstellung der Intentionalität in den Log. Untersuchungen und *meiner* Darstellung in der „Einführung in die Probleme der Allgemeinen Psychologie" vom Jahre 1922 stehenbleiben.

dürfen wir nicht ausgehen von dem Schmerz über den Tod des Mannes, auch nicht von der „Jammergestalt", die die Patientin und dieser Schmerz selbst hier annehmen, denn das alles sind „einfühlbare", d. h. aus der praktischen Menschenkunde bekannte Tatsachen. Anders steht es mit dem ständigen Selbstvorwurf, an dem Unglück durch ihre Initiative schuld zu sein. Auch in einen solchen Selbstvorwurf können wir uns zwar noch „einfühlen", nicht aber in das, was uns daran klinisch *als melancholisch* imponiert. Melancholie und Manie sind, als Psychosen, ebensowenig auf Grund praktischer Menschenkunde „einfühlbar" wie die Schizophrenie. Daraus folgt aber keineswegs, daß sie, wie es bei Jaspers der Fall wäre, als nicht-einfühlbar und insofern nicht-verstehbar, *nur* noch kausal oder genetisch *erklärt* werden könnten und müßten. Diese Studien beweisen das Gegenteil .

Der melancholische Selbstvorwurf drückt sich sprachlich meist in konditionaler Form aus, wie: „Hätte ich doch den Ausflug nicht vorgeschlagen" oder „wenn ich ihn nur nicht vorgeschlagen hätte (dann lebte mein Mann noch, dann wäre ich noch glücklich und lebenslustig, dann brauchte ich mir keine Vorwürfe zu machen usw.)". (Das bezieht sich auch auf den Haß gegen den am Leben gebliebenen Freund: „Wenn er nur nicht den Platz mit meinem Mann getauscht hätte !")

Was sagt uns das im Hinblick auf die Auflockerung der Fäden der intentionalen Aufbaumomente der zeitlichen Objektivität? Es sagt uns, daß es sich bei der Rede vom Wenn oder Wenn-nicht, vom Hätte-ich oder Hätte-ich-nicht um lauter *leere Möglichkeiten* handelt. Wo aber von Möglichkeiten die Rede ist, handelt es sich um *protentive* Akte – das Vergangene hat ja keine Möglichkeiten. Hier aber *zieht sich, was freie Möglichkeit ist, zurück in die Vergangenheit*. Das bedeutet, daß die protentiven konstituierenden Akte zu sog. Leerintentionen werden müssen. Die Protentio wird dadurch insofern selbständig, als sie kein Worüber mehr hat, nichts, was ihr zu „produzieren" übrig bliebe, es sei denn die zeitliche Objektivität der „zukünftigen" Leere oder der Leere „als Zukunft".

Wenn sich die freie Möglichkeit in die Vergangenheit zurückzieht, besser gesagt, wenn die Retentio sich mit der Protentio verwechselt, kommt es nicht mehr zu einem eigentlichen Worüber, sondern nur noch zu einer leeren Diskussion. Das aber ist ein Zeichen dafür, daß mit der Störung der Protentio der *ganze* „Prozeß", der *ganze* Fluß- oder Kontinuitätscharakter nicht nur der Zeitigung, sondern auch des „Denkens" überhaupt gestört ist! Insofern ist die Melancholie eine viel „schwerere" Krankheit oder „tiefere" Störung, als wir gemeinhin und besonders auf Grund ihres Heilbarseins annehmen.

Wenn wir sagen, daß es hier nicht mehr zu einem eigentlichen Worüber kommen kann, so beruht das, im Anschluß an das oben (über das Sprechen) Gesagte darauf, daß es hier auch zu keiner eigentlichen Präsentatio kommen

kann. Ist eine solche, wie wir sahen, doch nur möglich, wo sie sich auf eine
Retentio und Protentio stützen kann! Deswegen ist ein solches Thema auch
nicht „haltbar", vermag es wieder in den Hintergrund zu treten, was wir
klinisch als Heilung bezeichnen.

Aber nicht *nur* mit der Heilung vermag ein solches Thema zurück- oder
ganz vom Schauplatz ab-zu-treten, sondern auch im Verlauf der Psychose
selbst. Davon wird das nächste Beispiel Kunde geben. Wir stoßen hier also
auf das Thema der „Austauschbarkeit" der melancholischen Themata, das
in der Regel noch zu wenig gewürdigt wird. Bei *Petrilowitsch*[18] hingegen
finde ich diese Austauschbarkeit ausdrücklich betont. Aber auch *Weitbrecht*,
Janzarik u.a. wären zu nennen. Ich selbst gehe zwar keineswegs so weit wie
E. Bleuler, der von der Konzentration der Aufmerksamkeit auf das „einge-
bildete Unglück" spricht[19], schon deswegen, weil der Ausdruck „eingebildet"
zu schillernd ist. Ich muß aber gerade in der Möglichkeit der Austauschbarkeit der melancholischen Themata ein ungemein wichtiges Moment für
unsere eigene Untersuchung erblicken. Daß Austauschbarkeit der melancholischen Themata nicht dasselbe bedeutet wie der bereits erwähnte *Ersatz*
einer melancholischen Symptomatik durch eine andere, braucht wohl kaum
mehr bemerkt zu werden.

Wie verschiedenartig und oft geringfügig die „Anlässe" zu den melancholischen Selbstvorwürfen sind, möge zum Schluß noch eine kleine Zusammenstellung zeigen.

Immer also handelt es sich um ein Wenn oder Wenn-nicht, auch in der
Form des „ich-hätte-sollen" oder „ich-hätte-nicht-sollen". *Kraepelin* bringt
Beobachtungen folgender Art (l. c. 1260 und 1266): „Ich hätte mein Leben
anders einrichten sollen" (= wenn ich nicht versäumt hätte, mein Leben
anders einzurichten). „Es wäre besser gewesen, wenn mein Gewissen sich
früher geregt hätte" (= wenn ich mein Gewissen nicht so lange unterdrückt
hätte). „Wenn ich den Mietvertrag nicht abgeschlossen, den Neubau, den
Kauf nicht unternommen hätte, wäre alles anders gewesen." Selbstverständlich fungieren bei diesem Wenn-nicht häufig auch sexuelle Themata. Kleine
Auslese aus eigenen Beobachtungen: „Wenn ich nur nicht mein Haus ver-
kauft hätte." Bedeutungsvoll in diesem Fall war, daß sich die „unverzeihli-
che Dummheit", die die etwa 70jährige Patientin auf Anraten anderer mit
diesem Hausverkauf gemacht zu haben sich vorwarf, mit fortschreitendem
hirnarteriosklerotischen und senilen Prozeß im Laufe eines Jahres in ein
unverzeihlich schweres *Verbrechen* verwandelte.

Weitere Auslese aus eigenen Beobachtungen: „Ich hätte das Haus nicht
bauen sollen" (= es wird ja viel zu teuer für meine Verhältnisse), „ich hätte

---

[18] Erstarrende Rückbildungsdepressionen. Archiv f. Psychiatrie, Bd. 198, 1951.
[19] *Bleuler*, Lehrbuch der Psychiatrie, 1. Aufl. S. 352.

mein Haus nicht umbauen, mein Haus, mein Geschäft nicht vergrößern sollen, mein Geschäft nicht in eine Aktiengesellschaft umwandeln, mein Rittergut nicht einer Ritterschaft übergeben sollen, ich hätte nicht prozessieren, mein Leben besser gestalten sollen, ich hätte meine Frau (die sich suizidierte) liebevoller behandeln, meiner Tochter (die sich 3 Jahre später ebenfalls suizidierte) mehr Geld geben, ihr bei ihrer Verlobung nicht entgegentreten sollen. – Wir hätten die zerstörte Fabrik früher wiederaufbauen sollen, dann hätten wir enorme Verluste vermieden."

Junger Offizier, auf der Hochzeitsreise an schwerer Melancholie erkrankt: „Wäre doch mein Vater strenger gewesen, hätte er mich doch ermahnt, diesen verhängnisvollen Schritt (Eheschließung) nicht zu unternehmen." Derselbe: „Wäre ich ihr nicht nachgereist, hätte ich sie nicht so oft besucht, dann wäre das Unglück nicht über mich gekommen. Wohin ich jetzt sehe, ist alles verschlossen und schwarz." „Wenn ich doch noch frei wäre; hätte ich es doch noch gesagt zu einem Zeitpunkt, wo eine Änderung noch so gut möglich gewesen wäre."

Verheiratete Frau über 50: „Wenn ich mich nur genug weitergebildet, die Kinder moderner erzogen, sie nicht zu spät aufgeklärt hätte." „Wenn ich dem Arzt gleich alles gesagt hätte, wäre ich gesund geworden."

Verheiratete Frau nach einer Totgeburt: „Hätte ich nur den Arzt früher gerufen (= wenn ich ihn nicht zu spät gerufen hätte), dann wäre das Kind noch zu retten gewesen."

Allgemein bekannt sind ferner „Anlässe" in der Form der selbstverschuldeten Überarbeitung und körperlichen Krankheit, des mißglückten Examens oder irgendeines sonstigen (geschäftlichen, politischen, wissenschaftlichen, sportlichen) „Unternehmens", der Versetzung in ein neues Amt, der Pensionierung, überhaupt jeder Art von Entlastung[20], hie und da auch eines ausgesprochenen Erfolges.

Andere „Anlässe": Von den Eltern oder Geschwistern nicht genug geliebt worden zu sein, oder umgekehrt, ihnen nicht genug Liebe erwiesen zu haben, in einem Fall (Frau), den Vater schon mit 8 Jahren zu sehr geliebt zu haben.

Häufige „Anlässe" sind, wie allgemein bekannt, eigener Ehebruch oder Ehebruch des Partners.

---

[20] Daher auch die Rede von „Entlastungsdepressionen" (vgl. die klug abwägende Arbeit von *Walter Schulte*: Die Entlastungssituation als Wetterwinkel für Pathogenese und Manifestierung neurologischer und psychiatrischer Krankheiten (Nervenarzt, 22. Jg. H. 4, 1951). In dieser Arbeit finden wir ein drastisches Beispiel dafür, daß „seelische Belastungen eine Depression nicht nur hervorrufen, sondern unter Umständen auch kupieren können" (145). Beispiel: Plötzliche Heilung eines seit Monaten an schwerer Melancholie leidenden Bauern auf die Schreckensnachricht, daß die einzige Tochter plötzlich verunglückt sei. Eine zweite ähnliche Belastung hatte bei einer 13 Jahre später in einer Zeit relativer Entlastung aufgetretenen zweiten Melancholie diesen Heileffekt nicht.

Auch dafür, daß ein „Anlaß", von dem man eine Verschlimmerung des
Leidens erwartet hätte, günstig auf den weiteren Verlauf desselben wirken
kann, haben wir ein Beispiel erlebt, analog demjenigen von *Schulte* (vgl. S.
142), und zwar im Falle einer 64jährigen Dame, der wir mitteilen mußten,
daß ihr aus Amerika zu Besuch kommen wollender Sohn kurz vor der Ankunft hier in der Bahn an einem Herzschlag gestorben sei.

2. Der Fall David Bürge

Es handelt sich um einen etwa 45jährigen israelitischen Kaufmann, Deutscher, der uns Ärzten ein volles Jahr lang täglich vorjammerte, daß seine
Depression nur davon käme, daß er kurz vorher eine *Bürgschaft* von 40 000
Franken – damals eine beträchtliche, wenn auch für seine Verhältnisse keineswegs ruinöse und auch zu keinem Verarmungswahn führende Summe –
geleistet hätte. „Wenn ich nicht die Dummheit begangen hätte, die Bürgschaft zu leisten, wäre ich nicht krank geworden[21]." Er war überzeugt,
sein Geld nie wieder zurückzubekommen und infolgedessen dauernd krank
bleiben zu müssen. Eines Tages trat das Unerwartete ein: das Geld wurde
zurückbezahlt! Wenn wir Ärzte auch keineswegs glaubten, die Depression
werde durch dieses unerwartete Ereignis geheilt oder auch nur gebessert
– gilt doch für den Psychiater der Satz, den einmal eine intelligente Pflegerin in das Rapportbuch schrieb: „Es zeigt sich, daß der Patient klagt,
weil er eben klagen muß und als Gegenstand seiner Klagen das Nächstlie-
gende aufgreift" –, so war es doch eine höchst eindringliche Überraschung,
festzustellen zu müssen, daß die Bürgschaft, die der Kranke sich ein Jahr
lang leidenschaftlich vorgeworfen, *im Handumdrehen* keinerlei Rolle mehr
spielte, sondern völlig bagatellisiert wurde und sogleich einem anderen melancholischen Thema Platz machte. Da Ärzte auch Menschen sind, ist es
nicht verwunderlich, daß wir dem Kranken im ersten Moment gram waren, daß er uns ein Jahr lang Tag für Tag mit seinem unermüdlichen, die
größte Aufmerksamkeit und Teilnahme verlangenden Gejammer über die
Bürgschaft in den Ohren gelegen hatte. Da ich mich leider nicht mehr an
den Namen dieses Patienten erinnere und deshalb seine Krankengeschichte

---

[21] Die meisten melancholischen Kranken klammern sich, wie jeder Psychiater weiß, an
die Hoffnung – ebenso wie die meisten Laien – die Krankheit würde durch Rückgängig-
machung des „Anlasses" sofort wieder in Heilung übergehen. Beispiel: „Wenn der Umbau
meines Geschäftes nicht rückgängig gemacht werden kann, werde ich nicht mehr gesund"
(später Tod durch Suizid). – Gegenbeispiel: *Kraepelin*, Psychiatrie, 8. Aufl., III. Band
1369, berichtet von einem Gutsverkauf, der als *Ursache* der Depression betrachtet wurde
und wieder rückgängig gemacht werden konnte, aber völlig ohne therapeutischen Erfolg.
Neben David Bürge ein weiteres eigenes Beispiel: Kaufmann, dem im Kriege sein Geld, eine größere Summe, wegen Spionageverdachts abgenommen wurde. Während schon lange
vorher starke hypochondrische Beschwerden bestanden, trat jetzt ein depressiv-gehetzter
Zustand mit Verarmungsideen auf. Die Ehefrau erklärt laut Krankengeschichte wörtlich:
„Als das Geld wieder ankam, hatte diese Tatsache keine beruhigende Wirkung."

nicht ausfindig machen kann, vermag ich das meinem Gedächtnis entfallene, neu aufgegriffene Thema nicht mehr festzustellen.

Inwiefern bestätigt dieser „Fall" den ersten und inwieweit führt er uns im transzendental-phänomenologischen Verständnis der Melancholie weiter? Auch hier ist die Retentio mit protentiven Momenten durchsetzt, bleibt sie doch in der reinen Möglichkeit, einer Möglichkeit aber, die wiederum nirgends hingehört, weder Protentio noch Retentio ist. Damit ist aber, wie dieses Beispiel mit Evidenz zeigt, auch die *Präsentatio*, das *Worüber*, das *Präsente* oder *Thematische* „gestört". Haben wir doch an dem Beispiel des *„Sprechens"* (S. 360) gesehen, daß in dem, worüber wir sprechen, in dem Thematischen, die Einheit der retentiven und protentiven intentionalen Akte beschlossen ist. Es kann also die Retentio oder die Protentio gestört sein, immer ist, wie bereits erwähnt, der ganze „Strom des Bewußtseins", der *ganze* Denk*ablauf*, gestört. Diese Störung leiten wir also nicht ab von einer biologischen oder „vitalen" *Hemmung*, wie es früher bei *Kurt Schneider* und auch noch bei *Erwin Straus*[22] der Fall war, sondern wir verstehen sie aus den Veränderungen im Aufbau der zeitlichen Objektivität, also im Bereich der Intentionalität. Anstatt also die Untersuchung bei der vitalen Hemmung = x anzusetzen, auf diesem hypothetischen X ein a), die Denkhemmung, darauf ein b), die „depressiven Inhalte" aufzubauen, gehen wir von dem aus, was die Kranken wirklich sagen, also von einem tatsächlichen a).

Da nun aber, wo die Retentio gestört ist, auch die Protentio in dem Strom des intentionalen Geschehens keine fixe Bindung hat, also keinen noëmatischen Inhalt, so hat da auch das Worüber, die Präsentatio, keine „fixe Bindung"; da hängt auch sie in der Luft. Die Möglichkeit, von der das Wenn unserer Kranken Kunde gibt, müßte so sein, daß das Worüber, das Thematische, sich fortsetzen könnte. Hier ist aber von keiner Fortsetzung die Rede, sondern von einer Rücksetzung. Aber auch die Retentio ist hier „sinnlos", weil in ihr nicht festgehalten ist die *Begründung des Präsenten*, sondern nur festgehalten sind die prätendierten Möglichkeiten!

Worin unser zweiter Fall unser Verständnis der Melancholie über den ersten Fall hinaus erweitert, das ist nun gerade die Einsicht in die Fragilität oder Brüchigkeit des melancholischen „Inhalts", die vertiefte Einsicht in die sie bedingende Störung der intentionalen oder transzendentalen zeitlichen Aufbaumomente. Wenn derart krasse und rasche Vertauschungen des melancholischen Themas auch nicht gerade häufig sind[23], so wirft doch schon

---

[22] Vgl. unten S. 39 f. den historischen Rückblick.

[23] Selbstverständlich anerkennen wir die Schwierigkeit, Schwermut im Sinne schwermütiger Stimmung oder im Sinne schwermütiger Daseinsgestalt *(Tellenbach)* und als „endogene Depression" immer zu unterscheiden, zumal wenn es sich um eine „böse Schwermut" im Sinne *Kierkegaards* und *Guardinis* handelt. Vgl. *Heinz Häfner:* „Zur

eine einzige solche Tatsache Licht darauf, daß wir selbst in anscheinend so „psychologisch" motivierten oder begründeten melancholischen Inhalten durchaus nicht etwas rein *psychologisch* Reaktives sehen dürfen, sondern Ausdruck einer (endogenen) Geisteskrankheit. Rein psychisch motiviert, mit anderen Worten, rein „psychogen", wäre eine, wenn auch noch so tiefe und lang anhaltende Traurigkeit, eine traurige oder im Sinne der praktischen Menschenkunde schwermütige Stimmung. Aber Melancholie, obwohl wir sie als traurige oder schwermütige „Verstimmung" und überhaupt als Affektpsychose bezeichnen, läßt sich – das können wir jetzt schon sagen – niemals von der Stimmung, Gestimmtheit oder Befindlichkeit, kurz vom Emotionalen und einer „Schichtung" des emotionalen Lebens her verstehen.

Es wäre nun im Anschluß an den melancholischen Selbstvorwurf vom melancholischen Verbrecher- und Sündenwahn zu sprechen. Wenn wir dies unterlassen, so deswegen, weil es sich hier um rein mundan-faktische Unterschiede handelt innerhalb des Eidos der melancholischen Retrospektion, die für alle hierher gehörigen Fakten als „unübersteigliche Norm" gilt. Es verhält sich hier genauso wie, um ein ganz einfaches Beispiel zu nennen, hinsichtlich des Eidos oder allgemeinen Wesens „Tisch" und den einzelnen faktischen Tischen. Ob immer es sich um einen runden oder eckigen, vier- oder dreibeinigen, hohen oder niedrigen, feststehenden oder wackeligen Tisch, einen Eß-, Schreib- oder Toilettentisch, einen Louis-XV- oder roh gezimmerten Berghütten-Tisch, einen Tisch aus Holz, Eisen oder Strohgeflecht handelt, immer handelt es sich um das *eine*, allen faktischen Tischen zugrunde liegende Wesen oder Eidos Tisch. „Den Tisch" gibt es *faktisch* nicht. „Es gibt" nur einerseits die faktischen einzelnen Tische, andererseits das anschauliche *Apriori* „Tisch" im Sinne einer *Vorschrift der möglichen Verweisungen* für alles, was wir faktisch als Tisch wahrnehmen, vorstellen oder in Aussagen feststellen. Jene Vorschrift meint, wie leicht ersichtlich, keinen abgeschlossenen Bereich, vielmehr ist sie, wie unsere Beispielreihe zeigt, prinzipiell *unabschließbar*. Auf dieser prinzipiellen Unabschließbarkeit beruht die „tatsächliche" Inadäquatheit aller unserer Wahrnehmungen, Vorstellungen und Aussagen, wie über den „Tisch", so über jedes „Ding", jede Sache – natürlich auch jede psychologische Sache, als einer ebenfalls mundanen Gegenständlichkeit.

Dasselbe gilt vom apriorischen Wesen oder Eidos des melancholischen Vorwurfs oder der melancholischen Selbstanklage, den faktischen Formen,

---

Daseinsanalyse der Schwermut" (Zschr. f. Psychother. u. med. Psychol. 8, 1958) und „Die existenziale Depression" (Archiv f. Psych. u. Neur. 191, 1954), ferner *Emil Staiger* „Schellings Schwermut" (Kunst der Interpretation, Zürich 1955), *W. Th. Winkler* „Formen existentieller Depressionen und ihre psychotherapeutische Behandlung" (Regensb. Jb. f. ärztl. Fortbildung 6, 236, 1957/58) und neuerdings *Hubert Tellenbach* „Gestalten der Melancholie" (Jb. f. Psychol. 7. Jg., H. 1/2, 1960).

in denen sich diese Selbstanklage zeigt, dem Selbstvorwurf, dem Vorwurf, sich in bezug auf eine andere Person, die Familie, die Gesellschaft, den Richter oder Gott schuldig gemacht zu haben. Es kommt hier also keineswegs auf die *Instanz* an, der gegenüber der Melancholiker sich schuldig fühlt. Das einzelne mundane psychologische Faktum kann zum Eidos „Schuld" nichts hinzufügen, sowenig wie die einzelnen faktischen Tische zum Eidos „Tisch". Infolgedessen haben wir uns auch nicht mit der in den letzten Jahren so eingehend bearbeiteten „zyklothymen Schuldthematik" zu befassen. Zwar bemüht sich auch *Janzarik*, von dem eine besonders gründliche und interessante Arbeit zu diesem Thema vorliegt[24], ein einheitliches Prinzip zum Verständnis der Melancholie zu finden und zu zeigen, daß es bei der Melancholie nicht auf die traurige Stimmung oder Traurigkeit ankommt, sondern „auf die emotionale und intentionale Entmächtigung" (1917). Einen so großen Fortschritt auch wir in einem solchen Versuch gegenüber den lebensgeschichtlichen und charakterologischen Versuchen zur *Erklärung* der verschiedenen melancholischen *Wahninhalte* sehen, so können wir doch die Nebeneinanderstellung von emotional und intentional nicht gelten lassen. Ist doch intentional der übergeordnete Begriff, unter den auch das Emotionale fällt, nicht anders als das Kognitive und Voluntative. Abgesehen davon handelt es sich bei *Janzarik* um einen *psychologischen Erklärungsversuch* der *Genese* der Melancholie, während es sich bei uns um eine transzendental-phänomenologische Untersuchung der für „die Melancholie" maßgebenden Störungen im konstituierenden Aufbau der Gefügeordnung des „Bewußtseins" handelt, eines „Bewußtseins", das, als intentionales und transzendentales, natürlich „das Unbewußte" ebenso in sich begreift wie das „Bewußte"!

Besonders wichtig ist weiterhin auch für uns der von *Janzarik* und anderen *(v. Orelli)* betonte Begriff der jeweiligen *„Instanz"*, der gegenüber der Melancholiker sich schuldig fühlt. Dabei wird ausgeführt, daß „der Wert, der gefährdet wird (in der Schuld), und die Instanz, der der Versagende verantwortlich ist, ... weitgehend identisch" sind (186). Nicht umsonst lautet der Titel der Arbeit: *„Das zyklothyme Schuldbewußtsein und das individuelle Wertgefüge."* Im *Wertgefüge*[25], als dem Gesamt der in Werterlebnissen aktualisierbaren strukturellen Bestände, sieht der Autor den eigentlichen Kern der seelischen Individualität (206). Dementsprechend gilt

---

[24] „Zyklothyme Schuldthematik und das individuelle Wertgefüge" (Schweiz. Archiv f. Neur. u. Psych. 80, 1957). Vgl. auch vom selben Autor „Der lebensgeschichtliche Hintergrund des zyklothymen Verarmungswahns" (Arch. Psychiatr. u. Z. Neur. 195, 1956), ferner die das Thema der melancholischen „Inhalte" bearbeitenden Aufsätze von *Kurt Schneider, Weitbrecht, Ruffin, v. Orelli, Sattes, Winkler, Wulff, Lorenzen* u.a.

[25] Hervorhebungen im Original.

sein Interesse „der *Desaktualisierung*[26] der Erlebnisdynamik innerhalb des Wertgefüges und der *Aktualisierung* der an Werte gebundenen Dynamik im Erleben". Ausgangspunkt des Strukturbegriffs ist hier wie bei *Petrilowitsch* die Struktur- und Ganzheitspsychologie der Krüger-Wellekschen Schule. Alle diese Bestrebungen bemühen sich eingestandenermaßen um die faktischen melancholischen Wahninhalte, nicht um den Wahn als solchen. Demgegenüber ist es unser Anliegen, das apriorische Eidos, die *apriorische* Struktur, auszulegen, die allen jenen „Wahninhalten" zugrunde liegt. Es ist unsere Überzeugung, daß wir in der Psychiatrie nur auf diese (transzendentalpsychologische) Art, nicht aber durch psychopathologische und klinische Differenzierungen im Verständnis des Wahns überhaupt und des melancholischen Wahns im Speziellen, vorwärtskommen.

Historischer Exkurs

Während die klinischen Arbeiten der vorerwähnten Autoren uns also nur indirekt berühren, berühren uns die Arbeiten derjenigen Autoren schon viel näher, die es sich zum Ziele setzen, die depressiven Symptome aus der *zeitlichen Umstrukturierung des depressiven Grundgeschehens* zu interpretieren, und zwar im Sinne einer *Störung des Werdens der Persönlichkeit*. Diese Arbeiten knüpfen sich an die Namen meiner wissenschaftlichen und persönlichen Freunde *Eugen Minkowski*, *Erwin Straus* und *Victor von Gebsattel*. Leider haben die völlig neuartigen, ungemein verdienstvollen phänomenologischen und „strukturgenetischen" Arbeiten dieser Autoren nicht diejenige Berücksichtigung in der psychiatrischen Literatur über die Melancholie gefunden, die sie verdienen. Auch die bereits erwähnten Arbeiten berücksichtigen jene Autoren, mit Ausnahme etwa *v. Gebsattels*, kaum. Was aber die hier vorliegende Arbeit betrifft, so hat sie mit denjenigen von *Minkowski*, *Straus* und *v. Gebsattel* das Thema „Zeit" gemein, wenn auch in einem methodisch ganz anderen Sinne. Wenn z.B. *Minkowski* in einem vor kurzem erschienenen Aufsatz, betitelt „L Espérance"[27], schreibt, er habe in „Le Temps vécu"[28], „les phénomènes constitutifs de l'avenir" beschrieben, so muß klar sein, daß der Ausdruck konstitutiv hier etwas anderes bedeutet, als was wir unter konstitutiven intentionalen Aufbaumomenten verstehen und untersuchen. Handelt es sich bei jenen phénomènes constitutifs doch nicht um Phänomene, die „die Zukunft" im Sinne der protentiven intentionalen Akte betreffen, sondern „die Zukunft", die von jenen Akten, als

---

[26] Das ist der Grund, weswegen wir auch den weiteren Versuch von *Janzarik* (vgl. seine im Vorwort zitierte Schrift), seine Ansichten auch „auf die Differentialtypologie der Wahnphänomene auszudehnen" und „die Kluft zwischen deskriptiver Symptomanalyse und anthropologischer Paraphrase mit einem psychopathologischen Entwurf zu schließen", als nicht zum Ziele führend betrachten müssen.

[27] Tijdschrift voor Philosophie, März 1959, S. 100.

[28] Paris 1933.

ihren konstitutiven Aufbaumomenten, *konstituiert* ist. So wenn *Minkowski* als „konstituierende Phänomene" „l'activité et l'attente, le désir et l'espoir, la prière et la recherche de l'action éthique"[29] interpretiert[30].

Vor allem aber darf in einem, wenn auch noch so kurzen, historischen Exkurs über die Bearbeitung „der Zeit" in der Psychiatrie die allererste Arbeit dieser Art, die zugleich die erste „Anwendung" der phänomenologischen Methode auf ein psychiatrisches Gebiet darstellt, nicht vergessen werden, *Minkowskis* „Etude Psychologique et Analyse phénoménologique d'un cas de mélancolie schizophrénique"[31]. Der Inhalt dieses epochemachenden Aufsatzes wurde am 25. November 1922 in Zürich im Schweiz. Verein für Psychiatrie vorgetragen, nachdem ich selbst das Einführungsreferat „Über Phänomenologie" gehalten hatte. Hier standen der Schüler *Bergsons* und der Schüler *Husserls* erstmals Schulter an Schulter nebeneinander.

Den Ausgangspunkt bildet hier, bei *Minkowski*, der noch sehr vage *Bergson*sche Begriff des élan vital, der unser ganzes Leben „vers l'avenir" orientiere. Das Zeitproblem ist es daher, das zum Studium „de la structure de la personnalité humaine" führe. Es genügt, daß der „élan vital", der das ganze Gebäude der menschlichen Persönlichkeit aufrechterhält (maintient), anfängt zu wackeln oder zu schwanken (vaciller), damit das ganze Gebäude ins Wanken gerät (devient branlant) und zusehends zerfällt. Derart kommt es zu verschiedenen „étapes de la désagrégation de la personnalité humaine", und das seien vielleicht auch die verschiedenen Manifestationen der aliénation mentale. (Ähnliche, wenn auch keineswegs vom Zeitgeschehen ausgehende, Gedanken finden wir bei *Henri Ey* wieder.)

Die Art und Weise, wie *Minkowski* diese Grundthese auf seinen Kranken (Fall von Verfolgungs- und Versündigungswahn mit zwanghafter Sammelwut usw.) anwendet, ist heute noch lehrreich und, ich möchte sagen, wegen ihrer Neuheit genial. Es handelt sich bei seiner Untersuchung, wie *Minkowski* ausdrücklich bemerkt, nicht um eine solche des Wahninhalts, vielmehr frägt er sich, „où se produit le décalage (Zusammenbruch) du psychisme de notre malade par rapport au nôtre?". Zur Beantwortung dieser Frage stellt er sich die Spezialfrage nach dem Zeitbegriff (la notion du temps) seines Kranken, und er beantwortet sie, wie unabhängig von ihm *Erwin Straus*, dahin, daß die Zukunft für ihn verschlossen (barré) ist. Ihm fehlt, phänomenologisch schon genauer ausgedrückt, „la protention vers l'avenir". Sein

---

[29] Vgl. zu letzterer meinen Geburtstagsbrief zum 70. Geburtstag meines Freundes, betitelt „Reflections sur le Temps et l'Ethique (A propos de l'œuvre de Marcel Proust)". L'Evolution psychiatr. No. I 1956.

[30] Dieser essentielle Unterschied hindert mich keineswegs, aufs höchste zu bedauern, daß „Le Temps vécu", dieses unvergängliche Wahrzeichen der phänomenologischen Beschreibung in der Psychiatrie, nie in zweiter Auflage erschienen ist.

[31] Journal de Psychologie XX, 1923.

Verhalten ist im Grunde das eines zum Tode Verurteilten. „La notion complexe du temps et de la vie se désagrège et descend sur un échelon inférieur", eine Stufe, die wir alle übrigens in uns tragen! Wo dieser Zerfall eintritt, wo also „l'élan vital fléchit, le devenir entier se précipite sur nous et devient dans son ensemble une puissance hostile qui ne peut que nous faire souffrir" (S. 553), ein Satz von grundsätzlicher Bedeutung für das Verständnis „du fond hostile" oder, wie ich sage, der Macht des Schrecklichen, in der Melancholie und Schizophrenie.

Es folgen höchst wichtige Bemerkungen über l'élan personnel et le désir, la propriété et l'avoir oder la faculté de s'attribuer quelque chose, sowie über den einschneidenden Unterschied zwischen Gut und Böse in unserem Selbsterleben (S. 557f.).

Was nun *Erwin Straus* betrifft, so darf ihm nie vergessen werden, daß er, unabhängig von *Minkowski*, klar erkannt und ausgesprochen hat, daß „im Zeiterlebnis formale Beziehungen und inhaltliche Strukturen miteinander" in Verbindung treten und daß dies das Zeiterlebnis zur Lösung all der Probleme, „bei denen es sich um die Abhängigkeit der Erlebnisinhalte von formalen Prozessen und Funktionen handelt, besonders geeignet" macht. Er betrachtet seine Arbeit als einen Versuch, „aus dem Zeiterlebnis in der endogenen Depression den Zusammenhang mancher akzessorischer psychotischer Symptome mit dem biologischen Kardinalsymptom der Krankheit begreiflich zu machen[32]". Der Autor verbleibt hiermit also in der psychologischen oder Erlebnissphäre, das heißt in der *mundanen* Sphäre, bedeutet doch auch das seelische Erleben, wie bereits erwähnt, *weltliches* Geschehen, stehen also äußere und innere Erfahrung in dieser Hinsicht durchaus auf gleicher Stufe.

Die Betonung des gemeinsamen Wurzelns des individuellen Zeiterlebnisses und der vitalen Stimmungen „im gleichen biologischen Geschehen" unterstreicht noch die mundane oder gegenständliche Auffassung des Seelischen in Analogie zum Biologischen. Angewandt auf das Erleben des Depressiven heißt dies: „Je mehr sich die Hemmung verstärkt, das Tempo der inneren Zeit verlangsamt, um so deutlicher wird die determinierende Gewalt der Vergangenheit erlebt. Je fester dem Depressiven die Zukunft verschlossen ist, desto stärker fühlt er sich durch das Vergangene überwältigt und gebunden. Das Üble, das er erlebt, ist durch die Vergangenheit entschieden, und zwar unwiderruflich und unabänderlich bestimmt. – Für den depressiven Kleinheitswahn, die Versündigungsideen, die Verarmungsideen ist es ja charakteristisch, daß das, was den Patienten, seine Angehörigen, die ganze

---

[32] „Das Zeiterleben in der endogenen Depression und in der psychopathischen Verstimmung." Z. Neur. 68, 1928.

Menschheit durch sein Verschulden trifft oder treffen wird, bereits endgültig durch das Vergangene bedingt ist" (S. 652 f.).

So treffend, ja glänzend diese Bemerkungen auch sind, so herrscht hier doch noch eine biologische, zeitgegenständliche Auffassung. *Erwin Straus* stützt sich hier auf die bis heute noch sehr einflußreiche Arbeit von *Kurt Schneider:* „Die Schichtung des emotionalen Lebens und der Aufbau der Depressionszustände" (Z. Neur. 59, 1920), die wieder auf *Schelers* Lehre von den „emotionalen Schichten" zurückgeht. Gerade hier zeigt sich, in wie entscheidender Weise die Lehre *Husserls* über alle diese Auffassungen hinausgeht.

Was zum Schluß die mit *Straus, Minkowski* und mir selbst in naher Beziehung stehenden, überaus feinsinnigen und eindrucksvollen Arbeiten *v. Gebsattels* betrifft, so glaube ich, auf meine Würzburger Rede zu seinem 75. Geburtstag verweisen zu dürfen, zumal *v. Gebsattels* Arbeiten allgemein bekannt sind. (Vgl. Jahrb. f. Psychol. und Psychotherapie, 7. Jg., 1960, H. 1/2.)

Die melancholische Prospektion

Der melancholische Wahn

Die Ausdrücke Prospektion und Retrospektion dienen hier nur zur Anknüpfung an das vulgäre Zeitverständnis. Sie dürfen daher, als Teilansichten des temps-espace, nicht verwechselt werden mit den Ausdrücken protentio und retentio als Inbegriff bestimmter intentionaler konstituierender Akte der zeitlichen Objektivität. Insofern unterscheiden sie sich auch von *Bergsons* Gegenbegriff zum temps-espace, der *durée vécue.* Die Ausdrücke retentio, praesentatio, protentio ihrerseits dürfen, wir wiederholen, nicht als isolierte, voneinander unabhängige Zeitigungsphänomene aufgefaßt werden, sondern nur als Momente der *Einheit* der Synthesis der intentionalen konstitutiven Leistungen der zeitlichen Objektivität. Was sich in der Melancholie zeigt, das ist ein bestimmtes Versagen des Zusammenspiels der intentionalen Leistungen innerhalb jenes einheitlichen „Gewebes", mit dem Erfolg der Auflockerung desselben und des ersten Auftretens „defekter Stellen" in ihm. Auch in unserem ersten Falle war ja keineswegs nur die retentio (durch Aufnahme protentiver Momente) gestört, sondern in eins damit auch die protentio im Sinne ihrer Umwandlung in den defizienten Modus der Leerintentionen. Auch der zweite Fall zeigte nicht nur das Hineinnehmen protentiver Momente in die retentio im Sinne des Selbstvorwurfs über die Dummheit, die Bürgschaft eingegangen zu sein, vielmehr zeigte er, wenn auch keineswegs Verarmungsideen, so doch die Fixierung der protentiven Möglichkeiten auf eine einzige, auf das Nichtzurückerhalten der Bürgschaftssumme. In beiden Fällen war dementsprechend auch die praesentatio gestört, das Worüber; denn als weder gestützt auf, noch begründet durch eine eigentliche retentio, noch fortgeleitet durch eine eigentliche protentio, mußte auch die praesentatio „verkümmern", d. h. sich im *Klagen* erschöpfen.

Wenn wir die melancholische Prospektion auch keineswegs aus der Sphäre der Emotionalität oder Gestimmtheit oder auch des Temperamentes, etwa als krankhaft gesteigertes pessimistisches Temperament, verstehen dürfen und können, so teilt sie doch den phänomenalen Grundzug mit dem letzteren. *Rousseau* drückt diesen Grundzug gut aus, wenn er sagt: „La prévoyance a toujours gâté chez moi la jouissance. J'ai vu l'avenir à pure perte[33]." Hier kommt das Wesen der pessimistischen Weltbetrachtung eindeutig zum Wort: die Betrachtung nämlich „der Zukunft" unter dem Gesichtspunkt des *Verlustes* oder des *Verlierens*, und zwar des Verlierens des Genießenkönnens.

Die Unmöglichkeit der Deutung der Melancholie als einer Steigerung des pessimistischen oder des schwermütigen Temperamentes aber geht rein sachlich schon daraus hervor, daß wir in der Vorgeschichte Melancholischer, wie jeder Psychiater weiß, viel mehr lebenslustige („syntone", „sanguinische", „optimistische") als das Leben schwer nehmende Konstitutionen oder „Temperamente" finden. Dazu gesellen sich aber noch viel schwerer wiegende transzendental-psychologische Momente, so, um den wichtigsten vorwegzunehmen, der, daß der Melancholische den in der Zukunft vorausgesehenen Verlust, im Gegensatz zum Pessimisten, als bereits eingetreten *weiß* (vgl. unten S. 373ff.).

Zunächst werfen wir einen Blick auf die häufigsten Verluste, von denen die Melancholiker *sprechen*. Dies scheint uns hier eindrucksvoller als die Schilderung eines Einzelfalles. Der „melancholische" Verlust betrifft *alle* Lebensbereiche: den Verlust eines Angehörigen, des Vermögens (Verarmungswahn), des guten Namens oder der Ehre, der sozialen Stellung, der politischen Machtstellung, des künstlerischen, wissenschaftlichen oder sportlichen Ranges, der Gesundheit, der geistigen Arbeitsfähigkeit oder körperlichen (insbesondere sexuellen) Leistungsfähigkeit, der gefühlsmäßigen Ansprechbarkeit, des „inneren" Lebens überhaupt, der „Gesundheit" (Hypochondrie) usw., usw. Und zwar ist dieser Verlust in der Melancholie keine Vermutung, sondern eine *Evidenz*!

Damit kommen wir zurück auf den Satz von *Husserl*[34]: „Die reale Welt ist *nur in der beständig vorgezeichneten Präsumption, daß die Erfahrung im gleichen konstitutiven Stil beständig fortlaufen werde.*" Wie verhält es sich mit dieser Präsumption in der melancholischen Prospektion?

---

[33] Confessions. œuvres compl. Nr. 7, 1959, I, S. 106. Hervorhebung von mir.
[34] Vgl. oben S. 16.

Wir wiederholen, daß es sich bei jener Präsumption nicht um eine mundane, psychologische, sondern um eine transzendentale Tatsache handelt. Sollte bei der Melancholie sich irgend etwas hinsichtlich dieser Präsumption ändern, so müßte dies aus der Art der intentionalen Konstituierung der zeitlichen Objektivität, und insbesondere der Art der protentio, einsichtig gemacht werden können.

Präsumption bedeutet schon transzendentale Voraussetzung und Vorausschau; Fortschreiten der Erfahrung bedeutet schon Zeitigung. Und wie, so drängt hier das Fragen weiter, verhält es sich auf Grund des Stils der melancholischen Erfahrungsweise mit der realen Welt in der Melancholie oder besser mit der melancholischen Realität der Welt?

Das erste, was uns im Hinblick auf den Verlustcharakter der melancholischen protentio auffällt, ist ihr Verlust an Fülle und Mächtigkeit, präziser ausgedrückt, ihre Beschränkung auf *eine* oder einige wenige Möglichkeiten. Mit dieser ihrer „Ohnmacht" geht aber einher eine um so größere Macht dieser Möglichkeiten, sich äußernd in einer so *unerschütterlichen* Evidenz, wie sie sonst nur der retentio zukommt. Wir haben hier also den entgegengesetzten Tatbestand vor uns zu dem, der uns in der Analyse des melancholischen Selbstvorwurfs vor Augen trat. Denn jetzt ist es die protentio, die mit retentiven Momenten durchsetzt ist. Das zeigt sich schon daran, daß der Melancholiker, wie bereits erwähnt, den Verlust in der Regel nicht als bevorstehend, sondern als bereits eingetreten betrachtet. Denn wenn die Melancholiker sagen: ich weiß, morgen steht meine Schande, mein Verbrechen, mein Konkurs in der Zeitung, oder ich weiß, morgen werde ich verhaftet, an den Pranger gestellt, werde ich aus meiner Familie, meinem Berufsverband, meinem Land ausgeschlossen usw., so hat dies für sie keineswegs nur den Charakter der beschlossenen, sondern den der bereits *vollzogenen* Tatsache, des *fait accompli*: Diese Tatsache bleibt dieselbe, auch wenn sie „in Wirklichkeit" hundertmal nicht zutraf. Wir pflegen daher zu sagen, der melancholische Kranke „lasse sich nicht durch die Tatsachen belehren". Dabei verstehen wir unter Tatsache aber eine Erfahrung in dem Stil unserer eigenen Erfahrungsweise, übersehend, daß sein *Erfahrungsstil* ein ganz anderer und damit auch die Realität *seiner* Welt eine ganz andere ist. Losgelöst von der Konsequenz der konstitutiven „zeitlichen" Bindungen der natürlichen Erfahrung tritt hier eine Realität zutage, die zwar die reale Welt eines „Verrückten" ist, dafür aber, wie wir sahen, einen ungleich höheren Evidenzcharakter zeigt, eine Evidenz, an der jeder Zweifel abprallt; denn im Stil der melancholischen Erfahrungsweise bedeutet wie gesagt das, was morgen geschehen wird, im Grunde keine offene zukünftige Möglichkeit, sondern eine bereits vollzogene oder im Vollzug begriffene Tatsache. So spricht auch einer meiner *rein melancholischen*, später völlig geheilten Kranken, ein Großkaufmann, von einem „europabewegenden Skandal". Er ist überzeugt, *„daß die Journalisten bereits vor der Türe stehen*, um am nächsten Tag den Skandal Petermann (Pseudonym) spaltenbreit in der Zeitung zu bringen".

Noch krasser tritt uns diese Eigenart zeitlicher Erfahrungsweise vor Augen in den Depressionen Schizophrener oder schwer schizoider Psychopathen, insbesondere angesichts der grausigen Martern, denen sie unterworfen werden. So sagte eine meiner Kranken: „Ich höre bereits das Feuer knistern, in dem die Pfähle glühend gemacht werden, an die ich angebunden werde." Einem anderen, sonst ausgesprochen hypochondrischen Kranken aus meiner Beobachtung werden „die (bevorstehenden) Qualen nachts an der Wand vorgemacht"; er behauptet, „es" zu sehen und zu hören. – Weitere Beispiele: „Bald wird die Katastrophe kommen, ich weiß, warum die Glocken läuten." Oder: „Ich *sehe* es Ihrem Gesicht an, daß Sie mit der Nachricht kommen, daß meine Frau *gestorben* ist". Überall ist hier die protentio mit retentiven Momenten durchsetzt, sind die befürchteten Ereignisse bereits „im Gange" befindliche oder schon vollendete Tatsachen.

Nun haben wir aber noch näher zu zeigen, wie die Störung der protentio sich auf die praesentatio auswirkt. Wo diese sich nicht auf retentive Intentionen stützen und nicht auf offene protentive Möglichkeiten hin entwerfen kann, wo also die Einheit der Synthesis der konstituierenden Akte der zeitlichen Objektivität „aufgelockert" ist und einzelne Fäden sich aus dem „Gewebe" dieser Synthesis herauslösen und miteinander verwickeln, da ändert sich der *gesamte* „Stil" der Erfahrung und damit auch der „Stil" der Realität der Welt. Die „Vorschrift" jener Präsumption erfolgt hier mit anderen Worten in ganz anderer Weise als in der natürlichen Erfahrung, stützt sie sich doch auf ganz andere Erscheinungen, Phänomene oder „Sachen". Auch in der melancholischen Erfahrungsweise gilt natürlich die Rede von der vorgeschriebenen Präsumption, daß die Erfahrung im gleichen Stil, nämlich im *„Verluststil"*, fortlaufen werde, eben als „melancholische Erfahrung" oder Erfahrung der Realität der Melancholischen. Was hier nun aber die praesentatio betrifft, das Worüber, das „melancholische" Verlust-Thema, ganz gleichgültig, um welche spezifischen, von rein mundanen Faktoren abhängigen „Inhalte" es sich handelt, so sei nochmals darauf hingewiesen, daß nach allem, was wir gezeigt haben, nicht „die Stimmung", die „melancholische Verstimmung", den Verluststil der Erfahrung bedingt und das Verlust-Thema aufwirft, daß vielmehr umgekehrt schon die melancholische Verstimmung Ausdruck der Erfahrung im Sinne des Verlierens (de la perte) ist, im Gegensatz zur Erfahrung im Sinne des Gewinnens oder Genießens. Denn – um es noch einmal festzustellen –, wo die praesentatio sich nicht auf die retentio stützt und sich nicht protentiv im vollen Sinne des Wortes fortsetzen kann, müssen wir von einem Versagen des intentionalen zeitigenden Aktgefüges sprechen, eben von einem *Verlust der Erfahrung* an intentionalen oder transzendentalen zeitigenden Möglichkeiten. In eins damit handelt es sich, wie wir sahen, um einen Verlust der Möglichkeit der Fortsetzung der natürlichen Erfahrung. Diese Einbuße des Daseins – nicht der (mundanen) Persönlichkeit – an transzendentalen Möglichkeiten *macht* nicht die melancholische Verstimmung, sondern *ist* schon melancholische Verlust-Stimmung.

Aus all dem geht, um es nochmals zu betonen, mit größter Deutlichkeit hervor, daß wir uns von den Bestrebungen, die Depressionen nach ihren „Anlässen", ihren Beziehungen zur prämorbiden Persönlichkeit und ihren Wahninhalten zu benennen, zu klassifizieren und zu „erklären", ausdrücklich distanzieren. Das gilt im Speziellen von der sogenannten „Verlust-Depression", wie sie *Lorenzen* benannt hat (Z. Neur. und Archiv für Psychiatrie 198, 6, 1959). Unter Verlust wird hier lediglich der Verlust an Besitz verstanden, während für uns Depression überhaupt soviel heißt wie Verlust oder Verlieren. Deshalb bedeutet der Ausdruck „Verlust-Depression" für uns einen Pleonasmus.

Viel näher stehe ich, wie ich nachträglich zu meiner Freude feststelle, der Auffassung *Ruffins*, wie er sie gegenüber *Weitbrecht* vertritt. *Weitbrecht* hatte merkwürdigerweise erklärt, daß man nicht von der „Welt" der Depressiven sprechen dürfe, weil kein Zusammenhang zwischen den verschiedenen Wahninhalten zu erkennen sei. Demgegenüber erklärt *Ruffin*, daß es doch zu bedenken gebe, daß es sich beim Verlust des eigenen materiellen Bezugs – im Verarmungswahn – des eigenen vitalen Bezugs – im hypochondrischen Wahn – und des eigenen Wertbezugs – im Schuldwahn – um die großen Themen des ichbezogenen Daseins handelt[35]. Auch hier steht der Verlust als solcher im Vordergrund, das jeweilige Thema im Hintergrund.

Das melancholische Leiden, die melancholische Angst, der melancholische Selbstmorddrang

Im vorstehenden haben wir, wie wiederholt betont, den Verstehenshorizont der Psychopathologie als einer mundanen Wissenschaft in systematischer Konsequenz überschritten auf die apriorische Gefügestruktur im konstitutiven Aufbau der zeitlichen Objektivität hin. Wir gingen also nicht auf im Verstehen der Worte der Kranken als einer Mitteilung, und zwar einer Mitteilung im Sinne ihrer Selbstauslegung, nahmen ihre Worte aber in einem anderen Sinne um so ernster, nämlich als Ausgangspunkt einer hermeneutischen Auslegung ihrer Daseinsweise. Unser Ziel war also nicht nur das, zu verstehen, was die Kranken über sich selbst aussprechen, sondern zu verstehen, wie sich in diesem Aussprechen das Dasein über sich selbst

---

[35] Diskussionsbeitrag am Bad Nauheimer Kongreß der deutschen Gesellschaft für Psychiatrie und Neurologie, Nervenarzt 30, H. 11, S. 510.

ausspricht. Hier handelte es sich also um die doppelte Verständigung oder doppelte hermeneutische Kommunikation, von der in unserem Aufsatz in der Festschrift für *v. Gebsattel*, betitelt „Psychiatrisches Denken der Gegenwart in der Schweiz"[36], die Rede ist. Wir suchten im vorstehenden also nicht nur die Seinsweise oder Seinsverfassung zu verstehen, in der sich der Kranke, sondern in der sich das Dasein oder „das Leben" als solches in der Melancholie ausspricht.

Was wir aus unserer Untersuchung der konstituierenden intentionalen Aufbaumomente der zeitlichen Objektivität in der melancholischen Weise des Daseins in erster Linie festhalten, das ist die *apriorische Einheit* von „melancholischer" Auflockerung jenes intentionalen Aufbaus, melancholischem Stil der Erfahrung und „melancholischer" *Einengung des thematischen Leitfadens*, und zwar einer Einengung auf die „großen Themen des ich-bezogenen Daseins", insgesamt eingehend in das melancholische Grundthema *Verlust*. Dieses Grundthema wiederum läßt sich nicht trennen von den so leidenschaftlich geschilderten Themen des qualvollen Leidens, der unaushaltbaren *Angst* und des unwiderstehlichen *Dranges zum Selbstmord*.

Es handelt sich also darum, zu zeigen, inwiefern die in der Zusammenrüttelung und Verschiebung von protentio, retentio und praesentatio (dem Worüber) sich zeigende Veränderung des Fluß-, Akt- oder Kontinuitätscharakters des melancholischen „Bewußtseins" zusammenhängt mit dem Leiden, der Angst und dem Selbstmorddrang. Dazu muß, wie immer in unseren Untersuchungen, zuallererst gezeigt werden, wie der Melancholiker *sein Leiden* beschreibt.

1. Tellenbachs Kranke M. B. K.

Wir beginnen mit einem höchst eindrucksvollen *Gleichnis* einer sehr intelligenten Patientin, über die *Tellenbach* in seiner Arbeit über „Die Räumlichkeit der Melancholischen" berichtet[37]. Es handelt sich um die Pat. M. B. K. der zweiten Mitteilung (S. 290f.).

Die Kranke vergleicht die der Kontaktfähigkeit, der Intuition und der Liebe beraubten melancholischen Kranken mit einem „ausgetrockneten Bachbett" sowie mit einem „Geleise, auf dem nichts mehr fährt". In beiden Vergleichen kommt die „Entleerung des melancholischen Bewußtseins", das Fehlen eines Worauf und Worüber, sehr gut zum Ausdruck. Besonders wichtig für unsere gegenwärtige Aufgabe, zumal auch im Hinblick auf das

---

[36] 1958c.
[37] Nervenarzt 27, 1956, 1. u. 7. Heft. In dieser reich dokumentierten, verdienstvollen Arbeit handelt es sich aber weniger um die Räumlichkeit in der Melancholie als um die Beschreibung des faktischen Raumerlebens (espace vécu) einiger melancholischer Kranken.

Problem der Austauschbarkeit der melancholischen Inhalte, ist aber das folgende Gleichnis: *„Es ist gleichgültig, was für ein Brennmaterial man in diesen Schmelzofen des Leidens wirft und wodurch der Brand entzündet wird. Es ist sogar (obwohl es das Leid mehrt) in anderer Weise ganz gut, wenn man Objekte findet; denn das wahre und entsetzliche Wesen der Angst in der Depression ist ihre Gegenstandslosigkeit"* (S. 291) .

Hier erweitert sich der Blick auf die apriorische Aufeinander-Angewiesenheit von melancholischer Zeitigung und melancholischem Worüber:

Während Cécile Münch ein durchaus stabiles Worüber (= Brennmaterial), einen durchaus festen „Gegenstand" des Leidens hatte, der, als „melancholischer Gegenstand" erst mit der Heilung verschwand[38], hatte auch David Bürge ein solches „Brennmaterial", ein solches „Objekt", das Thema Bürgschaft. Aber schon hier sahen wir, daß es „ganz gleichgültig ist, was für Brennmaterial man in den Schmelzofen des Leidens wirft"; denn als das „Brennmaterial", die Bürgschaft (durch deren Rückerstattung), ausging, stellte sich augenblicklich ein anderes „Brennmaterial" ein.

Aus dem Gleichnis der Kranken M. B. K. geht hervor, daß der Aufbau der intentionalen Konstituierung der zeitlichen Objektivität in der Melancholie derart gestört oder „defekt" sein kann, daß es überhaupt zu keinem Worüber mehr kommt. In dieser „Gegenstandslosigkeit" sieht die Kranke selbst den Höhepunkt, „das wahre - - entsetzliche Wesen der Angst in der Depression". Aber mit Recht fügt sie hinzu, daß das „gefundene Objekt" auch wiederum das Leiden „mehrt". Wir entnehmen daraus, daß man faktisch von einem „gegenstandsgebundenen" und „gegenstandslosen" Leiden und einer entsprechenden Angst in der Melancholie reden muß, aber ohne daß von einer apriorischen Wesensverschiedenheit beider Weisen der Angst die Rede sein kann.

2. Der Schriftsteller Reto Roos

Unser zweites Beispiel stammt aus der schriftlichen Selbstschilderung des sehr begabten Schriftstellers „Reto Roos", Schweizer, dessen erster Roman bereits von einem literarischen Preisgericht gekrönt wurde. In der Aszendenz beiderseits depressive Psychopathien, aber keine manisch-depressiven Psychosen. Als Kind „furchtbar fideler Bursche", voll herzlichen Humors, freundlich, wohlmeinend, aber leicht „unmotiviert weinend". Angst vor Pferden und Hunden. Sehr guter Sohn und Freund. Vom 30. bis 38. Lebensjahr bereits sechsmal kürzere oder längere Zeit wegen schwerer melancholischer Phasen in unserer Anstalt; in der Regel enorm suizidal. In der Krankengeschichte finden sich vielfache Hinweise auf das Problem der

---

[38] Wir pflegen das hier so auszudrücken, daß wir sagen: an Stelle der melancholischen Psychose trat die („normale") Traurigkeit.

melancholischen „Gegenstandslosigkeit". Bald heißt es, in ominöser Vordeutung seines Endes: „Man fühlt nicht, daß man irgendwo hängt", „man ist im Leben, aber auch im Tod, das sind Gefühle, die am meisten zum Tode drängen." (Seine Grundüberzeugung von Leben und Tod drückt er einmal so aus: „Und ist denn unser Leben mehr als ein ewiges Abschiednehmen, ein ewiger Untergang?") Ein andermal wird die Gegenstandslosigkeit nicht als Mangel an einem Halt, an dem man *hängen* kann, bezeichnet, sondern ausdrücklich als *Haltverlieren* – M. B. K. würde sagen: als Mangel an Brennmaterial überhaupt –: „Ich muß offen sagen, daß ich manchmal den Halt verliere und nicht weiß, wie lange ich diese *unmenschliche Anstrengung*[39] Tag für Tag noch aushalte." Wir denken hier an das geisteskranke Ringen des Königs Ödipus „nach einem Bewußtsein" bei *Hölderlin*[40]. In der ausführlichen Selbstschilderung, die die Krankengeschichte enthält, wird der Halt, der Gegenstand, an den man „sich hängen" kann, gemäß der vertikalen Bedeutungsrichtung[41], nicht oben, sondern unten gesucht, nämlich als *Anker*:

„Depressive Zustände [nicht Traurigkeit(!)]§ beginnen so, daß Dingen, die einem viel bedeuten, das Gefühl entzogen wird; man fühlt sich innerlich schwach, *haltlos*[42] werden; man sucht irgendeinen Halt bei Menschen, Dingen, Beschäftigungen; hebt sich das Gefühl an einem solchen *Anker* wieder *empor*, so wird die *Zukunft leichter*, man *vergißt sich* vielleicht sogar wieder ganz. Es bleibt aber vielleicht immer irgendwo eine *Angst*, das *Gefühl entfalle einem wieder*, man *traut seinem Gefühl darum nicht recht* und *so auch der Zukunft nicht*. Gelingt uns keine Rückkehr zu einem lebendigen *Kontakt*, ringt man wie ein *Ertrinkender, klammert* sich an alles, was Hoffnung zu bieten scheint. Man ist im Zustand des Ahasver, der nirgends Ruhe findet. Die *Gedanken laufen leer* und immer um dieselben Dinge[43]. Zuletzt kommt die völlige Gefühlserschöpfung; man *löscht aus* [= hat kein Brennmaterial mehr], und das ist am schwersten zu ertragen (!). *Ein Licht ist ausgelöscht:* Hirn und Seele stehen leer. Findet man *Ergebung* in diesem Zustand [auch ein ‚Objekt'!], so kann man wie ein Toter umherwandeln und warten, warten [protentive Leerintention]. Man hat nur das eine Bedürfnis, es möge nichts die *Geduld* [auch ein ‚Objekt' oder Brennmaterial] stören. Geht es zu lange und kehrt das Gcfühl [die Möglichkeit des vollen intentionalen Aufbaus der zeitlichen Objektivität] nicht zurück, dann kommt die

---

[39] Hervorhebung von mir.
[40] Anmerkungen zum Ödipus, 2.
[41] Vgl. *L. Binswanger* „Traum und Existenz". 1930, in 1947 u. in AW 3.
[42] Hervorhebungen hier und im Folgenden von mir.
[43] Dieser Leerlauf ist also nicht „ein Geleise, auf dem überhaupt nichts mehr fährt", sondern ein solcher, auf dem immer nur „dieselben Dinge" laufen, also nichts Neues mehr gedacht wird, ein sogenannter „gedanklicher Leerlauf".

Verzweiflung; rückwärts ins Leben kann man nicht; das Leben ist ja auch an einem *vorübergezogen [retentionale* Leerintention], *man stand still* und holt es nicht mehr ein [protentive Leerintention]. So läßt man sich in die *Tiefe* sinken, wühlt sich in die Seele hinein; denn im Affekt der Trauer, der Verzweiflung, der Dämonie, ist doch wenigstens *Lebensgefühl* (!), wenn es auch im Kreise geht[44]. – Die *Seele ringt die Hände*, sie ist beschäftigt, sie ist geschwollen. Zwänge steigen auf, man *steuert nicht selber*[45], man wird *herumgetrieben*. Bietet man den Willen auf, gegen die Zwänge zu kämpfen, so wachsen sie; gelingt es doch – für einen Moment, *obenauf* zu kommen, so kommt *Hoffnung*; gelänge es auch das zweite Mal, *stiege* diese Hoffnung, ja sie steigt bis zur *Ekstase*. Dann kommt aber wieder ein Rückfall. Entmutigung kommt: es hat nichts geholfen; sofort sind alle früheren ...[46] Enttäuschungen wieder da, und das *Gewicht* derselben *drückt einen in den Boden*, tiefer und tiefer. Man ist *versunken in sich selber* und *flüchtet* wieder überall hin, wo man es leichter, erträglicher haben kann, wenn nur wenigstens *Gefühl da ist* oder *Ruhe ohne Denken*, ein *Traum*, ein *Schleier über allem*[47]."

Nach einer Digression, enthaltend psychologisch-psychoanalytische Interpretationsversuche des Selbstmords[48], heißt es weiter:

„Man hat dann ja gar nichts mehr auf der Welt [kein Worüber, an das man sich hängen, an dem man sich halten, verankern kann], und da schwebt die *Angst* noch vor, wenn man *sich so selber aufgebe und auslösche aus seinem Haushaltungsbuch*, dann komme man wirklich zum *vollen und ganz eindeutigen Entschluß des Selbstmordes.*"

Der Patient, der während 7 Jahren nach dem letzten Aufenthalt bei uns frei von schweren melancholischen Phasen war, sehr leistungsfähig und erfolgreich, aber keineswegs manisch oder hypomanisch, erkrankte dann nach diesen 7 Jahren an einer neuen melancholischen Phase, hielt sich mit eiserner Energie fast 2 Jahre aufrecht, kam dann in eine andere Anstalt, wo er, 45 Jahre alt, seinem Leben durch *Erhängen* ein Ende machte.

---

[44] Auch in diesem Leerlauf besteht noch das qualvolle Ringen nach einem „Brennmaterial", wodurch „der Brand entzündet wird". Vgl. das Folgende.

[45] Hier finden wir zum erstenmal die „Entselbstigung", den Verlust des Selbst und damit die Überlassung des Selbst an ein bloßes *Geschehen*. Es muß ja von vornherein klar sein, daß „Objektverlust" und „Selbstverlust" korrelativ zueinander sind.

[46] Unleserlich.

[47] Bei alldem handelt es sich also nicht um ein bestimmtes Worüber oder Objekt, aber auch nicht um den qualvollen Leerlauf der Gedanken, sondern um eine Art „Zwischenstadium" zwischen beiden, einerseits getragen von der Ruhe, dem ruhigen „Gefühl", andererseits aber unter dem Schleier des Traums oder besser des Träumens (statt des Denkens).

[48] Pat. hatte eine Psychoanalyse begonnen, sie aber bald wieder aufgegeben auf Grund des von dem Analytiker bestärkten Gefühls, daß ihm durch die Psychoanalyse die künstlerische Fähigkeit genommen werden könnte.

Wir dürfen nach der Auffassung des Selbstmords bei Reto Roos, die dessen eigentliche melancholische Auffassung ist, den Selbstmord also keineswegs lediglich als einen Bankrott oder ein Ausweichen vor dem Leben, eine Art „Resignation" betrachten, sondern als ein „volles und ganz eindeutiges" *Worüber*, als das letzte „Brennmaterial", das noch „in den Schmelzofen des Leidens" geworfen werden kann, und zwar *nachdem* man sich schon selbst ausgelöscht und „aus seinem Haushaltungsbuch gestrichen" hat! Das Thema Selbstmord ist, wie auch sonst schon wiederholt betont wurde, das letzte, das „unüberholbare" Worüber, zu dem sich das Dasein hier aufzuraffen, d.h. im vollsten Sinne des Wortes noch zum „vollen und ganz eindeutigen" Entschluß zeitlich zu konstituieren vermag (vgl. „Der Fall Ellen West", i. d. Bd.). Diese Konstituierung zu einem „vollen und ganz eindeutigen" Worüber geschieht mit einem „letzten effort" (wie Jürg Zünd[49] sagen würde), und zwar häufig mit einem höchst energischen, ja brutalen effort.

3. Der Akademiker Bruno Brandt

Zu dieser Einsicht in den Entschluß zum Selbstmord als letztem „Brennmaterial", als letztem Worüber, bringen wir nun aber noch ein weiteres, in gewisser Hinsicht an den Fall David Bürge erinnerndes Beispiel:

Ein Akademiker, den wir Bruno Brandt nennen wollen, Schweizer, 48 Jahre alt, bereits zum zweiten Male mit einer sehr schweren Melancholie bei uns, wird während der Aufhellung der letzten Phase in eine andere Anstalt versetzt. Hier wird versucht, was zwar für Schizophrene gilt, für Melancholische aber kontraindiziert ist, ihn „wieder an die Freiheit zu gewöhnen". Später erzählte er mir, daß er diese Freiheit eines Tages mit Absicht mißbraucht habe, um sich im Walde an seinen Hosenträgern aufzuhängen. Mitten in den Vorbereitungen dazu sah er plötzlich ein Wiesel oder ähnliches Tierchen aus dem Laubwerk hervorschnuppern. Dabei sagte er sich: Du hast ja noch nie ein Wiesel gesehen, laß dir ruhig Zeit (ein Zeichen, daß die Depression schon nicht mehr tief war). Nachdem er dem Tierchen etwa 10 Minuten lang aufmerksam zugeschaut hatte, habe er „konstatiert", daß die Selbstmordabsicht verflogen war. Er nahm die bereits an einem Ast hängenden Hosenträger wieder herunter, zog sich an und kehrte in die Anstalt zurück.

Auch hier wird ein anscheinend irrevokables melancholisches Thema (Entschluß zum Selbstmord) durch ein anderes Thema (Betrachtung eines noch nie gesehenen graziösen Tierchens) ersetzt, also wieder „revoziert". Natürlich spielt hier auch die Art des neuen Worüber eine Rolle. Wenn wir zu sagen geneigt sind, „das Leben" habe hier über den Tod den Sieg davongetragen, so war „das Leben" hier verkörpert in der Gestalt einer erstmals

---

[49] Vgl. 1957c.

gesehenen lebendigen Kreatur, der es gelang, die *volle Aufmerksamkeit* des
Kranken zu fesseln, das aber heißt, ihm ein Worüber zu verschaffen, eine
Präsentatio, die sich in vollem Sinne auf eine wenn auch negative retentive
Intentio („noch nie gesehen") und auf eine Protentio („laß dir Zeit" in der
Betrachtung des Tieres) zu stützen vermochte.

Das Sich-Zeit-lassen bedeutet dasselbe wie bei Reto Roos das *warten,
warten!* Beide Male findet das Dasein „noch einen Halt", einen „Anker",
an dem sich „das Gefühl" wieder emporhebt, so daß die „Zukunft wieder
lichter" wird, beide Male findet es, dauernd oder vorübergehend, wieder
einen *Kontakt*, an den man sich „wie ein Ertrinkender klammert". Beide
Male handelt es sich also, um es nochmals zu betonen, darum, daß und ob
das Dasein sich noch oder wieder im vollen Sinne des Wortes „zu zeitigen"
und damit „am Leben zu erhalten" vermag.

Exkurs

Von hier aus zwei *Digressionen* zu anderen wissenschaftlichen Verstehens-
versuchen der melancholischen Angst.

Kurt Schneider war es, der die seither viel wiederholte Ansicht ausgesprochen hat, in der Depression träten „die Urängste des Menschen"
zutage[50]. Was heißt „Urängste des Menschen"? Ist damit die „Angst der Ur-
menschheit" verstanden oder eine dem Menschsein als solchem immanente
Seinsmöglichkeit? Wohl das letztere. Aber nach allem, was wir ausgeführt
haben, ist hier größte Vorsicht am Platze. Die melancholische Angst ist
mehr und anderes als freiwerdende oder bloßgelegte menschliche Urangst.
Sie ist, als Auflockerung des Gewebes der die zeitliche Objektivität konstituierenden intentionalen „Fäden", kein menschliches Urphänomen, sondern
ein „Naturphänomen", und zwar im Sinne eines „Experimentes der Natur".
In diesem „Experiment" wiederholt sich die Natur nicht, holt sie nichts
Urtümliches wieder hervor, sondern schafft sie, wie *Johannes Müller* in bezug auf jedes „Naturexperiment" schon so klar erkannt und *Kurt Goldstein*
so eindeutig gezeigt hat, etwas Neues, zeigt sie wie die Natur sich hilft,
wenn der „normale Verlauf der Naturvorgänge gestört" wird, mit anderen
Worten, wenn „die Naturvorgänge den gestellten Bedingungen nicht gehorchen". So haben wir ja den „Vorgang" der zeitlichen Konstituierung,
gerade in der Unterbrechung seiner Gefügestruktur, im Naturexperiment
der Melancholie, besonders deutlich studieren können. In der Melancholie
sehen wir daher kein Aufbrechen der menschheitlichen Urangst, sondern
eine Losgelöstheit von den *konstitutiven Bedingungen der natürlichen Erfahrung* überhaupt. Wir haben gesehen, wie „die menschliche Natur" sich
hilft, wie sie inmitten dieser höchst qualvollen Auflockerung der „norma-

---

[50] Vgl. Die Aufdeckung des Daseins durch die zyklothyme Depression, Nervenarzt 21,
H. 5, 1959.

len" konstitutiven Bindungen neue Bindungen einzugehen versucht – in
Form des melancholischen Selbstvorwurfs, der melancholischen Schuld und
des melancholischen Verlustes überhaupt –, wie sie, mit den Worten der
Patientin M. B. K., noch irgendwelches Brennmaterial in den Schmelzofen
des melancholischen Leidens zu werfen versucht.

Die zweite Digression betrifft das *existential-ontologische Problem der
Angst*, wie es von *Heidegger* so genial gelöst worden ist.

Wenn wir von melancholischer Angst oder Angst in der Melancholie
sprechen, so handelt es sich um keine existentiale Angelegenheit, sondern
um eine „naturbedingte Störungsstelle in der Abwandlung der transzendentalen Gangstruktur des menschlich-geistigen Lebens[51]". Damit hängt
zusammen, daß die melancholische Angst einer unabdingbaren Konsequenz
des *Heidegger*schen Eidos der Angst *nicht* entsprechen kann, nämlich, sich
in diesem Nichts der Angst erst seines eigentlichen Selbst versichern zu
können. *Diese* Konsequenz ist dem Melancholiker, wie die Erfahrung lehrt,
gerade verschlossen. Man darf ja nicht Heilung von der Melancholie und die
damit ermöglichte Zurückfindung zum Selbst mit der eigentlichen Selbstigung auf dem Grunde des Ausgesetztseins in die Angst verwechseln.

Verleitet von der Ähnlichkeit der Ausdrucksweise einiger seiner Kranken mit derjenigen *Heideggers* hat *Tellenbach* die Meinung geäußert, daß
Heidegger auch für die Angsterfahrung des melancholischen Daseins ein
ursprüngliches Verständnis ermöglicht habe[52]. Und er begründet dies mit
folgenden Zitaten aus „Was ist Metaphysik?" (8. Aufl. Frankfurt/M. 1960,
S. 32): „Dieses Wegrücken des Seienden im Ganzen, das uns in der Angst
umdrängt, bedrängt uns. Es bleibt kein Halt. Es bleibt nur und kommt
über uns – im Entgleiten des Seienden – dieses ‚kein'."

Ferner: „Nur das reine Da-sein in der Durchschütterung dieses Schwebens, darin es sich an nichts halten kann, ist noch da." Hierin sieht
Tellenbach – wie es auch mir selbst früher nahe lag – die Übereinstimmung mit der Rede der Melancholischen von der „Gegenstandslosigkeit"
in der Angst. Wiewohl ich, wie gesagt, auch heute noch in der *existential-
ontologischen* (nicht psychologischen oder psychopathologischen) Interpretation der Angst durch *Heidegger* eine seiner genialsten philosophischen Leistungen sehe, so glaube ich heute doch, daß jene Übereinstimmung mehr im
Wortlaut als in der Sache selbst liegt und daß wir mit ihr dem ursprünglichen Wesen der melancholischen Angst, als einer „Krankheit des Geistes",
nicht gerecht würden, ja gerade das *Krankhafte* derselben sozusagen aus
den Augen verlören. Während die Angst bei *Heidegger* ein Existential der
Seinsverfassung des Daseins überhaupt ist, ist dies bei der melancholischen

---

[51] Vgl. wieder *Szilasi:* „Die Erfahrungsgrundlage der Daseinsanalyse Binswangers" l.c.
[52] l.c. S. 296.

Angst gerade nicht der Fall. Das haben wir ja schon an Hand der Unterscheidung von Heilung und eigentlicher Selbstigung berührt. Die melancholische Angst, als Erscheinung innerhalb des „Naturexperimentes" der Melancholie, so erschütternd, ja grauenvoll sie aus den Worten der Kranken spricht, bedeutet ein ganz anderes Grauen als das der *existentiellen* Not. Dort, in der Melancholie, das Grauen vor dem *Verlust* der Möglichkeit des „Noch-am-Leben-bleiben-könnens", weswegen die Kranken im Entschluß zum Selbstmord paradoxerweise (vgl. Reto Roos) die letzte Möglichkeit einer Lebensäußerung sehen – hier, bei *Heidegger*, wie auch bei *Kierkegaard*, das Grauen des In-Frage-gestellt-seins, sei es der *Existenz* und des eigentlichen Selbst *(Heidegger)*, sei es im In-Frage-gestellt-sein der Kommunikation mit dem göttlichen Du *(Kierkegaard)*. Infolgedessen ist es nicht das reine „Dasein", das in der „Durchschütterung dieses Schwebens, darin es sich an nichts halten kann", noch da ist. Was in der melancholischen Angst noch „da ist", das ist gerade nicht das existentielle *Aushalten* und *Sichselbstfinden* in der Daseinsangst, sondern, wie Reto Roos sagt, „das *Flüchten* überallhin, wo man es leichter, erträglicher haben kann" (oben S. 379). Man könnte versucht sein, hier – und dagegen wäre von der Existenz aus gesehen nichts einzuwenden – von einem „defizienten Modus" der Angst im Sinne *Heideggers* zu sprechen, d. h. einer Angst ohne die Möglichkeit der Selbstigung in ihr. Jedoch liegen die Unterschiede tiefer. Denn was noch „da ist", in der Erschütterung jenes Schwebens, ... „darin es sich an nichts halten kann", das ist nicht das reine Dasein, sondern, wie ein anderer melancholischer Kranker *Tellenbachs* sehr gut sagt, „nur das Noch-am-Leben-sein"[53]. Was sich in der Melancholie überallhin flüchtet, ist also nicht das reine Dasein, sondern das reine Am-Leben-sein.

Der auch heute noch höchst problematische Unterschied von Dasein und Leben, von Daseinsangst und Lebensangst, zeigt sich auch in der „existentiellen Unproduktivität" der Melancholiker überhaupt. Ich erfuhr nicht allzu häufig davon, daß ein Melancholiker im Gefolge seiner Krankheit, geschweige denn während der Krankheit, eine „Vertiefung" seiner Existenz erlebt[54]. Wenn *Tellenbachs* Kranke M. B. K.[55] sagt: „Mir scheint es undenkbar, daß man durch eine Depression hindurchgehen könnte [will sagen: ‚durchgegangen sein könnte'] ohne eine neue Dankbarkeit dafür, daß wir in ein Gewirke versponnen sind, das uns trägt", so spricht sie nach meiner Erfahrung wie

---

[53] Vgl. *Tellenbach*, l. c.: „Es ist ein erstarrtes Schweben in der Angst ungeheueren Entrücktwerdens, in dem nur das ‚Noch-am-Leben-Sein' bleibt."
[54] l.c. S. 295f.
[55] Vgl. im Gegensatz hiezu *Weitbrecht:* Endogene Psychose und Lebenskrise. Nervenarzt 25, H. 11, 1954, S. 466.

gesagt im Namen einer Minderheit[56]. In der Regel sind wir überrascht, wie
spurlos die Melancholie an den Kranken vorübergeht und wie leicht sie das
in ihr Durchlittene vergessen. *Heilung* von der Melancholie als einem Naturexperiment und das mit ihr einhergehende „Wiederaufleben" des eigenen
Selbst ist etwas ganz anderes als *eigentliche Selbstigung* auf dem ontologischen Hintergrund des Ausgesetztseins in das Nichts der Angst. Melancholie, als „naturbedingte Störung in der Abwandlung der transzendentalen
Gangstruktur des menschlich-geistigen Lebens", ist etwas ganz anderes als
„existentielle Krise"! Damit ist nicht gesagt, daß auch eine „existentielle
Krise", wie alles, was dem Menschen widerfahren kann, einmal als „Anlaß" zu einer echten Melancholie zu fungieren vermag. Das Resultat von
alldem ist, daß wir das von *Heidegger* herausgearbeitete ontologische Eidos
„der" Angst *nicht* als „Vorschrift" der möglichen Verweisungen für *alles*,
was wir faktisch als Angst bezeichnen, betrachten können, daß wir für das
Faktum der melancholischen Angst vielmehr ein ihr entsprechendes Eidos
suchen mußten, eine Vorschrift also der möglichen Verweisungen für alles,
was uns als *melancholische* Angst vor Augen tritt. Das bedeutet natürlich
keine Abkehr von *Heidegger*, sondern im Gegenteil eine Rückkehr, im Sinne
einer vertieften Einsicht in die rein *ontologische Intention* von „Sein und
Zeit"[57].

Manie

Vorbemerkungen

In der Einleitung haben wir uns gefragt, worin die für das Versagen des
Daseinsgeschehens verantwortlichen Momente beim manisch depressiven Irresein zu erblicken seien. Der Beantwortung dieser Frage im Hinblick auf
die depressive oder melancholische Phase dieser Krankheit diente der er-

---

[56] Häufiger als bei rein Manisch-Depressiven finde ich unter meinen eigenen Kranken
solche Äußerungen bei Melancholien schizoider Psychopathen. So schreibt einer meiner
hierher gehörigen Kranken, er sei überzeugt, daß er „die Aufgabe, welche ihm die Krankheit (mehrjährige Melancholie) stelle, glücklich hinter sich gebracht habe". Und zwar sah
er diese Aufgabe darin, daß er sich von der ersten in die zweite Klasse einer Staatsanstalt
versetzen ließ, um am Leben und am Dienst der Kranken dieser Abteilung teilzunehmen,
sich sozial nicht abzuschließen, sondern im Gegenteil zu „resozialisieren" und, obwohl er
Hauptmann war, mit den anderen als Soldat mit Soldaten zu verkehren. Auch er, wie
wiederum auch die meisten meiner rein melancholischen Kranken, empfand eine große
Dankbarkeit für alle seine „Helfer".
[57] Vgl. zum Ganzen vor allem auch das der Vorlesung „Was ist Metaphysik?" seit
der vierten Auflage beigefügte Nachwort sowie die ihr seit der fünften Auflage (1949)
vorausgeschickte Einleitung! Im Nachwort wird der Unterschied zwischen dem (ontologischen) Gedankengang der Vorlesung, die „aus der Achtsamkeit auf die Stimme des Seins
denkt", und der (psychologischen) Registrierung von „Gefühlen" besonders drastisch
ausgesprochen.

ste Teil dieser Schrift. Nunmehr suchen wir diese Frage auch im Hinblick auf die manische Phase zu beantworten. Die Art des „Nachgehens" nach dieser Antwort, mit einem Wort, ihre (wissenschaftliche) *Methode*, wird dieselbe sein wie angesichts der Melancholie. Auch jetzt wird diese Methode darin bestehen, den Rückgang anzutreten von der Konstitution der manischen *Welt* – wie wir sie in unseren Ideenfluchts-Studien erarbeitet hatten – zu den sie aufbauenden konstitutiven Momenten, mit anderen Worten, den Rückgang zu versuchen von den in der manischen *Daseins*form konstituierten Gegenständlichkeiten auf die korrelativen *Wesensformen der Intentionalität*, die für jene Gegenständlichkeiten die *konstitutiven* sind (vgl. Einleitung S. 353 u. S. 356). Da nun aber „die Welt" ein *Universum* konstituierter Gegenständlichkeiten oder Transzendenzen ist, müssen wir uns fragen, *von welchen* Gegenständlichkeiten oder Transzendenzen wir bei der Untersuchung der *manischen* Daseinswelt jenen Rückgang oder Rückweis versuchen wollen, genauer gesagt, *worin* die *versagenden* Momente im Daseinsgeschehen, das wir psychiatrisch als Manie bezeichnen, am leichtesten zu fassen seien. Da uns bei der Melancholie das Versagen im intentionalen Aufbau der zeitlichen Objektivität so wertvolle Dienste geleistet hat, liegt es nahe, auch bei der Manie den Rückgang von der zeitlichen Objektivität oder Transzendenz zu versuchen und das Versagen in deren intentionalem Aufbau aufzuzeigen. In dieser Absicht werden wir nicht nur bestärkt durch *Husserls* Lehre von der Präponderanz des „inneren Zeitbewußtseins" für den Aufbau der Bewußtseinswelt überhaupt, sondern auch von *Heideggers* Auffassung der Zeitlichkeit als der „primären Regulation" der möglichen Einheit *aller* existentialen wesenhaften Strukturen des Daseins[58].

Doch hier taucht eine Schwierigkeit auf. Gaben uns die melancholische Retro- und Prospektion und die von den Melancholikern bevorzugten Themen, der Selbstvorwurf und die schier unübersehbaren Verlustthemen, ohne weiteres einen Leitfaden in die Hand, um die für das Versagen des Daseinsgeschehens in der Melancholie verantwortlichen Momente aufzusuchen und zu beschreiben, so läßt uns ein solcher Leitfaden bei der Manie zunächst völlig im Stich. Denn hier besteht keinerlei Bevorzugung und Festhaltung bestimmter Themen, „Inhalte" oder Gedanken, von denen aus die Art der Zeitigung ins Auge zu fassen wäre. Wir müssen uns daher nach einer anderen Region im Universum konstituierter Transzendenzen umsehen, in der die versagenden Momente im intentionalen Aufbau der zeitlichen Objektivität bei der Manie aufzuzeigen wären.

Beim Suchen nach jener „neuen Region" muß uns noch ein weiterer Gedankengang leiten. Wir müssen uns, noch hinter die melancholische Retro- und Prospektion und die von ihnen bevorzugten Themen zurückgehend,

---

[58] Sein und Zeit, 436.

fragen, *wieso* es dort möglich war, ohne weiteres mit der Suche nach den versagenden Momenten in der Zeitigung zum Ziele zu kommen, während wir hier, bei der Manie, zunächst auf unüberwindliche Schwierigkeiten stoßen. Bei näherem Zusehen kann die Antwort nur lauten, daß die Analyse der versagenden Momente im intentionalen Aufbau der zeitlichen Objektivität bei der Melancholie nur deswegen ohne weiteres zum Ziele führen konnte, weil der Melancholische sich vorwiegend seiner eigenen Welt zuwendet, während der Manische sich, von sich abwendend, den andern, der „Gesellschaft", zuwendet. Damit kompliziert sich aber das Problem wesentlich. Denn jetzt bewegen wir uns innerhalb der „Region" des Mitseins und, wie *Husserl* es genannt und so scharfsinnig analysiert hat: des Problems der *Intersubjektivität* und damit der *gemeinsamen Welt.* Diese ganze Problemsphäre oder „Region" konnte aus dem soeben erwähnten Grunde bei der Melancholie bis zu einem gewissen Grade vernachlässigt werden, obwohl natürlich auch der Melancholische noch in einer gemeinsamen Welt mit uns lebt. Auch in der Melancholie ist aber die Rolle des Mitmenschen, des anderen oder des alter ego weitgehend nivelliert bis getilgt. Wo sie nicht getilgt ist, begegnet der andere dem Melancholischen ebenso wie dem Manischen gerade nicht in *eigentlicher* Begegnung, in Liebe oder Freundschaft, also nicht dialogisch. Für den Melancholiker ist der andere in erster Linie der Empfänger seiner unablässig wiederholten Klagen, passiver Zuhörer seiner Selbstvorwürfe, Befürchtungen und Ängste, bestenfalls ein Spender von Trost und Hoffnung. So wichtig, ja unentbehrlich, dieses Zuhörenkönnen und Hoffnungspenden auch sein konnte – und auch in der Tofranil-Ära immer noch ist –, sowenig ist es doch möglich, den Monolog der Melancholiker zu unterbrechen und vor allem ihm auf Grund mitmenschlicher Begegnung eine andere Wendung zu geben, es sei denn im Beginn des Heilungsprozesses (heute im Beginn der Tofranil-Wirkung).

Ganz anders liegen, wie wir wissen, die Verhältnisse bei der Manie. Während in der Melancholie der Mitmensch immerhin noch als Mensch fungiert, sei es auch nur als geduldiger Zuhörer oder Tröster[59], wendet sich der Manische in erster Linie nicht seinem ego, seiner Eigenwelt, zu, sondern, wie wir wissen, dem alter ego, dem anderen. Mit dieser Formulierung des

---

[59]Daß das Zuhörenkönnen, Trösten und Hoffnungspenden angesichts des monotonen Klagens der Melancholiker trotz allem bis vor kurzem eine der wichtigsten psychiatrischen Aufgaben war, geht daraus hervor, daß viele Melancholische nach der Heilung dem Arzt versichern, daß ihnen seine Geduld und sein unablässiger Zuspruch beim Ertragen der Krankheit die *größte* Hilfe gewesen seien. Es kommt aber auch vor, daß die Versicherung, der Kranke werde wieder gesund, von ihm nicht als Trost, sondern als Hohn empfunden wird, als Hohn insofern, als der Arzt dem Kranken zutraue, er werde so dumm sein, seinen Versicherungen Glauben zu schenken. Sagt man in solchen Fällen aber nichts, so ist der Kranke überzeugt, daß der Arzt sich seiner eigenen Meinung hinsichtlich der Unheilbarkeit seiner Krankheit angeschlossen habe!

Gegensatzes zwischen Melancholie und Manie kämen wir aber kaum über eine etwas vertiefte Auffassung des Gegensatzes von Intro- und Extraversion hinaus. Unsere eigentliche Aufgabe muß vielmehr darin bestehen, zu untersuchen, *wie sich der alter ego für den Manischen konstituiert, worin die versagenden Momente dieser konstitutiven Leistung bestehen und inwiefern auch, ja gerade in diesem Versagen das Versagen zeitigender Momente festzustellen ist.*

Damit verstricken wir uns aber in einen ganz neuen Problemkreis innerhalb der *Husserl*schen Lehre vom Aufbau der Welt als eines Universums intentionaler Transzendenzen. Ihren Höhepunkt findet diese Lehre in der fünften seiner Cartesianischen Meditationen. Wir werden hier aber zugleich gewahr werden, daß das versagende Moment im konstitutiven Aufbau des alter ego nur zu verstehen ist aus dem Versagen im konstitutiven Aufbau des ego.

Husserls Lehre von der Appräsentation und der Intersubjektivität

Es ist völlig unmöglich und würde viel zu weit führen, wollten wir hier den Gehalt der V. Cartesianischen Meditation wiedergeben. Der Leser findet diese im ersten Band (1950) der im Haag erscheinenden im folgenden als Hua abgekürzten Husserliana (vgl. insbes. §§ 49–58). Eine wertvolle Übersicht und Ergänzung dieser Meditation bilden die „Die Phänomenologie der transzendentalen Konstitution" betitelten §§ 39–45 des *Husserl*-Buches von *Wilhelm Szilasi*[60]. Wir greifen aus diesem weitschichtigen Problemkreis in erster Linie das Problem der *Appräsentation* in der Konstitution des alter ego und damit auch des ego heraus, weil das Verständnis dieses Ausdrucks für dasjenige unserer eigenen Ausführungen unerläßlich ist.

In seiner Lehre vom alter ego hat *Husserl* nicht nur den unhaltbaren philosophischen Solipsismus des deutschen Idealismus, vor allem *Fichtes*, überwunden, sondern auch *Schelers* noch so schillernde Lehre von der, auch für die Fremdwahrnehmung in Anspruch genommenen „inneren Wahrnehmung" als einer besonderen *Aktrichtung* – eine Lehre, die auch ich in meinem Kampfe gegen die Analogieschlußtheorie der Fremdwahrnehmung lebhaft begrüßt hatte –[61], wie auch gerade diese Analogieschlußtheorie selbst. Zwar kann auch *Husserl* natürlich nicht ohne das „Analogon" (mit dem ego) in der Konstitution des alter ego auskommen, hingegen erklärt er mit Recht, daß es sich bei der analogisierenden Auffassung des alter ego, zunächst als anderer Leib, keineswegs um einen Analogie-*Schluß* handelt. „Apperzep-

---

[60] Einführung in die Phänomenologie *Edmund Husserls*, Tübingen 1959.
[61] Einführung in die Probleme der allgemeinen Psychologie. 1922.

tion" – im Sinne der gleich zu erwähnenden Appräsentation – „ist kein Schluß, kein Denkakt" (Hua I, S. 141).

Appräsentation nennt *Husserl* zunächst (vgl. unten!) das, was zur *leiblichen Präsentation des anderen hinzukommt* und mit jener zu einer Einheit im Sinne der *Fremd*wahrnehmung, der Erfahrung des alter ego, verschmilzt. Es handelt sich hier um evidente Erfahrung eines wirklich Seienden eigenen Wesens, das nicht mein eigenes ist, sich meinem eigenen nicht als Bestandstück einfügt, mein eigenes Sein also ganz *transzendiert*, „während es doch Sinn und Bewährung nur in dem meinen gewinnen kann" (Hua I, S. 136). Es handelt sich also um einen Spezialfall des großen *Husserl*schen Problems, zu zeigen, wie Transzendentes überhaupt „immanent Transzendentes" werden kann. Die Lösung dieses Problems heißt, wie wir schon wissen, *Konstitution*, Konstituierung sowohl der zeitlichen Objektivität, der eigenen und der gemeinsamen Welt, wie auch des alter ego, des anderen oder der Mitwelt, welch letztere Konstitution oder Konstituierung, wie wir soeben hörten, „Sinn und Bewährung" nur aus dem eigenen ego gewinnen kann.

Zur Klärung der Frage nach der Konstituierung des alter ego bedarf es also zuallererst der Klärung des Problems der Konstitution des ego und der mir eigenen Welt. Die Frage, die *Husserl* hier leitet und die in der Lehre *Schelers* von dem gleicherweise auf mich wie auf den anderen gerichteten Akt der „inneren Wahrnehmung" übersprungen wird, diese Frage lautet: was ist mir als rein Selbsteigenes und insofern Unvertauschbares zu eigen, und was ist unbeschadet dieses Unvertauschbaren kommunikabel? Die erstere Sphäre nennt *Husserl* die Originalsphäre oder die primordinale Sphäre. Sie ist die Sphäre meines nur mir eigenen Lebensstromes, meiner nur mir eigenen, unvertauschbaren „inneren Lebensgeschichte", wie ich sie seit langem genannt habe. Es ist die in der Ordnung der Konstitution einer ichfremden, äußeren Welt an sich erste, *daher* primordinal genannte Welt, die noch „ein Bestimmungsstück meines eigenen konkreten Seins als ego ist". Nun muß aber noch eine weitere „Intentionalität" vorliegen, die ein *„Mit-da"* vorstellig macht, „das doch nicht selbst da ist, nie ein Selbst-da werden kann", „eine Art des *Mit-gegenwärtig-machens*, eine Art *Appräsentation"* (Hua I, S. 139).

Wie bereits betont, kann es sich hier nur um eine apperzeptive Übertragung im Sinne einer analogisierenden Auffassung handeln, d. h. um eine solche, die eine Ausweisung durch eigentliche *Wahrnehmung* ausschließt. Dasselbe gilt aber nicht nur für die Auffassung des anderen als alter *ego* , sondern schon des anderen als anderer *Leib* . Auch der Körper dort, der als Leib aufgefaßt ist, muß den Sinn der Leiblichkeit überhaupt von einer apperzeptiven Übertragung (= Appräsentation) von *meinem* Leib her haben. Denn *mein* Leib ist der einzige Körper, der *als Leib ursprünglich konstitu-*

iert ist und konstituiert sein kann (Hua I, S. 140). Nur *mein* Leibkörper ist „in primordinaler Ursprünglichkeit" mit dem spezifischen Sinn der Leiblichkeit ausgestattet. Wo ein Körper dem meinen ähnlich, d. h. so beschaffen ist, daß er mit dem meinen eine *phänomenale Paarung* eingehen muß, da ist klar, daß er den Sinn von dem meinen her übernehmen muß. Dabei erhebt sich nun aber die Frage, was denn den Leib zum fremden und *nicht zum zweiten eigenen Leib*, zum Duplikat desselben, macht. Die Antwort kennen wir schon: Es ist die Tatsache, daß von dem übernommenen Sinn der spezifischen Leiblichkeit „nichts in meiner primordinalen Sphäre original verwirklicht werden kann" (Hua I, S. 143), mit anderen Worten, daß nichts in meinen eigenen Lebensstrom – als meinem – aufgenommen werden kann.

Das Problem spitzt sich demnach zu zu der Frage, wieso es, trotz der Unmöglichkeit einer originalen Verwirklichung des fremden Leibes und in eins damit der fremden Psyche, zu einer Fremd-Erfahrung, einer Erfahrung, die *Seinsgeltung* hat, kommen kann. Die Beantwortung dieser Frage stellt eine der genialsten Leistungen *Husserls* dar. Sie zeigt sehr klar den konstitutiven Aufbau der Fremderfahrung von der Präsentation oder Wahrnehmung eines realen, d. h. der Natur zugehörigen Körpers zur Apperzeption desselben als fremder Leib und von ihm aus zur Appräsentation desselben als alter ego. Alle drei Intentionalitäten sind in der Fremd-Wahrnehmung aufs innigste miteinander verflochten. In dieser Verflochtenheit ist fremder Leibkörper und fremdes Ich in der Weise einer *einheitlichen* transzendierenden Erfahrung gegeben. Denn „jede Erfahrung" – und das muß hier vor allem im Auge behalten werden – „ist angelegt auf weitere, die appräsentierten Horizonte *erfüllend-bestätigende*[62] Erfahrungen" (Hua I, S. 144).

Daß der fremde Leib aber immer zugleich als beseelter fungiert, rührt daher, daß er sich als Leib nur bekundet in seinem wechselnden, aber immerfort zusammenstimmenden *Gebaren* oder *Geschehen* (z. B. als zorniger oder fröhlicher). Die physische Seite dieses Gebarens ist es, „die Psychisches appräsentierend indiziert", welches Psychische nun aber *in originaler Erfahrung erfüllend* auftreten muß! Und so in stetigem Wechsel von Phase und Phase. „In dieser Art *bewährbarer* Zugänglichkeit"[63] des original Unzugänglichen gründet der Charakter des seienden *Fremden*. Das Fremde, nicht nur der Fremde, ist, im Gegensatz zu dem original ausweisbaren-präsentierbaren Eigenen, in einer primordinal unerfüllbaren Erfahrung gegeben, aber doch in einer solchen Erfahrung, die „Indiziertes *konsequent bewährt*"[64]. Es ist also nur denkbar als Analogon oder „intentionale Modifikation" von Eigenheitlichem.

---

[62] Hervorhebung von mir.
[63] Hervorhebung von mir.
[64] Hervorhebung von mir.

Es ist sicherlich nicht unnötig, ausdrücklich zu bemerken, daß diese Indizierung nicht verwechselt werden darf mit der in früheren Theorien der Fremdwahrnehmung oft zutage tretenden Auffassung, es sei das leibliche Gebaren und der Leib überhaupt ein *Indiz* für Psychisches im Sinne eines *„Signals"*. Eine solche Auffassung ist nur möglich, wenn man vermeint, man könne die Fremdwahrnehmung schrittweise genetisch-psychologisch „erklären"! Bei *Husserl* hingegen handelt es sich um den phänomenologischen *Aufweis* der Fremdwahrnehmung als einer überaus komplexen intentionalen Funktions- oder Leistungsgemeinschaft, mit einem anderen, uns geläufigeren Ausdruck, um den Aufweis einer intentionalen Konstitution.

Das Ergebnis ist also, daß die Appräsentation „einen Kern von Präsentation voraussetzt", genauer, daß sie eine mit der eigentlichen *Wahrnehmung* (des fremden Körpers) verbundene *Vergegenwärtigung* ist, und zwar eine solche, die in der besonderen Funktion der Mitwahrnehmung mit ihr verschmolzen ist. Beide, Wahrnehmung und Vergegenwärtigung, stehen hier in der Funktionsgemeinschaft einer Wahrnehmung, einer Wahrnehmung also, die in sich *zugleich* präsentiert und appräsentiert und doch für den Gesamtgegenstand das Bewußtsein seines *Selbstdaseins* herstellt (Hua I, S. 150). Es bleibt also dabei, daß mein ego in sich ein anderes ego, *und zwar als seiendes, konstituiert.*

Wenn wir auch fürchten, dem Leser schon zuviel zugemutet zu haben, so können wir ihm doch nicht noch eine weitere Bemühung ersparen. Nachdem wir die Konstitution der Fremdwahrnehmung auf dem Boden der Intersubjektivität oder, wie wir hier auch sagen können, des Mitdaseins[65] einigermaßen aufgezeigt haben, bleibt uns noch das für die Psychiatrie als Wissenschaft so zentrale Problem der Intersubjektivität, der Konstitution der *gemeinsamen Welt*, zu erörtern übrig. Ist doch schon dem Laien die Redensart geläufig: „Der Geisteskranke lebt in einer anderen Welt als wir." Als Psychiater sind wir gewohnt, ihm diese Redewendung nachzusprechen. Dabei machen wir uns aber nicht klar, welchen wissenschaftlichen Sinn diese Redensart hat, noch auch, *worin die Abweichung der Konstitution* der jeweiligen Andersheit der Welt der Geisteskranken besteht.

Was diese Andersartigkeit der Weltlichkeit der Welt der Geisteskranken betrifft, so haben wir sie in unseren Ideenfluchts- und Schizophrenie-Studien analysiert und beschrieben, und andere sind uns hierin gefolgt. Wie aber bereits wiederholt betont wurde, haben wir die Andersheit im *konstitutiven Aufbau* solcher Welten dabei noch nicht ins Auge gefaßt. Dies geschah erstmals in dieser Schrift hinsichtlich des konstituierenden Aufbaus der Eigenwelt der Melancholischen. Bevor wir uns dem Thema des konstitutiven

---

[65] Ich gebrauche das Wort Mitdasein hier im Sinne *Heideggers. Heidegger* hat den Knoten des Problems der Intersubjektivität insofern kühn durchhauen, als er das Dasein *ursprünglich* als Mitdasein bestimmte.

Aufbaus der Welt der Manischen und hier vor allem der gemeinsamen Welt zuwenden, müssen wir das letzte Problem noch näher ins Auge fassen; erst dann kann es gelingen, die Andersheit des Aufbaus der Welt der Manischen in den Blick zu bekommen oder, um es präziser auszudrücken, zu zeigen, worin die *versagenden Momente* in diesem Aufbau zu erblicken sind.

Wir halten uns hier an die besonders eindrücklichen Formulierungen *Szilasis* in seinem bereits erwähnten Husserl-Buch[66]. *Szilasi* zeigt hier (§ 44) mit aller nur wünschenswerten Deutlichkeit, daß die *Konstituierung der gemeinsamen Welt* auch durch die Handlung der *Appräsentation* geleistet wird und daß diese Handlung fundiert ist in der schlichten Präsentation mit der ihr zugehörigen Retention und Protention. (Hier berühren wir also wieder das Problem des intentionalen Aufbaus der zeitlichen Objektivität!). Die intentionalen Verweisungen, die zu der Appräsentation führen, sind einerseits sachlicher, andererseits lebensgeschichtlicher Art. Während nun die Präsentationen, wie wir bereits wissen, in meinem Lebensstrom zusammengehören mit ihren immanent-transzendentalen Momenten (der primordinalen Welt *Husserls*), ist das Appräsentierte (nur) in einem teilweisen Übersteigen meines Lebensstromes zugänglich. „Jedenfalls konstituiert mein Ego durch das Appräsentierte ein Stück gemeinsame Welt." Hiefür gibt *Szilasi* (S. 109) ein eindrückliches Beispiel:

„Ich als Lebens-Ich bin mir in allen Bewußtseinshandlungen präsent. Ich kann mir aber (und das ist oft der Fall) von Appräsentationen begleitet präsent sein. Zum Beispiel bin ich mir jetzt präsent zusammen mit der Appräsentation Lehrer der Philosophie, der eine Vorlesung hält. Ich bin für Sie als Hörer zwar in anderer Weise präsent als ich es mir selbst bin, aber in derselben Appräsentation, nämlich als einer, der eine Vorlesung hält. Wir haben Verschiedenes präsent, aber von derselben Appräsentation begleitet. Das identisch Appräsentierte durch Sie, die Sie für mich fremde Alteregos sind, und durch mich, der ich für Sie ein fremdes Alterego bin, ist das Gemeinsame, das die gemeinsame objektive Welt (das objektiv Transzendente) mit konstituiert bzw. durch die konstitutive Erfahrung zugänglich macht.

Während Sie sich auf den Inhalt der Vorlesung konzentrieren, ist er für Sie Thema Ihres aktuellen Nachdenkens. Ihnen ist also präsent, konstituiert in mannigfachen Retentionen und Protentionen, die Ihnen-eigene Welt in Ihrem Ihnen-eigenen Lebensstrome. Dabei sind Sie für sich selbst appräsent als Hörer, als Studierende. Als dieselben sind Sie auch mir appräsent (nicht präsent als eigene Egos, da mir Ihr Seelenleben unzugänglich ist)."

---

[66] Wir verweisen aber auch auf die den Cartesianischen Meditationen vorausgehenden Ausführungen von *Husserl* selbst in der Schrift über „Formale und transzendentale Logik", Hua XVII, insbes. §§ 96 und 97.

Zum Schluß sei aber noch ein Passus aus § 42 angeführt, der uns nicht
nur für die Phänomenologie, sondern erst recht für die Psychiatrie von
zentraler Bedeutung zu sein scheint:

„Es ist einer der großen Triumphe der Phänomenologie, daß sie die
Leiblichkeit in Einheit mit allen intentionalen Akten für die theoretische
Philosophie zugänglich machte. In der intentional systematischen Einheit
des Mir-eigenen Lebensstromes ist das Leibliche in allen Akten der Erfahrung mitpräsentiert als das Transzendente schlechthin. Unter dem Eindruck
dieser Transzendenz wurde seit jeher Seele und Leib gegen alle Erfahrung
getrennt." (S. 103)

Phänomenologische Analyse der versagenden Momente im Auf-
bau der gemeinsamen Welt bei den Manischen, ausgehend von
den Störungen der Appräsentation

1. Der Fall Elsa Strauß

Die 32jährige, verheiratete Elsa Strauß, Mutter von 4 Kindern im Alter von
$2\frac{1}{2}$ bis 7 Jahren, israelitischer Abkunft, Deutsche, hat nach Angaben des sie
einweisenden Psychiaters schon während der Gymnasialzeit ziemlich starke
manisch-depressive Schwankungen durchgemacht, war aber während dieser
Zeit nie in einem Sanatorium. Ein Jahr vor dem Eintritt in unsere Klinik
hatte sie eine ungefähr 3 Monate dauernde Manie. Sie konnte zwar zu Hause sein, machte es ihren Angehörigen aber sehr schwer, da sie sehr reizbar
war und keinen Widerspruch duldete. Nach einer relativ ruhigen Zeit trat
eine depressive Phase auf; die Patientin wollte sich in einen Fluß stürzen,
konnte aber noch zurückgehalten und in ein (offenes) Sanatorium gebracht
werden, wo sie 8 Wochen blieb. Nachher wieder „ganz normal". Bald darauf
(nämlich 6 Wochen vor ihrem Eintritt ins hiesige Sanatorium) neue manische Phase; sie fing an, sehr viele Briefe zu schreiben, machte überflüssige
Einkäufe und war „erotisch stark gesteigert", aber „ohne daß ein Malheur
passierte". Seit 8 Tagen war sie wieder im früheren Sanatorium. *„Heute
morgen"* – so berichtet der die Kranke begleitende Psychiater – *„verließ sie
um 6.00 Uhr das Sanatorium, spazierte ungefähr zwei Stunden lang umher und kam an einer Kirche vorbei, wo ein Gottesdienst abgehalten wurde.
Sie ging zum Organisten, und während er spielte, lobte sie sein Spiel und
wollte von ihm Orgelstunden haben. Sie verließ dann die Kirche und kam
an einem Sportplatz vorbei, wo Jungens Fußball spielten. Sie mischte sich
ins Spiel und wurde dabei von den Jungens ausgelacht. Daraufhin erklärte
sie, sich bei einer Frau X in Berlin beschweren zu wollen. Sie kehrte dann
ins Sanatorium zurück, bekam eine Scopolaminspritze und wurde in die
Anstalt Bellevue in Kreuzlingen verbracht."* Der Ehemann gab noch an,
die Patientin habe Nationalökonomie studiert, das Studium aber nicht be-

endet, daneben bei einer berühmten Sängerin Gesangstunden genommen. Sie beherrsche 4 Sprachen. Ein Bruder des Vaters habe Suizid begangen, desgleichen angeblich der Großvater der Mutter. Hier entwickelte sich rasch eine „agitierte Manie", ohne Verwirrtheit, aber mit großer Reizbarkeit und Gewalttätigkeit. Sie duzte die Pflegerin vom ersten Moment an und suchte sie zu schikanieren, wo sie nur konnte, schlug und kratzte sie, warf dem Arzt Bücher nach, war sehr gereizt und querulierend, laut, ideenflüchtig, mußte viel im Dauerbad gehalten werden (1936).

Nach einem kurzen, leicht depressiven Nachstadium, in dem die Patientin Distanz zu ihrer Krankheit bekam, sich derentwegen schämte und für die Mühe, die man mit ihr gehabt habe, bedankte, konnte sie nach fünfeinhalbmonatigem Anstaltsaufenthalt – die letzten zwei Monate auf der offenen Abteilung – als von der Manie geheilt entlassen werden.

Wir wählen dieses Beispiel, weil das Eindringen in die Kirche während des Gottesdienstes und die Unterhaltung mit dem Organisten während des Orgelspiels eine besonders drastische Situation für die Untersuchung des Versagens der Appräsentation in der Manie und der Unmöglichkeit der Konstitution einer gemeinsamen Welt bietet. Das Urteil des Laien über eine solche Handlungsweise und den sie vollziehenden Menschen würde etwa lauten: rücksichtslos, empörend, unverschämt, unverständlich, verrückt, das Urteil des Psychiaters: Zeichen manischer Vielgeschäftigkeit, manischen Wegfalls von Hemmungen usw. Aber weder das moralisierende Urteil des Laien noch das psychopathologisch-klinische, diagnostische Urteil des Psychiaters sagen, was hier eigentlich *geschieht*, woran es hier eigentlich fehlt, was hier eigentlich gestört ist. Das Wort „eigentlich" soll auf diejenige Sphäre oder Region hinweisen, auf Grund derer sich jene Störung wirklich *als Störung ausweisen* kann. Wie die Körpermedizin den „Grund", auf dem sich ein körperliches Symptom als Krankheitssymptom ausweisen kann, als Organismus bezeichnet und sich dabei auf eine hochentwickelte Wissenschaft vom Organismus stützen kann, so müßte sich auch die Psychiatrie genannte „Seelenmedizin" auf eine *Wissenschaft* stützen können, auf deren Grund sich eine seelische Störung als solche *ausweisen* kann. Die einzige Wissenschaft aber, die uns das zu leisten vermag, was die Lehre vom Organismus oder die Biologie für den Körpermediziner leistet, ist bis heute die Lehre *Husserls* vom intentionalen Bewußtsein, bildlich gesprochen: vom intentionalen Aufbau des „Bewußtseinsorganismus" . –

Wir knüpfen an das Beispiel von *W. Szilasi* (vgl. oben S. 391f.) an, von dem eine Vorlesung haltenden Professor und den ihr folgenden Hörern. „Wir haben Verschiedenes präsent, aber von derselben Appräsentation begleitet", nämlich als einen, der eine Vorlesung hält. „Das identisch Appräsentierte durch Sie, die für mich fremde Alteregos sind, und durch mich, der ich für Sie ein fremdes Alterego bin, ist das Gemeinsame, das die gemeinsame objektive Welt (das obiektiv Transzendente) mit konstituiert bzw. durch die konstitutive Erfahrung zugänglich macht."

Auch der Orgelspieler und die ihn belästigende Patientin haben Verschiedenes präsent, ihren je eigenen Lebensstrom mit seiner je eigenen primordinalen Welt, aber diese (verschiedenen) Präsentationen sind hier nicht begleitet von derselben Appräsentation, wie es in dem Vorlesungsbeispiel der Fall ist. Der Orgelspieler ist sich präsent, begleitet von der Appräsentation oder Vergegenwärtigung, daß er mit seinem Orgelspiel an einem Gottesdienst in einer Kirche mitwirkt, einer Appräsentation, die „die Gemeinde" mit ihm gemeinsam hat, eine Appräsentation also, die ihre (des Organisten und der Gemeinde) gemeinsame objektive Welt und deren gemeinsame „Objektivität" als „Gegenwart" mit-konstituiert. Diese Appräsentation „teilt" die Kranke nun keineswegs, sie „macht" sie keineswegs „mit". Appräsentiert wird von der Kranken nur dieser Orgel spielende und sein Instrument beherrschende Mensch. Da dieser Mensch sich aber nicht nur als Orgelspieler überhaupt, sondern als ein im Gottesdienst Mitwirkender appräsentiert, kommt es nicht einmal mit diesem einzelnen Menschen zu einer gemeinsamen Welt, geschweige mit seiner Gemeinde. Daher muß ihm das Eindringen der Patientin, ihr Lob seines Spiels und ihre Bitte um Unterricht zum mindesten als völlig unverständlich und in höchstem Maße störend, weil völlig „unzeitgemäß", vorkommen; denn auf Grund des Fehlens einer durchgängigen gemeinsamen Appräsentation ist auch der intentionale Aufbau einer gemeinsamen zeitlichen Objektivität gestört.

Es ist nicht bekannt, wie sich der Organist der Kranken erwehrt hat, noch ob die Gemeinde das Eindringen der Patientin in die Kirche und auf die Empore bemerkt hat oder nicht, und wie sie, im ersten Falle, darauf reagiert hat. Während die jugendliche Fußballmannschaft die Kranke kurz darauf wegen ihrer ebenfalls „unzeitgemäßen" Einmischung lediglich ausgelacht hat, wäre es hier zu drastischeren Maßnahmen gekommen. Aber auch hier hätte sich die Patientin beschwert und „beklagt", hätte ihr doch auf Grund der fehlenden Appräsentation die Einsicht in die Ungehörigkeit, ja Strafbarkeit ihres Tuns (wie wir Psychiater sagen) gefehlt. Aber auch der rasche Wechsel zwischen der Einmischung in einen Gottesdienst und der Einmischung in das Fußballspiel wird daraus verständlich, daß es weder das eine noch das andere Mal zu einer gemeinsamen Appräsentation und damit zur Konstitution einer gemeinsamen Welt kommen konnte. Man kann daher nicht sagen, die Kranke habe sich „im Handumdrehen" von einer Welt in die andere versetzt. Diese auch uns Psychiatern geläufige Redeweise gibt den Sachverhalt, nämlich das, was sich hier *eigentlich* abspielt, keineswegs wieder. „Wetterwendisch", „leicht ablenkbar", „sprunghaft", und wie die Ausdrücke alle lauten, ist der Manische nur von uns und unserer Welt aus gesehen. Im Grunde lebt er nicht nur in einer anderen Welt als wir, sondern, wie wir schon hier sehen, in von keinem übergeordneten Ordnungsprinzip zusammengehaltenen Weltfragmenten. Von der intentionalen zeitlichen Objektivität her gesehen, heißt das: Frau Elsa Strauß lebt „in der Manie", in lauter isolierten Präsenzen ohne habituelle Verbindung, wie *Husserl* sagt; d. h. ohne lebensgeschichtliche „Explikation" oder Entfaltung derselben, mit anderen Worten, ohne daß sie die Möglichkeit hat, jene Präsenzen in ein innerlebensgeschichtliches Kontinuum einzuordnen. All das kann aber nichts anderes heißen, als daß *sowohl* die retentio *als auch* die protentio hier versagen. Schon der Laie, der mit einem Manischen zu tun hat, sagt: „Er lebt von einem Augenblick zum andern", oder „er lebt nur für den Augenblick" (vgl. dazu unten S. 411). Sehr gut hat das ein Begleiter einer Patientin bei der Aufnahme geschildert: „La malade est d'une spontanéité excessive; elle oublie tout de suite et définitivement le passé, elle ne pense pas à l'avenir." Solche durchaus richtigen, wenn auch mit Zeitgegenständen operierenden *Urteile* haben wir wiederum auf ihr intentionales Wesen zurückzuführen.

Damit kommen wir vom Thema des Versagens der konstitutiven Erfahrung des alter ego und der gemeinsamen Welt auf das Versagen der konstitutiven Erfahrung des ego. Um das zu zeigen, mußten wir die Lehre *Husserls* vom alter ego und der Fremderfahrung überhaupt so ausführlich darstellen. Folgt aus dieser Lehre doch mit Evidenz, daß ich, wenn ich im alter ego fehle, wenn ich kein Verständnis für das Sein des anderen habe, die Sinndeutung meines eigenen Ich durchzuführen versäumt habe. Unsere Kranke kann den Organisten nicht im vollen Sinne appräsentativ erfassen, weil sie sich selbst nicht als ego appräsentativ erfährt. Und dies wieder auf Grund der soeben erwähnten Störung im intentionalen Aufbau der zeitlichen Objektivität, des Versagens der retentiven und protentiven Momente in diesem Aufbau. Sowohl in der Kirche als auf dem Fußballplatz ist Frau Strauß sich in ihrer primordinalen Welt präsent, sie appräsentiert sich aber nicht als „Frau Strauß" (natürlich Pseudonym), nämlich als Gattin, als Mutter von 4 Kindern, als „Dame der Gesellschaft", als „wohlerzogener Mensch", erst recht nicht als Kranke, als Flüchtling aus einem Sanatorium usw. Das ist nur möglich auf Grund ihres Lebens in lauter „Präsenzen", aus dem völligen Versagen also der eigentlichen Zeitigung. Wer aber in der Appräsentation des eigenen ego derart versagt, wir wiederholen, muß auch in der Appräsentation des alter ego und in der Konstitution einer mit ihm gemeinsamen Welt versagen.

Damit können wir nun zurückkommen auf unseren Ausgangspunkt, auf die Rede von der polaren Spannung zwischen Melancholie und Manie, darin bestehend, daß der Melancholische sich sichselbst zuwende, der Manische aber, sich von sichselbst abwendend, den anderen zuwende. Jetzt verstehen wir erst, welches der phänomenologische Sinn dieser anderen in der Manie ist. Es ist keineswegs der Sinn des *alter* ego, beruhend auf eigentlicher

Kommunikation und Appräsentation; haben wir doch gesehen, daß die Abwendung vom eigenen ego überhaupt nicht zum alter ego zu führen vermag, mit anderen Worten, daß in der Abwendung vom eigenen ego der andere den phänomenologischen Charakter des alter ego verliert und zum bloßen *alius*, zu einem unter vielen anderen schlechthin, zum Fremden also, wird.

Dies kann natürlich noch sehr viel weiter gehen, als die Kranke in ihrem Verhalten in der Kirche und auf dem Fußballplatz zeigt. Das geht schon aus ihrem Verhalten in der Anstalt gegenüber Pflegerinnen und Ärzten hervor. Bevor wir hierauf eingehen, wollen wir aber noch das „Gedankenexperiment" machen und uns vorstellen, was bei fortgeschrittener manischer Erregung sich hätte ereignen können. Ein weiterer Abbau in der konstitutiven Erfahrung des anderen hätte sich darin gezeigt, daß auch die Appräsentation des anderen als Organist – also ganz abgesehen von seiner Mitwirkung am Gottesdienst – nicht mehr möglich und nur die Appräsentation „fremder Mann" übriggeblieben wäre, sei es als „Objekt der Libido", wie die Psychoanalytiker sagen, das die Patientin umarmt und geküßt hätte, sei es als „Objekt" der Aggression, als zu beseitigender Widerstand, etwa gegen ihren Wunsch, selbst auf der Orgel zu spielen. Auch auf dem Fußballplatz wäre es einige Tage später voraussichtlich zu „Tätlichkeiten" gekommen.

Das Verhalten in der Anstalt zeigt dann deutlich, was wir in unserem „Gedankenexperiment" vorweggenommen haben. Die appräsentativen Möglichkeiten hinsichtlich der Erfahrung des alter ego treten hier immer mehr zurück zugunsten mehr oder weniger ausgesprochener Dingerfahrung. Die Kranke macht hier kaum mehr einen Unterschied zwischen den umhergestoßenen Möbeln und der hin und her gezerrten Pflegerin. Auch diese ist für sie „ein Möbel", ein bloßes „Ding", ein bloßer „Gegenstand" des Nehmens-bei-etwas[67]. Der andere, der Mitmensch, wird hier als alter ego so wenig appräsentiert, daß er zum bloßen Gebrauchs- oder Verbrauchsgegenstand herabsinkt. Nicht von ungefähr sagen wir, der Manische *„konsumiere"* seine Umgebung, er „sauge sie aus bis aufs Blut", er „ruiniere" sie oder „mache sie kaputt", und zwar mit seiner, keinen Widerspruch vertragenden Selbstherrlichkeit, seiner Aufdringlichkeit und Gewaltsamkeit, seinem Redeschwall, seinen endlosen Wünschen, Aufträgen, Bestellungen, Schreibereien, seiner Gereiztheit, Widersprüchlichkeit und Empfindlichkeit, seiner unersättlichen Neugierde, seinem Betasten und Beschauen von allem und jedem, Sicheinmischen in alles und jedes. Durchweg sind wir für den Manischen kein alter ego, kein Partner, sondern ein x-beliebiger Fremder oder besser ein Fremdes, ein Etwas, das man beschaut und ergreift, konsumiert,

---

[67] Vgl. Grundformen und Erkenntnis menschlichen Daseins, IV. Kap. – Nirgends ist dieses Phänomen deutlicher zu sehen als im Verhalten des uns bei der Uhrkette, beim Knopf, bei der Schulter nehmenden jovialen Manischen, des beim (guten) Namen nehmenden gereizten Manischen usw.

verletzt, stört und zerstört. Selbst der unbändige Haß und die wütenden Drohungen mit Rache, die die „zornmütigen" Manischen gegen die sie Internierenden oder in der Anstalt „Zurückhaltenden" äußern, ist nicht der Haß gegen einen oder das Rachegelüste an einem alter ego, sondern, gemäß dem Verlust der konstitutiven Erfahrung des ego, nur noch die Wut gegen einen Widerstand, gegen ein widerständliches Etwas, das ihnen im Wege steht.

Dafür, daß nicht einmal die Liebe des Manischen den alter ego trifft, nur ein Beispiel: Einer meiner Patienten, ein an periodischer Manie leidender, geschiedener und bevormundeter Künstler, verlobte sich, wie es so häufig geschieht, im Beginn einer jeden manischen Phase, verübelte es mir aber keineswegs, wenn ich die Braut jeweils aufklärte und mehr oder weniger leicht wieder von ihm löste. Daß auch die Liebe jeweils nicht zu einer tiefen, nachhaltigen Appräsentation der Partnerin führte, ging schon daraus hervor, daß der Kranke mir die Auflösung der Verlobung nicht nur nicht verübelte, sondern darüber Witze machte, z. B. in der Art, daß er mein Sprechzimmer „Ritter-Blaubart-Zimmer" nannte, weil ich „alle seine Bräute" darin „umgebracht" hätte. Wie sonst so häufig, handelte es sich auch bei diesen Verlobungen nicht um eine „Sache des Herzens", sondern nur um eine Art manischer „Routine-Verlobung".

Zum Schluß mag noch ausdrücklich darauf hingewiesen werden, daß es sich bei der durchgehenden manischen Devalorisierung des anderen durchaus nicht nur um fehlende seelische Appräsentationen handelt, sondern daß wir den Ausdruck Dingerfahrung für die Fremderfahrung durchaus wörtlich nehmen müssen, nämlich im Sinne auch des Fehlens von *leiblichen* Appräsentationen. Insofern liefert die Phänomenologie der Manie durchaus einen, wenn auch negativen, Beitrag zur Lehre *Husserls* von der Konstitution des alter ego.

2. Der Fall Dr. med. Ambühl

Der Fall, dem wir uns jetzt zuwenden, ist in verschiedener Hinsicht komplizierter als der vorhergehende. Hingegen wird sein Verständnis insofern leichter, als er ein „manisches" *Gegenbeispiel* zu der von *Szilasi* so klar durchanalysierten *Vorlesung* im Hörsaal der Universität enthält. Denn durch die Konfrontierung unseres Beispiels mit demjenigen von *Szilasi* bekommen wir einen Leitfaden in die Hand, der uns beim Gang durch das Labyrinth eines so komplizierten phänomenologischen Sachverhaltes, wie er hier vorliegt, mit aller nur wünschenswerten Sicherheit zu führen vermag.

Der beim Eintritt in unsere Anstalt am 9. Juli 19.. 51 Jahre alte, sehr angesehene und beliebte Spezialarzt und auf seinem Gebiet geschickte Operateur, Schweizer, stammt aus einer sowohl mit Depressionen wie mit Schizophrenie leicht belasteten Familie. Er lebt in sehr guter Ehe, hat drei

Kinder, von denen das jüngste „sehr sensibel". Pat. hat früher nie eine depressive oder manische Phase durchgemacht. Er hatte sich aus einem nicht akademischen Beruf (Lehrer) mit großer Energie auf die eidgenössische Matura vorbereitet, wobei er das Latein in einem Jahr nachholte. Von Haus aus ruhiger, guter, integrer Mann, großer Schaffer, Idealist (behandelte viele Kranke ohne Bezahlung). Lebt nur für seinen Beruf und seine Familie. Am 14. Juni Tonsillektomie. In den folgenden Tagen ständiges Erbrechen und ein Urinbefund, der ihn an Urämie denken ließ. War sehr erleichtert und glücklich, als ein Internist am 19. Juni eine Hypochlorämie und Azotämie diagnostizierte und mit Erfolg behandelte. In der Woche nach der Tonsillektomie 10 kg abgenommen. „Die überglückliche Stimmung auf Grund der Tatsache, daß er keine Urämie hatte, ging in zwei Tagen in einen manischen Zustand über." Schon am 21. und 22. Juni hatte die Gattin gemerkt, daß etwas nicht stimme. Er redete ganze Nächte und auch am Tage ununterbrochen, schlief nachts nur eine Stunde. Ungeheurer Tatendrang; schrieb alles auf, was ihm in den Sinn kam, beschäftigte sich dauernd mit „Psychokatharsis". Er habe auch das Gefühl gehabt, *er müsse die Dienstmädchen erziehen. Hielt ihnen 2 bis 3 Stunden währende (!) Vorträge über Wohlanständigkeit, gutes Benehmen usw. Wenn eines der Mädchen kochen gehen wollte, sagte Pat., sein Vortrag sei viel wichtiger. Als einmal 30 kg Kirschen zum Einmachen kamen, sagte er, diese könnten ruhig verfaulen, die Mädchen müßten ihm zuhören, das allein sei wichtig!* – Seit 5 Tagen hat Pat. ein Zettel-System angefangen, darin bestehend, daß er nachts herumging und überall Zettel hinlegte mit Befehlen, wie z. B.: „Diese Schuhe müssen geputzt werden, dieses Tischtuch muß gewechselt werden, dieses Glas darf nicht weggetragen werden" usw. Die Ehefrau mußte ständig um den Pat. herum sein, sie konnte daher ihren Haushalt nicht mehr besorgen, so daß es ihr jetzt „einfach zuviel geworden" sei. Sie habe auch Angst bekommen, weil ihr Mann immer wieder behauptete, seine Krankheit käme einzig und allein davon, daß sie ihm dauernd widerspreche.

Bei der Aufnahme wird ein starker manischer Erregungszustand festgestellt, mit ausgesprochener Logorrhoe, Ideenflucht, Betätigungsdrang und Euphorie. Pat. spricht ununterbrochen und duldet keinen Widerspruch, wird wütend und drohend, wenn man versucht, seinen Redestrom abzustoppen. Schreibt alles auf, was er spricht, hat in kürzester Zeit über ein Dutzend Zettel vollgeschrieben.

Pat. wurde mit den in der vorneuroplegischen Ära üblichen Beruhigungsmitteln und vorsichtiger seelischer Beeinflussung und Disziplinierung bald ruhiger. Es kam natürlich noch zu mehrfachen Schwankungen, jedoch konnte er bereits am 6. August als stark gebessert, wenn auch noch nicht geheilt, entlassen werden. Bald darauf berichtete die Ehefrau, daß er mit $1\frac{1}{2}$ Phanodorm nachts 7 bis 8 Stunden schlafe. – Pat. arbeitet heute, nach

fast 10 Jahren, noch in seinem Arztberuf. Von manischen oder depressiven
Phasen in der Zwischenzeit konnte ich nichts in Erfahrung bringen, was
aber ihr Auftreten keineswegs ausschließt. – Ich lasse es dahingestellt, ob
es sich hier um eine reine Manie des manisch-depressiven Irreseins, um die
Manie eines schizophrenen Psychopathen oder um eine bekanntlich schon
von *Bonhoeffer* beschriebene manische Form eines exogenen Reaktionsty-
pus handelt, was auf Grund der Anamnese nicht auszuschließen ist. Die
Hauptsache ist, daß es sich zweifellos um ein manisches Zustandsbild handelt, das als solches sich nicht von einer gewöhnlichen Manie unterscheidet.
Was nun die „*Vorlesung*" betrifft, derentwegen wir dieses Beispiel
gewählt haben, so hat sie mit dem Fall Elsa Strauß gemeinsam, daß es
hier von vornherein nicht zum intentionalen Aufbau der entsprechenden
Bewandtnisganzheit oder des entsprechenden Bezugs- oder Verweisungsganzen *(Heidegger)* kommt, im Fall Elsa Strauß einer Bewandtnisganzheit, die wir als Gottesdienst oder kirchliche Ordnung bezeichnen konnten,
im Fall Dr. Ambühl einer Verweisungsganzheit, für die wir den Ausdruck
„Hausordnung" zur Verfügung haben. Diese „Ordnungen", wie auch die
eine festgefügte Institution darstellende Ordnung, die wir Universität nennen, „funktionieren" nur dann und da, wo es – wie *Szilasi* im Hörsaalbeispiel gezeigt hat – zu „identisch Appräsentiertem", als einem Gemeinsamen,
kommt.
Eine gemeinsame oder identische Appräsentation ist im Verweisungsganzen einer Hausordnung dann möglich, ja liegt demselben zugrunde insofern, als einer sich präsentiert mit der begleitenden Appräsentation „Hausvorstand", „Herr des Hauses" („patron"), andere aber, wiewohl sich in anderer Weise präsent, den ersteren in derselben Weise appräsentieren, nämlich
ebenfalls als Hausvorstand. Die Dienstmädchen wiederum sind für sich
selbst appräsent als „Hausangestellte", als im Haushalt „Dienende", und
in der gleichen Weise sind sie auch appräsent dem Hausvorstand. Diese
gedoppelte identische Appräsentation ist das Gemeinsame, das die gemeinsame objektive Welt und deren gemeinsame „Gegenwart" mitkonstituiert,
resp. durch die konstitutive Erfahrung zugänglich macht. Die gemeinsame
objektive Welt und deren Gegenwart, um deren Konstitution es sich hier
handelt, ist das, was wir die Hausgemeinde, den gemeinsamen Haushalt,
nennen, wozu natürlich noch die „Hausfrau" und die „Kinder des Hauses"
gehören.
Vom Hintergrund dieses intentionalen Verweisungsganzen und der sich
nach dessen sachlichen und lebensgeschichtlichen intentionalen Verweisungszusammenhängen richtenden Appräsentationen läßt sich erst abheben
und verstehen, worum es sich bei den „Vorlesungen" unseres manischen
Kranken handelt, mit anderen Worten, was die versagenden Momente sind,
auf Grund deren wir sie als etwas „Manisches" bezeichnen. Das erste, was

uns in diesem ganzen Geschehen vor Augen tritt, ja in die Augen springt,
ist der Umstand, daß sich hier ein Ego nicht mehr von der Appräsentation
als Hausvorstand, Hausherr oder „patron" begleitet präsentiert, sondern
von der Appräsentation Lehrer, Pädagoge, Menschheitsbeglücker u. ä. Diese Appräsentationen „machen" (= vollziehen) die anderen Mitglieder des
Haushalts „nicht mit". Desgleichen vollziehen sie nicht mit die Appräsentation, in der der „Lehrer" *sie* appräsentiert, nämlich als Schülerinnen oder
Zöglinge. Damit ist der ganze Haushalt, die ganze Hausordnung „umge-
stoßen", „verrückt", „auf den Kopf gestellt" und geht tatsächlich „alles
drunter und drüber"; denn wo es nicht zu identischen Appräsentationen
kommt, da ist auch keine gemeinsam konstituierte „obiektive Welt" möglich
und keine eigentliche „Gegenwart". Von den Hausgenossen lebt jetzt einer,
der Hausvorstand, „in einer anderen Welt" als die anderen, ist er sich nicht
nur in anderer Weise präsent, sondern auch appräsent. Deswegen „stoßen"
sie sich an ihm, wie die Umgangssprache auf Grund der naiven natürlichen
Erfahrung so treffend sagt, gehen sie daher an ihm vorbei, „verstehen"
sie ihn nicht mehr. Anstelle einer gemeinsamen Gegenwart finden wir nur
noch die Gegenwartsweisen der jeweiligen primordinalen Welten, die un-
beschränkte, d. h. in einem unbegrenzten protentiven Horizont stehende
Gegenwart des Vorlesenden und die höchst beschränkte, von einem sehr
engen, protentiven Horizont begrenzte Gegenwart der Zuhörerinnen. Auch
hier bezeichnet die Umgangssprache den Sachverhalt sehr richtig, indem
sie von den Mädchen sagt: „Sie sitzen wie auf Kohlen", d. h. sie können
die Situation leiblich wie seelisch nicht länger aushalten, viel weniger konzentriert auf den Inhalt des Vortrags, als auf das in endloser Erwartung
ersehnte und doch immer wieder hinausgezögerte Ende desselben als den
Moment, wo sie die längst versäumte, dringend nachzuholende Hausarbeit
wieder aufnehmen können. Insofern ist ihre Gegenwärtigung (praesentatio)
zwar protentiv viel begrenzter als die des Vorlesers, aber sowohl protentiv als retentiv viel besser fundiert. Sie knüpft an bestimmte Protentionen
und Retentionen an, während der Vorleser „unbeschwert" von solchen „ins
Blaue hinein" redet. Zwar hat er sich auch nicht *völlig* aus der Hausordnung
gelöst, jedoch bleibt von ihr nur noch „das Haus" im Sinne des *Wohnens* in
derselben *Wohnung* übrig, ein Grund, warum die Hausbewohner sich erst
recht an ihm „reiben" oder „stoßen", „an ihm vorbeigehen", ihn nicht mehr
„verstehen". All das faßt die Umgangssprache in dem einen Ausdruck „Entfremdung" (aliénation) zusammen. Während die Hausgenossen, die Ehefrau
inbegriffen, sich untereinander nahe, d. h. miteinander in Kommunikation
bleiben, rückt ihnen der Hausvater fern, wird er mit anderen Worten ein
Fremder, ihnen Nicht-Zugehöriger, ein aus ihrem Kreis Ausgestoßener, aus
ihm „Verrückter". So führt die Erfahrung der *Verrückung* der Hausordnung
zur Erfahrung des sie *Verrückenden* im Sinne der Appräsentation als eines

Verrückten. Damit hat die Entfremdung ihr landläufiges „Ende" erreicht. Denn *diese* Appräsentation macht der Verrückte erst recht nicht mit. Was übrig bleibt, ist die Versetzung („Verrückung") des Verrückten in eine zur Sicherung und Behandlung Verrückter eingerichtete Anstalt. – Blicken wir von diesem „Endresultat" des hier vorliegenden „Entfremdungsprozesses" noch einmal zurück auf die *Phänomenologie* desselben, so muß uns klar werden, daß wir einen wichtigen, ja grundlegenden Wesenszug derselben noch nicht ins Auge gefaßt haben, wiewohl er schon in der vorhergehenden Studie berührt worden ist. Wir sagten dort (vgl. S. 396), die Kranke gehe mit der Pflegerin um wie mit einem *Möbelstück*, sie stoße sie weg, zerre sie herum usw. Auch die Behandlung des Organisten erinnert von weitem an den Umgang mit einem zur Verfügung stehenden Ding. Dabei ist Ding im weitesten Sinne zu verstehen, nämlich nicht als Einzelding, Einzelmöbel, dinghafte Sache, sondern im Sinne eines Sachverhalts, des Sachverhalts nämlich der Dinglichkeit überhaupt. Ebenso meint der Ausdruck Verdinglichung die Um- und Rückverwandlung echter Kommunikation oder Partnerschaft in die Art und Weise des Umgangs mit einem „bloßen Ding" oder „Zeug", also des *Nehmens* – des anderen – *bei-etwas* (ebd.).

Es ist leicht zu zeigen, eine wie wichtige, ja entscheidende Rolle die Verdinglichung im Sinne des Nehmens von etwas bei etwas (wie z. B. des Kruges beim Henkel) gerade in unserem Falle spielt. Dabei darf jetzt schon gesagt werden, daß die Phänomenologie der Verdinglichung der Partnerschaft, des alter ego, natürlich erst recht ein Licht wirft auf die Konstituierung des in der Verdinglichung aufgehenden ego. Doch davon später.

Die „Verdinglichung" selbst kann sich wieder in verschiedenen Formen zeigen, so im nächstfolgenden Beispiel (vgl. „Goethes Faust") in Form der Vertauschbarkeit und Ersetzbarkeit, während in unserem gegenwärtigen Beispiel die Verdinglichung zum „Gebrauchsding" vorwaltet. Die Mägde – ein viel schönerer Ausdruck als „die Hausangestellten" – werden hier aus einem alter ego zu Gebrauchsdingen, insofern, als sie lediglich *zum Gebrauch* dienen für die Unterweisung oder Belehrung durch den „patron". Auch sie werden in diesem stundenlangen Gebrauch aufgezehrt oder „konsumiert". Sie „dienen" nicht mehr als Glieder des Haushalts, sondern sie „dienen" zum Gebrauch für den unersättlichen Lehreifer des Hausvorstandes. Wie der Schachspieler die Schachfiguren „in die Finger nimmt" und sie dahin stellt, wo *er* will, und sie da beläßt, wo es *ihm* gut scheint, so stellt, verstellt und verschiebt der Hausvorstand die Mägde nach seinem Gutdünken zu seinem Gebrauch. (Dabei ist das Schachspiel noch ein viel zu kompliziertes Beispiel, da es nach einer sehr komplizierten Ordnung, nämlich nach einem *„System"* von Spielregeln erfolgt, während in unserem Fall keinerlei Ordnung oder System vorherrscht, sondern eben nur das unvoraussehbare unberechenbare private Gutdünken eines einzelnen.)

Dieses keinerlei Regel erkennen lassende Genommen-werden „bei etwas zu etwas" hat natürlich die Entfremdung, die Distanz in der Kommunikation noch vertieft. –

Wir vollziehen nun die Wendung von der Konstitution des alter ego zur *Konstitution des ego und zu den versagenden Momenten in seinem Aufbau in der Manie.* Wenn es in der Manie nicht zur vollen Konstitution des alter ego kommt, der alter ego vielmehr weitgehend als ein Fremder (alienus), ja als ein Fremdes, ein bloßes Ding, bei etwas genommen, an- und abgestoßen, ge- und verbraucht wird, so liegen die Gründe hiefür natürlich nicht im alter ego, sondern im ego. Liegt doch die Bedeutung des alter ego darin, daß ich ein ego bin, habe ich doch, wenn ich die Sinndeutung des alter ego verfehle, die Sinndeutung meines eigenen Ich durchzuführen verfehlt. Der Manische kann den alter ego also deswegen nicht im eigentlichen Sinne appräsentativ erfahren, weil er sich selbst nicht als ego erfahren hat. Und woran liegt dieses Versagen in der Erfahrung der Konstitution des ego? Es liegt, wie gerade unser Fall so klar zeigt, wie wir es aber auch schon im Fall Elsa Strauß angedeutet haben, im Versagen im intentionalen Aufbau der zeitlichen Konstituierung des ego. Denn was vom Versagen oder Fehlen der *Denkkontinuität* in der Manie, also von der *Ideenflucht*, gilt, nämlich daß sie auf einer *Störung der temporalen Erfahrung* beruht, das gilt auch vom Versagen der Appräsentation als der lebensgeschichtlich fundierten oder, wie *Husserl* sagt, der *habituellen* Appräsentation. Während im Leben des Gesunden die habituellen, im lebensgeschichtlichen Zusammenhang stehenden und in ihn eingeordneten Appräsentationen derart überwiegen, daß wir hier von einer „Übermacht" der Appräsentationen über die aktuellen Präsenzen sprechen können, treten beim Manischen, wie unser Fall so deutlich zeigt, die lebensgeschichtlichen Appräsentationen durchaus zurück hinter den *aktuellen* oder *momentanen* Präsenzen oder Präsentationen. Da aber das natürliche Verständnis für das Sein des anderen, das, wodurch ich den anderen „erkenne", in den zu den Präsentationen hinzukommenden Appräsentationen liegt – was übrigens auch für das „Erkennen" unserer selbst gilt –, wirkt sich der „Zeitigungsmangel" und der mit ihm zusammenhängende „Zeitmangel" des Manischen hinsichtlich der Konstitution des alter ego, und damit der gemeinsamen Welt, entscheidend aus.

Was nun den Fall des Dr. med. Ambühl betrifft, so zeigt er den Umschwung von der lebensgeschichtlich fundierten Habitualität und dem Typus der habituellen Appräsentationen in eine rein präsentische Aktualität mit aller nur wünschenswerten Deutlichkeit. Aus dem „integren", in Beruf, Ehe und Rücksicht auf seine Mitmenschen gleich vorbildlichen Mann wird im Laufe einiger Tage ein rücksichtsloser, selbstherrlicher, die Hausordnung und den Hausfrieden aufs schwerste störender Geselle, für den der alter ego in einem ganz neuen Sinn appräsentiert oder überhaupt nicht mehr appräsentiert, sondern nur als ein Fremdes, ein Ding, präsentiert wird. Das alles aber rührt daher, daß die Appräsentationen, die früher nach einem bestimmten Stil, einer bestimmten Habitualität erfolgten oder, was auf dasselbe hinauskommt, in einem einheitlichen lebensgeschichtlichen Zusammenhang standen, jetzt völlig regellos erfolgen und ihre Übermacht an die stetig wechselnden Präsenzen abgeben müssen. Der Kranke ist jetzt nicht mehr der Herr, sondern der Knecht der jeweiligen Präsenzen. Was *Husserl* „die immanente *Einheit* der Zeitlichkeit des Lebens" nennt, das in ihr seine „*Geschichte* " hat, derart, daß dabei jedes einzelne Bewußtseinserlebnis als zeitlich Auftretendes seine eigene „Geschichte", d. i. seine *zeitliche* Genesis, hat (Formale und transzendentale Logik, Hua XVII, S. 316), all das ist hier gestört. Ist doch „der ganze konkrete Zusammenhang ..., in dem jedes Bewußtsein und sein intentionaler Gegenstand als solcher jeweils steht" (ebd.) aufs schwerste gestört oder gar zerrissen. Zwischen der Selbstappräsentation als gewissenhafter Arzt und derjenigen als tyrannischer, ungebetener Vorleser besteht keinerlei Zusammenhang. Selbst wenn man in der Vorleserei eine Regression auf die frühere, aber nur auf kurze Zeit beschränkte Tätigkeit als Lehrer sehen wollte, würde das nichts an unserer Behauptung ändern. Der Entschluß zum Vorlesen hat keine „zeitliche Genesis", ist mit anderen Worten nicht lebens*geschichtlich* motiviert und hat auch keine lebensgeschichtlichen Konsequenzen. Er ist nicht fundiert durch eine Serie von Retentionen und nur sehr vage bestimmt durch einen Horizont von Protentionen, er verdankt sein Auftauchen vielmehr der reinen Präsenz eines außerhalb jeden lebensgeschichtlichen Zusammenhangs stehenden, von keiner temporalen *Erfahrung* gestützten, rein präsentischen Einfalls, durch den alle lebensgeschichtlichen Appräsenzen, eigene wie fremde, über den Haufen geworfen werden und die häusliche Ordnung in ein Chaos verwandelt wird.

Aber auch sonst zeigt sich das Leben des derart aus Ordnung, Selbst- und Fremdappräsentation „Verrückten" in lauter Präsenzen, so wenn er seine völlig sinnlosen schriftlichen Befehle erteilt oder Einwände seiner Frau brüsk und vorwurfsvoll zurückweist. Hatten wir es bei der Melancholie mit einer Auflockerung der Fäden des intentionalen Aufbaus der objektiven Zeitlichkeit zu tun, aber mit einer Wiederverflechtung dieser Fäden im Sinne einer genau bestimmbaren Verknotung, so haben wir es hier, in der Manie, zu tun mit einem Zerreißen jener Fäden in zahllose vereinzelte oder isolierte Fadenfragmente. Dasselbe wird sich hinsichtlich der zerrissenen Denkkontinuität oder der Ideenflucht erweisen, wie wir anläßlich des folgenden Beispiels sehen werden.

Versagen der Kontinuität der Appräsentation und der Denkkontinuität in der Manie

In der Geschichte der Psychopathologie der Manie stand bisher das Interesse für das Versagen der Denkkontinuität in Form der *Ideenflucht* im Vordergrund. Von diesem Problem gingen auch unsere eigenen Ideenflucht-Studien aus, es immerhin erweiternd auf das Problem der anthropologischen Struktur, von der aus so etwas wie Ideenflucht verständlich wird. Hier, in dieser Studie, haben wir einen neuen Weg eingeschlagen. Wir gingen aus vom Versagen der lebensgeschichtlichen Kontinuität der Appräsentation und der damit verbundenen Störung im Aufbau einer gemeinsamen Welt und einer gemeinsamen Gegenwart. Im Gegensatz zu der Störung im intentionalen Aufbau der zeitlichen Objektivität in der Melancholie, die wir auf bestimmte Arten der Auflockerung und Verflechtung der intentionalen Fäden im Aufbau der zeitlichen Objektivität zurückführten, mußten wir hier, auf dem Umweg über die Appräsentation, erkennen, daß von einer solchen „Verflechtung" in der Manie nichts zu finden ist, sondern nur von einer Auflockerung bis zu einem Verschwinden der intentionalen zeitlichen Gliederung überhaupt. Um Auflockerung derselben handelt es sich also sowohl bei der Melancholie als bei der Manie, dort aber im Sinne einer eigenartigen Verflechtung der Fäden des aufgelockerten intentionalen Gewebes, hier im Sinne eines Verlierens der für den Aufbau der zeitlichen Objektivität maßgebenden intentionalen Fäden, der Retentio nämlich und der Protentio.

Mit dem Rückgang auf die innere Lebensgeschichte und das Versagen ihrer Kontinuität, aufzeigbar am Zurücktreten oder Verschwinden der habituellen Appräsentationen, sind wir auf eine tiefere Schicht der konstitutiven Erfahrung des ego gestoßen als die der Denkkontinuität. Und doch hängen die Möglichkeiten beider Kontinuitäten und ihres Versagens aufs engste zusammen.

Auch hiefür geben wir wieder ein Beispiel:

1. Der Fall Olga Blum

Olga Blum, Österreicherin, ist zur Zeit der Behandlung in unserer Anstalt 26 Jahre alt, geschieden, Mutter eines $\frac{3}{4}$ Jahre alten, gesunden Kindes. Vater 60 Jahre alt, seit 10 Jahren an häufigen epileptischen Anfällen und „Absenzen" leidend, schon vorher „nervös"[68]. Mutter 50 Jahre alt, sehr gesund, aus einer sehr erfolgreichen, südländischen Familie stammend. Ein gesunder Bruder. Als Kind sich alles sehr zu Herzen genommen, aber durchaus heiterer Natur. Sehr leicht gelernt, mit 8 Jahren vier Sprachen gesprochen, aber

---

[68] Es kann sich natürlich nicht um eine genuine, sondern um eine symptomatische Epilepsie handeln, wahrscheinlich auf Grund zerebraler Gefäßprozesse.

ohne Ausdauer, viel „geblufft". Im Anschluß an den ersten epileptischen Anfall ihres Vaters in ihrer Gegenwart vor 10 Jahren zunehmende Lebensangst
und Gefühl, daß sich das Leben „angesichts von soviel Gräßlichem gar nicht
lohne". Vor einigen Jahren Psychoanalyse begonnen, die aber „mißglückt"
sei. In einer Zeit, wo ihr alles rosig vorkam, Verlobung, aber schon damals
Zweifel, ob sie imstande sein werde, „alle Tage mit dem gleichen Mann zu
leben". Auf der Hochzeitsreise vor $3\frac{1}{2}$ Jahren erste tiefe Depression, fühlte sich sehr unglücklich, mußte immer weinen. Nach drei Wochen wieder
„alles strahlend, wunderschön". Nach weiteren 3 Wochen wieder sehr traurig, was sie auf die inzwischen eingetretene Gravidität schob. „Das hat nun
seither immer so gewechselt." Es kam deswegen bald zur Scheidung, und
zwar hauptsächlich auf Betreiben der Angehörigen des Mannes. Es besteht
jedoch weiterhin ein sehr freundschaftliches Verhältnis zwischen ihr und
ihrem früheren Mann.

Nachdem sie schon mehrmals auf Betreiben der Angehörigen des Mannes in Sanatorien gewesen, war die Patientin von Juni 19.. bis Mai des
nächsten Jahres in unserer Anstalt, den größten Teil dieser 11 Monate auf
der offenen und halboffenen Abteilung, jedoch im Herbst desselben und
im Frühling des nächsten Jahres mehrere Wochen auf der geschlossenen
Abteilung, zeitweise wegen tobsüchtiger Erregung sogar auf der unruhigen
Station. Auch bei uns stetiger Wechsel zwischen depressiven und manischen
Phasen, oft am selben Tag, oft in wenigen Tagen oder Wochen. Sehr häufig
ausgesprochener Mischzustand[69]

In den manischen Phasen war die Patientin bald hochgradig gereizt,
aggressiv bis tobend, bald überglücklich, mit strahlender Miene und lebhaftem Mienenspiel unter Mitbeteiligung des ganzen Körpers, alles rosig
sehend, siegesbewußt, „als ob mir die Welt gehört", „Gefühl eines gestraff-
ten Seiles", Gefühl, ihre ganze Gestalt ändere sich, so daß sie für die guten
Zeiten andere Kleider brauche. In der Manie ist der Tag länger und geht
alles von selbst, während sie in der Depression *„weiß"*, daß sie atmen *muß*.
In der Manie erhöhte Ansprechbarkeit auf Sinneseindrücke, sowohl auf optische als akustische, im Reden und Schreiben oft deutlich ideenflüchtig, meistens enormer Rede- und Schreibdrang, allgemeiner Beschäftigungsdrang.

---

[69] Ich teile nicht die Meinung von *Kurt Schneider*, wenn er (Klinische Psychopathologie
5. Aufl. 1959, S. 88) schreibt: „Wir glauben ja nicht mehr an manisch-depressive ‚Mischzustände'. Was allenfalls so aussehen könnte, ist Wechsel oder Umschlag, soweit es sich
überhaupt noch in die Cyclothymie einfügt." In unserem Falle könnte gerade der rasche
Wechsel zur Fehldiagnose von Mischzuständen verleiten, trotzdem kommen hier tatsächlich Mischzustände, insbesondere längere depressive Verstimmungen mit Reizbarkeit,
Querulieren, Beschäftigungsdrang und Gedankenjagd vor. Ich halte die „Entdeckung"
und Beschreibung der manisch-depressiven Mischzustände für eine besonders glanzvolle
klinisch-psychopathologische Leistung, also keineswegs für einen „Glaubensartikel".

Schreibt viel und oft mit Riesenlettern an ihrer „Selbstanalyse", dabei zahl-
reiche Wiederholungen und sehr oft leere Phrasen.

Auf die oft schweren depressiven Phasen gehen wir hier nicht ein.
Nie Suizidversuche. Nie, auch nicht während der manischen Erregungs-
zustände, Wahnideen oder Halluzinationen. Im Gegensatz zu der Patientin
Elsa Strauß, von der ich nie mehr hörte, sah ich Frau Olga Blum noch
wiederholt, und zwar in relativ gutem Zustande. Noch nach 30 Jahren er-
hielt ich anläßlich eines Todesfalls in meiner Familie einen völlig geordneten,
völlig gefühlsadäquaten Brief von ihr. Sie ist meines Wissens niemals wiedcr
interniert worden, jedoch war sie wiederholt in ambulanter Behandlung.

a) Goethes Faust

In einer mittelstarken manischen Phase vom Arzt bei der Lektüre des
„Faust I" getroffen, erklärt die Kranke, sehr glücklich zu sein, *daß Goethe vor ihr gelebt habe, sonst hätte sie das alles schreiben müssen!*

Hier kommt es uns zugute, daß wir uns schon mit den Fällen Elisabeth
Strauß und Dr. med. Ambühl beschäftigt haben; denn was dort das Sicheindrängen und Sichaufdrängen in den kirchlichen Raum und den sportlichen
Raum des Fußballplatzes sowie in den Wohnraum bedeutete, das bedeutet
hier das Sicheindrängen und Sichaufdrängen in den „Raum", in die Ordnung der Geisteswelt. Wir begnügen uns damit, auf die Parallelen zu den
vorigen Fällen hingewiesen zu haben. Diese Parallelen betreffen natürlich
in erster Linie wiederum das Versagen der Appräsentation, mit anderen
Worten der konstitutiven Erfahrung des ego.

All diese konstitutiven Versagensmomente sind der Grund, weshalb
schon der Laie eine Äußerung wie die unserer Kranken als „total verrückt"
bezeichnet, d. h. als eine solche, die einem Gesunden niemals „auch nur von
ferne in den Sinn kommen könnte", eine Äußerung ferner, die wir Psychiater
als ein Symptom manischen Größenwahns in unser klinisch-diagnostisches
Schema eintragen. Und doch dürfen wir nicht nur danach fragen, was hier
im intentionalen Aufbau des ego und des alter ego versagt, sondern müssen
auch danach fragen, was hier intentional noch erhalten bleibt oder intentional noch am Werke ist. Dieses Was ist, wie leicht ersichtlich, die sachliche
intentionale Verweisung im Sinne der Stellvertretung oder der Auswechsel-
barkeit. Mit dem ersten Ausdruck verbleiben wir noch in der sachlichen
Sphäre der *Gesellschaft*, mit dem letzteren befinden wir uns schon in der
Sphäre der im Falle des Dr. med. Ambühl schon in ihrem „intersubjektiven"
Wesen aufgezeigten *Dinghaftigkeit*. Stellvertretung heißt, an die Stelle eines
anderen in einer von der Gesellschaft bestimmten Stelle treten; Auswech-
selbarkeit oder Vertauschbarkeit heißt, ein Ding, z. B. eine ausgebrannte
elektrische Glühbirne, durch ein neues *ersetzen*. Verständlich wird uns eine
Äußerung wie die unserer Kranken nur, wenn wir einsehen, daß ihr „konsti-

tutives" Niveau herabgesunken ist oder, wenn man lieber will, reduziert ist
auf das Niveau gesellschaftlichen Funktionierens an einer „Stelle" oder auf
das Niveau eines dinglichen Funktionierens im Sinne eines Apparates. Auf
einem solchen Niveau, und nur auf einem solchen, fallen auch die denkbar
größten „Niveauunterschiede" menschlicher, künstlerischer usw. Art weg
und kann ein Mensch sagen: wenn *Goethe* nicht vor mir gelebt hätte, hätte
ich das alles schreiben müssen.

Schon diese Äußerung gehört in das, was wir in unseren Ideenfluchtstudien unter dem Titel der manisch-ideenflüchtigen *Großmäuligkeit* und des
manisch-ideenflüchtigen *Erkenntnisoptimismus* ausführlich analysiert und
beschrieben haben. Auf die konstitutiven Versagensmomente einzugehen,
waren wir damals aber noch nicht imstande (1932/33). Und doch verstehen
wir das, was wir unter jenem Titel, ja dem der Manie überhaupt, zusammenfassen, nur aus dem konstitutiven Versagen, mit anderen Worten, aus
der Loslösung von konstitutiven Bindungen mannigfachster Art; denn *diese*
Loslösung ist es, die den Manischen frei macht für seine Sorglosigkeit, Rücksichtslosigkeit, Vielgeschäftigkeit, Gereiztheit sowie für die Rosigkeit, Helle,
Gehobenheit und Unbeschwertheit seiner von keiner Problematik getrübten
und bedrückten Stimmung.

Der Leser wird sich hier mit Recht fragen, wo denn nun das Versagen im
intentionalen Aufbau der *zeitlichen* Objektivität bleibe. Nun, im Grunde
war auch hier von nichts anderem die Rede; denn wo wir von einem Versagen
der Appräsentation sprechen, handelt es sich natürlich, ebenso wie beim
Versagen der Präsentation, um ein Moment der Zeitigung. Ebensowenig
wie eine Präsentation möglich ist ohne Stütze auf retentive und protentive
Momente, ebensowenig ist eine Appräsentation möglich ohne diese Stütze.
Davon war ja schon beim Fall Dr. Ambühl und beim Fall Elsa Strauß die
Rede.

Was zunächst die protentiven Momente betrifft, so geht aus dem ganzen Satz hervor, daß Olga Blum zwar glücklich ist, daß das frühere Dasein
Goethes sie von der Anstrengung enthebt, einen „Faust" wie den seinen zu
„schreiben", hingegen hegt sie keinen Zweifel, daß es ihr gelingen würde.
Diese Protention ist es, die völlig in der Luft hängt, da alle retentiven Momente fehlen, auf denen sie zu „bauen" vermöchte. Infolgedessen hängt aber
auch das ganze Worüber in der Luft, kommt es mit anderen Worten nicht
zu einem „Denkergebnis"[70], wie *Husserl* einmal sagt, sondern nur zu einem „sinnlosen", weil „in der Zeitkonstitution" völlig unbegründeten und
insofern „momentanen" *Einfall*. Mit alldem ist schon der psychopathologische Tatbestand der Ideenflucht gegeben. Denn Ideenflucht besteht, wie wir

---

[70] Vgl. *Husserl*, Hua XVII, S. 326: „Wenn die lebendige Retention wertlos wäre, käme
es überhaupt zu keinem Denkergebnis."

schon in den Ideenflucht-Studien gezeigt haben, nicht nur im beständigen Abspringen von einem Einfall zu einem anderen, so daß wir das Dasein als ideen*flüchtige*, als springende oder hüpfende Daseinsform charakterisieren konnten; sie zeigt sich auch nicht nur in grammatikalisch-syntaktischen Eigenheiten, in Reimen, Klangassoziationen, Wortzertrümmerungen und Bevorzugung der Parataxe, sondern kann sich, wie allgemein bekannt, und wie es hier der Fall ist, auch in sprachlich völlig korrekter Weise äußern. Was in unserem Beispiel die Ideenflucht kennzeichnet, sind keinerlei sprachliche, sondern lediglich „gedankliche" Wesenszüge, das Überspringen wesentlicher Gedankenglieder oder Sinnmomente, mit dem Erfolg einer völligen Unterbrechung der *Sinnkontinuität*.

Wir sehen also, daß sich die *Störung im Aufbau der zeitlichen Objektivität* in der Manie in zweifacher Hinsicht manifestiert, einerseits in der fehlenden Sinn- oder Denkkontinuität, andererseits in der fehlenden Appräsentationskontinuität, mit anderen Worten im Fehlen lebensgeschichtlich „verankerter" „beständiger" oder, wie *Husserl* sagt, „habitueller" Appräsentationen.

Damit sind wir mit unserem Beispiel aber noch nicht am Ende. Bisher haben wir es nur mit einem ego und einem alter ego, mit der Patientin und *Goethe*, zu tun gehabt. Wir dürfen aber nicht übersehen, daß noch ein zweites alter ego mit im Spiele ist, und zwar in Gestalt des Arztes, dem die Patientin ihr Glücklichsein und dessen Grund erzählt. Wie steht es hier mit der Frage der Appräsentation? Zunächst sieht es so aus, als sei hier alles in Ordnung und befänden sich beide, Erzählerin und Hörer, durchaus in einer gemeinsamen Welt. Dies ist natürlich keineswegs der Fall. Die Patientin appräsentiert den Arzt – der Hörer könnte natürlich auch irgendeine andere Person sein – als einen, der ihr glaubt, was sie sagt, und zwar erstens glaubt, daß sie imstande wäre, das alles selber zu machen, zweitens glaubt, daß sie es machen *müßte*, drittens glaubt, daß sie glücklich ist, es nicht selber machen zu müssen. Von diesen drei Fällen trifft aber nur der letztere zu, in den beiden ersteren versagt der Arzt ihr den Glauben. Hier kommt es also zu Fehlappräsentationen, und schon damit ist die Konstituierung einer gemeinsamen Welt in Frage gestellt. Wenn der Arzt der Kranken aber den Glauben versagt, so hat dies seinen Grund wiederum darin, daß er die Patientin als ideenflüchtige Kranke, sie selber sich durchaus als Gesunde appräsentiert. Trotzdem bleibt auch hier natürlich noch ein gemeinsames Haben von Welt, vor allem schon auf Grund der rein sprachlichen Kommunikationsmöglichkeit. Hingegen strahlt das appräsentative Mißverhältnis zwischen ego = Olga Blum und alter ego = Goethe, wie wir sahen, auch auf das appräsentative Verhältnis zwischen der Erzählerin und dem Hörer zurück. Beide Male aber liegt der Grund der Appräsentationsstörung im ego, im Versagen seiner konstitutiven Erfahrung, mit anderen Worten in seiner Loslösung von wesenhaften konstitutiven Bindungen, in allererster Linie von Bindungen temporaler Art. Das nächste, von derselben Kranken und aus derselben Zeit (Oktober des ersten Jahres, 4 Tage später) stammende Beispiel wird uns auf dem eingeschlagenen Wege noch weiter führen. Hier beherrschen dann Erzählerin und Hörer, wie wir sehen werden, allein das Feld.

b) Ein Wunder ist geschehen

„Ein Wunder ist geschehen. Es lösen sich alle Rätsel, es ist ja alles so einfach, so ganz, ganz einfach, wenn man den Grund von allem weiß. Es fällt einem wie Schuppen von den Augen.“

Die Patientin fühlt sich „kannibalisch wohl“, will alle Bäume, alle Blumen, alle Vögel und – bezeichnenderweise – „so nebenbei“ auch die Menschen gegrüßt haben, nachdem sie *die graue Brille zerbrochen“* habe.

Dieser Ausspruch stellt den Gipfel des manischen Wissensoptimismus dar, eines Optimismus nämlich, der sich tatsächlich auf *nichts* stützt[71]. Das Tragische, das uns aus diesem Ausspruch entgegenweht, ist, daß die graue Brille gerade das ist, wodurch wir anderen wirklich *sehen*, während die Kranke, nach dem Zerbrechen der Brille und nachdem es ihr „wie Schuppen von den Augen gefallen“, überhaupt nichts mehr sieht, mit anderen Worten in ihrem „kannibalischen Wohlsein“ vor dem *Nichts* der Erkenntnis steht.

Vor dem Nichts der Erkenntnis stehen heißt also, daß die Erfahrung hier keinerlei konstitutive Bindung hat, daß sie losgelöst ist aus allen Ordnungen. Anstelle jeglicher Erkenntnis tritt hier die Bezauberung, das „Wunder“, das Schweben über den Wolken als „Herr der Welt“. Wie sehr dieses Schweben über den Wolken vom jähen Sturz bedroht ist, werden wir später sehen. –

In diesem Zusammenhang müssen wir einer „biographischen Notiz“ *Goethes* gedenken[72], die gleicherweise als Beispiel wie als Gegenbeispiel zu dem „Wunder“ steht, von dem unsere manische Kranke spricht. Jene „Notiz“ lautet:

„Niemals glaubte ich, daß etwas zu erreichen wäre, immer dacht’ ich, ich hätt’ es schon. Man hätte mir eine Krone aufsetzen können, und ich hätte gedacht, es verstehe sich von selbst. Und doch war ich gerade dadurch nur ein Mensch wie andere. Aber daß ich das über meine Kräfte Ergriffene durchzuarbeiten, das über mein Verdienst Erhaltene zu verdienen suchte, dadurch unterschied ich mich bloß von einem wahrhaft Wahnsinnigen.“ (Jub.- Ausg. Bd. 25, S. 221)

Ein Beispiel ist diese erschütternde „biographische Notiz“, weil sie zeigt, wie sehr auch *Goethe* sich, klinisch gesprochen, am Rande der Manie wußte,

---

[71] Vgl. Über Ideenflucht, 1933a, in AW 1, S. 67-83.
[72] Vgl. AW 1, S. 78f.

mit anderen Worten, daß er sich ausgeliefert wußte an die „Fülle der Gesichte", an das ihm Zuströmende, an das über sein Verdienst Erhaltene, über
seine Kräfte Ergriffene; als Gegenbeispiel aber erweist sich diese Notiz, insofern *Goethe* jene Bezauberung durch das ihm als selbstverständlich, d.h.
ohne sein Verdienst Zuteilgewordene als *Bedrohung*, ja Gefahr empfindet,
als ein Geschehen am Abgrund. Das Leben *Goethes* gilt dem Kampf gegen
diesen Abgrund. *Goethe* vollzieht in diesem Kampf gerade das, in dessen
völligem *Fehlen* wir das Wesen der Manie erblicken. Statt die „Gründe von
allem" zu wissen, womit der Mensch die Grenzen der Menschheit überschrei-
tet, weiß *Goethe*, daß jenes Glücksgefühl des bloßen Empfangens, Erhaltens
und Ergreifens eine drohende Auflösung seiner Existenz bedeutet. Da das
menschliche Denken eine nach konstitutiven Regeln geordnete Erfahrung
ist, eine Durchgliederung von Praesentatio, Retentio und Protentio, sind
wir nur Nicht-Wahnsinnige, wenn es uns gelingt, uns an diese konstitutiven Regeln oder „Bindungen" zu halten und jener Durchgliederung zu
genügen. Der *Goethe*sche Ausdruck *Durcharbeiten* meint beides. Er darf
uns also nicht erinnern an die Bedeutung, die er bei *Freud* hat, etwa in
seinem Aufsatz „Erinnern, Wiederholen und Durcharbeiten" (Ges. Werke Bd. X), wo er die rein psychoanalytische Aufgabe des Aufdeckens von
Selbstverdeckungen bedeutet. Er darf hier aber auch keine Reminiszenzen
aufkommen lassen an die Lehre *Kants* vom diskursiven Verstand, als demjenigen Verstand, der die „herkulische Arbeit des Selbsterkenntnisses" leisten
muß, die Arbeit nämlich „zu der Auflösung und wiederum der Zusammensetzung seiner Begriffe nach Prinzipien". (Von einem neuerdings erhobenen
vornehmen Ton in der Philosophie. Akad.-Ausg. VIII, S. 389f.)

Mit all dem hat der *Goethe*sche Begriff des Durcharbeitens nichts zu
tun. Er bedeutet den persönlichen Sieg über den Sturz in den Abgrund,
den Sieg im Kampf mit den ihn mit der „Fülle der Gesichte" gleicherweise beglückenden und begnadenden wie bedrohenden und erschreckenden
„dämonischen Mächten". Er bedeutet aber auch das geniale, d.h. nur dem
Genie mögliche, *eigentliche* „Wunder", die Zurückholung nämlich aus dem
„manischen Zustand" durch Ordnung des Totalzusammenhangs konstitutiver Erfahrung. Diese Ordnung gelang ihm durch das weder denkerische
noch aufdeckerische Durch*arbeiten* der Fülle seiner Rezeptivität auf dem
Wege genialer *künstlerischer* Spontaneität, auf dem Wege der Arbeit an
seinem *künstlerischen* Werk.

Im Gegensatz zum Durcharbeiten im Sinne *Goethes* ist es dem Manischen, um es in neuer Wendung zu sagen, versagt, sich das ihm Eigene in
lebensgeschichtlichen Selbstauslegungen (auch noch) anzueignen, irgendwie
zu „explizieren" oder zur Entfaltung zu bringen, mit anderen Worten, in die
innere Lebensgeschichte als der Ordnung des Totalzusammenhangs der Er-

fahrung einzuordnen. (Vgl. „Lebensfunktion und innere Lebensgeschichte", 1928a, in 1947 u. AW 3)

Insofern die Manischen also sich selbst nicht im vollen Sinne appräsentativ als ego zu erfahren vermögen, wie wir schon früher sagten, können sie auch das alter ego nicht appräsentativ erfahren. Wie ihnen die konsequente Stellungnahme zu sich selbst fehlt, fehlt ihnen auch die konsequente Stellungnahme zu anderen. Das ist es, warum wir sie mit rein moralisierenden Ausdrücken als wankelmütig, unzuverlässig, charakterlos bezeichnen. Es fehlt ihnen, um mit *Husserl* zu sprechen, das Habituelle. Ihr Zeitigungsmodus ist das Aktuelle oder, wie wir in den Ideenflucht-Studien ausgeführt haben, die Momentaneität im Sinne des schlechten Augenblicks. Der schlechte Augenblick aber ist das, was *Heidegger* die *Aufenthaltslosigkeit* nennt, als das äußerste Gegenphänomen zum (eigentlichen) *Augenblick*. „In jener ist das Dasein überall und nirgends" (Sein und Zeit, S. 347).

Um zum Schluß noch einmal zu unserem „Wunder" zurückzukehren, so ist es bezeichnend, daß die Kranke alle Bäume, alle Blumen, alle Vögel grüßen läßt, aber nur „so nebenbei auch" die Menschen. Denn die ersteren bedeuten für den manischen Lebensstrom kein Hindernis und können ihn nicht enttäuschen, das können nur die Menschen. Davon, wie von dem Vergehen des Wunders überhaupt, gibt die Krankengeschichte unter dem Datum des nächsten Tages erschütternde Kunde: 9. X. „Diese Nacht war das ‚Entsetzlichste und das Schönste', das sie je erlebt habe." Sie hat auf das Schlafmittel drei Stunden geschlafen. Erwachte zerquält, „nur mit dem Wunsche zu sterben, endlich, endlich Ruhe zu haben, keine Mißverständnisse, keine Verwirrungen mehr zu erleben, kein Kinematograph mehr zu sein, und vor allen Dingen keine Enttäuschungen mehr zu erleben". Um nichts Unüberlegtes zu tun, habe sie in alter Weise schreiben wollen (an ihrer Selbstanalyse), habe aber die Fäden nicht mehr führen, die Worte nicht mehr formen können; sie sei dadurch mutlos geworden und sei doch „schon so weit" gewesen. Ist vormittags stark deprimiert, „zeigt dabei aber den alten Rededrang, ohne Pausen zu machen". Hier kann man in der Tat von einem Mischzustand sprechen. Auch das Miteinander von Entsetzlichstem und Schönstem, von depressiver Stimmung und Kinematograph (= ideenflüchtiges Denken) sprechen dafür. Nachmittags überwiegen aber die querulatorisch-manischen Elemente: Sie schimpft über die Schlamperei, das Sparen am unrechten Fleck, die schlecht geschulten Dienstboten, knarrende Türen, rinnende Wärmflaschen und vor allem über die Unintelligenz ihrer Umgebung, die nie ein bißchen schneller denken kann, „überhaupt der allgemeine Idiotismus in höchster Potenz". Sie sei der „psychisch geschulten Ärzte" und der hiesigen „individuellen Behandlung" satt und verlange ihre Entlassung.

c) Das Verhältnis zu den Eltern

In der Manie. Die manischen Phasen unserer Patientin sind beherrscht von der Liebe zur Mutter und dem Heimweh nach ihr, sowie von der Bewunderung nicht nur der Mutter, sondern deren ganzer Familie als besonders erfolgreicher und bedeutender Menschen: „In der Manie sehe ich", so berichtet die Kranke in einer ruhigen Zwischenphase, „die Familie meiner Mutter immer in besonderem Glanz; dann fühle ich mich besonders gesund und leistungsfähig, das Nervöse empfinde ich als Intelligenz, so wie in der Familie der Mutter viele tüchtige Menschen sind, die aber doch als nervös betrachtet werden müssen. Sie leben sehr rasch und intensiv und sind rasend ehrgeizig (abgesehen von der Mutter selbst). Sie haben immer Parforcestücke aufgeführt. Das Südländische war es, das mir imponiert hat." (Von Psychosen ist aber in der Familie der Mutter nichts bekannt.)

Während die Mutter als ein tätiger und altmodischer Mensch bezeichnet wird, mit dem sie sich in der Manie zu identifizieren vermag, nimmt sie sich, wenn es ihr „gut geht", immer vor, *das Gegenteil von ihrem Vater*, nämlich „nicht egoistisch" zu sein. Man kann also sagen, daß die Kranke auch in der Manie am Vater orientiert ist, jedoch im Sinne einer gegenteiligen Einstellung. Infolge dieser „Umgehung" des negativen Vaterkomplexes in der Manie *„mag"* sie *sich* dann mehr, hat sie wieder „mehr Sympathie" für sich selbst, wie auch „für die Menschen". Und während sie in der Depression „der Spielball der Tücke" ist, „geht" sie in der Manie wie über den Vater so auch „über alle sonstigen Hindernisse hinweg".

In der Depression tritt nun aber die *Identifikation* mit dem *Vater* ein, die Konstituierung des ego durch „Introjektion" desselben, wie die Psychoanalyse (im Gegensatz zur Projektion bei der „Paranoia") sagt[73]. Obwohl wir es hier nur mit der Manie zu tun haben, wollen wir doch auch auf die Verhältnisse in den depressiven Phasen unserer Kranken eingehen, da wir bei der Analyse der Melancholie keine Gelegenheit hatten, die elterlichen „Komplexe" zu besprechen. Wir wollen das nun an einem Beispiel nachholen. Infolge der Identifikation der Patientin mit dem Vater in der Depression *haßt* und *verabscheut* sie auch sich selber. Sie hat ihrem Vater immer „jede Existenzberechtigung abgesprochen".

---

[73] Vgl. *K. Abraham:* „Verzichtet man auf ein tieferes Eindringen mit Hilfe der Psychoanalyse, so kann man zu dem Schluß gelangen, die beiden Phasen ständen auch inhaltlich im Gegensatz zueinander. Die Psychoanalyse aber läßt mit Sicherheit erkennen, daß beide Phasen unter der Herrschaft der *gleichen* – nicht etwa entgegengesetzter – Komplexe stehen. Verschieden ist nur die Einstellung des Kranken auf die sich gleichbleibenden Komplexe. Im depressiven Zustand läßt er sich vom Komplex niederdrücken und sieht keinen anderen Ausweg aus seinem Elend als den Tod; im manischen Zustand setzt er sich über den Komplex hinweg." Klinische Beiträge zur Psychoanalyse. Internat. psychoanalyt. Verlag. Leipzig, Wien, Zürich 1921, S. 105.

„Wenn ein Mensch so minderwertig ist und so das Leben anderer verkümmert", sagte sie mir einmal von ihrem Vater, „wenn er ihnen nichts geben kann, nur darauf angewiesen ist, zu empfangen, dann soll er sich eine Kugel durch den Kopf schießen."[74] „Etwas Schönes kann er doch nicht haben und anderen nichts sein." Weiter: „So wie ich früher gegenüber meinem Vater empfand, als einem minderwertigen Menschen, so müssen jetzt (in der Depression) die Menschen mir gegenüber empfinden!" „Man hat nicht das Recht, mit anderen zu verkehren." „Wenn jemand so ist wie mein Vater, dann soll er keine Kinder haben."

Die Patientin gibt an, der Vater habe sie immer auf den Mund geküßt. Es ist daher nicht auszuschließen, daß der negativen väterlichen Haßeinstellung eine positive Liebeseinstellung vorausgegangen ist, wie es die Psychoanalyse als Regel statuiert[75], wie wir es in unserem Falle aber nicht mehr feststellen konnten.

Mit dem Bericht über die Gegensätzlichkeit der Einstellung unserer Kranken zum Vater in der Manie und Depression befinden wir uns bereits im Übergang zum nächsten Abschnitt, der der Gegensätzlichkeit beider Phasen des „manisch-depressiven Irreseins" überhaupt gewidmet sein soll. Mit dem Aufweis der Verschiedenheit des Verhältnisses zu den Eltern oder auch nur zu einem Elternteil haben wir dem Ring des Themas der „manisch-depressiven Antinomik", wie wir uns in den Ideenflucht-Studien ausdrückten, ein weiteres Glied eingefügt.

Manie und Melancholie

Die manisch-depressive Antinomik

Von jeher und bis heute hat man die manisch-depressive Antinomik erblickt in der Gegensätzlichkeit der Gestimmtheiten, der „gehobenen" Stimmung in der Manie, der „gedrückten" in der Melancholie. Auch unsere eigene Beschreibung dieser Gegensätzlichkeit in den Ideenflucht-Studien stützte sich im wesentlichen auf die Schilderung der manischen und melancholischen *Stimmungswelten* und des Inseins in ihnen (wobei immerhin die „Zornmütigkeit" [*Wernicke*] der Manischen hinter der Daseinsfreude zu

---

[74] Diese Äußerung weist auf die Lehre *Freuds* vom melancholischen Suizid hin, dahingehend, daß der Kranke „im Grunde" nicht sich selbst umbringt, sondern den gehaßten „introjizierten" Elternteil.

[75] Vgl. wieder *Abraham:* „Seitdem uns Freud gezeigt hat, daß die auf das Ich des Melancholikers bezüglichen Vorwürfe im wesentlichen dem aufgegebenen Liebesobjekt gelten, werden wir darauf gefaßt sein, in der Selbstkritik des Melancholikers, besonders aber auch in seinen Wahnbildungen, die Anklagen gegen dieses Objekt wiederzufinden." Versuch einer Entwicklungsgeschichte der Libido. Internat. psychoanalyt. Verlag 1924, S. 49.

stark zurücktrat). Wir führen den betreffenden Passus hier noch einmal
an:

„Die manisch-depressive *Antinomik* ist in der gesamten Struktur dieser Auseinandersetzung nachzuweisen. Daß jemand oder etwas hier Gott,
dort Teufel, hier gut, dort schlecht, hier weiß, dort schwarz, hier Freude,
dort Qual bedeutet, sind nur die höchsten und auffallendsten Gipfel dieser Antinomik. Im Grunde erstreckt sie sich über Raum und Zeit, Tempo,
Konsistenz und Kolorit, Belichtung und Bewegung der Existenz. Wird in
der manischen Existenzform der Raum weit und unendlich, so wird er hier
klein, eng und abgeschlossen, sind dort die 'Gegenstände, trotzdem näher
zur Hand, so rücken sie hier geradezu aus 'dem Raum, heraus und in un-
erreichbare Ferne, wird dort die Zeit kurz, so wird sie hier lang, ist dort
das Erlebnistempo rasch, so ist es hier langsam, ist dort die Welt volatil (flüchtig, leicht, weich), rosig und hell, so ist sie hier zäh, schwer und
hart, schwarz und dunkel, ist sie dort beweglich, so ist sie hier unbeweglich, stillestehend, kann man dort von einer *springenden* und *gleitenden*
Existenzform sprechen, so handelt es sich hier um eine *stapfende*, ja 'auf
dem Platze tretende,, 'keinen Weg vor sich sehende, und *klebende*; werden
dort lebensgeschichtliche, gedankliche, soziale 'Sprünge, gemacht, so stehen
hier Lebensgeschichte, Gedanken, mitweltliche Beziehungen still; handelt es
sich dort um eine konzentrisch-kreisförmige Lebenslinie, so hier um einen
'Lebenspunkt,; geht dort der Mensch im Betrieb auf, so hier in der Schuld
(und zwar ohne die Möglichkeit der lebensgeschichtlichen Bewegung nach
der eigentlichen Reue und somit zur Überwindung der Schuld hin); gibt
er sich dort der reinen Daseinsfreude hin, dem ästhetischen Erlebnis der
fraglosen Einheit von Ich und Welt, der Schönheit und der Festlichkeit des
Daseins, so erstickt er hier in der Problematik des Daseins; werden dort die
Erlebnisse nicht neu und fruchtbar, weil *allen* das gleiche (rasche) Tempo
verstattet wird, so hier nicht, weil *einigen wenigen* eine 'unendliche, Dauer
eingeräumt wird; äußert sich dort die Selbstverdeckung und Selbstflucht in
Voreiligkeit, so hier in endlosem Nach- und *Wiederkauen*. Alles das, und
noch unendlich viel mehr, gehört in der anthropologischen Struktur dieser
Existenzformen zusammen und läßt sich nicht ungestraft isoliert betrachten."[76]

So groß nun der Fortschritt einer solchen, erst durch *Heideggers*
Werk „Sein und Zeit" ermöglichten detaillierten Schilderung der manischen und melancholischen Stimmungswelten, des Inseins in ihnen und
ihrer Gegensätzlichkeit, gegenüber den bisherigen psychopathologisch-
symptomatologischen, theoretischen Zergliederungen der Manie und Melancholie war, so drängte, wie in der Einleitung schon betont wurde, die rein

---

[76] Über Ideenflucht. a.a.O., S. 228f.

phänomenologische Problematik über die phänomenologische Beschreibung der Weltlichkeiten der jeweiligen Welten und des Inseins in ihnen hinaus oder, wenn man will, „zurück" auf die Unterscheidung der Konstituierung dieser Welten, mit anderen Worten auf die Untersuchung der sie *konstituierenden Aufbaumomente* und ihrer *Differenzen*. Beides hat unsere bisherige Untersuchung in bezug auf das manische und das melancholische In-der-Welt-Sein einigermaßen geleistet. Und zwar sahen wir jene konstituierenden Differenzen beide Male in Differenzen des Versagens, und zwar des Versagens der *temporalen* Konstitution, in der *Manie* in der „Lockerung" des zeitlichen Aufbaus der primordinalen oder Eigenwelt des ego, sich zeigend im völligen Zurücktreten, ja Verschwinden der transzendentalen retentiven und protentiven Momente und damit der habituellen Appräsentationen zugunsten reiner Aktualität, sowie in dem Versagen der Appräsentation im Aufbau des *alter* ego und damit im Aufbau einer gemeinsamen Welt, in der *Melancholie* hingegen in der „Lockerung" der Gefügeordnung des intentionalen Aufbaus der zeitlichen Objektivität schlechthin, sich zeigend in der Verflechtung retentionaler Momente mit protentionalen (melancholischer Selbstvorwurf) oder protentionalen mit retentionalen (melancholischer Wahn). Während also der Melancholische, populär ausgedrückt, in einer intentional gestörten Vergangenheit oder intentional gestörten Zukunft lebt und deswegen zu keiner Gegenwart kommt, lebt der Manische nur „für den Augenblick", existentiell ausgedrückt, in der Aufenthaltslosigkeit der *Verfallenheit*, des Überall und Nirgends (vgl. oben S. 411).

Von hier aus könnte man in Versuchung kommen, die Manie und Melancholie existentiell zu verstehen, wie es neuerdings hinsichtlich der Melancholie besonders *Tellenbach* versucht hat (Gestalten der Melancholie. Jahrb. f. Psychologie und Psychotherapie, 7.Jg. 1960). *Tellenbach* gebraucht existentielle Schwermut *(v. Gebsattel)*, wie sie uns aus der Literatur-, Kunst-, Religions- und Philosophie-Geschichte bekannt ist, und Melancholie synonym, die (klinische) Melancholie gleichsam als „letzte gemeinsame Endstrecke solcher Entwicklungen" auffassend. Es ist klar, daß die in unserer Schrift vertretene Auffassung derjenigen von *Tellenbach* diametral entgegengesetzt ist. Selbstverständlich leugnen wir nicht, wie schon einmal betont (vgl. Anm. 23), daß zwischen existentieller Schwermut und endogener Melancholie des manisch-depressiven Irreseins „Mischungen" bestehen können. Darum handelt es sich in dieser Schrift aber nicht. Sie sucht nach einer Methode, einem Weg, auf dem sie dem Wesen der melancholischen und manischen Verstimmung als solcher und ihrer Antinomik näherzukommen vermag, dem Wesen und nicht nur dem Grad nach (also nicht nur im Sinne eines Mehr oder Weniger an Leid- oder Genußfähigkeit oder im Sinne des Ausmaßes, des Extrems oder der „Endstrecke" von Aufenthaltslosigkeit und Unverweilen, von Furcht, Angst und Leere). Zum Wesensverständnis ei-

nes Phänomens gelangen wir ja niemals durch quantitative Betrachtung, ja
Berechnung, sondern nur durch qualitative Fixierung seines faktischen Wesens. Diesen Weg haben wir in dieser Schrift von Anfang an beschritten, und
zwar, um es nochmals zu betonen, mittels der Methode des Rückgangs von
den betreffenden Verstimmungswelten auf die Differenzen in ihrem intentionalen Aufbau und in ihrer transzendentalen Konstitution. Diese Differenzen
sind jetzt bekannt. Was uns dabei aber auffällt, wenn wir an das Problem
der manisch-depressiven Antinomik denken, das ist die Tatsache, daß wir
hinsichtlich *dieser* Differenzen keineswegs von einer Antinomik sprechen
können. Wohl ist klargeworden, daß es sich um Differenzen hinsichtlich der
Lockerung der Fäden des konstituierenden Aufbaus der Gefügeordnung der
jeweiligen Welten handelt, doch ließ und läßt sich bis jetzt keinerlei Antinomik oder Gegensätzlichkeit zwischen diesen Differenzen, der allgemeinen
Lockerung in der Manie, der Wiederverflechtung der gelockerten „Fäden"
in der Melancholie feststellen. Die Frage, vor der wir jetzt stehen, muß daher lauten: Ist diese negative Antwort hinsichtlich der manisch-depressiven
Antinomik das letzte Wort, das die Phänomenologie hier zu sagen imstande
und berufen ist?

Die Bedeutung der Lehre Husserls vom reinen Ego für das Wesensverständnis der manisch-depressiven Antinomik

Das letzte Wort der Phänomenologie auf diese Frage kann es schon deswegen nicht sein, weil wir die Phänomenologie *Husserls* noch keineswegs „bis
aufs Letzte", d.h. bis auf ihre letzten Konsequenzen, berücksichtigt haben.
Wir haben wohl die empirische oder unmittelbare Erfahrung und das empirische Ich berücksichtigt, in unserer Kasuistik nämlich, desgleichen die
transzendentale Erfahrung und das transzendentale Ich oder Subjekt, und
zwar im Rückgang auf die konstituierenden Aufbauelemente des Bewußtseins. Was in unserer Untersuchung aber noch fehlt, das ist die Berücksichtigung der egologischen Erfahrung und des reinen Ich oder Ego als der epo-
chemachendsten Leistung der Lehre *Husserls*, ihrer eigentlichen Krönung.
Ich kann diese Lehre, die *Husserl* auch als eidetische Phänomenologie bezeichnet, hier nicht mehr im einzelnen darstellen und verweise daher auf
die hervorragend klare und eindringliche Darstellung, die *Szilasi* in seiner
erwähnten Einführung in die Phänomenologie *Husserls* (insbes. §§ 37, 38
und 50) und in seinem Vortrag „Werk und Wirkung *Husserls*" (Die Neue
Rundschau, 70. Jg., 1959, 4. Heft, S. 636-655) gegeben hat. Ich zitiere auch
die jeweiligen Ausführungen *Husserls* nach der genannten Einführung.
    Daß bei einer phänomenologischen Untersuchung wie der unsrigen, die
es in der Tat auf die letztmögliche Beantwortung wissenschaftlicher Fragen
abgesehen hat, auch die eidetische Phänomenologie, als die Krönung der

*Husserl*schen wissenschaftlichen Leistung, zu Rate gezogen werden muß, geht schon aus der erwähnten „Einführung" *Szilasis* hervor. „Das reine Ego konstituiert die Einheit des weltlich-empirischen Ichs mit dem transzendentalen Ich, so wie die konstitutive Erfahrung die Einheit der weltlich-empirischen mit der transzendentalen Erfahrung beschafft" (Einf. S. 92f.). Dabei bedeutet Konstitution jetzt die Einheit des Ichs, die konstitutive Erfahrung der einheitlichen Welt (S. 93). Man sieht schon hier, daß und inwiefern das reine Ego und seine Erfahrungsweise erst den Bogen über unsere bisherigen Untersuchungen wölbt. Wenn auch zum reinen Ego, als dem „letztlich einzigen Funktionszentrum" oder der „Quelle" aller Konstitution, nur wieder eine „neue Reduktion" führt, so muß doch – ja gerade – im Auge behalten werden, daß dieses reine Ego trotzdem nicht – wie im deutschen Idealismus und zumal bei *Fichte* – in der Luft hängt, sondern, wie bereits erwähnt, nur in Einheit mit dem transzendentalen und dem empirischen Ich zu deuten ist. „Nur mir, dem Individuum, gehörig, hat das reine Ego Leben", sagt *Szilasi* (S. 96). „Nur als Leben ist das reine Ego mächtig, eine eigene Welt aufzubauen." „Das reine Ego ist erst dann das konkrete Ego, wenn ich als Lebendiger es Mir-gehörig erfahre; Mir angehörig und meine Eigenheit, als Ich-Selbst." „Wir sprechen jetzt wieder vom empirischen Ich, von der mir eigenen empirischen Welt, jetzt aber konstituiert durch das reine Ego (in mir selbst)" (ebd.). „Das psychische Ich ist das verweltlichte, mit der Mir-Gehörigkeit ausgezeichnete reine Ego" (S. 99). Es handelt sich hier also überall um „die apriorischen Erfassungsweisen der Mir-Gehörigkeit" (ebd.), ein Thema, das sich der deutsche Idealismus niemals gestellt hat.

Blicken wir vom reinen Ego über das transzendentale Subjekt auf das empirische Lebens-Ich zurück, so muß es nun evident sein, „daß die Quelle der Regeln der Konstitution das reine Ego ist. Von ihm her ist die volle Konstitution des Ich als Monade verständlich" (S. 122). „Die Konstitution des Ich in meinem 'bin, durch das reine Ego gibt ein großes und bedeutendes Forschungsthema vor. Die deskriptive Psychologie wird erst mit der Erforschung dieser Konstitution eine echte Wissenschaft, gleicherweise die Psychiatrie" (S. 100).

Doch damit dürfen wir uns noch nicht zufriedengeben. „*Husserl* nennt die Leistung des reinen Ego auch ‚Stellungnahme' in bezug auf die Adäquatheit der transzendentalen Erfahrungen mit den in ihr gemeinten Zusammenhängen" (oder Sachverhalten) (88f.). Statt Adäquatheit können wir auch sagen Verträglichkeit, Übereinstimmung, Zweckmäßigkeit oder, mit *Leibniz*, Kompossibilität. Die „Stellungnahme", die kritische, regulative oder Kontrollstellung des reinen Ego in bezug auf die Verträglichkeit der transzendentalen Erfahrungen miteinander, sowie mit den empirischen Sachverhalten, sucht *Szilasi* immer wieder zu verdeutlichen an Hand des

Entwurfs, der Planung und der praktischen Durchführung des Eisenbahnsystems (S. 67, 87, 93, Vortrag S. 641ff.), wobei natürlich der Umstand zu
berücksichtigen ist, daß wir selbst das Eisenbahnsystem konstituiert haben,
das Welt- und Natursystem aber nicht. Das Resultat, das gerade aus diesem Beispiel mit Evidenz hervorgeht, ist, daß ich alles, was ich erfahre, nur
auf Grund „eines konstituierten Systems erfahre, und zwar sowohl mich als
ein Ich selbst, als die anderen, als auch die Phänomene einer gemeinsamen
objektiven Welt".

Es erhebt sich nun die Frage, ob es möglich ist, von der Egologie, der
Lehre vom reinen Ego, her die Wesensstelle der Ver-Stimmungen innerhalb
des „Bewußtseins" umgrenzen und ihre Rolle in der Totalität der Erfahrung zeigen zu können, und zwar gerade auf Grund der kritischen oder
regulativen Funktion des reinen Ego in bezug auf die Verträglichkeit oder
Harmonie, die Zweckerfüllung oder Kompossibilität der transzendentalen
Erfahrungen.

Zunächst erinnern wir daran, daß wir von Anfang an in diesen Studi-
en, wie übrigens auch schon in denjenigen über Schizophrenie, ausgegangen
sind von der *Gegenüberstellung* der von uns untersuchten Erfahrungsweisen mit der *natürlichen Erfahrung* und deren transzendentalen Konstitutionsweisen. Die regulative Funktion des reinen Ego haben wir dabei nicht
berücksichtigt. Jetzt aber müssen wir uns darüber klar sein, daß die natürliche Erfahrung diejenige ist, in der das reine Ego seine eigentliche Funktion
am reinsten und adäquatesten durchzuführen berufen ist. Ist die natürliche
Erfahrung doch, wie wir gehört haben, die unreflektierte, unproblematische,
mit anderen Worten dem reinen Ego keine Probleme aufgebende Erfahrung.
Anders die melancholische und die manische Erfahrungsweise, sowohl als
empirische wie als transzendentale. Beide Male, und darin liegt die *gemeinsame Motivation* der melancholischen und manischen Erfahrungsweisen und
ihrer Welt, ist das reine Ego hier in einer Art Not- oder Zwangslage, un-
bildlich gesprochen, ist seine Konstitution hier nicht nur gefährdet, sondern
weithin in Frage gestellt. Das reine Ego hat hier keineswegs die „Beruhigung", die es in der normalen Erfahrung hat, d.h., es vermag hier gar nicht
zu einer vollen Konstitution zu gelangen.

Wir können also vorläufig sagen: Die Verstimmungen kommen vom reinen, dem konstitutiv gestörten Ego her, von seiner „Ratlosigkeit", Not- oder
Zwangslage, die im Mangel an voller Verwirklichung der Erfahrungsmöglichkeit, an ihrer Zweck- oder Sinnerfüllung liegt. Da die unteren Erfahrungsin-
stanzen ihre Aufgabe nicht erfüllt haben, ist die oberste Instanz „ratlos"; sie
kann nur verzweifeln ob der Störungen der empirischen und transzendentalen Erfahrung. *Dieses (negative) Moment in der Totalität der Erfahrung
treibt sich selbst in die Verstimmung*, in der Melancholie in die Angst und

Qual, in der Manie in diejenige der *Flucht* vor der Aufgabe der vollen Welt- und Selbstkontrolle.

Wenn wir die Verstimmungen vom reinen Ego herleiten, so zeigt das also, daß seine Funktion in den Verstimmungen zwar in dem geschilderten Sinne gefährdet, ja in Frage gestellt ist, daß sie aber keineswegs völlig ausfällt. Die Verstimmungen resultieren ja gerade aus dem Umstand, daß das reine Ego in der Totalität der Erfahrungen immer noch, wenn auch ausweglos und ohnmächtig, bemüht ist, seine Stellung zu behaupten. In dieser Bemühung oder Mission vermag es zwar nicht mehr seine regulative Funktion in der Erfahrung auszuüben, jedoch erfüllt es immer noch eine, zwar eng damit zusammenhängende, aber, wie wir gesehen haben, von *Husserl* doch eigens herausgehobene und analysierte Funktion, die Funktion nämlich der Konstitution der Mir-zugehörigkeit, des Ich-bins. Erst mit der Anerkennung dieser Tatsache schließt sich der Kreis unserer Untersuchung. Das empirische Ich, das Individuum, könnte sich ja weder in Leid und Qual verzehren, noch in den Wirrwarr freudiger und zorniger Erregung stürzen und in diesem Absturz *sich selbst* davonlaufen, wenn in dem *Sich*-Verzehren und *Sich*-Davonlaufen nicht immer noch *das Ich durchhielte*. Wo überhaupt kein reines Ego, keine Konstitution der Mir-zugehörigkeit, mehr da ist, da ist auch keine Stelle mehr für leidvolles Unterliegen des Ich und für lustvolles Davonlaufen vor dem Ich. Wir sehen also, daß die gemeinsame Motivation der melancholischen und manischen Verstimmungen tatsächlich in der geschilderten Ausweglosigkeit des reinen Ego liegt, diese Ausweglosigkeit aber nun nicht mehr nur als Mangel oder Ohnmacht verstanden, sondern erst recht auch noch als Macht, als Macht der Ichbehauptung inmitten des Wirrwarrs der melancholischen oder manischen Erfahrung, der Ichbehauptung im Leid – die, wie wir gesehen haben, nicht einmal im Entschluß zum Selbstmord aufgegeben wird – und der Ichbehauptung im Triumph. Deswegen vermögen die Verstimmungen auch in Heilung auszugehen. Denn wenn auch das empirische Ich nicht an Heilung glaubt, ja sich gar nicht für krank hält, so behält das reine Ego seine regulative Funktion doch insofern, als es alle *Möglichkeiten* der vollen Erfahrungskonstitution auch im Debakel seiner Entmächtigung in Händen behält! Auch wenn „die Seele" „die Hände ringt", wie Reto Roos sagt, oder wenn sie manisch tobt, so bleibt doch das reine Ego auch noch über dem Ringen und Toben wach!

Somit wäre die Frage nach der manisch-depressiven Antinomik (vgl. oben S. 416) auch von der phänomenologischen Seite her beantwortet, und zwar im positiven Sinne nicht nur einer *entgegengesetzten Gesamtkonstitution, sondern auch einer gemeinsamen Quelle, eines gemeinsamen Ursprungs dieser Entgegensetzung.*

Das gilt es nun an Hand unserer Kasuistik zu erläutern und zu bestätigen. Beginnen wir mit der Melancholie. Schon unser erstes Beispiel, das

der Frau Cécile Münch, die ihren Mann bei einem Eisenbahnunglück auf
dem von ihr vorgeschlagenen Sonntagsausflug verloren hat, zeigt alle Wesenszüge, zwar keineswegs der Traurigkeit oder Trauer, bei der die vom
reinen Ego konstituierte Einheit des weltlich-empirischen Ich mit dem transzendentalen Ich durchaus *nicht* in Frage gestellt oder gar aufgehoben ist,
sondern der traurigen *Ver*-Stimmung im Sinne der Melancholie. Zunächst
zeigt sich, daß die natürliche Erfahrung hier nicht mehr unreflektiert und
unproblematisch ist, sondern im höchsten Grade reflektiert und problembe-
lastet. Das empirische Ich, die Kranke also, wie sie leibt und lebt, „kommt"
hier nicht – auch „mit der Zeit" nicht, wie wir zu sagen pflegen – „über
den Tod des Mannes hinweg", sein Tod wird ihr zum Problem, über das
sie dauernd mit einem Wenn-nicht, und zwar im Sinne des melancholischen
Selbstvorwurfs wegen ihrer Anregung zu dem Ausflug, reflektiert. Sie vermag, wie wir uns ebenfalls in der Umgangssprache ausdrücken, weder den
Sachverhalt ihrer Anregung noch den des Todes ihres Mannes zu „akzeptieren". Gerade das aber wäre bei der Traurigkeit oder Trauer der Fall; denn
in der Trauer – das macht ja ihren tiefsten Wesenszug aus – akzeptiere ich
gerade den Sachverhalt des Verlustes des Nächsten in seiner ganzen Brutalität oder Grausamkeit. In dieser Anerkennung der Unwiederbringlichkeit
der Tatsache des Todes des Nächsten, desgleichen aber auch in der Unwi-
derruflichkeit meiner Anregung zu dem Ausflug als der durchaus zufälligen
Veranlassung seines Todes, vermag das reine Ego sich zu „beruhigen", vermag es mit anderen Worten seine konstitutive Funktion zu erfüllen, nicht
anders als in der Gelassenheit. Hier aber, in der melancholischen Verstimmung, vermag sich das reine Ego nicht auf den unproblematischen Gang
einer „natürlichen" Erfahrung zu stützen. Haben wir doch gesehen, daß hier
Hand in Hand mit den Versagensmomenten in der empirischen Erfahrung
genau aufweisbare Versagensmomente in der transzendentalen Erfahrung
einhergehen, die Vermischung nämlich der retentio mit den protentiven
Möglichkeiten des Wenn-nicht. Wenn nun das reine Ego, um auf den ersten Satz unserer Ausführungen über dasselbe zurückzukommen (oben S.
417), die Einheit des weltlich-empirischen Ich mit dem transzendentalen
Subjekt konstituiert, die konstitutive Erfahrung aber (im Sinne des reinen
Ego) die Einheit der weltlich-empirischen und der transzendentalen Erfahrung beschafft, so sehen wir schon an Hand unseres ersten Beispiels, daß
von beiden Einheiten keine Rede sein, daß das reine Ego seine Funktion also unmöglich erfüllen kann. Da die untersten Instanzen der Erfahrung, wie
wir gesehen haben, ihre Aufgaben nicht erfüllen, ist die höchste Instanz,
die des reinen Ego, auswegslos. Sie kann nur verzweifeln.

Wir sehen also, daß und wieso es möglich ist, die Wesensstelle der Ver-
Stimmungen innerhalb des Bewußtseins zu umgrenzen und ihre *Rolle in der*
Totalität der Erfahrung zu zeigen. Vor allem sehen wir aber auch, daß wir

die Rolle der Ver-Stimmungen aufzeigen können, *ohne von derjenigen der Stimmungen auszugehen!* Wir distanzieren uns also methodisch vollständig von *Freuds* Vorgehen in seiner bekannten Abhandlung „Trauer und Melancholie" (Ges. Werke Bd. X).

Unser zweiter Fall, der Fall des David Bürge, der glaubt, daß er nur melancholisch geworden, weil er die Dummheit begangen, eine Bürgschaft zu leisten, und daß er sofort gesund würde, wenn er sie zurückerhalte, auch er zeigt die Versagensmomente in der natürlichen Erfahrung, die wir im vorigen Fall konstatiert haben, das Versagen nämlich des unreflektierten, unproblematischen, eben natürlichen Fortgangs der Erfahrung. Und ebenso zeigt er die schon im ersten Fall aufgezeigten Momente des Versagens der temporalen Erfahrung und der Verflechtung der einzelnen Fäden derselben. Das Neue, das hier aber vorliegt, ist der Umstand, daß der Kranke nach Zurückerstattung der Bürgschaft das Motiv für seine Erkrankung sofort wechselt, also keineswegs zu seinen früheren maßlosen Selbstanklagen wegen der gemachten „Dummheit" steht, sondern sofort ein anderes Motiv aufgreift. Auch dafür ist das Versagen der Rolle des reinen Ego in der Totalität der Erfahrung verantwortlich. Insofern es, infolge des Versagens der empirischen und der transzendentalen Erfahrung, die Einheit beider nicht zu „beschaffen" vermag, vermag es auch nicht mehr „Stellung zu nehmen" in bezug auf die *Adäquatheit* der transzendentalen Erfahrungen mit den in ihr gemeinten Sachverhalten, vermag es also seine kritische oder regulative Funktion nicht auszuüben. Daher tritt anstelle der *Motivation* im Sinne des Folgezusammenhangs der natürlichen Erfahrung die uns so überraschende Motivunbeständigkeit, der geradezu an die Manie erinnernde auffallende Wechsel der Motive. Auch hierin zeigt sich die Rat- und Machtlosigkeit des reinen Ego als der phänomenologische Ursprung der melancholischen Verstimmung.

In der melancholischen Prospektion wird die Entmächtigung oder Außerfunktionsetzung des reinen Ego erst recht deutlich. Verfehlen doch auch hier sowohl die empirische als die transzendentale Erfahrung (als Vermischung protentiver mit retentiven transzendentalen Momenten) ihre Aufgabe und ihr Ziel so völlig, daß dem reinen Ego alle Konstitutionswege verschlossen sind, daß ihm also nichts übrig bleibt als die blinde Verzweiflung. Ihr Ausdruck ist der melancholische Verlustwahn . Wie der Wahn überhaupt sich letztlich nur egologisch verstehen läßt – im Verein natürlich mit dem Versagen der beiden niederen Instanzen der Erfahrung - -, so läßt sich der melancholische Wahn, als höchstmöglicher Ausdruck – nicht etwa als Folge! – der melancholischen Verstimmung, nur verstehen aus der Verzweiflung des reinen Ego über das Scheitern seiner Funktion, der Durchführung der Totalität der Erfahrung überhaupt und damit der Konstitution der „Weltfülle" überhaupt. Sagt doch *W. Szilasi* einmal sehr richtig (Einf. S. 99), daß auch der pathologische Mensch, z.B. der Melancholiker, seine eigene primordinale Welt habe, „indem er die Weltfülle der Aktivität seines reinen Ego entsprechend auf die ihm eigene Lebenswelt reduziert". Und zwar sei die Welt hier in doppelter Weise inadäquat, einmal durch die Unvollständigkeit der Adäquation, zum andern durch die eigene Reduktion der Weltfülle auf die Lebenswelt (im *Husser*lschen Sinne). Im melancholischen Wahn ist beides im Spiel und beides infolge der Schwächung des reinen Ego, zwar nicht hinsichtlich seiner Funktion im Sinne der Mir-eigenheit, wohl aber im Sinne seiner kritischen oder regulativen Funktion. Der *melancholische Wahn* ist das Werk allein des regellosen, nämlich *vom reinen Ego ungeregelten*, Zusammenspiels von versagender empirischer und versagender transzendentaler Erfahrung. Das ist seine negative Seite. Seine positive liegt darin, daß, wie aus dem Beispiel von Tellenbachs Kranker M.B.K. und unseres Falles Reto Roos ersichtlich, das empirische melancholische Ich infolge der Außerfunktionsetzung des reinen Ego und der dadurch bedingten „Gegenstandslosigkeit" (Pat. M.B.K.) nach jedem (intentionalen) Strohhalm greift, der ihm in seiner von keinem reinen Ego mehr geleiteten Erfahrung und der in einer solchen Erfahrung liegenden schier unaushaltbaren Qual noch „einen Halt" zu geben vermag. (Ich erinnere an die Rede von dem in den Ofen des Leids geworfenen Brennmaterial.) Wenn die Seele hier „die Hände ringt", um nochmals an Reto Roos zu erinnern, so ringt sie, phänomenologisch nüchtern ausgedrückt, nach der Wiedererlangung der Totalität der Erfahrung unter der Leitung und Kritik des reinen Ego. Das ist, wie Reto Roos es weiterhin ausspricht, ihre, wenn auch immer wieder enttäuschte, Hoffnung und ihre Angst, Hoffnung, sich an den dünnsten Strohhalm klammernd, Angst, daß die Qual des „Umhergetriebenseins" – von einer Enttäuschung in die andere – (ohne konstitutive Leitung und Ordnung) „eindeutig" zum Selbstmord führen werde. –

Was nun die *manische* Verstimmung betrifft, so haben wir auch hier gesehen, daß der Ausdruck Ver-Stimmung sich keineswegs nur auf die Stimmung bezieht, sondern auf das *Ganze* der „manischen" Konstitutionsweise. Hinsichtlich der Versagensmomente in der unmittelbaren oder empirischen Erfahrung können wir uns kurz fassen, haben wir sie doch in den Ideenfluchtstudien schon ausgiebig durchanalysiert. Wir zeigten dort, wie der Manische sich wahllos von allem und jedem beeindrucken, ja bezaubern läßt, sozusagen Beute eines jeden Eindrucks wird, im Gegensatz zum Melancholischen, der von *einem* oder wenigen Problemen völlig in Anspruch genommen wird. Anstelle der einseitigen Problemverhaftung der Erfahrung tritt hier eine weitgehende Problemlosigkeit. War das Versagen der unmittelbaren empirischen Erfahrung in der Manie schon auf Grund unserer Ideenfluchtstudien leichter zu beschreiben als in der Melancholie, so waren die transzendentalen Versagensmomente hier schwerer festzustellen. Dies geschah auf dem Umweg über die Appräsentation, sowohl im Hinblick auf die Fremd- als auf die Selbstappräsentation. Auch hier legten wir den Nachdruck auf die temporale Erfahrung und ihre Störung. Im Vordergrund stand dabei die temporale Störung der Selbst- und der Fremdkonstitution. Was nun die Rolle des reinen Ego in der manischen Erfahrungsweise und manischen Stimmungswelt betrifft, so muß ohne weiteres klar sein, daß sie auch hier ihre Funktion in der *Totalität* der Erfahrung, nämlich die konstitutionelle Einheit zwischen empirischer und transzendentaler Erfahrung herzustellen, nicht zu erfüllen vermag. Auch hier muß sie das Zusammenspiel beider Instanzen der Erfahrung ihnen selbst überlassen. Was dabei, nämlich bei dem bloßen Zusammenspiel der beiden in der geschilderten Weise gestörten Erfahrungsweisen, herauskommt, nennen wir mit einem Wort Manie. Manie wie Melancholie sind regellose, wenn auch in ihrer Regellosigkeit noch beschreibbare, der Kontrolle des reinen Ego weithin beraubte und insofern anomale Konstitutionsweisen des menschlichen Bewußtseins im weitesten Sinne dieses Wortes. Ob wir dann sagen, das reine Ego vermöge seine konstitutive Funktion nicht zu erfüllen, weil die beiden anderen Instanzen ihm das verunmöglichen, oder sagen, jene beiden „Instanzen" versagten, weil das reine Ego seine Funktion nicht erfüllt, kommt auf dasselbe heraus. Hier handelt es sich um einen in der Phänomenologie der Erfahrung begründeten und daher selbstverständlichen Zirkel.

Dies zeigt sich ebenso am Fall Elsa Strauß wie an den Fällen Dr. med. Ambühl und Olga Blum. Wenn Elsa Strauß in die Kirche läuft und den Organisten belästigt, so versagt hier die natürliche Erfahrung, weil sie nicht vom reinen Ego reguliert wird, ebenso im Falle Ambühl, wenn er die Hausordnung sprengt. Auch die Verdinglichung, von der wir im Fall Olga Blum anläßlich der Stellvertretung Goethes sprachen, steht unter dem Zeichen der Schwächung des reinen Ego und somit auch des Versagens der Appräsentation. Das gilt erst recht von dem *Wunder*, von dem Olga Blum spricht (oben S. 409ff.), darin bestehend, daß sich *alle* Rätsel lösen, daß alles so einfach wird, „wenn man den Grund von allem weiß". Wir sprachen angesichts dieses Wunders von einem „Gipfel des manischen Wissensoptimismus" und von der Tragik, die darin liegt, daß die Kranke jetzt, nachdem es ihr „wie Schuppen von den Augen gefallen" und sie die „graue Brille zerbrochen" hat, „in Wirklichkeit" gar nichts mehr sieht. Trotzdem glaubt sie, *vor allem* zu stehen, nämlich den Grund von *allem* zu wissen.

Nachdem wir die egologische Erfahrung kennengelernt haben, können wir sie jetzt noch einmal auf unser Thema, die manisch-depressive Antinomik, „anwenden" und einen Schritt über die Rede vom manischen Erkenntnis- und Wissensoptimismus hinaus zu machen versuchen. Während der Manische, wie wir aus jenem geradezu klassischen Beispiel ersehen, vor *allem* steht, steht der Melancholische vor der völligen „Gegenstandslosig-

keit", vor *nichts*. *In der Manie* realisiert das reine Ego gar nicht, daß gar
keine „Inhalte" da sind, mit anderen Worten, daß die empirischen und transzendentalen Erfahrungsschichten versagen. Es überspringt die Nichtung ihrer Rolle, die Unbeschränktheit also durch jene Erfahrungsschichten, durch
ein *Inbesitznehmen von allem*. Dasselbe hinsichtlich des Versagens jener
beiden Erfahrungsschichten gilt aber, wie wir des langen und breiten untersucht und dargestellt haben, auch hinsichtlich der *Melancholie*. Auch hier
versagt sowohl die eine wie die andere „Instanz", auch hier ist das reine
Ego unbeschränkt durch Erfahrung. Im Gegensatz zum (manischen) Inbesitznehmen von allem, versinkt das reine Ego in der Melancholie aber durch
die Erfahrungslosigkeit in das *Nichts*. Dort das „verrückte" Glück *über den
Besitz von allem*, hier die „verrückte" Verzweiflung über das Versinken ins
Nichts, in den *Verlust von allem*. In beiden Fällen hat die egologische Erfahrung keine Rolle, kein „Tätigkeitsfeld" hinsichtlich der Totalität der Erfahrung (wenn sie auch, wie erwähnt, die Konstitution der Mir-zugehörigkeit
weiterhin erfüllt). Dieses „Keine-Rolle-haben" ist der Grund, warum die
egologische Erfahrung zwischen den beiden Extremen der Ver-Stimmung
hin und her pendeln kann! Aus dieser Einsicht scheint uns die eigentliche Bedeutung der „Egologie" *Husserls* für das Verständnis der manisch-
depressiven Antinomik hervorzugehen.

Von hier aus können wir auch den „manisch-depressiven Umschlag" des
Vater-Komplexes im Fall Olga Blum besser verstehen. In der Manie „geht"
die Kranke, wie über *alle* Hindernisse, so auch über das Ärgernis und Hindernis „Vater" hinweg. Immerhin bleibt sie insofern – negativ – orientiert
am Vater, als sie sich vornimmt, in *allem* das Gegenteil von ihm zu sein,
nämlich nicht-egoistisch. In der Depression wird der Vater genichtet, ja
vernichtet, denn „eigentlich" „müßte ein solcher Mensch sich das Leben
nehmen". Dieses Versenken des Vaters in das Nichts drückt die Umgangssprache sehr gut aus, wenn sie sagt, „sie läßt kein gutes Haar am Vater".
Es ist *möglich* – wir mußten diese psychoanalytisch naheliegende Frage unentschieden lassen –, daß der Vater der Tochter in der Kindheit *„alles war"*
und daß er auf Grund der manisch-depressiven Antinomik, des manisch-
depressiven Hin- und Her-Pendelns zwischen den beiden Stimmungsextremen, des Glücks über den Besitz von allem und des Schmerzes über den
Verlust von allem, in den Bereich des moralischen, ja des physischen Todes
verwiesen werden mußte.

Es könnte aber von hier aus auch einiges Licht fallen auf das phänomenologisch noch völlig unverstandene Phänomen der *Identifikation*, hier
mit dem Vater. Denn in der Identifikation mit dem Vater nichtet die Kranke, wie den Vater, so auch sich selbst (z.B. in der Achtung der Leute),
steht sie also „vor dem Nichts". Zugleich aber steht sie damit – und zwar
auch in der Depression – insofern vor allem, als sie in der Identifikation

vom Vater *völlig Besitz nimmt*. Damit wollen wir nur andeuten, daß die manisch-depressive Antinomik nicht nur *zwischen* Manie und Depression herrscht, sondern schon in jeder der beiden Ver-Stimmungen selbst zum Vorschein kommt. Schon *Griesinger* hat wenigstens das eine gesehen, „daß häufig genug die Schwermut während der ganzen maniakalischen Periode durch die ausgelassenste Selbstüberhebung durchblickt" (Pathol. und Ther. der psychischen Krankheiten, 3. Aufl., S. 279).

Die manische und depressive und die schizophrene Erfahrungsweise

Wir glauben nicht, der Aufgabe, die wir uns in diesen phänomenologischen Studien zur Manie und Melancholie gestellt haben, gerecht geworden zu sein, bevor wir nicht unsere Befunde denjenigen bei der Schizophrenie gegenübergestellt und beide voneinander abgehoben haben. Ist doch das Problem der Verschiedenheit von manisch-depressivem Irresein und Schizophrenie und ihren etwaigen Beziehungen zueinander immer noch ein, ja *das* Zentralproblem der klinischen Psychiatrie. Wenn wir uns auch darüber klar sind, daß wir mit der phänomenologischen Methode die *klinische* Seite dieses Problems nicht lösen können, so muß doch die Klinik hier wie sonst das größte Interesse daran haben, zu erfahren, wie sich jene Verschiedenheit auf phänomenologischem Gebiet ausnimmt und ob sich gerade hier, trotz aller Verschiedenheit, gewisse Beziehungen zueinander ergeben oder nicht. Zeigt uns doch die Phänomenologie – immer im Sinne *Husserls* –, was hier *eigentlich* vorgeht, mit anderen Worten, was sich hier als Versagen oder Störung ebenso *ausweisen* kann, wie sich ein biologisches Versagen oder eine biologische Störung erst als solche ausweisen kann auf Grund der Kenntnis der Vorgänge im biologischen Organismus.

Das phänomenologische Problem, um das es sich hier handelt, haben wir bereits in der *Einleitung* berührt (vgl. S. 357), damals aber noch im Sinne einer offenen Frage. Denn während die Sachlage bei der Schizophrenie in unseren Schizophreniestudien schon klar herausgearbeitet war, mußten wir unsere Ungeduld hinsichtlich der Melancholie und Manie damals noch zügeln. Nun aber sind wir so weit, auch die *Beantwortung* jener Frage in Angriff nehmen zu können.

In unseren Schizophrenie-Studien waren wir ausgegangen von den Störungen der natürlichen Erfahrung als derjenigen Erfahrung, in der sich unser Dasein, um mit W. *Szilasi* zu sprechen, „nicht nur unreflektiert, sondern auch unproblematisch und unauffällig, eben als natürlicher Folgezusammenhang, bewegt". Und zwar bezieht sich diese Problemlosigkeit in erster Linie auf die Gegenständlichkeit. Infolgedessen kann der Folgezusammenhang der Erfahrung nur „natürlich" sein als *sachlich*-konsequenter.

Bei der Schizophrenie erwies sich diese sachliche Konsequenz der natürlichen Erfahrung als gestört durch eine *Inkonsequenz*, sich zeigend in der Unmöglichkeit eines ungestörten Aufenthaltes bei den Sachen. Daraus ergaben sich, wie ebenfalls bereits in unserer Einleitung erwähnt wurde, Widersprüche, ja starre Alternativen, mit dem Ergebnis der Ausweglosigkeit und Undurchführbarkeit des Lebensganges, sich zeigend in der verstiegenen Idealbildung, den schizophrenen Deckungsversuchen und Resignationserscheinungen und in der Zerrissenheit der Welt. Wir wiesen schon damals (S. 354) darauf hin, daß auch bei der Melancholie und bei der Manie die „Durchführbarkeit des Lebensganges" in Frage gestellt sein müsse, sonst könnten wir hier ja nicht von „Psychosen" sprechen; damit höre die Übereinstimmung der „Experimente", welche die Natur hier mache, aber auch auf. Bei dieser Feststellung mußten wir damals stehenbleiben. Jetzt gehen wir weiter. Wenn sich die Problemlosigkeit des natürlichen Folgezusammenhanges der Erfahrung in erster Linie auf die Gegenständlichkeit bezieht, das heißt auf den ungestörten Aufenthalt bei den Sachen und, wie wir hinzufügen müssen, bei den Sachverhalten, und wenn sich gerade hierin „jene beständig vorgeschriebene Präsumption, daß die Erfahrung im gleichen konstitutiven Stil beständig fortlaufen werde" (vgl. S. 355) erfüllt, so müssen wir konstatieren, daß sich schizophrene und melancholische Erfahrungsweise in gewisser Hinsicht näher stehen als melancholische und manische; denn nur bei der letzteren bleibt die Problemlosigkeit der natürlichen Erfahrung nicht nur gewahrt, sondern wird sie auf die Spitze getrieben, während sie sowohl bei der melancholischen als bei der schizophrenen Erfahrungsweise, wenn auch auf verschiedene Art, höchst „problematisch" wird. Denn beide Male erlaubt die Erfahrung keinen ungestörten Aufenthalt bei den Sachen und Sachverhalten, bei der Schizophrenie nicht auf Grund des Auseinanderbrechens der Konsequenz der Erfahrung in starre Alternativen, bei der Melancholie nicht auf Grund des Haftenbleibens der Erfahrung an einem bestimmten Sachverhalt, Problem oder Thema, dem Selbstvorwurf- oder dem Verlust-Thema. Beide Male reibt sich das Dasein auf in einer Ausweglosigkeit und Undurchführbarkeit des Daseinsganges, bei der Schizophrenie aber in den nie zu einem Ende gelangenden „verstiegenen" Versuchen zu einer Idealbildung und zur Deckung der *einen* Seite der Alternative, bei der Melancholie hingegen nicht nur in dem leid-, qual- und angstvollen *Aufenthalt* bei dem jeweiligen Sachverhalt oder Thema, sondern in der unentrinnbaren *Auslieferung* an dasselbe. Wichtiger als diese Verschiedenheit hinsichtlich der Art und Weise der Ausweglosigkeit des Daseins in Schizophrenie und Melancholie ist jedoch die Verschiedenheit in deren transzendentaler „Genese" (dieses Wort im *Husserl*schen Sinne der „genetischen" Phänomenologie gemeint): in der Melancholie sind es ganz bestimmte Störungen im intentionalen Aufbau der zeitlichen Objektivität, die jene Ausweglosig-

keit bedingen, die Lockerung nämlich, Zusammenrüttelung und Verflechtung der Fäden des Gewebes jenes Aufbaues, während in der Schizophrenie
derartige Störungen – wenigstens bis jetzt – nicht nachgewiesen worden
sind. Mit dieser Verschiedenheit hängt aber noch etwas anderes zusammen:
Das Auseinanderbrechen der Konsequenz der Erfahrung ist, kurz gesagt,
ein „geschichtliches Ereignis", eine Angelegenheit, die die *Geschichtlichkeit*
des Daseins betrifft und aus ihr „stammt", die Lockerung des Gewebes der
Gefügestruktur des intentionalen Aufbaus der zeitlichen Objektivität hingegen kann nur aus der *Geworfenheit* des Daseins verstanden werden, nämlich
als daseinsmäßig nicht mehr verstehbarer, sozusagen elementarer Einbruch
aus der Geworfenheit in das Dasein und ebensolcher Wiederausbruch aus
demselben. Das aber heißt: Melancholie und Manie mögen noch so sehr mit
„psychologischen Vorgängen" verknüpft sein, an und für sich sind sie keine (lebens-)geschichtlichen und somit keine existentiellen Angelegenheiten,
sondern Angelegenheiten blinder Bedrohung des Daseins von seiner Geworfenheit her. Das ist es, was Melancholie und Manie einander nahebringt und
von der Schizophrenie prinzipiell unterscheidet, unbeschadet der Tatsache,
daß auch bei der Schizophrenie solche elementaren Einbrüche mitbeteiligt
sein können.

Wenn sich manisch-depressives Irresein und Schizophrenie im übrigen
so leicht und viel öfter, als wir es in der Regel wahrhaben wollen, „miteinander kombinieren", so hat dies, wie jetzt leicht einzusehen ist, seinen
Grund darin, daß beide „Psychosen" auf einer ganz verschiedenen Ebene liegen, genauer gesagt, in ganz verschiedenen Daseinsbereichen gründen, die
Schizophrenie im Bereich der sich an der Gegenständlichkeit brechenden
Konsequenz der Erfahrung und damit der Geschichtlichkeit, das manisch-
depressive Irresein dagegen im Bereich der Geworfenheit.

Mit alldem hängt aufs engste die Tatsache zusammen, daß ein jeder entsprechend seiner eigenen Lebensgeschichte, seinen eigenen Problemen und
den sich aus ihnen ergebenden Alternativen, und unbeschadet großer Übereinstimmung in der *Symptomatik*, sozusagen *„seine eigene Schizophrenie
hat"* – wie es ja auch der Psychotherapeut der Schizophrenen immer wieder
zu spüren bekommt –, während der Manische und Melancholische, unbeschadet der Verschiedenheit der melancholischen Verlust-Themata, *nicht*
„seine eigene Manie oder Melancholie" hat, sondern die Manie oder Melancholie aller, daß er also an einer *generellen* Form der Bedrohtheit des
menschlichen Daseins von seiner Geworfenheit her leidet. Dabei müssen
wir uns nur klar sein, daß Geworfenheit hier nicht im daseinsanalytischen
negativen Sinne gemeint ist, also im Sinne der Tatsache, daß das Dasein sich
nicht selbst in sein Sein gesetzt hat, sondern im positiven Sinne dessen, was
das Dasein tatsächlich in sein Sein setzt, nenne man es nun Natur oder
Bios. Infolgedessen ist auch die Funktion des reinen Ego in beiden Krank-

heitsformen eine verschiedene. In der Schizophrenie bewahrt es nicht nur weithin seine Funktion als Regulativ der Erfahrungstotalität, insofern es die Alternativen der Erfahrung miteinander zu versöhnen und nach Auswegen im Sinne verstiegener Idealbildung und energischer Deckungsversuche sucht – in welchem Suchen sich durchaus noch seine Macht, sein Am-Werke-sein zeigt –, während, wie wir gesehen haben, diese regulative Funktion von dem Einbruch aus der Geworfenheit gleichsam weggeschwemmt wird, so daß nur noch das Eidos der Mir-zugehörigkeit in Erscheinung tritt, jedoch irgendwelche Versuche, und seien es defiziente, zur Wiederherstellung der Kontinuität der Erfahrung und ihrer Totalität nicht möglich sind. Auch die Bemühungen, immer wieder „Brennmaterial in den Ofen des Leidens zu werfen", sind durchaus keine Versuche zur Wiederherstellung der Totalität der Erfahrung.

Zum Schluß geben wir nochmals der Hoffnung Ausdruck, es möge klar geworden sein, daß wir in der Lehre vom transzendentalen Bewußtsein im Sinne *Husserls* für die medizinische Psychopathologie dasselbe erblicken dürfen, was wir für die Körpermedizin in der Lehre vom Organismus zu erblicken haben (vgl. oben S. 393). Wir sagten, die Psychiatrie genannte „Seelenmedizin" müsse sich ebenso auf eine *Wissenschaft* stützen können, wie die Körpermedizin sich auf die hochentwickelte, jahrhundertealte Wissenschaft vom *Organismus* stützen könne, auf eine Wissenschaft nämlich, auf Grund derer sich eine krankhafte Störung wirklich als Störung (einer Funktionsinstanz) ausweisen könne. In der Tat leistet die *Husserl*sche Wissenschaft für die Psychiatrie dasselbe wie die Biologie für die Körpermedizin. Daher ist es durchaus kein Zufall, sondern innerlichst begründet, wenn z.B. *Wilhelm Szilasi* den Vergleich wagt: „Diese geschlossene Aktivitätseinheit des Bewußtseins ist wie die eines elementaren Lebewesens" (Einführung, S. 141), oder wenn *Eugen Fink* angesichts der Lehre *Husserls* gar von einer „gigantischen Vivisektion des Bewußtseins" spricht[77].

---

[77] E. Fink, Die Spätphilosophie Husserls in der Freiburger Zeit, in: Edmund Husserl 1859-1959, Den Haag, 1959, S. 110.

Wahn

Beiträge zu seiner phänomenologischen und
daseinsanalytischen Erforschung

Inhalt

Wahn

Beiträge zu seiner phänomenologischen und daseinsanalytischen Erforschung

Erwin Straus und Hans Binder zugeeignet

Vorwort

Die vorliegende Schrift ist die dritte der von mir in den letzten Jahren im gleichen Verlag herausgegebenen psychiatrischen Arbeiten.

Die erste (1957) umfaßte unter dem Titel „Schizophrenie" meine bis dahin erschienenen „psychiatrisch-daseinsanalytischen, phänomenologischen und psychopathologischen Fall-Studien zum Schizophrenieproblem".

In[h] den in dieser Schrift gesammelten Studien waren Dasein und Phänomenologie der Erfahrung noch kaum getrennt, wie es hier in der Überleitung von A zu B – nämlich von der daseinsanalytischen Grundlegung zur Phänomenologie des Wahns – dem Leser vor Augen geführt werden wird.

Die Methode der zweiten Schrift dieser Reihe, betitelt „Melancholie und Manie", war fast ausschließlich der Phänomenologie Husserls gewidmet, so daß eine von hoher Warte aus erfolgte Kritik dieser Schrift aus der Feder von K.P. Kisker, Heidelberg, (Jahrb. für Psychologie, Psychotherapie und medizin. Anthropologie 8.Jg., S. 142 bis 153, 1962) den nicht unberechtigten, mich selbst aber durchaus überraschenden Titel „Die phänomenologische Wendung Ludwig Binswanger's" trug.

Überrascht hat mich dieser Titel, da ich trotz des Untertitels „Phänomenologische Studien" im Vorwort (S. 351) betont hatte, daß ich von der Daseins-Analyse im Sinne Heideggers – also von der Ontologie – immer *ausgegangen* sei und auch in dieser Schrift ausginge, „in der Absicht nämlich, die Geisteskrankheiten von ihrer Seinsverfassung aus darzustellen". Außerdem habe ich anläßlich der Bekämpfung von Tellenbachs Rückgriff des Verständnisses der melancholischen Angst auf Heideggers ontologisches *Existenzial* der Angst betont, diese Bekämpfung bedeute natürlich keine Abkehr von Heidegger, sondern im Gegenteil eine Rückkehr im Sinne einer vertieften Einsicht in die rein *ontologische* Intention von „Sein und Zeit".

In beiden Fällen konnte ich nicht auf Verständnis der Kritiker stoßen, da jene „Vertiefung" in der Schrift selbst durchaus noch nicht zum Ausdruck kam. Ebenso verhält es sich mit der Bemerkung Kiskers, daß die Schrift über „Melancholie und Manie" „unter den daseinsanalytischen Psychiatern eine beträchtliche Unsicherheit darüber hervorrufen wird (und bereits hervorgerufen hat), wo denn nun die ‚Daseinsanalyse' aufhöre, wo die ‚Phänomenologie' anfange, welche von beiden die andere eigentlich begründe usw".

Kisker sowohl als Tellenbach wären für eine klärende Stellungnahme zu jener Frage dankbar.

Abgesehen davon, daß man auf unserem Gebiet überhaupt nicht die geographische Landkartenfrage nach dem Anfangen und Aufhören eines Territoriums stellen kann, und abgesehen davon, daß wir, worin ich mit Hans Kunz, Wolfgang Blankenburg u. a. völlig übereinstimme, auf unserem Arbeitsgebiet noch sehr am Anfang stehen, abgesehen von alledem brauche ich nur auf die Studie des letzteren aus dem Jahre 1958 zu verweisen (Daseinsanalytische Studie über einen Fall paranoider Schizophrenie. Ein Beitrag zur Interpretation schizophrener Endzustände. Schweiz. Archiv f. Neurol. u. Psych., Bd 81), in welcher Studie in methodisch vorbildlicher Weise (vgl. z. B. S. 35f., 43, 54, 68 etc.) sich Schritt für Schritt die „Zusammenarbeit" von Daseinsanalyse und Transzendentalphänomenologie zugunsten der Interpretation der „Wahrheit der Welt" eines 76jährigen Chronisch-Paranoiden verfolgen läßt.

Ich habe immerhin versucht, dem Wunsche meiner Kritiker bis zu einem gewissen Grade entgegenzukommen, so vor allem in dem Abschnitt A über die ontologisch-daseinsanalytische Grundlegung des Wahns, sowie mehrfach an anderen Orten, so insbesondere in dem Abschnitt „Rückblick auf Heidegger und seine Kritik an der Intentionalität, Ontologie und ontische Wahrheit". Das Ergebnis ist, daß ich Heideggers Ontologie immer mehr in ihrer rein philosophischen Bedeutung zu würdigen vermag, sie aber auch immer mehr von ihrer „Anwendung" auf die Wissenschaft, auch die der Psychiatrie, trenne. Statt dessen trat für mich die Lehre vom transzendentalen Bewußtsein Husserls *in dieser Hinsicht* immer mehr in den Vordergrund, vorbereitet in den Studien zum Problem der Schizophrenie und klar ausgesprochen in der Schrift über „Melancholie und Manie" (vgl. insbes. S. 140), wo ich die Bedeutung der Lehre Husserls für die medizinische Psychopathologie mit der Bedeutung der biologischen Lehre vom Organismus für die Körpermedizin verglich. An diesem Standpunkt wird in den Hauptabschnitten B I und B II dieser Schrift, die zum großen Teil der Phänomenologie der Erfahrung und von ihr aus der Wahnerfahrung gewidmet sind, festgehalten. Dabei bin ich mir einer „phänomenologischen Wendung" um so weniger bewußt, als meine psychiatrische Daseinsanalyse sich immer auch der phänomenologischen Methode bediente und als mein erstes Referat (in der Schweiz. Gesellschaft für Psychiatrie) über Husserls Phänomenologie und ihre Beziehungen zur Psychiatrie in das Jahr 1922 fällt! – Ich gebe gerne zu, daß vieles in der vorliegenden Schrift Programm geblieben ist, aber auch das Programmhafte scheint meiner Absicht, den Wahn als solchen in den Griff zu bekommen, förderlich zu sein.

Wenn ich meinen beiden genannten Kritikern dankbar bin für ihre sehr ernsthaften Bemühungen, muß ich in meinen Dank aber auch noch den französischen Kollegen R. Ebtinger einbeziehen, der in der „Evolution Psychiâtrique" (Tome XXVIII, Fasc. II, S. 327) eine sehr gewissenhafte, am Schlusse einige klinische Bedenken äußernde Besprechung von „Melancholie und Manie" verfaßt hat, sowie meinen schweizerischen Kollegen Heimann und die Redaktion der Kläsi'schen Monatsschrift für die zu meinem 80. Geburtstag freundlicherweise erschienene, ebenfalls sehr gewissenhafte Besprechung desselben Buches (Mon.schr. f. Neur. u. Psych. Vol. 141, H. 4, S. 229, 1962). Mein herzlichster Dank aber gilt meinem verehrten Freunde Wilhelm Szilasi, und zwar diesmal nicht nur „für sein überaus reges, andauerndes Interesse und für entscheidende Hinweise", sondern für eine eigentliche mündliche und schriftliche *Mit-Arbeit*.

Zum Schluß muß ich noch meinem Bedauern Ausdruck geben, daß ich nicht auf die überaus weitschichtige und in methodologischer und sachlicher Hinsicht höchst verschiedenartige Literatur über den Wahn eingegangen bin, in der Meinung, in meinem hohen Alter das Recht zu haben, etwaige Berührungspunkte mit den Auffassungen und Ergebnissen der älteren und zeitgenössischen Wahnforschung der jüngeren Psychiatergeneration zur Aufdeckung und Bearbeitung zu überlassen. Mein Bedauern ist um so größer, als sich unter den nicht zitierten Kollegen, die sich ebenfalls um die Erforschung des Wahns verdient gemacht haben, viele meiner besten wissenschaftlichen Freunde befinden. (Während ich dies schreibe, erscheint in den Fortschritten der Neurologie, Psychiatrie und ihren Grenzgebieten (32. Jg. H. 9) ein ausgezeichnetes Übersichtsreferat über die gesamte Wahn-Literatur aus den Jahren 1954-1963 aus der Feder von G. Huber, umfassend 259 Nummern. Vgl. auch vom selben Autor: Das Wahnproblem (1939 bis 1954) ebd. 25. Jg. (1955) S. 6-58.)

Hingegen kann ich mir nicht versagen, auf denjenigen Autor hinzuweisen, durch den die neue Wendung in der Wahnforschung erst in die Wege geleitet wurde, nämlich auf meinen Freund Hans Kunz in Basel. Die Arbeit, in der dies geschah, trägt den Titel „Die Grenze der psychopathologischen Wahninterpretationen" (Z. Neurol. u. Psychiatrie. 135. 1931). Kunz setzt sich hier eingehend mit der bis dahin vorliegenden Wahnliteratur, insbesondere mit Gruhles auseinander, dem er mit Recht die „Haltlosigkeit" seiner These vorwirft, „daß im (schizophrenen) Primärwahn jemals das sinnliche Wahrnehmen (oder dessen Inhalte) verändert sei, immer handle es sich *ausschließlich* um *Bedeutungswandlungen* des an sich intakten Wahrgenommenen" (a.a.O. S. 683). Natürlich muß Kunz damit auch Gruhles Definition des Primärwahns als „Beziehungssetzung ohne Anlaß" ablehnen (ebd.). Hingegen sieht er in Kronfelds Bemühungen „die Bahn eröffnet", die er selbst nur „radikaler und entscheidender gehen werde" (S. 688). Außer Kronfelds Interpretationsversuch werden auch diejenigen von Jaspers und

Carl Schneider geschildert. Aber auch Kurt Schneider, Kolle, Kretschmer, Kehrer, Wetzel u.a. kommen zu Wort.

Kunz versucht nun nachzuweisen, daß die psychologischen und psychopathologischen Kategorien und Verstehensweisen, mit denen alle diese Autoren arbeiten, keineswegs genügen, um die Schizophrenie und vor allem den schizophrenen Primärwahn „begreiflich zu machen". Wohl mag das hinsichtlich der übrigen Wahnformen gelingen, beim Primärwahn aber handle es sich um die *„Konstitution einer neuen, andersartigen Existenzweise"*. Aber nicht so scheine es sich zu verhalten, daß „der Primärwahn der Existenzumwandlung als solcher entspringe, sondern daß die Entwicklung der Wahnbildung ... erst auf einem (wahnlos) verrückten Boden einsetzt" (S. 701). Damit ist auch unser eigenes Thema vorgezeichnet (vgl. insbesondere die Zusammenfassung des Falles August Strindberg am Schluß dieser Arbeit. Kunz kommt damit auf die Frage der Unverstehbarkeit des schizophrenen Prozesses als eines zentralen philosophischen Problems. Die existentiale Interpretation versucht die von Jaspers gegebenen Impulse „radikaler aufzunehmen und sie in dem sichtbar zu machen, was sie im Grunde meinten" (S. 711). „Dabei werden freilich jene Grenzen, die sich für Jaspers ergaben, in einer eigentümlichen, durch Heidegger möglich gewordenen Bewegung des konstruktiv-entwerfenden Verstehens der schizophrenen Existenz durchbrochen. Von da aus muß sodann die Problematik des Verständlichen und Unverständlichen erneut aufgeworfen und durchdiskutiert werden; und es scheint uns möglich, dem in der letzten Zeit stagnierten ‚Problem des Verstehens' einen frischen und vielleicht tiefer führenden Antrieb zu geben" (ebd.).

Dieser Möglichkeit bin ich seither nachgegangen. Ein Hinweis auf meine Bestrebungen hinsichtlich einer Verbindung des Problems der Verständigung mit den Schizophrenen findet sich, abgesehen von meinen „Studien zum Schizophrenieproblem" vom Jahre 1957 in einer Arbeit in der Festschrift zum 75. Geburtstag von Victor von Gebsattel vom Jahre 1958 (1958c) betitelt „Psychiatrisches Denken der Gegenwart in der Schweiz" (Wyrsch, Roland Kuhn, Hans Kunz). Hier betonte ich, daß es sich in meinen Arbeiten nicht um eine Verständigung in den ontischen Bezügen, sondern um eine von einer „hermeneutischen auf die jeweilige Seinsverfassung ausgehende Verständigung" und damit um eine doppelte, „interpretatorisch durchwirkte" Kommunikation handle (S. 190/191).

Was den *Aufbau* der vorliegenden Arbeit betrifft, so folgt auf eine kurze ontologisch-daseinsanalytische Grundlegung (A) eine Überleitung von A zu B, dem phänomenologischen Hauptabschnitt dieser Schrift. In der Überleitung wird gezeigt, daß in den Studien zum Schizophrenieproblem psychiatrische Daseinsanalyse und phänomenologische Analyse der Erfahrung noch nicht getrennt waren, sondern ineinanderflossen. Im Abschnitt

B handelt es sich sodann um eine reine phänomenologische Analyse der Erfahrung überhaupt sowie der Wahnerfahrung im speziellen, wobei der Wahn immer beschränkt bleibt auf den schizophrenen Beziehungs-, Beeinträchtigungs- und Verfolgungswahn. Der große Abschnitt B gliedert sich wieder in den Abschnitt B I (Phänomenologische Beschreibung der Erfahrung und der Eigenart der Wahnerfahrung, und den Abschnitt B II. Der weitere phänomenologische Aufbau der Erfahrung und Abbau der Wahnerfahrung, aufgezeigt an Hand klinischer Fälle: Der Fall Aline; Der Fall Suzanne Urban; Der Fall August Strindberg).

Den Schluß bildet ein Abschnitt C: Über die „Schicksalslogik". Schließlich spreche ich noch Herrn Oberarzt Privatdozent Dr. Dr. Heinz Häfner in Heidelberg und meiner bewährten Sekretärin Frau Lucie Altherr für ihre wertvolle Hilfe beim Lesen der Druckbogen meinen herzlichsten Dank aus.

A Ontologisch-daseinsanalytische Grundlegung

Die grundlegende Verfassung des Daseins als In-der-Welt-sein suchen wir, wie wir es bereits früher (vgl. Einleitung zur „Schizophrenie") getan haben, zu verstehen aus der *Freiheit der Transzendenz*, und zwar einerseits aus der Freiheit des *Seinlassens der Seienden*, in denen das Dasein *sich befindet* und durch welches Befinden es *gestimmt* ist, andererseits aus der Freiheit des *Sich-den-Seienden-Überlassens* oder des *Sich-einlassens-auf-das Seiende*. (Vgl. Heidegger: Vom Wesen der Freiheit in „Vom Wesen der Wahrheit", Frankfurt/M. 1943, 14-17). Aber nicht so verhält es sich, daß das menschliche Belieben über die Freiheit verfügt, vielmehr besitzt die Freiheit als das ek-sistente, entbergende Dasein den Menschen. Freiheit bedeutet hier also gerade das Gegenteil von Willkür und ist auch nicht identisch mit so etwas wie „Willensfreiheit"; sie ist der Überstieg zur Welt oder die Transzendenz. „Das entwerfend-überwerfende Waltenlassen von Welt ist die Freiheit" („Vom Wesen des Grundes", 5. Aufl., Frankfurt/M. 1965, S. 44). Aber wie gesagt: „Das Über-steigende und so sich Erhöhende muß als solches im Seienden *sich befinden*. Das Dasein wird als Befindliches vom Seienden *eingenommen* so, daß es dem Seienden zugehörig von ihm *durchstimmt* ist." „Mit solcher zur Transzendenz gehörigen *Eingenommenheit* vom Seienden hat das Dasein im Seienden Boden genommen, ‚Grund' gewonnen" (ebd. S. 45). Das Dasein ist nun aber ein Seiendes, das nicht nur inmitten von Seiendem sich befindet, sondern auch *zu* Seiendem und damit zu sich selbst und zu Mit-Daseiendem „sich *verhält*" (S. 47f). Zwar ist nicht die einzelne freie Verhaltung grundlos, „sondern die Freiheit stellt in ihrem Wesen als Transzendenz das Dasein als Seinkönnen in Möglichkeiten, die vor seiner endlichen Wahl, d. h. in seinem Schicksal aufklaffen" (S. 53).

Das *Sein-lassen* wird nun aber von Heidegger in unermüdlichen, tiefschürfenden Analysen sowohl ontisch als ontologisch-existential im Sinne eines *Bewenden-lassens* aufgewiesen, substantivisch ausgedrückt als *Bewandtnis* (mit etwas bei etwas). Wir können hier nicht den ganzen phänomenologisch-ontologischen Zusammenhang aufzeigen, der zwischen den Phänomenen der Bewandtnis, der Zuhandenheit, der Verweisung, des Besorgens, der Bedeutsamkeit und der Weltlichkeit der Welt überhaupt besteht. Nur auf *ein* Problem wollen wir noch aufmerksam machen, weil es in besonders engem Zusammenhang mit unserem Thema steht, auf das Problem des Verhältnisses zwischen *Bedeutung* und *Bedeutsamkeit*. Die letztere „ist das, was die Struktur der Welt, dessen, worin das Dasein je schon ist, ausmacht. *Das Dasein ist in seiner Vertrautheit mit der Bedeutsamkeit die ontische Bedingung der Möglichkeit der Entdeckbarkeit von Seiendem, das in der Seinsart der Bewandtnis (Zuhandenheit) in einer Welt begegnet und sich so in seinem An-sich bekunden kann.* Dasein ist als solches je dieses, mit seinem Sein ist wesenhaft schon ein Zusammenhang von Zuhandenem entdeckt – Dasein hat sich, sofern es *ist*, je schon auf eine begegnende ‚Welt‘ angewiesen, zu seinem Sein gehört wesenhaft diese *Angewiesenheit*" (Sein und Zeit, 87).

Die Angewiesenheit von Dasein auf Weltlichkeit und von Weltlichkeit auf Dasein zeigt sich schon in der unlöslichen Angewiesenheit von Bewandtnis (Bewendenlassen bei-, mit etwas, also von Um-zu, Da-zu, Womit – Wobei = Zuhandenheit) und *Umwillen* des Seins des *Daseins*, „was selbst nicht Seiendes ist in der Seinsart des Zuhandenen innerhalb einer Welt, sondern Seiendes, dessen Sein als In-der-Welt-sein bestimmt ist, zu dessen Seinsverfassung Weltlichkeit selbst gehört. Dieses primäre Wozu ist kein Dazu als mögliches Wobei einer Bewandtnis. Das primäre ‚Wozu‘ ist ein Worumwillen. Das ‚Um-willen‘ betrifft aber immer das Sein des *Daseins*, dem es in seinem Sein wesenhaft *um* dieses Sein selbst geht" (Sein und Zeit, 84).

Was nun aber das Verhältnis von Bedeutsamkeit und Bedeutung betrifft, so ist die erstere „die ontologische Bedingung der Möglichkeit dafür, daß das *verstehende*[1] Dasein als *auslegendes* so etwas wie Bedeutungen *erschließen*[2] kann". Wir begnügen uns hier mit diesem kurzen Hinweis, müssen den Leser, der sich näher mit diesem „Verhältnis" vertraut machen will, aber unbedingt hinweisen auf „Sein und Zeit" § 31 Das Dasein als Verstehen, § 32 Verstehen und Auslegung, § 33 Die Aussage als abkünftiger Modus der Auslegung, § 34 Da-sein und Rede. Die Sprache, sowie § 68 Die Zeitlichkeit der Erschlossenheit überhaupt.

---

[1] Hervorhebungen von mir.
[2] Hervorhebungen von mir.

Ich glaube, daß Heidegger uns mit seiner Lehre, im Gegensatz zu Kant und zum deutschen Idealismus, den Schlüssel zum ontologischen Verständnis des Wahns, der *Seinsverfassung* des wahnhaften In-der-Welt-seins nämlich, in die Hand gegeben hat (vgl. dazu aber auch den Rückblick S. 512ff).

Zunächst erinnern wir daran, daß uns allen die Rede geläufig ist, daß der Wahnkranke, wenn auch in einer anderen *Welt* als wir, so doch in einer Wahn-Welt lebt. Das aber kann nur heißen, daß der Mensch auch „im Wahn" oder als „Wahnkranker" Welt entwirft, d.h. daß er transzendiert, daß es sich auch bei ihm um einen „Überstieg" zwar nicht „zur Welt", wohl aber zu Weltlichkeit überhaupt handelt, m.a.W. um ein entwerfend-über-werfendes Weltenlassen von Welt. Um was für eine Art von Transzendenz handelt es sich hier aber? Sicher nicht um Transzendenz im Sinne der Freiheit, und zwar deswegen nicht, weil es sich hier weder um ein Bewendenlassen, noch um ein Sich-den-Sachen-Überlassen, noch um ein Eingenommensein von Seiendem, also weder um Befindlichkeit noch um Gestimmtheit im strengen Sinne dieser Existenzialien handelt; sondern darum, daß das Dasein hier, im Wahn, *nicht im Seienden Boden genommen, Grund gewonnen hat!* Wenn wir hier also trotzdem von Transzendieren sprechen und sprechen müssen, so handelt es sich um einen hochgradig defizienten Modus desselben.

Worin aber zeigt sich diese Defizienz? Sie zeigt sich in der Verkehrung der Freiheit in *Unfreiheit*, in das „Belieben" des Menschen oder in die Willkür. Das ist näher auszuführen! In der Freiheit überläßt sich der Mensch, wie wir hörten, den *Sachen* und läßt sie sein, in der Unfreiheit läßt er weder das eine noch das andere geschehen, sondern er greift „eigenmächtig" in dieses Geschehen ein. Nun ist aber die Freiheit, wie wir gesehen haben, bei Heidegger die Bedingung der Möglichkeit der Befindlichkeit: Man befindet sich, insofern man sich dem Seienden überläßt. Durch die sich überlassende („in-seiende") Befindlichkeit ist das Dasein in der Tat *gestimmt.* All das ist Ausfluß der Freiheit. Das „Un" der Unfreiheit, ihre „Defizienz", bedeutet also nichts anderes, als daß eigenmächtig mit Befindlichkeit und Gestimmtheit umgegangen wird. Dadurch wird aus der Befindlichkeit eine *Unbefindlichkeit* und wird die Gestimmtheit *Willkür.* Willkür ist nicht Freiheit, sondern der Gegensatz von Freiheit! (Die daseinsmäßigen Auswirkungen der Unbefindlichkeit und der willkürlichen Gestimmtheit auf die Totalität der *Erfahrung*, auf ihre Einheitlichkeit und ihren „Fluß", mit einem Wort, auf ihre *Inkonsequenz*, ihr Zerbrechen in Alternativen oder „Stücke", wird uns in der Überleitung von A zu B beschäftigen).

Nun bedeutet *Unbefindlichkeit*, wie wir gerade im Fall Suzanne Urban so deutlich sahen, zugleich ein *Sich-nicht-finden*, in einem Wort soviel wie *Unheimlichkeit.* Unheimlichkeit wiederum besagt, wie derselbe

Fall so klar gezeigt hat, daß die Gestimmtheit *nicht variabel* ist, d.h.
daß das Dasein von einer einzigen, durchgehenden Gestimmtheit, richtiger also Ungestimmtheit, beherrscht ist, bei Suzanne Urban von der das
ganze Dasein beherrschenden unheimlichen Gestimmtheit im Sinne des
Schrecklichen, ausgehend von einem tatsächlichen Schreck und übergehend
in die Ungestimmtheit der schrecklichen Atmosphäre und schließlich der
Schreckensbühne im Sinne der Wahnfabel. Dieselbe Ungestimmtheit des
Sich-nicht-(mehr)-Findens, des Ausgeliefertseins an oder des Benommen-
seins von einer schrecklichen Unheimlichkeit fanden wir aber auch in den
Fällen Ilse und Lola Voss und, wenn auch erst in wahnhaften Vorstufen,
bei Ellen West und Jürg Zünd, (vgl. „Schizophrenie", 1957c).

In all diesen Fällen, wie auch in der „Wahn-Literatur" überhaupt,
können wir feststellen, daß *Ungestimmtheit* nicht bedeutet Stimmungslosig-
keit, sondern Verharren in der Beherrschtheit von einer „vorherrschenden,
unvariablen Gestimmtheit".

Diese Ungestimmtheit hat natürlich auch ihre eigene Zeitlichkeit. Sie ist
nicht nur ein Gewärtigen im Sinne des Fürchtens vor etwas Bedrohlichem,
wie es Heidegger in „Sein und Zeit" (§ 30) so klar herausgearbeitet hat,
sondern ein Gewärtigen im Sinne unausgesetzten *Lauerns-auf* oder *Auf-
der-Lauer-seins-vor* etwas Bestimmtem, Bedrohlichem, im Falle Suzanne
Urban vor beständig drohenden Marterungen der Familie. Suzanne Urban
lebt in dauernder Vorerwartung oder Protention, sie hat keine Ruhe und
Geduld mehr zur Präsentation. Auf Grund der beständig in ihr lauernden
Vorerwartung des Bedrohlichen kann sie die Sachen und die Mitdaseienden
nicht mehr sein lassen und sich nicht mehr auf sie einlassen, sie kann weder
mehr sachlich-handlich mit ihnen umgehen noch sie in ruhigem Verweilen
anschauen, wie sie sind. Die Erinnerung oder Retentio, das mnemetische
Moment im Allgemeinen oder die Gewesenheit im Sinne der Befindlichkeit
und echten Gestimmtheit, ist hier zwar immer noch im Spiel, sie tritt aber
zurück zugunsten des beständigen unbestimmten Lauerns-auf, der beständigen Vorerwartung des Bedrohlichen. Auf Grund dieser Vorerwartung zeigt
sich das Präsente nicht mehr, wie es ist, nämlich in seiner „Harmlosigkeit",
sondern es zeigt sich nur noch in einer *Grimasse*, bei Suzanne Urban und
Ilse in der Grimasse der Gehässigkeit (vgl. die „gehässig entgegenstehende
Atmosphäre von Menschen", i. d. Bd. S. 217), der Ironie und Verspottung,
des Sarkasmus', des Mokierens und des Kompromittierens usw. Aber auch
die Wahn-„Dekorationen" oder Arrangements, die man für Suzanne Urban
„zubereitet", gehören in das Gebiet der Welt als (bedrohlicher) Grimasse
(vgl. ebd. S. 217-223). –

Damit sind wir wieder bei der Defizienz der Transzendenz im Sinne der
Unfreiheit, fortschreitend zur Unbefindlichkeit (im Gegensatz zum In-sein
und Sein-bei der Befindlichkeit) und zur *Ungestimmtheit* im Sinne der unva-

riablen, „auf einem Fleck" festgefahrenen „Ungestimmtheit" angelangt und
weiter bei der Defizienz der Zeitigung im Sinne des Zurücktretens des retentiven oder mnemetischen Moments und des Vorherrschens der Vorerwartung oder des *Lauerns*-auf überhaupt und der daraus resultierenden Auffassung jedes einzelnen Präsenten als einer Bedrohung. Erst damit nimmt die
Weltlichkeit der Welt überhaupt den physiognomischen Charakter der *Grimasse*, des Grimassenhaften, an. Mit all dem hat die Weltlichkeit der Welt
ihr Wesen als Zuhandenheit, Bedeutsamkeit, Verweisungszusammenhang,
Bewandtnis überhaupt, verloren, geht das Dasein nicht mehr in Freiheit
auf im Wozu, Dazu und Womit. Vielmehr ist die Weltlichkeit der Welt hier
festgefahren in einem oder eingeengt auf ein einziges Wozu, Womit, Dazu,
auf das der Marterung der Familie und deren Provokation durch die Verleumdungen von seiten der Patientin. Dazu kommt - was noch besonders
betont werden muß –, daß alles Wozu und Womit *scheinbar* nicht mehr auf
ein „primäres Wozu" im Sinne des *Umwillens* des Daseins zurückgeführt
werden kann, das Dasein also *scheinbar* überhaupt nicht mehr umwillen-
seiner, seines eigensten Seinkönnens also, zu sein vermag. Vermag Suzanne
Urban doch „sichselbst" nicht mehr zu finden und *ist* sie scheinbar nur
noch umwillen einer fremden Macht, Person oder Personengruppe. Schon
in der Einleitung zur „Schizophrenie" haben wir betont, daß das Dasein „im
Wahn" sich zwar weder aus dem Leben (Suizid im Falle Ellen West) noch
aus dem Leben in der Gesellschaft (Selbstversorgung in der Anstalt im Falle
Jürg Zünd) „resignierend" herausnimmt oder zurückzieht, wohl aber „aus
der Eigenmächtigkeit seines Lebenszusammenhanges", und daß es *sich* an
selbstfremde Mächte ausliefert, das aber heißt, umwillen derselben *ist*.

Was aber schon jetzt einleuchtet, das ist, daß die Rede von der „Herausnahme aus der Eigenmächtigkeit des Lebenszusammenhangs" im Wahn
und von der Auslieferung des Daseins an fremde Mächte nicht *ontologisch*
verstanden werden darf. Wir müssen an der ontologischen Einsicht Heideggers festhalten, daß das Dasein, „so lange es ist, *umwillen seiner ist*".
Die Formulierung in der Einleitung zur „Schizophrenie" ist bei näherer Betrachtung noch zu anthropologisch, ja zu psychologisch; denn auch in der
Auslieferung an fremde Mächte, ja in der Knechtung durch sie, ist das
Dasein noch umwillen seiner im Heideggerschen Sinne, *nämlich umwillen
seines Ausgeliefert- oder Geknechtet-seins*. Diese Einsicht scheint mir für
die daseinsanalytische Grundlegung des wahnhaften In-der-Welt-seins von
fundamentaler Bedeutung zu sein[3]. Auch als unfreies, an fremde Personen
oder Mächte *verfallenes* ist das Dasein noch in der Welt im Sinne des *In-
seins*, wenn auch die Verfallenheit an das Man im Sinne der Alltäglichkeit
eine andere ist als diejenige an „fremde Mächte". Denn hier handelt es

---

[3] Vgl. hiezu immerhin auch schon „Schizophrenie", i. d. Bd. S. 415[i].

sich nicht um Verfallenheit im Sinne von Auf-gehen in „Gerede, Neugier
und Zweideutigkeit". Zwar teilt die Verfallenheit an fremde Mächte oder
Einzelpersonen mit der Verfallenheit an das Man die ontologische Bestimmung, daß es auch ihr um nichts anderes geht „als um das In-der-Welt-sein-
können, wenngleich im Modus der Uneigentlichkeit" (Sein und Zeit 179).
Zwar hat auch das Dasein als wahnhaftes *sich verloren* „an die Welt" und
lebt es als solches *von sich weg*, jedoch *geschieht* das in der Verfallenheit
des Wahns in ganz anderer Weise als in dem Verfallen an die Alltäglichkeit
des Man: anstelle von Gerede, Neugier und Zweideutigkeit tritt hier gerade
eine *bestimmte Absicht*, ein *bestimmter Befehl* (man denke an die impe-
rative Halluzination!), eine bestimmte Unterjochung, Quälerei oder auch
eine bestimmte Versuchung und Lockung. Das alles hängt wieder zusammen mit der Unbefindlichkeit und Ungestimmtheit der wahnhaften Weise
des Daseins.

Das gilt nicht nur von langsam sich entwickelnden Fällen wie dem
Fall Suzanne Urban oder dem Fall Strindberg, sondern auch von Fällen,
wo der Wahn urplötzlich auszubrechen scheint wie in unserem Fall Ilse
(während der Vorlesungsszene, 1957c, S. 52) oder in dem, auch von Matus-
sek und Müller-Suur; bereits herangezogenen, markanten Hunde-Beispiel
Kurt Schneiders (vgl. Über den Wahn, 1952, 8f und Psychopathologie,
5.Aufl. 102). Wir meinen damit nicht die klinische Tatsache, daß jeder schizophrene Wahn sein „Vorfeld" (vgl. Kisker, Der Erlebniswandel der Schizophrenen, 1960) oder sein „Trema" hat (Conrad, Die beginnende Schizophrenie, 1958), wie es ja gerade auch im Fall *Ilse* nachzuweisen ist, sondern
wir meinen die daseinsanalytische Eigenart des Übergangs von der Freiheit
der Transzendenz in ihre Unfreiheit mit allen ihren Begleiterscheinungen.
Ob wir dabei die erste oder die letzte klinische Wahnbildung „ins Auge
fassen", spielt für die Daseinsanalyse keine Rolle.

A-B Ueberleitung von der daseinsanalytischen Grund-legung zur phänomenologischen Erforschung des Wahns

In unseren Studien über Schizophrenie, vereinigt in der Schrift „Schizophrenie" vom Jahre 1957, waren die „Begriffe" *Dasein* und *Erfahrung* noch
nicht streng geschieden, ja, wie schon aus der Einleitung zu jener Schrift (i.
d. Bd. S. 333-350) hervorgeht, bisweilen fast synonym gebraucht. Als Ziel
unserer Untersuchung bezeichneten wir dort den „Aufweis der versagenden
Momente in der Gefügeordnung des Daseins und der Art ihres Verfügtseins
miteinander", mit dem Zweck, „in die schier unübersehbare, verwirrende
Fülle eines klinischen Einzelfalles daseinsanalytisch Ordnung zu bringen".
Damit trete an die Stelle der klinischen Krankheitseinheit „die *Einheitlichkeit* bestimmter Daseins*strukturen* und Daseins*verläufe*". War der Begriff

der Gefügeordnung des Daseins der oberste konstitutive Begriff für unsere Forschung überhaupt, so betraten wir den Boden der eigentlichen *Schizophrenieforschung* erst damit, daß wir „in die spezielle Struktur der Seinsverfassung unserer Fälle Einsicht zu bekommen suchten". Damit kamen wir auf die einzelnen „konstitutiven Kategorien oder Grundbegrifflichkeiten" zu sprechen, die sich uns im Laufe der Forschung ergaben „und uns in den Stand setzten, von einer *Einheitlichkeit* der von uns untersuchten Daseinsverläufe zu sprechen".

Nun war bereits der Grundbegriff unserer Forschung gar kein daseinsanalytischer, sondern ein Begriff aus dem Feld der *Erfahrung*, wenn auch einer durchaus daseinsnahen Erfahrung, nämlich der Begriff ihrer Inkonsequenz im Sinne des Auseinanderbrechens ihrer Konsequenz. Bei dieser Gelegenheit drängte sich uns ein Exkurs über die natürliche Erfahrung auf, in der sich *unser Dasein*, um mit Szilasi zu reden, „nicht nur unreflektiert, sondern unproblematisch und unauffällig, eben als natürlicher Folgezusammenhang, bewegt"! Hier liegt der Grundstein für die Verquickung von Erfahrung und Dasein. „Natürlich", so fuhren wir fort, könne der Folgezusammenhang der Erfahrung aber nur sein „als sachlich-konsequenter, d.h. als unmittelbares Sein von unsselbst mit und bei den Sachen und Sachverhalten und insofern auch mit den uns im Umgang mit den Dingen oder Sachen begegnenden andern und mit uns selbst, in einem Wort im Sinne unseres Aufenthaltes (Heidegger). Und zwar zeige sich die Unmittelbarkeit dieses unseres Aufenthaltes bei den Dingen oder Sachen darin, „daß wir das Seiende, alles Seiende, *sein lassen* wie es an sich ist". So bedeute die Inkonsequenz der Erfahrung, das Auseinanderbrechen nämlich der *Konsequenz der natürlichen Erfahrung*, „die Unmöglichkeit, die Sachen in der unmittelbaren Begegnung sein zu lassen, m.a.W. die Unmöglichkeit eines ungestörten Aufenthaltes bei den Sachen". An seine Stelle tritt „die eigenmächtige Verfügung über die Dinge". Hier tritt nun die anscheinende Gleichsetzung von Dasein und Erfahrung deutlich ins Licht; denn einerseits sei mit der eigenmächtigen Verfügung über die Dinge „jede sachlich- konsequente, geordnete *Daseinsführung* in Frage gestellt", andererseits entstünden dabei, bei der eigenmächtigen Verfügung über die Dinge nämlich, überall „Lücken in der *Erfahrung*, nirgends kann sie sich zur Ruhe setzen oder frei entfalten". Was dann aber wieder Dasein und Erfahrung trennt, ist die weitere Feststellung, daß das Dasein „allen unseren Kranken" zur Qual wird dadurch, „daß sie sich mit der Inkonsequenz der Erfahrung, mit der Unordnung, nicht abzufinden vermögen, sondern dauernd nach *Auswegen* suchen, um die *gestörte* Ordnung wiederherzustellen, die Lücken der Erfahrung mit immer neuen Einfällen, Betätigungen und Bindungen, Idealen, wieder auszufüllen". Diese (vergebliche) Suche nach Auswegen (die im einzelnen anhand unserer Fälle demonstriert wurde) beweist aber nur die „mit der Inkonsequenz der Erfahrung einhergehende *Auswegslosigkeit des Daseins* und die daraus hervorgehende ausnahmslose *Sehnsucht* nach einem *Ende*, sei es in der selbstmächtigen Form des Suizids oder des „Rückzugs aus dem gesellschaftlichen Leben, sei es in der Form der (unwillkürlichen) Resignation oder des Verzichtes auf die Eigenmächtigkeit des Daseins überhaupt in der Form des Wahns".

Als zweiter konstitutiver Begriff für unsere Schizophrenieforschung ergab sich die Aufspaltung der Inkonsequenz der Erfahrung in eine *Alternative*, ja in ein starres Entweder-Oder. Als die *eine* Seite dieser Alternative erwies sich uns die „verstiegene Idealbildung". Auch sie bedeutet keinen Ausweg aus der wirklichen Lebenssituation, sondern „im Gegenteil eine unübersteigbare und undurchdringliche Wand im *Daseinsvollzug*". Insofern die andere Seite der Alternative dauernd gegen diese Wand ankämpft, wird nun, wie wir uns ausdrückten und im einzelnen nachzuweisen suchten, „die ganze *Existenz*" in die betreffende Alternative „eingespannt", gegenüber welcher *existentiellen Einspannung die Inkonsequenz der Erfahrung* sich noch an und für sich als „relativ harmlos" erwiesen habe. Auch auf S. 338 wird anhand des Falles Ellen West von einer „existentiellen" Alternative gesprochen und ihr die Konsequenz der *Erfahrung* gegenübergestellt. Dasselbe ist auch der Fall im Hinblick auf Jürg Zünd. Beidemal handelt es sich aber um defiziente *existentielle* Modi und beidemal „ergibt sich die Defizienz, wie wir gezeigt zu haben hoffen, aus der Inkonsequenz der *Erfahrung* und der Aufspaltung der Erfahrung in die jeweilige Alternative". Wir sehen also auch hier, wie sehr das Verhältnis von Erfahrung und Dasein oder Existenz noch der Klärung bedarf.

Zur existentiellen Alternative gehörten in unserer Forschung ferner „die sisyphusartigen Versuche zur Verdeckung der abgewehrten, unerträglichen Seite der Alternative zum Zwecke der Stützung der Herrschaft des verstiegenen Ideals" und schließlich „das *Aufgeriebensein des Daseins*, das Kulminieren der antinomischen Spannungen, das Nicht-mehr-aus-und-ein-Können im *Resignieren* oder im *Verzicht* auf die antinome Problematik überhaupt in Form des Rückzugs des *Daseinsvollzugs*", wovon oben die Rede war. Es handelt sich, wie wir soeben hörten, um den Rückzug aus dem Leben (Suizid, Ellen West), um den Rückzug aus dem „Leben in der Gesellschaft" (Jürg Zünd) und um den Rückzug aus der oder um den Verzicht auf die Eigenmächtigkeit des Daseins und um das Sich-Ausliefern an die Entscheidung fremder Mächte, Menschen oder Menschengruppen, wie es besonders kraß der Fall Suzanne Urban gezeigt hat und ebenso kraß die Fälle Aline und August Strindberg zeigen werden. Die hier zutage tretende Beherrschung des ganzen *Daseins* von der Macht des Schrecklichen führte uns auch zum

Aufweis eines von dieser Macht beherrschten *Erfahrungsmodells*[4]: „Anstelle der aus der Inkonsequenz der Erfahrung entsprungenen, antinomischen Spannung des *Daseins* in zwei unversöhnliche Alternativen tritt jetzt die ‚einseitige‘, dafür aber um so konsequentere, ‚unkorrigierbare‘, ‚unproblematische‘ *Erfahrung* im Sinne der wahnhaften Erfahrungen nach diesem Modell".

Die daseinsanalytische Hermeneutik des schizophrenen Wahns gipfelte also im Aufweis des der Daseinsweise des Verfolgungswahns entsprechenden Erfahrungs*modells*. Zum besseren Verständnis dieses „Begriffs" wiederholen wir, was wir in der Studie zum Fall Suzanne Urban (1952/53) darüber geschrieben haben:[k]

Wir haben diesen Passus so ausführlich zitiert, weil man versucht sein könnte anzunehmen, daß wir mit der Rede von einem *Erfahrungsmodell* hier, wie übrigens auch in der *Einleitung* zum Schizophrenie-Buch, schon alles zusammengefaßt hätten, was rein *phänomenologisch* über die Erfahrungs- oder Bewußtseinskonstitutionen des Wahns, m.a.W. über die Genesis des Wahnbewußtseins, gesagt werden könnte. Dem ist nun aber keineswegs so. Wohl entspricht das jeweilige Erfahrungsmodell der jeweiligen Daseinsverfassung, ja empfängt es von ihr seine „Anleitungen". Das aber ist etwas ganz anderes als das, was wir im Anschluß an Husserl den Aufbau, die *Konstitution* oder die *Genesis der wahnhaften Bewußtseins- oder Erfahrungsleistungen* nennen müssen. Diese Genesis ist erst zu untersuchen und aufzuzeigen, wollen wir dem Wahnproblem wirklich phänomenologisch im Sinne Husserls zu Leibe rücken. Wenn auch von vornherein feststeht, daß im Wahn die *Konstitution* der Bewußtseins- oder Erfahrungsleistungen nicht den Schichten nachgeht, die in der *Sache* oder dem *Sachverhalt* selbst gegeben sind, m.a.W. daß die Verbindung der intentionalen Akte nicht den *sachlichen Hinweisen* folgt (sondern einer unübersehbaren Menge von sachfremden Hinweisen), so überhebt uns das doch nicht der Aufgabe, nachzuforschen, warum dem so ist, m.a.W. *wie der Aufbau eines Bewußtseins beschaffen sein muß, dessen Akte solchen sachfremden Hinweisen folgen.*

B I Phänomenologische Beschreibung der Eigenart der Erfahrung und der Wahn-„Erfahrung"

Was wir unter A aufgewiesen haben, war die *Defizienz der existentiellen Struktur* „des Wahns". Jetzt gehen wir über zur *Defizienz der Erfahrungsstruktur* desselben. Das Mühsame bei all dem ist, daß wir in diesem gan-

---

[4] „Auffassungsschema" bei G. Schmidt, zit. in: Jaspers Allgemeine Psychopathologie § 4, S. 87.

zen Kapitel (B) die betreffenden „normalen" Strukturen nicht voraussetzen dürfen, sondern sie überall erst als solche aufweisen müssen.

Mit dem Wort (phänomenologische) *Beschreibung* wollen wir zum Ausdruck bringen, daß es uns hier nicht mehr auf das wahnhafte „*Erfahrungsmodell*", das gar nicht phänomenologisch, sondern nur daseinsanalytisch, nämlich aus der daseinsanalytischen Hermeneutik der Wahn-*Krankheit* und des Daseinsvollzugs des Wahn-*Kranken* zu verstehen ist, sondern auf die Beschreibung phänomenologischer Strukturen und Strukturzusammenhänge in der *Konstitution* und *Genesis* der wahnhaften „Erfahrung" ankommt. Vorerst müssen wir uns aber, wie gesagt, zuerst Rechenschaft darüber ablegen, wie wir uns den Aufbau, die Konstitution und die Genesis der Erfahrung überhaupt vorzustellen haben. Schon das Wort Genesis zeigt an, daß wir nicht mit der (begrifflichen) oder kategorialen Erfahrung, ja auch nicht mit der Wahrnehmung beginnen dürfen, sondern zu den ersten „Anfängen" des Erfahrungsbewußtseins hinuntersteigen müssen. Nur so können wir hoffen, auch die Eigenart des Aufbaus oder der Konstitution des „Wahn"-Bewußtseins zu verstehen. Damit steht von vornherein fest, daß wir die klinischen Auffassungen des Wahns, etwa als einer Folge oder eines Produktes des (supponierten) schizophrenen Prozesses oder die psychopathologischen Auffassungen desselben, etwa im Sinne einer „radikalen Umwandlung des Bedeutungsbewußtseins" (Jaspers) oder gar einer „Beziehungssetzung ohne Anlaß (Gruhle) hinter uns lassen müssen.

Die Stufen der „normalen" und der Wahn-Erfahrung

Erste Stufe der Synthesis: Die Perzeption

Das unmittelbar Gegebene: Die Mannigfaltigkeit der Eindrücke und ihre synthetische Gestaltung zu Eindruckseinheiten, Anschauungen oder Perzeptionen.

„Unmittelbar gegeben" ist uns nur ein Chaos von „Eindrücken". Dieses Chaos erfährt aber schon durch die Sinnesorgane eine entscheidende Siebung oder Filtrierung zu bestimmten „Sinnesgestaltungen". Schon Kant spricht hier von „*Affektionen* der Sinnlichkeit", ja von *Empfindungen*, als der „*Materie der Anschauung*". Zu Anschauungen werden Eindrücke oder Empfindungen aber niemals allein durch ihre, wenn auch noch so große Mannigfaltigkeit oder Fülle, sondern einzig und allein durch eine synthetische Vereinheitlichung! Anschauungen können wir daher bezeichnen als synthetisch gestaltete Einheiten von Eindrücken. Sofern diese Einheiten für uns ein Objekt präsentieren können, nennen wir sie *Perzeptionen*. Schon die synthetische Gestaltung der Eindrücke zu Anschauungen geschieht nach bestimmten Regeln. Wir sprechen hier also nicht von sinnlicher *Wahrnehmung*

und von Dingkonstitution, sondern von primärem, anschaulichem Auffassen
oder Vernehmen. Schon dieses und nicht erst die Dingkonstitution hat, wie
gesagt, seine strengen Regeln. Diese *Regeln* beschreibt Szilasi, im Anschluß
an Aristoteles, näher als diejenigen der Synthesis von *Aisthesis, Mneme*
und *Phantasie*. Das Wort Phantasie steht hier aber in striktem Gegensatz
zu dessen gewöhnlicher Auffassung und Bedeutung[5]. *Diese* Phantasie regelt schon das bloße Zum-Stehen-bringen, Feststellen und Festhalten der
Sinneseindrücke, das In-ein-Bild-bringen, Ans-Licht- oder In-Sicht-bringen,
mit einem Wort, das „Erscheinen"-lassen. Phantasie ist für Szilasi also sowohl *Bild-Bildungs-* als *Bild-Vorschrifts-*„Vermögen". Schon die einfachste
sinnliche Erfassung erfolgt nach einer bestimmten *Vorschrift*, das heißt also: schon jedes elementare sinnliche Anschauen ist ein synthetischer Akt. In
dem, was Szilasi Phantasie nennt, ist all das enthalten: *Die Phantasie ist die
Vorschrift, die das Voraktuelle* (das Zurückbehaltene oder das Rückerinnerte) – mit einem griechischen Ausdruck: *das Mnemetische – im Präsenten
oder Aktuellen in Zusammenhang bringt mit dem Vorerwarteten. Deswegen
kann* Szilasi *die Phantasie auch bezeichnen als eine „Regel der Erwartung"*.
  Nach all dem müssen wir uns aber noch fragen: Auf Grund wovon
oder nach welcher Regel oder Vorschrift erfolgt das Zusammenspiel oder
die Verbindung (Synthesis) dieser drei Momente zu einer Einheit im Sinne
der Fortentwicklung der unmittelbaren Erfahrung? Die Antwort lautet: auf
Grund der *Verweisungen* zwischen den einzelnen intentionalen Akten. *Diese Verweisungen sind in der alltäglichen Kommunikation oder der „Öffentlichkeit" für alle Teilnehmer identisch.* Sie bleiben, um mit Heidegger zu
sprechen, der diesen Begriff bekanntlich in den Mittelpunkt seiner Analyse der Seinsstruktur des Zuhandenen und damit des Weltganzen stellt, für
gewöhnlich „*unthematisch*", d.h. unauffällig, unaufdringlich, sie fallen nur
auf, werden nur thematisch oder „zeigen sich" nur in einer *Störung der
Verweisung* im Sinne der Unverwendbarkeit[6]. In Übereinstimmung hiemit
werden die Verweisungszusammenhänge zwischen den intentionalen Akten,
wie wir schon früher betont haben, erst thematisch in den Störungen dieser
Verweisungszusammenhänge (Psychosen, Neurosen, Psychopathien etc.), in
den „anormalen" Verweisungsrichtungen also und den durch sie bestimmten
Verbindungsweisen.[7] In ihnen und nicht schon in der unmittelbaren Erfah-

---

  [5] *Hier* bedeutet Phantasie also nicht soviel wie „Phantasieren" = Luftschlösser bauen.
  [6] Vgl. zum Ganzen „Sein und Zeit" § 15 und § 18. Zur Störung der Verweisung S. 74ff.
  [7] Vgl. auch Szilasi „Philosophie und Naturwissenschaft" (Bern 1961, S. 111): „Der
Erforschung der Bewußtseinsvorgänge überhaupt kommt die Natur mit den anormalen
Fällen zu Hilfe; sie bietet gleichsam Experimente, die der Mensch nicht machen kann, die
er in den Bewußtseinsstörungen, das heißt in der Störung der normalen Verweisungsstel-
len und der Art der Verknüpfungen, vorfindet. Der normale Bewußtseinsgang ist dicht
verknüpft. Die schadhaften Stellen sind die Löcher, an denen zweierlei zur Erfahrung
zu bringen ist: erstens die Bedeutung der Stelle für das Gefüge, zweitens die Weise der

rung des Anderen beruht für den Psychiater „die primäre Unzulänglichkeit der Erfahrung" der Kranken.

Doch kehren wir wieder zurück zu den synthetischen Regelungen der sinnlichen Eindrücke. Diese Synthesis betrifft also diejenige der Aisthesis („Empfindung"), Mneme und „Phantasie" (im oben präzisierten Sinne). Sie „funktioniert" erstens schon hinsichtlich der *Auswahl* der Eindrücke aus ihrem „Chaos", zweitens aber hinsichtlich deren Aufnahme in die aufbauende Tätigkeit des Bewußtseins[8], d.h. in deren Synthese zur *objektbezogenen Anschauung*. In dieser (zweiten) Hinsicht funktionieren jene drei Momente also nicht mehr nur als Prinzipien der *Auswahl*, sondern als konstruierende oder *aufbauende* Momente des Bewußtseins. Hier scheint es uns wichtig, darauf hinzuweisen, daß zur Rezeptivität im Sinne Kants, zum Nous pathetikos des Aristoteles, die drei Grundquellen der reinen Perzeption: Aisthesis, Mneme, „Phantasie" gehören. Und alle drei gehen auch über in die „Apperzeption", ein weiterer Hinweis darauf, daß wir den Aufbau der Bewußtseinsleistungen nicht im Sinne eines Übereinander von Etagen, sondern, in Übereinstimmung mit Husserl, als ein *lebendiges* („fließendes") *Geschehen* oder einen *Fluß* auffassen.

Bevor wir uns nun der *Abweichung* der Synthesis der wahnhaften Perzeptionen von derjenigen der Synthesis der „normalen" Perzeptionen zuwenden, müssen wir nochmals auf die Rolle der Mneme oder des Mnemetischen näher eingehen. Sie hängt, wie wir bereits sahen, aufs engste zusammen mit derjenigen der Phantasie im Sinne Szilasis, also mit den in den allgemeinen Verweisungen liegenden *Bild-Bildungs-Vorschriften*. Die Mneme stellt den *Entwurf*, das *Schema* der Bild-Bildungs-Vorschriften dar, ein viel starreres Schema, als wir es uns für gewöhnlich vorstellen (funktioniert doch das alles im unmittelbaren Vernehmen völlig unauffällig). Nur weil die Mneme starr schematisiert und fixiert ist, ist überhaupt eine *Verständigung* möglich. So ist z. B. ein *Tisch*, ein *Haus*, ein *Mensch* kein Allgemeinbegriff, sondern ein *mnemetisches Schema im Sinne einer starren Verbindlichkeit der Bild-Bildungs-Vorschriften!* Wir verstehen daher ohne weiteres, wenn Szilasi sagt, die Mneme sei die „Sammlung aller Momente, die zur *Identifizierung* führen" oder „ein sammelndes Behalten für die Identifizierung".

Störung und aus ihr: die Weise der ungestörten Verfügung. Beide Fragen gehören zum Aufgabenbereich der Daseinsanalyse Binswangers."

[8] Vielleicht ist es nicht unnötig, nochmals ausdrücklich darauf hinzuweisen, daß wir, im Gegensatz zu jeder positivistischen, sensualistischen und naturalistisch-atomisierenden Psychologie, wohl aber in der *Tradition* seit Aristoteles, Kant, Husserl, Szilasi das „Bewußtsein" als eine *aufbauende Tätigkeit* (als Inbegriff von Leistungen und Handlungen) betrachten. Das zeigt sich schon daran, daß wir die Affektionen (Kant), die Eindrücke oder Empfindungen, nicht als isolierte „Elemente" auffassen, sondern einsehen, daß mit jedem Eindruck Mneme (Gedächtnis als „Rückbehalten") und „Phantasie" (Bild-Bildung) *miterweckt* werden!

Eine Abweichung vom mnemetischen Schema finden wir übrigens nicht nur, wie wir gleich sehen werden, in den wahnhaften Perzeptionen, sondern auch beim *Phantasieren* der Gesunden (Phantasie jetzt im üblichen Sinne) und erst recht natürlich im *Traum*! Wir geben ein Beispiel aus dem Gebiet des Phantasierens: Wenn ich beim Anblick eines herannahenden Schiffes „phantasiere": da kommt ein Delphin, so bin ich von dem mnemetischen Schema „Schiff" abgewichen, wenn auch nicht ganz. Denn, wie wir es vom Traum her wissen und wie wir es auch bei den wahnhaften Perzeptionen bestätigt finden werden, bleibt von dem mnemetischen Schema auch in einer solchen Phantasievorstellung immer noch *etwas zurückbehalten*, in diesem Falle die Bild-Bildungs-Vorschriften des Sichwiegens oder Schwimmens (im Gegensatz etwa zu der des Sichstürzens).

Wir kommen nun zur *Abweichung* in der Synthesis der Wahnanschauungen oder Wahnperzeptionen von der synthetischen Einheit der normalen Objektanschauung.

Zwei Beispiele:

Das *erste* Beispiel entnehmen wir der ausgezeichneten Abhandlung „*Daseinsanalyse und Psychiatrie*" von Roland Kuhn in „Psychiatrie der Gegenwart" (Bd. I/2, 853-903, Springer 1963). Kuhn berichtet hier von einer schizophrenen Krankenschwester, die eines Tages den Wunsch geäußert hatte, sie möchte *einen Gipsverband um den Kopf haben* (S. 857ff)! Dieser Wunsch geht zunächst aus von lebensgeschichtlichen Motiven (Selbstmord eines Bruders durch einen Gewehrschuß in den Schädel, in Zusammenhang damit angebliche „Lockerung und Verschiebung ihrer eigenen Schädelknochen" bei einem Elektroschock, Gefühl der Asymmetrie ihrer „Stirnhöcker" und des Besserdenkenkönnens beim Eindrücken der vermeintlich vorstehenden Seite mit der Hand). Weitere Motivierung: Seit sie die Liebesbriefe ihres Freundes zerrissen hat, sind auch ihre eigenen Gedanken „zerrissen" („Schuldgefühl"). „All das soll durch einen Gipsverband um den Kopf wiedergutgemacht werden. Da sie diesen nicht bekommt, behilft sie sich mit Aluminiumfolien, welche sie sich bandförmig um die Zehen wickelt." Der Wunsch der Kranken wird nun nicht einfach als ein „absonderlicher oder pathologischer Einfall" betrachtet, sondern zunächst streng daseinsanalytisch aus dem Weltentwerfen verstanden. „Es geht beim Weltentwerfen um mehr als Erlebnisse und lebensgeschichtliche Ereignisse, nämlich um ein *eigenes Schema kategorialer Zusammenhänge*, um eine eigene Art, sinnliche Daten, Erfahrungen und Bedeutungen in Zusammenhang zu bringen, um eine eigene Form der Sinngebung, die aber keineswegs zufällig ist, sondern einer eigenen Konsequenz gehorcht" (S. 860). Schon vorher war aber auch die Rede davon, daß die Kranke den Wunsch nach einem Gipsverband um den Kopf aus ganz anderen *Erfahrungen* (als der Gesunde) ableitet „und *die dazu gehörenden sinnlichen Daten irgendwie anders in ihre Erfahrung einbaut"*. Wir rechnen es Roland Kuhn hoch an, daß er schon den „Einbau" der sinnlichen Daten in die Erfahrung betont. Um nichts anderes geht es uns nun hier, aber auf dem Wege streng methodischer Strukturuntersuchung. Wir untersuchen die *Abweichung* des „Einbaus" der sinnlichen Daten in die Erfahrung (und vorher auch in die Wahrnehmung) vom natürlichen, unauffälligen „Einbau" derselben. Wir sprechen daher noch gar nicht von einem kategorialen Schema, sondern vorerst von einem mnemetischen Schema. Schon dieses mnemetische Schema ist hier bereits schwer „gestört", d.h. keineswegs mehr fixiert oder streng verbindlich, sondern gelockert, ungebunden. Anstelle der starren Verbindlichkeit der Bildbildungsvorschriften (Mneme und „Phantasie") und der entsprechenden *Genauigkeit der Präsentation* kommt es zu höchst locker gefügten Präsentationen, so vor allem des Gipsverbandes um den Kopf und erst recht des Verbandes um die Zehen als Mittel zum besseren Denkenkönnen. Kuhn spricht sehr klar von den sinnlichen Daten, die zum Gipsverband gehören, und in Zusammenhang damit von den medizinischen Erfahrungen, über die *wir* mit diesem Gegenstand verfügen, etwa hinsichtlich der Fraktur eines Gliederknochens oder der Wirbelsäule (S. 850f), Erfahrungen, über die die Kranke als Schwester natürlich auch selber verfügt.

Wir sehen aber auch, daß das mnemetische Moment hier keineswegs völlig „ausfällt", wie es ja das Zurückbehalten des Schädelschusses des Bruders und des Zerreißens der Briefe des Freundes zeigt. Der Gegensatz zur natürlichen Gebundenheit der Phantasievorschriften liegt nicht im völligen Fehlen der Mneme, sondern im Versagen der Strenge ihres Schemas, m.a.W. ihres Versagens hinsichtlich der Verfolgung der „natürlichen" Verweisungsvorschriften. Damit ist wieder offenbar, daß hier, im Wahn, wie wir immer wieder sehen werden, die Rezeptivität weit über die Spontaneität überwiegt, populär ausgedrückt, daß nicht der Mensch die Eindrücke hat, sondern die Eindrücke den Menschen haben, m.a.W. daß der Mensch, wie im Traum, den Eindrücken „ausgeliefert" ist.

Unser *zweites Beispiel* entnehmen wir der Ersten Studie unseres Schizophrenie-Buches, dem Fall *Ilse* (1957c, S. 29-55). Hier liegt das mnemetische Moment darin, daß die Rückerinnerung oder das Behaltene im Wahn zwar wiederum deutlich nachwirkt, in ihren schematischen Vorschriften aber zu ganz neuartigen Präsentationen führt: In dem „Opfer" der Verbrennung der Hand und des rechten Unterarms im feurigen Ofen, „um dem Vater zu zeigen, was Liebe ist", zieht sie sich eine schwere Verbrennung dritten Grades mit nachfolgender Eiterung zu, im Wahn hat sie aber das „Gefühl", ihre Finger, Hände und Unterarme seien „wie aus feuchtem Lehm, sie seien angeschwollen und gehörten gar nicht zu ihrem Körper" (ebd. S. 33). In dem Bild einer Winterlandschaft erblickt sie die Absicht, sie „kalt wie Eis" zu machen. Die mnemetische Vorschrift der Hitze wandelt sich also in die ihres Gegenteils, der Kälte und „feuchten Verlehmung". Auch abgesehen von diesem in der „Verwandlung ins Gegenteil" liegenden Nachklang enthält der Wahn hier noch sehr wichtige Anklänge an das vorausgegangene Opfer und seine Begleitumstände, worauf wir aber erst später eingehen werden (vgl. unten S. 455).

Zweite Stufe der Synthesis:
Die Wahn-Wahrnehmung oder Wahn-Apperzeption

Mit den vorangegangenen beiden Beispielen sind wir unversehens in das Gebiet der *Wahnwahrnehmung* und *Wahnerfahrung* geraten. Das ist aber kein Zufall. Das erste, was wir phänomenologisch fanden, war die Erscheinung in der Gestalt als Anschauung. Anschauung ist aber noch nicht Wahrnehmung. Erst wenn die Anschauung bewußt als solche aufgenommen wird, heißt sie Wahrnehmung. Wahrnehmung ist wiederum ein *synthetisches* Produkt, eine einheitliche Verbindung, und zwar von Anschauungen. Wir verstünden diese Synthesis (der „Einbildungskraft" im Sinne Kants und Heideggers, vgl. dessen Schrift „Kant und das Problem der Metaphysik", Dritter Abschnitt) aber nicht, wenn wir ihre Quellen nicht schon in der Synthesis oder besser *als* Synthesis der Anschauung phänomenologisch aufweisen könnten. Sobald wir diese Quellen aber anhand von Beispielen oder „als" Beispiele demonstrieren wollen, müssen wir es notwendigerweise anhand „bewußter" und insofern ich-bezogener *Wahrnehmungen* tun. Die Perzeption ist noch nicht ich-bezogen!

Daß die unter Stufe I genannten Verschiebungen der Synthesis erst in der Wahrnehmung faßbar, „eklatant" werden, hat seinen Grund u. a. darin, daß erst die Wahrnehmung etwas „Wirkliches" meint, m.a.W. daß sie sich als das Wirkliche selbst präsentiert. Weiterhin unterscheidet sich die Synthesis der Wahrnehmung oder Apperzeption von derjenigen des unmittelbaren Vernehmens der Eindrücke oder der Perzeption dadurch, daß schon normalerweise die Zeitverhältnisse erst in ihr „funktionieren". Das ist der Grund dafür, daß die *Verschiebung* (im Sinne des inneren „Zeitbewußtseins") der Zeitverhältnisse in das Gebiet der *Wahnwahrnehmung* fällt und überhaupt erst hier auftritt!

Wenn wir von einer „deformierten Wirklichkeit" in den Wahnwahrnehmungen sprechen, so hat das seinen Grund also darin: *erstens*, daß schon *deformierte Anschauungen* in die *Synthesis* für die Wahrnehmung eingehen, und *zweitens*, daß die Regeln der Synthesis in den Wahrnehmungen bezüglich der Zeitbeziehungen auch deformiert sind.

Daß die Zeitverhältnisse erst in den Wahrnehmungen „funktionieren", rührt daher, daß die Impressionen oder Perzeptionen als solche noch nicht zur Apperzeption, zur Wahrnehmung, zu den Noësen und Noëmata über-

haupt, kurz zur Intentionalität gehören. Das von der Intentionalität nicht
mehr wegzudenkende, ja sie erst „grundsätzlich klärende" Wesen aber ist
das „innere Zeitbewußtsein"[9]. Es würde hier viel zu weit führen, dasselbe
in seinem Wesen aufzurollen. Der Leser muß auf die erwähnten grundlegenden Vorlesungen Husserls hingewiesen, aber auch daran erinnert werden,
daß schon in den „Ideen zu einer reinen Phänomenologie und phänomenologischen Philosophie" (1913, Neuausg. Hua III/1), wenn auch erst im
Vorbeigehen, auf die Phänomene des inneren Zeitbewußtseins hingewiesen
wird (vgl. insbes. § 81 und § 82). Außerdem stützten sich unsere phänomenologischen Studien über Melancholie und Manie (1960a) weitgehend auf
das innere Zeitbewußtsein[10].

Was den zweiten Grund der Deformierung der Vorstellung der Wirklichkeit in den Wahnwahrnehmungen betrifft, also deren Deformation durch die
Deformierung der Regeln der Synthesis bezüglich der *Zeitbeziehungen*, so
wählen wir als Beispiel wieder die erste Studie unseres Schizophreniebu-
ches, den Fall *Ilse*, und zwar nicht deswegen, weil es sich hier um einen,
psychopathologisch gesprochen, zwar längst vorbereiteten, klinisch jedoch
urplötzlich, von einem Moment zum anderen in Erscheinung tretenden *Be-
ziehungs-* und *Verfolgungswahn* handelt, sondern eben deswegen, weil wir
es, *phänomenologisch* gesehen, mit einer auf Grund „deformierter" Perzeptionen „deformierten" (wahnhaften) *Wahrnehmung* zu tun haben. „Sie
springt (bei einer Vorlesung) plötzlich auf mit dem Ruf: „*Meint Ihr, daß ich
nicht merke, daß man mich ironisiert*" (1957c, S. 32). Die Wahnwahrnehmung dieses Ironisiertwerdens baut sich wie gesagt auf ganz bestimmten,
bereits deformierten Perzeptionen auf, so denjenigen, daß sie „zum Mittelpunkt gemacht" werden soll, daß die Damen sich so setzen, daß sie sie
beobachten können, daß bei der Vorlesung des Landvogts von Greifensee
auf sie und ihren Vater „angespielt" werde, daß die Damen „beim Worte
Putzsucht so unpassend lachten. Alles so komisch!" Bei all dem handelt es
sich bereits um ausgesprochen wahnhafte Anschauungen oder Perzeptionen.
Deren zeitliche Synthese zur Wahrnehmung ist aber insofern deformiert, als
sie, an sich schon „deformierte" Anschauungen darstellend (vgl. *erstens*),
sich keineswegs in einem zeitlichen *Kontinuum* oder *kontinuierlichen Zeitfluß* zeitigen.

---

[9] Vgl. Edmund Husserls Vorlesungen zur Phänomenologie des inneren Zeitbewußtseins. Herausgeg. von Martin Heidegger. Jahrbuch f. Philosophie und phänomenolog.
Forschung IX, 1928. Neuausg. in Hua X.
[10] Die Worte Mneme und mnemetisch in der „Genese" der Perzeption dürfen uns hinsichtlich des inneren Zeitbewußtseins nicht irre machen, da es sich bei *dieser* „Genese" noch um einen sozusagen „automatisch" ablaufenden und jedenfalls „ungesteuerten"
Vorgang handelt.

Ich erinnere hier an Husserls, im Anschluß an Kant, erfolgte Rede von den „idealen Möglichkeiten der *Grenzenlosigkeit im Fortgange einstimmiger Anschauungen*, und zwar nach bestimmt vorgezeichneten Richtungen" (Ideen, Hua S. 346). Immer wieder sind die Anschauungen „in Anschauungskontinuen überzuführen und die vorgegebenen Kontinuen zu erweitern" (ebd. S. 347).

Nach all dem läßt sich in unserem Fall (der plötzlichen wahnhaften Empörung) zwar wohl von einer Überführung von Anschauungen in Anschauungskontinuen sprechen, aber keineswegs von der Möglichkeit einer Erweiterung oder eines „*unendlichen Fortgangs*" einstimmiger Anschauungen. Das hat seinen Grund darin, daß die „Zeit" im Sinne des inneren Zeitbewusstseins, des inneren Zusammenhangs oder besser Aufeinanderangewiesenseins von Retention, Protention und Präsentation hier keinen Fluß mehr bildet, nicht mehr strömt, sondern stille steht. Die „Phase" (oder Stufe) der Impression (Perzeption oder Anschauung) ist hier nicht, wie Husserl einmal (Ideen, S. 183) sagt, eine *Grenzphase* „kontinuierlich und intentional aufeinander zu beziehender *Retentionen*", sondern bereits eine (innerzeitliche) *Endphase* (d. h. eine solche ohne eigentliche Protentionen). Daran ändert auch ein „Konglomerat" solcher Impressionen nichts. Die Wahrnehmung des *Ironisiertwerdens* ist also wohl die sich auf einem Konglomerat von Anschauungen aufbauende (Wahn-) Wahrnehmung eines (zwischenmenschlichen) *Sachverhaltes*. Dessen Glieder sind zwar unter sich „einstimmig"; diese Einstimmigkeit läßt sich aber keineswegs grenzenlos fortsetzen oder verfolgen. Das rührt daher, daß es sich um eine Zeitigung handelt, die man bildlich als „Kurzschluß" bezeichnen kann, d. h. als eine solche, die sowohl eigentliche Retentionen wie eigentliche Protentionen vermissen läßt. Ich erinnere schon hier an mein sehr gedrängtes *Münsterlinger Einleitungsreferat* „Über das Wahnproblem in rein phänomenologischer Sicht" (1963a), das bereits den Rückhalt der Wahnforschung an Husserls Lehre vom *inneren Zeitbewußtsein*, dessen Zusammenhang mit seiner Lehre von der *Evidenz* und der *Vernunft* im Sinne der „Verweisung auf Möglichkeiten der Bewährung" zeigt.

Schon jetzt muß klar sein, daß der „Wahn", wie wir in der „Überleitung" (S. 441) sagten, nicht den Schichten nachgeht, die in dem Sachverhalt gegeben sind, m.a.W. daß die Verbindung der intentionalen Akte nicht den sachlichen Hinweisen, sondern einer unübersehbaren Menge sachungebundener Hinweise folgt.

Dritte Stufe: Die Wahn-„Erfahrung"

Erfahrung überhaupt beruht auf der kontinuierlichen Zusammenfügung oder Synthese der Wahrnehmungen zu einer objektiv-gültigen Erfahrung.

Durch sie vernehmen wir *Gegenstände* (im weitesten Sinne des Wortes, wozu auch Sachverhalte gehören) in ihrem einheitlichen Zusammenhang.

Die Erfahrung ist, als Wahnerfahrung, um zunächst zu rekapitulieren, „deformiert" a) durch die *Deformation* der *Anschauungen*. Damit sind, wie wir sahen, gemeint die veränderten Regelungen der Synthesis der Eindrücke zur Anschauung, und zwar verfolgbar an dem Konstitutionszusammenhang zwischen Affektion (= Impression = Eindruck), Mneme-Moment und Phantasie-Moment (beide Momente zusammengefaßt im „mnemetischen Schema").

Die Wahnerfahrung ist deformiert b) durch die *Deformation* der *Wahrnehmung*, d. h. durch die veränderten Regelungen der Synthese der Anschauungen zur Wahrnehmung.

Dazu kommt aber nun noch (neu) c) die *Regel-Veränderung* von *Wahrnehmungen zu Erfahrung* (vgl. hierzu weiter unten S. 457ff).

Was zunächst die Frage betrifft, wie sich die Regelveränderung oder „Deformation" im Aufbau der Wahnperzeption (Stufe a) auf der Stufe b der Wahnwahrnehmungen und schließlich auf der Stufe c der (noch nicht behandelten) wahnhaften „Erfahrung" durchhält, so erinnern wir an die frühere Feststellung, daß bei jedem *Eindruck* Gedächtnis und „Phantasie" (im Sinne Szilasis) miterweckt werden. Damit greift die Perzeption schon der Wahrnehmung voraus. Wie die „Phantasie" die *Vorschrift* darstellt, die das *Voraktuelle* (das Zurückbehaltene), mit einem Wort: das Mnemetische, im Präsenten oder Aktuellen in Zusammenhang bringt mit dem Vorerwarteten (vgl. oben S. 441ff.), so stellt, wie wir wissen, die Retentio in der Präsentatio den Zusammenhang her mit der Protentio als der Vorerwartung.

Was nun aber die „Deformationen" auf der I. und II. Stufe betrifft, so weist auch die Deformation von I nicht nur auf die von II voraus, sondern weist auch umgekehrt, die von II auf diejenige von I zurück. Ich erinnere dabei nur an das Verhältnis von I. und II. Stufe im Wahn unserer Patientin Ilse: Sicherlich weisen die wahnhaften Perzeptionen – das („kreisförmige") Sichsetzen der Damen um sie herum, derart, daß sie selbst zum Mittelpunkt wird, das öftere Lesen von Stellen, bei denen von Putzsucht die Rede ist, das Anspielen auf sie und ihren Vater – sicherlich weisen alle diese wahnhaften Perzeptionen auf die Wahnwahrnehmung des Ironisiertwerdens voraus, anderseits ist unverkennbar, daß diese Wahnwahrnehmung insofern auf jene Perzeptionen zurückweist, als sie sie erst „ins rechte Licht setzt" (des Wahns nämlich), genauer gesagt, als sie sie in eine einheitliche Wahnidee, ein einheitliches wahnhaftes Bewußtseinskontinuum zusammenfügt, wahnhaft insofern, als dieses Kontinuum (von Noësen) als Korrelat ein Kontinuum von Noëmata hat, von zwischenmenschlichen Sachverhalten im Modus der Wirklichkeit.

In den Perzeptionen oder unmittelbaren Anschauungen lockert sich hier das mnemetische Schema, das Schema der „Phantasie"-vorschriften insofern, als in das festgefügte mnemetische Schema „friedlich-freundschaftliche gemeinsame Unterhaltung und Belehrung" („Vorlesung") mnemetisch unvorgeschriebene, d. h. keinerlei mnemetischen Verweisungen folgende Perzeptionen oder Anschauungen treten, wie wir sie soeben noch rekapituliert haben. Eine solche Deformation der Perzeptionen stellt allein schon eine „normale" Wahrnehmung und Erfahrung in Frage: Anstelle des festgefügten und festgegründeten sachlichen mnemetischen Schemas tritt jetzt schon das überaus lockere, aber um so zäher festgehaltene, lebensgeschichtlich bedingte, also sachungebundene[1] Schema. Dieses Geschehen setzt sich auf der Stufe II, der Wahrnehmung und der Intentionalität überhaupt, fort, mit dem Unterschied aber, daß einerseits die Kranke zu dieser Fortsetzung jetzt *Ich* sagen kann, daß anderseits aber das Wahrgenommene Wirklichkeitscharakter annimmt. Wir wiederholen: Je weniger der Mensch *sich* auf die Sachen und Sach-Verhalte einläßt und je weniger er sie *sein läßt*, je mehr er aber mit ihnen „umgeht", um so mehr entfernt er sich von der sachlichen *Erfahrung*, und das heißt von der *Wirklichkeit*.

Bevor wir auf Stufe III, die Erfahrung, näher eingehen, sei das anhand des Beispiels Ilse Gesagte noch am Beispiel der Kranken Roland Kuhn's kurz illustriert:

Das mnemetische Schema Gips weist einerseits auf seine Verwendung im Bau- und Kunst-Gewerbe und im Kunst-Handwerk, anderseits auf seine Anwendung in der Chirurgie und hier speziell auf das Gebiet der Behandlung der Knochenbrüche. Nichts von all dem findet sich in dem Schema „Gips" dieser Kranken. Hier wird dieses Schema so weit gelockert und damit verändert, daß es zwar, wie es immer der Fall ist, eine Teilvorschrift, hier die mnemetische Verweisungsvorschrift auf den *Verband*, noch befolgt, daß mit diesem Verband aber von der Kranken so umgegangen wird, daß er, um den Schädel oder die Zehen gelegt, „die zerrissenen Gedanken" „verbinden" muß. Perzeptiv-deformiert ist hier der Eindruck der Erleichterung des Denkens beim Eindrücken eines angeblichen Stirnhöckers mit der Hand. Die Wahnwahrnehmung mit ihrer Ichbezogenheit und Wirklichkeitsbezogenheit führt dann zu der Wahnidee: „Gipsverband um den Kopf". Wir haben auch hier ein Beispiel dafür, daß und wie sich die Deformierung der wahnhaften Wahrnehmung fortsetzt. Auch hier tritt anstelle der „Sachgemäßheit" („gemäß der sachlichen Verweisungen") der sachfremde Umgang („gemäß den lebensgeschichtlichhabituellen oder ,persönlichen' Verweisungen"). –

Nachdem wir der Fortsetzung der „Regelungs-Abwandlungen" in der wahnhaften Anschauung und der Wahnwahrnehmung nachgegangen sind, wenden wir uns nun endlich der Regelungsveränderung in der *Erfahrung* zu. Vorher müssen wir aber noch einmal daran erinnern, worauf Erfahrung als solche beruht. Sie beruht (wie bereits S. 449 ausgeführt) auf einer (kontinuierlichen) Synthese d. h. Zusammenfügung der Wahrnehmungen zur *Einheit einer objektiv-gültigen Erfahrung*. Durch sie vernehmen wir Gegenstände (wozu auch Sachverhalte gehören) in ihrem einheitlichen Zusammenhang. Nach unseren bisherigen Ausführungen muß klar sein, daß von einer *objektiv-gültigen* (= vernünftigen) *einheitlichen Erfahrung* „im Wahn" keine Rede sein kann. Definieren wir doch den Wahn auch in der Psychiatrie als Gegensatz zu einer solchen Erfahrung. *Unser* Bestreben ging aber von Anfang an und geht erst recht in dem ganzen mit Stufe III bezeichneten Abschnitt dahin, nicht nur zu zeigen, *daß* dieser Gegensatz besteht, sondern *wie er*, phänomenologisch genauer ausgedrückt: durch welche Regelungsveränderungen im phänomenologischen Aufbau oder in der phänomenologischen Konstitution des Bewußtseins er zu verstehen ist. Wenn schon an der Wahnwahrnehmung noch deutlicher zu machen war, was an den Aufbauregeln der Wahn*anschauung* verändert ist, so läßt sich wiederum an der Wahn*erfahrung* noch deutlicher machen, was an der Wahn*wahrnehmung* verändert ist. Wenn schon die jeweilige Wahnwahrnehmung gegenüber der „Grenzphase" der Wahnperzeption eine *Endphase* darstellt, so wird es in der Wahnerfahrung ohne weiteres *sichtbar*, daß sie keinen Fluß mehr darstellt, sondern sich „*stabilisiert*", ja in Stücke zerbricht.

Im Fall *Ilse* zeigt sich das deutlich daran, daß es hier überhaupt zu keiner Zusammenfügung oder Synthese von Wahrnehmungen im Sinne *einer einheitlichen Erfahrung* kommt (vgl. 1957c, S. 37ff. u. 40ff.), sondern nur noch zu „Erfahrungsfetzen", sei es im Sinne der Vereisungs- oder Vererdungs-, der Reinigungs- und der (aktiven und passiven) „Liebes-Erfahrungen", sei es vor allem der „Beziehungs-Erfahrungen". Mit der durch alle drei Stufen sich fortsetzenden Deformierung der Regeln des Aufbaus des Bewußtseins kommt es natürlich auch zur Deformierung „der Wirklichkeit" im Sinne ihres Zerfalls in unzusammenhängende Wirklichkeitsfetzen. Die Realität überhaupt ist, wie wir wissen, nur möglich unter der beständigen vorgezeichneten Präsumption, daß die Erfahrung *beständig im selben Stil fortlaufen* werde (Münsterlinger Einleitungsworte, 1963a, No. 7).

Hier aber kann weder von einer solchen beständig vorgezeichneten Präsumption noch von einem Fortgang der Erfahrung im gleichen konstitutiven Stil die Rede sein.

Vereisung, Vererdung, Gequältwerden, Ironisiert- und Verspottetwerden sind zwar „Wahnschemen", bei denen sich „noch etwas denken läßt". Es fragt sich nur, ob das, *was* dabei gedacht werden kann, „vernünftig" (vernunft-gemäß) oder „unvernünftig" (nicht der Vernunft gemäß = verschroben, verrückt oder „wahnsinnig") ist. Was aber heißt Vernunft? Sicherlich nicht soviel wie common sense oder allgemein anerkanntes Bedeutungsbewußtsein.

In der soeben erwähnten kurzen Einleitung zu dem Münsterlinger Symposion vom 14. Mai 1961, betitelt „Über das Wahnproblem in rein phänomenologischer Sicht" (1963a) habe ich diese Frage bereits im Sinne Husserls zu beantworten gesucht. Husserl anerkennt keine Evidenz als isolierte „Erlebnistatsache" oder isoliertes „Evidenzgefühl", sondern nur *„Potentialitäten"* im Sinne zu erfüllender oder widerstreitender Evidenzen oder im Sinne von „antizipierenden" Vorstellungen, in einem Wort von *Horizontintentionalität* im Sinne der Bewährung oder des Widerspruchs. All das weist auf die „intentionale Leistung der Bewußtseinssynthesis" und damit auf das Problem des inneren Zeitbewußtseins und somit der Erfahrung. Auf Grund der letzteren als einer Horizontintentionalität kann man also nur von einer *präsumptiven* Evidenz der Welterfahrung sprechen. Wir wiederholen: „Die reale Welt ist nur in der beständig vorgezeichneten Präsumption, daß die Erfahrung im gleichen konstitutiven Stil beständig fortlaufen werde (Hua XVII, S. 258).

Alle unsere bisherigen phänomenologischen Beschreibungen der Veränderung der Stufen der Synthesis des inneren Zeitbewußtseins „im Wahn" (im Sinne einer Störung, ja Aufhebung der *Horizontintentionalität*) haben gezeigt, daß jene Präsumption im Wahn nicht zutrifft und daß dies der Grund ist, warum und in welchem Sinne wir im Wahn nicht von einer „realen Welt" sprechen können. *„Letztlich ist es die Enthüllung der Erfahrungshorizonte allein, die die Wirklichkeit der Welt und ihre* Transzendenz *klärt und sie dann als von der Sinn und Seinswirklichkeit konstituierenden transzendentalen Subjektivität als untrennbar erweist."* (Hua I, S. 97)

Mit all dem kommen wir zurück auf unsere obige Frage: Was aber heißt Vernunft? *Vernunft* heißt für Husserl soviel wie *Evidentmachen* und wie „Vereinheitlichung der Bewußtseinssynthesis". „Vernunft ist kein zufälligfaktisches Vermögen", sondern Titel „für eine universale wesensmäßige Strukturform der transzendentalen Subjektivität überhaupt". (Hua I, S. 92)

Während wir in jener Einleitung als Zeugnis für die Unvernunft des Wahns als eines Widerspruchs zur „natürlichen Logik der Ereignisse" das „seltene" Selbstzeugnis eines Wahnkranken (August Strindberg) angeführt haben, müssen wir hier, im Fall Ilse, wie bei fast allen Wahnkranken, auf ein solches Selbstzeugnis verzichten und statt dessen „die Sache selbst" aus dem gesamten Gang unserer Untersuchung herausstellen und „erweisen", angefangen bei der Verschiebung des Verhältnisses der drei Quellen der *Anschauung* zueinander.

Worauf es uns in diesem Abschnitt (B) unserer Schrift ankommt, ist also eine *phänomenologische Beschreibung des Wahnbewußtseins* (in der Form des Beziehungswahns), zurückgehend bis auf Aristoteles und Kant und endigend bei Husserl und Szilasi. Auf Aristoteles und Kant wies uns die Auffassung von dem unlöslichen Ineinanderspiel von Nous-pathetikos, als dem passiven geistigen Stoff für die eigentlichen geistigen Bildungen, und Nous-poiëtikos oder von (passiver) Rezeptivität und (aktiver) Spontaneität (insbesondere in der 1. Auflage der Kritik der reinen Vernunft). Mit beiden verbindet Szilasi und mich selbst aber auch die Auffassung der „Phantasie" als einem „Vermögen" des Nous-pathetikos oder der Rezeptivität. Diese Phantasie darf, wie wir sahen, ja nicht verwechselt werden mit der willkürlichen Imagination. Im Gegensatz zu dieser, also zum „bloßen Phantasieren", ist „Phantasie" als Einbildungsvermögen für uns ein „Vermögen", das immer, ohne Unterlaß und Ausnahme, am Werke ist. Obwohl davon schon wiederholt die Rede war, lag uns daran, die Rolle der Phantasie (in diesem Sinne) nochmals ins rechte Licht zu setzen, bildet sie doch im Verein mit Aisthesis und Mneme, wie wir gesehen haben, den Hintergrund für unsere Beschreibung und unser Verständnis der phänomenologischen Strukturen der Anschauung, der Wahrnehmung und der Erfahrung, deren Deformationen im Wahn und der Deformation der Wirklichkeit im Sinne der „Wahnwirklichkeit".

Aber auch nach Zurücklegung dieses Weges kommt unser „phänomenologisches Gewissen" nicht zur Ruhe. Abgesehen davon, daß das Gewissen uns sagt, daß wir diesen Weg in einem allzu raschen Tempo zurückgelegt haben, bleibt uns noch ein hierher gehörendes Zentralproblem phänomenologisch zu beschreiben und zu verstehen übrig, das Problem, das Freud in seiner denkwürdigen Studie über den Senatspräsidenten Schreber (Ges. Werke VIII) als *Projektion* („nach außen") und K. Conrad in seiner Schrift „Die beginnende Schizophrenie" (Thieme, Stuttgart 1958) als *Anastrophé* (als Umwandlung oder Umkehr „nach innen") bezeichnet hat. Die *Projektion* beschreibt Freud folgendermaßen: „Eine innere Wahrnehmung wird unterdrückt und zum Ersatz für sie kommt ihr Inhalt, nachdem er eine gewisse Entstellung erfahren hat, als Wahrnehmung von außen ins Bewußtsein" (a.a.O. S. 302f.). Die Anastrophé, „dieses wichtigste Moment am ‚apophänen' (= Wahn-) Erleben", für welchen „so hochbedeutsamen Zug im Erlebnisfeld des Schizophrenen" die klassische Psychiatrie, als „reine Verhaltensbeschreibung", nicht einmal einen Namen gehabt habe, diese Anastrophé bezeichnet nichts anderes als das *Erleben*, das viele Kranke mit den Worten bezeichnen: *„Ich habe das Gefühl, als drehe sich alles um mich"* (a.a.O. 76). Die Kranke Ilse drückt genau dasselbe aus mit den Worten, sie glaube, sie solle (bei der Vorlesung) *„zum Mittelpunkt gemacht"* werden (1957c, S. 32).

Fragen wir nun, wohin uns der Weg von der Projektion „nach außen" und von der Anastrophé („nach innen") phänomenologisch führt, so kann die Antwort nur lauten: In die Phänomenologie der *Appräsentation* (vgl. 1960a, i. d. Bd. S. 387-392 u. 392-403). Es handelt sich hier also um das,

„was zur *leiblichen Präsentation* des Anderen hinzukommt und mit jener
zur Einheit der (Fremd-)Erfahrung verschmilzt. Und zwar handelt es sich
hier um evidente Erfahrung eines wirklich Seienden eigenen Wesens, das
nicht mein eigenes ist, sich meinem eigenen nicht als Bestandstück einfügt,
mein eigenes Sein also ganz *transzendiert*, ‚während es doch Sinn und
Bewährung nur in dem meinen finden kann‘“ (ebd. S. 388). Wir stehen
hier vor der Frage: „Was ist mir als reines Selbsteigenes und insofern Unvertauschbares zu eigen und was ist unbeschadet dieses Unvertauschbaren
kommunikabel? Die erste Sphäre nennt Husserl die Originalsphäre oder die
primordinale Sphäre. Sie ist die Sphäre meines nur mir eigenen Lebensstromes, meiner nur mir eigenen, unvertauschbaren ‚inneren Lebensgeschichte‘,
wie ich sie seit langem genannt habe. Es ist die in der Ordnung der Konstitution einer ichfremden, äußeren Welt an sich erste, *daher* primordinal
genannte Welt, die noch ‚ein Bestimmungsstück meines eigenen konkreten
Seins als ego ist‘. Nun muß aber noch eine weitere ‚Intentionalität‘ vorliegen, die ein ‚*Mit-da*‘ vorstellig macht, (‚das doch nicht selbst da ist, nie
ein Selbst-da werden kann‘), eine Art *Mit-gegenwärtig-machendes*, eine Art
Appräsentation“ (ebd. 388f.).[m]

All das muß uns im Folgenden *als Hintergrund* gegenwärtig sein, als Hintergrund insofern, als es sich jetzt nicht mehr um die intentionale Konstitution der Appräsentation als solche handelt, sondern um spezielle *versagende* („deformierende“) Momente im Vollzug der Appräsentation. Zweitens
aber müssen wir uns von vornherein darüber klar sein, daß die versagenden Momente „im Aufbau der gemeinsamen Welt bei den Wahnkranken“
ganz andere sein müssen als im Aufbau der gemeinsamen Welt bei den
Manischen.

Als Ausgangspunkt der Fortsetzung des Weges unserer gesamten bisherigen Untersuchung in das Feld der Appräsentation wählen wir weiterhin
unseren Fall *Ilse*. Und zwar knüpfen wir an an die schon oben am Schluß
der Ausführungen über die zweite Stufe sich findende Zusammenstellung
der gerade hier besonders durchsichtigen „*Vorstufen*“ des Wahns, besonders durchsichtig, weil wir anhand derselben den Übergang von „mir als
rein Selbsteigenem und insofern Unvertauschbarem“, von der „primordinalen Sphäre“, der Sphäre meines eigenen Lebensstromes und meiner eigenen
Lebensgeschichte also, in die Sphäre des Mit-da, „das doch nie ein Selbst
werden kann“, in die Sphäre der Appräsentation also, besonders deutlich
zeigen können.

Wir beginnen mit dem noch der selbsteigenen oder primordinalen
Sphäre angehörigen *Sich-exponieren*, *Sich-ausstellen* oder *Sich-zur-Schaustellen*, wie Ilse es im höchsten, bereits als *verstiegen* zu bezeichnenden
Grade im *Opfer* (der Verbrennung der Hand coram publico!) praktiziert
hat. Wir haben gesehen, wie sehr sie sich durch dieses Opfer „in den *Mit-*

telpunkt" des Interesses des Vaters zu setzen, wie sehr sie ihm mit diesem
Opfer *Eindruck* zu machen versuchte (das Opfer sollte „wie ein Blitz" auf
ihn wirken, damit er „aufhöre, wie ein Egoist zu leben". 1957c, S. 33). –
Wenn Ilse den Ausdruck auch nicht selbst gebraucht, so hegt sie später
doch Zweifel, insbesondere auf Grund des Mißlingens ihres Opfers, ob es
sich dabei nicht *nur* um Liebe zum Vater, sondern auch um *Sensations-
lust* (= Lust zum Sich-vor-den-Andern-Exponieren) gehandelt habe (ebd.
S. 38).

Daß wir auch psychopathologisch das Recht haben, das Opfer als Vor-
stufe des Wahns zu bezeichnen, zeigt sich daran, daß Ilse 13-14 Monate
nach dem Opfer den Arzt fragt, ob sie wohl *geistig erkranken* könne, und
vor dem Erholungsurlaub, 3 Monate später, angibt, „von Gedanken geplagt
zu werden, die beinahe Wahnsinnsgedanken sind" (S. 32). Eine besonders
eindeutige Zwischenstufe zwischen Selbstmächtigkeit und Verfallenheit an
„die Andern" ist aber das Geplagtsein von Zwangsgedanken, was für einen
Eindruck sie mit allem, was sie sage und tue, auf die Anderen mache.

Beim Ausbruch des Wahns während der Vorlesung wird all das „nach
außen projiziert" und „von außen" „nach innen" rückgewendet ! Dabei verweisen wir hier im Vorübergehen nur auf die positive „Pluralisierung des
Du", des geliebten Vaters, in „alle Männer" und auf die negative Pluralisierung in „alle Andern" (33 u. 39f). Anstelle des Ich und des Selbsteigenen der
primordinalen Sphäre tritt jetzt also *man*, treten die appräsentierten *Anderen*, die den Versuch machen wollen, zu sehen, „wie ich auf alles *reagieren*
würde".

Nach diesem Umweg über die Psychopathologie sind wir endlich so weit,
uns zu fragen, wie Projektion und die unlösbar mit ihr verbundene Anastrophé *phänomenologisch* zu verstehen und darzustellen sind.

Projektion heißt also, etwas, das nur für mich gültig, d.h. nur in meiner primordinalen Sphäre *präsent* ist, wie wir es bei Ilse so deutlich konstatieren können, in einem anderen (einem alter ego) oder in mehreren
anderen *appräsentieren*. Das ist natürlich nur möglich, wo die mnemetischen Vorschriften gelockert sind, m.a.W. wo das Verhältnis von Aisthesis,
Mneme und Phantasie *verschoben* ist; denn das mnemetische Schema der
Sensations- oder Selbstexpositionslust enthält wohl Hinweise auf den oder
die andern, deren Beachtung *ich mich aussetze*, es enthält aber keine Hinweise darauf, daß *die andern* mich zum Mittelpunkt machen wollen, um in
Erfahrung zu bringen, „wie ich auf alles *reagiere*".

Was hier *zurückbehalten* wird (Mneme) ist lediglich die Ego – Alter-
ego-Beziehung als solche, der Hinweis von mir auf die Andern im Sinne der
Angewiesenheit von mir auf sie. Diese Angewiesenheit als solche ist im Beziehungswahn keineswegs „vergessen", sie erscheint nur in einer ihr völlig
„unvorschriftsmäßigen", d.h. in keiner mnemetischen Vorschrift enthalte-

nen Form, ein Zeichen der hochgradigen Lockerung dieser Vorschriften und
der völligen Verschiebung der drei Quellen der Perzeption und damit der
Wahrnehmung und Erfahrung. Daß es sich hier aber um eine der ursprünglichen direkt *widersprechende Form* der Angewiesenheit handelt, zeigt deutlich, daß die ursprüngliche Form auch in dieser „unvorschriftsmäßigen" Formulierung doch noch irgendwie behalten ist, in der Form der radikalen
Umkehr „von Subjekt und Objekt", von Spontaneität und Rezeptivität,
von Aktivität und Passivität oder, wie Freud will, von Liebe und Haß!
Diese Struktur war, wie wir sahen, schon vorbereitet in dem *Zwang* der
Kranken, immer denken zu *müssen*, was für einen Eindruck sie (auf die
Anderen) bei allem, was sie tue, mache, ebenso wie der Verfolgungswahn
unserer Kranken Lola Voß (1957c, S. 281ff) vorbereitet war in dem Zwang
(richtiger Wahn) der Wortzerlegung und neuer Zusammenfügung der Silben zu unüberschreitbaren Verboten oder erteilten Erlaubnissen. In beiden
„Fällen" zeigte die Bewußtseinsform des „Zwanges" schon an, daß das Bewußtsein in seiner Spontaneität schwer bedroht („unfrei") war, genauer gesagt, daß es gegen die Lockerung der jeweiligen mnemetischen Vorschriften,
gegen sein „Aus-den-Fugen-gehen", einen Damm zu setzen sich gezwungen sah zur Aufrechterhaltung seiner Kontinuität, seiner Gefügtheit. Im
Wahn geht dieses Gefüge dann tatsächlich „aus den Fugen". Anstelle der
im inneren Zeitbewußtsein beschlossenen Horizont-Intentionalität und der
Bewährung oder Nichtbewährung der Evidenz, m.a.W. anstelle des „temporalen Flusses" des Bewußtseins, des *fließenden* In- und Miteinander von
Retentio, Protentio und Präsentatio, tritt seine Starrheit und Brüchigkeit.

Denn dem, was wir auf der Stufe der Perzeption die *Lockerung* der
mnemetischen Vorschriften nennen, entspricht auf der Stufe der wahnhaften
Wahrnehmung und Erfahrung die *Zerreißung* der Bänder, der Fugen oder
des Sichineinanderfügens von Retentio und Protentio zur Präsentatio, tritt
also die Erstarrung des (temporalen) Flusses des Bewußtseins und seine
„Brüchigkeit".

Auf den Fall Ilse angewandt heißt das, daß ihre Angewiesenheit auf
die Anderen im Sinne der zwangshaften Abhängigkeit von dem Eindruck,
den sie auf die Anderen macht, in die Abhängigkeit von den Anderen in
der Form des (wahnhaften) Eindrucks, *den die Anderen auf sie machen*,
umgeschlagen hat.

B II Weiterer phänomenologischer Aufbau der Erfahrung und weiterer Abbau der Wahnerfahrung

Wir verfolgen zuerst den (normalen) Aufbau der Erfahrung weiter. Erst
dann wird es möglich sein, den weiteren phänomenologischen *Abbau* der

Wahnerfahrung in ihrer ganzen Tragweite aufzeigen und verstehen zu
können.

Der weitere phänomenologische Aufbau der Erfahrung

Was wir bisher (unter B I) zu beschreiben versucht haben, betraf lediglich
die I. Stufe der Erfahrung überhaupt, das *unmittelbare Vernehmen* also, d.
h. das Vernehmen eines *Präsenten*. Dasselbe gliederte sich seinerseits wieder
in die *drei* voneinander unlöslichen *Momente* der Aisthesis, der Mneme und
der Phantasie, im Sinne einer pars pro toto, zusammengefaßt jetzt unter
dem Namen *Phantasma*. Freilich sind sich schon Aristoteles und Kant dar-
in einig, daß die Seele oder der $\nu o\tilde{\upsilon}\varsigma$ nie denkt ($\nu o\varepsilon\tilde{\iota}$) $\check{\alpha}\nu\varepsilon\upsilon\ \varphi\alpha\nu\tau\acute{\alpha}\sigma\mu\alpha\tau o\varsigma$
(ohne sinnliches Bild, Aristoteles) oder Kant: „Wir mögen unsere Begriffe
noch so hoch anlegen und dabei noch so sehr von der Sinnlichkeit abstra-
hieren, so hängen ihnen doch noch immer bildliche Vorstellungen an, deren
eigentliche Bestimmung es ist, sie, die sonst nicht von der Erfahrung abge-
leitet sind, zum Erfahrungsgebrauch tauglich zu machen" (Was heißt: Sich
im Denken orientieren? Akad.-Ausg. Bd. VIII, S. 133). Damit sind wir aber
nicht der Aufgabe enthoben, wenigstens darauf hinzuweisen oder anzudeu-
ten, was im „Denken" noch zu der Sinnenhaftigkeit hinzukommt oder es
überhaupt erst ermöglicht.

Während bisher das *Phantasma* unsere Überlegungen beherrscht hat,
bietet sich uns jetzt, und zwar bereits von Aristoteles her, der Ausdruck *Ei-
dos* an (vom Stamm $\varepsilon\grave{\iota}\delta\omega$ lat. video) = das in die Augen fallende, das Ansehen, Aussehen, die Gestalt überhaupt, das Bild oder die Bildung, bei Szilasi
das *Gestaltbild* im Sinne der *Regelbildung für die Gestaltzusammenhänge*.
Das Wort Eidos weist uns von vornherein darauf hin, daß wir im Präsenten
als dem Vor-Augen-Habenden viel mehr erblicken als nur das Vor-Augen-
Habende. Wenn wir beim Anblick eines Autos, z. B. eines Mercedes, sagen,
so sieht ein Auto aus, ja auch nur, so sieht ein Mercedes aus, so gehen
wir weit über dieses Präsente, über dieses Auto, das wir gerade vor Augen haben, hinaus, desgleichen wenn wir angesichts eines Apfelbaums sagen, so sieht ein Baum aus, denn ein Kirschbaum sieht wieder ganz anders
aus. Aber lassen wir Szilasi selbst (in dem erwähnten, noch ungedruckten
Festschrift-Beitrag für Hugo Friedrich) sprechen:

„Alles, was wir überhaupt kennenlernen können, zeigt ein eidos, zeigt
das, was es ist, in voller Sichtbarkeit. Aber es ist nicht der zufällige Anblick, den wir von einer Sache oder von einem Sachverhalt haben, sondern
das einheitliche Bild aller Wandlungsmöglichkeiten (der $\mu\varepsilon\tau\alpha\beta o\lambda\alpha\acute{\iota}$, des
Umschlagens in die zwangsläufigen Metamorphosen), die in dem Grund-
bild beschlossen sind. Das Sokrates-Bild zeigt nicht eine Moment-Aufnahme
mit allen Zufälligkeiten, sondern den Sokrates mit allen ihm Zugehörigen

(hyparchonta) als einheitliche Grundlage aller wechselnden Gestaltungen. Es ist das Bild, das allen Wandlungen des Aussehens, d.h. des Anblickes, zu Grunde liegt. Das eidos des Baumes ist nicht dieser oder jener Baum, nicht ein bestimmter Baum in einer bestimmten Situation (im Blühen, im Fruchttragen, im Verwelken usw.), sondern das einheitliche Bild, das die Regel aller Anblick-Veränderungen enthält: das Bild der Regel, wonach die Anblick-Bildungen eines Seienden geregelt sind. Wenn wir sagen: ‚Das ist ein Baum‘, ‚so sieht ein Baum aus‘, dann meinen wir gar nicht, wie gerade dieser Baum vor uns aussieht (noch weniger, was wir mit dem Begriff Baum meinen), sondern wir beziehen uns auf ein tiefer liegendes ‚Aussehen‘, das in jedem einzelnen Baum-Bild – in dem Phantasma – sichtbar ist, und zwar so, daß es alle die möglichen Abwandlungen regelt, wie ein Baum aussehen kann. Dieser Baum da, jetzt vor mir, ist ein Phantasma. Das Bild, das das Noetikon noei, das heißt zum Bild bildet, ist das Bild der Regel für das Bildbildungsvermögen aller Phantasmata, die von einem Ding in und mittels der Erfahrung in seinem Wandlungsbereich gebildet werden.“

Ferner:

„Die Phantasmen sind die einzelnen Bildbildungen in der dreistufigen Einheit der Aisthesis. Das Eidos bezeichnet die Sammlung der Regel der Bildwandlungen in einem Bilde. Nous bezeichnet demnach das einheitliche und einheitsstiftende Vermögen, das Erblicken der Regelbilder für die Bildregelung des Eidos für das angebotene Bild (Phantasma).“

Und schließlich:

„Die Seele hat zwei Vermögen: Nous und Aisthesis. Beide sind Bildvermögen: die Aisthesis Bildung des Vernehmbaren, der Nous Bildbildung der Bildbildungsregel bzw. ihres sehenden Vernehmens.“

Es muß schon jetzt klar werden, daß die Wahnforschung erst in der Lehre vom Eidos als der „Regelbildung für die Gestaltzusammenhänge“ offenes Land betritt!

Nun hat sich Szilasi aber schon viel früher über das Aristotelische *Eidos* ausgesprochen, und zwar auf einem Gebiet, das in diametralem Gegensatz zum Wahn steht, im Gegensatz nämlich zum philosophischen Verständnis des Wesens der *Wissenschaft*. Die betreffenden Ausführungen finden sich in dem viel zu wenig verbreiteten, überaus lehrreichen, klaren und tiefgründigen Buch „Wissenschaft als Philosophie“ (Europa-Verlag Zürich – New York, 1945). Hier lesen wir:

„Wir haben auf die Selbigkeit schon in unserem Hörsaalbeispiel hingewiesen als auf das Moment, das die Fähigkeit des Seienden, sich vernehmen zu lassen, vorgängig bestimmt. Vor jedem verstehenden Übersteigen, bevor wir überhaupt etwas von dem Seienden wissen, bezeugt es sich als das Selbige in und für alle Deutungsmöglichkeiten, ob wir diese Dinge da als Bänke oder Brennholz verstehen. Diese objektive Apriorität der Selbigkeit, die sozusagen alle Verstehenshorizonte unterschreitet, bestimmt unausweichlich unsere philosophisch geprägte Haltung, in objektiver Weise auf die Erforschung des Was-seins des Seienden gerichtet zu sein." (S. 46)

„Den Umkreis des Identischen, der durch den Sachgehalt bestimmt ist, nennt Aristoteles *Eidos*, das Aussehen, wie sich ein Seiendes in seiner vollen Realität dem Begegnenden zeigt, so daß in diesem Sichzeigen sämtliche ‚eidetischen Abwandlungen‘, wie Husserl sie nennt, mitgegeben sind." (S. 47) (Der Ausdruck „eidetische Abwandlungen" zeigt übrigens, daß zwischen dem eidos des Aristoteles und demjenigen Husserls (= Wesen) deutliche Beziehungen bestehen!)

Was die Wissenschaft im Gegensatz zum Wahn „als objektive Forschung" erweist, ist ihre *eidetische Bindung!* „Daß sie in einsichtiger Weise feststellen kann, wie sich das Seiende immer nur in einer seiner eidetischen Wandlungen präsentiert, aber in jeder seiner Wandlungen es selbst ist, ist ihre außerordentliche philosophische Leistung. Denn im naiven Vernehmen ist es nicht schwierig zu wissen, daß der sitzende Sokrates er selbst ist – und daß das Vernehmen eines Sokrates an sich, der weder steht noch sitzt usw., eine sinnlose Forderung ist. Bei der Kompliziertheit der Naturereignisse gehört die ganze Genialität der Forschung dazu, nachzuweisen, wie in den verschiedenen Zuständen das betreffende Seiende es selbst ist, wie unsinnig es ist, das Reale dieser Zustände, das nur in den Zuständen real ist, gleichsam von Zuständen entblößt darstellen zu wollen, und welche Aufgabe es ist, das Gesetz zu finden, das nur die je eigenen Zustandswandlungen, diese aber in möglichster Vollständigkeit verbindet."

Wir können das alles auch so ausdrücken, daß wir sagen, die Wissenschaft sei auf das Sachhaltige gerichtet. Ihr kommt es auf Unterschiede an, „die in der Sache selbst liegen, nicht in unserem Verstehen, oder wie wir es in philosophischer Terminologie sagten, die objektiv apriorische Unterschiede des Realseins sind. Dem Forschungsdrang, das zu erkennen, was die Seienden sind, geben die apriorischen Unterschiede von vornherein eine Art Gliederung des Seienden in Sachgebiete, die unsere verschiedentlich ausgebildeten Seinshorizonte von dem Objekt her transzendental bestimmen." (Schon hier erkennen wir den Abgrund, der die Strindberg'sche Schicksalslogik wie jede Wahnlogik von der echt wissenschaftlichen Logik trennt, vgl. unten Abschnitt C).

Was nun den ersten Versuch betrifft, die reale Gliederung begrifflich zu erfassen, so ist es die Aristotelische Unterscheidung von Psyche und Physis, wenn sie sich auch nicht mit der heutigen deckt. Sie umfaßt ungefähr das, was wir heute unter Physik, Biologie und Psychologie einerseits und Geisteswissenschaft andererseits zusammenfassen. Aber das ist hier Nebensache, Hauptsache ist, daß jene Unterscheidung der erste Versuch einer begriffli-

chen Unterscheidung einer realen Gliederung oder Gliederung des Realen
ist.

Alle diese Ausführungen über Wissenschaft und Philosophie wären auch
jedem Versuch, über das Verhältnis von Psychiatrie und Philosophie (und
umgekehrt) ins klare zu kommen, zugrunde zu legen!

Nun ist die Wissenschaft aber nicht der einzige diametrale Gegensatz
zum Wahn, der andere ist die *Poesie*. Während aber die Wissenschaft sich
vom Wahn unterscheidet, insofern sie nichts mehr perhorresziert als falsche
oder Querverbindung zwischen verschiedenen Eidosbereichen, wie sie uns
im Wahn noch deutlich genug vor Augen treten werden, sondern sich strengstens an eidetische Bindungen hält, m.a.W. an die Gliederung des Seienden in Sachgebiete oder Unterschiede, die in der Sache selbst liegen, und
während es ihr einzig darum geht, ihren vom Objekt her transzendental bestimmten Seinshorizont immer mehr zu erweitern und zu vertiefen, begnügt
sich die Poesie gerade nicht mit einem einzigen Eidosbereich, sondern sieht
ihr Wesen gerade darin, sich souverän über die verschiedensten Eidosbereiche hinwegzusetzen, um sie miteinander zusammenzuschauen und aus
dieser Zusammenschau eine ganz neue eidetische Region, ein ganz neues
Eidos und Dasein zu gestalten. Man denke nur an das poetische Gleichnis, an den poetischen Vergleich, an die poetische Metapher, das poetische
Symbol, „poetisch" aber nur insofern, als in ihnen eine einheitliche, der
menschlichen Einbildungskraft zugehörige „Bedeutungsrichtung" am Werke ist (Vgl. L. Binswanger, Traum und Existenz, 1930, in 1947 u. AW 3).
Und zwar handelt es sich bei der Einheitlichkeit dieser Bedeutungsrichtung
weder um die Einheit von Sachgebieten noch erst recht von Begriffen. Wenn
der Dichter sagt:

„Es war, als hätt' der Himmel die Erde still geküßt", so handelt es sich
hier weder um kosmologische Begriffe oder Gegenstände, die, und sei es
auch nur in der Ahnung, in menschliche Gegenstände verwandelt oder auch
nur mit ihnen in Beziehung gesetzt werden, sondern es handelt sich um ein
Durchdringen und Gestalten beider Eidosbereiche in eine neue poetische
Gestalt von eigenem Realitätscharakter. Desgleichen, wenn Goethe dichtet: „Was soll ich noch vom Wiedersehen hoffen, von dieses Tages noch
geschloss'ner Blüte?" Auch hier würden wir schwer daneben greifen, wenn
wir etwa von einem „botanischen Gleichnis" sprechen würden, hat doch diese „Knospe" mit Botanik und einem botanischen Gegenstand oder Begriff
nichts zu tun. Sie ist das Eidos zu erhoffender, beglückender menschlicher
Möglichkeiten, für ein sich „im Laufe des Tages" wunderbar entfaltendes
Gestaltbild.

Der Blick auf die Wissenschaft wie auf die Dichtung soll dem Leser
von vornherein den Blick schärfen für die Eigenart des Transzendierens
im Wahn. Dort, in der Wissenschaft, ein spontan-rezeptives Transzendie-

ren im Sinne strengster eidetischer Bindung, strengster Sachhaltigkeit und
Sachgemäßheit, in der Poesie ein spontanes Transzendieren im Sinne freie-
ster genialer Ungebundenheit und produktiver Verbindungsmöglichkeit bestimmter Eidosbereiche zu neuen gewaltigen eidetischen Gestalten, hier,
im Wahn, ein hochgradig defizientes Transzendieren bis fast zum Erlöschen
jeglicher Spontaneität, ein Herabsinken des Transzendierenkönnens unter
Umständen auf ein bloß rezeptives Registrieren.

Der phänomenologische Abbau der Wahnerfahrung, aufgezeigt anhand klinischer Fälle

Der Fall Aline

Mit dem Fall Ilse sind wir erst am Anfang hinsichtlich des „Abbaus" des
Wahnbewußtseins! Aber schon dort haben wir gesehen, daß dieser Abbau
die phänomenologische Sphäre der *Appräsentation* betrifft, wie es ja auch
dem psychopathologisch-klinischen Begriff des (zwischenmenschlichen) *Beziehungswahns*, der wahnhaften Störung der zwischenmenschlichen Beziehungen, entspricht. Erst am Anfang stehen wir hier, weil der Wahn sich
bei Ilse „nicht weiterentwickelt" hat, sondern bei der plötzlichen wahnhaften Auflehnung gegen ihre Umgebung während jener „Vorlesung" stehen
geblieben ist – abgesehen etwa von vorübergehenden wahnhaften Aufleh-
nungen gegen ihre Ärzte und deren (seelische) „Marterinstrumente" –, und
die bereits erwähnten wahnhaften Reminiszenzen an das „Opfer".

Wenden wir uns aber „fortgeschritteneren" Fällen klinischen Bezie-
hungs- und Verfolgungswahns zu, so entdecken wir phänomenologisch, abgesehen von der Anastrophé als solcher, noch sehr viel schwerere Abbau-
formen der Erfahrung.

Als ersten Fall dieser Art erwähnen wir einen Fall schwersten
„physikalisch-medialen" Beziehungs- und Verfolgungswahns, den Fall Aline.

Es handelt sich um den Fall einer zur Zeit des ersten Weltkrieges von
Mitte Februar bis Mitte April bei uns beobachteten, mit einem Deutschen verheirateten, 41jährigen, aus alteingesessener Familie stammenden
Französin mit Vornamen Aline. Ihr Mann war ein hoher deutscher Regie-
rungsbeamter auf Samoa. Mit ihm wurde sie zu Beginn des ersten Welt-
krieges in Aukland in einem Gefangenenlager interniert. Hier brach im Jah-
re 1917 ein schwerer halluzinatorischer Beziehungs- und Verfolgungswahn
aus. Schließlich kamen beide Gatten „nach einer wahren Odyssee" nach
Frankreich, wo der Mann in ein Offiziersgefangenenlager, sie selbst in eine
Heilanstalt verbracht wurde. Schließlich gelang es ihrer Schwester, sie in die
Schweiz und in unsere Anstalt zu bringen, von wo sie der inzwischen aus der
Kriegsgefangenschaft entlassene Mann nach 8 Wochen nach Deutschland in

die Anstalt seines Bruders verbrachte. Der Mann gab vor der Abholung an, seine Frau sei vor ihrer Erkrankung gar nicht autistisch, sondern „lebhaft, liebenswürdig und sozial" gewesen, er habe sich das Auftreten des Leidens „ursächlich" aus der Kriegsgefangenschaft erklärt. In der Anstalt ihres Schwagers konnte die Patientin, wie hier, zunächst auf der offenen Abteilung behandelt werden, bald aber mußte sie wegen zunehmender Erregung auf die geschlossene Abteilung verlegt werden. Über den weiteren, vermutlich sehr ungünstigen, Verlauf ist mir leider nichts bekannt. – Hinsichtlich der Heredität ist in der Krankengeschichte nur vermerkt, daß die damals 68jährige Mutter „nervös" sein soll.

Zur Vorgeschichte: Im Elternhaus sehr sorgfältig erzogen, dann vom 12.-18. Lebensjahr in Pensionat. Nachher mehrere Jahre Lehrerin in einem Pensionat in Deutschland. „Sehr angenehme Zeit". Mit 33 Jahren Heirat. Keine Gravidität. Die Patientin hatte 4 Brüder, wovon einer 1914 gefallen, und 2 Schwestern, davon eine an Pneumonie gestorben.

1. Psychopathologischer Befund

Es ist tatsächlich ein großer Sprung von unserer Patientin *Ilse* zur Patientin *Aline.* Dort eine momentane Empörung gegen ein momentanes wahnhaftes „Ironisiertwerden", hier eine jahrelang dauernde, bis zu Selbstmordgedanken führende, „entsetzliche Quälerei", teils „physikalischer" (elektromagnetischer), teils „medialer" Art. Dort kein Wahnsystem und schließlich Übergang in Heilung, hier ein ausgebildetes, chronisches Wahnsystem; dort keine nachweisbaren Sinnestäuschungen, hier massenhafte Sinnestäuschungen auf allen Gebieten. Das Gemeinsame aber beider Fälle ist das Zurschaugestelltwerden, In-den-Mittel-punkt-gestellt-werden, die Tatsache, daß sich „alles" um die Kranke selbst „dreht", mit einem Kunstwort: die *Anastrophé* (Conrad).

Wir beginnen mit dem Protokoll einer zusammenhängenden, aber keineswegs vollständigen Darstellung ihres Leidens, die die Kranke etwa in der Mitte ihres Aufenthaltes bei uns einer Pflegerin gegenüber gegeben hat:

„Aline glaubt, daß eine *Verschwörung* bestehe, sie zu schädigen. Alle Menschen, die mit ihr verkehren, sind eingeweiht. Sie will darum gar nicht mehr unter Menschen gehen. Auf der Straße könnte jemand sie verfolgen und *magnetisieren,* bei Tisch ebenso. Jede Änderung ihres Tischplatzes ist eine neue Art Angriff auf sie. Sie hat einen *elektrischen Apparat im Nacken,* durch den es ihren Feinden möglich ist, *elektrisch* auf sie einzuwirken. Was man ihr bestimmtes Böses zufügen will, darüber weiß sie nichts zu sagen. Sie erwartet nur ungeduldig das Ende des Krieges, um ungehindert dem Ursprung der Verschwörung nachspüren zu können. Sie glaubt auch, daß alles Übel des Lebens verhütet werden kann durch genaue Kenntnis der Sterne, unter denen ein Mensch geboren ist, und aus den Linien der Hand. Wenn

man genau diesen Richtlinien nachlebt, so kann einem nichts zustoßen. Es
genügt auch, daß ein Anderer die Zeichen kennt und einem die *Lebensrich-*
tung bis ins kleinste *angibt*. Sobald sie gesund sein wird und wieder frei,
will sie sich dem Studium dieser Dinge widmen. Sie erhofft einzig *Heilung*
durch operative Entfernung des elektrischen Apparates im Nacken. Diese
Idee ist ihr vollkommene Gewißheit."

Neben den Worten Verschwörung, Schädigung, Verfolgung, Böses tun,
finden wir in der Krankengeschichte auch die Ausdrücke Quälen, Betrügen,
Sich-über-sie-lustig-machen, Beobachtung, Beeinflussung, Verabscheuung,
ein genaues Wissen, daß man mit ihr (als Medium) „alles machen kann,
was man will". Anstelle des „elektrischen Apparates im Nacken", durch
dessen operative Entfernung sie geheilt zu werden hofft, finden wir auch
„das Kleinhirn" an das sich dieselbe Hoffnung knüpft; wenn nicht durch
dessen operative Exstirpation, dann wenigstens durch Chloroformierung.
Oft ist aber der „elektrische Apparat im Nacken" auch *ersetzt* durch einen, nicht zu ihrem Leib gehörigen „konvexen, offenen Gegenstand", den
man aber „hermetisch" zuklappen kann wie z. B. ein *Etui* für das Lor-
gnon: Legt man ein solches geschlossenes Etui vor eine Person, so werden
deren Gedanken in ihm eingeschlossen, öffnet man es dann später, so kann
man die betreffende Person „faire causer", sprechen lassen (phantastische
Vorwegnahme des Diktaphons! - Ref.). Damit kommen wir auf eine besondere Art der Physikalisierung oder Elektrifizierung der Gedanken und
Worte, auf die *rayons pensants* und *rayons parlants*, die denkenden und
sprechenden Strahlen. Sie selbst höre sie nicht, aber die Andern nehmen
sie wahr (les perçoivent). Im „Spital" sei jede der zwanzig Personen ihrer
Umgebung damit beauftragt gewesen, einen bestimmten Teil dieser Strahlen zu modifizieren oder zu „heilen". Jede der Personen ihrer Umgebung
schickt ihr „des pensées de télépathie et peut actionner directement les rayons parlants. Et une fois que les mots hypnotisés sont dans ce rayon, il (le
rayon) les répète". Deshalb habe sie gedacht, daß die Strahlen, wenn man
sie anhielte (arrêtait), und zwar z.B. jeden Tag 10 Minuten *mittels Chloro-*
form, schließlich aufhörten zu existieren (finiraient par cesser d'exister). Sie
glaubt, daß das Gehirn von all dem deformiert sei (ait des déformations).
Schon seit 5 Jahren ließen die Menschen sie nicht in Ruhe, keine Stunde
und keine Minute, „ils m'écoutent toujours", sei es aus Bosheit, sei es, um
sich zu amüsieren. Sie warte jetzt noch einige Monate, und wenn sich das
nicht ändere, werde sie sich töten. Wenn die Anderen sie nicht gern hätten
oder verabscheuten, warum sie sie dann nicht töteten? „Il faut me tuer." Sie
sei also nicht verrückt, und zwar deswegen nicht, weil sie sich von all dem
Rechenschaft ablege. (Andere Male spricht sie jedoch von ihrer Unheilbarkeit!). Sie wisse, daß „diese Personen" über, unter, außer ihr seien und auch

zuhörten, wie sie mit dem Arzt spräche. Weil sie sie überall quälten, bleibe sie lieber allein: „Les hommes malheureux font le mieux de rester seuls." Ihr *Gehirn* sei wie ein *„Photographenapparat"*. Wenn sie ein Glas Wasser, andere einen Becher benützten, so hat *„das sprechende Gehirn"* gesagt: „Ich trinke aus dem Glas, die andern aus dem Becher." Sie hört aber auch, wie die im Garten grabenden Gärtner, die sie von ihrem Balkon aus beobachtet, die Erde ihre (der Pat.) eigenen Gedanken haben lassen, wie sie *„die Erde sprechen lassen"*. Dadurch *hört* sie ihre eigenen Gedanken. Überhaupt ist Denken oder Träumen und das Gedachte oder Geträumte *hören* bei unserer armen Kranken eins. Als sie 1½ Jahre im Gefangenenlager gewesen sei, habe sie zum ersten Mal *Stimmen* bemerkt. Diese glichen ganz der eigenen Stimme. Anfangs habe sie geglaubt, *laut* zu *träumen*. Dann habe sie die Stimme der Schwester gehört, wohl deswegen, weil sie lebhaft an sie *gedacht* habe.

Abgesehen von dem Gedankenlautwerden, den Stimmen überhaupt und dem *Sehen* von Männern „von nicht greifbarer Deutlichkeit" halluziniert die Patientin auch auf allen anderen Sinnesgebieten und so auch auf denen des Geschmacks, Geruchs und des „Tastsinns".Was den letzteren betrifft, so spürt sie *unter* der Haut einen Strom, so wie wenn eine Wasserschicht fließe (une couche d'eau coule), manchmal kalt, manchmal warm. Die Dichte dieser Flüssigkeit liegt zwischen Wasser und Quecksilber. „Diese Flüssigkeit will hinaus und kann nicht: wie Wellenbewegung, wie das Meer."

Im Vordergrund stehen aber die halluzinierten „elektrischen" Strahlen, der *Fluidkampf*, wie sie sagt. Wenn man ihr ein gezeichnetes Gehirn (un cerveau dessiné) vorlege, so könne sie uns bestimmt zeigen, wohin die einzelnen Ströme gingen. Der Strom mache sich in *ihr* fühlbar wie Quecksilber in der Hand, etwas flüssiger als dieses. Der Strom wirke, wie wenn er das Quecksilber hin und her ziehe. Manchmal ist ihr, wie wenn man das Quecksilber in sie hinein gäbe, manchmal, wie wenn man es aus ihr herauszöge. Der Chefarzt, auf den sie Zeichen von „Übertragung" gezeigt hat, habe mehr Fluid als der behandelnde Arzt, mehr Verbindung mit ihr (affiliation), mehr „force de diriger les *rayons"*, was dasselbe bedeutet wie „envoyer les *pensées"* oder die *„Gedanken laut machen"*.

Im Übrigen finden wir auch Zeichen von Entpersönlichung. Sie ist kaum mehr sie selbst, sondern auch „die Andere", ja sie gehört „teilweise" der ganzen Welt: der Leib gehört ihr bis ... – zeigt eine Linie oberhalb der Augen –, der Schädel mit dem Gehirn (la boîte crânienne) gehöre ihr nicht, „als ob er der ganzen Welt gehöre". Dasselbe gilt aber auch von den Gedanken: durch Hypnose oder Elektrizität hätten Andere ihr, der Patientin, Gedanken ins Gehirn gebracht, und durch Telepathie würden diese dann aufgeschrieben. Wenn sie leise lese, *höre* man es laut, sie wisse nicht wie weit, doch glaube sie, es werde weitergegeben durch Telegraphie ohne Draht. Fährt dann lächelnd fort: „Immer so leben, dann lieber sterben: Es ist doch nicht angenehm, daß man *nicht man selbst*, sondern *die Andere* ist. *Eigene Gedanken* habe sie überhaupt *nicht*. Im Übrigen stünde sie über ihrem Fall, beurteile ihn so, „wie wenn es ein anderer wäre".

Oft habe man Worte gebraucht, die sich auf sie bezogen. Man habe sie geradezu *als Medium* benutzt. Sie könne auch in der Seele der Menschen lesen und irre sich nicht dabei. Diese Fähigkeit habe sie durch Magnetismus erworben. Sie habe sich ihr ganzes Leben lang allein nie gelangweilt, habe nie gerne Gesellschaften besucht, außer wenn sie mußte. *Lieber einsam!* Man sieht den Kontrast zwischen ihrer früheren „Natur" und dem völligen geistigen Ausgeliefertsein an die „Welt" im Irrsinn!

Die Patientin kommt zum Schluß, daß sie nur die Tiere liebe, nicht die Menschheit. Man habe sie derart *betrogen* und *gequält*, daß sie zu niemandem mehr Vertrauen haben könne. Noch gestern nacht sei sie durch Telepathie gequält worden. Gegen sie seien *„des machinations diaboliques"* im Gange. Dies sei der Grund, warum man sie nicht nach Deutschland hereinlassen wolle. Wäre das rechtzeitig gelungen, hätte sie viel Unheil verhüten können, wäre der Kaiser nicht entthront worden und wäre Deutschland Sieger geblieben. – Neologismen und Stereotypien waren nicht zu beobachten. Die Sprache war meistens ein fehlerloses Deutsch, nur bei lebhafter Schilderung fiel die Kranke in ihre Muttersprache zurück.

Was das *äußere Verhalten* der Kranken betrifft, so war sie, wie wir hörten, von Anfang an sehr zurückgezogen, ging nicht auf die Straße, nur in den Park und schließlich auch dorthin nicht mehr. Im Übrigen war sie nicht auffallend, beschäftigte sich auf ihrem Zimmer mit großem Geschick und Geschmack mit Handarbeiten, war mit den Ärzten höflich und verweigerte nur am Schluß einmal die Hand. Die Stimmung war eher gedrückt, die Mimik oft inadäquat. Bei Erwähnung ihrer Lehrtätigkeit in Frankfurt als einer „angenehmen Zeit", wird sie stark rot, desgleichen oft bei Tisch. Zeitweise gereizt, man werfe ihr vor, sie bilde sich ihre Ideen nur ein, lächelt dabei aber verschmitzt. Desgleichen überlegenes Lächeln, wenn man ihr entgegenhält, daß nicht sie (durch ihre Gedanken) ihre Einreiseerlaubnis nach Deutschland erreicht habe, sondern daß es dazu unendlicher Scherereien unsererseits mit den Behörden bedurft habe. Acht Tage vor ihrer Abreise erstmals sich steigernde Erregung infolge nächtlichen „telepathischen" Gequältseins durch die „machinations diaboliques". Wird mit verweinten Augen und hochrotem Gesicht vom Arzt beim Packen angetroffen. Sie habe durch Telepathie erfahren, daß sie heute abgeholt werde, wisse aber nicht von wem und wohin. Die Eröffnung, daß sie keinesfalls abreisen dürfe, zumal die Ankunft ihres Mannes bevorstünde, und daß sie solange in ein anderes Haus umziehen müsse, weist sie erregt zurück, um dann völlig in sich zusammenzubrechen. Nach weiteren Verhandlungen gibt sie schließlich mit herzzerbrechendem Weinen nach. Auf die bedauernden Worte des Arztes drückt sie ihm pathetisch die Hand mit den Worten: „Jetzt erst begreifen Sie mich ganz und fühlen, wie ich leide." Auf der Fahrt ins geschlossene Haus weiterhin heftige Weinausbrüche und fast völliger seelischer Zusammenbruch. Lacht hingegen nachmittags stundenlang vor sich hin.

2. Phänomenologische Beschreibung

a) Das unmittelbare Vernehmen. Überschauen wir völlig unbefangen das komplizierte Wahngebilde, das uns im Fall Aline entgegentritt, so drängt sich uns zunächst die Frage auf, ob wir es hier mit einem die „Phantasie" der Gesunden weit übertreffenden *„Wuchern der Phantasie"* zu tun haben oder im Gegenteil mit ihrem völligen *Versagen.* Die erstere Annahme würden wir nicht nur bei Laien, sondern auch bei Psychiatern finden. Auch wir selbst könnten gerade nach der Beschäftigung mit der Lehre von den Eidosbereichen auf die Idee kommen, es handle sich bei der bis in alle Einzelheiten durchgeführten *Humanisierung der elektrischen Strahlen* lediglich um eine phantastische, falsche oder Querverbindung zwischen zwei völlig inkompatiblen Eidosbereichen, dem Bereich Mensch und dem Bereich elektrische Strahlen. Die Versuchung, von einer solchen phantastischen Querverbindung zu sprechen, läge nahe, weil sie im Gegensatz liegen würde sowohl zur *natürlichen* Erfahrung als zur systematischen *wissenschaftlichen* Vertiefung und Erweiterung der Erfahrung als auch zur *dichterischen* Einbildungskraft. Nun haben wir aber den Aufbau der Erfahrung vor allem deswegen so weit oder, wenn man will, so hoch bis zum Begriff des Eidos und des Eidosbereichs aufgezeigt, um gerade die Enge oder Tiefe des Abbaus der Wahnerfahrung aufzeigen zu können. Eidos heißt, wie wir uns erinnern, das in die Augen Fallende, das Aussehen, die Gestalt, das Angeschaute oder vor allem das *Bild,* wenn auch nicht das Bild eines allfälligen Präsenten, das wir gerade vor Augen haben, sondern das allen zufälligen Abwandlungen zugrunde liegende Identische oder Selbige. So hoch brauchen wir uns bei der Frage nach dem Wuchern oder Nichtwuchern der „Phantasie" im Wahn aber gar nicht zu versteigen. Es genügt, wenn wir uns auch weiterhin mit der Frage befassen, wie es denn überhaupt mit der „Bildbeschaffung" oder Anschauung eines Präsenten im Wahn beschaffen sei, mit *einem* Wort: mit der *Präsentation,* dem *unmittelbaren sinnlichen Vernehmen* oder der sinnlichen *Anschauung.* Die Entscheidung dieser Frage ist um so wichtiger, als manche Forscher, und so auch Jaspers, der Meinung sind, daß das unmittelbare Vernehmen im Wahn in keiner Weise vom normalen abweicht und daß die Abweichung erst im „Bedeutungswandel" liegt! Bestärkt werden wir in unserer bisherigen Methode aber auch durch die Erinnerung an Aristoteles, der schon der Meinung war, daß die Seele *niemals* ohne Phantasma = sinnliche Anschauung denkt, wie auch Kant erklärte, daß wir unseren „noch so hoch angelegten Begriffen" doch bildliche Vorstellungen anhängen (vgl. oben S. 458).

Nachdem wir nun die Bedeutung des Bildes von der Anschauung im Sinne unmittelbaren Vernehmens bis zu „den höchst angelegten Begriffen anhängenden sinnlichen Vorstellungen" und vom Phantasma als der Organisation von Aisthesis, Mneme und Phantasie in dieser Schrift durchgearbeitet haben, kann die wissenschaftliche Beantwortung der Frage nach dem „Wuchern der Phantasie" in unserem Falle nicht mehr zweifelhaft sein. Dabei kann es nicht ohne Wiederholungen und Ergänzungen von schon Gesagtem abgehen.

Zunächst müssen wir uns erinnern, daß schon in der normalen Erfahrung die apriorischen Bildbildungen eine besonders konstitutive Rolle spielen, und vor allem, daß diese Bildbildungen eine große Mannigfaltigkeit oder Variabilität haben, und zwar entsprechend den *aktuellen* sinnlichen Eindrücken (Empfindungen) und ihrer im Lebenslauf gezeitigten mnemetischen Begleitmomente, welchletztere der Phantasie (im ursprünglichen Sinne) wieder neue Aufgaben stellen. Dabei erinnern wir uns von früher her (vgl. oben S. 449), daß ein noch so großer wirrer Reichtum („Konglomerat") von Empfindungen oder sinnlichen Eindrücken als solcher niemals Anschauung werden kann, sondern daß es zur Anschauung oder Bildbeschaffung immer einer speziellen Gestaltung bedarf. Um wieder mit Kant zu sprechen, können wir also sagen, die Affektionen als das, was unser Gemüt affiziert, mögen bei den Gesunden und bei den Wahnsinnigen durchaus gleich sein, die Fähigkeit, Vorstellungsbilder oder Anschauungen (Perzeptionen) zu bekommen, verdanken wir der Synthesis der Sinnlichkeit. Daraus ergibt sich als erste Aufgabe der Nachweis, daß die synthetische Einheit der Wahnanschauung nicht denselben Regeln folgt wie die normale Anschauung.

Dieser Nachweis ist, wie wir schon früher gesehen haben, zu erbringen an dem Zusammenspiel von Aisthesis, Mneme und Phantasie. In diesem Zusammenspiel können wir gleichsam den „Filtrierapparat" erblicken, durch den die bloßen Eindrücke filtriert oder gesiebt werden, um zu Anschauungsbildern zu werden. Verhält es sich doch nicht so, wie *Locke* annahm, daß die Seele eine tabula rasa ist, vielmehr ist es so, daß sie eine aktive Auslese durchführt, insofern sie nur Zeichen annimmt, die ihrer Empfangsbereitschaft angemessen sind. Nur so kann es zu einem kontinuierlichen, *lesbaren Text der Erfahrung* kommen, zu einem Text, in dem das Bewußtsein die Welt, die weltlichen Zusammenhänge und sich selbst lesen kann" (vgl. Szilasi, Einführung in die Phänomenologie Husserls, S. 90f.). Die Lesbarkeit des Welttextes entspricht dem, was Husserl *Konstitution* im eigentlichen Sinne nennt. Die Leistung dieser Konstitution aber ist, „daß alles zunächst *Transzendente immanent* erfaßt wird". Infolgedessen dürfen wir „von Subjektivität nur im grammatikalischen Sinne sprechen, sofern wir das Subjekt einer Handlung im Auge haben. *Keinesfalls aber im Gegensatz* zur Wirklichkeit der Welt" (S. 91).

All das müssen wir im Auge haben, wenn wir phänomenologisch verstehen wollen, nicht etwa was *in* einem wahnhaften Bewußtsein oder einem Bewußtsein in der Weise des Wahns *vorgeht*, sondern *wie* ein solches Bewußtsein beschaffen oder geartet, eben konstituiert ist, genauer gesagt, worin gegenüber dem ohne weiteres lesbaren kontinuierlichen Text der Welt- und Selbsterfahrung die *versagenden Momente* eines solchen (Wahn-)Bewußtseins liegen. Wir sagten soeben, unsere erste Aufgabe sei der Nachweis, daß die synthetische Einheit der Wahnanschauung nicht denselben Regeln folge wie die normale Anschauung. Nun müssen wir einsehen, daß Aline nicht einmal „gedankenlose Anschauungen" hat – ein Ausdruck, den Kant einmal an einer wichtigen Stelle der Vernunftkritik (Kritik der reinen Vernunft, 1. Aufl. 1781, S. 111) gebraucht –, sondern überhaupt keine Anschauungen! Wir entdecken bei ihr nicht den leisesten Ansatz von mnemetischen und phantasiemäßigen „Elementen", also von einer Spontaneität, die aus einer Affektion im Kantischen Sinne eine Rezeption, ein wirkliches *Begegnenlassen* macht. Es bleibt beim mechanischen Impuls. Während die normale aktuelle Anschauung, wie wir schon hörten, der Mneme und der Phantasie *immer neue Aufgaben* stellt, ist bei Aline die ganze Vernehmenskonstitution reduziert auf eine völlig *monotone* Erfahrungsbereitschaft (und zwar ohne Erfahrungsintention). Was von der Anschauung geblieben ist, ist eine sich selbst registrierende Maschine, eine mechanische Registration. Phantasie und Mneme sind lediglich *erstarrte Elemente* dieses Registrierungsapparates. Szilasi denkt hier nicht von ungefähr an einen sich selbst überlassenen Computer mit einem einzigen Programm, also ohne Befehle seitens der Intelligenz, an ein stillstehendes Uhrwerk oder an ein anatomisches Präparat.

Nun wissen wir aber, daß das „Bewußtsein" keine stillstehende Uhr, sondern daß es „im Gange" ist, also zeitlich oder richtiger zeitigend. Wenn wir von einem Vorwärts und Rückwärts zwar gewisse rudimentäre Spuren finden, so haben wir hier doch nur die Gefügeordnung einer zum Mechanismus erstarrten Organisation vor uns.

Der defiziente Modus bei Aline ist also dadurch charakterisiert, daß die Bildbildungen so vollständig *mechanisiert* sind, daß anstelle ihrer Variabilität und Beweglichkeit ein unfreies, festgefahrenes *Registrierschema* getreten ist. Das Mechanische dieses Registrierschemas zeigt sich (unter vielem anderen) z. B. an der Omnipotenz des *Machens* und *Gemachtwerdens*. So kann, wie wir sahen, *mit ihr alles gemacht werden*. So kann man mit ihr Tiere *magnetisch machen*. Man hat sie *sprechen machen*, hat mit ihr gutes und schlechtes Wetter *gemacht*, damit von ihr Worte kommen, „sie haben mich ihre eigenen Gedanken sagen lassen" (= sagen gemacht), „es dauert immer einige Zeit bis sie die Gedanken laut *machen,* man hat sie lange chlorophormiert oder hypnotisiert (= bewußtlos *gemacht*) usw.

Dieses mechanische Registrierschema aber zeigt, daß bei Aline das *Transzendieren* immer mehr erlöscht, insofern statt seiner ein bloßes *animalisches* Registrieren tritt. Zwar existiert das Dasein als Transzendieren[11] (Heidegger), also als In-der-Welt-sein, Zeitigung, Verstehen etc., natürlich immer noch, es hat aber auf Grund seiner Mechanisierung nur noch eine leere Scheinexistenz. Müssen wir hier doch von einem „mechanisierten Leerlauf" des Transzendierens sprechen, aus einer Art Zwischenexistenz zwischen Mensch und Tier. Scheint doch das Wesentliche an den Wahngebilden zu sein, daß anstelle der wandlungsfähigen, dem sinnlichen Vernehmen (= Aisthesis, Mneme, Phantasie, in einem Wort = Phantasma) zugehörigen Bildbildungen ein zum Triebmäßigen („Animalischen") verarmtes, gleichgültiges Schema tritt. Sehen wir doch bei den tierischen Orientierungen – man denke hier nur an die Grabwespe – ein von vornherein festgelegtes, triebmäßiges Schematisches, das die Erfahrung von vornherein begrenzt. So hat auch Aline nur ein einziges Bildbildungsschema, die Maschinenapparatur. Diese Einzigkeit vergewaltigt das sinnliche Vernehmenkönnen und zwängt vor allem die mnemetische Komponente ein. Trotzdem sind die Reste des für das menschliche Dasein wesensmäßigen Transzendierenkönnens mindestens formal geblieben. Jedoch liegt zwischen diesen Resten und der Monotonie oder Monomanie des fixierten Schemas ein Abgrund, so daß es uns nicht einfällt, angesichts einer solchen Kranken wie Aline von einem Absinken „ins Tierische" zu sprechen. Dem Tier ist die Monotonie des Monoschemas angeboren, für den Menschen *zerstört* es den fließenden Kontext der Erfahrung und zwar in der Weise, daß es ihn, und zwar für ihn erlebbar, *zerstört.* Wenn ein solcher Mensch wie Aline vom Transzendenten aus gesehen auch zu einer bloßen Resonanz- und Registriermaschine herabgesunken ist, so zweifeln wir doch keinen Augenblick daran, daß er leidet. Szilasi spricht angesichts dieses Leidens von einem zurückbleibenden „schmerzlichen Drang", der vor Vertierung schützt.

b) Weitere Folgen der Verarmung der Bildbildung im Wahn. Die denkenden und sprechenden Strahlen, die Aufträge entgegennehmen, sie behalten und bei Gelegenheit wiedergeben können, die sich in ein Etui einbetten, sich hypnotisieren und chloroformieren und ums Leben bringen lassen (faire cesser d'exister), scheinen uns, wenn wir sie rein naiv auf uns wirken lassen, nicht nur kleine Lebewesen, sondern mit einer Art von Verstand begabte Lebewesen zu sein. Nun zeigt die phänomenologische Interpretation, daß diese Strahlen nicht nur keine Lebewesen, sondern nicht einmal *Dinge* sind,

---

[11] Wir sehen auch hier, wie sehr daseinsanalytische Ontologie und Phänomenologie stetig ineinandergreifen, ohne daß man fragen kann und darf, wo die eine anfängt, die andere aufhört.

m.a.W., daß sie sich ganz und gar der Dingwahrnehmung entziehen, zeigen
sie doch keine Verbundenheit durch eine „kontinuierliche Kette von Verweisungen", wie alle Momente der Wahrnehmung und Erfahrung, und fordern
sie doch uns oder die Kranke selbst keineswegs auf, um sie herumzugehen,
um die von einem Standpunkt aus verdeckten Seiten auch ins Auge fassen
zu können, kurz wir entdecken nichts von der Möglichkeit eines „unendlichen Prozesses des kontinuierlichen Erscheinens", und so auch nichts von
der Möglichkeit einer *Umgebung*, in der diese Strahlen sich befinden oder
bewegen und erst recht nicht von einer „*Welt*".

Wenn wir die Unmöglichkeit einer Dingwahrnehmung und Dingkonstitution als Folge der ausführlich geschilderten Verarmung, ja Verkümmerung
der Bildbildung auffassen, so finden wir im Falle Aline noch ganz andere
wichtige Zeichen derselben Verarmung. So stellt uns dieselbe vor die Frage,
ob und wie sie den „Komplex" Aisthesis – Mneme – Phantasie zur *Wahnwahrnehmung* und *Wahnerfahrung* modelliert (im soeben geschilderten Gegensatz zur normalen Wahrnehmung und Erfahrung). Und hier können wir
sagen, daß, wo die Eindrücke nicht „synthetisch apprehendiert" oder „ins
Gemüt aufgenommen wurden", wie Kant sagt, ihrer Verbindung Tür und
Tor offen steht, nicht nur der Verbindung zwischen elektrischen Strahlen
Sprechen und Denken usw., sondern auch ihrer Verbindung mit medialen
„Kräften", medialem Verstehen usw. Nirgends stoßen wir hier auf eine Verbundenheit durch eine bestimmte sachliche und insofern anschauliche *Verweisung*, sondern nur durch eine in der Zerstörung des Uhrwerks" liegende Möglichkeit blinder Verbindung. Diese „Blindheit" hat zur Folge nicht
nur, daß die Kette „einstimmiger Verweisungen", wie schon in der Wahrnehmung, *endlos* ist, nicht nur sehr rasch abreißt (wie in der Verweisung
elektrisch-medial), sondern auch *verfälscht* (d. h. keineswegs einstimmig)
ist, verfälscht, weil ihr jede *sachlich-einstimmige* Grundlage fehlt.

Was wir soeben von der Wahnwahrnehmung sagten, gilt natürlich auch
von der Wahn-Erfahrung. Auch hier ist von einer „*Verbundenheit aller ihrer
Momente in einer kontinuierlichen Kette von Verweisungen*" und zumal im
Sinne der „*Einstimmigkeit* und *Bewährung*" keine Rede. Auch hier stellt
jene Kette keinen „endlosen, nie abgeschlossenen Prozeß" dar, sondern einen
Prozeß, der immer wieder abreißt. Haben wir es doch im Wahn, wie wir
gesehen haben, mit einem durchaus *defizienten Modus des Transzendierens*
und damit der Erfahrung zu tun, in erster Linie dadurch charakterisiert, daß
die Bildbildungen so stark verarmt, nämlich mechanisiert sind, daß anstelle
ihrer Variabilität und Beweglichkeit ein festgefahrenes Schema getreten ist.

c) Konstitution. Obwohl mit dem Aufweis des Herabsinkens des Transzendierens zu einem mechanisierten, festgefahrenen Schema oder zu einer
bloßen Registriermaschine, einem bloßen Präparat oder stillstehenden Uhrwerk, einem Computer ohne Befehl von seiten der Intelligenz, obwohl mit

all dem schon die Konsequenzen gezogen sind für das für die Phänomenologie grundlegende Verhältnis von *Transzendenz* und *Immanenz*, scheint es
doch geboten, dieses Verhältnis noch ausdrücklich ins Auge zu fassen, und
zwar deswegen, weil gerade an ihm das *Versagen* des Bewußtseins in der
Weise des Wahns, seine Defizienz also, noch besonders deutlich ins Auge
fällt.

Dem Wort Konstitution begegneten wir bereits anläßlich des Themas
des Zustandekommens eines „kontinuierlich lesbaren Textes der Erfahrung", eines Textes, in dem das Bewußtsein die Welt, die weltlichen Zusammenhänge und sich selbst „lesen kann". Und zwar entspricht, wie wir
weiterhin hörten, die Lesbarkeit der Welt dem, was Husserl *Konstitution*
im eigentlichen Sinne nennt. Die Leistung dieser Konstitution aber ist, daß
alles zunächst Transzendente „immanent erfaßt" wird. Transzendent bedeutet für Husserl demnach keineswegs dasselbe wie für Kant, für den es,
entsprechend seinem Phänomenalismus, schlechthin das Unerfahrbare, das
jenseits aller Erkenntnismöglichkeit liegende „Ding an sich" bedeutet! Und
zwar kann ich seiner nach Husserl insofern habhaft werden, als ich es immanent erfasse, m.a.W. in meinem immanenten, mir eigenen Lebensstrom, in
meine primordiale Lebenswelt „hernehme". Damit wird die Kluft zwischen
Subjektivität und Wirklichkeit der Welt in Richtung auf ihre „Adäquatheit"
tatsächlich aufgehoben. Das bedeutet für die Wahnforschung insofern eine
„grundlegende Feststellung", als der Wahn ihr von Haus aus, d.h. seinem
ganzen phänomenologischen Wesen nach, widerspricht.

Mit der Rede vom „Hernehmen" von allem, was in der Sache oder dem
Sachverhalt „enthalten" ist (und umgekehrt), stehen wir im Mittelpunkt
der Lehre Husserls, eben der Tatsache, daß *das Transzendente mittels der
Konstitution immanent erfahrbar ist.* Diese Tatsache ist keineswegs aus
der Befragung der Bewußtseinshandlung bezüglich ihrer Leistungen *dedu-
ziert*, sondern auf Grund der „Reflexion" (auf die Aktsphäre), der Epoché
(der Ausklammerung der Mundaneität) und der verschiedenen Redukti-
onsschritte in streng konsequenter Schau aufgezeigt. Es handelt sich also
um die Frage: „wie sind die erkennenden Eigenheiten des Bewußtseins beschaffen, und wie sind auf Grund seiner Seinsverfassung die Bewußtseinshandlungen geeignet, das thematische Seiende, das ihnen fremd ist, in einer
Adäquatheit mit seiner objektiven Wirklichkeit zu erkennen? Die das Bewußtsein nach seinen Leistungsmöglichkeiten betreffenden Fragen heißen
transzendental[12], das Fremde, das in seinem Sein erfaßt werden soll, heißt
das *Transzendente*[13]. Das Problem der Transzendenz lautet bei Husserl also: *Wie ermöglichen die transzendentalen Handlungen und Potentialitäten*

---

[12] Hervorhebung von mir.
[13] Hervorhebung von mir

*des Bewußtseins, das Transzendente in seiner objektiven Realität kennenzu-
lernen?"*[14] (Szilasi, Einf. S. 114). Die Beantwortung dieser Frage gipfelt in
der Feststellung: „daß das Bewußtsein sich spontan das aussucht, was ihm
rezeptionswürdig erscheint. Transzendental heißt diese Rezeption, weil von
dem Leistungsvermögen des Bewußtseins abhängt, was für es rezipierbar
ist. Mit demselben Recht spricht H. auch von transzendenter Erfahrung.
Diese ist die Rezeptivität für transzendente Objekte. Die Erkenntniskri-
tik will dahin gelangen, ‚die Möglichkeiten der transzendenten Objektivität
der Erkenntnis‘ übersehen zu können (Hua. II, S. 38). Das ist nicht durch
‚transzendente Suppositionen und wissenschaftliche Schlußfolgerungen‘ zu
erreichen. Ich muß schauen können. ‚Aus bloß gewußten und nicht geschau-
ten Existenzen deduzieren, das geht nicht‘ (l.c.).

Hier an diesem tiefsten Punkt ist auch von ‚Schau‘ die Rede, von einer Weise der Rezeptivität, die alle spontanen Begründungsoperationen
ausschließt. Diese transzendentale Rezeptivität bezeichnet die Erfahrungsmöglichkeit der transzendentalen Gestaltung der Erkenntnis, sofern sie an
den transzendentalen Bezügen des Erkenntnisvermögens selbst immanent
erfaßbar ist." (Einf. 115f).

Vielleicht wird es der Leser begrüßen, wenn er noch folgende Hinweise
auf das Verhältnis von Immanenz und Transzendenz erhält:

„Die objektiv-immanente Transzendenz, das heißt das *Transzendente in
seiner objektiven Immanenz* ist unsere natürliche Umgebung, die natürlich-
ste Erfahrungs-Gegend, in welcher das Erfahrbare begegnet. Das Geheimnisvolle an der Welt ist, daß sie unsere Erfahrungsgegend ist. Sie ist eher zu
eng als zu weit für die ungeheure Breite unserer Erfahrungsleistung. Denn
die Immanenz des Transzendenten gibt offene Horizonte frei.[15] Die Welt ist
gleicherweise die transzendent begegnende wie die immanent konstituierte.
Beide Aspekte kommen zur Deckung" (Einf. 101).

Es ist klar daß, wo wir von Wahn sprechen, von einer solchen Deckung
keine Rede sein kann. *In der „Welt" des Wahns klaffen das transzendent-
Begegnende und das immanent-Konstituierte* auseinander, ja es muß klar
sein, daß wir im Wahn überhaupt nicht von einer („immanenten") Konstitution des transzendent-Begegnenden sprechen können. Müssen wir doch
einsehen, daß auf Grund der Verarmung der Bildbildung und der Erstarrung des Komplexes Aisthesis – Mneme – Phantasie, des Mangels also jeglicher Anschauung oder jeglichen Phantasmas, im Wahn keine Rede davon
sein kann, daß das Bewußtsein, wie wir soeben hörten, „sich spontan das

---

[14] Hervorhebung von mir.
[15] Wir erinnern auch hier daran, daß, wie wir schon in der Einleitung zum Münsterlinger Symposion ausgeführt haben, in der Wahnerfahrung von *„offenen Horizonten"*
und insofern auch von *echter Evidenz* keine Rede sein kann, und zwar schon wegen der
Erstarrung der Zeitigung im Wahn!

aussucht, was ihm rezeptionswürdig erscheint". M.a.W., daß hier überhaupt „keine Rezeptivität für transzendente Objekte" besteht.

Die Dinge komplizieren sich nämlich noch dadurch, daß Konstitution keineswegs nur die *konstitutive Erfahrung der einheitlichen Welt* bedeutet, sondern auch die *Konstitution der Einheit des Ich*, wenn auch die letztere sich ebenfalls schon in der ersteren zeigt (Einf. 93). Für jede Wahnforschung ist, wie wir gleich sehen werden, gleichwohl jene Trennung wichtig, erlaubt sie uns doch, das Thema der „konstitutiven Erfahrung" sowohl vom „Ichpol" als vom „Weltpol" aus aufzurollen.

d) Aline und das Problem der konstitutiven Erfahrung: i) Vom Ichpol aus gesehen.

Die ganze Krankengeschichte Alines ist, wie die der meisten Wahnkranken, dadurch gekennzeichnet, daß ihre Aussagen beherrscht sind vom Ichsagen, und zwar sowohl in Form des Personalpronomens (Ich, Mich, Mir) als des Possessivpronomens (Mein, Meines, Meinem). Diese Tatsache ist in unserer Darstellung dadurch verdeckt, daß wir meistens die indirekte Rede angewandt haben. Es ist daher nötig, dieselbe hier in die direkte Rede zurückzuverwandeln, damit der Leser sich vom Umfang und Ausmaß des Ichsagens bei Aline überzeugen kann:

S. 34^n: *Ich glaube,* daß eine Verschwörung besteht, *mich* zu schädigen. Alle Menschen, die *mit mir* verkehren, sind eingeweiht. *Ich will* darum gar nicht mehr unter Menschen gehen. Auf der Straße könnte jemand *mich* verfolgen und magnetisieren. *Ich habe* einen elektrischen Apparat im Nacken, durch den es *meinen Feinden* möglich ist, elektrisch auf *mich* einzuwirken. Was *man mir* bestimmtes Böses zufügen *will,* darüber weiß *ich* nichts zu sagen. *Ich* erwarte, *ich* glaube auch (S. 35). Sobald *ich* gesund sein werde, will *ich mich* widmen, weil ich dadurch einzig Heilung erhoffe. Diese Idee ist *mir* vollkommene Gewißheit. *Ich* glaube, daß man *mit mir* alles machen kann. *Ich selbst* höre sie nicht (S. 36). Schickt *mir* Strahlen. Habe *ich* gedacht. *Ich glaube,* daß mein Gehirn deformiert ist. Schon seit 5 Jahren lassen *mich* die Menschen nicht in Ruhe. Hören *mir* immer zu. *Ich* warte jetzt noch. Werde *ich mich* töten. Warum töten sie *mich* dann nicht? *Ich bin* also nicht verrückt, weil *ich mir* von all dem Rechenschaft ablege. Weil *sie mich* überall quälen. *Mein Gehirn* ist wie ein Photographenapparat. Wenn *ich* ein Glas Wasser benütze, *andere* einen Becher. *Ich höre* aber auch (S. 37): die *ich* beobachte. *Ich* lasse sie *meine eigenen* Gedanken haben. Dadurch *höre ich meine eigenen Gedanken. Habe ich* zum ersten Mal bemerkt. Diese gleichen ganz *meiner eigenen* Stimme. Anfangs *habe ich* geglaubt. Dann habe *ich. Ich* spüre unter der Haut einen Strom. Diese Flüssigkeit will (aus *mir*) hinaus und kann nicht, wie Wellenbewegung (*in mir*), wie das Meer (*in mir*). Wenn ihr *mir* ein gezeichnetes Gehirn vorlegt, so kann *ich* euch (zeigen). Der Strom macht sich *in mir* fühlbar. Manch-

mal ist *mir*, wie wenn - man - *in mich* hinein gäbe, *aus mir* herauszöge.
(S. 38): Mehr Verbindung *mit mir. Ich bin* kaum mehr *ich selbst*, sondern
auch „die Andere". Ich gehöre teilweise der ganzen Welt, der (= *mein*)
Leib gehört *mir* bis (hierher). Die (*meine*) Schädelkapsel (mit dem Gehirn)
gehört *mir nicht*, als ob sie *der ganzen Welt gehöre*. Andere haben *meine*
Gedanken ins (= *mein*) Gehirn gebracht. Wenn *ich* leise lese. Es ist doch
nicht angenehm, daß man (= *ich*) nicht man-selbst (= *ich-selbst* bin) ist,
sondern die Andere. Eigene (= *mir* eigene) Gedanken habe *ich* überhaupt
nicht. Stehe *ich* über meinem Fall, wie wenn es (= *ich*) ein anderer wäre.
Worte, die sich auf *mich* bezogen. *Mich* als Medium benutzt. *Ich* kann in
der Seele der Menschen lesen und irre *mich* nicht dabei. Habe *ich* erworben.
Ich habe mich nie gelangweilt, *ich* habe nicht gerne Gesellschaften besucht
(S. 39): *Ich* liebe nur die Tiere, nicht die Menschheit. *Man* hat *mich* derart betrogen und gequält, daß *ich* zu niemandem mehr Vertrauen haben
kann. Bin *ich* gequält worden, gegen *mich. Mich* nicht nach Deutschland
hereinlassen. Hätte *ich* verhüten können (S. 40): *Ich* habe – – erfahren,
(*ich*) weiß aber nicht von wem und wohin. Begreifen Sie *mich* ganz und
fühlen, wie *ich* leide (S. 45): *Mit mir* kann alles gemacht werden. Man hat
mich sprechen machen, hat *mit mir* gutes und schlechtes Wetter gemacht,
mit mir Tiere magnetisiert, haben *mich* ihre Gedanken sagen lassen, Lärm
gemacht, damit *von mir* Worte kommen, *mich* hypnotisiert oder chloro-
formiert. *Meine* Gedanken laut gemacht. In *mein* Gehirn gebracht (S. 46):
Chefarzt hat mehr Fluid, weswegen er *mich* auch besser *versteht, mehr
Verbindung mit mir hat*. Manchmal *höre ich* nicht, sondern *fühle ich* nur,
daß anderswo gehört wird. *Ich höre nur* den Menschen, der am meisten
Elektrizität besitzt (wie der Chefarzt).

Noch drastischer als aus der Krankengeschichte springt aus diesem sum-
marischen Auszug in direkter Rede die „Grundform menschlichen Daseins"
in die Augen, in der Aline fast ausschließlich lebt; es ist weder der singulare
noch erst recht der duale Modus[16]. Nirgends finden wir ein (duales) Wir,
ein Uns oder Unser, geschweige denn ein Du oder Dich. Aline geht völlig
auf in dem *pluralen* Modus: *Ich und die Anderen, die Anderen und ich.*
Dieser Modus erfährt noch insofern eine entscheidende Erweiterung, als die
Kommunikationsmöglichkeiten hier weit über das übliche Maß hinausgehen
und sich auch der Elektrizität, des Magnetismus, der Telegraphie, der Telepathie, des Gedankenlesens, Gedankenlautwerdens, der Medialität u. a.
bedienen. Hie und da werden sowohl das Ich als die Anderen durch das
Wort „man" ersetzt. Bei all dem hat es aber nicht sein Bewenden: Aline
geht nicht nur auf im pluralen Modus, im Umgang oder Verkehr mit den
Anderen, sondern sie *gehört* auch „zum Teil" den Anderen, sowohl leiblich

---

[16] Vgl. Grundformen und Erkenntnis menschlichen Daseins, AW 2, Zweites Kap.

als geistig. Ihr Leib gehört ihr nur bis zur Augenlinie, die Schädelkapsel mit
dem Gehirn (bei ihr = Seele) „gehört der ganzen Welt". Eigene Gedanken
hat sie demnach überhaupt nicht, ihre Gedanken sind die Gedanken der
Anderen, ja sie *ist* gar nicht sie-selbst, sondern „die Andere", wobei wir
nie erfahren, *wer* diese Andere ist. Zu all dem kommt, daß das Und des
„Ich und die Anderen" niemals ein Für ist, sondern fast ausschließlich ein
Gegen. Schon deswegen stoßen wir hier, abgesehen etwa vom Gefühl des
völligen Verstandenwerdens durch den Arzt bei der Überführung auf die
geschlossene Abteilung, *nie auf ein Alter Ego* oder eine Appräsentation,
sondern eben nur auf die Anderen, die alii.

Nun erhebt sich die Frage: Wie ist das alles phänomenologisch zu verstehen? Ausgegangen sind wir von der Frage der *Konstitution der Erfahrung
der einheitlichen Welt* und dem in ihr enthaltenen Problem der *Konstitution der Einheit des Ich*, auf welches wir uns zunächst konzentrieren wollten.

Es muß klar geworden sein, daß mit jener Erweiterung der Kommunikationsmöglichkeiten, der Möglichkeiten also des *Umgangs* und *Verkehrs*,
keineswegs auch eine „Erweiterung", geschweige denn eine „Vertiefung" der
Konstitution des Ich einhergeht, sondern im Gegenteil deren mehr oder weniger vollständiges Versagen. Das Ich des so häufigen Ich- und Mich-Sagens
darf nicht hierüber hinwegtäuschen, ist es doch fast ausschließlich nur der jeweilige Pol der gegenseitigen Beziehung „Ich und die Anderen", des pluralen
Modus des In-der-Welt-seins, und zwar vor allem des Genommen*werdens*
„beim Ohr" oder hier beim Nacken (der Beeindruckbarkeit oder Impressionabilität[17]), also beim *Leib* (Körperhalluzinationen elektrischer und anderer
Art), aber auch des Genommenwerdens „bei der *schwachen Stelle*" (bei den
Passionen oder Leidenschaften = „Suggestibilität"[18]), also „bei der Seele".

Dieses Genommenwerden von den Anderen betrifft also sowohl das Leib-
Ich (den Ich-Leib) als das Ego oder, um mit Szilasi (und Husserl) zu
reden, es betrifft den ganzen Menschen im Sinne der „egotisch-psycho-
physiologischen Vergesellschaftung" oder „Paarung". Fragen wir nun, wieso
es kommt, daß die Konstitution der Einheit des Ich bei Aline in so hohem
Maße *versagt*, so dürfen wir natürlich nicht antworten: weil die Anderen sie
so sehr unterdrücken und quälen; beruht doch gerade das „Übergewicht"
der Anderen auf dem Versagen der Konstitution der Einheit des Ich!

Wir sagten oben (S. 474), daß die Konstitution der Einheit des Ich
schon in der konstitutionellen Erfahrung der einheitlichen Welt enthalten
sei. Dabei wissen wir schon aus der Schrift über Melancholie und Manie,
daß weder die eine noch die andere Konstitution möglich ist ohne die „Mo-
nadengemeinschaft" oder die *Intersubjektivität*. Und wiederum ist all das

[17] Vgl. „Grundformen", S. 304ff.; AW 2, S. 271ff.
[18] Ebd. S. 308ff.; 278ff.

nicht möglich ohne die konstituierende Erfahrung des *Alter ego* oder die *Appräsentation*. Und weiterhin ist all das nicht möglich ohne das *Zur-Deckung-Kommen des Immanent-Konstituierten* und des *Transzendent-Begegnenden*. Dies alles muß vom Phänomenologen in seiner Komplexität *in der systematischen Einheit von Intentionen* geschaut werden. Was im Wahn versagt, ist nicht nur die Konstitution der Einheit des Ich und der einheitlichen Erfahrung der Welt, auch nicht nur die konstitutionelle Erfahrung des Alter ego, sondern das „Insgesamt der *systematischen* Einheit von Intentionen".

Wir kehren zurück zu der uns inmitten dieser ganzen „systematischen Einheit" gerade beschäftigenden Frage der Konstitution des einheitlichen Ich!

Wir müssen jetzt ausdrücklich erinnern an das in „Melancholie und Manie" über die Bedeutung der Lehre Husserls vom reinen Ego Gesagte (i. d. Bd. S. 416ff.). Es handelt sich hier überall um die (apriorischen) Erfassungsweisen der *Mir-Gehörigkeit*, um das Verständnis der vollen Konstitution als Monade, um die *Quelle der Regeln der Konstitution*. Ich erinnere aber auch an den Satz (ebd. S. 417): „Die Konstitution des Ich in meinem ‚bin' durch das reine Ego gibt ein großes, ein bedeutungsvolles Forschungsthema vor. Die deskriptive Psychologie wird erst mit der Erforschung dieser Konstitution eine echte Wissenschaft, gleicherweise die Psychiatrie." Hier kann es sich natürlich nicht um die Erforschung dieser Konstitution in meinem ‚bin' als eigentliches Forschungsthema handeln, sondern nur um die Erforschung der Bedeutung des *Versagens* dieser Konstitution bei einer bestimmten Form des Wahns.

Zuvor möchte ich nur noch an ein allgemeines, aus Szilasis Vergleichen mit dem Eisenbahnsystem hervorgehendes Resultat erinnern, nämlich daran, „daß ich alles, was ich erfahre, nur auf Grund eines konstituierten Systems erfahre, und zwar mich als ein Ich-selbst, als die Anderen als auch die Phänomene einer gemeinsamen objektiven Welt." (ebd.)

Bei Aline erleidet die Konstitution des *Ich-bin* und der *Mirzugehörigkeit*, die Konstitution also eines einheitlichen Ich oder Ichselbst, eine schwere Störung. *Ist* sie doch, wie wiederholt bemerkt, nicht sie-selbst, sondern die andere, *sind* doch ihre Gedanken *nicht ihre eigenen* und *gehört* der Teil ihres Leibes oberhalb der Augenlinie doch nicht ihr, sondern der ganzen Welt (= Mitwelt). Es hat also ein Abbau der Konstitution des einheitlichen Ich, des Ichbin und der Ich-Zugehörigkeit stattgefunden, zugleich aber auch ein Abbau der appräsentativen Konstitution der Anderen, sowie der Phänomene einer *gemeinsamen objektiven Welt*. Das letztere Moment wird in der üblichen Wahnforschung gewöhnlich einseitig in den Vordergrund gestellt, mit der Betonung der absoluten Kluft zwischen Wahnwelt und unserer Welt.

ii)Das Versagen der Konstitution der einheitlichen Welt. Das Versagen der Konstitution der gemeinsamen objektiven Welt und das Versagen
der Konstitution der einheitlichen Welt ist nicht dasselbe, wenn auch beides aufs engste zusammengehört. Denn zur Konstitution der gemeinsamen
Welt gehört, daß ich sie als Monaden-Gemeinschaft konstituiere, m.a.W.
daß es mir gelingt, „die eigene Lebenswelt" mit allen ihren Immanenzen und
Transzendenzen zu transzendieren oder zu überschreiten. „Die mir eigene
objektive Welt vermag nur auf Grund der allgemeinen Verständigung, d.h.
auf Grund der *Intersubiektivität*, allgemein Geltung zu gewinnen." „Wem
dieser Überschritt nicht gelingt, hat keinen Zugang zur Welt der Anderen.
Seine Lebenswelt bleibt unvergleichbar mit der Lebenswelt des Anderen"
(Szilasi, Einf. S. 99). Am Beispiel Alines sehen wir, daß im Wahn die eigene
Lebenswelt tatsächlich *nicht überschritten* werden kann und eine *Verständigung* mit den Anderen (auf Grund der Appräsentation) nicht möglich ist.
Darüber darf das engmaschige „Verfilztsein" mit den Anderen, die ununter-
brochene qualvolle *Abhängigkeit* von den Anderen, nicht hinwegtäuschen.
Im Gegenteil: das tiefgehende *Versagen* der Möglichkeit jenes Überschrei-
tens der eigenen Lebenswelt ist gerade die Bedingung der Möglichkeit jener
Abhängigkeit. Die Anderen sind hier ja kein Alter ego mehr, d. h. Menschen
wie ich oder *Mitmenschen*, sondern *anonyme* Quälgeister, anonyme Nach-
und Lautsprecher meiner eigenen Gedanken, anonyme (teuflische) Mächte
oder Machinationen (machines bei Rousseau). Darüber darf uns auch das
Wort Feinde nicht täuschen. Gilt es doch einzusehen, daß der „wahnhafte
Feind" oder der Feind im Wahn etwas toto coelo anderes ist als der Feind
im alltäglichen Leben: Hier ein mir feindlich gesinnter Alter ego, mit eigener
menschlicher Gestalt an bestimmten Orten und zu bestimmten Zeiten, mit
eigener Egoität, eigenen Absichten, eigenem Namen und eigener Lebensgeschichte, hier, im Wahn, lediglich einer der vielen Anderen, der anonymen,
nirgends faßbaren Verschwörung oder Verfolger. Daß der oder die „Feinde"
„im Wahn" immer mehr oder weniger „im Dunkeln bleiben", hat nichts
mit Unbestimmtheit oder Unaufmerksamkeit zu tun, sondern einzig und
allein mit dem Versagen der Konstitution der Erfahrung einer einheitlichen Welt und ineins damit einer eigenen Monaden-Gemeinschaft. Das gilt
selbst für Gaupps Massenmörder, den Hauptlehrer Wagner, gilt aber auch
für den vorwiegend singularen Wahn, so etwa gegen den Geheimrat Flechsig
im Verfolgungswahn Schrebers; denn auch hier versagt die Appräsentation,
verliert der Mitmensch seine Konstitution als Alter ego und ist er bald
Gott, bald *Sonne* (die ihn mit ihren *Strahlen* verfolgt), bald homosexuelles
Sexualtier, dem er, wie auch den Pflegern, als Weib *„vorgeworfen"* wird.
    Daß der Wahnkranke, wie wir so leichthin sagen, in einer völlig anderen
Welt lebt und zu unserer Welt keinen Zugang hat, wie auch wir keinen zu
der seinigen, rührt also daher, daß „die objektive immanente Transzendenz

der Welt die *Konstitution* der *Intersubjektivität* verlangt". Durch sie ist erst
die erfahrbare Welt aufgebaut bzw. ihre Erfahrung möglich" (Einf. S. 100).
Und zwar verhält es sich so, daß es „keinen anderen Zugang zu den Anderen
gibt als die Auslegung des Mir-Eigentlichen" (S. 102). Schon in „Melancholie und Manie" (i. d. Bd. S. 388) hörten wir, daß es sich bei der Erfahrung
des Alter ego, der „Fremdwahrnehmung" also, um evidente Erfahrung eines
wirklich Seienden eigenen Wesens handelt, das sich meinem eigenen Wesen
nicht als Bestandteil einfügt, mein eigenes Wesen also ganz *transzendiert*,
während es doch *„Sinn und Bewährung"* nur *in dem meinigen*, also nur aus
dem eigenen Ego, gewinnen kann. Schon damals bemerkten wir, daß es sich
hier um einen Spezialfall des großen Husserlschen Problems handelt, „wie
Transzendentes überhaupt ‚immanent Transzendentes' werden kann." Das
ist der Grund, weswegen wir oben (S. 471-474) so ausführlich auf dieses Problem und insbesondere auf die Frage der „Adaequatio" zwischen immanent
Transzendentem und transzendent-Begegnendem eingegangen sind.

In der natürlichen Erfahrung ist der Andere der Mensch neben mir und
die Verständigung mit ihm das Selbstverständlichste von der Welt. Diese
Selbstverständlichkeit muß aber zuerst in ihrer Konstitution gesehen und
verstanden werden. Es muß gezeigt werden, daß das Ego „die gemeinsame
Eigenwelt" zwar allein nicht leisten, wohl aber „innerhalb der mir-eigenen
Welt die Konstitution des Alter ego vollziehen" kann, „eines in seiner Imma-
nenz *unheimlichen Transzendenten"*[19] (Szilasi, Einf. S. 107). Den Vollzug
dieser Konstitution sah Husserl demnach in der *Appräsentation*. Der Wahn
Alines ist phänomenologisch also, abgesehen von der Verarmung und Er-
starrung der Bildbildung, in dem damit aufs engste zusammenhängenden
*Versagen der Konstitution der Appräsentation und damit der gemeinsamen
Welt zu sehen.*

Ganz anders die *Wahnideen*: Sie sind lediglich die *Konsequenz* dieses
Versagens, aber keineswegs das *Eigentliche* oder *Wesentliche am Wahn*.
Wenn schon die Konstitution des Ich der einheitlichen Erfahrung der Welt
auf Grund des Versagens der Konstitution des Alter ego versagt, hat „die
Phantasie" Spielraum genug, sich zu betätigen. Diese auffallenden „Betäti-
gungen" sehen wir dann für gewöhnlich als das Wesentliche am Wahn an.
Es ist aber so, wie wir von Anfang an betont haben: Wo die Phanta-
sievorschriften der Mneme nicht mehr befolgt werden, die Verweisungen

---

[19] Hervorhebung von mir. Es ist, wie wenn Szilasi mit dieser Bezeichnung des Alter ego
darauf hinweisen wollte, wie schwer es für das intentionale Bewußtsein ist, dieses in seiner
Immanenz unheimlich Transzendente sich wirklich immanent heimisch zu machen. – Wer
meine Schrift „Grundformen und Erkenntnis menschlichen Daseins" (AW 2) kennt, weiß,
daß mir persönlich dieses Immanentmachen jenes unheimlich Transzendenten nicht nur
möglich, sondern wirklich erscheint in der *Liebe*! Aber auch davon vernehmen wir bei
unseren Wahnkranken nichts.

keiner (mnemetischen) Bindung mehr unterliegen, sondern „freischweben", hängen auch die Präsentationen in der Luft, werden sie zusammenhanglos und unverständlich. Und doch bleibt in der Regel immer noch etwas von der mnemetischen Bindung übrig. In unserem Falle haben wir schon mehrmals darauf hingewiesen. Trotzdem scheint uns erst jetzt der Moment, wo dies voll einsichtig zu werden vermag.

Was von der „unheimlichen Transzendenz" des Alter ego in unserem Fall übrig bleibt, sind die merkwürdigen, von *keiner* Macht der Welt dem Lebensstrom „einzuverleibenden" elektrischen Transzendenzen, die „rayons parlants et pensants", als mnemetischer Ersatz gleichsam für wirklich appräsentierte Alter egos. Wie diese kann man sie hypnotisieren und chloroformieren, heilen und umbringen, wie diese können sie sprechen und denken und, wenn hermetisch eingesperrt, aufgenommene Worte behalten und im gegebenen Moment reproduzieren. Darüber hinaus können sie aber auch die eigenen Gedanken erraten und laut machen, und sie können sogar „die Erde sprechen lassen" in den „eigenen Gedanken und Worten".

Ein zentrales Problem bleibt aber noch übrig: das ist die Rolle des inneren Zeitbewußtseins im Wahn. Mit Aisthesis, Mneme und Phantasie sind wir ihm noch keineswegs nahe gekommen, denn hier handelt es sich um ein rein „automatisches" Konstitutions- und nicht um ein Zeitigungsproblem. Was uns nun bei Aline auffällt, ist, daß sie, entsprechend ihrem Aufgehen in der Transzendenz, völlig in der *objektiven* Zeit aufgeht. Sie *registriert*, daß sie *seit 5 Jahren Stimmen* hört (Vergangenheit), sie stellt fest, daß sie *nach dem Krieg* den Ursachen der Verschwörung, nach der Heilung der Bedeutung der Astrologie nachgehen werde (Zukunft), sie schildert ihre Leiden *in der Gegenwart*; wir sehen sie aber nicht in die Zukunft *hineinleben* (Protentionen) und an das Vergangene *anknüpfen* (Retentionen), um aus beidem zu Präsentationen zu gelangen, ein weiterer Beweis, daß der immanente Lebensstrom, der durchaus ein Strom der Zeitigung ist, hier nicht mehr fließt, sondern erstarrt ist und daß für das Transzendente keine Möglichkeit mehr besteht, immanent zu werden. Husserl hat unermüdlich daran gearbeitet zu zeigen, wie das transzendent-Begegnende immanent zu werden, in den Lebensstrom einzugehen vermag, er hat aber, als Nichtpsychiater, nicht zeigen können, wie das *Immanente*, das dem Lebensstrom Angehörende, ja der immanente Lebensstrom selbst, transzendent zu begegnen vermögen, wenn es sich hier auch nur um eine Pseudo-Transzendenz, aber nichtsdestoweniger um eine Transzendenz handelt. Mit der Rede von der „Projektion nach außen" bleiben wir noch ganz im naiven Jargon des psychoanalytischen Wahnverständnisses.

Nun müssen wir natürlich noch nachholen, daß das Erstarren des Lebensstroms bei Aline, wie bei anderen Wahnkranken, nur den Wahn betrifft, nicht das alltägliche Leben. Aline erzählt ihre Leiden dem Arzt oder der

Schwester genauso wie der Gesunde, in Retentionen und Protentionen und Präsentationen, ja sie berichtet von den Gärtnern, die die Erde bearbeiten, genauso wie der Gesunde, wenn auch hier das Transzendente, das Sprechen der Erde und das Hören der eigenen Gedanken in ihm so in den Bericht eingehen, wie *wir* von einem „objektiven" transzendenten Ereignis berichten. Auch der „Fluidkampf" ist ein Transzendent-Begegnendes, während in dem Menschen, der mehr „Fluid" hat und sie daher besser versteht und mehr Verbindung mit ihr hat, Transzendent-Begegnendes und Immanentes Hand in Hand gehen. Die ganze Verbindung der Anderen mit ihr durch den elektrischen Strom und die Zerteilung desselben in „lebendige" Strahlen ist und bleibt ein rein transzendentes Geschehen. Dasselbe gilt aber auch vom Einfluß der Sterne, dem Lesen aus der Hand und der Möglichkeit, daraus „die ganze Lebensrichtung" bestimmen zu können.

Der Fall Suzanne Urban

Den Fall *Aline* haben wir als *„physikalischen"* Verfolgungswahn bezeichnet. Die Verfolgung oder „Verschwörung" ging zwar auch hier von den Mitmenschen aus. Dieselben hielten sich aber – als Mitmenschen –, wie meistens in solchen Fällen, völlig im Hintergrund. Zur Verfolgung bedienen sie sich fast ausschließlich „physikalischer" Mittel, und zwar in Form elektromagnetischer, aber durchaus „vermenschlichter" Strahlen. Dazu kamen dann noch akustisch-physikalische Vorgänge wie das Lautwerden der Gedanken. Die Welt stellte sich dar als ein physikalisch-menschlicher Fluidkampf. Von einer eigentlichen Anschauung („Phantasma") und einer eigentlichen Ding-Wahrnehmung, einer Zeitkonstitution, einem „endlosen" Verweisungszusammenhang und damit einer eigentlichen Erfahrung konnte daher nicht mehr die Rede sein. Damit ist gesagt, daß anstelle des Transzendierens, als dem Wesen des Daseins, ein bloßes Registrieren trat. Zwar handelte es sich hier immer noch um ein Transzendieren, jedoch hat es, durch seine „Mechanisierung", nur noch eine leere Scheinexistenz. Die eigentliche Tragik in der Wahn-Existenz kam hier von dem mechanisierten *Leerlauf* des Transzendierens und somit aus der reinen *Rezeptivität.*

Im Übrigen muß klar sein, daß das Versagen der Ding-Wahrnehmung der Grund dafür ist, daß es sich hier auch um keine *konsequenten, einstimmigen* Verweisungsketten handeln konnte, daß die Verweisungsketten völlig „sachungebunden", m.a.W. verfälscht sein mußten und immer wieder abbrachen. Daher vermochte es hier auch zu keiner Konstitution einer eigenen Welt, geschweige denn zu einer gemeinsamen umd objektiv gültigen Welt zu kommen.

Nach dieser Zusammenfassung der phänomenologischen Einsichten in die Konstitution des Wahnbewußtseins und der Wahnerfahrung bei Aline machen wir uns jetzt an die Phänomenologie eines zweiten „Falles" – es ist der uns von früher her bekannte Fall Suzanne Urban –, der mit dem ersten zwar die klinisch-psychopathologische Gemeinsamkeit des Beziehungs-, Beeinträchtigungs- und Verfolgungswahns hat, in seiner Erscheinungsweise aber von ihm völlig verschieden ist. Während es sich dort um eine fast völlige Physikalisierung, Mechanisierung und Materialisierumg der Welt handelte, der Eigenwelt sowohl als der gemeinsamen und „objektiv"-gültigen Welt, vernehmen wir hier, abgesehen vom Spüren eines elektrischen Stroms im Schlaf, von einer solchen Physikalisierung und Materialisierung im Sinne von einem „Fluidkampf" oder Ähnlichem nichts; vielmehr spielt sich hier der ganze „Kampf", die ganze Beeinträchtigung, Verschwörung umd Verfolgung, die ganze Böswilligkeit, fast ausschließlich zwischen Menschen ab, mit der einzigen Ausnahme einer „furchtbaren Stimme" oder „teuflischen Macht" (une voix terrible, une force diabolique).

Wir ziehen den Fall Suzanne Urban nochmals für unsere phänomenologische Interpretation heran, weil wir hier die *daseinsanalytische* Untersuchung von unseren Schizophrenie-Fällen am weitesten vorgetrieben hatten und es deshalb um so lehrreicher ist, gerade an ihm zu zeigen, was der phänomenologischen Untersuchung da noch zu tun übrig bleibt, wo die Daseinshermeneutik ihr Werk bereits getan hat. Es wird sich für den Leser natürlich empfehlen, diese daseinsanalytische Studie, die wir im Folgenden mit A bezeichnen wollen, sich noch einmal zu vergegenwärtigen (i. d. Bd. S. 210ff.).

Übermenschlich, ja geradezu teuflisch ist jene Macht und deren furchtbare Stimme, weil Suzanne Urban nicht anders kann, als sich unter deren „Einfluß" oder „Zwang", wie sie selbst sagt, zu den ungeheuerlichen, ihrer wahren Natur diametral entgegengesetzten *Verleumdungen* gegen ihre *ganze Familie*, gezwungen zu sehen, gegen ihren krebskranken Mann, ihren geliebten Vater und ihre Mutter, die sie „abgöttisch verehrt", gegen ihre Brüder und Neffen, wodurch sie alle den entsetzlichsten Martern und Todesqualen von seiten „der Polizei" aussetzt und sich selbst zur verabscheuungswürdigen Verbrecherin macht. Wir begreifen vollkommen, daß die arme Kranke umter der entsetzlichen Qual dieser, ihr völlig unerklärlichen, Anschuldigungen und deren Folgen sich das Leben nehmen will.

Zu dieser Qual über ihr unfreiwilliges Verbrechertum kommt dann noch die andere, daß ihre Verbrechen jedermann in ihrer Umgebung mehr oder weniger bekannt sind und sie entweder geradewegs für eine Verbrecherin gehalten wird oder daß mit Stimmen, Bemerkungen, Handlungen, Vorkehrungen auf ihr Verbrechertum und ihre Bestrafung (z.B. Kopfabschneiden) angespielt und ihr alles nur mögliche Leid angetan wird. Wir stehen also auch hier vor einem grausigen wahnhaften Drama.

Den Kern und die Entwicklung dieses Dramas im Anschluß an die niederschmetternde Mitteilung des Urologen, daß ihr Mann an Blasenkrebs leidet, haben wir in A geschildert, und aus der Übermächtigung des Daseins durch die sich aus der Koinonia von Angst und Vertrauen isolierende Macht des Schrecklichen, des Phoberón der Griechen, daseinsanalytischhermeneutisch verstanden. Es fragt sich nun, inwiefern darüber hinaus dieser Fall auch noch phänomenologisch interpretiert werden kann. Wir fügen aber gleich hinzu, daß das, was die daseinsanalytische Hermeneutik am Fall Suzanne Urban zutage gefördert hat, durch die phänomenologische Interpretation in keiner Weise in Frage gestellt wird, handelt es sich hier doch um durchaus aufeinander angewiesene, sich keineswegs ausschließende oder auch nur widersprechende philosophisch-wissenschaftliche Verstehensweisen.

1. Die Auffassung des Dr. R. als des „Henkers der ganzen Familie"

Das Rätsel, das unsere Studie A nicht zu lösen vermochte und das auch die phänomenologische Analyse nicht zu lösen, sondern nur näher zu beleuchten vermag, ist das Problem der *Erweiterung des Martyriums* des Ehemannes während der Untersuchung durch den Urologen und ihr eigenes Martyrium durch die brutale Eröffnung der Diagnose seiner Erkrankung an Blasenkrebs (vgl. i. d. Bd. S. 215ff. und 241ff.), daß die Erweiterung dieses doppelten Martyriums zur *„Martyriologie"* (ihr eigener Ausdruck) *der ganzen Familie* im Wahn, in welcher Martyriologie das Martyrium des Mannes nur noch als Einzelerscheinung erhalten bleibt. Wir finden in der ganzen Krankengeschichte, abgesehen von einer flüchtig erwähnten Pflegerin, nur zwei Personen, die mit der Martyriologie der ganzen Familie in Zusammenhang gebracht werden, erstens, wie bereits erwähnt, die Kranke selbst, sodann, zweitens, den herbeigezogenen Psychiater, der sie „von ihrer Familie trennte" und in die erste Anstalt einwies: „Dr. R. – der Henker –, das Unglück der ganzen Familie". – „Er beschloß, mich unbedingt zu isolieren, und ratet den Ort in der Nähe von X.-G. (die erste Anstalt). Ich wollte auf keinen Fall weg von Haus, aber fast mit Kraft hat man mich dort gebracht. Hier fängt die schreckliche Odyssee erst recht an" (aus der Selbstschilderung, i. d. Bd. S. 217).

Nun haben wir schon in A (i. d. Bd. S. 241ff.) die Vermutung geäußert, daß Dr. R. seine Unglücks- oder Schreckensbedeutung auch einer „atmosphärischen Identifikation" mit dem ihren Mann mit seiner Untersuchung marternden und ihr die Krebsdiagnose so brutal eröffnenden *Urologen* zu verdanken hat (vgl. A. S. 216)°.

Was wir damals in Ermangelung eines Besseren eine „atmosphärische Identifikation" nannten, sind wir auf Grund unserer seitherigen phänome nologischen Einsichten in dieser Schrift nun imstande, phänomenologisch zu verstehen. Wissen wir nun doch, daß in jedem ursprünglichen Vernehmen das Rückerinnerte oder Mnemetische mit der ihm eigenen Bildbildungsvorschrift (= Phantasie) am Werke ist. „Die *Phantasie*", so hieß unsere Grundregel (vgl. oben S. 443) ist die *Vorschrift, die das Voraktuelle* (das Zurückbehaltene oder das Rückerinnerte – mit einem griechischen Ausdruck: *das Mnemetische – im Präsenten oder Aktuellen in Zusammenhang bringt mit dem Vorerwarteten.*" Das ist der Sinn des Komplexes Aisthesis, Mneme, Phantasie.

Nun haben wir im Fall Aline gesehen, daß hier von einem Zusammenspiel der genannten drei Momente zu einem *Bild*, einem Phantasma oder einer Anschauung keine Rede sein konnte. Wir konnten weder ein sicheres mnemetisches Moment noch ein sicheres Phantasiemoment entdecken, daraus die Eindrücke zu einem Bild gestaltet und tatsächlich „apprehendiert", d.h., um mit Kant zu reden, „ins Gemüt aufgenommen wurden". Hier, im Fall Suzanne Urban, scheinen wir vor einer ganz anderen phänomenologischen Situation zu stehen, da wir, und zwar gerade auf Grund der daseinsanalytisch-hermeneutischen Herausarbeitung des „Schrecklichen", auf ein mnemetisches Moment stoßen.

Die Zeit zwischen der Untersuchung durch den Urologen und der Einweisung der Kranken in die erste Anstalt beträgt etwa 8 Monate. Inzwischen hat das Thema „Krebs des Mannes" das Bewußtsein der Kranken nie verlassen, es vielmehr immer mehr beherrscht. Aber das ist nicht das Wichtige. Wichtig ist die aus jener Identifikation sich ergebende Einsicht, daß der Schreck beim Urologen für die Kranke keineswegs eine „momentane Gemütserschütterung" bedeutete, sondern eine *„Erschütterung der Konstitution des Bewußtseins.* Die mnemetischen Phantasievorschriften sind nun aber nicht mehr wie normalerweise streng geregelt, sondern gelockert: Eine ganz andere Person, und erst recht die eigene Person, kann unter ganz anderen Umständen an die Stelle der ersten treten, und erst in allen oder durch alle vollzieht sich das ganze Unglück, „das Unglück der ganzen Familie".

Zunächst sehen wir, daß es mit dem einweisenden Psychiater, dem Dr. R., keineswegs sein Bewenden hat, vielmehr überträgt sich dessen schreckliche oder „Unglücksbedeutung" auch auf die Ärzte der Anstalt und besonders auf deren Chefarzt, diesen *„Dämon,* mit seinem *teuflisch-spöttischen* Lächeln", der sie mit seinen sarkastischen, ironischen Phrasen „martyrisiert". Einmal schreibt sie von der „malheureuse idée qui a poussé *les médecins* à me faire quitter de force la maison pour aller à G. (die erste Anstalt), cette terrible trappe (Falle, Schlinge, List) pour seul but que de me compromettre, à tout prix." Sie „hört ganz genau", wie ein Apparat an der Wand befestigt wird, um sie „nackt im Bad zu photographieren", sie hört Papier knistern, als Zeichen, daß man „jeden ihrer Gedanken" sofort notiert oder nachstenographiert, sie *fühlt*, „daß sie mich unbedingt compromittieren wollen und Unwahrheiten einreden".

2. Die Rolle der eigenen Person

Mit der letzteren Behauptung wird das Kompromittiertwerden bereits überschritten und stehen wir vor dem *Grundwahn*, durch ihre ihr aufgezwungenen Verleumdungen eine *Verbrecherin*, nämlich die *Mörderin ihrer ganzen Familie* zu sein. Und zwar fragt sie in einem Brief, „comment ils l'ont arrangé *à me faire penser à des choses fausses*, absolument fausses, pour me rendre sa meurtrière (ihrer Mutter) que j'adorais".

Ihr Unwahrheiten *einreden*, sie *zwingen*, an absolut falsche Dinge (die Verleumdungen) zu *denken*, scheint also eng mit den Personen in der ersten Anstalt verbunden zu sein. Und doch werden wir sehen, daß daran noch ganz andere krankhafte „Einflüsse" beteiligt sind.

Beschränken wir uns zunächst auf die Einflüsse in der (ersten) Anstalt. Sie *fühlt* folgende Worte: „Sie" (alle durch ihre Verleumdungen von der Polizei verfolgten, eingesperrten und gemarterten Familienmitglieder) „werden Brot mit Würmern bekommen." „Außerdem *fühle* ich, wie man mir folgenden Satz zuflüstert: Deine Mutter ist eine alte D. (Diebin), hat Silber gestohlen, was eine schreckliche Lüge ist." Dann *höre* ich, zweitens, „Mein Vater hat Unterschlagungen begangen, auch eine furchtbare Lüge". Dann, drittens, *„sage ich in Gedanken* über meinen Mann ‚faux monnayeur‘, auch eine schreckliche Lüge und Verleumdung". Folgen weitere raffinierte Verleumdungen ihrer Brüder und Neffen, alles „in Gedanken gesagt". „Also lauter Lügen, Lügen, die die Armen jetzt durch mich, als schreckliche Märtyrer im Kot mit abgeschnittenen Nasen, Ohren, Lippen, Händen und Füßen, ausgebrochenen Zähnen leiden müssen." Andere Male *fühlt sie* ganz genau, „daß die Polizei den Angehörigen die Augen auspickt" oder „die Geschlechtsteile herausreißt", oder man *zwingt sie zu denken*, daß die Angehörigen mit Blei und Pech oder „mit heißem Pech und brennendem Eisen begossen sein werden". Im Übrigen müssen sie „draußen in der Kälte im Kot liegen". Der Anblick des Mähens mit einer *Sense* beweist ihr, daß man ihre Brüder in Stücke schneiden, sie martern will. Der Leser wird verstehen, daß wir angesichts von all dem von „sadistischen Orgien" sprachen. Dabei *scheint* es sich zunächst aber nicht um optische Halluzinationen oder Visionen zu handeln. Obgleich die Patientin gelegentlich auf *allen* Sinnesgebieten halluziniert und im Telephon „ganz genau polizeiliches Pfeifen" hört, *hört* sie hinsichtlich der Verleumdungen nur ausnahmsweise, wie man ihr einen Satz zuflüstert, sonst *fühlt* sie es nur oder *fühlt* sie „bestimmte Worte". Die Hauptsache scheint sich, wie wir zu unserem Erstaunen sahen,

in Gedanken[20] oder in einem „Zwang zu denken" abzuspielen. Einmal erklärt sie sogar, alle Greuel habe sie nur *aus Andeutungen* erfahren, oder sie
behauptet, sie habe die Verleumdungen gar nicht ausgesprochen, sondern
habe nur hm, hm gemacht, was aber von den Anderen so ausgelegt worden
sei. Sie erlebt ferner auch massenhaft *Anspielungen* auf die Marterungen
der Familie, sei es aus Mienen, Gesten, Haltungen oder Handlungen, sei es
aus besonders für sie zubereiteten „Dekorationen" wie das Herausfliegenlassen großer gezähmter Raben (als Unglücksbedeutung) oder das Zerknacken
eines Vogels durch eine Katze usw.

Nun kompliziert sich die psychopathologische Sachlage noch dadurch,
daß „die Verleumdungen" keineswegs erst in der ersten Anstalt aufgetreten
und ihr keineswegs erst dort von den Anderen zu denken aufgezwungen oder
so „ausgelegt" worden sind, vielmehr hat sie, als sie noch bei ihrer Schwester war, also *vor* dem Aufenthalt in der Anstalt, eine *furchtbare Stimme*
(une voix terrible – von ihr doppelt unterstrichen) *gezwungen*, „à penser
et dire des calomnies contre tous les miens". Aber noch im selben Satz
ist es „une force diabolique, unter deren Einfluß sie alle diese Lügen habe
äußern *müssen*. Wieder ein andermal hat sie all das (die Verleumdungen)
in *Narkose* getan. Hier handelt es sich offenbar um einen rationalen Erklärungsversuch für die Möglichkeit eines so unglaublichen Widerspruchs
wie dem zwischen den „unerhörten" Verleumdungen gegen die Familie und
zumal gegen ihre Mutter und ihrer „Adorierung" derselben.

3. Psychopathologische Analyse und phänomenologische Interpretation

a) Der Verleumdungswahn. Wir beginnen mit der tiefsten Schicht des ganzen Wahngebildes, dem Verleumdungswahn. Zwar gibt Suzanne Urban einmal an, „dann *höre* ich" (mein Vater hat Unterschlagungen gemacht).
Mit dieser einzigen und als solcher einigermaßen fragwürdigen Ausnahme
„*fühlt*" sie jedoch „folgende Worte": „sie werden Brot mit Würmern bekommen", und *fühlt* sie, wie man ihr folgenden Satz zuflüstert: „Meine Mutter
ist eine alte D., hat Silber gestohlen." „Dann 3. sag ich *in Gedanken* über
meinen Mann ‚faux monnayeur'". Die *Gedanken* (daß sie das Grabmal ihres Vaters zerschmettern läßt) kommen ihr in einer sonst nicht gebrauchten
Sprache. Ferner: „Man zwang mich zu *denken*", oder „Daß ich sie *in meinen Gedanken* so *furchtbar angeklagt* habe". Sie fragt sich, wie wir bereits
hörten, „comment ils l'ont arrangé *à me faire penser à ces choses fausses*"
und gibt überdies an, sie habe alle Greuel nur aus *Andeutungen* „erfahren".
Sie glaubt nicht zu sehen, sondern *fühlt* nur, wenn auch „ganz genau", daß

---

[20] Vgl. auch den Ausspruch, sie lasse das Grabmal ihres Vaters zerschmettern: „*Diese
Gedanken kommen mir* in der Sprache, die ich zuhause nie gebrauche".

auch dem Neffen von der Polizei „die Augen ausgepickt" werden. Wir hörten ferner bereits, daß eine *„furchtbare Stimme"* sie gezwungen habe, „à penser et dire des calomnies contre tous les miens"; daneben behauptet sie, wie wir wissen, „Zwang" oder „Einfluß" ginge von einer *Narkose* oder einer *teuflischen Macht* aus. Ein andermal gibt sie an, wie wir ebenfalls bereits hörten, sie habe „die Verleumdungen gar nicht ausgesprochen, sondern nur hm-hm gemacht, was aber von den anderen so *ausgelegt* worden sei". – Wir haben die eigenen Angaben der Patientin noch einmal kurz rekapituliert, um nochmals auf die fundamentale Diskrepanz aufmerksam zu machen, die hier zwischen *Sinnlichkeit, Bildlichkeit* oder *Anschaulichkeit* (bildlichen Vorstellungen, Kant) und *Denken* zu bestehen scheint. Die Schilderungen der Marterungen der ganzen Familie sind derart anschaulich, wie wenn wir vor einem Bildschirm stünden oder wie wenn – um mit Henri Maldiney zu sprechen (Schweiz. Archiv 1963, Bd. 93, S. 209) – „la présence était réductible à la représentation" (wie wenn das Dasein auf Vorstellung zu reduzieren möglich wäre). Um so erstaunter sind wir, wenn die Kranke uns immer wieder einzuhämmern sucht, daß alle Greuel nur durch *Andeutungen* „erfahren", ihr nur so *ausgelegt* würden, auf dieselben nur *angespielt* werde, kurz, daß sie nur durch irgendwelchen Zwang oder Einfluß von außen dazu gebracht worden sei, diese Greuel zu *denken* oder *in Gedanken zu sagen*.

Wenn man hier geneigt sein könnte, von einer „Allmacht der Gedanken" zu sprechen, m.a.W. anzunehmen, daß die Patientin glaubt oder annimmt, daß, was sie „denkt", ihre Gedanken also „die Macht haben", sich in der „Wirklichkeit" zu vollziehen, kurz „zu verwirklichen", hat die Phänomenologie in erster Linie die Pflicht, zu klären, was es mit jenem Denken und jenen Gedanken für eine Bewandtnis hat m.a.W. ob es sich hier tatsächlich um Denken und Gedanken handelt oder nicht. *Denken* im Sinne der platonischen und aristotelischen διάνοια oder des διανοέομαι heißt soviel wie durchdenken, überdenken, auseinanderdenken = unterscheiden, nachdenken usw. Es steht, am schärfsten ausgesprochen bei Aristoteles oder bei Kant, als zum Nous poietikos oder zur *Spontaneität* des Verstandes gehörig, im Gegensatz zur Sinnlichkeit und Rezeptivität überhaupt. Erfahrung und Erkenntnis sind aber nur auf Grund von beiden möglich. Nun haben wir im Laufe unserer Untersuchung gesehen, daß in allen unseren Fällen die Rezeptivität bei weitem über die Spontaneität überwiegt, die letztere völlig zurücktritt oder „auf ein Minimum" reduziert ist. Wenn es sich bei Suzanne Urban tatsächlich um ein Denken und um Gedanken im Sinne der Spontaneität des Verstandes handeln würde, würde sie völlig aus dem Rahmen der bisherigen Fälle, und des Wahns überhaupt, herausfallen. Spuren von Spontaneität und Reflexion finden wir zwar bei Suzanne Urban wie bei Ilse, aber kaum bei Aline, und zwar darin, daß sie über das Wahngeschehen noch zu *reflektieren*, sich z. B. zu *fragen* vermögen *„comment ils l'ont arrangé à me faire penser à des choses fausses, absolument fausses?"* Daß es sich bei Suzanne Urban aber nicht um ein eigentliches Denken, wie etwa im Sinne des Durchdenkens eines Problems, handelt, sondern um reine Rezeptivität, geht hervor, erstens daraus, daß man (ils) *sie denken machen* kann und, zweitens, daß es sich überhaupt um kein „penser" handelt, sondern um ein „penser à ...", ein Denken „an etwas", was durchaus einem Sichvorstellen *von* etwas, also einem der Rezeptivität Zugehörigen entspricht. Dazu kommt aber noch ein Zitat aus der Krankengeschichte unserer Anstalt, das wir bis jetzt absichtlich unerwähnt gelassen haben und das durchaus unserem Bildschirmgleichnis entspricht. Es lautet: *„Sieht ihre Angehörigen Tag und Nacht in ihren Marterungen vor sich,* verflucht die Polizei, die ihnen die Augen auspickt". Aus diesem *einen* Zitat ist schon ersichtlich, daß es sich, wie rein psychiatrisch von vornherein zu erwarten war, gar *nicht um ein Denken und um Gedanken handelt*, sondern um optische Halluzinationen oder um *Visionen*, also um ein *sinnenhaft* Gegebenes oder *Rezipiertes*, wenn auch im Wahn oder als Wahn Rezipiertes. Damit ist jedenfalls der Weg frei dafür, daß wir auch im Falle Suzanne Urban von der „Organisation" Aisthesis, Mneme und Phantasie und der Störung in ihrer Gefügeordnung oder „Organisation" sprechen können.

Zunächst müssen wir feststellen, daß auch die halluzinatorischen Sinneseindrücke, die „pathologische" Aisthesis also, dem eigenen Lebensstrom und der eigenen Lebenswelt angehören. Dasselbe muß natürlich auch von dem Voraktuellen, dem Zurückbehaltenen oder Mnemetischen gelten, obwohl weder wir noch die Kranke selbst irgendwelche Spuren davon auffinden, sie vielmehr unter dem krassen Widerspruch zwischen dem halluzinatorisch Vernommenen, dem Gesehenen (der Aisthesis) und dem Voraktuellen nicht nur keinerlei Brücke, sondern einen zur Verzweiflung führenden Abgrund sieht. Und doch werden wir in der Psychopathologie nicht müde, hier eine Brücke zu suchen. Die Psychoanalyse hilft sich dabei, wie wir wissen, mit der Lehre vom Unbewußten und speziell von der *Projektion* von im Unbewußten verdrängten *Trieb*regungen, hier also im Sinne von sadistisch-masochistischen „Orgien". Die Phänomenologie darf sich, als Feindin jeglicher Theorienbildung, natürlich nicht damit zufriedengeben. Vielmehr ist es ihre Aufgabe, zu untersuchen, welche Rolle hier – und sei es gerade auch eine negative – die Mneme, das Zurückbehaltene oder „Voraktuelle" in der konstitutionellen Gefügeordnung von Aisthesis, Mneme und Phantasie spielt.

Wir knüpfen wiederum an an das in der Einleitung zu diesem Abschnitt über den Fall Aline Zusammengefaßte. Wir sprachen damals von einem das Transzendieren „ersetzenden", rein mechanischen Registrieren im Sinne eines mechanischen Schemas. Jetzt gehen wir noch weiter. Bei Aline handelte es sich um die Erstarrung der drei „Momente" Aisthesis, Mneme, Phantasie, zu einer *Registrierapparatur* mit einem einzigen Programm, vergleichbar (mit Szilasi) einem sich selbst überlassenen Computer ohne Befehle der Intelligenz. Die normale Anschauung stellt der Mneme und Intelligenz immer neue Aufgaben; hier aber ist anstelle der Variabilität und Beweglichkeit der Mnemekonstitution ihre Reduktion auf eine monotone oder monomane Erfahrungsbereitschaft ohne Erfahrungs*intention* getreten. Das alles ist Ausdruck des Fehlens jeglicher Spontaneität und des Abbaus des Bewußtseins auf reine Rezeptivität.

Wenden wir uns von hier aus zur Phänomenologie des Verleumdungswahns. Hier liegen die Dinge viel schwieriger als im Falle Aline, und zwar deswegen, weil wir es keineswegs mit einem mechanischen, sondern mit einem „allgemein-menschlichen" Geschehen zu tun haben, und es viel mehr Überwindung kostet, den Sprung zu machen von der gesamten Wahnsituation zu den nackten Wahnphänomenen oder Wahngebilden in ihrer bloßen Verfügungs*struktur* als dem bloßen „Wahnskelett", das, auch nach Einklammerung der konkret-inhaltlichen Wahnsituation, zurückbleibt. –

Anstelle des Rückgriffs auf die gesamte Wahnsituation müssen wir, wie es zum Teil schon im Fall Aline der Fall war, den Blick sozusagen auf die „Kristallstruktur" (Szilasi) der Wahngebilde richten.

Wenn auch die Wahnsituation als rein mitmenschliche im Falle Suzanne Urban viel komplizierter und viel „grauenvoller" (Stifter) ist als im Fall Aline, so bleibt doch die „Kristallstruktur" oder das „Skelett" der Wahngebilde insofern dasselbe, als auch hier eine Verarmung der *Bildbildung*, eine *Erstarrung ihrer Variabilität*, und damit eine Verzerrung des einheitlichen Gefüges von Aisthesis, Mneme und Phantasie auftritt. Also haben wir es auch hier mit einer „Verstörung" des Daseins im Sinne eines fast völligen Verlöschens des Transzendierens überhaupt zu tun. Auch hier tritt an die Stelle des eigentlichen Transzendierens eine nach einem monotonen oder monomanen *Schema* erfolgende *Registrierapparatur*. Der Unterschied liegt nur darin, daß es sich dort um ein Registrieren eines elektro-mechanischen Geschehens, hier, bei Suzanne Urban, um ein Registrieren eines menschlichen Geschehens (Marterungen) handelt. In beiden Fällen aber erfolgt das Registrieren als solches in einem, vom Transzendieren aus gesehen, festgefahrenen, leerlaufenden, mechanischen *Schema*. Dieses Schema (Marterungen) tritt anstelle der Variabilität und Beweglichkeit der sinnlichen Eindrücke und ihrer mnemetischen Begleitmomente. Wir stehen vor einem einzigen Bildbildungsschema, wie wir es beim *Tier* finden (vgl. oben S. 470). Ich verweise hier auf meinen Vortrag „Über die daseinsanalytische Forschungsrichtung in der Psychiatrie". (In 1947 u. AW 3). In diesem Vortrag findet sich ein für unser Thema sehr aufschlußreicher Abschnitt (II), betitelt „Der Unterschied zwischen menschlichem Dasein und tierischem

Sein. ‚Welt' im daseinsanalytischen und Umwelt im biologischen Sinne".
Unter Umwelt versteht der Autor, der ältere v. Uexküll, „die Sinnesinsel"
(die Insel der Sinne nämlich), die das Tier „wie ein Gewand umgibt" (1947,
S. 196). Jedes Tier hat *seine* Merkwelt und gemäß ihrer *seine* Wirkwelt.
Deshalb, so sagt der Autor, ist man voll berechtigt, so viele Umwelten anzunehmen, als es Tiere gibt" (ebd.). Dem stellten wir schon damals den
Satz gegenüber: „Deshalb ist man voll berechtigt, so viele Welten anzu-
nehmen, als es psychotische Menschen gibt." Der angeborenen Sinnesinsel
im Sinne der Monotonie oder Unvariabilität der Sinneseindrücke (Merkwelt = Umwelt) und der entsprechenden Wirkwelt (Funktionskreis bei von
Uexküll) entspricht bei Aline wie bei Suzanne Urban die erworbene, als
„Verstörung" erlebte, Monotonie ihres Bildbildungsschemas. Damit sind
diese Kranken aber keineswegs „zum Tier herabgesunken", was für sie eine
„Erlösung" bedeuten würde. Die durch die Registrierapparatur bedingte
Vergewaltigung des sinnlichen Vernehmens und die damit verbundene Ein-
zwängung des mnemetischen Moments dürfen uns nicht übersehen lassen,
daß noch „Reste" des für das menschliche Dasein wesensmäßigen Transzendierenkönnens mindestens formal geblieben sein müssen, wenn auch in der
Monotonie eines fixierten Schemas. Dem Tier ist, wie gesagt, die Monotonie eines solchen triebmäßigen Schemas angeboren, beim Menschen zerstört
dasselbe den fließenden Kontext der Erfahrung in der Weise, daß es ihn, wie
bereits bemerkt, für ihn erlebbar, *verstört*. Halten wir nur fest, daß anstelle des überaus wandlungsfähigen, dem sinnlichen Vernehmen zugehörigen,
Bildbildungsvermögen ein zum *Triebmäßigen verarmtes* monotones Schema getreten ist.

Die Verzerrungen der durchaus in *eine* Konstitution gehörenden Kon-
stitutionsmomente Aisthesis, Mneme, Phantasie sind am ehesten an den
temporalen Anomalien sichtbar. In dieser Hinsicht finden wir durchaus eine *veränderte Weise der Einheit des Vergegenwärtigens* mit dem phantasiemäßigen Gewärtigen und dem *mnemetischen* Behalten. Während in
der normalen *Konstitution* des Bewußtseins jedes Vergegenwärtigen auch
ein Gewärtigen, eine Erwartung oder Protention, zeitigt, wie wir es aus
„Melancholie und Manie" wissen, hat es bei Suzanne Urban im Verleumdungswahn mit der Vergegenwärtigung der Martern sein Bewenden. Sie
geht völlig in dem unerträglichen Anblick, in der unerträglichen Repräsentation des wahnhaften Bildschirms auf. (Eine Ausnahme machen wieder,
wie bereits bemerkt, die den Resten von Spontaneität und Reflexion entsprechenden, in die Zukunft weisenden, aber ebenfalls noch zu dem Wahngeschehen gehörenden *Petitionen* an die „Behörden", man solle die Familienangehörigen *töten*, um ihren Qualen ein *Ende* zu machen.) Im Übrigen
ist Suzanne Urban wie fasziniert von der Vergegenwärtigung ihrer Leiden,
von denen sie an und für sich kein „Ende", keine Zukunft gewärtigt. In

dieser temporalen Schrumpfung, in dem Ausbleiben der Einheit von Vergegenwärtigen und Gewärtigen, wie wir sie im gewöhnlichen Leben und
zumal bei einer Katastrophe erleben, deren Abwandlung, Ende oder Einschränkung wir im gewöhnlichen Leben hoffend oder handelnd gewärtigen,
ist im Verleumdungswahn von einer solchen Gerichtetheit auf die Zukunft
keine Rede. Desgleichen ist hier aber auch die Einheit mit dem Behalten,
mit der Mneme also, wie wir ja ausführlich dargestellt haben, zerrissen. Das
ist der Grund des verblüffenden Eindrucks von diesem Wahn, daß er ein
sozusagen *isoliertes Vergegenwärtigen* darstellt. Wir haben hier eine Weise
der Temporalität also, deren „Jetzt" die Gespanntheit nach „Vergangenheit
und Zukunft" völlig fehlt.

    b) Der Beeinträchtigungs- und Verfolgungswahn. Daß diese Wahnform
nur eine Abzweigung des Verleumdungswahns oder, bildlich gesprochen, ein
„aufgepflanztes Reis" auf demselben ist, haben wir ausführlich dargelegt.
Es läßt sich aber erst recht wieder an den temporalen Eigenheiten dieser
Wahnform sichtbar machen. Zu unserem Erstaunen zeigt diese Temporal-
lität wieder wesentliche Züge der normalen, abgesehen davon freilich, daß
die Mneme, das Behalten, aber auch das Gewärtigen oder die Vorerwartung
völlig „auf dem Boden" des Verleumdungswahns und seines „Bildschirms"
stehen. Erinnern wir uns nur an den Knaben, der mit dem *Kindersäbel* die
Bewegung des Kopfabschneidens zu machen scheint, welche „Bewegung"
bei der Kranken die Gewärtigung mit sich führt, daß ihr selbst (zur Strafe
für ihre Verleumdungen) der Kopf abgeschnitten wird. Oder erinnern wir
uns an das Mähen mit der Sense, bei welchem Anblick sie dem Doktor sagt,
man habe ihr die *Sense* „bedeutungsvoll" gezeigt: „Ich aber verstand den
Sinn der Sense. Man will den Angehörigen die Glieder abschneiden, man
will sie martern." Auch hier herrscht das Gewärtigen (die „Phantasie")
vor, wenn auch diesmal „im Hinblick", wie wir mit Recht sagen, auf die
(behaltenen) Marterungen ihrer Angehörigen. All das ist nur möglich, sofern eine *Einheit* besteht zwischen Mneme und Vorerwartung. Was uns hier
in temporaler Hinsicht auffällt, ist das Überwiegen der Mneme und der mit
ihr vereinigten Vorerwartung oder Phantasie. Die Vergegenwärtigung oder
Präsentation (vor allem in Form der *Appräsentation*) ist hier tatsächlich
beherrscht, ja überwältigt von der Wahn-Mneme und der Wahn-„Phantasie". Das konstatieren wir schon beim Eintritt in die erste Anstalt, bei dem
„Bemerken" einer „mir feindselig entgegenstehenden Atmosphäre", bemerken wir wieder bei der „Feststellung" einer ironischen, spöttischen oder
sarkastischen Miene, Pose, Haltung oder Handlung, desgleichen aber auch
bei der Feststellung des Nacktphotographiertwerdens, des Nachstenogra-
phiertwerdens der Gedanken beim Hören des Papierknisterns. Überall steht
hier, im Gegensatz etwa zu Aline und zur Kranken von Roland Kuhn, aber
in Übereinstimmung mit Ilse, die durch Mneme und Phantasie bestimmte

Einengung der *Appräsentation* auf ein einförmiges, monotones Schema, das Mienen, Gesten und Vorkehrungen („Zubereitungen", „Dekorationen") im Sinne der Beeinträchtigung und Bestrafung „registriert".

Die Monotonie dieses Schemas zeigt uns wiederum das fast völlige Verlöschen des eigentlichen Transzendierenkönnens auch bei dieser Kranken. Die Erfahrung *fließt* in einem solchen starren Registrierungsschema nicht weiter, sondern erstarrt und wird brüchig. Infolge des starren Festhaltens an Mneme und Phantasie kommt es hier, im Beeinträchtigungs- und Verfolgungswahn, in der Tat zu keiner *eigentlichen Präsentation.*

Auf Suzanne Urban angewandt oder besser, an ihr aufgezeigt, heißt das: wir finden bei ihr eine beständig lauernde Protention oder Vorerwartung. Dies hat zur Folge, daß sie keine Ruhe und Geduld mehr hat zur *Präsentation.* Da die Vorerwartung fortwährend in ihr lauert, kann sie nicht mehr ruhig *anschauen.* Das Vorherrschen von Protention und Retention (Mneme) verändert die Präsentation oder Perzeption zur *feindlichen Grimasse.* M.a.W.: Die Präsentation ist schon stark ersetzt durch mnemetische und imaginative Momente. Und zwar handelt es sich hier keineswegs um Willkür, sondern um eine veränderte Regel!

Zum Schluß wollen wir aber noch einmal auf das *Sense-Beispiel* zurückkommen. Jaspers und viele andere würden sagen, die Sense würde hier völlig wie eine gewöhnliche Sense, ein landwirtschaftliches Gerät also, angeschaut oder sogar wahrgenommen, das Wahnhafte liege einzig und allein in dem Bedeutungswandel, im Sinn, wie Suzanne Urban selber sagt. Wer unsere Ausführungen genau verfolgt hat, wird aber ohne weiteres verstehen, daß wir das Wahnhafte an dieser Auffassung der Sense als Marterinstrument schon im unmittelbaren Vernehmen sehen müssen, d. h. daran, daß sich die Sense schon *im Anschauen* als Marterinstrument (und nicht als harmloses landwirtschaftliches Gerät) *zeigt* und daß dieses *Sichzeigen* als sinnliches Vorstellungsbild (Kant) vom unmittelbaren Vernehmen bis zu ihrem Sinn oder ihrer Bedeutung durchhält.

Wollte man übrigens einwenden, die Sense empfinge ihren Sinn von einer allgemein verbreiteten volkstümlichen Auffassung oder Bildvorstellung, vom Tode als „Sensemann" oder vom „Schnitter Tod", so würden wir darauf hinweisen, erstens, daß es sich hier nicht um Tod, sondern um Marterung handelt, zweitens, daß uns bei allen anderen Marterungsformen wie dem Übergießen mit heißem Eisen und Pech, dem Verabreichen von Brot mit Würmern, dem Liegen im Kot, dem Auspicken der Augen, usw. durchaus kein solches volkstümliches „Bild" zur Verfügung steht.

Im Übrigen eignet sich das Sense-Beispiel ausgezeichnet zur Demonstration nicht nur eines Wechsels von einem Eidosbereich (Mähinstrument) in einen anderen (Marterinstrument), sondern auch dafür, daß ein solcher Wechsel mit einem Wechsel des *Wofür*, des Telos, wie Aristoteles sagte, einhergeht. Dem Gesunden steht für das Wofür der Marterung, Verwundung oder Verletzung eine ganze Fülle von Möglichkeiten zur Verfügung wie Schwert, Dolch, Messer usw., der Wahnkranke erfaßt zwar noch das Wofür als solches (Schneiden), rückt es aber aus einem Eidosbereich (Mähen), zu dem es als Wofür gehört, in einen anderen, der nicht mehr zum Sensebereich gehören sollte, er verwendet das Wofür also nicht mehr unter dem eigenen Eidosbereich.

Es muß nun ohne weiteres klar sein, daß Suzanne Urban aus einem solchen, schon das unmittelbare Vernehmen oder Anschauen beherrschenden „Registrierschema" nicht mehr herauszufinden vermag. Wenn wir sagen, daß die Erfahrung in einem solchen („geschlossenen") Schema *erstarrt*, so heißt das, daß hier keine Rede mehr ist von *„offener"* oder *Horizont*-Intentionalität und somit von *Evidenz*. (Vgl. meine wiederholt zitierte Einführung in das Münsterlinger Symposion).

c) Die temporalen Verschiedenheiten zwischen dem Verleumdungswahn a) und dem Beeinträchtigungs- und Verfolgungswahn b). Die phänomenologische Interpretation der temporalen Eigentümlichkeiten der beiden Wahnformen zeigte uns bei a) ein Absinken des Transzendierens auf ein bloßes Registrierschema im Sinne einer zeitlosen – besser zeitigungslosen – *Repräsentation* (Aisthesis), eines nur ein einziges Thema (Marterung der Familie) darstellenden Bildschirms! Von einem eigentlichen *Zeitfluß* war hier keine Rede mehr, infolgedessen auch nicht mehr von Erfahrung, von *offener* Intentionalität und von *Evidenz*. Anstelle der nur auf dem Boden einer offenen, d. h. Horizonte freigebenden, intentionalen Erfahrung und somit der Möglichkeit einer eigentlichen Evidenz, trat eine „geschlossene", d. h. auf ein einziges Thema hin erstarrte und infolgedessen nur um so eindrücklichere (Wahn-) Evidenz. Die Erstarrung und Beziehungslosigkeit der Erfahrung und die Erstarrung des Zeitflusses im Sinne der Fixierung auf eine einzige Zeitform, die Präsentation (Aisthesis), ohne Zeichen von Vorerwartung und Behalten (Mneme) war hier der einzige Hinweis auf einen „Rest" von Transzendierenkönnen.

Ganz anders der Verfolgungswahn. Hier kommt zu unserem Erstaunen die Zeit „wieder in Fluß", insofern hier wieder von einer Vorerwartung („Phantasie"), Behalten (Mneme) die Rede ist, wenn auch durchaus auf der Basis des Verleumdungswahns und gerade *ohne* diejenige Zeitform, die das temporale Kennzeichen desselben war, nämlich die Präsentation und Repräsentation.

In früheren Zeiten hätte man sich den Beeinträchtigungs- und Verfolgungswahn etwa logisch *erklärt*, und zwar im Sinne einer Art Erklärungswahn: Da ich eine furchtbare Verbrecherin bin, verdiene ich auch, von allen als solche angesehen und beurteilt zu werden. Damit wäre aber keineswegs „erklärt", wieso alle von ihren Verbrechen und ihrer Strafwürdigkeit

wissen und auf sie „anspielen". Die Phänomenologie hat aber weder mit
Logik noch mit Erklären etwas zu tun. Das Problem, das sie angeht, ist ein
rein *konstitutionelles*, die Erhellung der Frage nämlich nach der Möglichkeit eines Wiedererwachens eines neuen, wenn auch wiederum „wahnhaften" Zeit*flusses* auf dem Boden eines völligen wahnhaften Zeitstillstandes,
anders ausgedrückt nach der Möglichkeit des Werdens einer Zeitkonstitution, die jetzt eine Gespanntheit nach Nachher (Vorerwartung) und Vorher
(Behalten) aufweist, aus einer Zeitkonstitution, die nur ein Jetzt ohne jene
Gespanntheit zeigt, m.a.W. in reiner Aisthesis („Bildschirm") erstarrt.

Es fragt sich nun, ob wir den Übergang von a) zu b) als einen konstitutionellen Fortschritt oder einen ebensolchen Rückschritt betrachten sollen,
eine Frage also, die das Transzendieren betrifft. In a) war das Transzendieren reduziert auf das bloße Registrieren nach einem monotonen geschlossenen Bildschema, in b) – und das bedeutete, vom Transzendieren aus gesehen, trotz Wiedererwachen der Ansätze eines gewissen Zeitflusses, einen
ausgesprochenen Rückschritt –, in b) also war immer noch der Bildschirm,
das „Jetzt" oder die Präsentatio, das „maßgebende" Registrierungsssche-
ma, derart maßgebend, daß es im Zeitfluß von b) völlig „ausfallen" konnte
und Mneme und „Phantasie" als die alleinigen Zeitformen in Erscheinung
treten konnten. Damit trat anstelle des rein präsenten Marterungsbildschir-
mes und des Registrierens rein nach diesem Schema, das von Mneme und
Phantasie zugleich geprägte *Grimassenschema* und das bloße Registrieren
nach diesem Schema. Das Transzendieren im Sinne des Marterungssche-
mas ist ein Schema halluzinatorisch-wahnhafter Aisthesis, das wahnhafte
Grimassenschema ist ein auf demselben erwachsenes, „rein wahnhaftes"
mnemetisch-imaginatives Schema, dem das Marterungsschema, der Bildschirm Aisthesis, aber weiterhin zugrunde liegt. Zugrunde liegt hier aber
auch das Ego im Sinne der Anastrophé, während im Aisthesis-Schema, im
Bildschirm das alter ego, die Anderen, im Vordergrund stehen. Aber beidemal handelt es sich um reine Rezeptivität und ein auf die Rezeptivität
beschränktes Transzendieren, im Sinne des bloßen Registrierens.

Die Frage nach einem zeit-konstitutionellen Fortschritt oder Rückschritt
von a) zu b) müssen wir also auf dem Boden der Rezeptivität beantworten, und hier kann die Antwort nur lauten: Rückschritt; denn jetzt (in b)
versagt oder erstarrt das Transzendieren nicht nur im Hinblick auf eine
Teilansicht der Welt (Marterung der Familie), sondern im Hinblick auf die
ganze Welt im Sinne *aller* Anderen, ihrer Appräsentation und aller ihrer
Machenschaften („Dekorationen"), und[P] vor allem auch im Rückblick auf
das ego; aus dessen Defizienz, seinem Mangel an eigenem „Sinn" und eigener
„Bewährung" fließt auch die Defizienz der Appräsentation, ihre Erscheinung
als Grimasse und weiterhin die Grimassenhaftigkeit der Welt überhaupt.

Daß die Zeitigung nur in beiden Wahnformen zugleich sich auch als *Zeitfluß* konstituiert, bleibt ein Problem für sich innerhalb der Phänomenologie des Wahns, das noch viel weitere Untersuchungen erfordert und uns eindringlich vor Augen führt, wie sehr wir mit dieser Forschungsweise noch am Anfang stehen.

Zum Fall August Strindberg (1849-1912)

1. Psychopathologischer Befund

Dieser Fall ist derart vielgestaltig, daß derjenige, dem es nicht möglich ist, das schier unübersehbare, tieferschütternde œuvre des Autors selbst an sich vorbeiziehen zu lassen, auf Jaspers' bekannte Pathographie (Strindberg und van Gogh, Versuch einer pathographischen Analyse unter vergleichender Analyse von Swedenborg und Hölderlin, Bircher-Verlag, Bern 1922) verwiesen sei; obwohl diese Schrift 42 Jahre zurückliegt und in der Hauptsache in die Begriffe schizophrener Prozeß, schizophrener Verlauf und schizophrenes Symptom eingespannt ist, ist ihre Lektüre auch heute noch sehr zu empfehlen, besonders auf Grund der Dokumentation aus Strindbergs eigenen lebensgeschichtlichen Werken und Briefen sowie aus Briefen und mündlichen Äußerungen oder Beobachtungen von Freunden und Bekannten. Wer sich in letzterer Hinsicht außerdem ein Bild von Strindberg machen will, sei auf das im Schünemann-Verlag, Bremen, nach den Vorbildern des Schweden Ahlström im Jahre 1959 erschienene Werk „Strindberg im Zeugnis der Zeitgenossen" hingewiesen.

Wenn wir auch seit Jaspers' Pathographie Strindbergs in der Verwendung des Begriffes des schizophrenen Prozesses zurückhaltender geworden sind, zumal wir heute, nach 42 Jahren, auch nicht mehr wissen über die Natur des schizophrenen Prozesses als damals, so erscheint die Schrift von Jaspers doch weiterhin so wertvoll auf Grund der äußersten Akribie, mit der der Symptombereich und -wechsel (Eifersuchtswahn, Verfolgungswahn, Endzustand), die charakterologische Anlage und ihre wechselnden Erscheinungen, der klinische Verlauf, das (im Sinne von Jaspers „phänomenologische") Inventar des „Gegenstandsbewußtseins", die Sinnestäuschungen, „leibhaftigen Bewußtheiten", Wahnideen, geschildert werden, ferner die Stellung zur Krankheit, zur Wissenschaft, die Entwicklung der Weltanschauung, der Antifeminismus, die Beziehung der Krankheit zu den Werken, die Chronologie des Lebens und der Werke, der Vergleich Strindbergs mit anderen Schizophrenen von geistigem Rang (Swedenborg, Hölderlin, van Gogh), die Beziehung von Schizophrenie und Werk, die Geistigkeit Schizophrener überhaupt usw.

Dieser großen Leistung gegenüber ist unsere Aufgabe eine andersartige und begrenztere. Sie will keine Pathographie des Falles August Strindberg in seinem ganzen Umfang sein, sondern nur eine im Husserlschen Sinne phänomenologische Analyse eines, wenn auch zentralen Teilgebietes desselben, seines Beziehungs-, Beeinträchtigungs- und Verfolgungswahns, wie er uns in den bisherigen Fällen noch nicht begegnet ist und wie er sich insbesondere in den lebensgeschichtlichen Werken *Inferno* über die Zeit von 1894-1897 (geschrieben 1897f) und *Legenden* über die Zeit von 1897-1898 (geschrieben 1898), alles samt dem II. Teil der Legenden („Jakob ringt"), vereinigt in einem Band (München-Berlin 1917) findet. Dazu kommt eine Nachschrift (S. 425f.) und ein „Mysterium" als Vorspiel, betitelt „Coram populo"! De creatione et sententia Vera Mundi. - Die beiden Höhepunkte der Krankheit fallen auch für uns in die Jahre 1887 und 1898.

Die erste Ehe dauerte von 1877-1892, die zweite von 1893-1895, die dritte von 1901-1904, alle endigten mit Scheidung. Über die zweite Ehe mit der Österreicherin Frieda Uhl, die in die von uns besonders berücksichtigte „Inferno-Krise" fällt, liegt als erwünschter Bericht von der „Gegenseite" in englischer Übersetzung das Buch *„Marriage with Genius"* vor (1937; ed. by Frederik White, London-Toronto 1940). Ein vierter Eheantrag fällt in das Jahr 1909, und zwar wie bei der dritten Verlobung an eine junge Schauspielerin, Fanny Falkner; diesmal wurde er aber glücklicherweise nach 5 Tagen abgelehnt (vgl. Strindberg im Zeugnis der Zeitgenossen S. 263-64). Auch über die dritte Ehe Strindbergs, über die Jaspers noch nichts in Erfahrung bringen konnte, erfahren wir in dem erwähnten „Zeugnis" einiges (S. 382, 289-298). Neuerdings gibt das von Torsten Eklund, Hamburg 1964, in deutscher Übersetzung herausgegebene „Okkulte Tagebuch" Strindbergs u. d. T. „Die Ehe mit Harriet Bosse" weitere, sehr willkommene Auskunft über diese, die allerkrassesten Peripetien durchmachende, für Strindberg höchst charakteristische „Ehe".

Schon hier fällt uns der extreme Gegensatz von Rücksichtslosigkeit, Mißtrauen, Haß, Rachsucht, Verleumdungssucht, Roheit, Brutalität, Mangel an Ritterlichkeit einerseits, mimosenhafter Empfindlichkeit, Liebenswürdigkeit, Rücksichtnahme, „wunderbar zartfühlender Umsicht", „Güte eines groben Herzens", „Mitgefühl mit allen Leidenden" (Bezeugungen der ältesten Tochter aus erster Ehe) auf. Diese Gegensätzlichkeit manifestiert sich in Blick, Mimik, Gestik und dem gesamten Verhalten. Was seine Geistigkeit betrifft, so schließen wir uns denjenigen an, die als Naturwissenschaftler in Strindberg einen blutigen Dilettanten sehen und sich, wie Per Halström, so aussprechen: Strindberg „ist ein erstaunlich umfassender, wenn auch nicht besonders tiefer Geist, und hat eine unglaublich frische und abenteuerliche Phantasie" (Über einen Besuch im Jahre 1902, „Zeugnis", S. 299).

Was Strindbergs *Kindheit* betrifft, so finden wir in seinen lebensgeschichtlichen Werken vereinzelte Hinweise darauf, daß er ein sehr sensibles,
leicht verletzliches, in sich zurückgezogenes Kind war. Bei der Abreise eines
seiner Brüder konnte er die längste Zeit bitterlich weinen. Interessant ist,
was Schleich („Zeugnis", S. 212) über seine Kindheit schreibt, nämlich, daß
„ein tiefes, eingewurzeltes Mißtrauen gegen beinahe alles und jeden ...
von Natur und Jugend an in ihm am Werke war, und das wohl nicht anders
erklärt werden kann als durch die Tragödie einer Jugend, die, ob eingebildet oder wirklich, die tiefsten Schatten auf das Gemüt eines gewiß genialen
Kindes geworfen hat". Ob der *Vater*, was ja naheliegend wäre, angesichts
der überragenden Bedeutung des „Unsichtbaren", eine ausschlaggebende
Rolle gespielt hat, ist nicht nachweisbar.

In seiner Pathographie über Strindberg bemerkt Jaspers in dem Abschnitt über „Die Entwicklung der Weltanschauung" auf S. 61, das Charakteristische bei ihm sei, „daß er eine Menge sehr anschaulicher, sehr rationaler Vorstellungen vom Jenseits, handgreifliche religiöse Weltbilder liefert,
ohne allerdings an ihnen, besonders an den Einzelheiten, irgendwie ständig
festzuhalten. Seine massenhaften Erlebnisinhalte, welche ihm durch den
schizophrenen Prozeß (Ref.!) zugeflossen sind, dienen zur Ausbildung der
metaphysischen, religiösen, mythischen Vorstellungen (wie man sie nun nennen mag), die den theosophischen zum großen Teil verwandt sind. Er hat
sie wohl durch die Lektüre Swedenborgs und die ihn nunmehr interessieren-
de theosophische Tradition ausgebildet, aber doch im Kern aus eigenster
Erfahrung entnommen. Er widerstrebt dem bloßen rationalen Konstruie-
ren, ihm widerstrebt auch, wie er einmal ausdrücklich sagt, die Theosophie
(Inferno S. 85). Jedoch ist er voll von ihr, soweit ihn seine eigene originale
Erfahrung, nämlich die schizophrene, dazu zwingt. Diese Erlebnisse sind
in dem Wechsel der weltanschaulichen Erscheinungen neben der ganz allgemeinen und ursprünglichen philosophischen Richtung auf Welterkenntnis
das Konstante. *Seine Skepsis bleibt ihm immer*, auch nach der Krise. Er
stellt faktisch immer wieder fast alles in Frage außer seinen leibhaftigen
Erlebnissen, die nur verschieden gedeutet, nicht als krank oder nichtig beurteilt werden." – Was in seiner religiösen Krise ziemlich gleichbleibend sei,
sei nicht eine neue festgehaltene Gesinnung oder ein sich gleichbleibendes
oder entwickelndes weltanschauliches Gebäude. Ziemlich gleichbleibend sei
nur etwa die Gegenüberstellung von Diesseits und Jenseits, das Dasein von
Dämonen, Geistern, unmittelbar eingreifenden Kräften und Mächten, dann
auch der Gedanke von gegebenen Zeichen, von Erziehung und Züchtigung
durch diese Mächte. Und er erwähnt auf derselben Seite aus Legenden II
(„Jakob ringt") 1898, (Inferno, Legenden, S. 423) gerade den uns interessie-
renden Passus: *„Eins scheint mir sicher zu sein unter all meinem Schwanken, und das ist, daß ein Unsichtbarer Hand an meine Erziehung gelegt*

hat. "[21] Zu unserem Erstaunen unterläßt Jaspers aber die Fortsetzung, die unser größtes Interesse erregt und die lautet: *„denn es ist nicht die Logik der Begebenheiten, die hier spielt"*.

Daß es sich hier nicht um einen momentanen Wahneinfall, sondern um eine langdauernde Wahnidee handelt, zeigt die ebenfalls bereits erwähnte, von Jaspers aber, soweit ich sehe, wiederum nicht erwähnte fast wörtliche Wiederholung desselben Satzes später (1902) in „Entzweit/Einsam" (S. 85): *„Das geht nicht mit rechten Dingen zu; das ist nicht natürlich; noch die Logik der Ereignisse. Das ist sicher etwas anderes!"* Noch einmal, in Entzweit/Einsam, kommt ihm der „ältere Gedanke", dies könne *„nicht natürlich* zugehen, sondern eine *unsichtbare Hand* liege auf seinem *Schicksal"* (1902, S. 174).

Und das erste Mal (Inferno Legenden S. 423) fährt er fort: „Es ist nämlich nicht logisch, daß Schornsteinbrand ausbricht oder sonst nicht vorhandene Gestalten vortreten, wenn ich Absinth trinke: gewöhnliche *Schicksalslogik* wäre ja, daß ich krank würde. Logisch ist auch nicht, daß ich in der Nacht aus dem Bett genommen werde, wenn ich am Tage von einem Menschen etwas Böses gesagt habe. *Aber es verrät* sich in allen diesen Handlungen eine bewußte, denkende, *allwissende Absicht* mit gutem Endzweck, der zu gehorchen mir gleichwohl so schwer wird, hauptsächlich weil ich so schlechte Erfahrungen über Güte und Uneigennützigkeit von *Absichten* habe. Es hat sich indessen ein ganzes *Signalsystem* ausgebildet, das ich zu verstehen anfange, und *dessen Richtigkeit ich geprüft habe."* Auf dieses „Signalsystem" werden wir am Schluß (S. 160f) zurückkommen.

Das erste Kapitel des Inferno, welch letzteres geschrieben ist im Jahre 1897 in der qualvollen Zeit in Paris nach der Abreise seiner zweiten Frau, ist betitelt „In der Hand des Unsichtbaren" (S. 3ff.). Hier glaubt Strindberg in dem für *ein* Element gehaltenen Schwefel Kohlenstoff entdeckt zu haben und damit die herrschende Chemie gestürzt und die Sterblichen vergönnte Unsterblichkeit erworben zu haben. Er bedauerte nur niemanden zu haben, um für sein Gefühl seelischer Reinheit, männlicher Jungfräulichkeit und die Befreiung aus seinen „schmutzigen", nun ohne viel Worte zerrissenen Fesseln des vergangenen (zweiten) Ehelebens danken zu können. Er sei Atheist geworden, *„da die unbekannten Mächte die Welt sich selber überlassen haben, ohne ein Lebenszeichen von sich zu geben".* „Über die Fläche eines Meeres treibe ich allein dahin; den Anker habe ich gelichtet, doch ich habe keine Segel". Kurz vorher lesen wir: „Diese Qualen, die mich rasend machen, (verursacht durch seine chemischen Experimente an seinen Händen) möchte ich den *unbekannten Mächten zuschreiben,* die mich seit Jahren verfolgen und meine Anstrengungen vereiteln." „Die unbekannten Mäch-

---

[21]Hervorhebungen hier und im Folgenden von mir.

te haben mich gehindert, mein großes Werk fortzusetzen; die Hindernisse mußten durchbrochen werden, ehe ich die Krone des Siegers davontragen konnte". „Es ist" (in seiner völligen Zurückgezogenheit von den Menschen) „die feierliche und furchtbare Stille der Wüste, in der ich aus Trotz *den Unbekannten* herausfordere, um mit ihm zu ringen Leib an Leib, Seele an Seele". „Vor mir selber fühle ich mich unschuldig, halte mich für den Gegenstand einer ungerechten Verfolgung".

Zu unserem Erstaunen finden wir auf der nächsten Seite den, wenn wir recht sehen, im Inferno und auch sonst einzigen Hinweis darauf, daß der Unsichtbare *nicht im Gegensatz zur Logik der Ereignisse steht*, sondern dieselben *lenkt*: „durch die Vermittlung einer Frau um Barmherzigkeit bittend, beginne ich zu ahnen, daß es *eine unsichtbare Hand* gibt, welche die unwiderstehliche Logik der Ereignisse lenkt. Ich beuge mich unter dem Sturm, entschlossen, mich bei der ersten Gelegenheit wieder zu erheben".

Es handelt sich um eine „sündige" Frau, die ihm antipathisch war und die sich jetzt nach seinem Befinden erkundigt, sein Elend erfährt und unter Tränen das Krankenhaus (des heiligen Ludwig) als einzige Rettung bezeichnet. Als sie merkt, daß er ohne Mittel ist und ihn so gefallen sieht, wird sie von Mitleid erfaßt. Selber arm und von der Sorge ums tägliche Leben bedrückt, will sie in der skandinavischen Kolonie (in Paris) Mittel sammeln und zum Geistlichen der Gemeinde (dem späteren schwedischen Erzbischof Söderblom) gehen.

Daß der Kranke bei der unerwarteten Rettung aus so bedrückender, ja verzweifelter Lage glaubt, daß eine *unsichtbare Hand* die Logik der Ereignisse lenkt, ist noch bis zu einem gewissen Grade verständlich. Erst am Schlusse der Legenden finden wir die Behauptung vom *Gegensatz* zwischen dem Unsichtbaren und der Logik der Ereignisse.

(Im Spital fordert ihn ein Apotheker auf, in seinem Laboratorium zu arbeiten, nachdem er ihm seine Lehre von der „Zusammensetzung der einfachen Körper" dargelegt.)

An seinem Geburtstag von einem Ausgang ins Krankenhaus zurückgekehrt, findet er einen von neuer Liebe erfüllten Brief seiner (zweiten) Frau: „Das Glück, trotz allem geliebt zu sein, erzeugt in mir das Bedürfnis zu danken. Aber wem? Dem *Unbekannten*, der sich so viele Jahre verborgen hatte?". Diesem Brief folgt nach seinem „Erfolg" ein Brief seiner Frau „von eisiger Kälte": „Mein Erfolg hat sie verletzt". (Folgen weitere „Beweise" durch einen Chemiker, dem er sein Pulver zur Untersuchung vorlegt, daß reiner Schwefel Kohle enthält; darauf überschäumender Stolz, er will seinen „Sieg vor dem Institut brüllen, die Universität niederreißen ...". Er schreibt einen Aufsatz über seine Entdeckung an den Temps, der nach zwei Tagen erscheint.

Eines Abends geht er vom Spital aus in dem düsteren Viertel spazieren, findet in den Straßennamen überall Beziehungen auf sich selbst, liest sie dann nicht mehr und geht irre: „Verdächtige Gestalten streifen an mir vorbei und lassen grobe Worte fallen ... Ich habe *Furcht vor dem Unbekannten*; wende mich nach rechts, dann nach links und gerate in eine schmutzige Sackgasse, wo Unrat, Laster und Verbrechen zu hausen scheinen. Dirnen versperren mir den Weg, Straßenjungen lachen mich aus ...“ „Wer legt mir diesen *Hinterhalt*, sobald ich mich von Welt und Menschen trenne? Irgendjemand hat mich in diese *Falle* gehen lassen! Wo ist er? Daß ich mit ihm kämpfe! ...“. „Wenn ich über mein *Schicksal* nachdenke, erkenne ich wieder die *unsichtbare Hand*, die mich *straft* und mich *auf ein Ziel hintreibt*, das ich noch nicht ahne. Sie gibt mir den Ruhm, während sie mir zugleich die Ehren der Welt verweigert; sie demütigt mich, indem sie mich erhöht; sie erniedrigt mich, um mich zu erheben. Wieder kommt mir der Gedanke, die Vorsehung habe mich zu einer *Mission* bestimmt, und dies sei der Anfang meiner Erziehung“.

Hier ist es, wo uns zum ersten Mal das Wort *Erziehung* begegnet: Strafe und Hingetriebenwerden auf ein ungeahntes Ziel, Verleihung des Ruhms, Verweigerung der Ehren der Welt, Demütigung durch Erhöhung, Erniedrigung, um zu erheben, Bestimmung einer *Mission* durch die Vorsehung als Anfang seiner *Erziehung*.

Hier wie im Folgenden befinden wir uns auf dem Gebiete einer ausgesprochenen, durchaus zur Wahnlogik gehörenden *Wahndialektik*. Hören wir weiter: „Nachdem ich entdeckt habe, daß die unsichtbare Hand meine Schritte auf dem holperigen Wege lenkt, fühle ich mich *nicht mehr einsam*, und ich beobachte mich streng in Handlungen und Worten, wenn es mir auch nicht immer gelingt. Sobald ich aber gesündigt habe, ertappt mich jemand auf frischer Tat, und die Strafe stellt sich mit einer *Pünktlichkeit* und einer *Spitzfindigkeit* ein, die keinen Zweifel lassen, daß hier eine *Macht eingreift*, die *verbessern* will. Der Unbekannte ist mir eine *persönliche Bekanntschaft* geworden, ich *spreche* zu ihm, ich *danke* ihm, ich *frage ihn um Rat*. Manchmal stelle ich mir ihn als meinen Diener vor, dem Daimon des Sokrates ähnlich, und das Bewußtsein, durch den Unbekannten *unterstützt* zu werden, gibt mir eine Energie und eine Sicherheit, daß ich eine Kraft zeige, die ich mir nie zugetraut hätte“ (S. 20).

Daß die unsichtbare Hand oder Macht allmählich eine *persönliche Bekanntschaft* wird, mit der man spricht usw., ist für die phänomenologische Untersuchung wichtig.

„Vom Atheismus bin ich in den *vollständigen Aberglauben* gefallen“ (S. 23).

Seine (chemische) Broschüre ist („zum doppelten Preis“) gedruckt, er muß alles, was er besitzt, aufs Leihamt tragen, ist aber zum erstenmal in

seinem Leben sicher, „etwas Neues, Großes und Schönes gesagt zu haben".
„Trotzig gegen die feindlichen Mächte" denkt er: „Hörst du, Sphinx, ich
habe dein Rätsel gelöst, und ich fordere dich heraus" (S. 38).

Nachdem ihn auf einer Kalkschrift die verschlungenen Buchstaben F
und S die Initialen des Namens seiner Frau denken ließen und ihm sagten,
daß sie ihn immer noch liebe, erscheinen ihm in der nächsten Sekunde die
chemischen Zeichen des Eisens und Schwefels Fe und S, „die sich trennen
und meinen Augen das Geheimnis des Goldes zeigen". Dabei hat er den
Eindruck, *„etwas Wunderbares* erlebt zu haben".

Eine angebliche Namensverwechslung auf einem Briefe zeigt ihm: „Jetzt
mischt sich *der Teufel* ein", ein Brief vom Bureau für chemische Analyse
zeigt ihm: „Man spioniert nach meiner *Goldsynthese*" (S. 46).

Eine zufällige zeitliche Koinzidenz zweier Begebenheiten, ihn und seine
Kinder aus erster Ehe betreffend, zeigt ihm: „Leichtfertig hatte ich mit
den *geheimen Kräften* gespielt, und der *schlimme Wille* hatte seinen Weg
gemacht, um aber, von der unsichtbaren Hand geleitet, mich selber in die
Brust zu treffen" (S. 54).

Balzacs „Seraphita" wird sein Evangelium und bringt ihn wieder in so
nahe Verbindung mit dem *Jenseits*, daß das Leben ihn „anekelt": „Kein
Zweifel, ich werde *für ein höheres Dasein vorbereitet!*". „Dieser *Hochmut*,
den die *vertrauliche Stellung zu den Mächten* hervorruft, wächst immer
dann, wenn meine wissenschaftlichen Untersuchungen gut fortschreiten. So
gelingt es mir, Gold zu machen" (S. 55). Seine Freunde Orfila (der Name
seines Hotels) und Swedenborg beschützen ihn: „Ich *sehe* sie *nicht*, aber ich
fühle ihre Gegenwart; sie zeigen sich nicht meinem Geist, weder durch Visionen noch durch Halluzinationen, aber *die kleinen Ereignisse des Tages*,
die ich sammle, (Wahninduktion), zeigen, daß sie in die Wechselfälle meines
Daseins *eingreifen*". „Der böse Wille der Mächte" unterbricht die Vollen-
dung seines (chemischen) Versuchs: „Ich wiederhole, von Visionen wurde ich
niemals heimgesucht, wohl aber erschienen mir *wirkliche Gegenstände unter menschlichen Formen* und hatten eine Wirkung, die oft großartig war.
So fand ich mein Kopfkissen, das durch den Mittagsschlaf aus der Form
gekommen war, wie ein Marmorkopf im Stil des Michelangelo modelliert"
(S. 56f.).

Er findet eine Übereinstimmung zwischen dem Lose Hiobs und des Propheten Jeremias und dem seinen (S. 62). Ein früherer Freund und Schüler
(Przybyszewski im Original Popoffski) ist von Berlin nach Paris gekommen,
um ihn zu töten, „wie er mich in Berlin getötet hat". Und warum? Er verfolgt ihn dauernd mit dem ‚Aufschwung' von Schumann. In einer Crémerie
„zerkratzen" ihm „feindliche *Blicke* das Gesicht". Er dankt den *Mächten*,
daß sie ihn *gewarnt* hatten, so überzeugt war er, „einer *unbekannten Gefahr
entronnen* zu sein". Er spricht von seinem „*hellseherischen Aberglauben*".

Er wird *verfolgt*, „und die Mächte wollten mich gegen die Gefahr sichern". „Zu welchem Unbekannten nahm meine ruchlose Anrufung ihren Flug? Ich wüßte es nicht zu sagen; aber der Verlauf dieses Abenteuers wird wenigstens zeigen, daß der Wunsch erfüllt wurde." (S. 67). „Ich verlasse das Café, überzeugt, daß der böse Geist mich *behext* hat" (S. 71). „Der Haß des gefangenen Russen" läßt ihn „wie unter dem Fluidum einer *Elektrisiermaschine* leiden" (S. 78).

„Da, als meine seelischen Qualen den höchsten Grad erreichen, entdecke ich einige Stiefmütterchen, die auf einer schmalen Rabatte blühen. Sie schütteln die Köpfchen, als wollten sie mir eine Gefahr anzeigen, und eines von ihnen, mit einem Kindergesicht mit großen tiefen, leuchtenden Augen, gibt mir ein Zeichen: – Geh fort!" (S. 81).

Auf S. 82 spricht Strindberg von der „Ungnade der Vorsehung" und daß er *„durch die Hand des Unsichtbaren zu Boden geschlagen"* sei. Er habe sich eingebildet, „das Rätsel der Sphinx gelöst zu haben. Ein Nacheiferer des Orpheus hielt ich es für meine Aufgabe, die *Natur*, die unter den Händen der Gelehrten gestorben war, wieder zu *beleben*".

Von S. 82 an spricht er von dem Briefwechsel mit einem „geheimnisvollen Freund", den er *„eher als eine Idee denn als eine Person* betrachtete: er war für mich ein *Bote der Vorsehung*, ein Paraklet". Derselbe war Theosoph, wohl auch Okkultist, und an Frau Blawatsky interessiert. Er predigte Karma, „Ich dagegen sah in den *Mächten* eine oder mehrere konkrete, lebendige, individualisierte *Personen*, die den Lauf der Welt und die Bahnen der Menschen bewußt lenken; hypostatisch, wie die Theologen sagen.

Die zweite Meinungsverschiedenheit bezog sich auf die Verleugnung und Abtötung des *Ichs*, die mir als eine Torheit erschien und noch erscheint. Alles, was ich weiß, wenn es auch noch so wenig ist, kommt vom *Ich als dem Mittelpunkt* her. Die *Kultur*, nicht der *Kultus*, dieses Ichs erweist sich also als der höchste und letzte *Zweck des Daseins*. Meine bestimmte und beständige Antwort auf seine Einwendungen lautete also: *die Abtötung des Ichs ist Selbstmord"*.

Die zum zweiten Male (vgl. S. 124) erfolgte Identifizierung von *Mächten* und individuellen *Personen* ist für das phänomenologische Verständnis nicht nur dieses Falles, sondern auch der Fälle Aline, Suzanne Urban und Lola Voß von größter Bedeutung, sprechen doch auch diese sowohl von Verfolgern oder Verschwörungen von Mit*menschen* als von unbekannten (teuflischen) *Mächten* oder von einer unbekannten anonymen schrecklichen Stimme. Was den *Menschen* als konkrete, individualisierte Person und unsichtbare oder unbekannte, unpersönliche *Macht* verbindet, ist, wie wir am Schlusse der Legenden (S. 423) sehen werden, *die Absicht*, „eine bewußte, denkende, allwissende Absicht".

Da wir noch keine Phänomenologie der Absicht besitzen, handelt es sich gerade hier um eine besonders schwierige Aufgabe.

Zur Kennzeichnung des Unsichtbaren und Unbekannten als individueller Person diene noch folgende Stelle: „Der Unbekannte spricht niemals; er scheint sich hinter der Wand, die uns trennt, mit schreiben zu beschäftigen. Seltsam ist jedenfalls, daß er seinen Stuhl zurückschiebt, wenn ich meinen bewege; daß er meine Bewegungen wiederholt, als wolle er mich durch seine Nachahmung necken" (S. 89).

Zum erstenmal zweifelt er an seinen wissenschaftlichen Untersuchungen: „Wenn es eine Torheit ist, ach! dann habe ich das Glück meines Lebens und das meiner Frau und meiner Kinder für ein Hirngespinst geopfert!" Aber es ist der *Teufel*, der ihn mit diesem niederschmetternden Zweifel versucht, „der *Lichtbringer* hat mich auf den rechten Weg geführt, nach der Insel der Seligen" (S. 91).

Dann hören wir, daß eine *„ungewohnte Schwere"* seinen Geist bedrückt, „ein *magnetisches Fluidum* scheint von der Wand auszuströmen, der Schlaf übermannt meine Glieder". Er steht trotzdem auf, um auszugehen, hört im Korridor Stimmen, „die in dem Zimmer neben meinem Tisch flüstern. Warum flüstern sie? In der *Absicht*, sich vor mir versteckt zu halten." Im Luxemburggarten fühlt er sich „wie gelähmt". Der erste Gedanke, der ihm kommt, ist: „Ich bin vergiftet! (und zwar durch seinen Freund - Feind Popoffsky, der nach Paris gekommen sei). In einer schlaflosen Nacht im Hotel ist er „das Opfer eines *elektrischen Stroms*, der zwischen den beiden benachbarten Zimmern läuft ... Man tötet mich! Ich will mich nicht töten lassen!" Er steht auf und erbittet vom Pensionsvorsteher ein anderes Zimmer für die Nacht, das aber unglücklicherweise unter dem seines „Feindes" liegt.

Er flieht aus dem Hotel in den Jardin des Plantes. „Die Ruhe, die nach meiner Flucht eingetreten ist, beweist mir, daß mich keine *Krankheit* befallen, sondern daß mich *Feinde verfolgt haben*" (S. 95). Aber der Friede dauert nicht lange. Sobald er an sein Hotel (Orfila) geschrieben hat, um nach seiner Post zu fragen, beginnen die *Intrigen* sofort von neuem. Er wittert Vorbereitungen zu einer *Höllenmaschine*, fühlt sich zum Tode verurteilt. Die „Intrige" ist aber „nicht von Menschenhänden eingefädelt", sondern von „einer anderen stärkeren Hand in Bewegung gesetzt". Dann erwägt er die Möglichkeit, es sei keine Intrige gewesen, und „so hätte ich selber durch meine *Einbildung* diese *Zuchtgeister* geschaffen, um mich zu strafen" (S. 97). „Als ich den Garten des Hotels wieder betrete, wittere ich die Gegenwart eines Menschen, der, während ich fort war, gekommen ist. *Ich sehe ihn nicht, aber ich fühle ihn!"* (S. 98f.).

Er bemerkt eine Gesellschaft neu angekommener Gäste, die Champagner trinken: „Aber es ist keine Lustpartie, denn sie sehen alle ernst aus, diskutieren, machen Pläne, sprechen mit leiser Stimme wie *Verschwörer*. Um meine Marter vollständig zu machen, drehen sie sich auf ihren Stühlen um und zeigen mit den Fingern nach meinem Zimmer" (S. 100).

Nachts 10 Uhr. Er war eingeschlafen, „resigniert wie ein Sterbender". „Ich erwache; eine Uhr schlägt zwei, eine Tür wird zugemacht, und ... ich bin aus dem Bett, wie *gehoben* durch eine *Saugpumpe*, die mir das Herz *aussaugt*. Als ich auf den Füßen bin, trifft eine *elektrische Dusche* meinen Nacken und drückt mich zu Boden" (S. 101).

Er ist überzeugt, es sei *keine Krankheit*, da ihm nicht der Mut fehle, den Angreifern zu trotzen. Er zwingt sich einzuschlafen: „da aber greift mich eine neue Entladung an, gleich einem Zyklon, reißt mich aus dem Bett, und die Jagd beginnt wieder. Ich ducke mich hinter der Wand, ich lege mich unter das Gesims der Türen, vor die Kamine. Überall, überall finden mich die *Furien*. Die Seelen*angst* nimmt überhand, der *panische Schrecken* vor allem und nichts ergreift mich so, daß ich von Zimmer zu Zimmer fliehe; schließlich flüchte ich mich auf den Balkon, wo ich mich zusammenkauere" (S. 105). „Da ich den Gedanken, daß *übersinnliche Mächte* in mein Schicksal eingreifen, *noch immer zurückweise*, bilde ich mir ein, eine *Nervenkrankheit* zu haben. Darum will ich nach Schweden fahren, um einen befreundeten Arzt aufzusuchen" (S. 107).

Er wohnt bei dem Arzt, fühlt sich aber erst recht verfolgt, man „tastet nach meinem Herzen, saugt." „Ohne zu warten, springe ich aus dem Bett, öffne das Fenster und *stürze mich auf den Hof*; aber die Rosensträucher stehen dort, und mein Hemd schützt mich nicht gegen die Geißeln der Dornen. Zerrissen, blutend überschreite ich den Hof. Meine nackten Füße werden von Kieselsteinen geschunden, von Disteln zerstochen, von Nesseln verbrannt; über unbekannte Gegenstände strauchelnd, erreiche ich die Küchentür, die zur Wohnung des Arztes führt. Ich klopfe. Keine Antwort!" (S. 110). Schließlich öffnet ihm der Arzt. Nachdem er ihm zugehört: „ – Schweig, Unglücklicher! Du *leidest an einer Geisteskrankheit!* – Verflucht! Untersuche doch meinen Verstand, lies, was ich täglich schreibe und was man druckt ... – Schweig! Kein Wort zu irgendwem! Die Bücher der Irrenhäuser kennen diese elektrischen Geschichten aus dem Grunde. – Das wäre noch schöner! Ich kehre mich so wenig an Eure Irrenhausbücher, daß ich, um mir Klarheit zu verschaffen, morgen nach Lund fahren werde, um mich im dortigen Irrenhaus untersuchen zu lassen!". – Er verdächtigt auch den Arzt, fragt sich, ob ein Freund und Ehrenmann wie dieser seine ehrenvolle Laufbahn damit beschließt, daß er „der Versuchung unterliegt". Außerdem sprach der Arzt von den verhängnisvollen Folgen für die Menschheit, wenn die Herstellung des Goldes sich bestätigte. „Man müßte den Erfinder töten." Alles mache seinen guten Freund verdächtig. *„Verfolgungswahn!*

Mag sein; aber der *Künstler*, der die *Glieder dieser höllischen Syllogismen schmiedet, wo ist er?"*.

Der Doktor behandelt ihn als *Aufschneider*, obwohl er seine Artikel im Figaro gelesen und seinen Leitartikel im Gil Blas selbst übersetzt habe. „Kleinigkeiten erneuern unaufhörlich den *Argwohn*, den ich über die böswilligen Absichten des Doktors hege" (S. 111f.).

Er hört Worte, die er in seinem Tagebuch notiert hat, z. B. „Drogist Luthardt" „Drogist! *Vergiffet man mich langsam* mit Alkaloiden, die Wahnsinn hervorrufen, wie Bilsenkraut, Haschisch, Digitalin, Stechapfel?"*. Man wagt nicht, ihn zu töten, man will ihn nur „*verrückt* machen", durch List, um ihn dann „*in einem Irrenhaus verschwinden zu lassen"*. Der Doktor hat seine Goldsynthese entdeckt und ist damit weiter gekommen als er selbst (S. 116f.).

Im Anschluß an einen lieben Brief seiner Frau, mit der Einladung, sein Töchterchen zu besuchen, glaubt er, daß seine Gesundheit wieder hergestellt ist. Er schläft nachts ruhig und arbeitet am Tag. Er muß sich sagen, daß sein Doktor nicht mehr sein Freund ist, „da meine Erfolge ihm unangenehm sind" (S. 121f.).

Die Sehnsucht nach seiner Tochter unten an der Donau ergreift ihn. Er fängt wieder an zu leben, erwacht wie aus einem bösen Traum und begreift „den *wohlwollenden Willen des gestrengen Herrn*, der mich *mit harter und weiser Hand bestraft hat"*. „Jetzt begreife ich die dunkeln und erhabenen Worte Hiobs: ,*Glücklich* der Mann, *den Gott züchtigt'"*. Er weiß wohl, daß ihm eine „Büßerreise" bevorsteht und daß ihm „neue Golgathas" bestimmt sind. „Dreißig Tage der Marter, dann öffnen sich die Türen der Folterkammer. Ich scheide ohne Bitterkeit von meinem *Freund* und meinem *Henker*. Er ist nur die Geißel der Vorsehung für mich gewesen. Glücklich der Mensch, den Gott züchtigt! ... (S. 123).

Er weiß im voraus, daß er seine (zweite) Frau im Dorf an der Donau nicht mehr finden wird. Da er auf der Fahrt das letzte Dorf und das letzte Kruzifix hinter sich gelassen, *ahnt* er „die *Todesqualen des Verurteilten"* (S. 127). Das Töchterchen, das er als Säugling von sechs Wochen zurückgelassen, ist jetzt ein Mädchen von zweieinhalb Jahren. „Bei der ersten Begegnung prüft sie mich bis auf den Grund der Seele, mit einer ernsten, aber nicht strengen Miene, deutlich um zu sehen, ob ich ihretwegen oder um ihre Mutter gekommen sei. Nachdem sie sich vergewissert hat, läßt sie sich küssen und schlingt ihre Ärmchen um meinen Hals.

Das ist Fausts Erwachen zum irdischen Leben, aber lieblicher und reiner: ich nehme die Kleine immer wieder in meine Arme und fühle ihr Herzchen gegen meines schlagen. Ein Kind lieben, heißt für den Mann zum Weibe werden, das Männliche ablegen, die geschlechtslose Liebe der Himmlischen empfinden, wie Swedenborg sie nennt. Dadurch beginnt meine Erziehung

für den Himmel. Aber zuerst die Sühne" (S. 127f). Die Schwiegermutter
hat ihm aber als tief religiöse Frau „alles verziehen".

Wie er vorausgesehen, geht der Spuk in jeder Hinsicht (Verfolgungen,
teuflische Zufälle, die wie persönliche Verfolger auf ihn wirken, merkwürdige
Bewegungen aller Gegenstände im Zimmer, Aufhebung des eigenen Schwe-
regefühls u. a.) weiter. Dazwischen die Überzeugung, von den Mächten *be-
gnadigt* zu sein, da sie die zu seiner *Bestrafung* bestimmten Züchtigungen
eingestellt haben.

„Ich bin in der *Hölle*, und die *Verdammnis lastet auf mir*. Wenn ich
meine Vergangenheit untersuche, sehe ich, daß schon meine Kindheit als
Gefängnis und Folterkammer eingerichtet war (Stimmt nicht!). Und um die
Martern zu erklären, die einem *unschuldigen* Kind *auferlegt* wurden, bleibt
einem nichts anderes übrig, als ein früheres Dasein anzunehmen, aus dem
wir wieder auf die Erde geworfen sind, um die Folgen vergessener Sünden
zu sühnen". Das Bild der *Danteschen Hölle* „mit den Särgen, in denen die
Sünder rot geglüht werden ... und die sechs Ofentüren" spukt in ihm (S.
137f.).

In dem Abschnitt über Swedenborg „zermalmt" ihn der *Realismus* seiner
Schilderungen. Alles von ihm selbst Erlebte findet sich darin wieder. Durch
Swedenborg wieder aufgerichtet, bildet er sich „noch einmal" ein, Hiob zu
sein. Daß das Leben ihm, dessen Gefühle für das Weib sich seit seiner Jugend
um die Idee der Ehe, der Gattin, der Familie gedreht haben (was sicherlich
nicht zu bezweifeln ist), das Los vorbehalten hat, die Witwe eines lebenden
Mannes zu heiraten (erste Ehe), ist für ihn eine unerklärliche Ironie. – Die
streng katholische Schwiegermutter, die aus seinen Schriften „einen Geist
von hohem Streben" erkannt hat, redet ihm ein: „Sicher sühnst du die
Sünden, die vor deiner Geburt in einer andern Welt begangen sind. Du mußt
in einem früheren Leben ein großer Menschentöter gewesen sein; darum
wirst du tausend Male die Angst des Todes leiden, ohne jedoch zu sterben,
bevor die Sühne vollendet ist" (S. 142). Er solle katholisch werden, was
er aber ablehnt, da Swedenborg gegen einen „Wechsel der Religion seiner
Väter" ist. – Zu der „Einbildung", Hiob zu sein, dieser „rechtschaffene und
sittenreine Mann, der von dem Ewigen auf die Probe gestellt wird, um den
Bösen zu zeigen, wie der redliche Mensch die unbilligen Leiden ertragen
kann", zu dieser „Einbildung" fügt er hinzu, sie erfülle seinen Geist so, „daß
er sich von frommer Eitelkeit bläht". „In Summa: ich bin ein Auserwählter,
Swedenborg hat es gesagt, und des Schutzes des Ewigen sicher, fordere ich
die Dämonen heraus ..." (S. 143).

Auf der nächsten Seite erklärt er, man müsse „auch den *bösen Willen überwachen*, denn der genügt, um auf einen Menschen, *auch wenn er
abwesend ist*, einen *Einfluß* auszuüben".

Hier stellen wir wieder die wahnhafte Verbindung zweier völlig verschiedener Eidosbereiche fest, des seelischen (Wille, Absicht) und des Mechanischen (Fernwirkung), beides unterworfen der *Macht des Bösen* als der *eigentlichen* Macht im Dasein unseres Kranken. Er unterscheidet dann durchaus logisch den „Einfluß" eigener Freveltaten auf andere, wie eine zornige Erregung und Verwünschung, und den Argwohn, er könnte selber der *Gegenstand* geheimer Freveltaten anderer (nämlich der Okkultisten und Theosophen) sein. Alles vereinigt sich, um ihm die nötige Ruhe für seine Arbeit zu rauben: „Die Bretter des Fußbodens schwanken unter meinen Schritten, der Tisch steht nicht fest, der Stuhl zittert, die Toilette wackelt, das Bett knarrt, und die andern Möbel bewegen sich, wenn ich durchs Zimmer gehe.

Die Lampe raucht, das Tintenfaß ist so eng, daß der Federhalter sich beschmutzt. Es ist ein Landhaus, das Dünger, Jauche, Schwefelwasserstoffammoniak, Schwefelkohlenstoff ausdünstet. Den ganzen Tag hört man Kühe, Schweine, Kälber, Hühner, Puter, Tauben, Fliegen und Wespen stören mich am Tage, und nachts sind es die Mücken". – „Ich erwache in der Nacht davon, daß ich die Dorfkirche dreizehn Male schlagen höre. Sofort fühle ich die *elektrische Einwirkung*, und auf dem Boden über meinem Kopfe wird ein Geräusch hervorgebracht" (S. 145f.). Es gibt geheimnisvolle Beziehungen zwischen der Gegend, wo er ist, und „den Stätten, die Swedenborg als Hölle malt". Das Verhältnis zwischen ihm und der Schwiegermutter trübt sich trotz deren sichtlichem Willen, ihn zufriedenzustellen: „Die Geister der Zwietracht mengen sich ein" (S. 149). Er erkennt ihre Unschuld an und sagt sich: „es ist der Teufel". „Tatsächlich erfreut sich mein Geist des Morgens einer Harmonie und einer Expansion, die an Ekstase streift. Ich gehe nicht, ich fliege; der Körper hat alle Schwere verloren, alle Traurigkeit ist verdunstet: ich bin ganz Seele. Das ist meine Sammlung, meine Gebetstunde, mein Gottesdienst. Jetzt, da ich alles opfern, mich selbst und meine billigsten Neigungen verleugnen muß, zwingen die *Mächte* mich, auf dieses Vergnügen, das letzte und höchste von allen, zu verzichten". Sein Töchterchen, das er mit den reizendsten Ausdrücken schildert, „ist wie eine Geliebte auf meine Gedanken eifersüchtig; sie *paßt den Augenblick ab, da ihr Geplauder ein gut gesponnenes Gedankennetz zerreißen kann*" (S. 150f.). *Er muß gegen die sogenannten elektrischen Anfälle kämpfen*, die ihm die Brust zusammendrücken und ihn in den Rücken stechen. *Unbekannte Kräfte* heben ihn vom Stuhl, und er muß das Haus räumen. Das einzige Glück, das ihm geblieben, bei seinem Töchterchen zu sein, ist ihm genommen, „in dem traurigen Schweigen nehme ich in Gedanken Abschied vom Leben" (S. 159). Wiederum von schwersten Körperhalluzinationen und Fremdhalluzinationen geplagt, verläßt er „das Schlachtfeld" und weicht „in dem ungleichen Kampf gegen die *Unsichtbaren*".

Am Ende seiner Kräfte angelangt, sinkt er auf sein Lager nieder, fühlt
aber „ein *unsichtbares Gespenst* über seinen Leib gleiten". „Der Zweifel, die
Ungewißheit, das Geheimnis: das ist meine Hölle. *Möge er sich enthüllen,*
auf daß ich mit ihm kämpfe, ihm Trotz biete! Aber gerade davor hütet er
sich, um mich *mit Wahnsinn zu schlagen,* mich mit dem schlechten Gewissen, das mich überall *Feinde* suchen läßt, zu geißeln. Feinde, das sind
die, welche durch meinen bösen Willen verletzt worden sind. Und jedesmal, wenn ich einen neuen Feind aufspüre, wird mein Gewissen getroffen"
(S. 162f.). Hier stellen wir wieder die Fernwirkung des „bösen Willens" auf
andere und deren Rückwirkung auf ihn selbst fest.

Durchaus intelligent wehrt er sich gegen die „Albernheiten" der Frau
Blawatsky. – Er fühlt sich durch die Theosophen und ihre „mit unerhörten
Kräften begabten Magier" zum Tode verurteilt. Er *vergißt die Dämonen*
und richtet alle seine Gedanken auf die „unheilvollen Anschläge" seiner
„*Mörder*".

In der Nähe seines Ortes ist ein Fremder aus Zanzibar als Tourist ange-
kommen. Er zieht sofort Erkundigungen über ihn ein: „ein geheimnisvoller
Schleier umhüllt den *Unbekannten*" (S. 166). Hier zeigt sich, daß nicht nur
„der Unsichtbare" oder „Unbekannte" ihn „in den Händen hat", sondern
daß jeder *unbekannte* Einzelne als solcher, wir könnten sagen, daß jeder,
den das „Wesen der Unbekanntheit" umhüllt, Angst und Zweifel einflößt.

Er hat wieder einmal „*die ganze Nacht mit dem Unsichtbaren gekämpft*"
(S. 170). Solche Notizen sind im Hinblick auf den endlichen Friedensschluß
mit dem Unsichtbaren wichtig.

Sein Leben ist ein „*Spießrutenlaufen*" geworden. Keine Demütigung ist
ihm erspart geblieben, und doch wächst sein *Hochmut* im selben Maße, wie
sich seine Erniedrigung vertieft. Er fragt wieder im Anschluß an Hiob, was
der Ewige – denn er hat gesprochen – von ihm wolle? Vor dem Ewigen will er
sich demütigen, „aber die Knie vor Volk und Mächtigen beugen? Niemals!"
(S. 173). Er gibt zu, „von einer *geheimnisvollen Krankheit*" betroffen zu
sein. Eine an sich nicht auffallende Situation: „Erklärt mir das, Mediziner,
Psychiater, Psychologen, oder räumt ein, daß die Wissenschaft bankrott
ist!" (S. 178).

Die letzte Nacht in Dornach, dem österreichischen Heimatort seiner
zweiten Frau, verbringt er im Gasthaus, wo auch Schwiegermutter und Kind
schlafen, um ihn „gegen die Schrecken des Todes zu schützen", die er ahnt,
dank seinem „*sechsten Sinn*", „der sich unter dem Einfluß sechsmonatiger
Marter entwickelt hat" (S. 183). Er gedenkt wehmütig des Abschieds von
seiner zweiten Frau „vor zwei Jahren, zwei Ewigkeiten".

Strindberg kehrt nach Schweden zurück, in die Stadt, die er am meisten
verabscheut und zu der „die Mächte" ihn *verdammt* haben. Später nach
Lund.

Er halluziniert wieder heftig in der alten Weise; da die Anwesenden aber dasselbe Geräusch hören, ist es „keine Halluzination des Gehörs", sondern eine Intrige, nein, keine Intrige, sondern *der Teufel*. Wieder wird er „von *elektrischen Drähten* belästigt, von *Strömen angegriffen*, die mich vom Stuhl oder aus dem Bett reißen". Er bereitet sich „auf den Selbstmord vor" (S. 185).

Alles, was ihm geschehen ist, findet er bei Swedenborg wieder (den elektrischen Gürtel etc.). Alles „bildet die geistige Reinigung, die schon dem Apostel Paulus bekannt war und von ihm in den Briefen an die Korinther und an Timotheus erwähnt wird". Die Symptome Swedenborgs und seine eigenen „gleichen einander so, daß ich über die Natur meiner *Krankheit* nicht mehr im Zweifel bin". Er ist unerschütterlich überzeugt, „daß es *die Hölle gibt*, aber hier, auf der Erde, und daß ich sie eben durchgemacht habe" (S. 192). „Den Teufel als selbständige, Gott gleiche Macht, braucht es nicht zu geben." Alle Martern, die er und seinesgleichen durchmachen, zeigen nur an: „Gott verlangt nach euch!". Kurz vorher spricht er von der „einzigen und guten *Vorsehung*, die mittels einer aus den Verstorbenen zusammengesetzten ungeheuren Verwaltung herrscht" (ebd). Swedenborg hat ihn von allen seinen „Neidern" und „Feinden", auch vom Wahnsinn, befreit dadurch, daß er ihm den einzigen, zum Heil führenden Weg gezeigt hat, nämlich, „die Dämonen in ihrem Zufluchtsort, in mir selber, aufzusuchen und sie zu töten durch ... Reue" (S. 196f.).

Zu Beginn der Legenden kann er sich doch nicht dazu bringen, sich auf einmal unter die Hand der Mächte zu beugen. Durch seinen Hang zu Einwendungen bewogen, will er „immer noch die eigentliche Ursache nach außen verlegen und sie in der Bosheit der Menschen suchen". Auch hier ein deutliches Zeichen einer gewissen Krankheitseinsicht. Er wird auch jetzt noch „Tag und Nacht von elektrischen Strömen angegriffen" (S. 223). Wenn er noch länger in einem bestimmten Hotel geblieben wäre, hätte sich „die Polizei eingemischt, und eine Zukunft im Irrenhause wäre mir sicher gewesen". (Er wollte in ein fremdes Zimmer eindringen, in dem er Feinde witterte) (S. 244).

Auf S. 308 spricht Strindberg, wie auch sonst hie und da, von der „Offenbarung" oder „Arbeit" der *Unsichtbaren*. Swedenborg sei sein „Virgil geworden, der mich *durch die Hölle geleitet*, und ich folge ihm blind". Schließlich lädt der Unbekannte ihn zu einem langen Gespräch ein, in dem er ihn mit Vorwürfen überhäuft. Einmal befehle er, der Unbekannte, ein Eremitenleben, und „sobald ich mich von der Welt zurückziehe, werde ich von den *Dämonen der Verrücktheit* angegriffen" (S. 371) (wiederum partielle Krankheitseinsicht). „Ich gestehe ein, daß ich mich meiner Person schlecht angenommen habe, aber das ist infolge der Überlegenheit meines besseren Ichs geschehen, das sich aus dem unreinen Futteral erhob, in das du meine

unsterbliche Seele gesteckt hast. Schon von den Kinderjahren an habe ich
Reinheit und Tugend geliebt, ja das habe ich. Und doch hat mein Leben
sich durch Unsauberkeit und Laster geschleppt, so daß ich oft glaube, die
Sünden seien als Strafen auferlegt worden und in der Absicht, dauernden
Ekel vor dem Leben selbst zu erzeugen". Während er früher von Swedenborg sagte, er sei sein Virgil geworden, der ihn durch die Hölle geleitet,
und er folge ihm blind, heißt es jetzt (S. 374): „... glaube ich, daß Swedenborg mit seinen grauenhaften Höllen nichts anderes ist als eine Feuer- und
Wasserprobe, die man durchmachen muß; und obgleich ich in einer Dank-
barkeitsschuld, die nie bezahlt werden kann, zu diesem Propheten stehe, der
mich *vom Wahnsinn* gerettet hat, fühle ich in meinem Herzen immer wieder ein brennendes Verlangen, ihn zu verwerfen, ihm zu trotzen, als dem
Geist einer Bosheit, der darauf erpicht ist, meine Seele zu verschlingen,
um mich zu seinem Sklaven zu machen, nachdem er mich zu Verzweiflung
und Selbstmord getrieben hat. Ja, er hat sich zwischen mich und meinen
Gott geschlichen, dessen Platz er hat einnehmen wollen. Er ist es, der mich
durch die Schrecken der Nacht bezwingt, und mir *mit Wahnsinn droht*.
Und später (S. 418): „Swedenborgs Christentum habe ich verlassen, weil es
haßerfüllt, rachgierig, kleinlich, sklavisch war, aber ich behalte ‚L'imitation'
mit gewissen Vorbehalten, und eine stille Kompromißreligion ist auf diesen
unseligen Zustand gefolgt, der das Suchen nach Jesus begleitet." Bisweilen
findet er aber auch jetzt noch sehr wahre und warme Worte wie z. B.: „Die
Liebe, die Güte zeigt sich bei uns Sterblichen durch ergebene herzenswar-
me Handlungen und Worte, und ein guter Vater erzieht seine Kinder mit
Zärtlichkeit und nicht mit den raffiniertesten Grausamkeiten!" (S. 376).

Schließlich erklärt er sich „vollständig bankrott": „Des Umgangs der
Menschen beraubt, ohne zu wissen, warum; des Interesses für die Wissenschaften verlustig, die mich früher am Leben hielten durch das Große, das
darin liegt, die Rätsel zu erfahren; dem Trost der Religion entzogen, weil
sie Böses und Falsches lehrt, habe ich nur die *leere Schale eines inhaltlosen
Ichs* vor mir". „Nichts interessiert mich, nichts erfreut mich, nichts schmerzt
mich. Ich habe mehr als tausend Francs in der Tasche, aber sie sind ohne
Wert, denn ich wünsche nichts" (S. 396f.). Auch jetzt hat er wieder den
„elektrischen Gürtel" (S. 406).

Am Schluß der Legende „Und Jakob ringt" (S. 423f.) findet sich endlich
der bereits oben zitierte Passus, der uns so sehr interessiert und den wir
längst kennen: „Eins scheint mir sicher zu sein unter all meinem Schwanken,
und das ist, daß *ein Unsichtbarer Hand an meine Erziehung gelegt hat*, denn
es ist *nicht die Logik der Begebenheiten*, die hier spielt. Es ist nämlich nicht
logisch, so hörten wir bereits, daß Schornsteinbrand ausbricht oder sonst
nicht vorhandene Gestalten vortreten, wenn ich Absinth trinke; gewöhnliche *Schicksalslogik* wäre ja, daß ich krank würde. Logisch ist auch nicht,

daß ich in der Nacht aus dem Bett genommen werde, wenn ich am Tage von einem Menschen Böses gesagt habe. Aber *es verrät sich in allen diesen Handlungen eine bewußte, denkende, allwissende Absicht mit gutem Endzweck*, der zu gehorchen mir gleichwohl so schwer wird, hauptsächlich weil ich so schlechte Erfahrungen über Güte und Uneigennützigkeit von Absichten habe. Es hat sich indessen ein ganzes *Signalsystem* ausgebildet, das ich zu verstehen anfange, und dessen Richtigkeit ich geprüft habe".

So habe ich mich sechs Wochen lang nicht mit Chemie beschäftigt, und das Zimmer war nicht durch Hausrauch belästigt. Eines Morgens nahm ich zur Probe meine Goldapparate hervor und richtete die Bäder an. Sofort füllte sich das Zimmer mit Rauch; er stieg vom Boden auf, hinter dem Kaminspiegel, überall. Als ich den Wirt rief, erklärte er das unbegreiflich, weil es Steinkohlenrauch sei und man Steinkohlen im ganzen Haus nicht benutze. Also soll ich mich nicht mit Goldmacherei beschäftigen!

Die Holzharmonika, die ich oben erwähnt habe, bedeutet Frieden, das habe ich gemerkt, denn wenn sie fort ist, entsteht Unruhe.

Eine wimmernde Kinderstimme, die man oft im Schornsteinrohr hört, und die nicht natürlich erklärt werden kann, bedeutet: Du sollst fleißig sein; und daneben: Du sollst dieses Buch schreiben und dich nicht mit anderen Dingen beschäftigen.

Wenn ich in Gedanken, Worten oder Schrift aufrührerisch bin oder mich ungebührlichen Stoffen nähere, höre ich einen groben Baßton wie aus einer Orgel oder aus dem Rüssel eines Elefanten, wenn er trompetet und böse ist.

Zwei Beweise, daß dieses nicht subjektive Wahrnehmungen bei mir sind, will ich anführen.

Wir dinierten am Bastilleplatz, der Amerikaner, der französische Poet und ich. Das Gespräch hatte sich einige Stunden um Kunst und Literatur gedreht, als beim Dessert der Amerikaner in den Junggesellenbereich hinüberglitt. Sofort hörte man in der Wand das Trompeten des Elefanten. Ich tat so, als höre ich nichts, aber meine Begleiter gaben darauf acht und wechselten unter einer gewissen Verstimmung den Gesprächsstoff.

Ein anderes Mal frühstückte ich mit einem Schweden, und in einem ganz anderen Lokal. Er sprach, gleichfalls gegen Ende des Desserts, über Huysmans ‚Là bas‘ und wollte die schwarze Messe schildern. Im selben Augenblick trompetet es, aber dieses Mal mitten im Saale, der menschenleer war.

– Was war das? unterbrach er sich.

Ich antwortete nicht; und er setzte die unheimliche Schilderung fort.

Es trompetet noch einmal, und zwar so heftig, daß der Erzähler stecken blieb, erst ein Weinglas umgoß und dann die Sahnenkanne über seine Kleider leerte. Jetzt ließ er das Thema fallen, das mich quälte". –

Daß ein schwer Wahnkranker seinen Wahn „der Logik der Begebenheiten", m.a.W. der sich auf die natürliche Erfahrung stützenden „Logik" so
klar gegenüberstellt, ist nicht häufig. Wir sind geneigt, diese Einsicht der
hohen Intelligenz Strindbergs zuzuschreiben. Um so mehr sind wir dann
enttäuscht von der „Läppischkeit" des Signalsystems, die sich von derjenigen anderer Wahnkranker keineswegs unterscheidet. Von zentraler Bedeutung ist aber, daß sich „in all diesen Handlungen" des Unsichtbaren
„eine *bewußte, denkende, allwissende Absicht mit gutem Endzweck*" verrät,
obwohl er schlechte Erfahrungen über „Güte und Uneigennützigkeit von
Absichten" hat. Wir sehen hier erst recht, wie sehr im Mittelpunkt des
Verfolgungswahns das Wesen der Absicht steht! Im Übrigen sieht es so aus,
als hätte Strindberg im Laufe des Inferno mit dem Unsichtbaren Frieden
geschlossen, wenn es ihm auch schwer fällt.

In einem etwas wirren Nachwort zu dem Buch „Inferno und Legenden"
erklärt der Verfasser, ohne den Ausdruck „der Unsichtbare" noch zu verwenden, dafür Gott in den Mittelpunkt seiner Erörterungen stellend, er habe
1894 seine Skepsis verlassen, „die alles intellektuelle Leben zu verwüsten gedroht hatte, und sich experimentierend auf den Standpunkt eines Gläubigen" gestellt, wodurch sich ihm das „neue Seelenleben" erschloß, das in
Inferno und Legenden geschildert ist. Im Laufe der Sache aber, als er allen
Widerstand eingestellt hatte, habe er sich „von *Einflüssen, Kräften* überfallen" gesehen, die ihn „in Stücke zu zerreißen drohten". Er glaube, daß
das Credo quia absurdum ihn aufkläre und daß er dabei war, „ein Axiom zu
beweisen" (?). Um 1867 sei Gott aus der schwedischen Literatur verschwunden. „Wenn er nun wieder kommt, sind wir nicht sicher, daß er derselbe ist
wie früher, wenn er wie alles andere wächst und sich entwickelt. Ist er auch
strenger geworden, muß er doch den Agnostikern und den Forschern in dem
Verborgenen verzeihen, daß sie ihn nicht fanden, weil er fort war oder nicht
empfing". Aus der letzteren Bemerkung ersehen wir, daß ihn trotz aller
Qualen ein, wenn auch bitterer Humor nicht verlassen zu haben schien.

2. Rückblick auf Heidegger und seine Kritik an der Intentionalität Husserls. Ontologische und ontische Wahrheit

Die Erschütterung, die von diesem Fall ausgeht, darf uns nicht abhalten,
sondern zwingt uns im Gegenteil, an den Satz Heideggers zurückzudenken,
daß es die *Freiheit* ist, die in ihrem Wesen als Transzendenz das Dasein
als Seinkönnen in Möglichkeiten stellt, die „vor seiner endlichen Wahl, d.h.
in seinem Schicksal, aufklaffen". Und zwar verstanden wir die Freiheit der
Transzendenz mit Heidegger aus der Freiheit des Seinlassens der Seienden,
in denen das Dasein sich *befindet* und durch welches Befinden es *gestimmt*
ist, andererseits aber auch aus der Freiheit des Sich-dem-Seienden-*Überlas-*

sens oder des *Sich-Einlassens* auf das Seiende. Aber nicht so verhält es sich,
so hörten wir weiter, daß der Mensch über die Freiheit verfügt, vielmehr
besitzt sie als das ek-sistente, entbergende Dasein, den Menschen; sie ist
der Überstieg zur Welt, also das, was Heidegger – ganz im Gegensatz zu
Husserl – die Transzendenz nennt, m.a.W. „das entwerfend-überwerfende
Waltenlassen von Welt". Das Übersteigende und so sich Erhöhende muß
als solches im Seienden *sich befinden*. Das Dasein wird als Befindliches
vom Seienden *eingenommen*, so daß es vom Seienden *durchstimmt* ist".
Die Eingenommenheit vom Seienden *gehört* zur Transzendenz, und mit
ihr hat das Dasein im Sein den Boden genommen oder Grund gewonnen.
Abgesehen vom Sich-Befinden im Seienden *verhält* sich das Dasein aber
auch zu Seiendem, zu sich selbst und zu Mit-Daseienden.

Das Seinlassen verfolgten wir dann noch bis zum *Bewendenlassen* oder
der *Bewandtnis* und *Bedeutung*. „Dasein hat sich, sofern es ist, je schon
auf eine ‚begegnende' Welt angewiesen, zu seinem Sein gehört wesenhaft
diese Angewiesenheit". Von hier aus stießen wir noch vor bis zum Unterschied des Wozu, Wofür, Dazu und des Umwillen des Daseins als des
Umwillen seiner selbst. Wir gaben dann der Meinung Ausdruck, daß Heidegger uns mit seiner ontologischen Lehre vom Dasein den Schlüssel in die
Hand gegeben habe zum ontologischen Verständnis der *Seinsverfassung des
Wahns*, und wir gingen diesem Verständnis ein paar Schritte nach – unter dem allgemeinen Titel der Defizienz des Modus' des Transzendierens
im Wahn und den speziellen Titeln der Unfreiheit oder Willkür, der Unbefindlichkeit, d. h. des Sich-nicht-den-Sachen-Überlassens und damit des
Sich-nicht-Findens oder der Unheimlichkeit im Sinne des *Ausgeliefertseins*
an eine oder mehrere fremde Mächte, des Gewärtigens ihrer Einwirkungen
oder des beständigen Lauerns auf sie, ferner der Grimassenhaftigkeit der
Welt im Sinne ihres *Eingeengtseins* auf ein einziges Wozu, Womit, Dazu
und eines einzigen Umwillens des Daseins im Sinne des Ausgeliefertseins an
eine einzige oder einige wenige fremde Mächte oder Personen. –

Nachdem wir all dem teils im Abschnitt A, teils in der Überleitung A-B,
teils auch noch in der Phänomenologie des Falles Suzanne Urban in dieser
Schrift nachgegangen sind, glauben wir der Aufgabe enthoben zu sein, es
auch noch auf den Fall August Strindberg *anwenden* zu müssen. Wir hätten
uns dabei nur zu wiederholen.

Was uns hingegen, am Schlusse dieser Schrift, *nochmals interessieren
muß, ist der Unterschied zwischen der ontologischen Auffassung der Intentionalität durch Heidegger und der rein transzendentalen durch Husserl.*
Während Heidegger in „Sein und Zeit" kritisch bemerkt, daß die Seinsweise der Intentionalität von Husserl nie geklärt wurde, welche Kritik Szilasi
einmal als gerechtfertigt, aber als unangemessen erwiesen hat (Einführung
in die Phänomenologie Edmund Husserls, S. 58f.), finden wir die ontolo-

gische Rolle der Intentionalität von Heidegger selbst aufgewiesen in „Vom Wesen des Grundes"; das erste Mal im Anschluß an die Bemerkung, daß das Dasein sich nicht nur inmitten von Seiendem befindet, sondern auch *zu* Seiendem, und damit zu ihm selbst sich *verhalte*. Dieses Verhalten zu Seiendem werde sogar zunächst und zumeist „der Transzendenz gleichgesetzt". „Ist dies auch eine Verkennung des Wesens der Transzendenz, so muß doch die transzendentale Möglichkeit des intentionalen Verhaltens *Problem* werden. Und ist gar die Intentionalität eine *ausgezeichnete Verfassung der Existenz des Daseins*[22], dann kann sie bei einer Aufhellung der Transzendenz nicht übergangen werden. Der *Weltentwurf* ermöglicht zwar – was hier nicht gezeigt werden kann – vorgängiges Verständnis des Seins von Seiendem, ist aber selbst kein Daseinsbezug zu *Seiendem*. Die *Eingenommenheit* wiederum, die das Dasein inmitten von Seiendem (und zwar nie ohne Weltenthüllung), von ihm durchstimmt, sich befinden läßt, ist kein *Verhalten* zu Seiendem. Wohl aber sind *beide* – in ihrer gekennzeichneten Einheit – die transzendentale Ermöglichung der Intentionalität, so zwar, daß sie dabei als Weisen des Gründens eine *dritte* mitzeitigen: *das Gründen als Be-gründen*. In diesem übernimmt die Transzendenz des Daseins die Ermöglichung des Offenbarmachens von Seiendem an ihm selbst, die Möglichkeit der ontischen Wahrheit" (a. a. O. S. 47).

An diesem ebenso klar wie tiefsinnig herausgearbeiteten Gegensatz zwischen ontischer und ontologischer Wahrheit, zwischen *Transzendenz* im ontologischen Sinne Heideggers und *Intentionalität* im phänomenologischen Sinne Husserls, könnte der Gegensatz der Lehren beider Forscher am klarsten und eindeutigsten herausgearbeitet werden.

Die dritte Stelle, wo vom *intentionalen Verhalten* die Rede ist, geht zurück auf den Aufweis des „*dreifach gestreuten Gründens* der Transzendenz" im Sinne von Möglichkeit, Boden, Ausweis. Jeder Ausweis oder jede Ausweisung „muß sich in einem Umkreis von *Möglichem* bewegen, weil sie als intentionale Verhaltung zu Seiendem hinsichtlich ihrer Möglichkeit schon einer ausdrücklichen oder unausdrücklichen (ontologischen) Begründung botmäßig ist. Diese gibt ihrem Wesen nach notwendig immer *Ausschlagbereiche* von Möglichem vor – wobei sich der Möglichkeitscharakter gemäß der Seinsverfassung des zu enthüllenden Seienden abwandelt – weil das Sein (Seinsverfassung), das begründet, als transzendentale Verbindlichkeit für das Dasein in dessen *Freiheit* gewurzelt ist" (S. 52). Hier stehen wir wieder vor der Tatsache, daß das intentionale Verhalten zu Seiendem schon hinsichtlich seiner Möglichkeit einer ontologischen Begründung *botmäßig* ist, daß die Intentionalität für die Ontologie also nichts Letztes ist, sondern nur die (endliche) Wahl innerhalb von Ausschlagbereichen von Möglichem.

---

[22] Hervorhebung von mir.

Auch hier stehen wir wieder vor dem tiefliegenden Gegensatz zwischen onto-logischer und ontischer Wahrheit, aber auch der unbedingten Botmäßigkeit der letzteren unter die erstere, einer Botmäßigkeit, wie sie in der Lehre Husserls die unbedingte Botmäßigkeit des Faktums unter die Norm des Wesens oder des „Eidos" darstellt.

Ich glaube, daß wir jetzt imstande sind, unsere eigene phänomenologische Methode als Psychiater und die der wissenschaftlichen Psychiatrie überhaupt im Hinblick auf Heidegger und Husserl gerade an dem vorliegenden Fall genau zu präzisieren. Insofern der Psychiater von einzelnen „Fällen" ausgeht und *diese* phänomenologisch untersucht, bewegt er sich nie im „Umkreis von Möglichem" oder von Möglichkeiten, also im Umkreis des Daseins als (möglichem) *Seinkönnen* (ontologischer Wahrheit), sondern im Umkreis des *Daseins als endlicher Wahl* oder als *Schicksal* (ontische Wahrheit). Aber auch dem Psychiater muß der Blick von der einen endlichen Wahl (ontische Wahrheit) auf den Umkreis von Möglichkeiten überhaupt (ontologische Wahrheit) bleiben, einsehend, daß auch „die Wirklichkeit nur eine Möglichkeit von vielen" ist.

Nun aber wäre es endlich an der Zeit, daß wir uns der *Phänomenologie* des Falles August Strindberg zuwenden. Um den Anschluß an die Phäno-menologie der früheren Fälle aber nicht zu verlieren und ihnen den Fall August Strindberg besser gegenüberstellen zu können, schicken wir noch eine kurze Rekapitulation der bisherigen Fälle voran.

3. Kurze Rekapitulation der bisherigen Fälle

Der Fall der Kuhnschen Pflegerin diente in erster Linie als Exempel für die *Verweisungsstörungen* im Wahn. Damit erwies sich auch die Dingwahr-nehmung als unmöglich und mit der Unmöglichkeit der Dingwahrnehmung auch die der Erfahrung überhaupt. Das Transzendierenkönnen war hier be-schränkt auf einen rein mechanischen Sachverhalt, auf den mechanischen *Zusammenhalt* (Gipsverband um den Kopf oder gar Staniolverband um die Zehen) zur Zusammenhaltung der Gedanken. Wo ein mechanischer Zu-sammenhalt sich aus dem Transzendieren derart verselbständigt hat, muß natürlich auch ein mechanisches Auseinanderbrechen mit im Spiel gewe-sen sein. Der selbstmörderische Schuß des Bruders in den Kopf und das Zerreißen der Briefe des Freundes waren Beispiele solchen mechanischen Zusammenbrechens.

Ganz anders der Fall *Ilse*. Während der Fall von Roland Kuhn sich noch vorwiegend egotisch abspielte und nur leichte Anzeichen eines Bezie-hungswahnes erkennen ließ, spielt sich dieser Fall in der Hauptsache in-tersubjektivisch (also auf dem Gebiet der Beziehungen zwischen Ego und Alter ego) ab. Zwar lagen auch hier die rein egotischen „Vorstufen" auf

der Hand, der eigentliche Wahn aber spielte sich in der Form eines plötzlichen Auftretens von Beziehungswahn im Sinne der Wahnwahrnehmung
des Ironisiertwerdens ab, welcher Wahnwahrnehmung deutliche Wahnperzeptionen zugrunde lagen. Das Transzendieren war hier nicht auf einen mechanischen Zusammenhalt als Schutz gegen mechanischen Zusammenbruch
herabgesunken, vielmehr spielte sich hier alles ab als Schutz gegen „geistigen Zusammenbruch" („Wahnsinnsgedanken") und als Umkehr allzu großer
Abhängigkeit vom Sich-exponieren-müssen gegenüber dem Vater („Opfe-
rung") und sodann gegenüber den Mitmenschen überhaupt (zwangshafte
Abhängigkeit von dem Eindruck, den sie auf sie mache). Das Transzendieren war hier also völlig eingeengt auf die Sphäre der Intersubjektivität,
der Beziehungen zu den Mitmenschen und der Mitmenschen zu ihr. Der
plötzliche Beziehungswahn war der Ausdruck dieser eingeengten oder her-
abgesunkenen Transzendenz, die sich, weswegen wir hier noch von einem
leichten Fall sprechen, immerhin noch auf eine höhere Stufe der Transzendenz aufschwingen und sich „Luft machen" konnte in den Worten: „Das
macht mir aber gar nichts. Macht, was ihr wollt!" In diesem Darüberstehen
über der momentanen Wahnidee und der Möglichkeit der Reflexion, dem
Sich-wieder-erheben-Können auf die Höhe der Transzendenz ist trotz der
erwähnten übrigen Wahnideen und der allgemeinen Erregung fast schon der
Ausgang in Heilung vorauszusehen.

Im Gegensatz zu diesem akuten paranoiden Fall ohne ausgesprochene
Halluzinationen hatten wir es im Fall *Aline* mit einer sehr schweren hal-
luzinatorischen und paranoiden Wahnpsychose zu tun. Dieser sehr schwere
Fall eignete sich besonders gut für die Analyse einer allgemeinen Eigenart
des Wahns, für die *Verarmung* der Bildbildung, der Anschauung oder des
Phantasma im Sinne der Organisation von Aisthesis, Mneme und Phanta-
sie und aller Konsequenzen derselben bis hinauf zur Erfahrung und zum
Eidos. Das Transzendieren war hier tief herabgesunken auf eine elektrische
Apparatur und einen bloß mechanischen Registrierungsapparat.

Bei *Suzanne Urban* schließlich handelte es sich um einen schweren „autopsychischen" Verleumdungswahn, verquickt mit einem schweren „allopsy-
chischen" oder intersubjektiven Beziehungs-, Beeinträchtigungs- und Verfolgungswahn. Hier kam es zu keiner Verarmung der Bildbildung, sondern,
auf Grund massenhafter optischer Halluzinationen oder Visionen zur Aus-
oder Aufstellung eines endlos ablaufenden grauenhaften „Bildschirms". In
dem mit dem Verleumdungswahn aufs engste zusammenhängenden Verfolgungswahn wurde klar ersichtlich, daß es sich um die Fixierung einer
einzigen eidetischen Abwandlung aus dem unendlich weiten Eidosbereich
„Mensch" handelt, um die Fixierung der einzigen eidetischen Abwandlung
des Eidos „Mensch" auf seine Abwandlung ins Böswillige, Sarkastische,
Heimtückische, Auflauernde.

4. Zur Phänomenologie des Falles August Strindberg

Was diesen Fall, so weit wir ihn hier ins Auge fassen wollen, von den bisherigen phänomenologisch am tiefsten unterscheidet, ist die *ganz andere Rolle*, die das *Phantasma* im Sinne der phänomenologischen Einheit oder „Organisation" von Aisthesis, Mneme und Phantasie hier spielt. Wir sehen hier mit aller Deutlichkeit, was es bedeutet, wenn die Feststellung des Aristoteles, daß die Psyche nie ohne Phantasma „denkt", nicht mehr zutrifft, desgleichen die Behauptung Kants, daß die sinnlichen Vorstellungsbilder sogar unsere höchsten Begriffe „begleiten".

Ist der Mensch August Strindberg doch *gänzlich* in den Händen der (oder eines) *Unsichtbaren*, einer oder verschiedener *unsichtbarer Mächte* oder *Personen*. Statt mit der „natürlichen" oder *Ding-Wahrnehmung* und der natürlichen *Erfahrung* nach der „Logik" der Ereignisse oder Begebenheiten, fängt die Welt hier, wie Strindberg ja selbst bezeugt, mit „etwas ganz Anderem", „Nicht-Natürlichen" an, mit dem „Vernehmen" von Absichten, Lenkungen, Hülfen, Geboten umd Verboten im Sinne von Warnungen, Strafen, Qualen, Erziehung usw. Hier handelt es sich, wenn man so sagen könnte, durchwegs um „persönliche" umd „überpersönliche" *Appräsentationen ohne Präsentationen*, richtiger ausgedrückt, um lauter Alter-Egos, die aber „Sinn und Bewährung" *nicht* aus dem eigenen Ego schöpfen, schon deswegen nicht, weil sie den Sinn der (eigenen) *Leiblichkeit* verfehlen. (Vgl. 1960a, i. d. Bd. S. 387ff.). So merkwürdig es klingt: Wir dürfen dabei die phänomenologische Interpretation der Erfahrungsweise August Strindbergs *nicht* bei seinen Wahneinfällen umd Wahnideen, kurz bei seinen „geistigen Störungen" oder „Verrücktheiten", *beginnen*, sondern müssen von seiner leiblichen Erfahrungsweise *ausgehen*. Nur weil diese so schwer gestört ist, wie wir u.a. an den massenhaften, stets „beabsichtigten" Körpersensationen elektrischer, magnetischer und mechanischer Art ersehen, an Phänomenen des Drucks, des Ausgesaugtwerdens und der aufgehobenen Schwere usw.; nur deswegen kann für ihn der Unterschied zwischen (unsichtbaren oder unbekannten) unpersönlichen *Mächten*, Dämonen, Geistern und einer oder mehreren *konkreten*, „*lebendigen, individualisierten Personen*" dahinfallen und kann sich in allen *Handlungen* „eine bewußte, denkende, allwissende *Absicht*" verraten. Das ist es, was die psychotische Welt August Strindbergs, und nicht nur seine Werke, so ungeheuer dramatisch, ja dämonisch erscheinen läßt.

An dieses so enorm labile Leibbewußtsein reiht sich das fast ebenso labile „Bewußtsein" der nächsten häuslichen *Umgebung*, des ebenfalls beabsichtigten Inbewegunggeratens der Möbel, des Fußbodens, der Zimmerdecke, der Wände usw. Erst daran schließen sich die direkten willentlichen Übertragungen der Absichten von Mensch zu Mensch, von Absichten im Sinne

des Übelwollens, des Neides, des Vergiftens, des Umbringens überhaupt, des
Arrangierens von unglückverheißenden Zufällen und Andeutungen oder, wie
Suzanne Urban zu sagen pflegte, von „schrecklichen Dekorationen". Wir finden aber nicht nur üble Absichten, wozu auch die des Bestraftwerdens und
Gequältwerdens gehören, sondern auch wohlmeinende, wie die der Sühne,
„Unterstützung", Begnadigung, Warnung, Sicherung, überhaupt des Wie-
dergutmachens und der Erziehung. Ungeachtet dieses fast pausenlosen Be-
drängtseins, ja Gehetztseins, von *fremden* Mächten, Dämonen und Personen, sieht Strindberg den höchsten und letzten Sinn und Zweck des Daseins
im *Kultus des Ich*, während ihm „Verleugnung" und „Abtötung des Ich" als
eine Torheit erscheint. Hier finden wir die Begründung des unbeugsamen
Willens zur *Selbsterhaltung* im Sturm des Kampfes mit den „*Mächten*", ja
mit Gott und Teufel.

Was nun das *Signalsystem* betrifft, dessen Richtigkeit Strindberg geprüft
haben will, so steht es, wie bereits bemerkt, in einem grotesken Gegensatz
zu der für einen Wahnkranken durchaus intelligenten Einsicht in den Gegensatz seiner eigenen Erfahrungsweise zu der natürlichen Erfahrung im
Sinne der „Logik" der (realen) Ereignisse oder, wie *wir sagen*, des natürlichen Folgezusammenhanges der Erfahrung. Zu diesen Signalen gehören, wie
wir sahen, der Steinkohlenrauch, die wimmernde Kinderstimme im Schornsteinrohr, das Trompeten des Elefanten, die Straßennamen, das Schütteln
des Köpfchens von seiten der Stiefmütterchen als Anzeichen („Signal") für
eine Gefahr und ein „Geh fort". Um „Signale" handelt es sich, weil sie eine (durchaus willkürlich gedeutete) *Absicht* bedeuten, von deren Prüfung
auf ihre Richtigkeit wir keinerlei Anzeichen finden und die überhaupt nicht
gefunden werden können.

Dieses Signalsystem steht im Zentrum des Wahns unseres Kranken und
somit im Zentrum des Gegensatzes zur natürlichen Erfahrung, denn „*Er-
fahrbarkeit*" besagt, wie Husserl einmal in den „Ideen" (Hua III/1, S. 101)
sehr klar ausführt, „*nie eine leere logische Möglichkeit*, sondern eine im *Er-
fahrungszusammenhang motivierte*, m.a.W. die Lesbarkeit der Welt. Dieser
selbst ist durch und durch ein Zusammenhang der *Motivation*, immer neue
Motivationen aufnehmend und schon gebildete umbildend". Das besagt,
daß, was immer realiter, aber noch nicht aktuell erfahren ist, zum unbestimmten, aber *bestimmbaren Horizont* „meiner jeweiligen Erfahrungsak-
tualität" gehört (ebd.) Den Ausdruck Horizont im Sinne der *Horizontintentionalität* kennen wir schon lange, und zwar aus den Einleitungsworten
zum Müsterlinger Symposion und aus mehrfachen Stellen dieser Schrift,
ist er doch ein, wenn nicht *der* Grundbegriff der Husserlschen Lehre von
der Erfahrung. „Dieser Horizont ... ist das Korrelat der an den Dingerfah-
rungen selbst wesensmäßig hängenden Unbestimmtheitskomponenten, und
diese lassen – immer wesensmäßig – Erfüllungsmöglichkeiten offen, die kei-

neswegs beliebige, sondern *nach ihrem Wesenstypus vorgezeichnete*, motivierte sind. Alle aktuelle Erfahrung weist über sich hinaus auf mögliche Erfahrungen, die selbst wieder auf neue mögliche weisen, und so in infinitum. Und all das vollzieht sich nach wesensmäßig bestimmten, an *apriorische* Typen gebundenen Arten und Regelformen. Jeder hypothetische Ansatz des praktischen Lebens und der Erfahrungswissenschaft bezieht sich auf diesen wandelbaren, aber immer mitgesetzten Horizont, durch den die Thesis der Welt ihren wesentlichen Sinn erhält" (S. 101f.). Im Anschluß hieran erinnere ich vor allem an No. 4 der *Münsterlinger Einleitung*: „Statt von Evidenz als Erlebnistatsache zu sprechen, spricht Husserl von ‚im transzendentalen Ich und seinem Leben begründeten *Potentialitäten* im Sinne zu erfüllender oder widerstreitender Evidenzen‘ oder von ‚antizipierenden Vorstellungen‘ oder in *einem* Wort von Horizonten oder von Horizontintentionalität im Sinne der Bewährung oder des Widerspruchs". Dazu gehören aber auch No. 8, 9 und 10: „Letztlich ist es die Enthüllung des Erfahrungshorizontes allein, die die Wirklichkeit der Welt und ihre *Transzendenz* klärt und sich dann als von der Sinn und Seinswirklichkeit konstituierenden transzendentalen Subjektivität als untrennbar erweist." – „Von hier aus wird klar, daß für Husserl Evidentmachen soviel bedeutet wie *Vernunft* und wie ‚Vereinheitlichung der Bewußtseinssynthesis‘." – „*Vernunft* ist also kein Vermögen, sondern Titel ‚*für eine universale wesensmäßige Struktur der transzendentalen Subjektivität überhaupt*‘."

Mit all dem haben wir erstmals eine Lehre vor uns, die uns erlaubt, genau zu präzisieren, was wir unter Unvernunft, Verrücktheit, Wahn, Kritiklosigkeit, Verfälschung der Wirklichkeit, Heraustreten aus der menschlichen Gemeinschaft verstehen, nämlich eine durchgehende Deformation oder besser Destruktion des gesamten Bewußtseinskomplexes oder der „Konstitution" im Husserlschen Sinne, angefangen bei der Destruktion des Phantasma und fortschreitend bis zur Destruktion des Ich und der „Welt". –

Die psychiatrische Aufgabe, vor die uns der Fall August Strindberg wie übrigens auch die vorhergehenden Fälle stellen, liegt also nicht im Bereich der ontologischen Wahrheit im Sinne Heideggers, sondern in dem der ontischen Wahrheit, also nicht in dem Bereich der *Freiheit*, die „in ihrem Wesen als Transzendenz" das *Dasein als Seinkönnen* in *Möglichkeiten* stellt, sondern im Bereich der *endlichen Wahl*, die „in seinem *Schicksal* aufklafft". Diese Wahl und dieses Schicksal beruhen im Falle August Strindberg in erster Linie in seinem Verzicht auf die natürliche Erfahrung im Sinne der Logik der Begebenheiten und in seinem Schicksal im Sinne der Auslieferung an unsichtbare fremde Mächte oder „Personen" im Sinne der *Schicksalslogik*, der *Logik des für ihn Belangvollen*. Damit ist gesagt, daß er sich weder zu Seiendem *verhält* noch von Seiendem eingenommen ist, m.a.W. daß er jenseits jeder Begründungsmöglichkeit steht, keiner *Begründung* bedarf, auf keine Begründung angewiesen ist. Das aber besagt wiederum: „hier waltet keine Welt". Denn, wie wir soeben hörten: „Letztlich ist es die Enthüllung des Erfahrungshorizontes allein, die die Wirklichkeit der Welt und ihre *Transzendenz* klärt ..."

Die vorliegende Schrift sollte und soll zeigen, daß die „Enthüllung des Erfahrungshorizontes" des Wahnkranken und seiner „Logik" die eigentliche psychiatrische Aufgabe darstellt. Wir haben die Enthüllung der Erfahrung überhaupt begonnen mit der Enthüllung des Phantasma als der untrennbaren Einheit von Aisthesis, Mneme und Phantasie (= Vorerwartung). Es ist, wie wir gesehen haben, das Schicksal August Strindbergs, daß er auf das Phantasma und damit auf die Präsentatio als der Grundlage der Erfahrung, und damit auch auf die Appräsentatio, so leichtfertig verzichtet und sich ganz und gar dem Unpräsentierbaren oder Unsichtbaren und der entsprechenden „Logik" hingibt. Wir können die Enthüllung des Erfahrungshorizontes aber auch „am anderen Ende" der Erfahrung ins Werk setzen, nämlich an der Tätigkeit des *reinen* Ego und seiner Hauptfunktion, der – vom deutschen Idealismus mit seiner Lehre vom absoluten Ich (Fichte) völlig ignorierten – Funktion der *Mir-Gehörigkeit*. Die Psychiatrie muß Husserl dankbar sein, daß er ihr seine beiden, eng zusammengehörigen Lehren für ihre wissenschaftliche Aufgabe bereitgestellt und tiefsinnig analysiert hat. Vom reinen Ego haben wir in „Manie und Melancholie" (i. d. Bd. S. 416-425) ausführlich gehandelt. Dies ist, sicherlich nicht ganz ohne unsere eigene Schuld, am meisten mißverstanden worden. Wir wiederholen, daß das reine Ego nicht in der Luft hängt, sondern aufs engste mit dem empirischen Ich und dem transzendentalen Subjekt „konstitutionell" verbunden ist, daß es also nur mir, dem Individuum gehörig, Leben hat und mächtig ist, eine eigene Welt aufzubauen. Das reine Ego ist nur dann das konkrete Ego, wenn ich, als Lebendiger, es *Mir*-gehörig erfahre. Das psychische Ich ist das verweltlichte, mit der Mir-gehörigkeit ausgezeichnete Ego. Die Konstitution des Ich in einem „bin" durch das reine Ego gibt ein großes und bedeutendes Forschungsthema vor, sowohl für eine Wissenschaft der deskriptiven Psychologie als der Psychiatrie. Wir begnügen uns hier mit der Aufgabe des reinen Ego im Sinne der Konstitution der Mir-gehörigkeit. Anfang und Ende der Erfahrungsenthüllung, von der wir soeben sprachen, liegen aber darin beschlossen, daß „die *Perzeptionen hier die apriorischen Erfahrungsweisen* der Mir-gehörigkeit" sind (Szilasi, Einführung, S. 99).

Mit der Lehre vom reinen Ego befinden wir uns also keineswegs in den Wolken, sondern im *Leben* und somit immer auch in der Leibhaftigkeit. *„Das Ich"* – also auch das reine Ich – „ist *nie leiblos*. Es muß in den konstitutiven Akten evident werden, daß es sich auf allen Stufen der Selbstbeobachtung gepaart mit psychophysischen Elementen vorfindet" (Szilasi, S. 102, Hervorhebung von mir).

„Es ist einer der großen Triumphe der Phänomenologie, daß sie die Leiblichkeit in Einheit mit allen intentionalen Akten für die theoretische Philosophie zugänglich machte. In der intentional systematischen Einheit des mir-eigenen Lebensstromes ist das Leibliche in allen Akten der Erfahrung mitpräsentiert als das Transzendente schlechthin. Unter dem Eindruck dieser Transzendenz wurde seit jeher Seele und Leib gegen alle Erfahrung getrennt".

„Die egotisch-psycho-physiologische Vergesellschaftung ist in allen intentionalen Akten der Selbstbeobachtung mit gegenwärtig".

„Das Ego ist sich innerhalb der Eigenwelt primordinal präsent. Mitpräsent ist, und zwar assoziativ, die psychophysische, das heißt leibliche Konstitution. Der Andere dagegen ist zunächst als Körperding präsent. Appräsent ist seine Konstituiertheit als Leiblichkeit. *Motiviert* ist die assoziative *Mitpräsentatio* durch die *Erfahrung* seines *präsentierbaren Äußeren*, seiner Bewegungen, seiner Tätigkeiten, seiner Heiterkeit oder seiner Zornausbrüche".

„In bezug auf die anderen Egos bin ich für mich die Urkonstitution. Auf eine einfache Formel gebracht soll das besagen: ich bin mir präsent als reines Ich. Mitpräsentiert ist mir meine psychophysische Bestimmtheit. Der Andere ist mir in dieser Bestimmtheit präsent. Mitpräsentiert ist mir sein Ich-Charakter. Im Medium der mir-eigenen Selbstkonstitution ist seine Konstituiertheit als Selbstkonstitution mitpräsent. Umgekehrt, da ich den Anderen als Selbst-Ich erfasse, habe ich mich für ihn als das Alter-ego konstituiert. Diese Umkehrung bewirkt, daß das, was der Andere für mich dort ist, ich für ihn hier bin. Was ich für mich (in einer Selbigkeit) dort bin, ist er für mich hier. So leistet die Selbsterfahrung meines konkreten Egos und das durch das appräsentativ in der neuen assoziativen Erscheinungsweise erfahrene Alter-ego die dem Anderen zugeeignete Sphäre. In dieser bin ich das Alter-ego und so Jedermann für Jedermann" (ebd., S. 103f.).

Jetzt sind wir bis zu einem gewissen Grade imstande, phänomenologisch zu beschreiben, „wo es bei August Strindberg in erster Linie fehlt". Wir sehen immer mehr, daß dieses Fehlen (oder zum mindesten Verfehlen) zunächst die Leiblichkeit betrifft, sowohl die fremde als die eigene. Eine rein fremde, rein geistige oder dämonische Macht kann von ihm unter Umständen als „individualisierte" leibliche *Person* „*appräsentiert*" werden, mit der er nicht nur Seele an Seele, sondern auch „Leib an Leib" kämpft. Eine ebensolche Macht kann aber auch ihn selbst zwicken und zwacken, drücken und bedrücken, kann ihm das Herz aussaugen, ihn aus dem Bett werfen oder ihm die Schwere nehmen, ihn in einen elektrischen Gürtel einschnüren, elektrischen Strömen, einer elektrischen Dusche, einem elektrischen Akkumulator, einem elektrischen Fluidum oder einer Elektrisiermaschine aussetzen. Die Menschen können aber auch auf einen Abwe-

senden durch ihren bösen Willen oder ihre Absichten einen Einfluß ausüben.
Die Möglichkeit dieser „geistigen Fernwirkung" ist nur Teilerscheinung der
„Eskamotierung" der psychophysischen Paarung". Wenn man uns entgegenhält, es handle sich bei den obigen Phänomenen doch durchwegs um
Körperhalluzinationen, so sehen wir nicht ein, warum wir dieselben phänomenologisch von der sinnlichen Seite aus anders auffassen sollen als „normale" Körperempfindungen oder Körpergefühle. Der einzige Unterschied, den
wir bis jetzt zwischen echten Sinneseindrücken und halluzinierten gefunden
haben, ist der, daß die Aisthesis im ersteren Fall als Phantasma, also in
Einheit mit Mneme und Phantasie, momentan „apprehendiert" oder „ins
Gemüt aufgenommen" wird, während wir dies bei dem letzteren im allgemeinen nicht feststellen können. –

Während sich bei unserer Kranken Aline alle Beziehungen zwischen ihr
und den Anderen, alle Verschwörung oder Verfolgung auf dem Wege elektrischer „humanisierter" Ströme abspielen, bei Suzanne Urban auf dem Wege
ihr aufoktroyierter Verleumdung und Marterung, ist die Situation, in der
die Verfolgung August Strindbergs sich abspielt, ungleich komplizierter.
Wir finden hier zweifellos nicht nur religiöse Dogmen, wie die der Wieder-
geburt und der Abbüßung von Sünden aus einem früheren Dasein, sondern
auch, im Gefolge Swedenborgs, wahnhaft mystische und theosophische Elemente, sowie deutlich ausgesprochen auch alttestamentliche, ja christliche.
Von der Identifikation mit Hiob haben wir wiederholt gehört.

a) Die Begegnungen mit dem Unbekannten. Nun müssen wir aber auch
noch einer „tatsächlichen" Begegnung mit dem Unsichtbaren gedenken, die
man trotz Strindbergs Behauptung, daß er nie an Visionen gelitten habe,
doch als solche bezeichnen mag. Jaspers hat sie, wenn ich nicht irre, nicht
erwähnt. In der Rue de Luxembourg sieht er immer vor sich *den Unbekannten,* in eine Pilgerkutte gekleidet, der seinen gleichend, aber von opal-weißer
Farbe, schlanker und größer als er, er bleibt stehen, wenn er stehen bleibt,
und geht vorwärts, wenn er vorwärts geht; er sieht anders aus als er selbst,
sein Mantel weht in einem heftigen Wind, von dem er selbst aber nichts
merkt. Plötzlich fühlt er sich in einen Garten versetzt, dessen Pforten aber
verschlossen sind. Der Unbekannte gibt ihm ein Zeichen, ihm zu folgen, und
„führt seinen Strahlenkranz mit sich", so daß der Garten hell wird, wo er
geht. Wenn er vorbei geht, strahlen die Bäume, Büsche, Kräuter und kleiden sich in Blüten, und zwar in einer Ausdehnung, die mit seiner *jeweiligen*
Strahlenglorie übereinstimmt. Wenn der Unbekannte seinen Platz ändert
– und er ist auf einmal in weiter Ferne – vernimmt man nicht die kleinste Bewegung oder das leiseste Rascheln. Er verbreitet einen balsamischen
Duft, der ihm Mut einflößt. Strindberg beginnt sein Verhör: „Du bist es,
der mich seit zwei Jahren verfolgt; was wünschest Du von mir?" Der Unbekannte, ohne den Mund zu öffnen, antwortet, mit einer Art Lächeln voll

übermenschlicher Güte, Nachsicht und Bildung: „Warum fragst Du mich, da Du die Antwort selbst kennst?" Und wie in seinem Innern hört Strindberg eine Stimme widerklingen: „Ich wünsche Dich zu einem höheren Leben zu erheben. Dich aus dem Schmutz zu ziehen." Er nennt den Unbekannten „Ewiger" und „Herr". Seine Rede ist sowohl eine Verteidigungsrede als auch ein Angriff auf die „höhere Führung" und das ungenügende Unterrichtetsein der Vorsehung von ihren Satrapen, denen sie die Regierung über die Menschen anvertraut hat; daß ihre Präfekten und Unterpräfekten sich Unterschleife, Fälschungen, unbegründete Anzeigen zuschulden kommen lassen. So sei es ihm geschehen, daß er bestraft worden sei, wo andere gesündigt haben (Inferno, Legenden S. 361-365). Von der *Wahnlogik* (vgl. unten S. 536) aus gesehen, haben wir hier ein schönes Beispiel von *Wahndeduktion* vor uns. Denn wie jede Deduktion eine *Auseinandersetzung* bedeutet, bedeutet auch die Wahndeduktion eine wahnhafte Auseinandersetzung, hier also sozusagen mit dem „Weltregiment" (höhere Führung, Vorsehung und ihre Satrapen, ungenügendes Unterrichtetsein von denselben, unschuldige Bestrafung usw.).

Während dieser durchaus aufrührerischen Rede betrachtete der Unbekannte ihn mit demselben nachsichtigen Lächeln; als er aber zu Ende gekommen war, war er verschwunden, „eine erstickende Atmosphäre von Kohlenoxyd zurücklassend" (S. 367). So nahe gehören bei Strindberg Gott und Teufel, Himmel und Hölle zusammen.

Strindberg ist den Tag über von Sehnsucht nach dem Unbekannten erfüllt, geht am Abend die Rue Bonaparte hinauf, „die Ladenfenster gähnen wie Abgründe, in denen Christus in vielfacher Gestalt auftritt, bald gemartert, bald triumphierend" (ganz wie der Kranke selbst!). – Es folgt die *zweite Begegnung* mit dem Unbekannten. Wieder ladet er ihn mit einem Zeichen ein zu sprechen. Diesmal sind Verteidigung wie Angriff noch schärfer: „Was verlangst Du denn von mir?" „Warum plagst Du mich mit Deinem Christus?" „Auf der einen Seite befiehlst Du ein Eremitenleben, und sobald ich mich von der Welt zurückziehe, werde ich *von den Dämonen der Verrücktheit angegriffen*." „Was verlangst Du denn von mir? Mich um jeden Preis martern zu können, ob ich Deinen Willen tue oder ihn verachte? Willst Du mich zum Propheten machen?" (S. 371). Hier folgt dann bald der Passus, den wir bereits zitiert haben, daß er eingestehe, „daß ich mich meiner Person schlecht angenommen habe, aber das ist infolge der Überlegenheit meines besseren Ichs geschehen, das sich aus dem unreinen Futteral erhob, in das Du meine unsterbliche Seele gesteckt hast" (S. 372). Folgt eine lange Rede, daß es gottlos sei, dem Ewigen nachzueifern, da sei es bescheidener, Mensch zu bleiben und sich nach den Besten unter den sündigen Sterblichen zu formen suchen. In diesem Falle sündige man wenigstens nicht durch „Hochmut, der die Todsünde ist". Er kommt dann wieder auf Swedenborg

zurück, der ihn vom Wahnsinn gerettet habe und den zu verwerfen er doch
ein brennendes Verlangen habe, „da er sich zwischen mich und meinen Gott
geschlichen". Der Unbekannte, der mit bewundernswerter Geduld zugehört
hatte, antwortet nur mit einer Miene milden Spottes „und verschwand, mich
in einer Atmosphäre zurücklassend, die nach Phenol stank" (S. 374).

Wenn wir bei August Strindberg außer einem Eifersuchts-, einem
Verfolgungs-, Erfindungs- und Größenwahn auch von einem religiösen Wahn
sprechen müssen, so dürfen wir ihm unseres Erachtens doch eine echt religiöse Ader nicht absprechen. Das macht die phänomenologische Interpretation seines gesamten Wesens um so schwieriger, ja im Grunde unmöglich.
Der Gegensätze, ja der Widersprüche sind zu viele, als daß man ihn in irgendeiner Richtung festlegen könnte. Das ist aber auch nicht die Aufgabe
der Phänomenologie. Ihre Aufgabe ist es, wie wir sie in diesem Abschnitt bereits begonnen haben, gewisse Richtlinien seiner Konstitution – dieses Wort
im Husserlschen Sinne – festzulegen. Da sehen wir nun, daß seine religiösen
Skrupel, Zweifel, Anklagen nicht möglich wären, wenn seine „Konstitution" nicht schon scheiterte an der Konstitution seines Ich (in allen seinen
Schichten), an der Konstitution des Alter ego und der Intersubjektivität
überhaupt und damit erst recht an der Konstitution einer einheitlichen,
realen Welt.

Wir glauben überhaupt nicht, daß man dem phänomenologischen
Verständnis August Strindbergs von einer bestimmten *Region* des Lebens
aus nahekommen kann, erst recht nicht von der der Religion, zumal wir
mit Jaspers (Strindberg und van Gogh, S. 570) übereinstimmen in der
Feststellung: „Sein geistiges Leben gibt nicht die Idee humaner Totalität."
(Andererseits gehen wir auch nicht so weit, zu behaupten: „sondern eines
Konglomerates jeweils vehement vertretener Standpunkte", ebd.). Dasselbe wie von der Region der Religion gilt auch von der der Kunst. Auch von
der Kunst aus tritt uns keineswegs der ganze August Strindberg entgegen.
Erst recht natürlich gilt dasselbe von der Wissenschaft. (Weder als Chemiker noch als Pflanzenphysiologe war er, wie ebenfalls Jaspers sehr richtig
bemerkt, Fachwissenschaftler.) Lediglich auf Grund der Überzeugung von
der „Gemeinschaft alles Lebendigen" glaubt er, wie wir bereits hörten, daß
Nerven und Blutgefäße bei Pflanzen zu finden seien. Ein zeitgenössischer
Pflanzenphysiologe, der längere Zeit mit Strindberg befreundet war, sprach
schließlich von „phantastischen Spekulationen" und „dummen Einfällen"
eines Dilettanten der Naturwissenschaften" („Zeugnis" S. 165ff.).

b) Der Aufruhrgeist. Statt von einer bestimmten Daseins*region*, müssen
wir als Phänomenologen von einer bestimmten Daseinsrichtung ausgehen,
in der uns seine „endliche Wahl" oder sein „Schicksal" aufzuklaffen scheint.
Dieses *Schicksal* aber heißt *Aufruhr, Rebellion,* Rebellion „von Natur aus"
und Rebellion in der Psychose. Rebellion oder Aufruhr als Schicksal heißt

zugleich aber auch Ruhelosigkeit, Empfindsamkeit, Enttäuschung, Leiden, nicht nur Angriff, Sieg, Triumph, sondern auch Verzweiflung und Niederlage. Statt aller Einzelzüge, wie sie uns massenhaft entgegengetreten sind, wollen wir hier nur ein einziges, zwar sehr prägnantes Beispiel aus Strindbergs 24. Lebensjahr etwas ausführlicher behandeln. Wir finden es auch bei Jaspers. Wir zitieren aus dem Original: („Die Entwicklung einer Seele" S. 95 bis 101):

„Drei Tage lebten sie wie Verheiratete, allein im ganzen Haus." ... „Die Leidenschaft mischte sich in die Liebschaft, und bald fühlte er sich an dieses Weib mit stärkeren Banden gebunden, als er gewollt hatte. So stark waren die Bande, daß er beinahe verloren gegangen wäre, als sie sich kurz darauf einem andern überließ. Ihm wurde schwarz vor den Augen, und die Eifersucht wütete." ... „Jetzt kam ein Fremder und wirrte durcheinander, wo er zu ordnen gesucht, unterbrach seine elektrische Leitung, stimmte die Saiten um, zerstörte seine Arbeit und brachte Disharmonie in seine Seele, die er, unvorsichtig, auf die eines Weibes gepfropft hatte. Ausschließlich physisch konnte es nicht sein, denn bei allgemeinen Mädchen, bei denen nur der Körper in Frage kam, war er nicht eifersüchtig. Es war eine Erschütterung seines ganzen Seelenkomplexes, die vor sich ging." ... „Als sie am nächsten Morgen an den Tisch kam, sah sie verlegen aus, und Johan (= er selbst) sprach nicht mit ihr. Und darauf brach der Sturm wieder los. Er ging in den Wald, um sich zu beruhigen, jetzt aber war die Landschaft nicht mehr eine Quelle des Genusses wie früher." ... „Und wie war auf der andern Seite Johan dazu gekommen, den Genuß an der Natur zu verlieren? War nicht sein neuer Gesichtspunkt als Künstler ebenso subjektiv praktisch wie der des Bauers, da er jetzt nur Studien und Motive sah?". Und hier sehen wir Strindberg mitten in der Erregung eine Bemerkung machen, mit der er ausnahmsweise Anspruch auf echte wissenschaftliche Betrachtung machen kann und sich durchaus an die Seite eines so großen biologischen Forschers stellt wie der ältere von Uexküll mit seiner Lehre von der Umwelt und Innenwelt der Tiere (und Menschen), wenn er sich nach dem „Schicksal der Eiche" in der Umwelt eines Jägers, eines schwärmerischen jungen Mädchens und eines nüchternen Holzhändlers fragt. So jetzt Strindberg:

„Sahen nicht ein Waldkäufer, ein Förster, ein Landschaftsmaler, ein Botaniker, ein Jäger, ein Poet denselben Wald mit ganz verschiedenen Augen? Ja, allerdings, aber wer hatte dann den rechten Blick?" ...

„Wie er aber ging, am Strande entlang, über Weiden und in den Wald hinein, begannen Zeichnung und Farbe zusammenzufließen, als sehe er alles durch Tränen. Die seelische Erschütterung, Gewissensqual, Reue, Scham begannen ihn aufzulösen, *und das Bewußtsein ging aus den Fugen.* Alte Gedanken, daß er seine Aufgabe verfehlt, daß die Menschheit unter Irrtümern und Täuschungen leide, tauchten auf. Das Leiden vergrößerte sein Ich: der

Eindruck, daß er *gegen eine böse Macht kämpfe*, reizte seine Widerstandskraft zu wildem Trotz auf; die Lust, *gegen das Schicksal zu kämpfen, erwachte* (wir sehen, wie frühe wir bei Strindberg das Erwachen der „Schicksalslogik" ansetzen müssen!), und aus einem Reisighaufen nahm er gedankenlos einen langen spitzen Ast. Der wurde in seiner Hand ein Spieß und
eine Keule. Er brach in den Wald ein, schlug die Zweige nieder, als schlüge
er sich mit diesen dunklen Riesen. Er trat mit seinen Füßen Pilze nieder, als
habe er ebenso viele leere Zwergschädel eingeschlagen. Er schrie, als habe
er Wölfe und Füchse aufgejagt, und auf! auf! auf! rollte der Ruf durch den
Fichtenwald.

Schließlich kam er an einen Bergfelsen, der sich ihm beinahe lotrecht wie
eine Wand in den Weg stellte. Er schlug mit seinem Spieß dagegen, als wolle
er sie fällen, umd dann stürmte er hinauf. Büsche knackten unter seiner
Hand, und raschelten, mit den Wurzeln ausgerissen, den Berg hinunter;
Steine stürzten herab; er setzte den Fuß auf junge Wacholder und peitschte
sie, bis sie wie zertretenes Gras geknickt dalagen. So drang er hinauf und
stand bald auf dem Bergplateau. Da lagen die Inseln und dahinter das
Meer in einem ungeheuren großen Rundblick. Er atmete auf, als habe er
jetzt erst Luft genug bekommen. Aber auf dem Berg stand eine zerzauste
Kiefer, die höher war als er. Mit dem Spieß in der einen Hand kletterte
er hinauf, und auf den Wipfel, der einen Sattel bildete, setzte er sich wie
ein Reiter. Darauf schnallte er seinen Leibriemen ab, hing den über einen
Zweig, stieg hinunter umd holte einen großen Stein herauf; den legte er
in den hart angezogenen Leibriemen, und so hatte er eine Schleuder. Jetzt
war nur noch der Himmel über ihm. Aber unter ihm stand der Fichtenwald,
Kopf an Kopf, wie eine Armee, die seine Burg stürmte; dort hinten brandete
das Meer und kam ihm entgegen, Woge nach Woge, wie eine Kavallerie von
weißen Kürassieren! Und dahinter lagen die nackten Felseninseln, wie eine
ganze Flotte Panzerschiffe.

– Kommt! rief er und schwang seinen Spieß, kommt in Hunderten,
kommt in Tausenden! schrie er.

Und dann spornte er sein hohes Roß aus Holz und schüttelte den Spieß.

Der Septemberwind wehte vom Meer, und die Sonne ging unter. Der
Fichtenwald unter ihm wurde eine murmelnde Volksmenge. Und jetzt wollte
er zu ihr sprechen! Aber sie murmelte nur, unverstandene Worte, und sie
antwortete nur ‚Holz', wenn er zu ihr sprach.

– Jesus oder Barrabas! brüllte er. Jesus oder Barrabas! – Natürlich Barrabas, antwortete er sich selber, als er nach einer Antwort lauschte.

Die Dunkelheit kam, umd ihm wurde bange. Er stieg aus dem Sattel
und ging heim.

War er verrückt? Nein! er war nur ein Poet, der draußen im Walde statt
am Schreibtisch gedichtet hatte. Aber er hoffte, daß er wahnsinnig sei; er

wünschte, das Dunkel würde sein Licht löschen, da er keine Hoffnung sah, das Dunkel erleuchten zu können. Sein Bewußtsein, das die Nichtigkeit des Lebens durchschaute, wollte nicht mehr sehen; es wollte lieber in den Illusionen leben, wie der Kranke, der glauben will, daß er gesund wird, und es darum hofft! Durch den Gedanken, daß er verrückt sei, wurden die Gewissensqualen betäubt, umd er fühlte sich als Verrückter nicht verantwortlich. Daher gewöhnte er sich daran zu glauben, die Szene auf dem Berge sei ein Ausbruch gewesen, und schließlich glaubte er es; viele Jahre lang, bis er eine neue Psychologie las, die ihn darüber aufklärte, daß er klug sei. Ein Verrückter hätte nämlich niemals so logisch mit Wald und Insel verfahren, hätte sie niemals so in Übereinstimmung mit seinen inneren Stimmungen gebracht, daß sie den Stoff zu einem recht gut geformten Gedicht abgeben konnten, das sich auf dem Papier gut ausgenommen hätte, wenn es etwas arrangiert worden wäre. Ein verrückter Mensch hätte wohl Feinde hinter den Bäumen gesehen, aber nicht Gläubiger, nicht Feinde der Gesinnung; nur Feinde ganz einfach, Mörder; hätte sie vielleicht auch in Personen umgewandelt, die das verlorene Gedächtnis aber nicht in Zusammenhang mit den geschehenen Ereignissen zu bringen vermochte. Er hätte Neger oder Hottentotten gesehen, mit einem Wort Figuren ohne logischen Zusammenhang mit der Wirklichkeit, und diese Figuren hätten volle körperliche Form angenommen, was die Fichten niemals für ihn taten. Er hatte gedichtet; das war alles!"

In diesem zwar durchaus „reaktiv" bedingten Aufruhr sehen wir doch alle Wesensmerkmale der Rebellion gegen das „Schicksal", die uns bei Strindberg immer wieder beeindruckt, ja erschüttert hat. Sind wir doch weit davon entfernt, unser Verhältnis zu ihm als „indifferent" und nur von psychologischem und psychiatrischem Interesse geleitet (vgl. Jaspers, a.a.O., S. 129) zu bezeichnen. Was uns in dem zitierten Passus zunächst beeindruckt, ist die Äußerung, das Bewußtsein „ging aus den Fugen", eine auch im Schwedischen sehr geläufige Wendung. Und zwar war das die Folge davon, daß seelische Erschütterung, Gewissensqual, Reue, Scham ihn *aufzulösen* begannen. Auf Revolte deutet auch der Ausdruck: die Eifersucht *wütete*. Daß schon von Unterbrechung der *elektrischen* Leitung die Rede ist, ist für unsere Beurteilung dieser Szene (als zum mindesten präschizophren und im Gegensatz zu Jaspers) ebenso wichtig wie die spätere vom Eindruck, daß er gegen eine *böse Macht kämpfe*. Auf Revolte und Zerstörung weist neben der Unterbrechung der elektrischen Leitung die Umstimmung der Saiten, die Disharmonie seiner Seele. Von Wichtigkeit ist ferner, daß der Eindruck der Rebellion, der Revolte oder des Aufruhrs (vgl. auch den Titel „Aufruhrgeist", den er sich in Damaskus III, S. 123, von seinem Konfessor geben läßt) gegen eine böse Macht sein Ich vergrößerte, seine Widerstandskraft zu wildem Trotz aufreizte; die Lust, gegen das *Schicksal* anzukämpfen, erwachte, daß er gedankenlos einen langen spitzen Ast ergriff, der in seiner Hand „ein Spieß, eine Rute" wurde, daß er die Zweige niederschlug, als wären sie „dunkle Riesen". Was sich dann an dem Bergfelsen und auf der zerzausten Kiefer abspielte, ist sicher noch im Gedächtnis des Lesers und bedarf wohl keiner Wiederholung. Hervorgehoben sei nur, wegen der Personifizierung, die stürmende Armee, die Kavallerie von weißen Kürassieren, die Flotte von Panzerschiffen und der Ruf: „Kommt in Hunderten, kommt in Tausenden."

Und nun folgt eine sehr interessante Reaktion: Wie so oft in seinem späteren Leben fragt Strindberg sich schon hier: „War er verrückt?" Und er beschwichtigt sich, wie ebenfalls so oft in seinem Leben, diesmal mit dem sehr fadenscheinig begründeten Trost: „Nein! Er war nur ein Poet, der draußen im Walde statt am Schreibtisch gedichtet hatte." –

Den Schüler Bleulers berührt es merkwürdig, daß Jaspers Strindberg hier völlig recht gibt und noch nichts von Schizophrenie sehen wollte, obwohl Strindberg „viele Jahre lang" an seiner pessimistischen Deutung festhielt. Als charakteristisch für dieses ganze Erleben sieht Jaspers den Willen an, „sich selbst als geisteskrank zu erscheinen, dieses Arrangieren nach einem nur halb bewußten Ziel" (a.a.O., S. 7). Natürlich kann so etwas mitspielen, zumal die „logische" Begründung, die Strindberg selbst für das Arrangieren gibt, uns wie gesagt höchst „fadenscheinig" vorkommt.

Der Psychoanalytiker wird bei dieser ganzen Szene natürlich von Sadismus sprechen. Wenn Strindberg auch sadistische Züge hier und sonst ebensowenig abzusprechen sind wie masochistische, so ist uns diese Deutung für das Rebellische wie für das Selbstquälerische an ihm doch viel zu eng und außerdem zu „unphänomenologisch".

Fassen wir die Hauptwesenszüge der geschilderten Kampfszene im Walde zusammen, so tritt uns als wichtigster das Aus-den-Fugen-treten des Bewußtseins vor Augen und ineins damit die Vergrößerung des Ich-Bewußtseins. Das Ich tritt aus seinen Schranken und nimmt zugleich eine andere Wesensgestalt an: die Gestalt der Zerstörung und des Aufruhrs, sowohl innerhalb seiner selbst als innerhalb der Beziehung zur Welt. Wir finden nichts mehr von einem einheitlichen *intentionalen System*, noch von einem einheitlichen Ich, noch von einer einheitlichen Welt. Wir finden auch nichts davon, daß das transzendent Begegnende immanent wird: *der immanente Lebensstrom tritt sozusagen über seine Ufer und „überschwemmt" das transzendent Begegnende*. Wir haben es schon hier nicht mehr zu tun mit einer objektiven, nur auf dem Boden der Intersubjektivität zu ermöglichenden Welt, sondern mit einer bloß eigenen Lebenswelt und nur *einem* „vergrößerten" Ego. Dieses Ego ist aber nicht nur, wie der Autor sagt, „durch Leiden" vergrößert, sondern ebenso durch Wut und Zorn, richtiger: Leiden, Wut und Zorn sind Vergrößerungs- (wie auch Vertiefungs-) Formen des Ego. Dem entspricht „der Eindruck, gegen *eine böse Macht*

zu kämpfen", und die damit verbundene Steigerung seiner *Widerstandskraft* zu wildem Trotz und zur Lust, „gegen das Schicksal zu kämpfen".
Böse Macht und Schicksal (später auch Vorsehung, Dämon, Gott, Teufel)
gehören aufs engste zusammen, haben sie doch insgesamt ihre Wurzel in
der Schicksalslogik. Nun kommt in diesen reaktiven, in unseren Augen aber
durchaus (prä-) schizophren gefärbten „Affektsturm" noch etwas weiteres,
durchaus „Unentbehrliches", das später eine immer größere Rolle spielen
wird, im Grunde aber, wie wir hier so deutlich sehen, Sekundäres hinzu: die
Personifizierung. Was mit wachsender Psychose möglich wird, die schick-
salhafte Identifizierung von böser Macht mit „dem Unbekannten" als einer
„individualisierten" Person, mit der der Autor leiblich-seelisch „ringt", das
tritt hier noch auseinander. Der Bergfelsen, die geknackten Büsche, die her-
abstürzenden Steine, die gepeitschten jungen Wacholder, die wie zertretenes
Gras geknickt dalagen, die, wenn auch nicht einem Menschen, so doch einem
hohen Roß gleichende zerzauste Kiefer, all das hat schon Menschenart. Erst
recht wird die Welt aber vermenschlicht oder personifiziert, wenn Strindberg von seinem hohen Sattel aus den Fichtenwald als *Armee* sieht, die
seine Burg stürmt, das ihm Woge nach Woge entgegenkommende Meer als
eine „Kavallerie von weißen Kürassieren", die dahinter liegenden Felseninseln wie eine ganze Panzerflotte. Seinen Spieß schwingend ruft er: „Kommt
in Hunderten, kommt in Tausenden!" Der Fichtenwald unter ihm wurde
eine „murmelnde Volksmenge". Sie antwortete aber nur – durchaus wieder
schizophreniehaft – „Holz", wenn er zu ihr sprach. Schließlich vermissen wir
aber auch das religiöse Moment nicht, wenn wir ganz unvermittelt den Ruf
Jesus oder Barrabas hören. Strindbergs eigene, viel spätere Erklärung als
einer Dichtung und seine Aufklärung, wie so etwas ein Verrückter gesehen
hätte, lassen wir wie gesagt durchaus nicht gelten.

Zwei Jahre später hören wir, wovon Jaspers (a.a.O., S. 8f.) ebenfalls
berichtet, von einem ähnlichen, diesmal nicht aus Eifersucht, sondern aus
brennender Liebessehnsucht (nach seiner späteren, damals noch mit einem
Anderen verheirateten ersten Frau) stammenden Verzweiflungsausbruch
(Beichte eines Toren, S. 102).:

„Auf der Höhe der Verzweiflung, in der Heftigkeit des Schmerzes heulte
ich laut auf, während mir die Tränen unter meinen Augenlidern hervor-
sprangen. Wie ein brünstiger Elch zertrat ich mit Fußtritten die Schwämme
und Pilze, riß die jungen Wacholder aus, stieß gegen die Bäume! Was ich
wollte? Ich wüßte es nicht zu sagen! Eine maßlose Glut erhitzte mein Blut;
eine grenzenlose Sehnsucht, sie wiederzusehen, ergriff mich. Die, welche ich
zu sehr geliebt hatte, um sie besitzen zu wollen, hatte sich meines Wesens bemächtigt. Und jetzt, da alles zu Ende war, wollte ich sterben, da
ich ohne sie nicht mehr leben konnte. Aber schlau, wie die Verrückten zu

sein pflegen, wollte ich auf ein gute Art umkommen, indem ich mir eine Lungenentzündung oder etwas ähnliches zuzog."

„Welche Tiefe dieser Baß der Fichten, deren feste und dichte Nadeln riesenhafte Gitarren bildeten; einen höheren Ton hatten die langen und beweglichen Stämme der Kiefern, deren Querpfeife dem Zischen von tausend Schlangen glich; das trockene Rasseln der Birkenzweige rief in mir Erinnerungen an die Kindheit hervor, in denen sich nagender Kummer und meine ersten Lustgefühle vermischten". Solche Erinnerungen an die Kindheit, ob mit Recht oder nicht, tauchen bei Strindberg immer wieder auf, ebenso wie die Angst vor dem Wahnsinn oder dem Verrücktwerden: „Von diesem Augenblick (wo er den Pfarrer holen läßt) schickte ich mich an zu sterben oder den Wahnsinn ausbrechen zu sehen". In dem Schwanken zwischen Krankheitseinsicht und Krankheitsablehnung scheint uns die erstere bei Strindberg die tiefere zu sein.

Doch kommt es uns in dieser Schrift weder auf Kindheitserinnerungen noch auf psychiatrische Feststellungen an. Was uns interessiert und weswegen wir diese Affektstürme so breit herangezogen haben, ist vielmehr das echt phänomenologische Verhältnis von *immanenter Konstitution* und transzendent *Begegnendem*. Die rein psycho-(patho)logische Feststellung, daß es sich hier um eine „hochgradig gesteigerte Phantasietätigkeit" bei einer hochbegabten dichterischen Persönlichkeit gehandelt hat, kann uns nicht befriedigen, vielmehr ist diese Feststellung gerade *Ausgangspunkt* unserer Untersuchung.

5. Zusammenfassung

„Die Verrückung jener Gesetze, auf deren Dasein im Haupte jedes Anderen man mit Zuversicht baut, als des einzigen, was er untrüglich mit uns gemein hat, trägt etwas so Grauenhaftes an sich, daß man sich nicht getraut, das fremdartige Uhrwerk zu berühren, daß es nicht noch grellere Töne gebe und uns an dem eigenen irre mache." Diese tiefgründigen Sätze Adalbert Stifters aus den *Studien* (Die Narrenburg, Winkler, München, S. 331) scheinen unsere phänomenologischen Bemühungen überflüssig zu machen. Wozu, so könnte man sagen, all diese komplizierten Untersuchungen, wenn schon der Laie ihre Resultate vorauszunehmen vermag? Für uns lautet die Antwort gerade entgegengesetzt: Daß der (immerhin sehr tiefsinnige und sprachbegabte) Laie die Ergebnisse unserer Untersuchungen vorauszunehmen vermag, ist der beste Beweis für die Richtigkeit derselben.

Unsere Aufgabe bleibt immerhin, die Worte und Begriffe des Laien in die Sprache der Phänomenologie zu übersetzen. Dann lauten sie folgendermaßen: Jene „Gesetze", das sind die *transzendentalen* oder *konstituierenden Systeme*, „auf deren Dasein im Haupte jedes Anderen man mit Zuversicht baut ...". Was es damit für eine Bewandtnis hat, haben wir verstanden, wenn wir verstanden haben, was Szilasi mit seinem Gleichnis vom („transzendentalen") *Entwurf* des Eisenbahnsystems für das Verständnis des Eisenbahnwesens und der Transzendentalität überhaupt (Einführung S. 67, 87, 93) meint. Was wir Verrücktheit nennen, ist tatsächlich nichts anderes als die Verrückung (das Versagen) jener Gesetze.

Dem Inbegriff jener konstituierenden Systeme hat Husserl bekanntlich den Namen Konstitution gegeben. Auf Grund des konstituierenden Systems des Ego *erfahre* ich mich selbst, auf Grund des konstituierenden Systems der Welt *erfahre* ich „die Welt". Und all dies hängt wieder systematisch-konstitutiv zusammen. Wollen wir den Fall August Strindberg verstehen, so gelingt das infolgedessen keineswegs, indem wir ihn von vereinzelten deskriptiv-psychologischen Tatsachen (Denk-, Gefühls- oder Verhaltensweisen) aus zu verstehen suchen, sondern nur, indem wir ihn von der „Verrückung" jener transzendental-konstitutiven Gesetze oder Systeme her verstehen. (Ich erinnere hier noch einmal an das, was ich in „Melancholie und Manie" (i. d. Bd. S. 140) über die Bedeutung der Lehre Husserls vom transzendentalen Bewußtsein für die Psychopathologie *als Wissenschaft* gesagt habe.)

Konstitutives System oder kurz Konstitution besagt, daß es zu einem *kontinuierlich lesbaren Text der Erfahrung* kommt, einem Text, in dem das Bewußtsein die Welt, die weltlichen Zusammenhänge, sich selbst und die Anderen lesen kann. Und zwar ist die Leistung dieser Konstitution, daß alles zunächst transzendent Begegnende immanent, d.h. in den jeweiligen *Lebensstrom* aufgenommen wird. All das wird nun mit der Verwerfung der „Logik" der Ereignisse oder der Erfahrung und der Hinwendung zur Schicksalslogik über den Haufen geworfen. An deren Stelle tritt ein völlig unleserlicher, phantastischer oder verrückter Text, mit einem Wort: der auf der „Schicksalslogik" sich aufbauende Wahn.

Was nun die Übersetzbarkeit der so ungemein vielgestaltigen Wahntexte in die Sprache der „natürlichen Erfahrung" betrifft, so gibt es dafür keinen Dictionnaire und kann es keinen solchen geben. Denn die Unlesbarkeit des Wahntextes beruht nicht darauf, daß er eine „Fremd*sprache*" darstellt, aus der seine Worte und Sätze einfach in eine andere Sprache *natürlicher Erfahrung* übersetzt werden könnten, sondern darauf, daß die Wahntexte von einem Bewußtsein diktiert werden, das „aus den Fugen gegangen" oder dessen Grenzen im Hinblick auf die unsrigen „verrückt" sind. Phänomenologie des Wahns heißt also, jene Verrückung der Grenzen beschreiben und verstehen. Das aber kann wie gesagt nur darin bestehen, daß wir die Verrückung oder das Aus-den-Fugen-Gehen der transzendentalen oder konstitutiven Entwurfssysteme untersuchen, die diesen Wahntexten zugrunde liegen. Dabei spielt natürlich das konstitutive System des Ego eine, ja die

Hauptrolle. Sagten wir doch schon, wenn auch etwas überspitzt, in „Melancholie und Manie" (i. d. Bd. S. 421): „Wie der Wahn überhaupt sich nur egologisch verstehen läßt". Man darf unter dem Ego, auch dem *reinen* Ego, nur nicht eine vom transzendentalen Subjekt und vom psychologischen Ich getrennte („absolute") Schicht verstehen, sondern muß es immer in lebendiger, ja, wie wir wissen, leiblicher Einheit mit ihnen sehen.

Sehr viel einfacher als bei August Strindberg lagen die Dinge bei Aline, weshalb wir noch einmal auf sie zurückkommen wollen. Hier zeigten die „egotischen" Störungen des Ich-bin und der Mir-Gehörigkeit entsprechend dem mechanisch-elektrischen primitiven Niveau ihres Transzendierens insofern sehr grobe Störungen, als sie „nicht sie selbst", sondern „die andere" war, als ihre Gedanken nicht ihre eigenen waren und ihre „Schädelkapsel und ihr Gehirn oberhalb der Augenlinie" nicht ihr selbst, sondern „der ganzen Welt" gehörten. Schon hier sahen wir, daß die Ich-bin-Konstitution und die Konstitution der Mir-Gehörigkeit aufs engste mit dem konstitutiven System der Anderen und der Welt zusammenhängen.

Aber noch etwas ganz Anderes als das primitive mechanische Niveau des Transzendierens unterscheidet den Fall Aline von dem Fall Strindberg: Bei Aline handelt es sich, wenn auch auf dem Niveau eines monotonen oder monomanen *Schemas*, um eine Wahn*erfahrung*, bei der schon eine Überschreitung zweier Eidosbereiche, desjenigen der Elektrizität und desjenigen des Menschenwesens, zu konstatieren war. Nur auf Grund der Monotonie jenes Schemas und der Überschreitung jener beiden Eidosbereiche in ihm war der Wahntext hier als solcher lesbar. Bei August Strindberg hingegen konstatieren wir kein derartiges monotones Schema, so sehr auch hier massenhafte elektrische und sonstige mechanische leibhafte Einwirkungen stattfinden. Hingegen ist hier das Verhältnis des mechanisch-elektrischen Eidosbereichs zu dem des Menschlichen ein ganz anderes. Zwar „enthalten" die elektrischen Strahlen, als rayons parlants et pensants, bei Aline nicht nur auch das Menschliche als Eidosbereich, vielmehr werden sie auch von menschlichen Verfolgern oder Verschwörern ausgesandt, um sie zu plagen, wie es auch bei August Strindberg im Verein mit allen anderen Körperhalluzinationen, der Fall ist. Hingegen tritt uns bei letzteren noch etwas ganz Neues entgegen, nämlich der ausdrückliche *Verzicht auf Erfahrung überhaupt* und deren „Ersatz" durch *Eingebung*, sei es seitens des Unsichtbaren, des Unbekannten oder seitens unsichtbarer übernatürlicher *Mächte* oder *Kräfte*. Dabei ist merkwürdig, daß er in den unsichtbaren Mächten gelegentlich, und zwar mit Sicherheit, „eine oder mehrere konkrete, lebendige, individuelle Personen" sieht, mit denen er auch Seele mit Seele und Leib mit Leib zu ringen vermag. Was den Eidosbereich *Macht* und den Eidosbereich *Person* verbindet, ist „eine bewußte, denkende, allwissende *Absicht*". Die letztere Bemerkung zeigt, daß der Unsichtbare, wie auch aus dem Gespräch

bei den *Begegnungen* mit ihm hervorgeht, auch göttlichen, jedenfalls welt-
regierenden Wesens ist. Die Absichten dieses Unsichtbaren gehen entweder
auf die Lenkung des Laufs der Welt oder, meistens, auf das *Schicksal des
Kranken selbst*, und zwar im Sinne seiner Lenkung, Warnung, Bestrafung,
Befreiung oder des *Eingreifens in sein Schicksal überhaupt*. Dabei handelt es sich bald um ein *völliges Zubodenschlagen*, bald um das Verschaffen
eines *triumphalen Erfolges*. Hier werden nicht nur die Eidosbereiche des
Mechanischen und des Menschlichen nicht in ihrer Eigenart gewahrt, sondern auch nicht die des Menschlichen, des Göttlichen oder auch Teuflischen.
Im Vordergrund steht dabei die Revolte oder Auflehnung mit dem jeweiligen Resultat der Vernichtung oder des Sieges. All das fanden wir ja in
den beiden Waldszenen schon vorgebildet. Dem monotonen, transzendentalen Schema bei Aline steht hier ein überaus polyphones, ja dramatisches,
transzendentales Schema gegenüber. Während Aline, aber auch Suzanne
Urban, auf monotone, immer gleichbleibende Weise von fremden Mächten
gequält werden, wird August Strindberg von ihnen hin und her gerissen, ja
zerrissen. Während Aline und Suzanne Urban sich mit Reklamationen und
Petitionen zur Wehr setzen, setzt August Strindberg sich mit seiner ganzen
Person revoltierend-kämpferisch zur Wehr.

Was nun die Unlesbarkeit des Wahntextes bei August Strindberg betrifft, so beruht sie nicht nur darauf, daß die Wahnerfahrung als solche,
wie alle Wahnerfahrung, *keine Verbundenheit aller ihrer Momente in einer
kontinuierlichen Kette von Verweisungen* darstellt und zumal im Sinne der
Einstimmigkeit und *Bewährung*, wie es bei der natürlichen Erfahrung im
Sinne der Horizontintentionalität der Evidenz und des inneren Zeitbewußtseins der Fall ist, sondern um überhaupt keine Verweisungen, keine Horizontintentionalität und keine Evidenz (im Sinne Husserls), vielmehr um
durchaus willkürliche, keinerlei zeitliche Charaktere aufweisende „schicksal-
hafte" *Eingebungen* eines oder mehrerer ichfremder Wesen, was alles zeigt,
daß wir uns nicht mehr auf dem Boden einer normalen Lebens- und Wissenschaftslogik, sondern auf dem einer wahnhaften *Schicksalslogik* befinden.
Damit sind schon die *Gesetze*, „auf deren Dasein im Haupte jedes anderen
man mit Zuversicht baut" durchaus verrückt, und zwar in erster Linie das
Gesetz der *Mir-Gehörigkeit* als das der Egoität schlechthin. Der sonst so
„selbstbewußte", eigenwillige August Strindberg *hört* nicht nur auf einen
Anderen, den er in der Regel gar nicht sieht, sondern er ist ihm als einer
„Schicksalsfigur" „hörig". Hörigkeit aber heißt, daß ich *nicht* mein eigen bin,
sondern, wenn auch nicht der ganzen Welt, wie Aline, so doch dem oder den
Andern als „Schicksalsfiguren" „gehöre". Das „Gesetz" der Mir-gehörigkeit
ist es, das bei allen in dieser Schrift erwähnten Kranken in erster Linie und
am auffälligsten „verrückt" ist. All das ist der Grund, warum der Wahntext
so schwer leserlich ist. Denn auf nichts bauen wir mit größter Zuversicht „im

Haupte jedes Andern", als des einzigen, das er untrüglich mit uns gemeinsam hat, als auf die Wahrung des Gesetzes der Egoität, der durchgängigen
Mir-gehörigkeit, und des durchgängigen Gesetzes des Ich-bin. Wo dieses
ganze System „verrückt" ist, kann es auch zu so verschiedenen Äußerungen über das Ich kommen, wie es bei Strindberg der Fall ist; es ist nicht
Wankelmut oder nur „momentanes Festhalten" an einem Standpunkt, was
die Verschiedenheit der Standpunkte in diesem Fall „begründet", sondern
die Verrückung und Destruktion des ganzen transzendentalen Systems der
Egoität: So erweist sich „der Kultus des Ich" bald als „der höchste und
letzte Zweck des Daseins", bald hat Strindberg nur „die leere Schale eines
inhaltlosen Ich vor sich", bald gibt er zu, daß er sich „seiner Person" schlecht
angenommen habe, aber das sei „infolge einer *Überlegenheit* seines besseren
Ich geschehen, „das sich aus dem unreinen Futteral erhob, in das Du (der
Unbekannte) meine unsterbliche Seele gesteckt hast". Mit einem psychologischen Erklärungsversuch solcher diskrepanter Äußerungen kommen wir
hier, als auf keinem festen Boden stehend, nicht weit, erst der Schritt in die
Transzendentalität führt uns auf festen Grund.

Dasselbe wie für die Verrückung des transzendentalen Systems der
Mirzugehörigkeit und des durchgängigen Gesetzes des Ich-bin gilt selbstverständlich auch für die Leiblichkeit. Haben wir doch zur Genüge gesehen,
daß das Ego, selbst das reine Ego, nie ist ohne den „Leib". Auch, ja erst
recht, hinsichtlich der Leiblichkeit ist August Strindberg dem oder den Unsichtbaren, den Mächten oder den Anderen überhaupt *hörig*, d. h. nicht
sein eigen. Das zeigt sich in den massenhaften, „von außen kommenden"
und ihn bedrängenden *Körperhalluzinationen*, „sei es elektrischer, sei es
mechanischer Art", die ihn bei Tag und besonders bei Nacht überfallen, als
Ausdruck böser Absichten, ja Verfolgungen durch die unsichtbaren Mächte
oder die Mitmenschen.

Natürlich geht mit der „Verrückung" des Gesetzes der Konstitution des
transzendentalen Ego auch die Verrückung der Konstitution des reinen Ego
als der „Quelle der Regeln der Konstitution" einher. Wie wir hier nichts von
der Konstitution des Ich in meinem bin (vgl. Melancholie und Manie, i. d.
Bd. S. 417) finden, so finden wir auch nichts von einem „konstituierten
System *der Anderen*, noch der Phänomene einer gemeinsamen objektiven
Welt. Wir finden damit überhaupt kein System der *Erfahrung* und der
Zeitigung. Strindberg macht hier aus der Not eine Tugend; er verzichtet,
sozusagen freiwillig, auf Erfahrung und ersetzt sie durch die völlig system-
lose und zeitlose *Willkür* der *Eingebungen* und *Einwirkungen*, mit einem
Wort, der Schicksalslogik. Damit macht er sich frei von wesenhaften konstitutiven Bindungen, vor allem auch frei von „eidetischen Bindungen" als
den Grundlagen jeder Wissenschaftlichkeit.

Was zunächst das konstitutive *System der Anderen* betrifft, so ist das Gesetz von deren Konstitution schon deswegen „verrückt", weil, wie wir ja längst wissen, der Zugang zu den Anderen, ja die Anderen überhaupt, nur „aus der Auslegung des Mir-Eigentlichen möglich, m.a.W. daß das Alter Ego, Sinn und Bewährung nur aus dem eigenen Ego finden kann. Das alles gehört zum Wesen der *Appräsentatio*. Ganz abgesehen von den häufigen appräsentativen Fehlinterpretationen (man denke nur an die häufigen Fehlinterpretationen seines $2\frac{1}{2}$ jährigen Töchterchens als eines *eifersüchtigen erwachsenen* Wesens, aber auch an diejenigen, die der Briefwechsel mit ihr aufweist (August Strindberg, Briefe an seine Tochter. Hg. von Torsten Eklund, Hamburg 1963), handelt es sich in der Regel um gar keine Appräsentationen, weil ihnen gar keine *Präsentationen* zugrunde liegen. Was aber die Auslegung aus dem Mir-Eigentlichen betrifft, das Finden von Sinn und Bewährung aus dem eigenen Ego, so muß beides scheitern, wo es weder auf seelischem noch auf leiblichem Gebiet keine Grenze zwischen Mir-Eigentlichem und Mir-Uneigentlichem gibt, das System von Mirzugehörigkeit und Ichbinheit vielmehr gar kein System mehr ist, sondern ein Konglomerat von Mirgehörigkeit und Fremdhörigkeit. Wie sollte ich von diesem Konglomerat aus den Zugang zum Andern finden und wie sollte der Andere in ihm Sinn und Bewährung finden? Er müßte ebenfalls auf Erfahrung, Zeitlichkeit, Selbständigkeit verzichten, dürfte nicht mehr auf dem festen Boden dieser Erde stehen, sondern sich in allerhand Spekulationen und Mystifikationen herumtreiben, mit einem Wort, ebenfalls „verrückt" sein. Aber selbst dann könnte es zu keiner Verständigung, zu keiner Intersubjektivität und zu keiner gemeinsamen Welt kommen, weil all das nur auf Grund transzendentaler *Systeme*, aber keineswegs auf Grund von Konglomeration möglich wäre.

Nirgends sehen wir so klar wie bei August Strindberg, daß der Beziehungswahn seine Wurzeln im eigenen Ego hat, natürlich nicht psychologisch gemeint, sondern im Sinne der Verrückung des transzendental konstituierten Systems des Ego.

Was nun endlich die Verrückung des Systems der Konstitution der gemeinsamen, einheitlichen, objektiven Welt betrifft, so können wir uns kurz fassen, weil das meiste hierüber bereits im Fall Aline (am Schluß) gesagt wurde. Wir sagten dort, daß es zur Konstitution einer gemeinsamen Welt gehöre, daß ich sie als Monaden-Gemeinschaft konstituiere, m.a.W. wenn es mir gelingt, die eigene Lebenswelt zu transzendieren. „Die mir eigene objektive Welt vermag nur auf Grund der allgemeinen Verständigung, d. h. auf Grund der Intersubjektivität, allgemein Geltung zu gewinnen." Wie bei Aline, aber auch bei Suzanne Urban, sehen wir bei August Strindberg, daß im Wahn die eigene Lebenswelt tatsächlich nicht überschritten werden kann und daß und warum Verständigung mit den Anderen tatsächlich nicht möglich ist.

Wir fügen nur noch hinzu, daß, während in „Melancholie und Manie" die konstituierende Mirzugehörigkeit beiderseits nicht gestört zu sein scheint und die Interpretation dieser Psychosen sich ganz auf bestimmte Veränderungen *temporaler* Natur stützen konnte, in der phänomenologischen Interpretation des Wahns das Versagen der Konstitution der Mirzugehörigkeit gerade im Vordergrund steht.–

Wollen wir uns ein Bild über das *Schema des Transzendierens* bei August Strindberg machen, so sehen wir gleich, daß es keineswegs einem so einfachen Apparatschema, wie es bei Aline der Fall war, entspricht, sondern durchaus nach dem Schema *Rebellion, Revolte* oder *aufrührerisches Ringen* verläuft: Ringen von Seele mit Seele und von Leib mit Leib, ganz gleich, ob es sich um ein Ringen mit einer „höheren" Macht oder einer „höheren" Person handelt; denn beidemal handelt es sich um ein und dasselbe, um den Aufruhr gegen das „unsichtbare" *Schicksal*.

C Schicksalslogik[23]

Damit ist aber wiederum das Stichwort gegeben für das, was Strindberg selber mit dem von ihm geprägten Worte *Schicksalslogik* bezeichnet, welcher „*Logik*" wir uns zum Schlusse nochmals zuwenden müssen. So schwierig es auch ist, in das Wesen dieser „Logik" einzudringen, so dürfen wir uns doch nicht mit der Strukturanalyse der *Wahnerfahrung* (des unmittelbaren Vernehmens „im Wahn", der Wahnanschauung, der Wahnwahrnehmung etc.) begnügen, sondern sollten uns konsequenterweise zum Schluß der Strukturanalyse des Wahndenkens (der Wahnevidenz, der Wahnwahrheit, den Regeln der Urteils- und Folgerungsbildung, der Wahnbegriffsbildung etc.) zuwenden. Wenn auch hiezu alle Vorarbeiten fehlen, so bietet doch der Fall August Strindberg so viele Anhaltspunkte, daß wir auch vor einem Versuch, dieser Aufgabe nachzugehen, nicht zurückschrecken dürfen, zumal wir gerade hier unserem Freunde Wilhelm Szilasi wertvolle Hinweise verdanken.

Der aufmerksame Leser wird längst bemerkt haben, daß es zweierlei Strukturmomente sind, die den Wahn August Strindbergs kennzeichnen, erstens das fast völlige Verfehlen der *Präsentatio* (und damit auch der Appräsentatio) und, zweitens, aufs engste damit zusammenhängend, sein Verzicht auf *Erfahrung* und *Erfahrungslogik* überhaupt und deren Ersatz durch eine „Schicksalslogik", nämlich durch die *Absichten* (Eingebungen, Einwirkungen, Strafen, Bußen, Sühne, Erziehung) *des Unsichtbaren*, in dessen

---

[23] Vgl. hiezu auch alles, was wir im Gegensatz zu ihr über Logik der Wissenschaft im Abschnitt B II, I gesagt haben.

Hand er sich befindet oder, noch sprechender, dessen „*unsichtbare Hand auf seinem Schicksal liegt*".

Um nun der Struktur der Schicksalslogik, auf die wir ja immer wieder hingewiesen haben, näherzukommen, müssen wir zunächst bemerken, daß wir auch im Gesunden zwei Logiken kennen; die eine ist die nicht reflektierte Logik des täglichen Lebens, der täglichen naiven Verrichtungen, wie z. B. die Logik des Arbeiters bei der Bedienung einer Maschine. Diese Logik, der durchaus die Möglichkeit fehlt, thematisch werden zu können, nennt Szilasi die Logik der Lebensführung, kurz die Lebens- oder Daseinslogik. Ihr gegenüber steht die streng thematisch verfahrende Wissenschaftslogik. Normalerweise hängen diese beiden Logiken zusammen, und auch Widersprüche in der Konfrontation brechen sie nicht auseinander.

Nun kennen wir aber Menschen – die Psychiatrie nennt sie Paranoiker –, die bei der Verrichtung ihrer Tagesarbeit in ihrer Lebenslogik (z. B. bei der Gartenarbeit) völlig „normal" sind und erst abends, wenn sie sich an ihre „wissenschaftliche" Arbeit machen, einer Logik mit lauter Wahnideen, Wahnbegriffen, Wahnkonsequenzen usw. verfallen.

Bei August Strindberg verhält es sich anders, weil er schon im alltäglichen Leben, in allen seinen Verrichtungen, eine Lebenswahnlogik durchführt, aber *auch* als Wissenschaftler eine Wissenschaftenlogik im Sinne des Wahns in einer Person praktiziert!

Was uns nun am meisten interessieren muß in der Wahnlogik, das ist das Verhältnis von Wahnevidenz und Wahnwahrheit. Auch hier haben wir beides gesondert zu betrachten, je nachdem es sich um die Lebenslogik oder die „Logik der Lebenswelt" einerseits, die wissenschaftliche Logik anderseits handelt. In der Logik des alltäglichen Lebens begnügt sich Strindberg, wie wir sahen, mit der Wahnevidenz, während er die *Wahrheit* der Lebenswelt gar nicht sucht. Um nur ein Beispiel von hunderten zu erwähnen, begnügt er sich mit der Wahnevidenz, mit der das Stiefmütterchen „mit einem Kindergesicht mit großen, tiefen, leuchtenden Augen" ihm das Zeichen gibt: „Geh fort!" Damit, daß er sich mit einer einzigen (Wahn-) Evidenz begnügt, setzt er sich in Widerspruch mit allem, was wir in dem vielfach zitierten Symposion zu der Münsterlinger Tagung über die Phänomenologie der natürlichen Erfahrung[q], im Anschluß an Husserl, gesagt haben. Deshalb hat er auch keinerlei Aussicht, zu einer „normalen" oder Horizont-Intentionalität und somit zu Erfahrung überhaupt zu gelangen.

Schwieriger liegen die Dinge hinsichtlich der Wahnwissenschaft, denn hier wird ja *Wahrheit* gesucht. Jedoch scheint es, als ob hier Wahnevidenz und Wahnwahrheit auseinanderbrechen. Wohnen wir doch wiederholt dem tiefen und überaus schmerzvollen Sturz von höchster Selbstgewißheit und Vertrauen in die Unterstützung des Unbekannten oder der unsichtbaren Mächte in völlige Mutlosigkeit und Verzweiflung hinsichtlich seiner wissenschaftlichen Bestrebungen bei. Die Konstitutionsträger solcher Verzweiflung sind der Zweifel überhaupt, die Ungewißheit und das Geheimnis, d. h. das Wissen von dem *Sichentziehen der Wahrheit trotz* aller erkennbar *evidenten* Logik. Hier müssen wir von einer *Entzweiung von Evidenz und Wahrheit* sprechen. Die Sachlage, der Sachzusammenhang, ist dem Wahn ganz evident, aber es ist ihm unmöglich, eine *deduktive* Wahrheit zu gewinnen. Dieses In-der-Luft-Hängen wissenschaftlicher Wahrheit im Wahn ist besonders quälend für August Strindberg, wohnten wir doch, wir wiederholen, dem Schwanken zwischen seinem wissenschaftlichen „Hochmut" und herausfordernden Stolz, „das Rätsel der Sphinx gelöst" zu haben und es als „Nachfolger des Orpheus" für seine Aufgabe gehalten zu haben, „die Natur, die unter den Händen der Gelehrten gestorben war, wieder zu *beleben*" einerseits, der völligen Verzweiflung an seinen wissenschaftlichen Leistungen andererseits bei.

Wissenschaftliche Wahnlogik und Logik der Lebenswelt unterstützen sich darin, daß sie beide auf Gnade oder Ungnade den „höheren Mächten" ausgeliefert und von ihnen abhängig sind, daß also beide auf die (wahnhafte) Schicksalslogik als die Logik des Belangvollen oder des Unumgänglichen angewiesen sind. Denn belangvoll oder unumgänglich ist der Segen oder zum mindesten das Gewährenlassen der „unsichtbaren Hand, die auf Strindbergs Schicksal liegt".

Während August Strindberg, wie wir sahen, schon im täglichen Leben – beim Spaziergang, im Café, im Hotel etc. – den Regeln der Wahnlogik folgt, kommen in der Logik der wissenschaftlichen Konstruktionen neue Wahndeformationen hinzu (Goldmacherei, Überführung eines chemischen Elementes in zwei ganz verschiedene Elemente). Diese Wahndeformationen wären in der wissenschaftlichen Wahnlogik, d. h. in der wissenschaftlichen Wahnwahrheit, in den Aussagen, Folgerungen, Schlüssen und Begriffen (so gerade im Begriffe des Unsichtbaren) zu suchen. Hauptsache ist, daß die Wahrheit der Evidenz in der „Wahnwissenschaft" eine andere ist als in der Lebenswelt. Hält doch die Evidenz hier nicht durch und ist „Wahrheit", wie wir gesehen haben, auf Grund von Evidenzen, die hier – weil auf Wahnwahrnehmungen beruhend – schon deformiert sind, gar nicht zu gewinnen. Das ist ja, wir wiederholen, der Grund der ungeheuren Qualen, des ungeheuren Hin- und Hergeworfenseins, zwischen (wahnhaftem) Übermut, Überlegenheits- und Siegesgefühl einerseits, maßloser Niedergeschlagenheit bis zur Selbstannahme der Verrücktheit andererseits.

Von größter Wichtigkeit für die *zukünftige Wahnforschung* sind nach all dem folgende Aufgaben:

Erstens die genaue Ermittlung der alltäglichen oder Lebenslogik des Wahnkranken.

Zweitens die möglichst weitgehende Eruierung der wissenschaftlichen Wahnlogik.

Drittens der Aufweis, daß die so auseinander geratenen Stränge der Wahnlogik in der Auseinandersetzung mit dem Ganzen des Wahndaseins doch eine gemeinsame Wurzel haben!

Es ist eine fundamentale Existenzanalyse des *Wahnschicksals*, nämlich dessen, was in ihm Bedeutung hat, was in ihm von Bedeutung ist, was belanglos bleibt, wie sich das Wahndasein selbst ontologisch auslegt, möglich. Würde dabei die Ordnung Szilasis hinsichtlich Lebenswahnlogik und wissenschaftlicher Wahnlogik, beide auf dem Grunde der Schicksalslogik berücksichtigt, so wäre auch eine Verbindung der deskriptiven Wahnphänomenologie mit der Existentialanalyse des Wahns denkbar.

Anhang

Zur Textgestaltung

Textbasis

Für die in diesen Band aufgenommenen psychiatrischen Schriften Binswangers sind die folgenden Druckausgaben maßgeblich gewesen:

Der Mensch in der Psychiatrie. Aus dem drei Aufsätze vereinigenden Band „Der Mensch in der Psychiatrie", Pfullingen: Neske, 1957, S. 13-35.

Der Fall Ellen West. Zweite von fünf Studien des Sammelbandes „Schizophrenie", Pfullingen: Neske, 1957, S. 57-188.

Der Fall Suzanne Urban. Fünfte Studie des Sammelbandes „Schizophrenie", S. 359-470.

Einleitung. Einleitung zum Sammelband „Schizophrenie", S. 11-27.

Melancholie und Manie. Phänomenologische Studien. Buchausgabe Pfullingen: Neske, 1960, 147 S.

Wahn. Beiträge zu seiner phänomenologischen und daseinsanalytischen Erforschung. Buchausgabe Pfullingen: Neske, 1965, 211 S.

Textbearbeitung

Ohne weitere Kennzeichnung wurden folgende Veränderungen am Text vorgenommen:

– Binswangers eigene *Nachweise* der Publikationen seiner Schriften sind durch die Angabe des Erscheinungsjahres ihrer ersten sowie ggf. späterer Veröffentlichungen, gemäß dem im Anhang abgedruckten Schriftenverzeichnis, ersetzt worden. Die Siglen AW 1-4 beziehen sich auf den Wiederabdruck in einem Band der Ausgewählten Werke. „I. d. Bd." meint: in diesem Band 4 der Ausgewählten Werke.

– Binswangers *Verweise auf die Seitenzahlen* der Erstpublikation der Studien über „Ideenflucht" im Schweizer Archiv für Neurologie und Psychiatrie habe ich durch die entsprechenden Seitenzahlen von AW 1 ersetzt. Die Seitenzahlverweise auf die 1942 erschienenen „Grundformen" wurden belassen und durch die entsprechenden Seitenzahlen in AW 2 ergänzt. Bei Schriften Binswangers, die im vorliegenden Band 4 der AW wieder abgedruckt werden, stehen statt seiner eigenen Seitenzahlverweise die Seitenzahlen dieses Bandes. Redundante Seitenzahlangaben Binswangers bei Zitaten aus seinen eigenen Schriften wurden weggelassen.

– Unvollständige Angaben der *Titel* von Schriften Binswangers oder anderer Autoren wurden ergänzt.

– Verweise auf die Schriften *Freuds*, die im Original entweder nach den „Gesammelten Schriften" (Internationaler Psychoanalytischer Verlag) oder nach dem „Jahrbuch für psychoanalytische und psychopathologische Forschungen" erfolgten, habe ich durch Verweise auf die „Gesammelten Werke" (Frankfurt/M.: Fischer), zit.: Ges. W., ersetzt. – Schriften *Husserls*, die Binswanger nach den „Jahrbüchern für Philosophie und phänomenologische Forschung" zitiert, werden in den entsprechenden Bänden der „Husserliana" (Den Haag: Nijhoff), zit. Hua, nachgewiesen.

Binswanger zitiert sowohl sich selber wie auch andere Autoren oft ungenau. Die *Zitate* aus seinen eigenen Schriften sowie aus den Werken von Freud, Heidegger, Husserl, Kierkegaard und Szilasi wurden kontrolliert und, sofern nötig, ohne weiteren Vermerk korrigiert. Auf die Kontrolle der übrigen Zitate habe ich verzichtet.

Textkritische Anmerkungen

a S. 109 J. P. Jacobsen. Niels Lyhne. 1880; 1. dt. Ausg. 1911, Insel TB Frankfurt/M 1976.

b S. 125 *Orig.* Umwandlung.

c S. 176 *Orig.* Leibwelt.

d S. 178 *Orig.* eigentlichen.

e S. 299 *Orig.* Ich zitiere nach Band III des Jahrbuchs.

f S. 355 Im *Orig.* steht hier und in den folgenden Wiederholungen dieses Zitates „vorgeschriebenen".

g S. 378 Binswanger setzt hier seine eigenen Erläuterungen zum zitierten Text in eckige Klammern.

h S. 429 *Orig.* Zu.

i S. 437 Im *Orig.* zitiert Binswanger den Passus „Wenn das Dasein als Schreckensbühne ... Infolgedessen vermag es sich auch *kein Bild* mehr von sich selbst zu machen".

k S. 441 Im *Orig.* folgt der i. d. Bd. S. 283-285 abgedruckte Passus „Der Übergang von der Empfänglichkeit ... Verfolgungen vernommen, eben *erfahren* werden."

l S. 451 *Orig.* sachgebundene.

m S. 455 Was in ‚ ‘ steht, ist Zitat aus E. Husserls „Cartes. Meditationen",
Hua I, S. 136 u. 139.

n S. 474 Diese und die folgenden Seitenzahlen beziehen sich offenbar auf
die unveröffentlichte Krankengeschichte Alines.

o S. 483 Im *Orig.* folgt ein Zitat aus „Suzanne Urban", i. d. Bd. S. 244f.
„Denn der eigentliche ‚Henker‘, ... für einen ihrer nächsten Angehörigen."

p S. 494 *Orig.* sondern.

q S. 537 *Orig.* des Wahns.

Verzeichnis der Schriften Ludwig Binswangers[24]

1907 Diagnostische Assoziationsstudien. XI. Beitrag: Über das Verhalten des psycho-
galvanischen Phänomens beim Assoziationsexperiment. In: Journ. f. Psychol. u.
Neurol. 10, S. 1-85. (Zugl. Med. Diss. Zürich.).

1909 Versuch einer Hysterie-Analyse. In: Jb. f. psychoanalytische u. psychopathol.
Forsch. 1,1 S. 174-318; 1,2. S. 319-356.

1911 Analyse einer hysterischen Phobie. In: Jb. f. psychoanalytische u. psychopathol.
Forsch. 3, S. 229-308.

1913 Bemerkungen zu der Arbeit Jaspers': Kausale und „verständliche" Zusammenhänge zwischen Schicksal und Psychose bei der Dementia praecox (Schizophrenie). In: Internat. Zschr. f. ärztl. Psychoanalyse 1, S. 383-390.

1914a (Pseudonym: Buchner, Lothar) Klinischer Beitrag zur Lehre vom Verhältnis-
blödsinn (Bleuler). In: Zschr. f. Psychiatrie u. psychisch-gerichtliche Medizin 71,
S. 587-639.

1914b Psychologische Tagesfragen innerhalb der klinischen Psychiatrie. In: Zschr. f. d.
ges. Neurol. u. Psychiatrie 26, S. 574-599.

1920 Psychoanalyse und klinische Psychiatrie. Referat, erstattet am sechsten Internationalen Psychoanalytischen Kongreß im Haag (8. bis 11. September 1920). In:
Internat. Zschr. f. ärztl. Psychoanal. 7, S. 137-165. (Auch in: 1955a)

1922 Einführung in die Probleme der allgemeinen Psychologie. Berlin: Springer. (Unveränd. Lizenz-Nachdruck 1965, Amsterdam: Bonset.)

1923 Über Phänomenologie. Referat, erstattet an der 63. Versammlung des schweiz.
Vereins für Psychiatrie in Zürich am 25. November 1922. In: Zschr. f. d. ges.
Neurol. u. Psychiatrie 82, S. 10-45. (Auch in: 1947)

---

[24] Eine die Nachlaßdokumente mitberücksichtigende Bibliographie Binswangers findet
sich in Bd. 3 dieser Ausgabe.

1924 Welche Aufgaben ergeben sich für die Psychiatrie aus den Fortschritten der neueren Psychologie? In: Zschr. f. d. ges. Neurol. u. Psychiatrie 91, S. 402-436. (Auch in: 1955a)

1926a Erfahren, Verstehen, Deuten in der Psychoanalyse. In: Imago 12, S. 223-237. (Auch in: 1955a)

1926b Zum Problem von Sprache und Denken. In: Schweiz. Arch. f. Neurol. u. Psychiatrie 18, S. 247-283. (Auch in: 1955a)

1927a Psychotherapie als Beruf. In: Der Nervenarzt 1, S. 138-145, 206-215.

1927b Verstehen und Erklären in der Psychologie. In: Zschr. f. d. ges. Neurol. u. Psychiatrie 107, S. 655-683.

1928a Lebensfunktion und innere Lebensgeschichte. Nach einem am 6. XII. 1927 in der Gesellschaft „Die Hirnrinde" im Physiologischen Institut zu Berlin gehaltenen Vortrag. In: Mschr. f. Psychiatrie u. Neurol. 68, S. 52-79. (Auch in: 1947)

1928b Wandlungen in der Auffassung und Deutung des Traumes von den Griechen bis zur Gegenwart. Berlin: Springer.

1928c Dr. E. Minkowski (Paris): La Schizophrénie. (Rez.). In: Schweiz. Arch. f. Neurol. u. Psychiatrie 22, S. 158-163.

1930 Traum und Existenz. In: Neue Schweiz. Rdsch., S. 673-685, 766-779. Auch als Broschüre: Zürich: H. Girsberger & Co. (Auch in: 1947)

1931 Geschehnis und Erlebnis. Zur gleichnamigem Schrift von Erwin Straus. In: Mschr. f. Psychiatrie u. Neurol. 80, S. 243-273. (Auch in: 1955a)

1932 Zur Geschichte der Heilanstalt Bellevue. 1857-1932. Zürich 1932.

1933a Über Ideenflucht. Zürich: Orell Füssli. Erste Veröffentlichung 1931/32 in Schweiz. Arch. f. Neur. u. Psychiatrie Bde. XXVII-XXX. Auch in: AW 1. (Unveränd. Lizenz-Nachdruck 1980, New York & London: Garland)

1933b Das Raumproblem in der Psychopathologie. In: Zschr. f. d. ges. Neurol. u. Psychiatrie 145, S. 598-647. (Auch in: 1955a)

1935a Heraklits Auffassung des Menschen. In: Die Antike 11,1, S. 1-38. (Auch in: 1947)

1935b Über Psychotherapie. (Möglichkeit und Tatsächlichkeit psychotherapeutischer Wirkung.) In: Der Nervenarzt 8, S. 113-121, 180-189. (Auch in: 1947)

1935c Zum gegenwärtigen Stand der Lehre von den Wortfindungsstörungen. In: Schweiz. Arch. f. Neurol. u. Psychiatrie 36, S. 52-57.

1936a Anthropologie, Psychologie, Psychopathologie. In: Schweiz. Medizinische Wschr. 66, S. 679-684.

1936b Freud und die Verfassung der klinischen Psychiatrie. In: Schweiz. Arch. f. Neurol. u. Psychiatrie 37, S. 177-199. (Auch in: 1955a)

1936c Freuds Auffassung des Menschen im Lichte der Anthropologie. (Erweiterter) Festvortrag, gehalten zur Feier des 80. Geburtstags von Sigmund Freud im Akadem. Verein für medizin. Psychologie in Wien am 7. Mai 1936. In: Nederl. Tijdschr. v. Psychol. 4, Nr. 5/6, S. 266-301. (Auch in: 1947)

1936d Vom Sinn der Sinne. Zum gleichnamigen Buch von Erwin Straus. In: Schweiz. Arch. f. Neurol. u. Psychiatrie 38, S. 1-24.

1941a Bleulers geistige Gestalt. In: Schweiz. Arch. f. Neurol. u. Psychiatrie 46, S. 24-29. (Auch in: 1955a)

1941b Dr. H. Plessner, Lachen und Weinen. eine Untersuchung nach den Grenzen menschlichen Verhaltens. (Rez.). In: Schweiz. Arch. f. Neurol. u. Psychiatrie 48, S. 159-164.

1942 Grundformen und Erkenntnis menschlichen Daseins. Zürich: Max Niehans. (2. Aufl. 1953: Niehans; 3. Aufl. 1962: Reinhardt, München/Basel; 4. Aufl.1964: Reinhardt; 5. Aufl. 1973: Reinhardt) Auch AW 2.

1943 Karl Jaspers und die Psychiatrie. In: Schweiz. Arch. f. Neurol. u. Psychiatrie 51, S. 1-13.

1944/45 Der Fall Ellen West. Eine anthropologisch-klinische Studie. In: Schweiz. Arch. f. Neurol. u. Psychiatrie 53 (1944), S. 255-277; 54 (1944), S. 69-117; S. 330-360; 55 (1945), S. 16-40. (Auch in: 1957c, Zweite Studie)

1945 Wahnsinn als lebensgeschichtliches Phänomen und als Geisteskrankheit. (Der Fall Ilse.) In: Mschr. f. Psychiatrie u. Neurol. 110, S. 129-160. (Auch in: 1957c, Erste Studie)

1945a Über die manische Lebensform. In: Schweiz. Medizinische Wschr. 75, S. 49-52. (Auch in: 1955a)

1946a Über die daseinsanalytische Forschungsrichtung in der Psychiatrie. In: Schweiz. Arch. f. Neurol. u. Psychiatrie 57, S. 209-235. (Auch in: 1947)

1946b Über Sprache und Denken. In: Studia philosophica 6, S. 30-50. (Auch in: 1955a)

1946/47 Studien zum Schizophrenieproblem. Der Fall Jürg Zünd. In: Schweiz. Arch. f. Neurol. u. Psychiatrie 56 (1946), S. 191-220; 58 (1947), S. 1-43; 59 (1947), S. 21-36. (Auch in: 1957c, Dritte Studie)

1947 Ausgewählte Vorträge und Aufsätze. Band I: Zur phänomenologischen Anthropologie. Bern: Francke 1947 (2. unveränd. Aufl. 1961).

1947/48 Bemerkungen zu zwei wenig beachteten „Gedanken" Pascals über Symmetrie. In: Zschr. f. Kinderpsychiatrie 14, S. 19-27. (Auch in: 1955a)

1948 Über den Satz von Hofmannsthal: „Was Geist ist, erfaßt nur der Bedrängte". Aus der (ungedruckten) Festschrift zum 70. Geburtstag (26. I. 1948) von Rudolf Alexander Schröder. In: Studia philosophica 8, S. 1-11. (Auch in: 1955a)

1949a Die Bedeutung der Daseinsanalytik Martin Heideggers für das Selbstverständnis der Psychiatrie. In: Martin Heideggers Einfluß auf die Wissenschaften. Bern: Francke, S. 58-72. (Auch in: 1955a)

1949b Henrik Ibsen und das Problem der Selbstrealisation in der Kunst. Heidelberg: Lambert Schneider.

1949c Studien zum Schizophrenieproblem. Der Fall Lola Voß. In: Schweiz. Arch. f. Neurol. u. Psychiatrie 63, S. 29-97. (Auch in: 1957c, Vierte Studie)

1949d Vom anthropologischen Sinn der Verstiegenheit. In: Der Nervenarzt 20, S. 8-11. (Auch in: 1955a, und als Teil I von Drei Formen mißglückten Daseins in 1956a u. AW 1)

1951 Daseinsanalytik und Psychiatrie. (Badenweiler Referat) In: Der Nervenarzt 22, S. 1-10. (Auch in: 1955a)

1952 Studien zum Schizophrenieproblem. Der Fall Suzanne Urban. In: Schweiz. Arch. Neurol. Psychiat. 69, S. 36-77; 70, S. 1-32; 71, S. 57-96. (Auch in: 1957c, Fünfte Studie u. i. d. Bd.)

1952-54 Verschrobenheit. In: Mschr. f. Psychiatrie u. Neurol. 124 (1952), S. 195-210; 125 (1953), S. 281-299; 127 (1954), S. 127-151; 128 (1954), S. 327-353. (Als Teil II von Drei Formen mißglückten Daseins auch in: 1956a u. in AW 1)

1954 Daseinsanalyse und Psychotherapie (Vortrag, gehalten im Sanatorium Bellevue, Kreuzlingen, am 25. August 1954, im Rahmen des Internat. Kongresses für Psychotherapie, Zürich). In: Zschr. f. Psychother. u. med. Psychologie 4, S. 241-245. (Auch in: 1955a)

1955a Ausgewählte Aufsätze und Vorträge. Bd. II: Zur Problematik der psychiatrischen Forschung und zum Problem der Psychiatrie. Bern: Francke.

1955b Über Martin Heidegger und die Psychiatrie. In: Festschrift zur 350. Jahresfeier des Heinrich-Suso-Gymnasiums in Konstanz, S. 19-21. Konstanz: Merk. (Auch in: 1957a)

1956a Drei Formen mißglückten Daseins: Verstiegenheit, Verschrobenheit, Manieriertheit. Tübingen: Max Niemeyer. (Auch in: AW 1.)

1956b Erinnerungen an Sigmund Freud. Bern: Francke.

1956c Der Mensch in der Psychiatrie. In: Schweiz. Arch. f. Neurol. u. Psychiatrie 77, S. 123-138. (Auch in: 1957a)

1957a Der Mensch in der Psychiatrie. (Enthält: Der Mensch in der Psychiatrie; Mein Weg zu Freud; Über Martin Heidegger und die Psychiatrie) Pfullingen: Neske.

1957b Mein Weg zu Freud. In: Freud in der Gegenwart. Ein Vortragszyklus der Universitäten Frankfurt und Heidelberg zum hundertsten Geburtstag. Frankfurt: Europ. Verlagsanstalt (Frankfurter Beiträge zur Soziologie. Bd. 6), S. 207-227. (Auch in: 1957a)

1957c Schizophrenie. Pfullingen: Neske.

1957d Zur Geschichte der Heilanstalt Bellevue. 1857-1957. Kreuzlingen.

1958a Daseinsanalyse, Psychiatrie, Schizophrenie. In: Schweiz. Arch. f. Neurol. u. Psychiatrie 81, S. 1-8.

1958b Daseinsanalyse und Psychotherapie II. In: Aktuelle Psychotherapie. (Die Vorträge der 7. Lindauer Psychotherapiewoche 1957, hrsg. von Ernst Speer.) München: Lehmann, S. 7-10. (Auch in: 1960c)

1958c Psychiatrisches Denken der Gegenwart in der Schweiz. In: Jahrbuch f. Psychol. u. Psychother., H. 1/3, S. 175-192.

1959a Dank an Edmund Husserl. In: Edmund Husserl, 1859-1959. Recueil commémoratif publié à l'occasion du centenaire de la naissance du philosophe. Den Haag: Nijhoff, S. 64-72.

1959b Sprache, Liebe und Bildung. (Vortrag gehalten 1941 in der Stiftung Lucerna.) In: Confinia Psychiatrica 2, S. 133-148.

1959c Sprache, Welt und Bildung. Eine sprachphilosophische Untersuchung. (Vortrag, gehalten am 14. Nov. 1958 im Berner Zweigverein des Deutsch-schweizerischen Sprachvereins.) In: Sprachspiegel 15, S. 65-71, 97-106.

1960a Melancholie und Manie. Phänomenologische Studien. Pfullingen: Neske.

1960b Die Philosophie Wilhelm Szilasis und die psychiatrische Forschung. In: Beiträge zu Philosophie und Wissenschaft. Wilhelm Szilasi zum 70. Geburtstag. München: Francke, S. 29-39.

1960c Daseinsanalyse und Psychotherapie II. (Vortrag gehalten am Internationalen Psychotherapie-Kongress, Barcelona 1958). In: Acta Psychotherapeutica et Psychosomatica, S. 251-260. (Enthält ausser 1958b auch Binswangers „Bericht über den Gang meiner Arbeiten".)

1963a Über das Wahnproblem in rein phänomenologischer Sicht. In: Schweiz. Arch. f. Neurol. Neurochirurgie u. Psychiatrie 91, S. 85-86.

1963b Über die Liebe und die Intuition. In: Werden und Handeln. (Hrsg. von E. Wiesenhütter zum 80. Geb. v. V. E. Frh. v. Gebsattel.) Stuttgart: Hippokrates, S. 19-25.

1965 Wahn. Beiträge zu seiner phaenomenologischen und daseinsanalytischen Erforschung. Pfullingen: Neske.

Personenindex

Abraham, 412, 413

Bachelard, 138, 162, 276, 296
Balzac, 161
Baudelaire, 69, 275, 310
Becker, 142
Berdiajew, 139
Berge, 76
Bergson, 62, 369
Beringer, 151, 291
Bieganski, 171
Binder, 189, 200, 203, 209, 429
Blankenburg, 54, 349, 430
Bleuler E., 103, 104, 177, 184, 189, 198,
  204, 206, 207, 210, 292, 294,
  297, 303, 304, 306, 312, 318–
  320, 358, 362
Bleuler M., 205, 292
Blin, 276
Brentano, 360
Bumke, 357, 358

Clérambault, 196, 311, 325
Claudel, 158
Conrad, 438, 454, 463
Curtius, 261

Diem, 208

Ebtinger, 431
Ey, 245, 369

Ferenczi, 305
Fink, 428
Fretel, 245
Freud, 27, 34, 41–43, 85, 154, 155, 159,
  160, 163–165, 167, 168, 179,
  183, 298, 299, 301, 304–306,
  313, 314, 320, 344, 345, 347,
  357, 410, 413, 454, 457

Gaupp, 291, 310, 314
Gebsattel, 134, 138, 140, 141, 145, 190,
  193, 194, 196, 368, 376, 415,
  432

Goethe, 30, 65, 104, 132, 271, 288, 406–
  410, 461
Goldstein, 381
Gotthelf, 201
Griesinger, 143, 425
Gruhle, 291, 314, 316, 318, 324, 442
Guiraud, 311

Hagen, 312, 328
Häberlin, 345
Häfner, 365, 433
Hedenberg, 319, 324
Heidegger, 19, 21, 26, 33, 35, 36, 42, 48,
  51, 58, 59, 62, 63, 68, 107,
  117, 122, 140, 142, 144, 148,
  180, 242, 247, 256, 262, 266,
  279, 302, 341, 353, 360, 382–
  384, 390, 399, 411, 429, 430,
  432–436, 439, 443, 448, 470,
  512–515
Heidenhain, 291, 319
Heimann, 431
Heraklit, 42, 110, 132
Hofmannsthal, 261, 265, 323
Hoppe, 319
Hönigswald, 61
Huber, 431
Husserl, 13, 44, 45, 49, 172, 264, 287,
  354, 355, 360, 372, 386–388,
  390, 391, 395, 402, 403, 407,
  408, 411, 416, 417, 419, 422,
  426, 428, 441, 444, 449, 453–
  455, 460, 468, 472, 476, 479,
  480, 513, 515, 518–520, 531,
  537

Jäger, 327, 525
Jaensch, 316
Janet, 173–176, 178, 181, 185, 205, 298
Janzarik, 352, 362, 367, 368
Jaspers, 53, 185, 198, 199, 203, 243, 291,
  296, 316, 317, 324, 351, 361,
  431, 432, 441, 442, 467, 492,
  495–498, 522, 524, 525, 527–
  529